Esferas II

PETER SLOTERDIJK

ESFERAS

VOLUME II

MACROESFEROLOGIA

Peter Sloterdijk

Globos

tradução

Nélio Schneider

Estação Liberdade

Título original: *Sphären. Makrosphärologie. Band. II: Globen*

PREPARAÇÃO Cacilda Guerra
REVISÃO Fábio Fujita
IMAGEM DE CAPA "Natureza morta com instrumentos musicais", óleo sobre tela, Escola de Bérgamo (Itália, século XVII)
SUPERVISÃO EDITORIAL Letícia Howes
EDIÇÃO DE ARTE Miguel Simon
EDITOR Angel Bojadsen

CIP-BRASIL. CATALOGAÇÃO NA PUBLICAÇÃO
SINDICATO NACIONAL DOS EDITORES DE LIVROS, RJ

S643e

Sloterdijk, Peter, 1947-
Esferas. Macroesferologia - volume II : Globos / Peter Sloterdijk ; tradução Nélio Schneider. - 1. ed. - São Paulo : Estação Liberdade, 2025.
880 p. : il. ; 23 cm.

Tradução de: Sphären. Makrosphärologie. Band. II : Globen
ISBN 978-85-7448-326-9

1. Filosofia antropológica. 2. Civilização - Filosofia. 3. Política - História - Filosofia. I. Schneider, Nélio. II. Título.

CDD: 128
25-100861.2 CDU: 165.742

Carla Rosa Martins Gonçalves - Bibliotecária - CRB-7/4782
30/09/2025 03/10/2025

Esta publicação segue as normas do Acordo Ortográfico da Língua Portuguesa, Decreto nº 6.583, de 29 de setembro de 2008.

EDITORA ESTAÇÃO LIBERDADE LTDA.
Rua Dona Elisa, 116 | Barra Funda
01155-030 São Paulo – SP | Tel.: (11) 3660 3180
www.estacaoliberdade.com.br

A

Heinrich Klotz,

professor, fundador, mobilizador,

com amizade e gratidão

Zaratustra tinha um objetivo, que era arremessar a sua bola: agora sois amigos do legado do meu objetivo, para vós arremesso minha bola de ouro. Do que mais gosto, meus amigos, é ver-vos arremessar a bola!

Friedrich Nietzsche, *Assim falou Zaratustra*

Sumário

Globos

Esferas II
Macroesferologia

O mosaico dos filósofos em Torre Annunziata, provavelmente do século I a.C.

Prólogo

Idílio intenso

Questionado por que viera ao mundo, ele disse: para observar o Sol, a Lua e as estrelas.

Diógenes Laércio, *Sobre Anaxágoras*[1]

Porém alma também é anseio, e o anseio eterno da alma ruma sempre para o espaço.

Max Bense, *Raum und Ich*[2]

Sete homens já de mais idade em uma paisagem idealizada, não muito distante de alguma cidade grega, talvez Acrocorinto, talvez Atenas, com certeza não Esparta.

Os senhores, sem exceção barbados, estão conversando reunidos sob uma árvore, nas cercanias de um bosque sagrado, cuja entrada é sinalizada por colunas; sobre a barra transversal do portal encontram-se oferendas votivas em vasos bojudos.

Tudo nessa cena atesta a situação excepcional: não se trata de um local qualquer; o que se diz nele não é uma coisa qualquer. Evidentemente o que anima os homens ali reunidos é um argumento candente. Aquele que está em pé à esquerda acabou de finalizar seu arrazoado, o que preside a

1. Diógenes Laércio, II, 10.
2. M. Bense, *Ausgewählte Schriften* [Escritos seletos], v. 1, Stuttgart, Metzler, 1997, p. 61.

reunião dá uma resposta breve, apontando com o bastão para a esfera, e uma espécie de estupefação toma conta dos que estão ali reunidos. Ao que tudo indica, está em circulação uma ideia que lhes ocorreu de modo fulminante. Paira no ar uma certa indignação, e não há como se livrar da impressão de que, naquele exato instante, o fascínio exercido pela polêmica deu lugar a uma consternação geral. Talvez alguém tenha tido uma ideia assustadoramente ousada que se impõe aos que estão reunidos com o ímpeto da primeira vez. Nada impede de imaginar que esse é o instante em que algo ainda não intentado daquela maneira, jamais concebido, jamais considerado possível, toma conta de forma quase patológica de quem está discutindo o tema. Chegou o instante fecundo dessa *dotta conversazione*. O palavreado se converteu em pensamento; decolando da conversa vã, ideias alçam voo para se apossar do mundo. Uma evidência sem precedentes cativa a inteligência dos presentes.

Como é possível depreender algo assim dessa imagem? As barbas típicas de filósofos dos participantes da discussão e os rolos de pergaminho nas mãos de alguns deles mostram que se trata de um diálogo de eruditos. E o fato de tratar-se de um estado de exceção do pensamento é evidenciado pela presença de um objeto que, com toda certeza, deve ser encarado como a razão da reunião e o motivo do entusiasmo geral.

Um dos homens, o que está sentado na frente do tronco da árvore — que parece ser o sênior do grupo —, indica com um bastão apontador, o *radius*, que compete ao docente, para um objeto posto no chão em uma pequena caixa diante do grupo de eruditos disposto em semicírculo; três quartos do objeto ressaltam das bordas do seu recipiente: uma esfera azul-clara, coberta por uma rede de linhas avermelhadas que se cruzam. Um olhar para o objeto é suficiente para explicar o entusiasmo consternado que se apoderou dos sete eruditos, caso estejamos vendo corretamente as coisas. O que assoma da caixinha como uma imagem de santo de seu relicário nada mais é que uma *sphaira*, uma esfera do mundo e do céu, aquele símbolo da totalidade que, desde os dias de Empédocles e Parmênides, é tão venerado quanto pesquisado por geômetras e por metafísicos igualmente.

Pesquisa veneradora — a contradição no adjetivo se explica assim que tomamos ciência de que os antigos tomavam a esfera como emblema do ente divino em sua totalidade, especialmente após a reforma platônica da sabedoria enunciadora de provérbios para a filosofia argumentativa, símbolo daquele abrangente ou do estar-em-torno, *periéchon*, que engloba em si mesmo todos os gêneros físicos e espirituais do existente e que, por conseguinte, também atua nas inteligências que, naquele momento, estão debruçadas sobre a esfera onipotente. O que percorre como um frêmito a roda dos homens barbados discutindo é a certeza comovente e tranquilizadora de que acabaram de tomar consciência de maneira renovada, recuperada mediante a reflexão livre e, não obstante, gerada como se fosse pela primeira vez, de que eles, esses mortais reflexivos, jamais poderiam se distanciar dessa espaçosfera, mesmo que, naquele momento, estivessem se confrontando com a imagem da totalidade como se fosse um objeto inanimado ou um signo arbitrário.

A reunião em torno da *sphaira* caracteriza um dos raros momentos na história do pensamento em que culto e discurso se convertem um no outro sem se atrapalhar reciprocamente. Do mesmo modo que oficiantes de cultos religiosos edificam estátuas em honra das divindades de sua preferência, os eruditos postaram diante de si a imagem da esfera do ser e do cosmo para venerá-la com discussões apropriadas. A esfera é o ídolo dos pensadores, a caixinha ou o pódio são seu altar portátil, o bosque diante dos portões da cidade é a área do seu templo, e os homens vestidos de mantos coloridos evidentemente são *officium* sagrado e comunidade numa coisa só.

Mas a *sphaira*, o Uno como figura, é o Deus que dá o que pensar. Não se chega a esse Uno por meio de orações e invocações, mas por meio de análises, medições e provas. O culto a ele consiste na ponderação precisa de suas propriedades; a piedade do pensamento se comprova dessa vez na capacidade de contemplar o fundamento da construção da figura. A esfera quer ser tão calculada e consumada quanto é contemplada e venerada. Seu espaço interior requer um espírito congenial que lhe dê vitalidade — e dar vitalidade significa aqui gerar e medir. A inteligência é força que tensiona a esfera; a inspeção se converte em circunspecção em escala colossal. Nas vivências de evidência que se acendem na alma noética quando ela pensa corretamente, mostra-se o

Deus, o Uno, o Harmônico, o Pensante-Contemplador. Por meio do entusiasmo lógico, ele assegura aos seus veneradores que está presente neles: sua presença é a unidade de circunspecção e estar englobado. Na época dessa cena, ainda se vive um tempo em que ficar tomado por uma evidência pode ser considerado o ponto de intersecção entre sentenças e êxtases; a bênção vem do alto também no caso das operações com o conceito. Por se tratar de humanos mortais, tateando em busca do Uno com conceitos falíveis, somente o divino pode assegurar, por sua iniciativa, o êxito do ensaio intelectual pela evidência real e preencher os conceitos com um conteúdo claro. Porém, onde quer que a esfera seja pensada da maneira correta, ela se encontra no meio dos seus analistas. No conceito passível de asseguração e na imagem passível de ser, o espírito divino — cuja existência ainda pode ser suposta aqui com pura ingenuidade — vem ao encontro do espírito humano.

Quando os sete de Atenas ou Acrocorinto fitam a esfera fremidos pelo mesmo sopro espiritual, isso acontece porque, naquele instante, estão implicados no evento pentecostal da história do pensamento: o que se apossa deles é o derramamento da evidência em labaredas lógicas. Essa evidência comove o íntimo e é pública ao mesmo tempo; ela possibilita tanto a meditação silente quanto o debate polêmico. Em consequência, o que chama a atenção é que a experiência intelectual comum não tolda o grupo com um fascínio hipnótico ou religioide; cada um dos sábios estabelece à sua maneira a relação com o abrangente com reflexividade emancipada e incitação livre. Cada um deles experimenta à sua maneira o que o espírito da esfera lhe dá a pensar. Pode-se até afirmar que o pensamento logicamente maturado diante dessa esfera foi o primeiro a possibilitar o que mais tarde se chamaria individualidade — pois só pode ser indivíduo no sentido rigoroso da palavra quem se refere ao Uno na condição de vida singular e sapiente (assim como que o pingo dá a conhecer a nuvem da qual cai) e quem permite que o abrangente fale por meio dele, que é o recipiente discreto do monstruoso.

Pelo fato de, nesse momento, aparecerem, pela primeira vez, indivíduos sob um novo motivo de individualização, é nele que também se visualiza uma nova dimensão de socialização: a experiência compartilhada da ideia de unidade e totalidade deu origem a um caráter comunitário, para o qual não há modelo nas relações étnicas e familiais. A partir desse momento, a escola de eruditos se conjurou num entusiasmo comunitário; usando termos anacrônicos, ela está unida dali por diante pela "consciência de um problema" que a faz extrapolar todos os outros grupos humanos. É como se aqui tivesse nascido uma razão incomparavelmente nova para estar em companhia de seres inteligentes e como se, nesse discurso pentecostal sobre a esfera, tivesse surgido algo que até hoje, após dois milênios e meio das mais efetivas repercussões, ainda não se sabe exatamente o que significa e até onde vai levar. Pois está claro que aqui se constituiu uma forma de convívio cujo motivo não consiste nem na autopreservação política, nem na reprodução e na criação de filhos e filhas, mas na pesquisa ascética e solidária da verdade a respeito da totalidade rotunda, da completude, do unânime, do Uno. Quem participa dessa pesquisa manifestamente já não é mais só um membro de sua tribo ou de seu povo; caso esteja levando o querer saber a sério — mas o que significa "a sério" em relação a tais coisas? —, ele está se transferindo para uma antissociedade lógica que se estriba na comuna de origem natural, sem permitir que esta a defina. Justamente essa ideia abissalmente antinatural de comuna, que antecipa a ideia da ordem religiosa, foi fixada por Platão, o fundador do *mundus academicus*, em seu projeto de escola, e uma aura de academicismo retroprojetado também envolve a escola de Torre Annunziata: esses sete velhos já não aprendem mais para a vida, mas para a escola. Os primeiros adeptos do *bíos theoretikós* sabem que a liberdade para a teoria só se realiza na ruptura com a cidade e com a posteriormente denominada comunidade de povos.

Mediante a invenção do jogo de teoria chamado filosofia, as sociedades subsequentes, sejam elas constituídas como cidades, reinados ou impérios, são endogenamente cindidas. Irrompeu no mundo um pensamento que declara a si próprio como real expressão do que é válido e existente, e do qual a maioria, incluindo os detentores do poder político, econômico, jornalístico, apenas consegue ver aspectos exteriores. Toda sociedade real que decide não impedir o pensar em sua totalidade acha uma maneira de conviver com essa ofensa — seja escapando para a admiração, como preferiu o mundo antigo, seja refugiando-se no ceticismo em relação ao saber superior e suas corporificações; esse ceticismo ajuda os vitalistas modernos a levarem uma vida sem noção e, não obstante, terem a sensação de soberania.

O quadro de Torre Annunziata já aponta claramente a ruptura entre saber e sociedade: a cena, repleta do espírito secessionista, pós-socrático, ao estilo de uma escola livre, não se desenrola mais na cidade, mas diante dos portões — não distanciada a ponto de que os participantes do diálogo sobre a esfera tivessem de se tornar eremitas, nem próxima a ponto de que os vapores e ruídos dos mercados pudessem penetrar no bosque da ontologia. As caretas partidárias sumiram dos rostos, e só o que restou neles foi o formoso esforço do conceito. Aromas e silêncio; precisão convivial. O zumbido de fundo das cigarras enche a atmosfera enriquecida por argumentos.

Nenhum intelectual jamais deveria esquecer esta situação: sete eruditos diante de uma esfera enfaixada, senhores barbados em um estado de euforia cuja razão ninguém de fora consegue adivinhar, arrebatados da cidade, entregues a uma dissidência sutil, conjurados numa *questão* infinita por intuições lógicas comuns — esta é a cena primordial do pacifismo acadêmico. No pequeno quadro, a felicidade e a monstruosidade estão entremeadas. Futuramente nenhuma teoria passaria a existir sem a vontade para esse idílio, sem ócio não haveria escola, sem desenraizamento da vulgaridade não haveria nada do que, na linguagem da Europa antiga, foi denominado liberdade de pesquisa. Essa teoria reclamou para si os privilégios da vida suprema. A atração exercida pela esfera divina suplantou até a participação nas produções do teatro dionisíaco, pois, para a incipiente filosofia, o monstruoso na ordem supera o monstruoso na tragédia.

Como procederemos para reconstruir o teor e o andamento da argumentação? É viável traduzir o aspecto exterior do quadro do pentecostes filosófico em uma visão a partir de dentro e uma audição a partir da proximidade? A tradição silencia a respeito das legendas que fazem parte do quadro e não entrega nada do seu texto imanente, de modo que ao intérprete do quadro de épocas posteriores cabe a tarefa de fazer com que a cena fale exclusivamente a partir dos seus elementos icônicos. A datação do mosaico dos filósofos de Torre Annunziata — que hoje pode ser visto no Museo Nazionale de Nápoles — no século I a.C. não contribui muito para a sua compreensão; ademais, em razão da existência de uma peça equivalente na Villa Albani em Roma[3], deve ser tido como assegurado que os dois mosaicos se orientam em um quadro perdido que serviu de modelo para ambos, e de cuja origem, idade, contexto e programa nada se sabe. A julgar pela linguagem das formas e pela retórica da imagem, pode-se pressupor sem nenhum esforço dedutivo que nos encontramos no helenismo, na época do idílio acadêmico e no cenário do *otium*. Porém não são essas indicações que fazem o quadro falar, porque não é a época inerte que fala de dentro de um quadro significativo, mas o acontecimento do qual o quadro se aproveita.

Um primeiro acesso ao espaço interior da linguagem da cena é proporcionado pelo número sete no caso dos sábios — um número que, sob muitos pontos de vista, se explica por si mesmo: a cultura grega mais antiga e muito mais a era helenista haviam se condensado, já em seus primórdios, em mitos de heróis fundadores e numerológicos — especialmente na saga dos sete sábios, mediante os quais sabedoria e ciência teriam armado suas tendas entre os homens gregos nos dias dos grandes antigos.[4] O fato de todos os sete povoarem a cena em simultaneidade fictícia precisa ser concedido ao autor do quadro como artifício legítimo. Também deve ter sido assumido com naturalidade pelas pessoas cultas que os convivas e oradores do banquete platônico, igualmente em número de sete, estão presentes ali no horizonte conotativo. Porém a singularidade do mosaico de Torre Annunziata reside

3. Cf. P. Sloterdijk, *Esferas I: bolhas*, trad. José Oscar de Almeida Marques, 2. ed., São Paulo, Estação Liberdade, 2016, p. 63.

4. Em diferentes listagens, aparecem de fato mais de vinte nomes, dos quais só quatro são canônicos: o protofilósofo Tales, Bias de Priene, o legislador Sólon e Pítaco de Mitilene. Ao lado desses, aparecem com frequência Quílon de Esparta, Periandro de Corinto e Cleóbulo de Lindos. A cada um desses sábios são atribuídos gnomas ou adágios típicos como se fossem melodias de identificação: sê moderado (Tales); a maioria das pessoas é perversa (Bias); nada em excesso (Sólon); o ganho é insaciável (Pítaco); conhece-te a ti mesmo (Quílon); moderação é coisa ótima (Cleóbulo).

no fato de o grupo reunido não ser apresentado como uma faculdade filosófica alegórica, na qual cada uma das figuras representava um tipo escolástico ou um temperamento intelectual. Não estamos diante de um esboço helenista prévio *da escola de Atenas*. A singularidade da cena dos filósofos evidencia-se bem mais no fato de que, nela, alguns grandes do pensamento mais antigo podem ser observados em um momento de engajamento comum em torno de um tema único, como se a intenção fosse tornar o observador testemunha de um debate constitutivo da filosofia. Até se poderia dizer que nela é retratado o derramamento da própria questão primordial. Por um momento, aquilo que é denominado pensar caiu, de certo modo, aos pés dos que estão ali reunidos. Há ali uma esfera que convoca o observador para junto de si com dois imperativos incondicionais: "Vem, pensa-me!" e: "Desponta em mim!"

Aos que nasceram depois, fica o desafio de compreender que houve um pentecostes que consistiu numa discussão. Em virtude do seu tema, ela não podia ter fim, e, por essa razão, a clareza pentecostal, a evidência dos filósofos, teve de se estender na sequência por toda uma era — o período em que os pensadores foram tomados pela luz intelectual que tem sua origem na ideia espacial suprema. Uma dúvida quanto ao objeto do diálogo representado somente é possível na medida em que é permitido ponderar se os eruditos, que desde tempos imemoriais são monômanos e monotemáticos, só pensaram no Uno que jaz diante deles como esfera perfeitamente arredondada ou se tiveram em mente também o relógio solar que vigia a cena do alto de uma coluna por trás deles. De fato, o relógio e a esfera se agrupam, como se a intenção fosse acentuar sua afinidade e seu conflito, numa linha vertical quase exata, deslocada levemente para a direita do centro do quadro. O relógio solar com suas linhas horárias remete — na retrospectiva isto parece ser quase banal — para o tempo que decorre a partir de agora, para o tempo medido a partir de agora, ao passo que a esfera recoberta de linhas matemáticas representa a totalidade, apreendida por meio de medidas e conceitos, do cosmo na forma de repouso, isenta de acontecimentos. Tanto por meio deste quanto por meio daquele instrumento, somos transpostos para a era incipiente da razão mensuradora, constatadora, objetificadora.

A resposta à pergunta pelo tema do diálogo procede da postura dos homens: suas intenções estão concentradas exclusivamente no objeto deitado diante deles e que, justamente pelo fato de estar deitado diante deles, propõe-lhes a ideia que norteia sua interlocução. O artista que compôs o mosaico e que registra os filósofos no instante de sua iluminação pela Esfera Una envolve a cena com uma ideia óptica que pode reivindicar o status de um teorema. O *quadro* dos vultos discutindo corporifica com a eloquência do evidente esta tese: filósofo é quem tem um relógio às suas costas e uma esfera diante de si. Os pensadores do helenismo e seus herdeiros — eles existem sob a lei do tempo como inteligências que ponderam o que é diferente do temporal. Com os dois emblemas dos eruditos, relógio e esfera, o mosaico dos filósofos dá a entender que, nos séculos III, II e I antes da virada do tempo, não havia motivo para titubear quando se tratava de dizer em que consistem essência e tema da Primeira Filosofia. Esse ofício obscuro e prolixo trata de uma coisa só: compreender o ser e o tempo, e lançar luz sobre a constelação que ambos compõem juntos.

O mosaico de Nápoles não deixa margem para dúvidas acerca do teor da informação sobre a constelação de ser e tempo no caso em questão: por suas atitudes, os sete presentes mostram ser partidários resolutos do ser — e, portanto, do espaço transfigurado. Eles voltam as costas para o relógio solar e para o reino das coisas que germinam e murcham no tempo. Nesse posicionamento, nessa decisão, reside a boa-nova do seminário de verão. Voltando as costas para o relógio e voltando-se para a esfera, os sábios aderem à possibilidade de, estando no tempo, se separar do tempo e ingressar no espaço absoluto, na imanência divina, na plenitude esférica. Este é o fascínio desse programa do quadro e esta é sua aposta sublime: é preciso olhar para a esfera quando se tem o desejo de passar a integrar seu reino luminoso. É sob o signo da esfera e só sob ele que se descortina o paraíso dos ontólogos. O *eidos* mais potente merece a contemplação mais demorada e a ascese mais sutil. Por essa razão, quem quer entrar na esfera tem de contemplá-la pacientemente; quem quer contemplá-la tem de postá-la à sua frente. E quem a postou à sua frente acaba apreendendo o que é capaz de fazer a inteligência resolvida a investigar. Aqui o mundo se tornou conceito — doravante seu *ser* é espacialização do espaço, figuração da figura, medição da medida. O quadro da esfera impulsiona esse devir do ser conceituado. Em um quadro, *nesse* quadro, em uma esfera, *nessa* esfera, está contido tudo pelo que se empenham o compreender e o figurar posteriores, até hoje e talvez para todo sempre. Hegel, indubitavelmente sem saber disso, também não passou de um comentarista do mosaico de Torre Annunziata. Inclusive Heidegger retorna, em suas falas tardias, a essa sublime esfera, como alguém que se arrepende de ter falado demais do tempo. Tanto mais os pós-hegelianos e os anti-hegelianos brigam pelo legado da esfera, da qual se diz que ela teria sido explodida, de modo que os humanos que caíram dela ainda se encontram como que em queda livre.

Pelo menos uma coisa se concederá: nunca mais se pôde visualizar de modo tão descodificado e sem subterfúgios o que consiste a atividade propriamente metafísica de filósofos e cientistas ocidentais; o que eles fazem é *representar*, e isso em todos os sentidos possíveis da palavra. Representam a esfera, postando diante de si um modelo efetivamente presente desta; e ao tentarem ver, na esfera representada, o ente em sua totalidade e, ao final, o Deus que se manifesta, o fundamento excelente, a própria essência supraessencial, fornecem ao pensamento que estende a mão para o Uno, o Todo, o Unânime, um instrumento tão consistente quanto sutil para a objetivação da totalidade do ente.

Desde a introdução do motivo da esfera no debate sobre o fundamento do universo, o Deus dos filósofos deixou de ser apenas um entorno invisível e magicamente animado, não é mais só um outro próximo-distante nebuloso lá longe ou lá no alto, para o qual o olho sonhador se levanta e a miséria aguda suplica. O Deus se torna bem mais um absoluto preciso, abrangente, que desperta matemáticos e provoca cosmógrafos. Pois através da representação da esfera, da navegação perquiridora em um espaço amplo, que atrai tanto a agudeza de espírito quanto a alma que se liquefaz, o próprio intelecto se torna filosófico; ele se torna partícipe de uma jovialidade exata que, de resto, só é concedida ao Deus pan-óptico em sua autorreferencialidade que põe o mundo.

Com esse triunfo da representação, a teologia filosófica, a teologia racional, a teologia colegial, inicia sua carreira que engloba eras. Ela fala

A *sphaira* na rede das linhas uranométricas.

de esferas para, em virtude de uma cumplicidade interinteligente com o seu objeto, pôr-se em relação simpática com a maior e mais real das esferas, com o Uno, que abrange de modo real esta vida aqui e tudo o mais. Pensar a esfera significa exteriorizar-se ao monstruoso como uma função local deste.

Quem leva isso em consideração terá menos dificuldade de tomar ciência das palavras ditas que ecoam pelo espaço idílico do quadro. O que mais poderiam alegar os oradores senão aquilo que têm diante deles de modo concreto e noeticamente real em termos sensíveis e simbólicos? E o que eles têm diante dos olhos, sob as mencionadas premissas, senão a mais forte das razões para serem otimistas? Os filósofos reunidos tiveram de se converter a um otimismo radical porque haviam postado diante deles a imagem do que havia de melhor, e passo a passo tinham se convencido de que não poderiam ser excluídos dessa imagem nem de seu original, caso a esfera realmente propiciasse a epítome e o suprassumo da totalidade. A esfera que sustém tudo abarca e sustenta também seus intérpretes. Ela própria é coatuante em todo enunciado verdadeiro a seu respeito. Quem começa a entender isso se reconhece como função local do *optimum* global.

"Sois de certo modo deuses e filhos do que há de melhor" — é isso que o orador que segura o *radius*, o bastão docente, no qual se condensam os direitos oratórios magistrais, parece ter acabado de declarar em resposta a um argumento do orador à esquerda. Compreendam, pois, amigos, transmutados, camaradas da esfera, o que essa forma significa para cada um de nós! Somos aqueles que estão contidos na esfera, somos compreendidos pelo anel do ser, não estamos faltando no todo, mesmo que, num primeiro momento, sucumbamos à aparência de confrontar-nos com a *sphaira* como separados dela. Todavia, nesse caso, toda aparência distante é enganosa: participamos intimamente no que há de melhor, embora penúrias terrenas nos esgarcem; somos cúmplices do rotundo, do Uno, mesmo que, sob o império do tempo, pareçamos percorrer apenas retas tristonhas e curvas confusas. Estamos abraçados e redimidos, embora nos sintamos expostos à carência pela penúria atual ou crônica.

A centelha tética salta instantaneamente: tudo é graça, tudo está no círculo. *Eíso pánta.*[5] Daquele momento em diante, os presentes ficam impregnados de uma evidência que os transforma e transfigura. Os eruditos estavam mentalmente preparados para tal iluminação quando começaram seu diálogo? Na condição de cidadãos de suas cidades e de alunos de homens e mulheres sábios/as de seu tempo, eles naturalmente terão intuído que questões de consanguinidade e palavreado citadino não são tudo o que perfaz o horizonte de vidas humanas. Mas isso já bastou para deixá-los preparados para essa evidência desenraizadora, transformadora, desapropriadora? Eles poderiam ter previsto que seriam transpostos de seus laços tribais e políticos para o sistema de afinidade de uma perfeição mortal? Que depararíam com uma esfera que fez mais por eles do que fizeram pai e mãe? Que seriam acolhidos em uma figura espacial que permaneceria em torno deles em todas as circunstâncias, em toda agonia e em toda a extrapolação, como um anjo da guarda geométrico, como uma aliada invulneravelmente exata? Tanto

5. Plotino, *Enéadas*, VI, 8, 18, 1-2: "Tudo está dentro."

assim, coisas tão grandes, nenhum senso humano comum teria podido supor e esperar previamente, por mais que já tivesse certa abertura para isso graças ao exercício científico. Dali por diante, o intelecto atingido pela ideia da esfera está incuravelmente enfermo de um *páthos*, do qual não se consegue dizer se é claro ou escuro — o da admiração.

Em decorrência do choque estimulante, desfia-se entre os pensadores da esfera um discurso no qual a análise compete com a louvação. Glorificação analisante: assim se faz retinir a clave da teologia racional ou da cosmoteologia que ali celebra sua gênese europeia — uma clave que se impõe porque, em vista do pentecostes da esfera, toda linguagem teórica não jubilante seria apenas um indício de que o raio da evidência não teria atingido certo candidato. O não entusiasmado é alguém que simplesmente não entendeu a quantas anda consigo mesmo e com a totalidade. Quem não confessa ser otimista se encontra mudo diante do símbolo redondo como diante de uma exterioridade impenetrável, diante de um brinquedo de matemáticos que ainda não foi identificado como a célula geradora do pensamento e do ser. O não otimista ainda não logrou o salto para a unanimidade; ele ainda não foi tomado pela nova verdade depurada da esfera. Pois ser otimista não é mais uma questão de caráter nem de estado de espírito; passa a significar tão somente expor seu pensamento às melhores razões para ser desapropriado, esclarecido, intensificado por elas. Diante da esfera, o pensante está condenado ao otimismo. A partir daí, o criticismo habitual permite inferir uma inteligência impedida que não conseguiu dominar seus impulsos de segunda categoria.

Todavia, como falar da esfera depois que a euforia crítica tomou conta dos pensadores? Em sua primeira fase, o estilo do otimismo metafísico só pode ser superlativo, por corresponder à natureza da esfera que seus pensadores a glorifiquem com os predicados mais elevados e a condecorem com medalhas ontológicas. De fato, entender a esfera significa falar dela da melhor maneira. Pode-se afirmar sem rodeios que a teologia racional, que permaneceria ligada à cosmologia até a virada de Epicuro para o cuidado com a alma retraída, surgiu pela invenção de uma forma de falar própria exclusivamente dela — a do superlativo exato, que só faz sentido e só é necessário em conexão com o otimismo exato.

Otimismo exato — ele é a substância da posterior ontoteologia, que também ficou conhecida pelo nome mais singelo de ontologia. Seus fundamentos podem ser explicados com facilidade, mesmo que seja difícil se apropriar deles até as últimas consequências: o Ser Uno é a riqueza pura e simples. Porém riqueza sempre é riqueza em diferenças; a inteligência, ciente de pertencer ao Uno, vem a si como superabundância de coerções para pensar, isto é, para orientar-se na pluralidade desconcertante das diferenças, oposições, contradições. Por essa razão, a teoria do ente em seu todo só pode ser uma hermenêutica da abundância. Seu discurso se desfiará como uma cascata de diferenciações que descamba para o infinito. Para encontrar a orientação correta em pensamento, é preciso começar sempre com o Uno, ao qual pura e simplesmente nada falta, embora *nós* de fato comecemos a pensar sempre mediante rapinagens e castrações. Essas premissas geram um clima teórico que se tornou extremamente estranho para os modernos com mania de reclamar, que veem nas carências o motivo último para tudo o que existe — tão estranho que soam o alarme ao mais leve contato com um pensamento que provém da riqueza: desmascaram quem ofende a carência. O que se costuma chamar de "o fim da metafísica", na maioria das vezes, também é o início do esforço por conceder permissão teoricamente ao ressentimento — onde isso fica mais escancarado é nas versões filosoficamente lascivas da psicanálise que situam a verdade do sujeito na castração e na admissão da carência.

Em contraposição: pôr a abundância no início lança sobre tudo que vem ao caso uma luz aristocrática. O real obtém de tudo infinitamente mais do que é possível motivar por meio de precisão e compensação. O que explica o existente em sua totalidade não é o de menos, mas o de mais. Ser e abundância são só duas palavras diferentes para a mesma coisa: no horizonte da ontologia clássica, o real é sempre o não rapinado, o completo, o abrangente, o transbordante. Ele é o não cindido, o não castrado. Ele se apresenta como riqueza cornucópica, como inclusividade divina, como comprimento, largura e profundidade celestiais — e como uma pluralidade de outras dimensões, para as quais nós, que, num primeiro momento, ficamos enredados na física do cotidiano, por ora não dispomos de nomes nem de conceitos.

Esse princípio da abundância também se reflete no discurso filosófico a respeito da totalidade: quando trata do *optimum*, a fala só pode celebrar — ou melhor, concelebrar, porque a festa e as palavras se desdobram sincronicamente. Foi nesse espírito que Platão fez Timeu concluir seu discurso sobre o cosmo na condição de Deus perceptível (*theòs aisthetós*) nos mais elevados tons, confessando, por meio do seu arauto, que este mundo que engloba tudo o que é visível é "o maior, o melhor, o mais belo e perfeito" dos mundos. Nessas coisas, a clave é a mensagem; o superlativo é a coisa mesma. O fato de que, mais tarde, os grandes críticos do folhetim implacável só a contragosto acompanhariam essas exultações não quer dizer muita coisa e até é algo que faz parte do quadro bem-humorado da totalidade, dado que, em festas de sucesso, um dos grandes motivos de riso eram os convidados mal-humorados que queriam estragá-las com suas recusas. Porém é preciso saber que o otimismo também está sujeito à entropia e que os estatutos da ontologia entusiasta são desgastados, no decurso da era do pensamento, por uma inevitável decadência des"con"strutiva. Mas antes de os discursos entrópicos terem podido se academizar e o fastio erudito ter promovido sua globalização, os amigos do espaço detinham a palavra na escola de Platão. Durante quase uma era, eles dispuseram das mentalidades e dos argumentos para ensinar com autoridade e êxito lógico o que o topófilo tardio Gaston Bachelard reiteraria em retrospectiva mais uma vez e como que pela última vez: "O espaço, o grande espaço é o amigo do ser [...] no seu embrião, cada vida é bem-estar."[6]

Como teria de ser celebrada a divina esfera? O que se deveria dizer dela para que seja ao mesmo tempo glorificada e compreendida? Em uma interpretação engenhosa do mosaico de Torre Annunziata, Otto Brendel desenvolveu a proposta de interpretar a cena como uma *schola* que se agrupou em torno do protofilósofo Tales para discutir sua doutrina — trata-se, todavia, de um Tales de matiz fortemente platônico, modificado pela tradição posterior, o qual enuncia, já nesse diálogo dos

6. G. Bachelard, *Poetik des Raumes*, Munique, Fischer, 1960, p. 238 e 132. [Ed. bras.: *A poética do espaço*, trad. Antonio de P. Danesi, São Paulo, Martins Fontes, 1993.]

sábios, o que só podia ser de conhecimento de séculos vindouros.[7] Tales — o homem que segura o *radius* — é descrito por uma tradição posterior como o cosmoteólogo *par excellence*, no qual a filosofia da origem — tudo provém da água — e a filosofia da forma — a totalidade é uma esfera perfeita — teriam chegado a uma síntese venerável, de feição bem platônica.[8] Brendel compila, então, de modo bem sugestivo, como nos parece — caso se considerem os anacronismos da filosofia da forma como interpolações a partir de uma perspectiva posterior —, excertos de O *banquete dos sete sábios*, de Plutarco, e das anedotas sobre Tales do Livro I de Diógenes Laércio, visando reconstruir um possível transcurso

7. Cf. O. Brendel, Symbolik der Kugel: "Archaeologischer Beitrag zur Geschichte der älteren griechischen Philosophie" [Simbolismo da esfera: contribuição arqueológica para a história da filosofia grega mais antiga], *Mitteilungen des Deutschen Archäologischen Instituts* [Comunicados do Instituto Alemão de Arqueologia], Departamento Romano, v. 51, p. 1-95, 1936. A seguir, acompanharemos de forma livre as reflexões de Brendel.
A investigação mais recente e mais minuciosa sobre o mosaico dos filósofos de Nápoles é a de K. Gaiser, *Das Philosophenmosaik in Neapel* (Heidelberg, C. Winter, 1980), que pretende ver no quadro uma exposição da academia platônica, discutindo a tese de Heráclides do Ponto a respeito da fixidez do céu; apesar de sua riqueza de referências e conhecimentos, não consegue convencer, porque é completamente implausível que um pintor da era helenista tenha tornado objeto de um quadro uma hipótese cosmológica que não teve seguidores no seu tempo; além disso, Heráclides rejeitou a concepção de que o cosmo fosse composto de camadas e pensava que o mundo era infinito, de modo que causaria estranheza se justamente suas ideias tivessem fornecido o tema para um debate sobre uma esfera celeste de fato existente. O único aspecto que se sustenta da argumentação prodigamente improcedente de Gaiser é que ao mosaico de Torre Annunziata realmente adere uma atmosfera de debate acadêmico e uma tipicidade platonizante, mas cremos que só em relação a uma cena mais antiga e mais fundamental.

8. É evidente que com essa tese é introduzida uma divergência em relação ao acervo doxográfico, pois, mesmo que Tales seja indubitavelmente caracterizado pela tradição como criador de uma hipótese da substância primordial própria da filosofia dos elementos, as fontes, num primeiro momento, atribuem a ele tão somente uma visão de mundo na qual a Terra flutua como um barco sobre as águas primordiais. A tese da cosmologia das esferas é entretecida em Plutarco com os adágios didáticos de Tales mediante retroprojeção de modelos posteriores. No que se refere à ideia figurada no mosaico dos filósofos, parece não haver problema em perceber nela um sincretismo de lenda de fundação (protofilosofia, tradição dos sete sábios) e classicismo (cosmovisão da esfera e cosmoteologia filosófica).

do diálogo dos filósofos.[9] O que vem à tona ali é uma litania teológico--cosmológica, na qual são repassados os predicados eminentes da esfera *ad maiorem gloriam globi* [para a maior glória do globo].

Se for correto que só se pode tratar desse objeto na tonalidade de uma análise glorificadora, as indicações de Laércio e Plutarco para os adágios de Tales puseram em nossas mãos um modelo brilhante para ilustrar como um pensador da era antiga poderia ter dado conta da tarefa de compreender em termos laudatórios a esfera do ser — embora essa tarefa teria exigido demais do Tales histórico. A filosofia se converte em fanfarronice exata e na arte de falar de coisas avassaladoras com a alma apática.

São sete as propriedades atribuídas ao supraobjeto "esfera do existente na totalidade", sete respostas a perguntas ontológicas enigmáticas, sete predicados no mais elevado tom — um tom que, nada obstante, preserva sua veia argumentativa, porque com cada enunciado muda o aspecto lógico, como se uma litania pudesse acompanhar uma tabela de categorias. O fato de se tratar exclusivamente de formulações superlativas, as que foram apresentadas nos ditos doutrinários em honra da esfera, confirma que as palavras de Tales pertencem ao tipo das hipérboles exatas, cuja função possibilitadora da teologia jamais poderá ser enfatizada o bastante — porque teologia, incluindo a filosófica, sempre é só uma competição para ver quem aclama e se vangloria mais dos deuses aliados aos seus panegiristas.[10]

O primeiro lugar entre as glorificações é ocupado pela sentença de que a esfera seria Deus e, como tal, representaria de direito a coisa mais velha, *presbýtaton*. Do mesmo modo que não seria logicamente significativo nem moralmente admissível inquirir a um ponto anterior a Deus, tampouco seria racional querer remontar a causas mais antigas

9. Em Diógenes Laércio, 1,35, consta o seguinte: "Conhecem-se dele estes ditos: 'O ente mais antigo é Deus, o não gerado; o mais belo, o mundo, obra de Deus; o maior, o espaço, o oniabrangente; o mais rápido, o espírito, que a tudo impregna; o mais forte, a necessidade, que a tudo domina; o mais sábio, o tempo, que a tudo inventa'." "'O que é o divino?' 'O que não tem início nem fim'."

10. Cf. mais adiante o Capítulo 3: "Arcas, muralhas citadinas, limites do mundo, sistemas imunes: Sobre a ontologia do espaço cercado de muros", p. 243 ss.

e mais profundas do que a esfera. Deus e a esfera são igualmente imemoriais. Como a coisa mais antiga, ela é a que não veio a ser, a que não tem progenitores, a que não foi gerada, a que possui ser e subsistência a partir de si mesma. Sendo a origem e a forma primordial de todas as coisas que contém, ela é a causa necessária, suficiente e transbordante de si mesma e de seus conteúdos. Ainda não há nela o moderno abismo do regresso infinito, porque até uma reflexão potencialmente inconclusiva seria desviada para dentro da órbita edificante.

Diretamente ligada a isso está sua segunda propriedade: ela deve ser ao mesmo tempo a coisa mais bela, *kálliston*, porque tudo que pertence à esfera testemunha o resplendor da primeira causa, tanto aos olhos sensíveis quanto aos olhos do espírito. Como beleza perfeita, a esfera mais antiga se chama o *kósmos* ou o céu que abarca tudo; ela mostra o cintilar de uma aparição, diante da qual não se pode conceber nem ver outra mais bela. Segundo a concepção antiga, belo é sobretudo aquilo que se refere de modo perfeito a si mesmo e se assemelha a si mesmo, condição que nenhum outro objeto cumpre melhor do que a esfera, que em toda parte é animada pelo centro e que, entretecida por simetrias mágicas, é capaz de girar em torno de si mesma automaticamente.

À idade e à beleza se soma, como terceira propriedade, a grandeza. Por essa razão, a próxima voz no coro dos pensadores diz a respeito da esfera, de modo coerente, que ela é a maior coisa, *mégiston*, porque constitui o espaço (*tópos*) coerente extremo que abarca tudo, de modo tal que nenhuma partícula de pó poderia se encontrar fora dela. Ela é o *maximum*, em relação ao qual não é possível pensar nenhum oposto, nenhum estranho, nenhum outro. A esfera é o recipiente do universo, o *continens*, o único continente do Existente Uno, do qual se pode dizer com razão que contém tudo, mas não é contido por nada. Mas ela só é capaz de realizar isso porque o recorde estabelecido pelo *maximum* integra tudo o que existe em sua vitória perpétua. A maior coisa acolhe a totalidade dos entes em seu grandioso percurso ao redor [*Um-Zug*]. Mesmo que, de início e por longos períodos de tempo, só se pretendeu dizer isso a respeito da esfera tridimensional, não se deve esquecer que o século XX começou a compreender o espaço como uma matriz na qual são possíveis todas as geometrias e todas as multiplicidades.

Tempo medido.

Essas honrarias não poderiam ser intensificadas ainda mais, se não fosse possível e necessário espiritualizá-las: isso ocorre mediante o enunciado de que a esfera do ser é simultaneamente a coisa mais sábia, *sophótaton*. De fato, só a vivificação para dentro, a sabedoria, o saber, em termos modernos, a figura reflexiva, é capaz de proporcionar ao mais velho-mais-belo-maior honras potenciadas ainda maiores. O próprio saber a respeito do *optimum*, que possui o formato de um círculo, evidentemente quer andar no círculo: ele só pode fazê-lo porque, de acordo com essa explicação, o tempo (*chrónos*) possui forma esférica. Pois não é assim que o tempo igualmente possui a forma de algo que, avançando para o infinito, reflui para dentro de si mesmo? Todo futuro

Relógio-esfera na embaixada alemã em Atenas.

não está também preso à procedência por um grande laço? Logo se pode dizer que o tempo, analogamente ao espaço, contém tudo, e recipientes ideais só podem ser imaginados como redondos. Sendo a coisa mais sábia, a esfera é, ao mesmo tempo, memória, antevisão e presença de espírito — um louvor atesta o pressentimento de uma ideia do espírito universal. Como tempo abobadado, a esfera inventa e projeta as coisas, mantém as coisas existindo e as preserva na memória.

Isso se diferencia na quinta aclamação, que louva a esfera por estar repleta da coisa mais rápida, *táchiston*, do espírito (*noûs*), que instantaneamente percorre qualquer trecho e interconecta sem detença todos os pontos no interior da cúpula do ser. O espírito consegue realizar isso sobretudo porque anima endogenamente a esfera por meio de sua distribuição uniforme e lhe confere a divina propriedade "onipresença do centro". Sendo universalmente sábia e rápida como o pensamento, a eterna esfera é a casa do espírito universal.

Uma vez que à esfera são atribuídas idade, beleza, grandeza, sabedoria e rapidez em grau máximo, também não lhe pode faltar o predicado majestático "força" como qualidade que a coroa; ela se chama, portanto, a coisa mais forte, *ischyrótaton*, na medida em que é completamente governada pela força cósmica da necessidade (*anánke*). Seu feito mais importante é a integração do universo nos limites esféricos da cúpula, nos quais se corporificam não só beleza e resplendor, mas também seriedade e determinação do tipo legal. A esfera é um corpo contido-continente da ordem, um edifício cupular da força, sobre o qual seus pesquisadores, os matemáticos e filósofos, desenharam uma rede de linhas — as assim chamadas *aráchne*, que significa ao mesmo tempo aranha e teia, símbolo da supervisão divina e da necessidade reinante, que entretece até as coisas aparentemente mais distantes e sem afinidade segundo leis rigorosas, embora difíceis de identificar. Portanto, o mais forte tem a justa força suficiente para manter coeso o máximo por meio da força do limite, razão pela qual a esfera deve ser encarada como uma revelação energética, para não dizer imperial, de poder, mais do que como uma figura geométrica estática de pensamento. Com ela, o pensamento do ser alcança sua forma majestática. Principalmente por isso, a *sphaira* exige ser compreendida pelos poderosos do mundo; como símbolo do limite forte-bom do mundo, ela se tornaria indispensável aos posteriores teólogos do império e criadores de redes.

Assim, falta só a sétima das glorificações analíticas — é de imaginar que também esta só poderia ser articulada no modo do superlativo exato. Todavia, o último predicado possui uma característica especial. Se pudermos imaginar que os seis enunciados ouvidos até aqui estão distribuídos entre os sábios anônimos presentes na cena, resta esperar

Urânia aponta com o bastão para uma esfera celeste. Pompeia, Casa dos Vécios.

uma palavra de síntese, que só pode ser dita pelo docente que se encontra no centro, pelo Tales idealizado, pelo homem que segura o bastão apontador do professor. Com a ajuda do seu bastão (que ele tomou emprestado da musa estelar Urânia), ele pode, talvez já assemelhado além da conta ao fundador da escola, a Platão, finalizar a litania otimista, estabelecendo com esse meio supremo de jactância dos professores, que os antigos chamavam *radius*, a mais direta das intenções em relação ao corpo estufado do ser. Mas a sétima glorificação ocorre em uma forma linguística mais singela, já que, na superfície gramatical, ela renuncia à forma superlativa e denomina seu objeto simplesmente o divino, *theîon*, não deixando de acrescentar: "que não tem fim nem começo." Observando mais de perto, mostra-se que essas formulações não só ocultam um superlativo semântico — porque retoricamente seria um contrassenso querer formar do divino, que, por seu sentido, significa *per se* o *summum* e o *super*, um superlativo formal —, mas com ele também se leva a cabo a transição da teologia glorificadora, afirmativa e extrovertida para o discurso negativo, renunciador sobre Deus, um discurso de certo modo emudecido que volta para casa. As duas negações — "que não possuem início nem fim" — constituem, em conexão com expressões de sentido afim como "não gerado" ou "não nascido", a cabeça de ponte para a segunda forma da teologia, a apofática, desautorizadora, negadora, que envolve o objeto místico "Deus" com uma guirlanda de determinações anuladas, até que ele, cercado de predicados negados, escapole da rede do pensamento conceitual e ascende a uma glória supraconceitual. Justamente esse ascender é desencadeado em honra da esfera com a última palavra na litania. Com ele deixamos o espaço das afirmações positivas de abundância e da ostentação afirmativa. Porém não é assim que tudo fala a favor de que a ostentação deixada de lado é a mais veemente?

Os sete sábios no jardim teórico de Acrocorinto ou Atenas são otimistas por princípio, seguramente também pela razão que ajudou a motivar seu acolhimento no quadro em questão. Em companhia de seu retratista, eles cultivam a confiança de que tempos posteriores preservariam a memória de seu diálogo e levariam adiante o impulso que emana do acontecimento pentecostal em discussão. Essa assunção pode alegar boas razões a seu favor, pelo menos no trecho da história das ideias no qual a equiparação de ontologia e otimismo defendeu seu acerto. Onde mais a teoria fundamental da filosofia referente à melhoridade e completude do ser teria sido exposta de maneira tão abrangente e tão simples? Onde mais a ontologia do mundo pronto teria se apresentado de modo tão claro e convidativo? Onde mais teria sido ilustrado aos mortais de modo tão soberano que sua vida é supérflua, no sentido estrito da palavra, porque o acréscimo do humano ao perfeito não é capaz de enriquecê-lo — e que isso é apenas outra maneira de dizer que o espaço é mais profundo que o tempo e o velho mais profundo que o novo? E onde mais teria sido expresso de modo tão cativante, no campo do pensamento europeu antigo, que a realização suprema da sabedoria humana poderia consistir tão somente em integrar-se com gratidão contemplativa na abundância primordial do ser?

De fato, a ontologia da esfera aponta aos mortais um lugar em um mundo perfeito, no qual poderia haver novidade unicamente sob a clave da piora. Nesse quesito, também já se anuncia a nós, que somos filhos e filhas de uma cultura cronolátrica da inovação e do acontecimento, de uma cultura dominada pelo devir, o limite do pensamento e da existência na antiga esfera da essência. Onde o ser pretende ser tudo, a curiosidade, como todo *páthos* cognitivo, só poderá entrar em repouso, ao fim e ao cabo, no primeiro, no mais antigo, no melhor; em contraposição, nós, pessoas modernas, somos desafiados a assumir um pensamento que escapa às origens, que corre incessantemente para a frente, que se projeta adiante — um pensamento que, contrariando a saudade do imutável e acolhedor, adere à tendência para o desatado, o jamais visto, o remotamente prometido. Uma coisa é certa: não foi possível encerrar a relação entre ser e tempo nos limites que o quadro de Torre Annunziata quis fixar. Com o tempo, o próprio tempo penetrou na esfera, seja na forma hegeliana, a saber, o tempo é o conceito que existe aqui e agora, seja na forma heideggeriana, a saber, ser é tempo — sentenças com as quais topamos como se fossem enormes brinquedos e que exortam, em tom de zombaria, a nós, seus nanicos descobridores: continuem brincando.[11]

11. Dentre aqueles para os quais esses enormes brinquedos parecem ter um formato bem familiar desponta o jovem M. Bense, que anotou o seguinte em 1935: "O espaço é o primordial. Quanto mais primordial o ser humano, tanto mais profundo o senso de espaço. Heidegger teria interpretado o ser como espaço — caso ele fosse primordial em sua 'interioridade', em sua 'realidade interior', em sua 'existência elementar'" (*Aufstand des Geistes. Eine Verteidigung der Erkenntnis* [Rebelião do espírito: uma apologia do conhecimento], in: M. Bense, *Ausgewählte Schriften*, op. cit., p. 107).

Detalhe de estátua bizantina do imperador.

A história das ideias e dos símbolos da Europa antiga confirmou de modo contundente as pretensões cosmológicas da velha piedade voltada para a esfera. Uma era inteira se encontra à sombra do enigmático diálogo de que dá testemunho o mosaico dos filósofos. Por ocasião das celebrações de fundação de Bizâncio, a nova capital imperial recém-edificada, que passaria a se chamar Constantinopla no dia 11 de maio do ano de 330, o imperador Constantino desfilou festivamente pelas ruas da cidade com uma esfera na mão — um símbolo que havia séculos tinha se tornado o atributo estereotípico dos césares. Sua estátua postada sobre a coluna de Constantino o mostrou por um milênio na pose que o imperador havia assumido durante a consagração de sua cidade.

Nos séculos seguintes, a esfera seria dotada de uma cruz e, durante as cerimônias de coroação, entregue nas mãos de reis e imperadores batizados. Mediante o repasse dos orbes imperiais das mãos dos sacerdotes para as mãos dos príncipes, o jogo da esfera perduraria por séculos e se manteria no cerne da história mundial europeia. O ser humano — pelos menos é o que consideram alguns dos pensadores da era cristã — é o ente em cujas mãos foi entregue o orbe do mundo. Ele é o animal extático que, em algum momento, deverá dar uma resposta à seguinte pergunta: você assumiu o seu reinado? Você se tornou o que se torna aquele que apanha o orbe do mundo? Você esteve no seu posto quando quiseram lhe entregar a esfera? Em caso negativo, por que não?

Johann Wolfgang von Goethe, *Altar da boa fortuna*, 1777, Weimar.

Mencione as razões que lhe pareceram mais fortes do que sua vocação para o jogo da esfera! Por que você não aparou a bola dourada?

Não nos iludamos: toda a filosofia mais recente — incluindo Nietzsche, Kojève, Bense, Foucault, Deleuze, o inigualável e seus amigos como exceções — constitui a lista dos pretextos que levam os teóricos a achar que não podem aparar o orbe do ser. Aos modernos nunca

Extraído de Wenzel Jamnitzer, *Perspectiva corporum regularium*, Nuremberg, 1568.

faltaram argumentos quando se tratou de expor a pobreza do ser humano. Como um ser deficiente teria condições de se encontrar com o ser? Como os estranhados poderiam enfrentar a abundância, principalmente porque na vida errada não há vida correta? Como espoliados, deserdados, despedaçados poderiam travar diálogos diretos com o todo? Como poderiam os humanos que se devotaram à utilidade cultivar o luxo absurdo do existir? Por que deveriam eles pensar sobre o ser depois de estabelecida a primazia da democracia sobre a ontologia? Qual seria mesmo a razão de ser de uma esfera inflada se a presença é impossível? E por que deveríamos nos empenhar por uma totalidade, a respeito da qual os espíritos analíticos asseguram se tratar apenas de um conceito formal ou de um fantasma narcísico?

No ocaso da época da esfera, um poeta alemão erigiria, no jardim que cercava seu chalé às margens do rio Ilm, diante dos portões da cidade de Weimar, uma grande esfera de pedra sobre um pedestal em forma de cubo, como se lhe trouxesse satisfação mostrar, uma vez mais, com esse gesto devotado à fortuna, demonstrativamente panteísta, sua reverência a esse símbolo universal saciado que se contrapõe às mentalidades dominantes do presente não preenchido. Nas formas de cubo e esfera, o artista recorreu logo duas vezes a símbolos geométricos da totalidade, cada um dos quais institui à sua maneira uma mediação entre repouso e movimento. Como que pela última vez, quem erigiu a esfera conjurou a *daimonia* clara de uma vida não despedaçada em um mundo completo. Quando mandou erigir, em abril de 1777, seu *Altar da boa fortuna*, o jovem Goethe, dirigindo-se aos pósteros, ocultou um enigma para o qual os tempos vindouros deveriam oferecer uma solução. A pergunta de Weimar à posteridade talvez possa ser formulada assim à luz da tradição da esfera: que destino dar à esfera em um tempo sem reis — ou: que destino dar aos reis em um tempo sem esfera?

Introdução

Geometria em escala colossal
O projeto da globalização metafísica

O procedimento básico da Era Moderna consiste na conquista do mundo enquanto imagem.
Martin Heidegger, *Die Zeit des Weltbildes*[1]

1. O Atlas

Se fosse preciso articular com uma única palavra o motivo predominante do pensamento europeu em sua era metafísica, só poderia ser esta: globalização. Sob o signo da forma rotunda geometricamente aperfeiçoada, que até hoje denominamos esfera, acompanhando os gregos, e globo mais ainda, acompanhando os romanos, desdobra-se e exaure-se o caso que a razão ocidental teve com a totalidade universal. Foram os primeiros metafísicos, matemáticos e cosmólogos europeus que impuseram aos mortais sua nova definição fatídica: a de serem animais que criam e habitam uma esfera. A globalização começa como geometrização do imensurável.

1. M. Heidegger, *Holzwege* [Becos sem saída], 6. ed., Frankfurt s/ Meno, V. Klostermann, 1980, p. 92. [Trad. bras. Cláudia Drucker, disponível em: https://edisciplinas.usp.br/pluginfile.php/7888155/course/section/6531687/HEIDEGGER%2C%20M.%20A%20e%CC%81poca%20das%20imagens%20de%20mundo.pdf.]

Esse processo, que perfaz o cerne da *theoría* grega, leva a questão da posição do ser humano na natureza a assumir um significado radicalmente técnico. Pois, na medida em que concebem o formato da esfera, os humanos, e só eles, estabelecem uma relação inteligível, formal e construtiva com a totalidade universal. Ter um lugar na natureza significa, então, após o encontro entre ser e círculo: ocupar um lugar em uma grande esfera — seja ele central, seja periférico. Concomitantemente com a representação da esfera tem início a confecção da esfera; em virtude desta, tem início o jogo gráfico e técnico com a totalidade e sua imagem, ao modo como os europeus geometricamente iluminados o disputam desde a Alta Antiguidade. Em seu preclaro tratado sobre a metafísica do redondo, *de ludo globi*, Nicolau de Cusa diria: "Pois nenhum animal produz uma esfera [por sua iniciativa]", e muito menos um animal consegue jogar e mirar com esferas.[2] Globalização ou esferopoiese em escala máxima são o acontecimento fundamental do pensamento europeu, que há 2.500 mil anos não cessa de provocar revoluções nas relações de pensamento e de vida dos humanos. O que ingressa como simples fato geopolítico em uma fase de maior condensação (e interpretação nervosa) foi no início uma figura de pensamento obrigatória apenas para os filósofos e os cosmólogos. A globalização matemática antecede a globalização terrestre em mais de dois mil anos. "Nós conhecemos [...] nós realmente conhecemos! Isso precisa retornar à consciência e aos sentidos. E o espírito que sustenta e desenvolve esse conhecimento precisa ser defendido contra o não espírito e a não vida." Essa exortação do jovem Max Bense — em um escrito do ano de 1935, que traz o título *Aufstand des Geistes: Eine Verteidigung der Erkenntnis* [Insurgência do espírito: uma defesa do conhecimento][3], muito sugestivo em termos de política das ideias — pode ser lida hoje como se sua intenção fosse propor o axioma para uma ética intelectual

2. "*Nulla enim bestia globum et eius motus ad terminum producit*". *De ludo globi* [O jogo da bola], in: N. von Kues, *Die philosophisch-theologischen Schriften* [Escritos teológico-filosóficos], v. III, Viena, Herder, 1989, p. 222.

3. M. Bense, *Aufstand des Geistes. Eine Verteidigung der Erkenntnis* [Insurgência do espírito: uma defesa do conhecimento], Stuttgart e Berlim, Anst, 1935; nova edição, Stuttgart, Anst, 1997, p. 122.

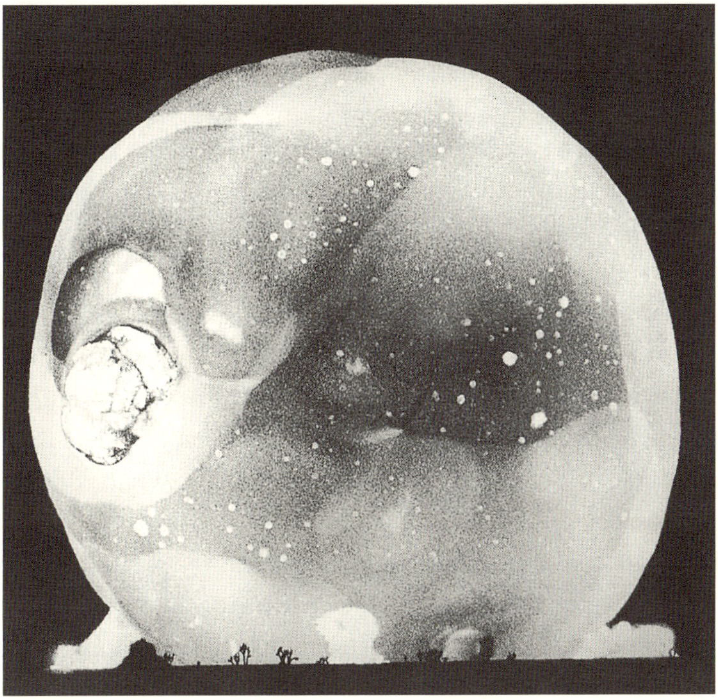

Explosão experimental de uma bomba de hidrogênio em Nevada, no início da década de 1950, fotografada a 32 quilômetros de distância.

da globalização. Só entende a globalização quem se abre para a noção de que a figura de pensamento da esfera é coisa séria do ponto de vista ontológico e, portanto, técnico e político. Pensar significa: desempenhar um papel na história dessa seriedade. A história séria é a história do ser. De acordo com ela, ser não é simplesmente um tempo qualquer — sobretudo não o tempo da existência para a morte, mas o tempo que demora para compreender o que é o espaço: a mais real das esferas.

Logrado o avanço até o conceito da esfera realmente existente, tem fim a confusa história humana — como a época em que o real perdido em fibras obscuras de tempo ainda precisava ser narrado — e passa a ser a pós-história: o estado em que o espaço absorveu o tempo. Depois das histórias, vem o mundo simultâneo. Para o cognoscente, a esfera derrotou a linha, o repouso da essência derrotou o espernear do devir. Por essa razão, a pós-história é tão antiga quanto a teoria filosófica da esfera; o que hoje se designa com essa expressão é a tentativa de imitar no globo terrestre o que Platão havia feito antes no globo cósmico: distensionamento no apocalipse do espaço.

Logo, é possível determinar com alguma clareza a data de início da globalização primordial, pelo menos em termos de época: é a do esclarecimento cosmológico entre os pensadores gregos, que puseram em rotação a grande esfera mediante a vinculação de ontologia e geometria. Talvez Heidegger tenha tido razão ao equiparar a Era Moderna com o tempo áureo em que mundo e existente se tornaram imagem, mas os primórdios do evento remontam já ao pensamento culminante dos gregos. A representação da totalidade universal por meio da esfera constitui o feito decisivo do Iluminismo europeu antigo. Em termos definitórios, poder-se-ia dizer que a filosofia primordial foi a guinada brusca que levou ao pensamento monoesférico — ou seja, o descabimento de interpretar a totalidade do ente mediante a ideia formal da esfera. Com esse golpe de força formalizador, os indivíduos pensantes foram atrelados numa forte relação ao centro do ser e juramentados na unidade, na totalidade e na redondeza do existente. É por isso que aqui a geometria precedia a ética e a estética; primeiro vem a esfera, depois a moral. Quando explicitaram a regra da construção da esfera e conceberam a periferia ideal, em que cada ponto se encontra equidistante do centro, os antigos matemáticos puseram ao alcance das energias criadoras de mundo do ser humano ocidental um instrumento de racionalidade inaudita. A partir daí os humanos podem e têm de localizar-se em um elemento abrangente, no *periéchon*, que não é mais só um regaço ou uma grota vegetativa, um lar ou uma comuna cúltica que se move em dança de roda, mas uma forma de construção lógica e cosmológica de validade atemporal. Toda inteligência passa a ser forçada a verificar sua posição em relação ao centro: estamos próximos do centro do ser e desfrutamos da atenção jovial da parte dele? Ou, pelo contrário, é a distância que nos separa do centro que nos permite aclarar onde estamos e quem somos? Estamos contidos no círculo ou fomos postos fora dele? Temos afinidade com o centro ou somos estranhos a ele? No momento em que a esfera incondicionada alçou para dentro da exposição a amplitude de tudo o que existe, os filósofos tiveram permissão para jogar na cara dos mortais comuns que eles não passam de cegos que, de tantas coisas ao seu redor, não veem a esfera. E, por serem incapazes de contar até um, eles tampouco têm a mínima condição de pensar de verdade.

Não foi o pedantismo do eterno escolado que motivou Parmênides, o primeiro pensador europeu da unidade universal, a separar o caminho da verdade do caminho da opinião; foi a nítida noção da "estrutura" unanimemente aceita do redondo universal que o forçou a reconhecer a diferença entre aqueles que levantaram o olhar e divisaram o belo arredondado, o que possui formato de uno, e aqueles que continuam perdidos como sempre nas muitas coisas que os rodeiam. A forma geométrica mais simples ascende ao grau do ideal pura e simplesmente válido, que, durante uma era mundial inteira, serviria de parâmetro para a vida desigual e o mundo fendido. A pura esfera gerada pelo pensamento enquanto olhar em torno no uníssono se transforma em crítica da realidade empírica, imperfeita, não redonda. Onde havia mero entorno deve vir a ser a esfera — com esse imperativo, a geometria salta para dentro do campo ético. Ele dá asas à transposição da alma para dentro da totalidade. Com ele, a transposição se torna algo ontologicamente sério. A totalidade do existente passa a ser interpretada sob o signo da espacialidade, do sentido e da alma: o projeto "espírito universal" ingressou na fase de formulação mais precisa. Os mortais são convidados a deixar seus cursos temporais pobres em perspectivas, nos quais desfiam sua vida em fios de preocupação; de repente eles têm uma chance de levantar os olhos do cocho da preocupação e sair para o amplo espaço amistoso no qual tudo é simultâneo, iluminado e aberto. Desde que foi eleita pelo pensamento filosófico-cosmológico inicial como protótipo da beleza perfeita, a figura sensível-suprassensível da esfera impõe à *conditio humana* a forma de um jogo que entretém, empodera e sobrepuja seus jogadores. Quando a seriedade da ideia extrapola o jogo, quem joga com esferas depara com uma esfera supergrande, superbela e super-rotunda que necessariamente passa de roldão por cima dos que jogam com ela. Portanto, seria a geometria nada mais nada menos que o início do terrível?

Na tradição das imagens da cultura cotidiana da Antiguidade, ainda não se vê, num primeiro momento, muita coisa dessa grande guinada para o redondo atemporal. A respeito do alvorecer grego da

A *sphaira* sob o pé do imperador.

esfera, foram transmitidos, ao lado de abordagens discursivas em textos filosóficos de Anaximandro até Platão, apenas testemunhos imagéticos bidimensionais da *sphaira* plana e inteiramente convencional. Ao lado de obras do tipo do mosaico dos filósofos de Torre Annunziata, trata-se sobretudo de representações em moedas, em cujos programas imagéticos a *sphaira* desempenha um papel destacado, associada a retratos de regentes e insígnias imperiais. É assim que se identifica em cunhagens antigas a imagem da deusa Nike, que escreve uma notícia de vitória sobre um escudo redondo que paira diante dela, enquanto apoia o pé sobre uma esfera deitada no chão. Esse *habitus* é assumido por césares posteriores — a *sphaira* sob as sandálias do regente se converteria em uma formulação fixa da linguagem figurada do poder. Numa moeda de um período mais antigo, o filósofo Anaxágoras é representado sentado sobre uma esfera, do mesmo modo que a figura da Itália; uma pequena gema helenista mostra até um Eros entronizado na esfera. Entre os romanos, é a deusa Fortuna que põe o seu delicado pé sobre a esfera. A imagem da esfera coagula em pura formalidade quando é apresentada laconicamente em associação com um leme — o que é suficiente para sugerir às pessoas cultas a vinculação de cibernética estatal e piedade cósmica. Em moedas de César, já estão reunidos esfera, caduceu e feixe

Sob os pés da Fortuna. Albrecht Dürer, *A grande fortuna ou Nêmesis*, 1501-1502, detalhe.

O globo terrestre sob o pé de São Francisco de Assis. Murillo, *Cristo se desprende da cruz para abraçar São Francisco*, Sevilha, detalhe.

de varas [*fasces lictoris*] em um complexo de insígnias, postulando, ao estilo de um estenograma, a unidade de dominação universal e felicidade cósmica. A partir do período helenista, a *sphaira* se tornou, como observou de modo certeiro um pesquisador, "hieróglifo corrente da totalidade universal e sobretudo do céu"[4]; sob os césares romanos, a associação de esfera e efígie do imperador evoluiu para um motivo obrigatório que deveria ser usado por quem quisesse conquistar ou proclamar poder. Quando, entre os senhores cristianizados da Antiguidade Tardia e da Idade Média, a *sphaira* se converte no orbe imperial encimado pela cruz, dá-se continuidade, mediante sublimação sacramental, à antiga equiparação de símbolo da esfera e reinado. E quando, a partir do século XIX, a imagem do globo terrestre relegou a imagem da esfera cósmica ao segundo plano, a Terra posta à parte e emancipada do céu ainda se beneficia do sentido de totalidade da esfera clássica.

Teóricos contemporâneos dos meios de comunicação poderiam perceber que a imagem da esfera nas moedas antigas atesta uma circularidade dupla: ela é cunhada sobre objetos que, por sua vez, já foram agentes e meios de uma globalização relativa no sentido econômico,

4. Cf. O. Brendel, *Symbolik der Kugel*, op. cit. (ver nota 7 do Prólogo), p. 85.

Moedas romanas da época de César.

pois, no seu tempo, havia moedas romanas em circulação em todo o mundo habitado. A *imago* do cosmo na face da moeda é parte de uma história imagética que não desemboca na arte, mas na tomada de poder nos planos político e técnico. Pois mesmo que as peças de dinheiro da Antiguidade helenista só tenham circulado na ecumene romana, na sua circulação já operava a mesma dinâmica que, a partir do início da Era Moderna, incluiria todo o globo terrestre. Dinheiro e globo andam juntos, porque o movimento típico do dinheiro — *return of investment* — constitui o princípio da circum-navegação do mundo.[5] Imagens de esferas em moedas: quando se pensa a partir do resultado, desponta nessas relíquias nada espetaculares da cultura antiga o programa da história europeia do mundo e dos meios de comunicação. Na Era Moderna, o dinheiro, enquanto capital real e especulativo, submete os humanos à dominação do intercâmbio posto como absoluto. Aquilo que domina o ciclo traz para si a totalidade. No final desta exposição, mostraremos por que a ideia principal da Era Moderna não foi demonstrada por Copérnico, mas por Fernão de Magalhães. Pois o fato fundamental da Era Moderna não é que a Terra circula em torno do Sol, mas muito mais que o dinheiro circum-navega a Terra. A teoria da esfera é simultaneamente a primeira análise do poder.

Por essa razão, já na Antiguidade, assim que a figura da esfera pôde ser construída em abstração geométrica e vista em contemplação cosmológica, impôs-se inevitavelmente a pergunta referente a quem seria senhor sobre a esfera imaginada e produzida. Nas imagens mais antigas, quem pôs o pé sobre a esfera foram as deusas da vitória, as fortunas,

5. Cf. adiante o Capítulo 8: "A última esfera: Para uma história filosófica da globalização terrestre", especialmente p. 762 ss.

A esfera como base de busto. Giovanni Battista Piranesi, *O circo romano*, 1756, detalhe.

os imperadores e, mais tarde, os missionários de Cristo; os cientistas agruparam seus apetrechos em torno dela, traçaram sobre ela paralelos e meridianos, e desenharam a linha do equador; já bem cedo, a Igreja Católica fincou a cruz sobre a esfera e proclamou Cristo como cosmocrátor e senhor sobre todas as esferas; por fim, no século XX, o globo terrestre foi integrado nos logotipos e anúncios comerciais de inúmeras empresas que operam em escala mundial. O globo é o signo comum do poder e do espírito, mesmo que, na era das altas civilizações regionais, ambos tenham se defrontado como oposições irreconciliáveis, suspeitando um do outro e dependendo um do outro apenas em termos de cooperação antagônica.

Depois que os romanos apreenderam na casa de Arquimedes, durante a tomada de Siracusa, o suntuoso globo pertencente a ele, o general Marcelo mandou transportá-lo até Roma e erigi-lo no templo de Virtus — é melhor traduzir como: a deusa da disposição de realizar coisas. A frase dita por Arquimedes ao soldado romano que o abateu: "Não transtorne os meus círculos!" logo foi entendida a seu modo também pelos comandantes militares da república e mais tarde pelos césares. Pois como os senhores explicariam coerentemente suas contribuições para a formação do Império Romano senão como tentativa de traçar

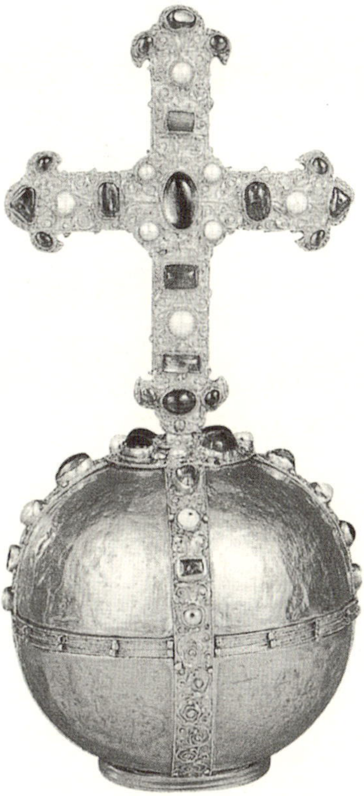

O orbe imperial dos Staufers.

com um círculo de legiões círculos cada vez mais amplos e mais bem protegidos em torno da capital eleita pelos deuses e vigiar para que ela não fosse transtornada?

Portanto, a imagem da esfera suprema dá origem à questão referente à localização do centro e consequentemente à identidade e residência do regente global; ao mesmo tempo, ela impele o pensamento que opera com imagens a oferecer uma solução para o problema se a esfera que abrange tudo pode, por sua vez, ser *posta* sobre um suporte ou uma base. Sobre que fundamento deve ser postado o universo — na imagem, no conceito, no real? Em que invólucro ou envoltório deveria ser acomodada — na representação e na realidade — a esfera de todas as esferas? Quem ou o que carregaria aquilo que carrega tudo? Ou já deveríamos admitir a ideia ousada de que o abrangente contém a si

A mão da rainha Elizabeth I da Inglaterra sobre o globo terrestre.

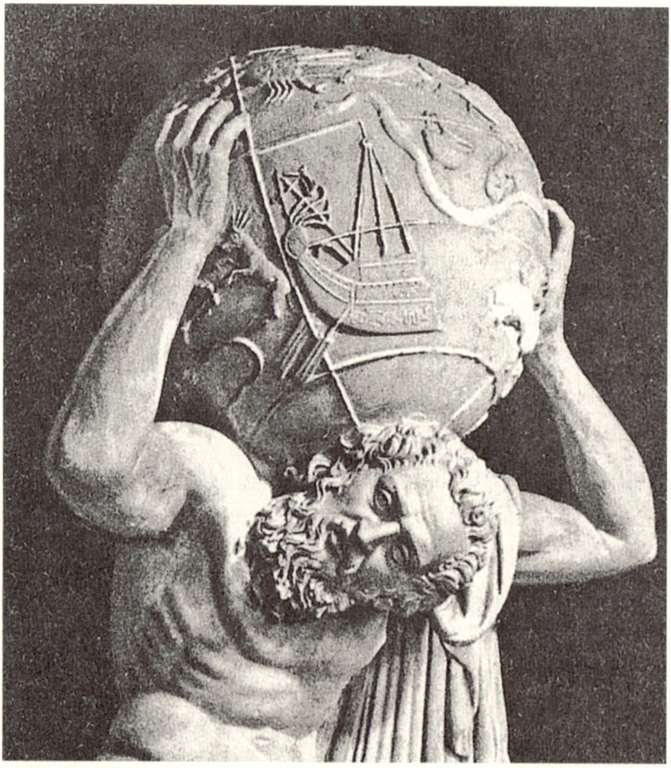

A esfera celeste sobre os ombros do *Atlas Farnésio*, século I, Museo Nazionale, Nápoles.

próprio e, de modo absolutamente plenipotenciário, *paira* no vazio sem apoio em nada externo?[6]

Diante do dilema que se divisava nessas perguntas, os pensadores e artistas antigos se socorreram da tradição mitológica que sugeriu um candidato titânico para assumir o papel de sustentador do cosmo. Esse mito foi responsável pela mais impressionante obra pictórica do globo feita no mundo antigo, pois com sua ajuda pôde ser encontrada uma resposta tão clara quanto enigmática para a pergunta pelo suporte e pelo portador da totalidade em um dos momentos mais fecundos da criação pictórica antiga.

No ano de 1575 — sob o pontificado de Gregório XIII —, escavadores toparam em Roma com fragmentos de uma estátua monumental que facilmente pôde ser identificada como um Atlas carregando a esfera celeste. Após uma restauração completa, o achado sensacional foi incorporado à coleção de antiguidades da casa dos Farneses e, no século XVIII, foi parar, em companhia dos demais tesouros artísticos dessa família, nas mãos de Carlos IV de Nápoles, o filho de Filipe V da Espanha e de Elisabeta Farnese. Por essa razão, a estátua se encontra hoje no Museo Nazionale em Nápoles, embora por seu espírito e feitura seu lar não possa ser outro que não a Roma dos césares e, indiretamente, também dos papas.[7]

6. O descobridor dessa questão — nós a denominamos a questão da localização absoluta — parece ter sido Aristóteles, que, em sua *Física*, formulou o problema após a enumeração de oito variantes de significado da preposição "em" (*en*): se tudo se encontra em outro ou em nenhum lugar ou se também seria possível que algo esteja *em si mesmo* (cf. P. Sloterdijk, *Esferas I: bolhas*, op. cit., digressão 4: "No *Dasein* há uma tendência essencial à proximidade", p. 303 e 306, nota 5). Com essa averiguação do "poder ser em si mesmo", Aristóteles tange a problemática do superlivro não escrito da filosofia ocidental, que deveria ser intitulado *Ser e espaço*.

7. Na literatura se encontram dados divergentes sobre a datação; A. Fauser denomina o *Atlas Farnésio* um trabalho do século I *antes* de Cristo; cf. A. Fauser, *Die Welt in Händen. Kurze Kulturgeschichte des Globus von H. F.* [O mundo em mãos: breve história cultural do globo de H. F.], Stuttgart, Schuler, 1967, p. 39; segundo P. E. Schramm (*Sphaira Globus Reichsapfel. Wanderung und Wandlung eines Herrschaftszeichens von Caesar bis Elisabeth II.* [*Sphaira globus* orbe imperial: migração e mutação de um símbolo imperial de César até Elizabeth II],

Em seu *páthos* compacto e sua monumentalidade imanente — a estátua tem quase dois metros de altura —, o *Atlas Farnésio* poderia dar ao observador inexperiente a impressão de um aceno dos sagrados primórdios do pensamento e da arte. Se ponderarmos ainda que, nessa obra, estamos diante do mais velho globo do mundo e que, além disso, é praticamente o único que foi preservado dos tempos antigos — tanto o globo celeste de Arquimedes do século III a.C., atestado literariamente, quanto o grande globo terrestre de Crates de Malos do século II a.C. foram extraviados[8] —, esse objeto artístico singular poderá suscitar sensações francamente numinosas. Esse Atlas, com sua cabeça barbada resignada e titânica, inclinada para o lado em sofrimento, carregada com o peso do mundo, atleta e pensador em uma só pessoa — no primeiro impacto causado, ele poderia ser contemplado como um dito dos pré-socráticos cinzelado em pedra: memória de um tempo em que seres humanos e titãs sabiam como ter empatia um pelo outro. Com seu sofrimento contido e sua resiliência formalizada, essa figura humanamente potente de Atlas parece sussurrar a quem o contempla a tese de que existir significa carregar o peso do céu.

À segunda vista, dissipa-se por completo a aura arcaica da obra e ela se revela, tanto mais claramente quanto mais sólida se torna a investigação, como uma formação na qual ideias imperiais tardias de função e conceitos científicos tardios já imprimiram suas marcas. De fato, esse Atlas carregando a esfera nas costas de modo nenhum representa o documento de um tempo primordial mítico, e isso sob dois pontos de vista.

Stuttgart, Hiersemann, 1958, p. 8), trata-se de uma obra do século I *depois* de Cristo; ocasionalmente também se fala do período de Antonino Pio, isto é, meados do século II; os autores a nosso ver mais convincentes são os que reduzem o intervalo de tempo da datação ao principado de Augusto. Franz Boll acha que a presença da constelação do trono permite deduzir o surgimento do globo nos anos que se seguiram à ascensão de Augusto ao principado. Cf. F. Boll, *Sitzungsberichte der Akademie der Wissenschaften* [Protocolos das sessões da Academia de Ciências], Munique, 1899, p. 121-122, apud Pauly-Wissowa, *Realencyclopädie der Altertumswissenschaften* [Enciclopédia das ciências da Antiguidade], Stuttgart, Metzler, 1981, artigo "Globen", col. 1429.

8. Cf. P. E. Schramm, op. cit., p. 11.

Em primeiro lugar, a esfera sobre seus ombros e entre suas mãos não é mais o velho céu de Homero ou Hesíodo, de cujo carregamento, segundo o mito, o titã havia sido encarregado por Zeus como castigo por sua participação na revolta dos antigos deuses telúricos contra os deuses olímpicos. De fato, o velho *uranós* de Homero não poderia ser representado como *sphaira*, mas apenas como hemisfério sobre o disco da Terra — é a concepção que mais corresponde à cosmovisão intuitiva, pré-teórica. Sem dúvida, para a representação antiga era mais plausível impedir que um céu hemisférico concebido como corpóreo fosse impedido de cair sobre a Terra por uma força contrária real; foi por isso que alguns testemunhos antigos também representaram a sustentação do céu por meio de colunas, em analogia ao apoio do vigamento do templo por uma fileira de colunas. Velhas sagas do Peloponeso fazem o céu repousar sobre os cumes das montanhas como se fossem colunas, de modo que aqui ganha expressão uma razão mitológica plausível para a distância entre Terra e céu.

Em contraposição, o fato de a moderna esfera matemática completa ter sido posta nas costas do personagem titânico atesta o triunfo do Iluminismo grego. Pois o que Atlas carrega sobre os ombros já é o céu dos filósofos, que desde Platão e Aristóteles é sinônimo do mundo como tal ou do cosmo. A modernidade geométrica da forma esférica ideal — sublinhada pelo traçado das linhas do equador, dos trópicos e dos coluros — continua se interligando, não obstante, com a poesia celeste pré-científica da Antiguidade que havia desenhado sobre a abóbada do vaso noturno do cosmo o catálogo completo das constelações. As imagens são trabalhadas em alto-relevo, como se as constelações noturnas não estivessem sendo vistas a partir da Terra, mas de um ponto situado além das noites terrenas. Das 48 constelações canônicas da Antiguidade, 42 são claramente identificáveis na esfera de Farnese.

O que o titã carrega sobre os ombros representa, portanto, um céu poético-científico bastardo, um produto tanto da geometria quanto da mitologia, um céu para leitores de histórias e prognosticadores de eventos naturais, que ganhou forma em uma época em que começara a se exercitar um entendimento cordial entre ciência e concepção imperial de mundo. Esse céu se volta para um público matemática ou filosoficamente alfabetizado, que, não obstante, ainda possui formação mitológica e literária suficiente para ler os símbolos das constelações como se fossem episódios cativantes das *Metamorfoses*, de Ovídio.

Nesse sentido, pode-se dizer que o *Atlas Farnésio* carrega um céu filosófico e um céu literário ao mesmo tempo, ao postar diante do observador, junto com as novas linhas matemáticas, enigmaticamente claras, uma biblioteca bem familiar de sagas estelares. Na nossa imagem se reconhece no centro a nau primeva grega, a *Argo*, emblema do espírito helênico empreendedor e símbolo central de uma cultura talassófila, impregnada da consciência de que seres humanos, na medida em que podem sentir como gregos, são entes que sempre terão algo a buscar em outras margens. A *Argo* é representada aqui como meia nau, porque no céu invernal do sul emerge acima do horizonte apenas pela metade, para voltar a afundar na primavera. A nau é flanqueada à direita por Centauro, acima do qual se podem reconhecer Hidra e Cratera, e à esquerda pela figura do Cão Maior. A cada uma dessas imagens se associa um microuniverso de narrativas, graças às quais o caráter de acontecimento do mundo assume a forma de imagens de motilidade cênica. Mesmo que a *sphaira* enquanto figura da totalidade já promova a aquietação filosófica do existente em um único contorno sublime, sua inscrição com as constelações mantém viva a memória dos dramas primordiais da vida em sequências prototípicas de acontecimentos. Aby Warburg celebrou com palavras comovidas o globo celeste coberto de constelações como o verdadeiro manifesto do gênio grego — como a síntese humana de matemática e poesia.[9]

Porém, também em um segundo sentido, essa estátua pode ser reconhecida, numa observação mais tranquila, como uma produção tardia e como que moderna. Pois esse atlante foi transposto da época dos titãs para a época dos atletas; sua data interior não é a época da titanomaquia, na qual vetustos deuses de energias e elementos lutam contra deuses mais jovens da forma e da virtude pela supremacia no

9. Cf. A. Warburg, "Über astronomische Druckwerke aus alter und neuer Zeit" [Acerca de obras astronômicas impressas antigas e recentes]. Manuscrito de uma palestra proferida na Sociedade dos Bibliófilos, Hamburgo, 1911, apud E. H. Gombrich, *Aby Warburg. Eine intellektuelle Biographie* [Aby Warburg: uma biografia intelectual], Hamburgo, Anst, 1992, p. 272-273.

universo; ele também já não está mais postado na margem da ecumene, junto àquelas colunas de Hércules, além das quais os gregos mais antigos demarcavam o fim do orbe mediterrâneo. Seu lugar é em meio a um estádio e ainda mais provavelmente em uma arena romana, na qual lutadores profissionais e praticantes de esportes violentos, na condição de bárbaros de segunda categoria, costumavam expor ao público seus corpos magníficos em demonstrações de força espetaculares e sangrentas. Isso é reforçado pelas propostas de datação citadas dos historiadores da arte e das ideias, que querem considerar a obra como trabalho romano da época de Augusto. Caso se considere a posição do equinócio de primavera no globo como enunciado acerca do momento da produção, deve-se pressupor uma escultura original surgida em torno de 300 a.C.; o achado romano seria uma réplica que teria assumido de um modelo grego a posição ultrapassada dos astros; isso, por sua vez, seria um indicativo da circunstância de que o globo teria perdido sua possível função científica para seus utilizadores romanos e só funcionaria ainda como despojo utilizado para fins de formação e como objeto de exposição imperial.

De fato, no caso do *Atlas Farnésio*, tudo indica que ele não foi usado pelos seus proprietários romanos como instrumento de esclarecimento astronômico. O fato de ele ter sido erigido atesta, antes, que foi percebido como símbolo de um novo tipo de existencialismo do poder. O musculoso titã se curva sob sua carga como se não só tivesse de carregar a abóbada celeste, mas também reverenciar um novo mundo superior de novos senhores.[10] Pois, nos termos da história das cosmovisões, um Atlas que devia carregar o céu dos matemáticos anda ao lado de um imperador que devia ter o orbe como sua preocupação pessoal. Não é por acaso que tais figuras aparecem em Roma justamente no momento em que os romanos ensaiam seu novo papel imperial. Em termos morais, carregar o céu fisicamente nada mais significa que administrar o edifício

10. Cf. a esse respeito as observações estimulantes de R. M. Schneider, *Bunte Barbaren. Orientalenstatuen aus farbigem Marmor in der römischen Repräsentationskunst* [Bárbaros coloridos: estátuas de orientais em mármore colorido nas artes plásticas romanas] (Worms, Wernersche, 1986), p. 471. Agradeço a Hans Belting a indicação desse livro.

cósmico — uma ideia que Augusto já teria considerado plausível. Resta atentar para o fato de que, a partir da época helenista, "cosmo" não é mais só o título do universo celestial enquanto totalidade belamente ordenada; a expressão "cosmo" passa a indicar da mesma forma o universo humano ou a ecumene — a cosmópole, na medida em que esta ingressou no raio de visão de um interesse imperial e de uma curiosidade antropológica. Desse modo, desloca-se a importância do papel do Atlas de um serviço forçado de cunho mítico para um ofício político de cunho salutar. Talvez Horácio já tenha associado Atlas ao papel de Augusto, ao louvar o imperador em seu poema-carta: "Tu sozinho prestas tantos e tão grandes serviços."[11]

No que se referia ao Atlas arcaico, este de fato se assemelhou a um amaldiçoado; seu destino foi parecido com o de seu irmão titânico Prometeu que, preso ao rochedo e torturado pelo abutre que lhe comia o fígado, podia com boas razões denominar-se "deus odiado pelos deuses"; ele integra o grupo dos eternos sofredores do mito grego: Tântalo, Sísifo, Filoctetes, os quais estão indissoluvelmente amarrados ao seu excesso de esforço doloroso. No imaginário romano, praticamente nada se percebe ainda dessa antiga concepção trágica de Atlas. O *Atlas Farnésio* se assemelha a um atleta do Estado que entrou marchando no circo sob o júbilo da torcida, quase não se distinguindo de um gladiador ou de um Hércules luzidio que rompe pesadas correntes de ferro em torno do peito com a força dos seus músculos. Quando levanta impetuosamente o globo celeste, ele o faz com a rotina dos antigos lutadores de circo, cuja capacidade é o sofrimento. Esse forçudo se propõe a realizar sua tarefa como se integrasse o séquito de um poderoso patrono que mantém uma tropa de gladiadores; ele aspirou o ar imperial e tem alguma noção da dor heroica tão exaltada nas arenas. Seu semblante cego de tanto esforço ausculta as ovações como se estivesse sendo acometido por uma visão revigorante: aplaudam, cidadãos de Roma, pois o Titã, o filho de Iapeto, luta contra o elemento!

O portador do céu que geme sob sua carga parece ter consciência de seu papel no teatro das forças cosmopolíticas. Seu corpo, totalmente

11. "*Cum tot sustineas et tanta negotia solus*" (*Epístolas* II, 1, 1).

especializado no esforço, dá testemunho de uma cultura que, no fim das contas, não discute outra coisa senão a respeito do dever de ser forte em um mundo em que não há facilitações para os poderosos nem indulgência para os fracos. Temos de imaginar o olhar do jovem Otaviano, depois chamado Augusto, repousando sobre essa imagem para intuir em que espécie de solilóquios essa estátua poderia ter tido seu lugar. Nada impede de supor que, mais tarde, também os imperadores filósofos do século II sacudido por crises, Antonino Pio e seu filho adotivo Marco Aurélio, demoraram-se diante dessa estátua do sofrimento de escravo e de dominador, e meditaram a partir dela sobre a *conditio humana*. Também se deve ter como certo que, quando mandou construir a cúpula do Panteão, Adriano quis reproduzir em grande escala a esfera sobre os ombros de Atlas, só que dessa vez sem o carregador mítico, apoiada diretamente sobre o chão de Roma que carrega o universo. A nudez do lutador com a esfera logo representaria a dos césares divinizados; o atletismo cultual da figura articula uma filosofia de existência e serviço que fixou residência na corte dos césares. A genuflexão patética e a resistência estoica sob a carga eterna refletem a proibição de cansar-se, pronunciada sobre a vida do césar. Qual faceta de um espelho do imperador, o carregador do céu atesta o caráter oneroso da vida eminente que os deuses postaram no centro do reino.

Todavia, ainda será preciso falar de uma terceira modernidade relativa da figura de *Atlas Farnésio*, e esta é decisiva para determinar seu sentido. Com razão se denominou essa imagem de gigante desmitificado ou humanizado[12]; da mesma maneira, ela poderia ser chamada de atleta cósmico intelectualizado, pois ele se acerca não só à aparição do lutador nu, mas também à *imago* do filósofo. Se as sugestões de datação da estátua nos períodos do helenismo tardio ou de Augusto forem levadas a sério, o feitio do cabelo e da barba do atlante ganha significância para sua classificação no espectro de tipos de masculinidade romana. O que quer que os restauradores tenham complementado e inventado: por meio de sua barba, que com toda probabilidade é autêntica, esse carregador do mundo reivindica seu pertencimento ao campo intelectual

12. Cf. A. Fauser, *Die Welt in Händen*, op. cit. (ver nota 7 desta Introdução), p. 36-39.

do seu tempo. Em consequência da hegemonia macedônica, o costume de barbear-se havia se imposto em toda a Grécia a partir do século III e, mais tarde, também em Roma. Depois disso, portar barba, que de início pode ter sido apenas indício de uma mentalidade conservadora e talvez até antimacedônica, tornou-se uma característica distintiva da classe dos filósofos. A obrigatoriedade da barba para o filósofo chegava a tal ponto que, na época de Marco Aurélio, houve hesitação em convocar em Atenas um peripatético com as melhores recomendações acadêmicas para uma cadeira docente patrocinada pelo imperador, porque o candidato se apresentara com uma barba rala; o caso foi considerado tão grave que foi preciso submetê-lo à decisão pessoal do imperador em Roma.[13] Quanto ao *Atlas Farnésio*, ele teria cumprido sem dificuldades o pressuposto para uma convocação para o ofício docente, pois sua barba cheia emitia um atestado incontestável de sua condição de filósofo. O manto lateralmente pendente, cuja presença em um titã vetusto seria tão inexplicável quanto em um atleta nu em conformidade com seu ofício, atesta o pertencimento desse vulto à camada intelectual.

Levando em conta os atributos filosóficos da barba e do manto, que dificilmente poderão ser mal entendidos, a carga que o atlante tem de carregar aparece sob uma luz modificada. Pois esse carregador de mundos, compreendido como atleta que filosofa, não está lidando com um peso material, mas com uma ideia de gravidade não física. Na condição de carregador da esfera matemática, o atlante se curva sob o peso de um teorema obscuro. O que está diante dos olhos do observador é nada menos que uma charada lógica, cujo teor se torna legível após a decifração dos signos: o peso mais pesado só poderá ser carregado pela maior das ideias. A corporalidade maciça do Atlas nos provê *per analogiam* uma boa ilustração do esforço requerido por esse ato de carregar; pois, no caso dessa representação da totalidade do cosmo, há muito que já não existe mais um corpo maciço chamado céu que devesse ser erguido e sustentado no alto unicamente mediante força física. O verdadeiro

13. Cf. P. Zanker, *Die Maske des Sokrates. Das Bild des Intellektuellen in der antiken Kunst* [A máscara de Sócrates: a imagem do intelectual na arte antiga], Munique, Beck, 1995, p. 109 s.

céu quer ser sustentado pelas reflexões abrangentes. Seu portador ou seu "suporte" é o próprio pensar. O *lógos* se tornou cúmplice e até *fundamentum* propriamente dito do abrangente, desde que ele passou a compreender o que nos abarca. O *periéchon* é o espírito, cuja leveza faz o universo-gravidade pairar no ar.

Por essa razão, o filósofo enquanto atlante tem ciência de um esforço que escapa aos que buscam o máximo desempenho corporal nas arenas. De fato, tanto atletas quanto filósofos têm em comum um conceito positivo de esforço que, na civilização superior, perfaz o homem, e ambos celebram o *pónos*, o peso sério da vida e o empenho formador do humano. Mas enquanto o atleta se detém no amor ao esforço muscular ou na ponofilia, o filósofo avança até o amor intelectual pelo que há de mais pesado, que é a totalidade. Desse modo, com seu ato de força em relação à esfera, o *Atlas Farnésio* alça ao nível de imagem o ensinamento básico da antiga ascese filosófica: filósofo é aquele que, na condição de atleta da totalidade, permite que ponham sobre seus ombros o peso do mundo. A essência da filosofia como forma de viver é filoponia, amizade com a totalidade das coisas pesadas e sublimes. O amor à sabedoria e o amor à gravidade do uno, do inteiro, resultam na mesma coisa.[14]

Para carregar o peso grande, é preciso lançar fora os pesos pequenos. Só consegue pôr sobre os ombros a totalidade quem se educa como atleta da imparcialidade. Pois quem agarra as questões pequenas e médias já não tem as mãos livres para as grandes. É sintomático que o

14. O verbo "*philoponeín*" e o substantivo "*philoponía*" já fazem parte do grego clássico; o louvor filosófico da vida praticante, sobretudo no estoicismo, simplesmente não poderia passar sem essas expressões; Platão também já conhece o "amante do esforço", que ele menciona no mesmo fôlego com os que se exercitam no ginásio e os que praticam a cura (*Fedro* 248d). Sobre a seita monofisita alexandrina dos *philoponoí* no século VI, cf. M. Wolff, *Geschichte der Impetustheorie. Untersuchungen zum Ursprung der klassischen Mechanik* [História da teoria do ímpeto: ensaios sobre a origem da mecânica clássica] (Frankfurt s/ Meno, Suhrkamp, 1978), p. 107-113. O amor pelo esforço também tinha seu lugar nas autodeclarações dos poderosos, o que transparece da fórmula de dominação de Alexandre, o Grande: *pónos kaì philanthropía* [esforço e amor pelo humano]. O gênio filosófico de Nietzsche se expressou especialmente na circunstância de ter conseguido formular, no célebre § 341 ("O peso mais pesado") de *A gaia ciência*, uma relação radicalmente nova entre *lógos* e *pónos*: a anuência do pensador à ideia do eterno retorno.

Henri Testelin, *Luís XIV com Colbert e membros da Academia Real de Ciências no salão de mapas de Versalhes*, 1667.

imperador Marco Aurélio, ele próprio um filósofo autêntico, tenha considerado apropriado anotar o seguinte entre as primeiras sentenças de suas *Meditações* (I, 5):

> Do meu preceptor aprendi a não ter pertencido, nos jogos do circo, nem à facção dos Verdes nem à dos Azuis e, nas lutas de gladiadores, não ter sido partidário nem dos Escudos Redondos nem dos Escudos Longos, mas a suportar fadigas e contentar-me com pouco, trabalhar com as próprias mãos, não me imiscuir em assuntos alheios e manter-me inacessível a calúnias.

A recompensa para essa abstinência é a crescente capacidade do filósofo de contemplar a esfera que abrange tudo, sendo impossível que ela se mostre à percepção vulgar, perdida nas coisas à sua volta. Tão

Tapeçaria dos Gobelins, Versalhes.

somente a visão abstinente e equânime para todos os lados faz com que a esfera una, que é a mais real de todas, possa ser sentida em torno da testemunha contida. É ela que ganha sua expressão mais apropriada na imagem do céu matemático pleno — aquela redondeza completa que nenhum olho empírico vê.

Mas se o céu carregado pelo atlante for, na verdade, a esfera dos filósofos, a questão da visualidade sensível dessa esfera sublime certamente é precária. A estátua até pretende dar uma visibilidade não problemática à esfera, mas à reflexão se manifesta que a ocasião da esfera no seu aspecto figurado só pode ser enganosa. O que o atlante carrega sobre os ombros é um sinal do céu, cujo equivalente real — caso ele tenha existido na realidade física — nenhum observador humano jamais poderia ver a partir de sua localização mortal. Pois *quem* você deveria ser para poder encarar a casca da esfera celeste como um objeto situado diante de você? Sobretudo, porém: *onde* você deveria estar para enxergar a partir de fora a totalidade do existente como uma cúpula?

II. O instante parmenidiano

O mundo é redondo em torno do ser redondo.
Gaston Bachelard, *A poética do espaço*

De uma perspectiva moderna, é tão difícil captar a singularidade do problema levantado pela figura do globo celeste farnésio e suas variantes posteriores que parece justificado iluminar uma vez mais, a partir de outra perspectiva, a problemática inerente a ela. De início, é preciso ponderar que entrementes a nossa compreensão contemporânea do que são e significam globos é cunhada exclusivamente pelo modelo do globo terrestre. A nossa concepção do objeto "globo" é definida quase sem exceção por interesses geográficos, geopolíticos, geoeconômicos e climatológicos atuais. Na economia moderna das ideias e dos signos, não se descobre mais nenhum papel relevante para grandes globos que não sejam ou não representem a Terra.

Essa concentração no globo terrestre é um fenômeno bastante recente — dificilmente terá mais de 150 anos —, o que se depreende da circunstância de que os globos, do seu surgimento maciço em torno de 1500 até a década de 1830, quase sempre foram confeccionados e expostos como pares. Eles iniciaram sua marcha triunfal como parelha indissociável de globo terrestre e globo celeste. Só em conjunto as duas esferas cumpriam sua missão cosmográfica e só juntas simbolizavam, em cima dos telhados das casas reais e nos átrios e salões de leitura das grandes bibliotecas europeias entre Madri e Moscou, o universo do saber e o saber do universo. Onde quer que as esferas gêmeas fossem postas diante dos olhos dos estamentos cultos, elas remetiam juntas ao dever privilegiado dos poderosos de exercitar a atenção em todas as direções. Somente os globos terrestre e celeste juntos eram capazes de

Biblioteca do Escorial, esfera armilar.

representar a totalidade do mundo terrestre e supraterrestre. Na condição de esferas duplas indissociáveis, elas representam a totalidade cósmica e a subtotalidade telúrica. Constituem o signo duplo da interpretação do mundo na era de metafísica mais recente — ou, falando como Heidegger: na época da imagem de mundo —, e, na equiparação formal das duas esferas, já se manifesta de modo mais do que evidente a valorização revolucionária da Terra.

Contradizemos com isso o mito lançado por Freud da assim chamada mágoa cosmológica causada no "narcisismo" humano: na verdade — como será mostrado mais adiante[15] —, a virada copernicana da cosmologia teve, de modo geral, um efeito estimulante sobre a autoconsciência dos europeus, e não se pode falar seriamente de uma mágoa duradoura causada nela pela descentração astronômica. O copernicanismo emancipou a Terra à condição de estrela entre as estrelas e até, como mostrou Blumenberg, a elevou à condição de única estrela que merece esse nome, porque ela passa a despontar como o corpo celeste transcendental que, como condição da possibilidade de observar os demais corpos celestes, sobrepuja todos os demais em brilho. A conjunção e o lado a lado de globo terrestre e globo celeste iguais em tamanho são o emblema dessa situação pós-copernicana: uma Terra equivale à totalidade restante do céu.

Após 1830, contudo, a confecção dos globos pares cessou quase que por completo; o globo terrestre iniciava sua marcha triunfal como representante exclusivo do princípio das grandes representações esféricas. Os globos celestes se convertem em curiosidades e vão caindo no esquecimento. Quando enxerga essa cesura, é impossível para o historiador das ideias reprimir o pensamento do fim da metafísica clássica, pois se pudermos descrever o globo celeste quase como um meio de comunicação de massa da metafísica, então a extinção desse meio cosmográfico se encontra em significativa correspondência com a consumação da tradição metafísica europeia antiga no sistema hegeliano. No momento em que a totalidade cósmica se dissolve no saber sóbrio, o céu — como o último baluarte de um cosmo objetivo — acaba perdendo também o representante ingênuo que lhe restara, o globo urânico.

Sob essa constelação, o globo terrestre solitário ascendeu ao posto de signo de identificação de efeito massivo da posição pragmatista assumida pelos jovens hegelianos a respeito dessa ideia. Com a imagem da Terra, ele apresenta a base irredutível de todos os assuntos humanos. No futuro, quem falar da Terra poderá assumir que está invocando o

15. Cf. o Capítulo 4: "A prova ontológica da esfera", p. 309-310, e o Capítulo 5: "*Deus sive sphaera* ou O universo-uno explodindo", p. 403-404.

O globo celeste e o globo terrestre no telhado da outrora Biblioteca Imperial de Viena, c. 1726; diâmetro aproximado: 400 cm.

Fábrica de globos terrestres em Paris, 1954.

solo de todos os solos. E de fato: o século XIX porventura não tinha a tarefa epocal de descer do conceito de um céu fictício das ideias para uma terra real resgatada? "Imanência" não tinha se tornado a palavra-chave do pensamento filosófico avançado? Abrir caminho até as próprias coisas, descer de alturas falsas para fundamentos verdadeiros, não tinha se tornado a figura lógica e cinética central de toda "crítica"? O antiquíssimo exercício de levantar o olhar para céus metafóricos e metafísicos perdeu sua plausibilidade quando o que importava era reconquistar o chão dos fatos humanos — ou seja, o chão da prática do gênero humano.

A era incipiente da técnica cumulativa e da antropologia segura de si não quis mais ouvir falar de transcendências e globos celestes. A destruição astronômica, óptica e filosófica do céu condenou à irrelevância também suas representações. Dali por diante, a palavra "céu" não designaria senão um efeito óptico que ocorre durante a percepção do espaço cósmico pelo olho humano imerso em uma atmosfera planetária. Esse céu comprovou ser metafisicamente vazio e antropologicamente indiferente. De uma hora para outra, o ser humano se tornou o ente para o qual lá em cima nada havia a procurar, mas muito a perder — a si mesmo. Logo, o céu não representava uma tarefa metafísica nem uma tarefa globográfica; quando muito, representava uma tarefa aeronáutica.

Por essa razão, as riquezas do ente humano não deveriam mais ser desperdiçadas em alturas imaginadas. Com a alfabetização universal, as constelações caíram no esquecimento; a escrita figurada no céu não encontrou mais leitores, de modo que apenas em subculturas aficionadas à astrologia Câncer, Virgem, Sagitário e assemelhados conseguiram sobreviver, ainda que a duras penas. O globo terrestre solitário, posto sobre suportes artisticamente trabalhados de madeira ou metal, tornou-se o significante da posição pós-metafísica em que o ser humano se encontra, na condição de ente da superfície da terra, sobre a esfera que o carrega no espaço cósmico, condenado ao autorresgate no espaço sem casca.

Essa menção da crise do céu na história mais recente das ideias ressalta com mais nitidez o aspecto do globo mais antigo que os modernos acham estranho e difícil de compreender. Pois o que o *Atlas Farnésio* carrega sobre os ombros é justamente o *outro* globo, aquele que não entendemos sem mais nem menos como herdeiros e participantes do mundo moderno: aquele globo celeste que tinha o propósito de alçar à condição de representação a totalidade do universo e pôr diante dos olhos dos seus observadores a *imago mundi* na sua redondeza sublime e irresistível. Apesar de ser um dado sensível aparentemente singelo, esse corpo de mármore decorado com constelações continuava sendo uma formação ao mesmo tempo real e virtual repleta de pressupostos abissais. Representava uma imagem no sentido filosoficamente exigente da palavra: intuição dada do não dado. Se alguém quiser imputar "melindres metafísicos"[16] a algum meio feito pelo ser humano, a exemplo do que Karl Marx fez com o dinheiro, então esse meio só pode ser o globo celeste europeu antigo. A ele se aplica o fato de que não pode haver nenhuma onto-logia válida que não necessite uma onto-grafia complementar.[17]

Assim, como foi exposto, a *sphaira* grega nada mais é do que a imagem ou o significante da totalidade cósmica. Quem vê a imagem da esfera vê a própria esfera. Só que de imediato se coloca aqui a questão referente a quem entra em cogitação como observador da totalidade real do céu. Sua exposição na imagem apela para uma capacidade visual que não tem sua sede em olhos humanos naturais, porque pares de olhos humanos, mesmo que saltassem de suas órbitas, jamais poderiam se confrontar com um céu exterior e objetal existente diante deles. A percepção humana sempre é projetada só para coletar impressões de estados sob a abóbada celeste, mas jamais para ver o céu de fora. Assim, o globo celeste se apresenta como uma figura hiperbólica acreditada por uma visão super-humana.

16. A expressão exata usada por Karl Marx é "*metaphysische Spitzfindigkeit und theologische Mucken*" (sutileza metafísica e melindres teológicos), e ele a usa em relação a mercadoria (cf. K. Marx, *O capital*, Livro I, trad. Rubens Enderle, São Paulo, Boitempo, 2013, p. 146). [N.T.]

17. A diferenciação entre "onto-lógico" e "onto-gráfico" remonta a Alexandre Kojève; ver adiante nota 27 desta Introdução.

É preciso expressar isso tão excentricamente quanto o objeto requer: o que o céu farnésio mostra é a visão de mundo de Deus. Pois ver o céu de fora como reproduzido pelo globo do atlante seria um privilégio divino, pressupondo que a representação metafísica estivesse certa em conceber Deus como uma inteligência que paira sobre as formas finitas, excêntrica, observando tudo. Tal inteligência de fato deveria ver despontar abaixo de si ou diante de si a totalidade cósmica quando baixasse o olhar para o finito-corpóreo. Caso a faculdade visual divina hiperurânica olhasse na direção do mundo, ela teria diante dos olhos um despontar constante do cosmo e poderia edificar-se na contemplação da única figura digna dela, sempre fechando um olho para eventuais detalhes destoantes — mas de onde viriam tais detalhes, dado que Uranos é um céu sem a possibilidade de uma nuvem?

Ao avistar a *sphaira* realmente existente diante de si, o observador transcendente estaria diante de sua verdadeira catedral. Em vista da cúpula sublime, o narcisismo de Deus estaria contemplado, pois o observador absolutamente noético reconheceria com suprema satisfação, na mais espiritual de todas as figuras, no *hèn kaì pân* brilhantemente corporificado, a própria essência.

Consequentemente, os antigos construtores de esferas e escultores de globos trouxeram ao mundo nada menos que um meio eficiente de imitar Deus com os recursos da geometria e das artes gráficas. Nesse processo, a arte egípcia de medição do solo se converte na arte grega de medição do céu, na verdade, de medição de Deus. Dali por diante, quando se falava em geometria, o que se tinha em mente era mais propriamente uranometria, na verdade, teometria. Dado que só o Deus dos filósofos desfruta de uma visão de mundo que merece esse nome, isto é, de uma representação completa ou abrangente do existente, o ser humano pode, mediante a confecção de uma imagem do cosmo matematicamente gerada, ter participação, por mais precária que seja, na visão divina. Por essa razão, a imagem suprema, a *sphaira*, é mais do que um signo arbitrário que significa o mundo. Essa imagem não só é, no melhor sentido, adequada ao original, como ainda atrai o observador para dentro do representado. A esfera se revela como o verdadeiro ícone dinâmico do existente: pois, na medida em que informa e abrange o observador, ela começa a *viver* dentro dele como ideia ativa. Ela desloca o olho humano até a posição excêntrica que aparentemente só poderia ser própria de um Deus separado[18]; logo, ela diviniza o intelecto humano que captou as regras de geração da esfera. Isso permite designar a *sphaira* como a imagem metafísica comemorativa *par excellence*, dado que ela, por sua dinâmica interna, inicia e completa a passagem da contemplação sensível para a representação intelectual.

A monstruosidade da esfera sobre os ombros do *Atlas Farnésio* é enunciada deste modo: nesse globo celeste, contemplamos com nossos olhos o segredo da metafísica ocidental antiga. Mesmo que ele não tenha sido o exemplar mais remoto e quase único a ser preservado[19] do seu gênero: em todo caso, ele representou o objeto mais digno e excessivo da meditação filosófica, pois como descrição do indescritível ele conferiu a forma definitiva ao pensamento que desejava ascender do que estava dado aos sentidos para intuições abrangentes. Ele é o próprio sublime, conformado como forma e abrangido como abrangente.

E, no entanto, nesse globo se oculta uma ambiguidade monumental; pois assim que foi trazida à luz do dia a forma da esfera como concepção mental, foi preciso decidir se o espírito humano se vê inserido nela mesma ou se se situa fora dela. Com a figuração tentadora do todo na esfera única são desvelados subitamente o limite e o perigo do representar metafísico. A visão da *sphaira* como *imago* da totalidade seduz o espectador a abstrair, num primeiro momento ou para sempre, de seu lugar real na existência e transportar-se para uma vida fictícia de espectador além do mundo. Por essa razão, desde o início inere ao filosofar uma espécie de farsa de Deus [*Gottesschwindel*]. O que Heidegger

18. Cf. Heráclito, fragmento 43 (Mansfeld): "De quem quer que eu buscasse explicações, ninguém chegou ao conhecimento de que aquilo que é sábio (*sophôn*) (isto é, o Deus) é algo separado (*kechorisménon*) de tudo." Cf. também S. Pétrement, *Le Dieu séparé: les origines du gnosticisme* [O deus separado: as origens do gnosticismo], Paris, Cerf, 1984.

19. Ao lado do globo farnésio, entra em cogitação como segundo candidato a documento antigo autêntico, quando muito, o globo celeste de mármore que se encontra em Arolsen.

Carregar, conter, segurar, servir de base. Sobre a totalidade e seu suporte.

denominaria de esquecimento do ser já começa com a instrução antiga para um ver bem-aventurado da esfera a partir de fora. A *sphaira* como figura suprema do pensamento representacional atrai os mortais para o jogo de uma observação de fora que no começo é jovial e depois se torna dominadora, que num belo dia desembocaria em sonhos politécnicos de disponibilidade e na tirania do saber sobre a vida na totalidade explicada como coisa. Representar de modo dominador significa conceber o *totum* como algo disponível e colocar a si próprio na posição segura de contraparte. Assim a globalização metafísica do existente já teria sido o convite para esquecer o ser e a primeira traição cometida contra o lugar existencial do ser humano?

No que se refere à escultura farnésia, as coisas ainda não tinham avançado a ponto de justificar advertências de teorias críticas modernas contra a lógica senhorial e a rigidez da coisificação. O representar panorâmico constitui, num primeiro momento, um privilégio válido exclusivamente para o observador postado diante da estátua. O próprio Atlas — brutalmente excluído da totalidade que ele carrega — está parado ali, na cegueira causada pelo esforço de levar a carga, como que destituído de visão de mundo. Se atentarmos para a sua postura curvada, vemos que ele ainda não tem acesso à leveza da teoria nem um conceito verdadeiro do objeto que pesa sobre ele. Ligado à sua esfera somente pela percepção do peso colossal desta, ele sabe a respeito dela apenas o que seus ombros curvados conseguem entender. Ele tem do mundo o conceito prévio que seu peso lhe transmite. O que o sintoniza

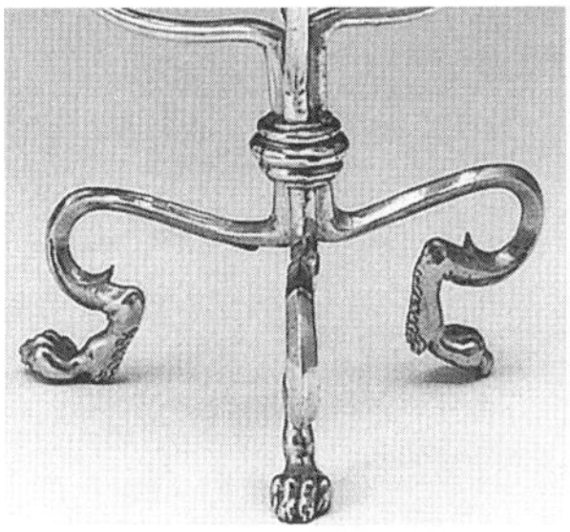
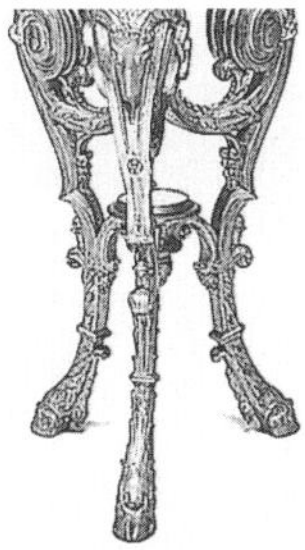

com a totalidade do existente é tão somente o preconceito do seu caráter de carga — ele filosofa como que com músculos retesados, pescoço curvado e alma prensada. É o peso do mundo que ilumina este que é o mais estranho de todos os filósofos; a gravidade lhe concede acesso a uma verdade obscura sobre a totalidade. Por essa razão, esse Atlas ainda não pode atuar como um senhor de mãos livres, muitos menos como técnico ou experimentador no sentido moderno, dado que ele, em seu curvar-se permanente sob o peso indivisível, não avançou até o princípio do alívio da carga.

Sob esse ponto de vista, a figura do atlante, mesmo que tenha sido discernida como uma escultura relativamente moderna, é bafejada por uma profundidade pré-teórica — pode-se entendê-la, por sua substância mitológica, quase como um aceno vindo de espaços pré-socráticos, nos quais a sabedoria ainda não tinha sucumbido ao ditado da cultura científica. Além disso, esse Atlas é de natureza totalmente não pragmática, pois seu ato de carregar o céu significa o oposto do manejo técnico de coisas a serem modificadas ou confeccionadas. Como paralisado pelo fascínio, ele persevera em uma perpétua meditação muscular. Ao estilo de um herói pré-homérico, é alguém que aguenta fatalidades, não alguém que supera estados de coisas; desatar nós de problemas não é com ele. Quando muito, o mundo também está ao alcance de suas mãos onde estas tocam a superfície da esfera, mas esse estar ao alcance das mãos não conta com o apoio do olho ciente das coisas ou mesmo do olho teórico — por conseguinte, ele ainda não está a caminho da técnica. Pois, para tornar-se técnico, ele necessitaria do alívio da carga

Atlas Farnésio, detalhe.

proporcionado pelo representar e pelo experimentar, e justamente isso ainda está fora do alcance do atlante.

Se algum dia o Atlas pudesse — o que é plausível como manifestação de uma necessidade — passar a esfera para outro carregador[20] ou apoiá-la sobre um suporte, essas mesmas mãos titânicas seriam apropriadas para processar e deformar a totalidade agora ao alcance das mãos livres. Entendemos de imediato que isso traria à baila o conceito de técnica de Heidegger como prática titanoide de representação, confecção e deformação. Pois a técnica viria a ser exatamente aquilo que se torna predominante quando o carregador do cosmo depõe sua carga-imagem e, mediante processamento, conquista o mundo representado e deposto (Heidegger o formularia assim: quando o que está na base é interpretado como sujeito e o sujeito como aquilo que domina sobre isso).

20. O mito tem conhecimento de um episódio de entrega do céu a outro: Hércules toma o lugar de Atlas, enquanto este vai buscar o pomo das hespérides para o seu visitante. Aqui surge uma primeira teoria do alívio da carga *in nuce*: Atlas, alegrando-se com a liberdade de movimentos recém-obtida, recusa-se a reassumir a carga do céu e comunica a Hércules que, daí por diante, ele deve carregar o céu em seu lugar. Hércules finge aceitar sua nova condição, mas pede a Atlas que volte a segurar a carga apenas pelo tempo necessário para que ele confeccione com panos um acolchoado para as suas costas. Atlas, sem perceber o ardil, concorda, segura o céu e é forçado a observar Hércules afastar-se rindo. Poder-se-ia dizer que, desde então, as altas civilizações discutem — de modo mais latente do que franco — a questão sobre como fazer para que outros assumam a parte mais pesada.

Rafael, *A escola de Atenas*, 1510, grupo dos cosmólogos, detalhe.

Há, pelo menos, um grande testemunho do pensamento grego mais antigo provando que a escolha entre o sofrimento livre de teoria do escravo e a teoria livre de sofrimento dos senhores não constitui uma alternativa plena na questão da relação entre ser e pensar. Nos fragmentos da obra de Parmênides que chegaram à posteridade, expressa-se uma cultura da teoria, para a qual a essência da esfera justamente não se revela pela contemplação leviana de fora, muito menos pela posição titânica de servo.

Para Parmênides, a teoria da esfera nada significa além de visão geral desimpedida para o interior de um ente aberto que a partir de si mesmo presta informação sobre si mesmo. Por essa razão, nunca entra em cogitação para o filósofo a ideia de uma localização fora dele. Quando, em uma passagem decisiva do seu poema didático, ele faz com que seja proclamada a doutrina tão famosa quanto obscura de que pensar e ser — *noeín* e *eínai* — são uma e a mesma coisa, consumou-se com esse dito o pulo do gato do pensamento para dentro do centro aberto do mundo. De um só lugar, a saber, a partir de dentro, do imanente,

Giovanni Battista Piranesi, cúpula do Panteão.

mantendo-se no interior, é possível captar com pensamentos de modo visualizável a esfera do existente — e isso não mediante um gradativo andar em volta, um ruminar das opiniões correntes sobre as coisas em volta ou um repassar dos detalhes variados com que deparamos no entorno, mas tão somente mediante a abertura repentina do olho para o indiviso, "monolítico", o unânime, o rotundo, o uno. Assim, Parmênides descobre o espaço dos filósofos como o monstruoso trazido à luz.

De uma só vez, o campo inteiro do entorno fica claro, o gradativo é não filosófico. A totalidade resplandece na luz inundante de uma circunvisão simultânea que, em um piscar de olhos, divisa o que está em volta. É precisamente assim que, para a inteligência circunspecta, a esfera absoluta também já está dada irrecusavelmente e para sempre a partir de dentro. Essa visão sincrônica de todos os lados para dentro da totalidade una, que vibra em si mesma como um vaso-esfera trazido à luz, é recomendada pela deusa como única vista verdadeira. É impossível que se trate de um olhar distanciado e exteriorizante para uma totalidade à disposição, mas ela designa um valor limítrofe extático da concepção de mundo conforme a natureza a partir da posição fundamental do ser no mundo.

A ampla vista para dentro do unânime, aberto, todo circundante, praticamente nunca é tentada pelos mortais comuns, porque sempre

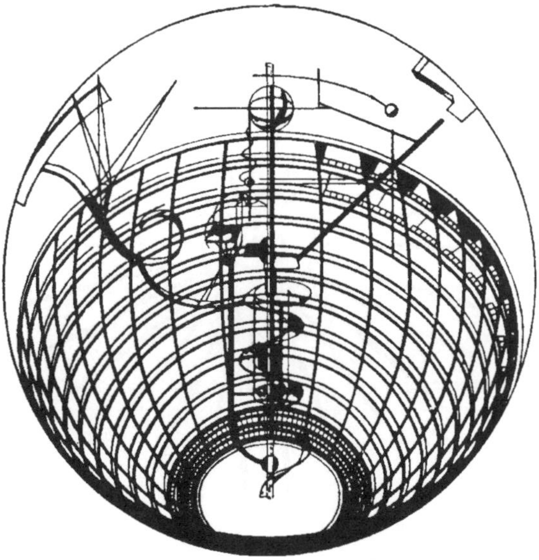

Andreas Weininger, *Projeto de um teatro esférico*, 1925-1926.

estão fixados no estado atual de coisas e em qualquer coisa com que deparam e, em meio à esfera, estão cegos para a esfera. Enredados em preocupações, histórias e opiniões, eles deixam de ver o estado de exceção que inaugura a teoria proporcionado pelo olhar integral em volta para dentro do ser franqueado. Logo, eles não "realizam" [= "não se dão conta de"] sua condição na mesmice invariavelmente uníssona e se perdem em opiniões fragmentadoras sobre isto e aquilo. Incapazes de focarem sua presença de espírito na circunvisão imediata para dentro da imóvel totalidade ou claridade, eles, os mortais, não chegam à localização que a deusa começa a explicitar ao seu protegido, ao filósofo, como a verdadeira e salutar.

Na escola do ver, na escola do olhar filosófico em toda a volta ou da percepção que reúne tudo, o pensador sente e compreende o que significa: "saber" tudo, ver tudo o que se pode ver, conhecer tudo o que está no entorno circundado pelo anel do ser, e tudo isso para sempre e constantemente na mesma luz do notar — caso notar ou perceber queira dizer aqui que tudo o que existe de fato possa ser constantemente reduzido a este denominador comum e unânime: "que ele é."[21] Nada além

21. A respeito da fórmula "*hos éstin*" ("que ele é"), cf. o lúcido comentário de

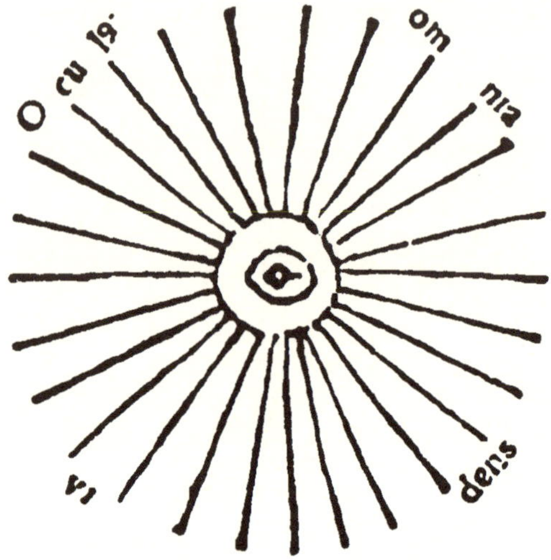

Oculus omnia videns, ilustração em Carolus Bovillus, *Liber de sapiente*, 1510.

disso significa o dimensionamento da esfera do ser, realizado de um só golpe, na meditação original, que aceita que tudo que é lhe prescreva a característica comum "*eôn* = ente". O existente como um todo é determinado de modo soberano mediante "franquia para a circunvisão intelectual precisamente nesse existente". Por essa razão, ser equivale aqui à interconexão na clareira homogênea da esfera franqueada a partir de dentro por meio de um notar circunspecto. "Pois perceber e ser é a mesma coisa."[22]

> Nem é (o ente) divisível, dado que como totalidade é um idêntico. Pois ele não é de algum modo neste ponto algo a mais ou naquele ponto algo a menos, que pudesse impedi-lo de ser um conjunto coeso, mas como totalidade de ente é preenchido por

T. Buchheim, em seu livro *Die Vorsokratiker. Ein philosophisches Portrait* [Os pré-socráticos: um retrato filosófico] (Munique, Beck, 1994), sobretudo nas p. 117 ss.; ali também se encontra a menção do sentido de *noeín* como "realizar" ["dar-se conta"].

22. "[...] *tò gàr autò noeín estín te kaì eínai*" "[...] pois conhecer algo equivale a [dizer] que esse algo é" (Mansfeld, fragmento 7).

> dentro. Desse modo, sendo um todo, é um conjunto coeso; pois ente se associa a ente.[23]
>
> [...] Dado que há, em contrapartida, um limite extremo, ele é bem-acabado em todos os aspectos, semelhante ao volume de uma esfera bem redonda (*eukýklou sphaíres*), estendendo-se a partir do centro de maneira homogênea em todas as direções.[24]

Também em relação a essa quase esfera ontológica, que não é esboçada com base no círculo dos matemáticos, mas a partir do senso circunspecto para o denominador comum "que é" de todo o existente — razão pela qual à sua extensividade sempre adere também um sentido figurado; mas qual é propriamente esse sentido? —, levanta-se a pergunta referente a quem era capaz de percebê-la e onde o observador deveria se postar para "realizá-la" [= "dar-se conta dela"]. Enquanto o globo celeste, como foi mostrado, na condição de objeto de representação, se tornaria visível somente para um observador metafísico ou para um usurpador excêntrico que imita a visão de mundo de Deus, o globo ontológico de Parmênides só poderia se mostrar a um extático, que, na condição de inteligência absolutamente contemplativa olhando em volta esvaziada de si mesma, transporta-se para dentro do "coração não trêmulo da verdade".

Quem se apropria do aspecto exterior da totalidade do céu visualiza o suprassumo da objetalidade como tal — a totalidade cósmica como o superobjeto que não contém o superobservador. Em contraposição, a esfera parmenidiana corporifica o suprassumo de uma figura de inclusão oni-imanente, e, dado que ela é formada por um único predicado, a saber, "que é o que ocorre no perceber circunspecto", ela não possui a estrutura de uma coisa, mas a de um estado de coisas intelectual — um panorama abobadado como que animado a partir de dentro, uniformemente iluminado.[25] Enquanto o observador do céu

23. Poema didático, fragmento 11, versos 20-25, apud *Die Vorsokratiker* [Os pré-socráticos], grego/alemão, ed. Jaap Mansfeld, Stuttgart, Reclam, 1987, p. 321.

24. Poema didático, fragmento 11, versos 42-44, ibidem, p. 323.

25. A circunvisão parmenidiana é implementada tecnicamente de modo parcial pela arena romana e pelo panorama moderno, o cinema 360 graus e sua continuidade

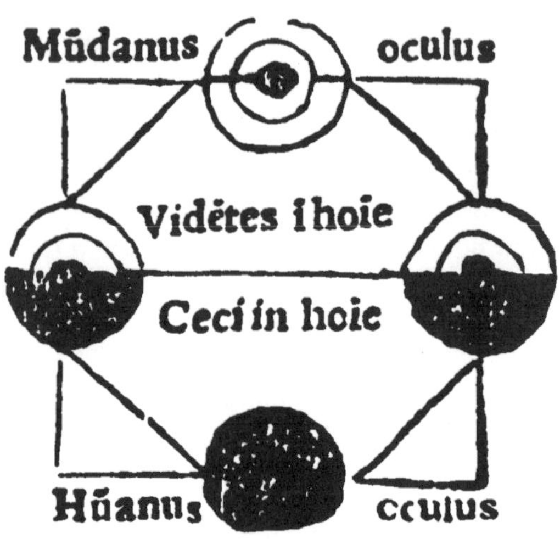

Humanus oculus, iluminação, meia visão e cegueira.

teria de assumir uma posição absolutamente excêntrica, o espectador da esfera parmenidiana do ser teria de centrar-se de modo absoluto — e isso a ponto de ter de distanciar-se radicalmente de seus vínculos com impressões sensíveis e com o ouvir dizer na comunidade humana: ficar deslocado/louco[26] pelo centro.

Enquanto a visão de mundo de fora trazia à baila certa excentricidade ou um deslocamento/uma loucura cosmológico/a, a concentricidade do pensamento eleático depende de um contradeslocamento/uma contraloucura — da capacidade de deslocar-se para o centro absoluto e de deixar-se envolver, em contemplação extática, pela plenitude

na atual tecnologia da realidade virtual. Cf. U. Pirr, "Zur technischen Geschichte des Rundumblicks. Vom Panoramagemälde zur interaktiven Virtuellen Realität" [Sobre a história técnica da visão de 360 graus: da pintura panorâmica à realidade virtual interativa], in: M. Warnke, W. Coy e G. Christoph Tholen (eds.), *HyperKult. Geschichte, Theorie und Kontext digitaler Medien* [HiperCulto: história, teoria e contexto da mídia digital], Basileia e Frankfurt s/ Meno, Stroemfeld, 1997, p. 291-330.

26. Para entender a relação do termo "demente/louco" com esse contexto, é preciso saber que o termo alemão "*verrückt*" para "demente/louco" provém do verbo "*verrücken*", que significa "deslocar", ou seja, louco ou demente é aquele que foi deslocado de seu prumo, sua mente, seu centro, isto é, trata-se de uma pessoa excêntrica, descentrada, desconcentrada em vez de centrada. [N.T.]

imóvel, "monolítica". O olho espacial parmenidiano capta com seu súbito relancear em volta o único continente da abertura do ser que prodigamente revela a si mesmo. É certo que, em seu poema didático, o filósofo não diz abertamente que a esfera do ser significa o verdadeiro Deus e sua visão salutar, mas, por toda a sua tendência, sua ontologia é projetada para fazer do filósofo o cossabedor da circunvisão divina para o uno e próprio imóvel. Ele, o superdeslocado/louco, é o único, ao qual pode ser concedida uma visão privilegiada no interior da concepção de mundo do Deus redondo a partir do ponto de vista mais interno possível. Pois quem senão um Deus que, a partir de dentro, olha para dentro e para fora do seu mundo poderia satisfazer a condição de apreender a esfera estática do existente como um todo em anfiscopia completa?[27]

Torna-se premente a ponderação de que, nos dois casos de contemplação da esfera — tanto na excêntrica metafisicamente globalizante quanto na concêntrica extaticamente circunspecta —, não só entram em concorrência entre si dois estilos diferentes de teologia filosófica, uma exoteológica e uma endoteológica, por assim dizer; uma que

27. Alexandre Kojève observou o seguinte a respeito desse Uno universal que é contemplado na imagem da esfera: "O que importa na imagem parmenidiana do ser é, de um lado, que a esfera é absolutamente *homogênea*, de modo que não se pode propriamente falar de suas *partes*, e, de outro lado, que a própria esfera não possui um *limite* (transponível) *para o exterior* e, sendo assim, está *totalmente limitada a si mesma*. [...] Portanto, nada pode ultrapassar a esfera do ser: como quer que alguém se des-loque dentro dessa esfera, em *toda parte ele terá a mesma quantidade de ser* diante de si quanto atrás de si, e, *em toda parte*, será o mesmo ser" (A. Kojève, *Le Concept, le temps et le discours: introduction au système du savoir* [O conceito, o tempo e o discurso: introdução ao sistema do saber], Paris, Gallimard, 1990, p. 289). (Trad. alemã Peter Sloterdijk.) (Sou grato a Boris Groys pela indicação das reflexões de Kojève sobre a possibilidade de uma "esferologia última".)
Isso significa: a exigência da homogeneidade implica que, na esfera, não existe uma real pluralidade de pontos reais ou espacialmente distintos, mas apenas o ponto central espacial-supraespacial, do qual sempre já faz parte a esferoscopia divina. Cf. também as exposições de Kojève sobre a "tese parmenidiana" em *Essai d'une histoire raisonnée de la philosophie païenne I* [Ensaio de história arrazoada da filosofia pagã v. I], *Les Présocratiques* [Os pré-socráticos] (Paris, Gallimard, 1968, reimp. 1997, p. 206-236), aqui especialmente a p. 211 (Crítica do uno-espaço ou então do espaço-uno).

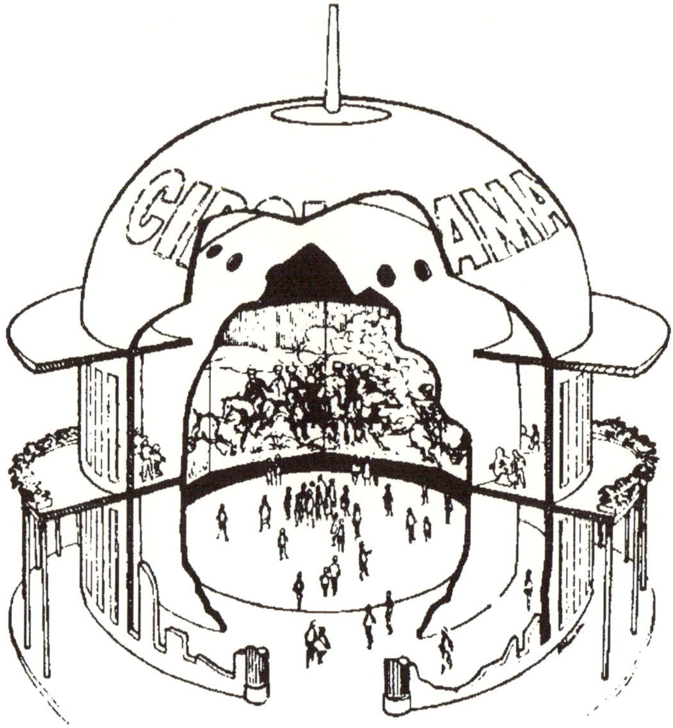

Cinema 360 graus russo, desenho de um projeto da década de 1920.

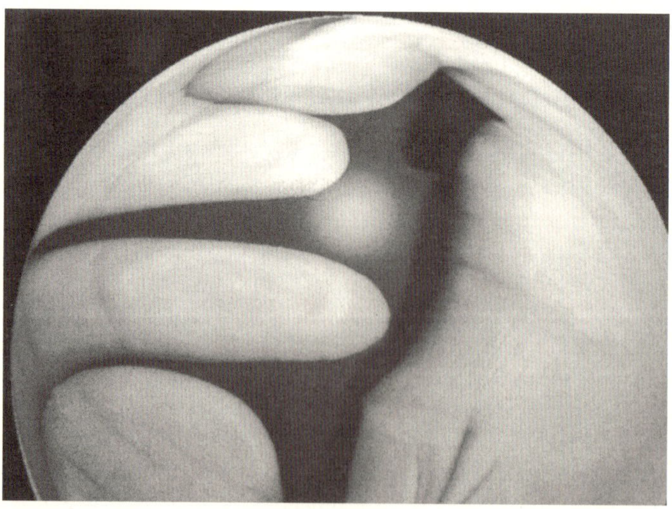

Masaki Fujihata, *Impalpabilidade*, 1998.

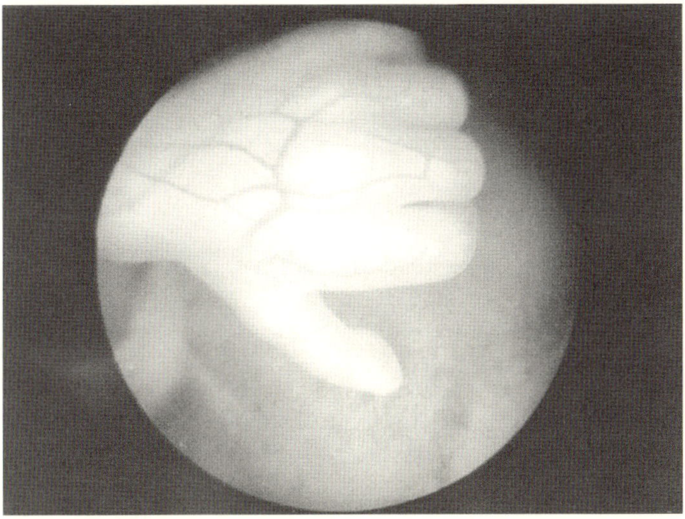

Mão de feto, fotografia de Lennart Nilsson.

confronta o Deus e sua inteligência com a totalidade do existente visto como coisa e uma que desloca o Deus inteligente *para dentro* do centro do ser, fazendo com que ele consiga dirigir o olhar, a partir de dentro, para dentro da esfera universal própria. É óbvio que esta segunda via, pelo fato de poder ser traçada pelo interior da autorrelação humana, permaneceu de longe a mais fecunda e mais enigmática; ela é a única que talvez possa se isentar da suspeição moderna contra o pensamento "arcaico" da unidade-universo. Suas ramificações chegam até a mística da Baixa Idade Média e o idealismo alemão, incluindo as explicações reticentes de Heidegger sobre o ser no mundo, que alegam deixar para trás todas as comodidades metafísicas tradicionais e, no entanto, não conseguem dissimular sua estrutura criptoparmenidiana. Inclusive a ontologia de Gilles Deleuze, dotada de um *páthos* espinosista exacerbado da imanência, manifestamente ainda se encontra dentro do *continuum* parmenidiano.

O impulso eleático, como quer que tenha sido interrompido pela intervenção de Platão, prescreveu ao pensador posterior a tarefa de, a partir da posição da concentricidade extática, lançar o olhar para dentro de um existente circundante organizado como anfi-mundo próximo-distante: a filosofia suprema é a anfi-teoria do anfi-cosmo. De que

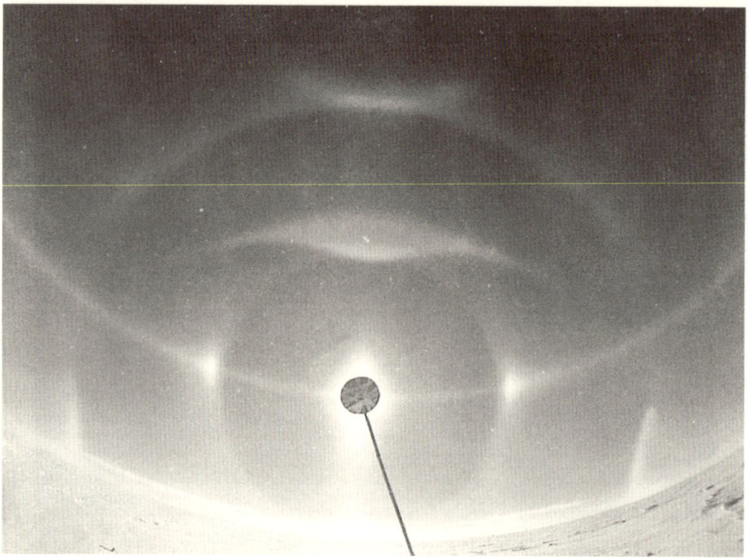

Halo no polo Sul, 2 de janeiro de 1990, fotografia de Walter Tape.

outro modo isso poderia dar certo senão por meio de uma segunda espécie de deslocamento/loucura teológico?

Talvez o comentário mais acertado sobre Parmênides tenha sido formulado por Nietzsche: "Em torno do herói tudo vira tragédia, em torno do semideus tudo vira sátira; e em torno de Deus tudo se torna como? Talvez 'mundo'?" (*Além do bem e do mal*, § 150).

III. Carregar Deus

A seguir, poremos a descoberto como o fenômeno básico do mundo microesférico — a evocação recíproca dos dois unidos em estreita relação — se repete também na macroesfera, no universo globiforme. O par tem de conquistar também a esfera absoluta para si. Indicativamente já mostramos que onde se pensa a partir de um único centro dominante, impõe-se a questão do papel e da importância dos epicentros. Ademais: quando se assume que uma esfera finita máxima contém o existente na totalidade, como se deve conceber então seu exterior e seu defronte? Que valor atribuímos ao resto não abrangido por ele e onde o situamos (caso ele exista)?

E ele existe: o resto cai na vista. A figura farnésia do Atlas pôs diante dos nossos olhos de modo sensível o paradoxo da esfera oni-inclusiva. Se realmente se pretende que o globo celeste represente o símbolo da inclusividade absoluta que se autorrealiza como verdade, em que situação fica o desafortunado Atlas que tão evidentemente não é contido por aquilo que ele segura nas mãos? O que dizer da qualidade da totalidade de uma figura total oni-inclusiva, fora da qual se move um elemento banido, perdido, excluído? Em sua desgraça estatuária, o Atlas corporifica a questão que, desde o início, foi incluída como inquietação no que foi dado a toda a metafísica harmonizadora da esfera: qual é o peso dos pontos excêntricos em um mundo inclusivo redondo, no qual todo poder emana do centro? O que significam os locais que parecem ter caído fora do perímetro da totalidade e se encontram em um exterior inquietante e inessencial?

Um olhar para a condição do miserável atlante, que tem de servir de suporte para a totalidade, basta para compreender que todo mundo finito construído em torno de um centro é assombrado por uma inevitável excentricidade; pois, se a totalidade for uma esfera gigantesca, mas finita, ela não poderá deixar de ser questionada a partir de um exterior que restou do lado de fora. A posição esfolada do cosmóforo já prenuncia que a totalidade belamente arrendondada poderia ser ameaçada por um levante de escravos das forças exteriores e inferiores, e que, em todo caso, a totalidade só terá permanência em sua euforia geométrica, se e enquanto se conseguir manter o excêntrico em xeque a partir do centro. Foi exatamente essa relação que os gregos circunscreveram por meio da ditadura olímpica sobre os antigos deuses titânicos transpostos para fora e para baixo; ela equivale à doma do caos pela forma cosmificadora.

Pode-se objetar que nossa figura do Atlas em sua inevitável ingenuidade plástica não tem outro jeito senão pagar um tributo duplo ao imaginário mítico e ao pensamento representacional. Porém, Parmênides já não mostrara uma maneira de evitar ser induzido a erro pelo visual exterior e chegar a uma visão para dentro [*Ein-Sicht*] imanente, obtida de modo radical a partir de dentro de uma esfera pura e simplesmente

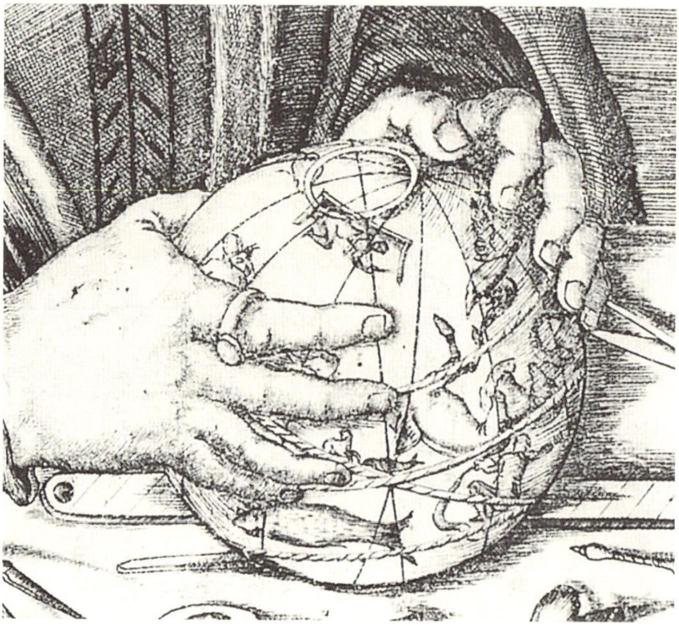

Globo celeste nas mãos do cosmógrafo Gemma Frisius (1508-1555), detalhe de um retrato póstumo, 1557.

sem o lado de fora? Por essa via, não foi estabelecido o domínio do centro de maneira impecável e sem ser turvado por restos excêntricos?

Ora, é exatamente a visão parmenidiana da esfera que permite expor que também ela é acometida de uma excentricidade irreprimível, ainda que seja de uma espécie bem diferente. Ela não se afirma, como no exemplo de Atlas, pela posição fora da totalidade, mas pela dificuldade insuperável para mortais comuns, de se posicionar em um centro absoluto. Não se pode encarar como condição marginal qualquer da teoria parmenidiana o fato de ela ter sido transmitida pela boca de uma deusa a um filósofo arrebatado — distante das moradias cotidianas, após ascensão impetuosa até um lugar sobre-humano e soberano. Pois o que a deusa ensina: a anfiscopia extática para dentro da esfera perpetuamente imóvel do "que é" erige uma norma para o ver filosófico, que simplesmente não pode ser cumprida por olhos mortais. Pois, por estarem afeitos à aparência da vida dinâmica, mutante, esses olhos jamais chegam à posição central extático-panorâmica, a única a partir da qual seria possível a circunvisão ontológica — a ontoscopia como anfiscopia. Logo,

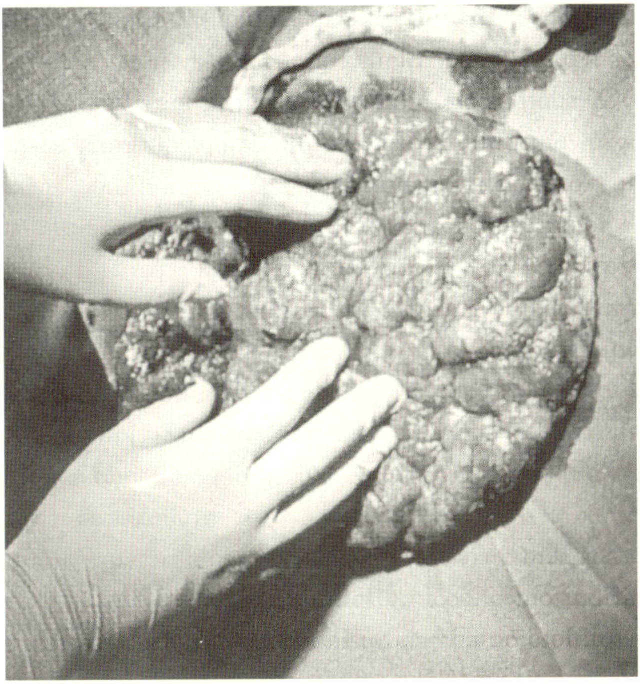

Exame da placenta, fotografia de Lennart Nilsson.

é a vida e a visão humanas habituais que se mostram como excêntricas em relação àquele centro a partir do qual se pretende lançar o olhar circular do Deus e do filósofo para dentro do unânime.

Desse modo, está comprovada uma segunda excentricidade que traz consequências muito mais íntimas e renitentes do que a primeira — nós a denominaremos de epicentricidade para distingui-la da exterioridade do observador. A filosofia se dirige ao intelecto humano comum com a exigência descabida de compreender isto: *não* vejo o mundo a partir do centro do mesmo modo que o veria se fosse capaz de permitir que Deus tenha um vislumbre de seu mundo através dos meus olhos; pois, sendo como sou, eu próprio sou uma turvação diante do olhar absoluto; olho para dentro do mundo a partir de um ponto epicêntrico e, por conseguinte, nada vejo de uma totalidade duradoura, mas tão somente o reflexo colorido de uma totalidade invisível. Através do véu das opiniões, imagens, situações, sempre capto só fragmentos e aspectos parciais da obscura máquina do devir.

Portanto, enquanto, em vista da figura do Atlas, descobrimos uma tensão entre a esfera do cosmos e sua impossível vista exterior excêntrica, resulta da investigação da visão parmenidiana da esfera uma tensão indissolúvel entre o olhar absoluto, completamente centrado para dentro da esfera ontológica, e a concepção epicêntrica do mundo a partir do ponto de vista existencial. Portanto, ver o mundo com os sentidos significa: *não* olhar para dentro dele a partir do centro real. Desse modo, foi proferida uma sentença de graves consequências sobre a *conditio humana* cognitiva: enquanto os humanos não chegarem ao estado de exceção extático da anfiscopia filosófico-divina, eles estarão condenados, sempre e irrestritamente, à existência em posições epicêntricas quase cegas. Expressando esse fato com referência à antropologia grega, dali por diante, eles não são mais só os *brotoí*, os mortais, mas também os deslocados do centro, os jogados às circunstâncias, os seres marginais, os obnubilados pela situação. Os humanos são os deuses marginais e, como tais, incuravelmente epicêntricos, míopes, semiclaros. Esse resultado prematuro da filosofia grega é um megaevento na história do esclarecimento das autorrelações humanas, pois na sequência os humanos altamente civilizados teriam de se compreender, apesar do seu imemorial etnocentrismo e egocentrismo, por todos os tempos como seres que não são do centro.

A filosofia clássica é o desafio de entender que o centro reside em outro lugar. Quando estão consigo mesmos, os humanos até são demandados pelo centro, mas não são o próprio centro. Aquilo que, no século XX, foi denominado, principalmente nos discursos do antimodernismo católico, de a perda do centro constitui, visto da perspectiva dos mortais esclarecidos, um acontecimento que já passou faz uma era, condicionado por um novo tipo de interpretação metafísica do espaço. Essa interpretação gera o notável ponto alto de que os humanos agora se deslocam para fora do centro porque se impõe "defronte" do seu pensamento como ponto central absoluto um ponto que não se situa dentro deles mesmos. A partir daí, ser humano significa existir em um epicentro do absoluto. Existência epicêntrica, por seu turno, significa isto: estar ciente de ter sido bafejado e afetado pelas palavras de encorajamento de um centro supremo, sem poder se confundir com esse centro.

E justamente assim passa a vigorar, no espaço da vida consciente desdobrada, uma relação que efetua exatamente a repetição das relações microesféricas íntimas em nível macroesférico. Pois a relação tensa entre epicentro humano e centro divino replica a evocação recíproca original dos dois unidos em íntima relação — só que agora na altura da compreensão de mundo que amadurece em termos de lógica e de prática. Pensar metafisicamente no sentido clássico significa, portanto, meditar sobre o fascínio que o centro exerce sobre os pontos epicêntricos em torno dele.

Nada se vislumbra ainda desse sublime epicentrismo metafísico na relação do Atlas com a sua esfera celeste. Sua exterioridade diante da maior das esferas e de seu centro é de qualidade excêntrica e não epicêntrica. Por essa razão, não se percebe no ato de carregar a totalidade o que ele poderia contribuir para a subsistência da esfera sobre seus ombros: poder-se-ia dar à esfera outro suporte sem que ela sofresse qualquer mudança digna de menção. Portanto, não é possível supor nenhuma relação condicionante essencial ou íntima de Atlas com sua carga celeste, e no céu inteiro, por seu turno, não há nada cuja efetivação necessitasse da sustentação por um suporte exterior. (Vamos abstrair aqui por um instante a suposição antes aventada de que a capacidade de o céu ser uma totalidade precisamente também poderia ser condicionada pelo amor ao esforço do pensador capaz.)

Bem diferente é a situação dos papéis centrais que cabem aos humanos, quando estes estão associados a um centro na condição de epicentros, sendo usados e atraídos por ele. Os protótipos mais evidentes de tais utilizações íntimas de humanos como portadores do absoluto encontram-se na história salvífica do cristianismo — mais precisamente sempre que indivíduos humanos são postos em estreita relação com um centro divino e empregados por este como colaboradores na autoconsumação da salvação. Pois, na medida em que quer efetuar a disseminação da salvação, toda a prática cristã é teofórica — isto é, fundada sobre o carregar do absoluto por meio de forças finitas. Essa relação se corporifica de modo especialmente claro na figura da Maria

Mestre da Pequena Polônia (do ducado de Kleinpolen), *Maria com o Menino*, 1420-1430, Cracóvia.

mãe/portadora de Deus e na do lendário carregador Christophorus [Cristóvão]. A fama das duas figuras está inteiramente vinculada à sua teoforia ou ao seu ato de carregar Deus. Nos dois casos, fica claro o que significa, na nova ordem metafísica dos espaços e papéis, prestar-se ou deixar-se usar como sujeito humano epicêntrico em prol da ação do sujeito divino central.

O caso de Maria é especialmente eloquente, porque nele parece estar presente, num primeiro momento, apenas a situação básica da instituição *micro*esférica da intimidade: por meio da ressonância íntima que há entre mãe e criança são originados, tanto aqui quanto em toda díade com um desenvolvimento favorável normal, os dois parceiros como polos de sua imediação. Nesse processo, o *prius* compete inevitavelmente à mãe, já que ela é a hospedeira da nova vida e disponibiliza como que o cenário em que se efetua o recíproco vir ao encontro dos dois polos. Portanto, seria plausível supor para a cena mãe-criança de cunho natural um desnível de animação [*Beseelung*] da mãe para a criança; foi bem assim que Hegel ainda concebeu o processo original de animação em suas preleções sobre psicologia: "A mãe é o gênio da criança."[28]

Contudo, a ordem metafísica de relações derruba o matriarcado psicológico. No caso de Maria, essa anulação chega ao ponto de a mãe não poder mais se entender como produtora da criança e até de que sua gravidez não se teria baseado em uma causalidade natural de geração. Desse modo, Maria, como portadora da criança, se torna uma espécie de atlante-íntima, pois sua criança, como homem-Deus que nela entrou de maneira sobrenatural e que, não obstante, carece de gestação, desloca-se de maneira tão arrebatadora para o centro que a mãe — transcendendo o espaço de manobra natural de seus deveres de paciência — se converte em pura condição emolduradora da autorrealização divina. Ela não carrega no corpo o simplesmente absoluto, mas, ainda assim, o mediador deste. Portanto, a definição biológica de mãe formulada por Richard Dawkins também se aplica a Maria: "Considero uma mãe como uma máquina programada de modo a fazer tudo que está em seu poder para disseminar cópias dos genes encerrados nela"[29] — com a ressalva de que Maria se põe à disposição de um gene divino a ser copiado para apenas um exemplar. No contexto esferológico, em contraposição, "mãe" é — como nos lembramos — o sinônimo mais forte da imunidade não técnica, sendo preciso estar ciente de que a mecanização da maternidade representa o programa manifesto da civilização pós-teológica.

O papel de Maria é paradigmático da situação da subjetividade humana no esquema metafísico-cristão, na medida em que nela se mostra de maneira mais instrutiva do que em qualquer outro lugar como o ser humano epicêntrico deve responder ao ser requisitado pelo chamado do centro. "*Ecce ancilla domini; fiat mihi secundum verbum tuum* [Eu sou a serva do Senhor; faça-se em mim segundo tua palavra]" (Lucas

28. Cf., sobre esse complexo, P. Sloterdijk, *Esferas I: bolhas*, op. cit., capítulo 3: "Homens no círculo mágico: Para uma história das ideias da fascinação pela proximidade"; ver sobre Hegel especialmente as p. 224 ss.

29. R. Dawkins, *Das egoistische Gen*, Reinbek, Rowohlt, 1996, p. 206. [Ed. bras.: *O gene egoísta*, trad. Rejane Rubino, São Paulo, Companhia das Letras, 2007.]

Ostensório de luxo de Maria grávida com espelho: autoconhecimento diante do ventre materno. Câmara do Tesouro Espiritual, Viena.

1,38). Na condição de serva do Senhor, a mulher gestante deixa de lado toda e qualquer ideia de vontade própria ou vontade contrária e se entrega à ordem do centro: aconteça comigo como disseste. Desse modo, a intimidade mãe-criança é transposta para um palco histórico-salvífico, e a gravidez mariana se converte em ato do absoluto através do útero da mulher. A macroesfera pôs a microesfera inteiramente a seu serviço — a suma transferência parece ter sido exitosa. Nesse processo, a grávida se transforma no oposto de uma Grande Mãe, e, ao que parece, já não se pode mais falar de um primado da geradora em relação ao nascido. Em vista de Maria, o slogan "Meu ventre me pertence" seria satanismo ao extremo. Pois desde o início e para todo o sempre, o Cristo dentro dela é mais filho de Deus do que criança da mãe. Assim, de repente, é a mãe que depende mais dessa criança do que essa criança de sua mãe. Dito de outro modo, a portadora de Deus se tornou apenas uma condição emolduradora de Deus. Na estrutura profunda, vale isto: ele a carrega para que ela o carregue. Logo, Maria não é apenas o outro polo de animação humano-natural e o *vis-à-vis* íntimo adequado de sua criança. Em vez disso, ela própria como que vai parar na margem dessa gênese infantil, por se tratar do homem-Deus que nela se torna realidade. Participando intimamente, Maria permanece parada no limiar do acontecimento. Ela se encontra no polo baixo de uma relação de majestade e, a partir dessa condição, só consegue ainda acrescentar a sua parte no modo da submissão. Por esse motivo, vigora para Maria, como para Cristo, um status de duas naturezas, pois como mãe natural ela é, ao mesmo tempo, mãe de aluguel de Deus; isso foi enfaticamente estabelecido pela mariologia católica. Portanto, ela podia castigar ou mimar o Menino Jesus — em virtude de sua autoridade educadora — apenas na medida em que as surras e os carinhos que ela desse constavam do script antropológico para os dias terrenos do homem-Deus.

Levantando os olhos do caso mariano para o universal, é preciso dizer: o epicentro sempre deve dar o melhor de si através do seu autoenquadramento completo nas ações do centro. Que o epicentro, o ser humano, se torne digno do centro através da dedicação: essa é a utopia da relação forte entre ponto e centro sob o paradigma metafísico. Poder-se-ia falar, portanto, de formação da macroesfera através

Terra nutrix, em Michael Maier, *Atalanta fugiens*, Oppenheim, 1618.

do enquadramento antecipador da epissubjetividade humana na plena subjetividade divina. Mas o que esta realmente quer só é revelado por representantes autorizados.[30]

Por essa via surge o modelo normativo de cooperação dos macromundos: a metafísica da cooperação — o serviço ao centro. Em todos os lugares, o epicentro ponderado aceita ser empregado como trabalhador na vinha do centro. Não há como algo assim acontecer no modo da obediência do cadáver, pois, quando o sujeito coopera apenas passivamente, o próprio Deus teria de prover todo o empuxo para impulsionar a ação da parte servidora: em contraposição, o que se quer é que a ferramenta, por sua vez, seja vivamente obsequiosa, e por isso as energias espontâneas dos epicentros humanos são convidadas a se pôr em movimento em prol das intenções do centro — como se, não obstante, tivessem alguma participação na força central. Nesse esquema, a obediência dos epissujeitos

30. Sobre o problema da representação do absoluto, cf. adiante o Capítulo 7: "Como o centro da esfera atua remotamente através do puro meio", p. 594 s.

José de Ribera, *São Cristóvão*, 1637, detalhe.

humanos nunca pode ser concebida apenas como sofrer impulsos do centro, mas deve ser um deixar-se cair ativo no projeto central como uma espécie de coespontaneidade inteligente. Nada menos que isso é enunciado pela lição mariana para a era metafísico-cristã: o epicentro busca chegar ao centro através de submissão ativa. De fato, a mística cristã de muitas maneiras assumiu como seu modelo a gestação de Maria e louvou como salutar que toda alma admitisse a gravidez do centro dentro de si. O caminho da subjetividade moderna, passando pela cooperação com Deus, leva à igualdade mística e desta — após a morte de Deus — ao dilema triunfal de ter restado sozinha como operadora universal.

Ainda que a gestação mariana tenha sido o modelo mais radical e o de mais profunda intimidade para a relação forte entre epicentro e centro em um macromundo metafisicamente geometrizado — permitindo, desse modo, identificar a *matrix* de toda mística servil —, ela não permaneceu como o único e, em certos tempos, nem como o mais popular. *Legenda áurea*, de Jacobus de Voragine, oferece, na forma da lenda do Christophorus, um segundo padrão sugestivo para o carregar humano de Deus. Cristóforo [Cristóvão], um gigante da terra dos "cananeus", com doze côvados [em torno de sete metros] de altura e um semblante selvagem de dar medo, tinha se convertido ao cristianismo, movido pelo desejo de não servir a ninguém, exceto ao Senhor supremo. Mas quem seria o supremo dentre os senhores? Cristóforo tinha notado que seu primeiro amo, um rei, temia o diabo como se este fosse alguém mais poderoso, de modo que ele deixou de acreditar na soberania do rei e passou a servir ao imponente Satanás. Mas também seu segundo senhor, o diabo, tinha fugido de uma imagem de Cristo — do que o herói da lenda concluiu obrigatoriamente que ninguém menos que o representado pela imagem tinha de ser o supremo dentre todos os soberanos, mesmo que ele permaneça invisível neste mundo e só ateste sua presença por meio de sinais e maravilhas. Ele pede que um eremita piedoso o inicie em um serviço sob o novo senhorio: ele deve carregar pessoas através de um rio de águas profundas e impetuosas. Um dia ele ouve a voz de uma criança que por três vezes lhe pede para ser levada até o outro lado do rio.

> Cristóforo pôs a criança sobre os ombros, pegou sua vara e entrou na água. Mas então a água subiu mais e mais e a criança pesava como chumbo. Quanto mais ele andava, tanto mais a água subia e tanto mais pesada ia ficando a criança sobre seus ombros; tanto que ele ficou angustiado e achou que se afogaria. E, tendo atravessado o rio com grande esforço, pôs a criança em terra e disse: "Criança, você me pôs em um grande aperto, pois ficou pesada demais sobre os meus ombros: este mundo inteiro em cima de mim não teria pesado tanto." A criança respondeu: "Você não deve se admirar disso, Cristóforo, pois o que você carregou nos seus ombros não foi só o mundo inteiro, mas também aquele que criou o mundo. Pois saiba que eu sou Cristo, teu rei, a quem serves com este trabalho."[31]

Nesse gigante cristão na margem ao rio, reconhecemos sem esforço o nosso Atlas. Mas ele não carrega mais o céu como punição por sua participação no levante das potências antigas contra o Olimpo. O titã

31. Extraído de Sanct Christophorus, in: *Die Legenda aurea des Jacobus de Voragine*, trad. [do latim] Richard Benz, Heidelberg, Schneider, 1984, p. 500. [Ed. bras.: Jacopo de Varazze, *Legenda áurea*, trad. Hilário Franco Júnior, São Paulo, Companhia das Letras, 2003.]

Mestre de Meßkirch, *Christophorus*, século XVII, Museu de Arte de Basileia, detalhe.

no exílio se converteu no servo de Deus que presta auxílio a viajantes e peregrinos. Na cena do rio, fica evidente o remanejamento do esquema do Atlas: o lugar de um papel solitário de levantador de peso passa a ser ocupado pela relação forte com um senhorio. Pois o atlante cristão não carrega mais diretamente a totalidade cósmica sobre os ombros; entre a totalidade pesada e seu carregador a lenda interpôs uma grandeza humano-divina como mediadora, o próprio Cristo na pessoa da criança. Em consequência, o Cristóforo carrega sobre os ombros a criança que se tornou o cosmóforo propriamente dito. Porém, ao carregar o carregador do cosmo, o Atlas cristão carrega nas costas o peso inalterado do mundo somado ao peso leve do infante Senhor.

Dessa imagem se pode depreender como a narrativa cristã degelou a antiga figura e a transpôs de sua rigidez estatuária para dentro da correnteza terrena-supraterrena. A metamorfose decisiva do Atlas ocorre por meio de sua transformação de escravo-atleta que filosofava

O Atlas político: no globo, a inscrição "Que fardo pesado!". Extraído de W. J. von Wallrabe, *Neue historische Beschreibung des Lebens Karls V.*, 1683.

obstinadamente em vassalo íntimo de Deus; essa mudança converte a ação arcaica de força bruta em uma questão passional de relação — na linguagem das reflexões anteriores: em uma relação de serviço entre epicentro e centro do ser.

A grande popularidade da lenda do Cristóforo — que por séculos foi elaborada em inúmeras versões pictóricas — está fundada não só na circunstância de que ela faz soar uma rica série harmônica da mitologia; seu fascínio remonta sobretudo ao fato de que ela deposita, de modo singelo e com profundo sentido, a referência da pessoa cristã à totalidade universal no leito de uma relação forte com um interlocutor pessoal. Desse modo, a maldição pré-humana do Atlas é revogada. O trabalho de Cristóforo representa a superação da exterioridade e da escravidão sob circunstâncias estranhas. A partir de então, o jogo com a bola do ser sempre equivale também a um relacionamento íntimo. O carregador estabelece uma relação pessoal direta com o centro da esfera e apenas indireta com

Maior do que Atlas. Esfera cósmica sobre os ombros de Amor, emblema do século XVII.

seu volume e peso. A gravidade do mundo não reside mais como um peso morto sobre um titã solitário, mas passa a ser parte da história de amor entre o epicentro humano e o centro divino. Por ser a criança divina que carrega diretamente a esfera cósmica, o esforço do Cristóforo assume traços de cooperação — e justamente por estar em contato direto apenas com a criança sobre seus ombros, mas em contato indireto com o peso do mundo, ele ganha participação na pantoforia divina. Ele, o serviçal exemplar, carrega o carregador que carrega tudo: desse modo, ele faz a experiência do que significa se tornar recurso de Deus.

Evidencia-se, portanto, como uma espécie de degelo interinteligente irrompe sobre os monumentos do mito e a velha física. A esfera que significa o mundo não está mais só parada diante do observador como figura geométrica; ela também não é mais só um meio ambiente universalizado: tornou-se emblema da relação forte entre ser humano e ponto central. Agora até forças viris titânicas, livres de autonomia fálica e teimosia rebelde, podem ser usadas em prol da monarquia do centro; o que era poder desenfreado se converte em vigor servil. Desse modo, o cristianismo pôs no mundo, indo além do ensino básico dos Evangelhos, um princípio de solidariedade ancorado no espaço dual: pois ele

Atlas de Lee Lawrie, 1937, Rockefeller Center, Nova York.

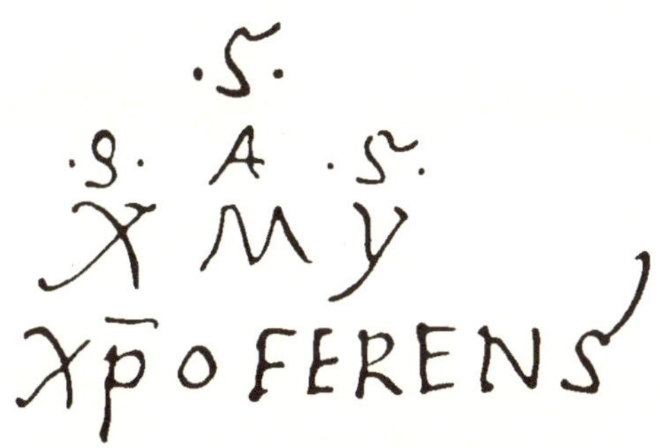

Assinatura de Cristóvão Colombo.

pensa, de modo ingênuo e refletido ao mesmo tempo, a ação solidária como cooperação do epicentro com o projeto do centro. Pode até ser que alguma coisa do que a atualidade percebe como crise das solidariedades na sociedade e como enfraquecimento do vínculo social remonte, em última análise, ao desaparecimento dessa metafísica da cooperação. As filosofias em equipe do nosso tempo estão muito distantes de preencher essa lacuna, do que todo contemporâneo atento facilmente poderá se convencer.[32]

Quão forte foi o efeito do modelo da cooperação cristofórica sobre os destinos mais recentes da humanidade pode ser ilustrado com o maior de todos os cristóforos do início da Era Moderna, o navegador Cristóvão Colombo, o expoente exemplar da maníaca cultura de risco da modernidade, que, após seu primeiro atracamento nas ilhas das Índias Ocidentais, começou a se entender cada vez mais abertamente como portador da salvação e apóstolo náutico. Em seus anos tardios, ele assinava suas cartas sem pudor com o nome quase apostólico *Xro ferens*, como se tivesse transformado seu primeiro nome em programa espiritual e interpretado a travessia do Atlântico como continuidade do serviço do Cristóforo no vau oceânico.

A magia do nome de Colombo denuncia algo dos segredos psicopolíticos da história europeia de sucesso após 1492: ela remete à unidade

32. A única exceção talvez seja o livro de G. Höhler e M. Koch, *Der veruntreute Sündenfall. Entzweiung oder neues Bündnis?* [A queda em pecado surrupiada: cisão ou nova aliança?] (Stuttgart, Anst, 1998), no qual o par formado por homem e mulher ganha destaque como "protoequipe duocêntrica".

operacional de servir e dominar, sem a qual não é possível entender a dinâmica da avidez por poder e a capacidade empreendedora da nova forma neoeuropeia de subjetividade. Pouco mais de cinquenta anos após a descoberta da América, a nova psicopolítica tomaria forma na ordem dos jesuítas, oficializada em 1540. A Companhia de Jesus é uma ordem radicalmente cristofórica composta por empreendedores religiosos que não ficam à espera de que Deus os conduza ao sucesso, mas que apostam tudo em chegar antes dos demais. Eles são os ativistas da globalização ao estilo católico. Com ironia fanática, curvam-se sob as mais pesadas cargas, instigados pela certeza de que só sua aceitação confere poder real.

IV. O evangelho morfológico e seu destino

Os modernos, cujo pensamento é cunhado pela descentralização e pela excentricidade existencial desde os dias da escola dissidente de Hegel, praticamente não têm mais acesso aos mundos esquecidos da glória metafísica da esfera. Eles não conseguem mais compreender, de fato — a não ser que se submetam a um trabalho de rememoração contra a correnteza da tendência descentralizadora da civilização —, em que proporção a história do espírito dos últimos dois mil anos foi o cortejo triunfal de um motivo morfológico que alçou voo acima de tudo o mais. Mesmo que os manuais de filosofia e até os arquivistas da *philosophia perennis* falem da ontologia da esfera, na melhor das hipóteses, por meio de alusões[33], e embora os agentes medianos desse ofício, incluindo seus rebeldes jovens, há muito vivam como que atrás de uma parede de esquecimento que não deixa passar nenhum raio de lembrança: isso não muda nada o fato de que a metafísica da Europa antiga, onde ela mais esteve "consigo", constituiu uma única

33. Cf. W. Schmidt-Biggemann, *Philosophia perennis. Historische Umrisse abendländischer Spiritualität in Antike, Mittelalter und Früher Neuzeit* [*Philosophia perennis*: perfil histórico da espiritualidade ocidental na Antiguidade, na Idade Média e na Idade Moderna inicial], Frankfurt s/ Meno, Suhrkamp, 1998, p. 439-453.

copiosa meditação sobre a esfera animada e a existência cossabedora dentro dela. Por isso, os pensadores clássicos nunca estavam tratando do que hoje se denomina, com falsa entonação (anti)cartesiana, fundamentação última, mas tratavam da abrangência última ou, como também diremos a seguir, da imunidade última. Em termos quase definitórios, é preciso constatar: a metafísica clássica, entendida como ontoteologia e cosmologia filosófica, nada mais foi que um ritual de teoria imensamente circunstanciado e complexo em homenagem a Sua Majestade "a forma redonda em tudo". Só quem vai suficientemente a fundo nos arquivos do uno (e, como vimos em *Esferas I*, defronte dos arquivos discursivos estão sedimentados não arquivos cênicos primitivos) consegue ter noção da dimensão do culto à monoesfera. Sua missão consistiu em acalmar a inquietação humana em um mundo perigosamente aberto, abissalmente ampliado, através da iniciação na mais edificante e na mais abrangente de todas as formas imunes, o universo, literalmente: aquilo que abarca tudo com um só volteio. A mensagem evangélica do ser no redondo tinha este teor: todo ponto no espaço cósmico, por mais distante que esteja do centro, e ainda que fosse a minha existência em tremor diante da perdição, é possibilitado e alcançado potencial e realmente por um raio vindo do centro. E precisamente porque tudo o que existe provém de um centro bom que efetua tudo (*omne ens est bonum* [todo ente é bom], tudo que é bom possui poder imunológico), também a luz bruxuleante da minha vida pode se assegurar de seu abrigo em uma totalidade impregnada de espírito, animada, imunizada em última instância.

Isso só tem um pressuposto: eu teria de admitir e compreender que todo existente, incluindo a mim mesmo com meus abismos e negações, é algo que, em sentido eminente, está situado *dentro*, na área de captação de uma forma organizada — e daí simplesmente decorre que tudo o que existe é abrangido, contido e situado por uma periferia maior. Na imagem da esfera se dissemina o evangelho da inclusão total: nada real pode de fato estar fora; nenhuma coisa existe separada do *corpus* e do *continuum* do uno. A meditação filosófica do abrangente assegura que, sob todas as circunstâncias, é possível representar um universo, por maior que se assuma seu tamanho, como espaço interior e, desse modo, como esfera compartilhada de energia e sentido. O que parece ser esoterismo é apenas esoesferismo.[34]

Onde todo poder parte do centro não existe um fora absoluto, não existe ponto perdido, nenhum ente que tenha de estar situado pura e simplesmente à parte — a não ser que ponha a si próprio para fora com intenção rebelde (e, mesmo assim, uma exterioridade real seria problemática). Pelo fato de a totalidade centrada trazer tudo para dentro, relacionando consigo, na condição de centro, todo local distante ao seu redor, a totalidade esférica jamais constitui um bloco inerte; em toda ela pulsa a vida relacional do centro e as profusas correspondências dos pontos epicêntricos entre si. É isso que proclamam eufóricos os adeptos do princípio da plenitude: a esfera inteligível está viva. E ela só está viva em virtude do poder de irradiação e do contentamento relacional do centro. Com um espocar incessante, esse centro transmite seus raios e restabelece continuamente sua totalidade, atraindo de volta para si os pontos epicêntricos. O ponto central — detentor do lugar de Deus no círculo absoluto — está constantemente se assegurando de todos os pontos no espaço ao seu redor, gerando-os e conhecendo-os; ele forma em torno de si um todo, complementando-se o tempo todo com cada ponto, por mais distante que esteja. Inteiro é o que tem o poder de se despender *e* de se congregar. Por essa razão, o centro vivo não solta os pontos que estão nos raios; ele mantém todos agrupados em torno de si em uma convenção cintilante, e como fez o Deus da canção infantil com as estrelas, o centro contou os pontos para que, de toda essa quantidade inconcebivelmente grande, nenhum deles faltasse.

A ontologia da esfera — a teoria fundamental da metafísica da Antiguidade ocidental, que se mostrava tanto mais secreta quanto mais abertamente era verbalizada, e tanto mais poderosa quanto mais permanecia latente — é, por sua essência, uma meditação sobre a impossibilidade de que algo seja perdido pelo ser. O ser, assim como a casa, nada

34. O último pensador de renome que deve ser lido como um teólogo da esfera, consciente de seus motivos, foi Karl Jaspers, que insistiu em que a ontologia (teoria do ser) só poderia ser explicitada como *periech*ontologia (teoria do ser abrangente e abrangido). Cf. K. Jaspers, *Von der Wahrheit. Philosophische Logik* [Sobre a verdade: lógica filosófica], v. 1, Munique, Piper, 1991, p. 47-222.

perde. Onde a totalidade é contemplada como esfera, cada indivíduo pode — e também deve, em caso de dúvida — incluir-se em seu perímetro — uma circunstância na qual consolo e coerção se tornam indistinguíveis. Onde o individual pode encontrar sua felicidade no fato de ter parte na totalidade, a reflexão sobre o centro da esfera se torna imediatamente um exercício terapêutico e até redentor. Pois, nesse caso, expor a esfera não é nada menos que difundir a boa-nova do pertencimento dos pontos dispersos ao centro organizado. Quando Agostinho escreveu "inquieto está o nosso coração enquanto não repousa em ti", isso fazia parte de um diálogo entre epicentro e centro, motivado pelo anseio do ponto jogado no mundo por ser trazido de volta para casa pelo centro protetor.

Nesse processo, a metafísica tomou emprestada uma ideia de sentido extrapolado e trouxe à baila uma concepção exuberante de animação pelo centro. O mito platônico do arquiteto já não atestou o quanto tal pensamento podia ser inescrupuloso em seu procedimento quando se tratasse de realizar seu objetivo imunológico — a saber, representar a totalidade do existente sob o signo do psiquismo? Pois quem poderia verificar como convergem nesse caso o esférico e o psíquico? O conceito da alma cósmica — cuja carreira vai de Platão até Schelling — atesta o que outrora se esperava da transposição do psíquico para o cósmico. Nele, o animismo sobrevive como racionalismo.[35] Nietzsche não deixou de ter razão ao farejar na metafísica, que fez escola por meio de Platão, uma tendência piedosa, edificante, que persuadia a acreditar de olhos fechados em uma farsa superior; e dificilmente se poderá negar que o platonismo pôs a reflexão em um trilho destinado a levá-la ao pensamento redondo das coisas desparelhas, ao exagero de interpretação das coisas mortas como coisas vivas e do excêntrico como concêntrico. A própria escola das escolas, a Academia — o que era ela senão um seminário, no qual foi criada uma nova geração de pregadores da grande esfera que cultivavam a piedade do círculo e da bola?

35. Cf. H. R. Schlette, *Weltseele. Geschichte und Hermeneutik* [Alma cósmica: história e hermenêutica], Frankfurt s/ Meno, J. Knecht, 1993.

Enquanto avançava, na Antiguidade Tardia, a alfabetização filosófica do cristianismo, não podia deixar de acontecer que os teólogos descobrissem a pressão por costurar seu discurso sobre a relação entre ser humano e Deus como remendo sobre as formas cunhadas pela metafísica do centro e da esfera oriunda da Academia. Nesse processo, veio à tona, por mais dissimulada que estivesse, a verdade de que, muito antes da boa-nova pessoal, um evangelho morfológico fascinara as inteligências do Velho Mundo. Cristo e os imperadores romanos podem até ter sido invocados por seus teólogos com os títulos *Sotér*, Redentor e Salvador — porém, de modo ainda mais redentor e por razões igualmente profundas, só que mais antigas, a esfera já havia sido assimilada pelo pensamento. O Deus dos morfólogos que referencia todos os pontos a si mesmo é, quanto ao objeto, mais remoto e mais profundo do que o Deus das basílicas que volta a reunir as almas perdidas.

Elaborar a identidade críptica de cristologia e metafísica da esfera: esse foi, do ponto de vista da estrutura profunda, o programa da história do espírito cristão. Para os teólogos, todavia, jamais ficou bem claro que só puderam obter seus êxitos na condição de agentes de um projeto de imunização que marcou época. Nesse projeto, a salvação veio da forma que tinha se tornado mundo. Cristo redime como a esfera já redimia; porém, a esfera só podia redimir porque seu centro representa a fonte anônima de toda salvação e de toda recondução a um estado íntegro. Demoraria até meados do século XV até que um pensador registrasse essa relação por escrito em tom sereno. Em Nicolau de Cusa, essa teoria filosófica da esfera imunizadora chega ao seu objetivo claro: "Quando ele, Jesus Cristo, se assemelhou a nós, ele moveu a esfera de sua vida de tal maneira que repousou no centro da vida. [...] E nossa esfera acompanha a dele [...]."[36] O que permanecer obscuro nesse ponto tentaremos aclarar no Capítulo 5 deste volume, que trata das teologias explícitas da esfera. A tese latente da reflexão do Cusano já fica clara aqui: que todos os segredos da, em termos cristãos, assim chamada redenção — em linguagem filosófica: do resgate de dentro da perdição,

36. N. von Kues, *De ludo globi liber primus* [O jogo da bola, volume 1], in: *Die philosophisch-theologischen Schriften*, op. cit., p. 271-273.

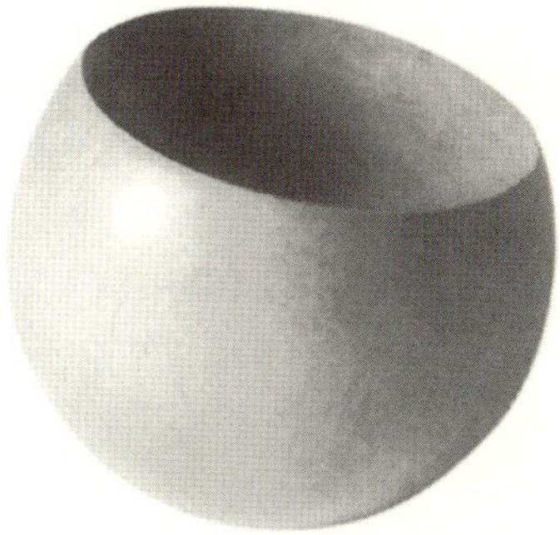

Esfera lúdica de Nicolau de Cusa.

do não redondo, do incoerente — desembocam na questão de se os epicentros, as almas humanas, podem superar seu distanciamento em relação ao centro absoluto da vida — aquele centro que para o metafísico cristão não pode ser senão o Deus dobrado sobre si mesmo do modo mais simples possível (*simplicissimus*) e, ao mesmo tempo, desdobrado de modo oni-inclusivo.

Segundo tudo o que foi dito, o relacionamento entre Deus e alma está baseado em um pressuposto exuberante: ambos, de modo geral, só têm algo entre si em termos de relação forte quando pertencem a um espaço interior comum — o Deus como centro e a alma como ponto fora do centro, mas indubitavelmente em um raio que parte do centro irradiador. Se a alma não estivesse posicionada em um raio emitido (ou, como diria Kepler, ejaculado) pelo centro, não haveria relação entre ela e o ponto fontal, e ela seria literalmente excêntrica — privada de relações, dissociada do núcleo, à deriva em um exterior absoluto, nem capaz nem carente de resgate e "em casa" somente em autorrelações e em seus complementos do "ambiente".

Na concepção metafísica de mundo, os únicos candidatos a tal excentricidade são Satanás e os orgulhosos autores de pecados mortais em seu séquito — portanto, aquelas "existências" que se devotaram teimosamente a um modo de existir anárquico, teófugo, desprezador da redenção. No campo filosófico, quem mais se aproxima dessa postura são os antigos atomistas e materialistas, que foram os primeiros a cogitar a possibilidade de um vazio interminável sem centro. No quadro da metafísica clássica, essa posição é inadmissível[37], e o fato de considerá-la condenável é expresso pela reação imune do mundo autorresgatador da esfera contra a tese ateísta da exterioridade. Pois reconhecer uma existência excêntrica como modo legítimo de existir no mundo significaria negar a necessidade da relação entre centro e epicentro. Desse modo, a esfera sagrada seria privada de sua capacidade de abrangência; a diferença entre a existência dentro dela e fora dela se tornaria insignificante. Isso seria liberdade religiosa em relação àquela esfera una e, portanto, a licença para a indiferença morfológica. Logo, o existir dentro da esfera não seria mais a condição da redenção para todos os seres, e, ademais, nem haveria mais nenhuma redenção, nenhuma salvação, nenhum resgate da exterioridade, nem mesmo se sentiria, de modo geral, a falta daquilo que redime universalmente. A única coisa que ainda se poderia diferenciar para além de salvação e perdição seriam os sucessos e os insucessos nos jogos autorreferenciais entre pontos excêntricos; haveria, por conseguinte, relações modernas. Seu critério seria a renúncia à coexistência de todos em um espaço interior comum e a positivação do intercâmbio exteriorizado como "comunicação" universal.

O que confere o traço unificador à pluralidade de mundos na Era Moderna não é o fato de que na casa do único pai há muitas moradas, mas o fato de que no mercado global há muitos estandes, muitas marcas, muitos endereços. Do mesmo modo que a casa é o símbolo do bom interior, o mercado é o ideal do exterior não tão ruim. Enquanto a esfera do ser vigorava como o poder inclusivo puro e simples, a experiência fundamental da modernidade, o concerto de inúmeros excêntricos autorreferentes, teria sido compreendida como característica do inferno. O existir na esfera tinha justamente o sentido de libertar os indivíduos-pontos de sua autorreferência egoísta e relacioná-los com o centro comum a todos de uma grande extroversão moral e ontológica: desse modo, todo eu se tornaria um vassalo do centro; ele encontraria sua felicidade na libertação do erro demasiado humano e satânico de eleger a si mesmo como ponto de referência predileto.

37. Sobre a luta de Platão contra essas teses e seus defensores, cf. adiante o Capítulo 4: "A prova ontológica da esfera", p. 321 ss.

Criador de esferas, catedral de Freiburg.

Por esse motivo, a esfera é mais do que um símbolo geométrico e uma imagem cosmológica que faz pensar; ela efetua, ao mesmo tempo, a condução para a posição da ética e da erótica altruístas. Onde o centro mantém os epicentros em tensão, os pontos olham *a priori* para o centro — pois é o centro que faz questão da prerrogativa do outro em confronto com todos os pontos. Assim, teocentrismo e altruísmo são estruturalmente a mesma coisa. Porém, na maior das esferas, os pontos

Lucas Cranach, *Melancolia*, 1532, Museu Estatal de Arte, Copenhague, detalhe.

individuais não são amarrados só ao centro; a energia do pacto teocêntrico irradia de volta para o ponto individual e o capacita a se solidarizar com os pontos ao seu lado nos raios mais amplos possíveis. Em consequência, a lembrança da coexistência na esfera induz aquela força que o Zaratustra de Nietzsche chamaria de amor pelo mais distante. Sendo um compromisso com o amor a distância, a esfera dos teólogos é a mais poderosa das figuras ontológicas de aliança. Através da oscilação entre aspirações centrífugas (egoístas) e centrípetas (altruístas), comuns a todo existente fora do centro, todas as inteligências finitas se encontram em ressonância existencial entre si — cada uma delas sabe, ou poderia saber, o que significa não ser o centro de tudo e, não obstante, considerar-se como tal. O que as une, a despeito de toda a concorrência, é sua tentativa comum de ser — isto é, assegurar-se de seu poder ser. Nesse sentido, o ser comum na esfera fornece a fundamentação última para a solidariedade dos pontos.

A partir daqui, compreende-se muito bem por que os europeus estiveram obcecados por representações cosmológicas em camadas durante dois mil anos. O bimilênio da metafísica da esfera tem extensão igual ao da era das teorias das esferas celestiais: só sob patrocínio filosófico puderam vingar os modelos cosmológicos que deslocaram a Terra para o centro de um sistema de céus redondos maciços. Essas camadas sobrepostas de planetas, todas elas envoltas por um firmamento exterior extremo, o céu das estrelas fixas, o qual, por sua vez, só era superado ainda pela morada dos bem-aventurados junto a Deus — essas camadas só proporcionam um sentido plausível a partir da perspectiva da história da imagem de mundo, indo além de todas as fundamentações formais contidas nos discursos astronômicos desde Aristóteles, quando são entendidas também como projeções cosmológicas de uma necessidade morfológica por longo tempo insuperável. Elas servem à impermeabilização do mundo no sentido de uma imunologia universal. A cosmologia das camadas sela com meios físicos o pacto entre o centro e o universo dos pontos: ela mostra com uma clareza ilustrativa quase grosseira o que significa querer existir e permanecer sob todas as circunstâncias em um mundo interior. Parmênides tinha antecipado a clave: "A poderosa fatalidade mantém o existente nos grilhões do limite que o encerra em toda a volta; razão pela qual não é admissível que o existente seja incompleto."[38] Platão e Aristóteles aprimoraram o motivo do bom limite formal; eles conferiram à ideia de que a totalidade só pode subsistir na pregnância esférica o acabamento passível de tradição. A Idade Média levou os delírios das camadas à sua culminância e encerrou a Terra e as almas humanas sobre ela dentro de numerosas camadas de abóbadas celestes mais ou menos maciças, como se esse lugar perdido e, não obstante, eleito no cosmo, ao qual Deus tinha concedido a graça de se tornar humano, tivesse de ser escudado até contra o mais tênue bafejo de fora. Cercado por oito, dez, doze, catorze diques e fossos cósmicos, o mundo humano gozou sobre a Terra do privilégio humilhante de permanecer no castelo interior do ser.[39]

Porém, porque no paradigma metafísico o próprio ser humano é um pequeno mundo, essa múltipla circunvalação do interior se repete dentro dele mesmo, e ele se mostra como uma montagem de camadas

38. *Poema didático*, versos 30-31.

39. Sobre os dois mil anos de história das representações cosmológicas da esfera, ficou disponível recentemente uma aula minuciosa: J.-P. Lerner, *Le Monde des sphères* [O mundo das esferas], v. I: *Genèse et triomphe d'une représentation cosmique* [Gênese e triunfo de uma representação cósmica] (Paris, Les Belles Lettres, 1996); v. II: *La Fin du cosmos classique* [O fim do cosmo clássico] (Paris, Les Belles Lettres, 1997).

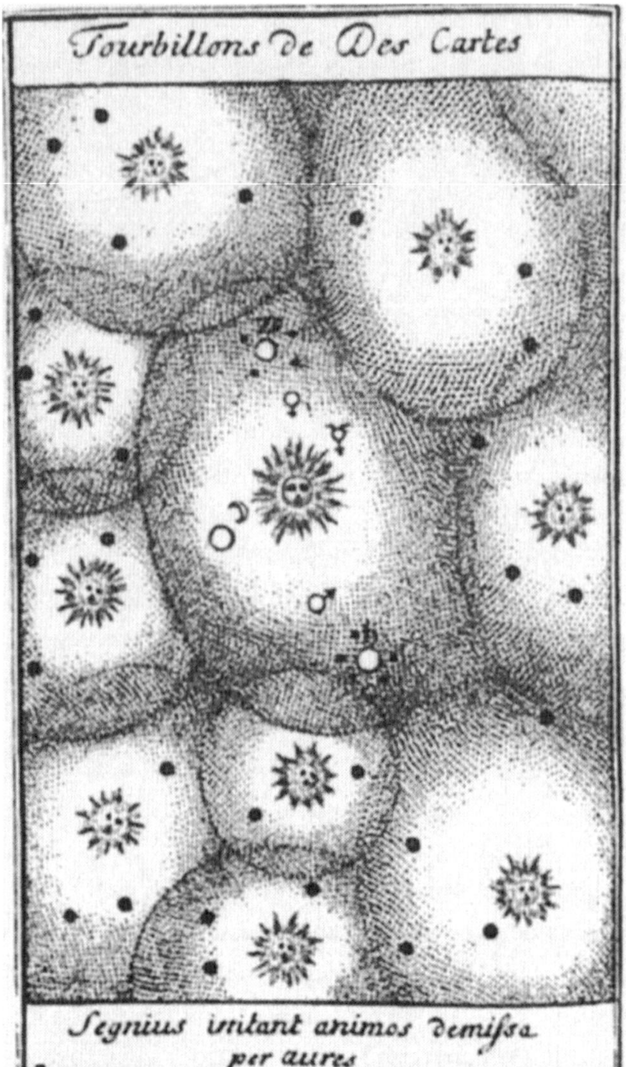

Pluralidade de sistemas solares, ilustração de uma cosmologia cartesiana do século XVIII.

e muralhas ao redor do ponto numinoso mais interno, que constitui o centro do ser-si-mesmo humano: não é de admirar, portanto, que o *Homo metaphysicus* [humano metafísico] praticamente nunca avance até o último centro de si mesmo — pois ele próprio se limita a residir nos subúrbios do espaço profundamente escalonado de sua alma e, a exemplo de Agostinho, está ciente de que o grande outro está mais próximo dele do que ele de si mesmo: *interior intimo meo* [mais dentro do que o meu íntimo]. Em incansáveis esforços da imaginação, é reforçado tanto para fora quanto para dentro, mediante um delírio da abóbada, das camadas e da esfera oca que a tudo impregna, o resgate de todos os pontos epicêntricos através da vida absoluta do centro.

Da perspectiva morfológica e imunológica, pode-se afirmar que a ação mais importante de Deus na era metafísica foi a consolidação do limite contra o nada, o fora e a infinitude. Essa que é a mais sensível de todas as linhas só podia ser defendida por meio da construção de camadas. Disso resultou que — mesmo que soe insuportável em termos imanentes à teologia — Deus só conseguiu se manter "em vigor" enquanto os representantes de seus interesses lograram interpretá-lo como uma esfera autorresgatadora gigantesca, mas finita. Assim que começou a levar a sério o atributo desolador "*o infinito*" — e isso é, de um ponto de vista histórico-metafísico, o processo endógeno que desencadeia a Era Moderna —, a teologia destruiu a função esferopoiética de Deus, porque, em uma esfera infinita, se perde a diferença metafisicamente premente e imunologicamente decisiva entre dentro e fora. Em uma esfera com raio e perímetro infinitos, tudo estaria disperso em algum lugar e, por conseguinte, de uma só vez exteriorizado em toda parte. Esse é justamente o resultado da infinitização moderna de Deus e do universo.

Quem matou Deus foram os teólogos mais sagazes, quando não puderam mais deixar de pensá-lo como o real e extensivamente infinito. A sentença "Deus está morto" designa, em primeiro lugar, uma tragédia morfológica — a aniquilação da esfera imaginariamente benfazeja e expressiva da imunidade por meio da infinitização implacável. A partir daí, Deus se tornou inteiramente o inexpressivo, o dissímil, o amorfo — um monstro para a faculdade humana de contemplação, um não recipiente, um buraco e um abismo absolutos. De repente já não é mais

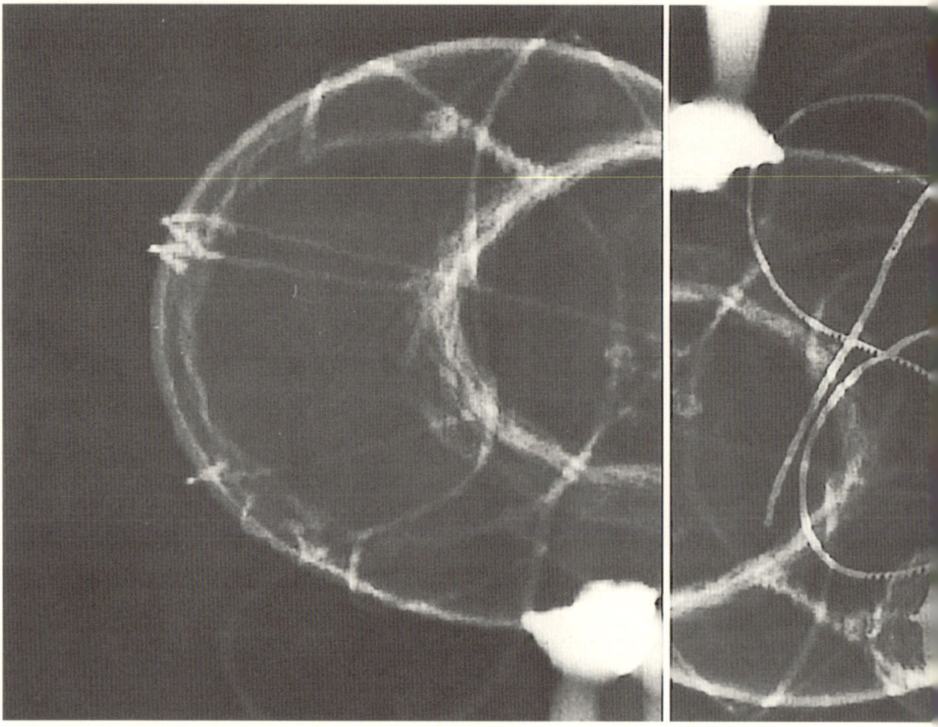

Jürgen Klauke, *Grande imagem do mundo II*, 1991, tríptico, Colônia.

possível saber no que consistiria a vantagem de estar *dentro* desse Deus da infinitude, porque ruiu o limite entre dentro e fora.

Com a supressão da imunidade de Deus, inicia-se a crise ateísta perene da época mais recente. Nos círculos iluminados da Baixa Idade Média, repassa-se em tom de sussurro místico o disangelho morfológico, que a maioria dos que o passam adiante comovidos não compreende o que significa nem qual o seu efeito. Pois, achando que estão comunicando algo misteriosamente inspirador, algo encantadoramente paradoxal, eles proclamam como se não quisessem ser ouvidos: "Deus é uma esfera, cujo ponto central está em toda parte e cujo perímetro não está em lugar nenhum."[40] Esse "em toda parte" inaugura a agonia da forma

40. A célebre frase parece remontar ao hermético *Liber XXIV philosophorum* [O livro dos 24 filósofos], no qual ocorre pela primeira vez a fórmula: "*Deus est sphaera infinita cuius centrum est ubique, et circumferentia nusquam*" [Deus é uma esfera infinita, cujo centro está em todo lugar e cuja circunferência está em lugar

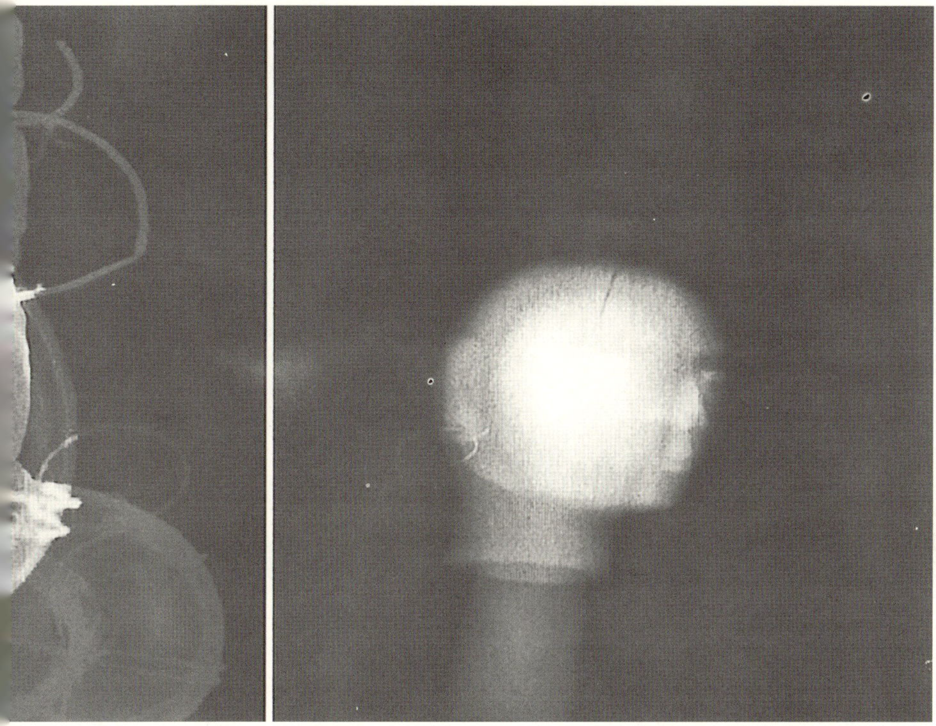

centralizada, e esse "em lugar nenhum", a crise do projeto metafísico de envolver todo o existente no psíquico. Assim que o predicado "infinita" é atribuído à esfera, ela morre de distensão para o incontemplável. O resto é história pós-esfera. A morte da boa, resgatadora, majestosamente finita esfera-deus só precisa ainda ser compreendida pelos envolvidos — um processo que já se estende por mais de meio milênio de pensamento europeu e ainda não pode ser considerado como concluído. De fato, pôr a esfera como infinita significou privá-la de sua força agregadora,

nenhum]. São Boaventura, que acolhe a frase em seu *Itinerarium mentis in Deum* [Itinerário da mente para Deus], V, 8, acrescenta o adjetivo "inteligível" ao substantivo "esfera". Mestre Eckhart e seus sucessores, incluindo o Cusano, aderiram a essa tese. O *Liber XXIV philosophorum* recebeu uma primorosa nova edição como volume 153A da série *Corpus Christianorum* (Turnhout, Brepous, 1997). Três das 24 teses teosóficas principais serão discutidas mais adiante, no Capítulo 5: "*Deus sive sphaera* ou O universo-uno explodindo", p. 465 ss.

Antonin Artaud, 1926.

separá-la do interesse do que vive e, desse modo, tornar a coisa suprema sem efeito salvífico.

A morte de Deus é comunicada primeiro através de uma nota de pesar morfológica: a esfera está morta. De seu passamento advém todo o restante que diz respeito ao falecimento de Deus e ao processamento de seu legado — perda da margem, inflação do centro, errância dos pontos. Portanto, onde a esfera perece em virtude da sua infinitização, os pontos anteriormente epicêntricos são obrigados ou a eleger a si próprios como centro de todas as relações, ou a deixar-se cair, para além do familiar delírio do ponto central, em um jogo sem dono de correntezas descentralizadas de acontecimentos. Da primeira opção, originam-se as modernas teorias sistêmicas, da segunda possibilidade dependeram até agora as chances de uma filosofia contemporânea, pós-monoesférica. Com boas razões, Michel Foucault pôde observar: "Mundo como esfera, Eu como círculo, Deus como centro — esse é o bloqueio triplo do pensamento do acontecimento."[41] Como poderia ser constituído um pensamento em conceitos de acontecimento para além do excesso macroesferológico, que deixamos para trás como metafísica clássica? Disso nem o público pós-moderno nem a maior parte da categoria profissional dos filósofos têm a mínima noção. Apenas pairando no ar e intuitivamente presente aqui e ali está a compreensão de que somente fora da esfera única, na qual tudo deveria encontrar seu fundamento e sua animação, e, portanto, em um exterior radicalizado, o caráter de acontecimento como tal pode chegar a ter o seu pensamento.

Porém, no quadro dos argumentos que até agora vieram a público, não se consegue entender com a precisão necessária por que agora não é mais a *essência*, mas o *acontecimento* que tem de ser pensado de todas as maneiras. Pois se até o pensamento pós-estruturalista sobre o acontecimento ainda se encontra inconfundivelmente sob a influência da metafísica moderna, já que ainda carrega consigo o furor infinitista sob

41. M. Foucault, "Theatrum philosophicum", in: G. Deleuze e M. Foucault, *Der Faden ist gerissen*, trad. [do francês] Walter Seitter e Ulrich Raulff, Berlim, Merve, 1977, p. 33. [Ed. bras.: "Theatrum Philosophicum", in: M. Foucault, *Ditos e escritos*, v. II: *Arqueologia das ciências e história dos sistemas de pensamento*, trad. Elisa Monteiro, Rio de Janeiro, Forense Universitária, 2005.]

Daniel Libeskind, *Never Is the Center*, Memorial Mies van der Rohe, projeto, 1987.

claves variáveis, seja a da libido, seja a do comentário, do adiamento, do diálogo ou da criatividade pura e simples. Tudo isso é ingenuidade apreciada, porque a ingenuidade é a da própria filosofia. O que importa, depois de termos sido exauridos pelos infinitismos pós-estruturalistas, é trabalhar em uma ontologia do mundo finito, inacabado, monstruoso; nele devem ser equilibrados fatores conservadores e explosivos ou, como se poderia dizer também, interesses psíquicos e técnicos, ambos em seus radicalismos. "Onde estamos quando estamos no monstruoso?"[42] O pensamento do futuro — talvez uma filosofia transgênica — parte da percepção de que o projeto metafísico de animação universal — o monoesferismo — fracassou, sem que, por essa razão, tivesse sido desmentido o psíquico em sua dimensão voluntariosa. Isso está por ser provado.

Por ora, a situação filosófica da Era Moderna é marcada pelo *exitus* da esfera perfeita, cujos primórdios críticos, como indicado, têm um alcance muito maior do que a historiografia do espírito até agora esteve disposta a cogitar. De fato, uma esfera infinita, cujos centros estariam em toda parte, segundo uma tese medieval, já não permitia mais identificar um centro efetivo — dela se excluíam em toda parte as privações místicas do eu, que não se diferenciariam mais de egocentrismo extremo. Em consequência, o tema central da Era Moderna, o da autorreferencialidade, teve de irromper no pensamento como consequência de alguma forma tardia e reprimida, mas, ainda assim, inevitável, da tese mística do *centrum ubique* [centro em todo lugar]. Pois a última chance de centração que restou no mundo infinitizado é o egoísmo dos pontos. Para este, reside no "meio ambiente" tudo o que não é a própria mônada, isto é, a central de comutação de um sistema autorreferencial. "O máximo que recebemos de Deus e da natureza é a vida, o movimento de rotação da mônada em torno de si mesma, que não tem pausa nem descanso [...]."[43] Por essa razão, tudo o que é um eu ou um sistema tem de cuidar de si mesmo, sejam os indivíduos ou os

42. Cf. P. Sloterdijk, *Esferas I: bolhas*, op. cit., p. 567.

43. J. W. Goethe, *Zur Morphologie. Die Schriften zur Naturwissenschaft* [Sobre a morfologia: escritos sobre ciência natural], seção 1, v. 9, Weimar, Böhlau, 1954, p. 233.

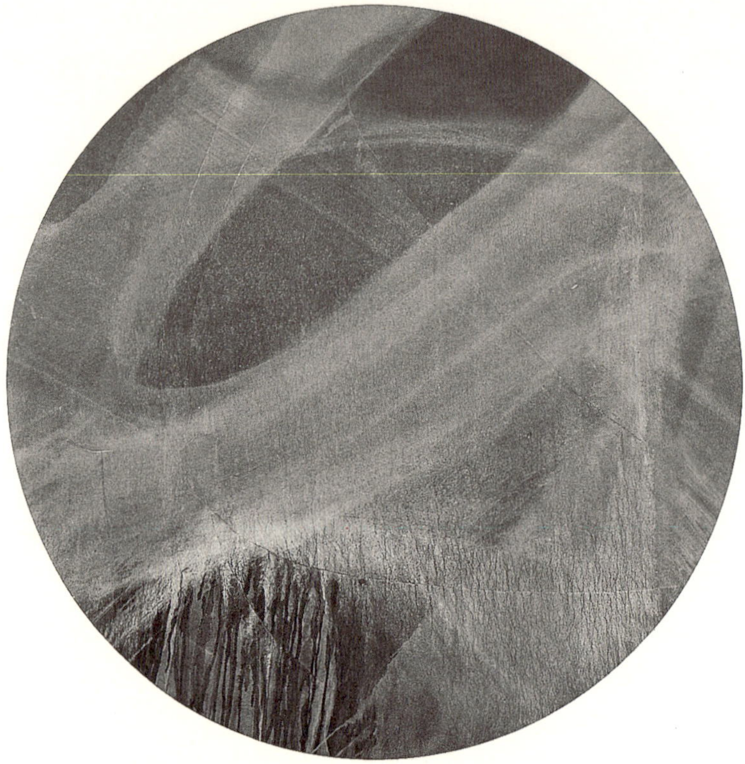

Arnulf Rainer, *Cosmo*, quadro 20: *Raio e fluxo da luz*, 1994.

Estados, sejam as famílias ou as empresas da economia. Todos eles são santos egoístas; sua ascese se chama autorreferência.

Assim, a epopeia da esfera divina no limiar da Era Moderna termina em excentração e autocentração generalizadas — e na indiferentização do espaço. Os continentes e oceanos da Terra são franqueados por rotinas reais de trânsito e comunicação; potencialmente, cada ponto no espaço neutralizado se tornou uma localização — quer dizer, um *relais* para o dinheiro de passagem sobre a superfície terrestre circundada.[44] Na exterioridade universal, nenhum ponto pode se tornar inalcançável para os demais. Poder-se-ia definir morfologicamente a essência

44. Uma derivação da expressão "localização [*Standort*]" das novas relações de pensamento e trânsito após as circunduções da Terra já realizadas encontra-se no capítulo final deste volume: "A última esfera: Para uma história filosófica da globalização terrestre", p. 691 ss.

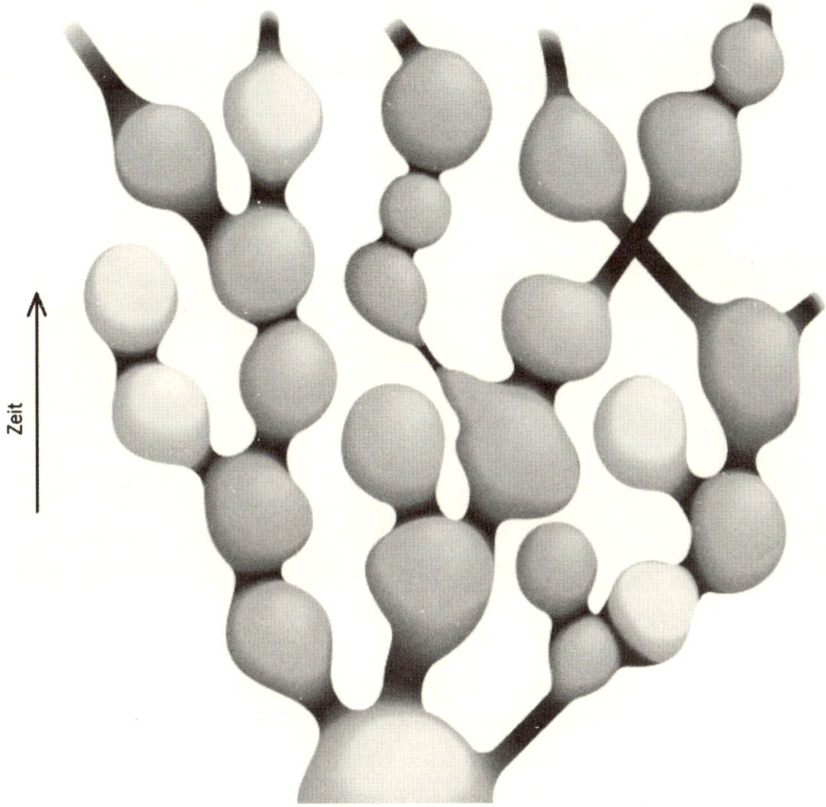

Modelo do cosmo autorreprodutor como árvore ramificada de uma malha de bolhas infladas. Cada bolha nessa ilustração gráfica corresponde a um suposto sistema de *big bang*.

Futuroscópio de Poitiers.

da modernidade como excentricidade não satânica — ao passo que o esquema de centro e epicentro, que havia sustentado a metafísica da cooperação no projeto de Deus, só é mais preservado em subculturas religiosas. Denominaremos *espumas* as aglomerações de pontos excêntricos autorreferenciais associados a seus meios ambientes em estruturas destituídas de pontos centrais. Delas trata o terceiro volume destes estudos esferológicos.

O presente livro, um mausoléu da ideia da unidade universal, pertence ao reino bimilenar da monoesfera ou do globo integral. Ainda é possível aprender algo de Stálin em questões de construção de um mausoléu? É perfeitamente possível, pois, já que nós também pretendemos apresentar a metafísica em um ataúde de vidro, é de bom-tom mostrar a falecida como se apenas estivesse adormecida.[45]

45. Cf. B. Groys, "Lenin und Lincoln. Zwei Gestalten des modernen Todes" [Lênin e Lincoln: dois vultos da morte moderna], in: B. Groys, *Die Erfindung Rußlands* [A invenção da Rússia], Munique e Viena, Hanser, 1995, p. 180 s.

Como não se perde tempo em filas de espera diante do monumento, conseguimos passar mais tempo diante da vitrine. Ali assistimos ao uno-universo em seus estágios embrionários, seu crescimento (Capítulo 1) e sua completude cósmica (Capítulo 4), observamos sua asseguração para fora e sua *border politics* [política de fronteira] (capítulos 2 e 3), admiramos seu triunfo teológico e sua *hýbris* mística (Capítulo 5), acompanhamos sua política de sinais (Capítulo 7) e seu excesso negativo (Capítulo 6) e, por fim, tornamo-nos testemunhas de sua catástrofe, que acarreta sua metamorfose em mera esfera terrestre (Capítulo 8).

Ao final dessas extensões celestiais deveria restar demonstrado por que somente através da repulsão do pensamento contemporâneo do uno-e-todos do projeto cósmico metafísico-monoteísta será possível obter uma nova configuração não teológica ou pós-teológica, pós-metafísica ou metafísica diferente das imunidades humanas na Segunda Ecumene, que, num primeiro momento, representa apenas a integral de todos os elementos isolados.[46]

46. Cf. adiante o Capítulo 8: "A última esfera: Para uma história filosófica da globalização terrestre", Seção 26: "A segunda ecumene", p. 852 ss.

Acesso

Clima antrópico

A bolha do mundo precisa inchar antes de estourar.
Alexandre Koyré, *Do mundo fechado ao universo infinito*

Humanos são seres vivos que, a princípio, só podem estar nas estufas sem paredes de suas relações de proximidade — foi o que mostraram nossas sondagens no campo microesférico. Sendo assim, microesferologia nada mais é que uma antropologia proxêmica. O núcleo da proxêmica pessoal é o que denominamos relação forte. A partir dela se formam os recipientes autógenos das solidariedades primárias, que nós ironicamente aclaramos por último sem ironia com base no paradigma da união trinitária de Pai, Filho e Espírito.[1] A essas relações surreais se aplica que elas são "seu próprio lugar". Quem participa delas vive *dentro*, em um sentido topologicamente eminente.

Os humanos constituem criaturas que, sob todas as circunstâncias, são, em primeira linha, seres que vivem uns tendendo para os outros e que se abrigam e se rejeitam reciprocamente, e nada além disso, para eventualmente e bem mais tarde, na condição de assim chamados indivíduos, tornarem-se seres que vivem sozinhos e se autocomplementam, que cultivam contatos exteriores (endereços, redes); nessa condição, os

1. Cf. P. Sloterdijk, *Esferas I: bolhas*, op. cit., capítulo 8: "Mais perto de mim que eu mesmo: Propedêutica teológica para a teoria do interior comum", p. 526.

humanos dependem, sem diferenças nem senões, do microclima que favorece seus antigos mundos interiores. Só nesse microclima, como plantas típicas dele, eles chegam a ser o que de melhor e de pior podem ser. Nele, reúnem uma reserva de estados de ânimo criativos, ambivalentes, destrutivos ou preconceitos sentimentais sobre o existente na totalidade que eles aplicam com perseverança na passagem para cenários maiores. A partir desse fundo, põem-se em marcha todas as transferências/transmissões.

Nenhum boletim meteorológico informa sobre o primeiro clima; o que nos deixa cientes da direção da brisa do mundo interior e que zonas de baixa pressão estão passando por cima dos esforços interpessoais é a faculdade de avaliação do senso atmosférico e, de início, apenas ela; ela é mais primordial do que o senso íntimo oral, o paladar, e concomitantemente mais pública do que este. O sexto sentido é sempre o primeiro, pois por meio dele as pessoas sabem de imediato, sem induções e investigação indireta, a quantas andam — consigo mesmas, com os demais e com tudo. Elas estão imersas em atmosferas e de dentro das atmosferas fala a elas o que está manifesto. Através da imersão no elemento condutor, elas estão *aí* originalmente e abertas para o entorno. O espaço como atmosfera nada mais é que vibração ou *pura condutividade*.[2] Nesse sentido, ele realmente é, segundo a bela e obscura teoria platônica da *chóra*, a "ama do devir". Como mexer em tais relações totais com uma teoria pesada e lenta de comunicação? Emissor, receptor, canal, meio, código, mensagem — essas distinções chegam tarde demais para a abertura fundamental. Elas ganham importância quando se trata de ficar sabendo algo sobre algo. Porém, muito antes disso é preciso que tenha "lugar" aquele "ser em" ou "ser em algo" que os ontólogos fundamentais interpretam como "ser no mundo", "ser com" e "estar no clima [*Gestimmt-Sein*]". O clima, o estado de ânimo, a atmosfera perfazem a trindade do abrangente, em cuja revelação permanente os humanos vivem sempre e em toda parte, sem que se possa dizer que

2. Cf. A. Gosztonyi, *Der Raum. Geschichte seiner Probleme in Philosophie und Wissenschaften* [O espaço: história de seus problemas na filosofia e nas ciências], 2 v., Friburgo e Munique, Alber, 1976, v. 2, p. 1255.

dessas epifanias façam parte uma mensagem e um portador — mesmo que os modernos tenham tornado o clima/tempo objeto de discurso; primeiro a meteorologia, depois o olhar para o céu. A essa ofuscação contrapomos a lembrança do *pléroma* climático: do "em" como banho de cores, no qual imergiram todos os atos discretos da vida da representação, da vontade e do juízo.

Pelo fato de atmosferas serem de natureza não objetal e não informativa (e por não parecerem controláveis), elas foram deixadas de lado pela cultura racional da Europa antiga e nova em sua longa marcha para dentro da objetificação e da informatização de todas as coisas e estados de coisas. Onde os discursos desdobravam seu sentido próprio, tornou-se cada vez mais inviável gastar uma palavra que fosse sobre a exposição atmosférica, a solubilidade, a acessibilidade da existência. Que além das *palavras* e das *coisas* pudesse existir algo que não é nenhuma das duas e mais espaçoso, mais antigo, mais impregnante do que ambas, nem as ciências objetivas nem as teorias discursivas quiseram aceitar como verdade. O século XIX até tentou captar esse terceiro sutil quando falou do *milieu* ou *ambiente*; o século XX fez o que lhe cabia ao traduzir isso para *Umwelt* [mundo em torno] e *environment* [entorno]; mas com todos esses conceitos não se acertou o atmosférico, e o progresso obtido foi do embotado para o mais embotado. Somente nos mundos dos grandes romancistas, principalmente em Balzac, Proust e Broch, surgiram atmosferologias superiores que ainda esperam por sua vinculação com a análise filosófica fundamental. Ainda assim, em tempos mais recentes, "fenômenos" atmosféricos como tais se tornaram interessantes para a teoria estética, para a neofenomenologia e a teologia, especialmente mediante o estímulo de Heidegger, às vezes até com pretensões de chegar a conceitos fundamentais — o que decerto deve ser interpretado como sinal de uma abertura isolada.[3]

3. No § 149 do seu livro *System der Philosophie* [Sistema da filosofia], 2. ed., v. III: *Der Raum* [O espaço], Parte II: "Der Gefühlsraum" [O espaço do sentimento] (Bonn, Bouvier, 1981), p. 98 s., H. Schmitz propôs uma impressionante interpretação dos "sentimentos como atmosferas". Estimulado por ele, G. Böhme desenvolve, em seu livro *Atmosphäre. Essays zur neuen Ästhetik* [Atmosfera: ensaios para uma nova estética] (Frankfurt s/ Meno, Suhrkamp, 1995), uma concepção

Quando a filosofia moderna — em particular a ontologia fundamental —, após seus dois mil anos de exílio no suprassensível, recomeçou, com toda a razão, a pegar chão no "ser no mundo", ela descreveu o *estado de ânimo* como a primeira abertura do ser-aí [*Dasein*] para o "como" e o "em que" do mundo. Poder-se-ia considerar a obra inicial de Heidegger como a *Magna Charta* de uma ontoclimatologia nunca antes tentada.[4] É possível expor plausivelmente por que o desdobramento dos estímulos de Heidegger na fenomenologia dos estados de ânimo e na psiquiatria existencial figura entre os aspectos mais fecundos de sua influência. Quando a corda da existência se estica em um indivíduo, ela vibra na tonalidade de um estado de ânimo ou de um clima marcante. Contudo, estados de ânimo — Heidegger talvez não tenha dado peso suficiente a isso — jamais são, num primeiro momento, coisa dos indivíduos na aparente privacidade de sua existência e na solidão de seu êxtase existencial; eles se formam como atmosferas compartilhadas — totalidades de circunstâncias matizadas por sentimentos — por vários, ou muitos, que matizam e ajeitam o espaço-proximidade uns para os outros.

---

de atividade estética como produção de atmosferas; variantes disso são oferecidas por G. Böhme, *Anmutungen. Über das Atmosphärische* [Ares: sobre o atmosférico] (Ostfildern, Tertium, 1998). Cf. também M. Hauskeller, *Atmosphären erleben. Philosophische Untersuchungen zur Sinneswahrnehmung* [Vivenciar atmosferas: investigações filosóficas sobre a percepção sensível] (Berlim, Akademie, 1995); R. Knodt, "Atmosphären. Über einen vergessenen Gegenstand des guten Geschmacks" [Atmosferas: sobre um objeto esquecido do bom gosto], in: R. Knodt, *Ästhetische Korrespondenzen. Denken im technischen Raum* [Correspondências estéticas: pensar no espaço técnico] (Stuttgart, Reclam, 1994).

A mediação entre as teorias do espaço e da atmosfera de Heidegger e de Schmitz é feita de modo imperturbável por O. F. Bollnow, *Mensch und Raum* [Ser humano e espaço] (Stuttgart, Kohlhammer, 1963; 7. ed., 1994), especialmente nos capítulos: "Der gestimmte Raum" [O espaço afinado], "Der präsentische Raum" [O espaço presente] e "Der Raum des menschlichen Zusammenlebens" [O espaço da convivência humana] (p. 229-270).

Quem apresentou um ensaio paradigmático de uma atmosferologia teológica foi H. Timm, em seu livro *Das Weltquadrat. Eine religiöse Kosmologie* [O quadrado cósmico: uma cosmologia religiosa] (Gütersloh, Güterloher G. Mohn, 1985).

4. E a obra de H. Schmitz como tentativa parcialmente bem-sucedida de sobrepujar os parâmetros estabelecidos por Heidegger (e Bollnow).

Amuleto múltiplo de prata com chave, Corfu, século XX.

Como nossas investigações microesferológicas deixaram claro, esferas são primeiramente mundos interiores da relação forte, nos quais os que estão aliados uns aos outros "vivem, tecem e existem" em um círculo vaporoso autógeno ou uma relação vibratória que passa de um para o outro. Por isso, o que denominamos clima designa primeiramente uma grandeza comunitária e só depois disso uma questão meteorológica. Isso vale para todos os modos de vida humanos, inclusive para os que se orientam no distanciamento, na liberdade de movimento e na não parceria. Justamente os que vivem sozinhos muitas vezes são ainda mais sensíveis ao clima em termos sociais, e muitos dos que buscam estar sozinhos o fazem antes de tudo para reduzir o mormaço. Como aqueles turistas que viajam fora da estação, eles evitam as intimidades sob mau tempo. Porém os humanos têm senso de clima não só em relação ao grupo, mas, mediante tudo o que fazem e deixam de fazer no campo comum através da repartição do âmbito de proximidade, atuam como seres vivos microesfericamente ativos no clima. O mundo-proximidade surge da soma de nossas ações uns sobre os outros e nossos padecimentos uns por causa dos outros. O que foi designado, em diversos contextos filosóficos — de Agostinho a Vilém Flusser, passando por Heidegger —, com a expressão patética "proximidade" é a redundância vivida, a abundância do que está manifesto, na qual vibram os sincronizados. O modo como nos ajustamos uns aos outros determina como vamos, e o modo como vamos uns com os outros patenteia ajustes e desajustes entre nossas vidas. Nas suas zonas de proximidade, os humanos são, sem exceção, agentes do tempo e, a cada instante, fazem a mágica do sol e da chuva. Seus rostos são as manchetes das condições em que se encontram; seus gestos e humores irradiam tempestade e bonança para dentro do espaço comum.

No tempo da obra de arte, os artistas podiam ascender à condição de destacados agentes do clima de suas culturas, porque em torno de suas obras se reuniam comunidades sintonizadas com elas — razão pela qual sempre é uma falácia achar que os produtores de arte expressam em suas obras o seu interior. O que é chamado de expressão constitui o formulário das possibilidades reais de criação climática de um grupo. Por isso, a sugestiva tese ontológico-linguística de Heidegger de que a obra de arte "propõe um mundo" (aliás, nunca se conseguiu ter certeza se não deveria ter sido "expõe um mundo") é significativa acima de tudo esferologicamente e logo perde sua plausibilidade fora desse campo semântico: houve uma época em que sobretudo esculturas religiosas corporificavam o suprassumo da capacidade de entretecer grupos maiores de pessoas em um éter simbólico compartilhado. Por essa razão, atribuiu-se a tais obras de arte um caráter de verdade ou de revelação: porque elas assinalavam o centro de uma abertura, um raio cósmico local. A ironia da teoria heideggeriana da origem da obra de arte é que ela é verdadeira essencialmente para obras *anteriores* à era da arte. Portanto, o aspecto decisivo nas obras visadas por Heidegger não é que elas sejam obras de arte, mas que elas formam locais de culto, nos quais é possível deparar com a exposição do ser.

O que jamais é possível silenciar, dado que — antes de cada exposição e exibição — permite sentir o elemento comum manifesto, é a atmosfera, a modulação abrangente do espaço que impregna seus habitantes. Por esse motivo, o clima de suas relações permanece mais importante e é bem mais real para a maioria das pessoas do que toda a grande política e a "alta" cultura. É a definição da gente humilde, para a qual a política e os fenômenos meteorológicos possuem a mesma hierarquia sob o aspecto da indisponibilidade objetiva; contra mau tempo e grandes senhores pouco se pode fazer, a não ser falar sobre eles como se fala de poderes superiores. Porém essas falas são — e isto só vem à tona em reflexões tardias — o éter das sociedades; por essa razão, todos os grupos, desde as hordas com sua oralidade até as altas culturas com seus meios de comunicação mediante a escrita, a imprensa e a radiodifusão, vibram quase exclusivamente com comunicações sobre os motivos reais para viverem juntos: seu clima, seus deuses locais, seus demônios grupais. Essa vibração no falatório sobre o próprio constitui a função basal de criação de clima da sociedade; porém, isso é algo que só entra no campo visual da teoria quando os grupos já se separaram ou se diferenciaram a tal ponto que já não se pode mais falar de unidade.

Para os sociólogos modernos e pós-modernos, que há pouco tempo "comutaram" (comutar significa trocar o erro de condução) do produtivismo para o comunicativismo, certamente seria importante agora reconhecer que, na análise esferológica de sociedades, aparece uma "planície" situada *antes* da diferenciação de produção e comunicação: a endosfera matizada é o primeiro produto das comunidades que convivem estreitamente, e seu estado de ânimo é sua primeira comunicação para si mesmas. Adensá-la, arredondá-la, regenerá-la e aclará-la é o primeiro projeto de criação de humanos. Em palavras triviais que indicam lugar e espaço interior, como ninho, quarto, caverna, cabana, casa, lareira, salão, povoado, família, par, tribo, cidade, oculta-se para sempre um resto de algo não pensado que quer continuar a ser sonhado, sem que jamais possa ser saboreado até a última gota nem inteiramente captado por representações. Esse resto florescente atesta que criações de mundos interiores nunca são encerradas e devem ser constantemente desenvolvidas de um "como" ao próximo "como". O segredo da produção de espaço relampeja em palavras que apontam recipientes autógenos. *Mundus in gutta* — o mundo em uma gota.

Esquimó construindo iglu, Territórios do Noroeste, Canadá.

Desde sempre os humanos estão engajados no propósito de trazer para dentro tudo o que é necessário dentre o que se encontra fora e manter longe da lareira da vida boa o que for possível de tudo o que é exterior. Também por isso, eles postam bem cedo, regular e obstinadamente, em sua proximidade *imagens* das pessoas, sem as quais não poderiam residir de modo íntegro; enchem suas moradias físicas e imaginárias com os sinais presentes de parceiros ausentes, que também após seu desaparecimento permanecem importantes para a vida. A onipresença de imagens de ancestrais e deuses, de amuletos, fetiches e signos carregados de sentido nas civilizações mais antigas atesta a que ponto chega a necessidade de arredondar o mundo presente através de sinalizações para coisas essenciais ausentes, coisas complementadoras, coisas abrangentes. A necessidade de haver imagens tem seu motivo na coação da inteligência pela morte e pela ausência; a possibilidade de haver imagens está fundada na função complementadora primordial da onto-grafia. Enquanto, em termos de tipificação ideal, a escrita significa exposição no dessemelhante, a imagem significa exposição no semelhante.

O impulso de arredondamento que põe imagens denuncia o ser humano como o animal que pode ter falta de algo. A cultura em seu conjunto não é reação exagerada à ausência?[5] Quando algo que falta

5. Cf. E. von Samsonow, *(Präliminarien zu einer) Phänomenologie des halluzinierenden*

chama a atenção, surge uma pressão morfológica: espaços vazios querem ser reocupados, como se o plano do espaço-plenitude não tolerasse vacâncias permanentes. Pela obrigação de complementação, os mundos interiores do autoarredondamento voltam a ser aproximados: de início, apenas no sentido de uma construção de ninho sem paredes, na qual o predicado "redondo" expressa uma qualidade pré-geométrica, espacial-psicológica, imunológica vaga — contudo, a partir de certo limiar da evolução discursiva e política, ele adquire também sentidos arquitetônicos e geométricos. Os que vivem em comunidade não conseguem se satisfazer com menos do que uma esfera arredondada em si mesma que proporciona um espaço interior como seu lugar característico no mundo. Essas esferas euclidianas do psíquico grupal surgem, como sabemos por razões biológico-cooperativas e sociomorfológicas, somente através do compartilhamento do espaço interior com seres próximos de primeira grandeza e suas reposições. Ao mesmo tempo, os humanos — como seres do mundo interior, entre os quais a construção endoclimática do ninho precede as demais construções — correm o risco, como nenhuma outra espécie, de que seus mundos interiores sem paredes sejam destruídos por irrupções de fora ou por conflitos endógenos, pois nada é tão frágil quanto a existência dentro das cascas bafejadas e construídas da interioridade especificamente humana.

A expressão "catástrofe climática" — a senha autêntica que leva à nossa época — já atinge o risco original da humanidade. Os humanos são dependentes — de modo tal que se recomenda tomar plena consciência disso só com ressalvas, porque, nesse caso, tomar consciência de fato pode ter o efeito de uma fatalidade[6] — do favor das circunstâncias climáticas interiores até nos mínimos detalhes de seu equipamento biológico e de seus rituais culturais. O fato de terem conseguido se tornar o que são hoje, pelo menos no que tange a suas séries reprodutivas poupadas de degenerações, é decorrência de uma história tão inadvertida

Geistes [(Preliminares para uma) fenomenologia do espírito alucinador]. Projeto de pesquisa da Academia de Artes Plásticas de Viena, semestre letivo de inverno de 1998-1999 ss.

6. Cf. A. Seidel, *Bewußtsein als Verhängnis* [Consciência como fatalidade]. Editado a partir do legado por Hans Prinzhorn (Bonn, F. Cohen, 1927).

Thomas Struth, *Musée du Louvre I*, 1989, detalhe.

quanto inaudita de autofavorecimentos através de criações climáticas próprias. Como moradores de suas estufas de proximidade criadas por eles mesmos, estão em casa continuamente mimando a si mesmos — o que, de resto, não prejulga nada quanto à dimensão da dureza, do rigor e do insucesso nas vidas individuais. Os humanos moram no seu mimo — caso esse jogo de palavras[7] seja admissível —, pretendendo-se que essa expressão seja um indicativo provisório da dinâmica de refinamento de culturas locais e individuações. No seu balanço evolutivo, a

7. O verbo para "morar", *wohnen*, também compõe o radical da palavra para "mimar", *verwöhnen*. [N.T.]

Oskar Schlemmer, *Jovens em grupos*, 1928.

existência do *Homo sapiens* deve ser compreendida apenas como história de sucesso da crescente sensibilidade nervosa e das autoestimulações luxuriantes comunicadas por símbolos. As linhas de sucesso dessas histórias se destacam sobre o pano de fundo de fatalidades implacáveis da seleção, nas quais a extinção e o fracasso constituem as regras.

Só quando se ressalta a tensão entre dentro e fora como motivo básico de toda topologia cultural é que realmente se toma consciência do quanto é assombrosa a persistente recorrência do dentro. Muitos não tiveram de vivenciar o mundo exterior como quintessência de intercorrências destruidoras da esfera? O exterior que perfura, atropela, desnuda não é sempre infinitamente mais tranquilo e mais forte do que qualquer

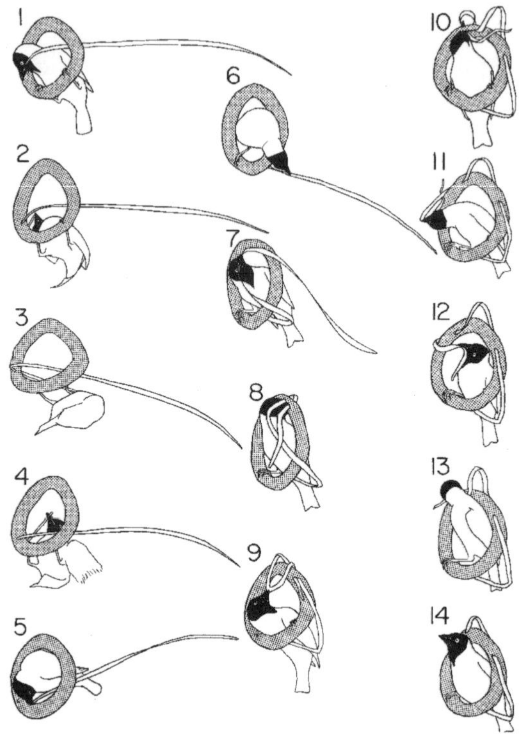

Movimentos do tecelão para a construção do ninho.

construção de mundo interior? A imagem da bolha que foi anteposta à nossa teoria da esfera íntima evoca a fragilidade dos espaços habitados por humanos. O que consegue contra isso a capacidade dos mortais de se abrigarem em suas estufas de relações? Já é suficientemente enigmática a força dos aliados para estabilizar-se em relações prioritárias entre si, embora tanto endógena quanto exogenamente tudo pareça operar no sentido de fazer com que estoure a esfera que possibilita os humanos. E, no entanto: esse autorresgate no espaço autogerado — a capacidade de jogar o manto sobre si e os seus, e recolher-se à casa de vidro invisível das correspondências sentidas — é o original e incessante movimento criador de esferas, que tem de se comprovar em inúmeros casos, especialmente após crises grupais. Dele provêm as formações que mais tarde, em épocas burguesas, citadinas, teorizadoras, serão denominadas "sociedades" ou culturas. Ao que parece, imensa é a capacidade das pessoas aliadas umas às outras de desmentir seu extravio na exterioridade. Se não fosse assim, como se poderia suportar o risco de pertencer a um gênero de seres mortais falantes, suscetíveis ao medo, e como seria insuportável a ameaça pelo exterior, se não houvesse uma capa de solidariedade reanimadora capaz de regenerar-se, que contrapõe, enquanto houver condições, suas resistências criadoras aos ataques desagregadores?

Como processo de complexos crescentes de solidariedade, a história do *Homo sapiens* no período da alta cultura é, antes de tudo, uma luta pela estufa íntegra e integradora. Ela está fundada na tentativa de conferir ao interior mais amplo, ao próprio mais reconciliador, ao elemento comum que se expande, uma forma invulnerável ou ao menos viável e, na medida do possível, superior aos ataques do exterior. O fato de essa tentativa evidentemente ainda estar em curso e de, a despeito de imensos reveses, ainda se ousar travar a luta pelo ingresso de frações cada vez maiores da humanidade em casas de proteção comuns ou endosferas cada vez maiores fala tanto a favor da irresistibilidade dos seus motivos quanto a favor da persistência das resistências que se contrapõem ao curso histórico rumo à segurança interior ampliada. Lutas pela manutenção e pela expansão de esferas constituem o núcleo dramático da história do gênero e, concomitantemente, seu princípio de continuidade.

Quando observamos como borbulham e estouram as incontáveis pequenas culturas que se levantam desde o mundo primitivo até os períodos históricos, esse enxame de bolhas rutilantes, repletas de línguas, ritos e projetos, e quando, em alguns casos escolhidos, conseguimos ver como continuam a flutuar, crescer e dominar, torna-se premente a questão sobre como foi possível que o vento não tenha varrido tudo em toda parte. A esmagadora maioria dos clãs, das tribos e dos povos mais antigos se dissolveu numa espécie de nada quase sem deixar rastros, restando, em alguns casos, pelo menos um nome e obscuros objetos de culto, e, dos milhões de minúsculas etnosferas que flutuaram à deriva sobre a Terra, apenas uma fração se conservou, passando por metamorfoses ampliadoras, autoasseguradoras, instituidoras de signos de poder. É destas que se fala neste livro dedicado às macroesferas. São elas que provocam a pergunta: por que continuam a existir grandes esferas em vez de nenhuma?

CAPÍTULO 1

O DESPONTAR DA PROXIMIDADE DISTANTE
O espaço tanatológico, a paranoia, a paz por decreto

Toda história é a história das relações de animação — foi assim que formulamos na introdução ao primeiro volume deste ensaio.[1] As investigações microesferológicas mostram a amplitude que essa tese requer. Ela engloba uma profusão de relações bipolares e multipolares no interior de espaços íntimos de ressonância, nos quais humanos se provocam e se produzem mutuamente. Sob a imagem da bolha — o pequeno mundo de delicadas paredes inflado por uma suave pressão interior —, explicitamos formas microesféricas em descrições minuciosas, bizarras e arriscadas, tanto quanto permitiu a natureza não objetal ou semiobjetal dessas formações. Assim se conseguiu obter uma noção de microcosmos de constituição simbiótica, coexistencial, bipolar, multipolar, abstraindo-se por ora de sua acomodação no leito de estruturas maiores e de seu potencial de crescimento. Da dinâmica de transmissão das situações primárias só se falou alusivamente. O resultado do primeiro livro consistiu no conhecimento de que a palavra "microcosmo" só pode ser aplicada a pares e não a indivíduos — o que representa uma nítida ruptura com a tradição metafísica. Toda história é a história de animações que surgem do compartilhamento do espaço por dois.

1. P. Sloterdijk, *Esferas I: bolhas*, op. cit., p. 51.

Chegou a hora de explicitar mais a tese demasiado compacta: na verdade, toda história é a história de lutas para ampliar esferas.[2] O que tradicionalmente se denominou o psíquico é a dimensão na qual se experimenta a tensão entre o íntimo e o não íntimo: poder-se-ia retratar a tendência do psiquismo metafísico com a fórmula parafreudiana: que onde havia a alma do par [*Paarseele*] haja a alma do mundo [*Weltseele*]. O *páthos* da filosofia clássica está contido nessa orientação. O conceito "alma do mundo" abriga a conclamação categórica a conceber todos os acontecimentos e todas as coisas do exterior de tal modo que possam, a todo momento, ser entendidos como elementos de um interior ampliado. Já se intui que esse programa equivale à demanda por expandir a simbiose mãe-criança com meios geométricos até a beira do mundo. A capacidade para tais expansões é o núcleo do que tradicionalmente foi designado como "fé/crença".

Ampliações só se tornam efetivas quando o que antes era exterior puder ser acolhido pela esfera menor e, dentro dela, puder ser reinterpretado como um fator de sua elasticidade e de sua curvatura sobrelevada. Para considerar essa representação plausível, seria preciso familiarizar-se com a ideia de que esferas são formações capazes de aprender, algo como sistemas imunes que se exercitam e recipientes com paredes que crescem. Somente quando a inteligência comum dos participantes não for paralisada por catástrofes da esfera, mas desafiada a fazer consertos estendidos, aquilo que costumeiramente teria de levar à morte da esfera pode ter o efeito de um estímulo para o crescimento. Veremos que já a reprodução simples de esferas vivas jamais poderá ser bem-sucedida sem uma inteligência primária de conserto: humanos vivem sempre correndo o risco de serem separados pela violência ou pela morte daqueles que estavam mais próximos deles, e, desde então, os que ficaram para trás nos pequenos mundos humanos primordiais encontram-se em meio ao dilema de explicar o fato de ter de continuar vivendo sem seus

2. Para impérios estabelecidos ou grandes mundos políticos, isso implica a especificação adicional da tese na seguinte sentença: toda história é a história de autoenaltecimentos, programas de eleição e sistemas de "delírios" de grandeza.

Chaves de prata usadas como amuletos, século XVIII.

complementadores mais importantes. O espaço humano surge através da vacinação com a morte.

Se os humanos não possuíssem a temível e admirável capacidade de superar a morte dos próximos e se não tivessem condições de preencher ou encobrir a lacuna deixada pelos desaparecidos com formações substitutivas, nenhum indivíduo jamais poderia ser alguém que morre sozinho; jamais indivíduos precederiam outros desacompanhados na morte, mas a morte de um insubstituível seria sempre também a morte do outro aliado a ele. Nessas condições de morte, seria impossível que se pusesse em marcha a tradição cultural como substituição criativa e jamais a transcendência do outro se converteria em experiência interior, porque, sob tais circunstâncias, jamais haveria algo insubstituível a ser substituído.

Torna-se indivíduo quem é marcado pelo desaparecimento de um outro insubstituível. O que denominamos individualidade tem seu núcleo irredutível no fato de que nem os aliados íntimos normalmente morrem na mesma hora. Portanto, tornar-se um indivíduo em uma sociedade de indivíduos significa preparar-se para a possibilidade de ser abandonado pelo outro insubstituível que morre antes. Por essa via surge aquilo que se pode denominar a dureza básica dos indivíduos adultos. Ela funciona como isolamento em relação a tentativas simbióticas de proximidade. As sociedades humanas desaprovam a morte por amor, e por razões sistemicamente boas (se é que razões sistêmicas podem ser boas), a saber, porque denunciam a traição cometida pelos que

James Cameron, *Titanic*, morte por amor, 1997.

morrem unidos contra o destino humano universal: enquanto todos os indivíduos comuns já devem levar hoje a vida daqueles que amanhã poderiam ser os que foram deixados para trás, os cúmplices da morte por amor invalidam a lei de que também para aliados íntimos a hora derradeira não chega na mesma hora. (Ao dar visibilidade a essa lei de resto e em toda parte mantida em estado latente, James Cameron logrou o avassalador e comovente sucesso do seu filme *Titanic*, pois, na história de Jack e Rose — "Nada no mundo podia separá-los" —, conseguiu conjurar a morte por amor e simultaneamente evitar sua sincronicidade; Isolda ainda vive oitenta anos após a morte de Tristão — essa é a realização do sonho de amor norte-americano e moderno em geral: o que se quer é o *amour fou* e a sobrevivência total numa coisa só!) Os que morriam ao mesmo tempo *realiter* deixavam de solidarizar-se com o esforço fundamental que todo indivíduo parece dever ao mundo contemporâneo, sem que esse esforço lhe tenha sido declarado como mandamento explícito: continuar carregando o peso do mundo inclusive depois de ser deixado sozinho com sua carga pelo mais importante cocarregador.

A individualização essencial depende de exercitar-se em ser abandonado pelos mais próximos — do mesmo modo que a cultura só é bem-sucedida quando funciona como pré-escola do ficar para trás após a morte dos mestres. (Na maioria das vezes, discute-se isso sob a palavra-chave "legado", que acentua a entrega positiva; seria possível conceber a questão sob o ponto de vista do ser abandonado e dizer que quem ficou para trás está condenado à aceitação da entrega.) O eu não surge através de um espelhamento ilusório, como Lacan ensinara de modo sedutor e errôneo; ele assume primeiro uma forma autorreferente através da antecipação de orfanização e enviuvamento; ele constitui a si mesmo como abandonado e abandonador. O eu é o órgão do pré-abandono e da pré-despedida.[3] O ato formador do eu, o de contar com o ser abandonado, é de natureza antecipadora; por isso, ele protege aqueles que

3. Antes disso, ele vem a si no movimento de ouvir saudações no modo da alegria antecipada em vista de si mesmo. Isto foi exposto em P. Sloterdijk, *Esferas I: bolhas*, op. cit., capítulo 7: "O estágio das sereias: Sobre a primeira aliança sonosférica".

Medalhão no túmulo de Thomas de Marchant et d'Ansembourg (falecido em 1728) e de sua mulher, Anne Marie de La Neufforge (falecida em 1734), Tuntange, Luxemburgo.

se preparam psicologicamente para ficar para trás em algum momento contra catástrofes irreparáveis de separação.[4] O que se denomina individuação é a orientação antecipadora por um estado que ocasionalmente é mencionado em lápides francesas: *Un seul être vous manque, et tout le monde est dépeuplé* [Um só ser vos falta e todo o mundo está despovoado]. Para que o mundo inteiro pareça estar sem humanos basta que falte a você um único humano. Para que aconteça o repovoamento do mundo, a vida abandonada não pode querer se obstinar a permanecer com a parte perdida. Digamos, portanto, que é preciso exercitar o perder, antes que o perdedor não consiga mais dar conta da perda.

A parte mais importante de todo luto deve ter sido efetuada *antes* da morte do outro essencial, caso não se queira que sua perda leve à petrificação de quem ficou para trás. O pré-luto se manifesta como distanciamento. No *amour fou*, essa despedida antecipada é revogada, como se

4. Sobre interferências nesse processo de pré-despedida, cf. P. Sloterdijk, *Esferas I: bolhas*, op. cit., digressão 6: "O luto das esferas: Sobre a perda do nobjeto e a dificuldade de dizer o que falta", p. 416 ss.

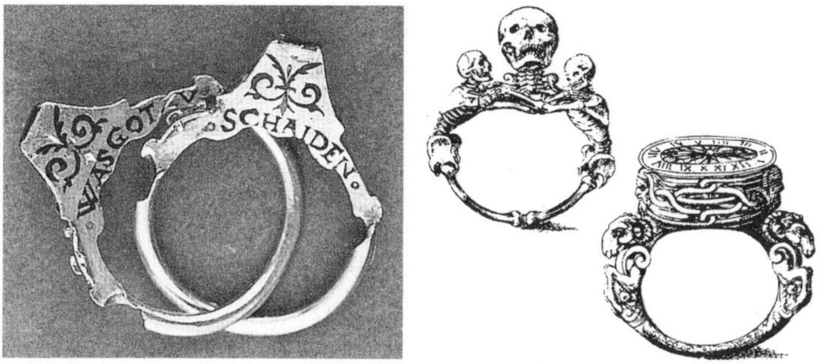

Anéis para espantar a separação.

os que se uniram quisessem negar antecipadamente toda possibilidade de separação para sempre. Ambos se tornam cúmplices no propósito de não dar ao outro a chance de sobreviver ao parceiro íntimo.

Porém, se os ameaçados pelo vazio de gente, os sobreviventes dos falecidos essenciais, forem capazes de ingressar em tradições, será porque correspondem à obrigação de substituir seus ausentes — aqueles nos quais confiaram primeiro e aqueles dos quais adquiriram o saber. Quem se mantém disposto a realizar essa substituição assume sua cota no peso do mundo. O mundo é pesado não só porque a maioria dos humanos que vivem no tempo histórico se empenha por ganhar a vida; o momento em que mais se sente o peso é quando os humanos se curvam para permitir que sejam carregados com a tarefa de assumir o lugar de outros insubstituíveis.

Portanto, como as esferas podem crescer? De que maneira os mundos íntimos, os casais, as famílias, as hordas, os pequenos povos aprendem a subsistir a suas catástrofes, suas cisões, suas ameaçadoras sobrecargas por forças explosivas externas e internas? Como é possível que nem todos os grupos desafiados e sobrecarregados desapareçam silentes no a-histórico, mas que alguns deles se aprumem para integrar o que costuma causar destruição? Que mudança efetuam as pequenas comunidades humanas em seu modo de vida quando conseguem viabilizar uma maneira de suportar além da medida habitual aquilo que é insuportável? O que acontece com aqueles que se uniram quando logram impor sua sobrevivência às perdas mais insubstituíveis? Como eles aprendem a se concentrar, a se engrandecer, a se calejar e até a se conjurar em uma visão de si mesmos, a ponto de eles próprios se tornarem forças do destino para outros, mais do que sofrerem os destinos impostos pelas circunstâncias exteriores?

Como quer que resultem as respostas a essas perguntas, elas inevitavelmente têm uma implicação morfológica e, transmitido por esta, um sentido imunológico e esferológico (e *eo ipso* um sentido uterotécnico). Em cada ocasião, trata-se de explicar como os grupos humanos superam suas crises de forma diante de potências exteriores e tensões interiores.

As microesferas crescem e se tornam macroesferas na medida em que logram incorporar as potências exteriores estressantes em seu raio de ação. Logo, poder-se-ia descrever o crescimento da esfera como um curso de estresse, em cujo percurso algo exterior é neutralizado mediante inclusão no interior da esfera. Antes que uma pequena unidade etnoesférica possa se desdobrar em uma forma mundial de tipo superior, precisam ser integrados, antes de tudo, estressores protopolíticos do tipo inimigo e estrangeiro, estressores sociopsicológicos como depressões coletivas e estressores mentais como o monstruoso e a ideia do infinito.

Um grupo que tivesse trazido para dentro todos os monstros essenciais e, em certo sentido, os tivesse superado ou cerceado, teria crescido a ponto de se tornar um império ou uma macroesfera de alta cultura. Só se pode, portanto, falar de uma forma autenticamente macroesférica quando também o que é grande e o que é supremo apresentam um caráter de mundo interior. Em uma macroesfera com caráter de mundo interior, a vontade de poder tem de se tornar coextensiva com a vontade de animação do espaço global. Até onde podemos ver, tais espaços de mundo interior só foram projetados e pensados com toda coerência em três altas civilizações da Antiguidade: na China, na Índia e na Grécia, ou seja, naquelas culturas que, conforme um consenso escolástico relativamente amplo, são tidas como os três lugares de nascimento da filosofia.[5] Nas cosmologias dessas civilizações, o imperativo morfológico "arredonda e impera" começa a vigorar sem restrições.

5. Cf. R. A. Mall e H. Hülsmann, *Die drei Geburtsorte der Philosophie. China. Indien.*

Por essa razão, aqui também entra em cena a *geometria* e, como dificilmente poderia deixar de ser, ela logo se põe a serviço da cosmologia política imperial. Os poderosos e seus intérpretes pensam seu mundo com compassos e legiões. Assim que tentam adaptar a forma de sua alma a relações macroesféricas, os humanos têm de assumir a figura de estadistas, seja de funcionário público, seja de sábio — pois quando o Estado altamente civilizado dá o que pensar, o sentido de mundo se desloca na direção da inclusividade abrangente: a totalidade é o cercado do animal inclusivo.

Foi realização das grandes civilizações ter alçado a inclusão do exterior estressante a um nível historicamente mais duradouro. Foram mais do que meras improvisações militares aquelas potências mundiais que tiveram êxito em domesticar os monstros da exterioridade — a morte, o mal, o estranho, o imenso — e transmitir seus êxitos de domesticação como hábito cultural para as gerações seguintes. Mesmo que nenhum desses poderes jamais perca totalmente seu caráter inquietante e destruidor nas grandes visões de mundo, eles são remanejados para a função de estressores internos e dialeticamente postos a serviço da "grande totalidade". As altas civilizações sabem bem como converter a exterioridade aniquiladora em negatividades proveitosas. Elas usam as monstruosidades à semelhança de hormônios do crescimento, para elevar-se das formas microesféricas à condição de macroesferas.

Repetimos a ideia fundamental dessas reflexões: o ser humano é o animal destinado a esperar separações de seus próximos e sobreviver a elas. Já nas formas mais antigas da vida humana, entre as hordas arcaicas, a morte se impôs como obrigação de lançar um olhar póstumo aos próximos falecidos. Quando olhar para o cadáver e fitar o lugar vazio assume formas rituais, ele se organiza como memória; desta se originam os cultos aos ancestrais e aos mortos; eles induzem o estresse metafísico original que pesa sobre os grupos humanos já desde os estágios iniciais da hominização. É possível reconhecer que esses cultos sempre têm um

Europa [Os três lugares de nascimento da filosofia: China, Índia e Europa], Bonn, Bouvier, 1989.

Joseph Beuys, *Pás comunitárias, em duplicata*, 1964.

sentido esferológico, assim que se passa a encarar a comunicação dos vivos com seus mortos não só como costuma fazer a ciência da cultura, ou seja, como uma prática religiosa que inaugura uma tradição ou uma forma de organização da memória cultural. A memória dos mortos necessariamente libera processos criadores de esferas, porque só é possível restaurar a esfera psíquica arrebentada pelo desaparecimento do outro importante, a bolha íntima de coexistência, por meio de uma espécie de reação imune criadora de espaço.

O conserto do espaço de estreita intimidade não é possível sem que ele seja concomitantemente ampliado: pois quando os sobreviventes insistem em permanecer, de certo modo, com os falecidos, isso só pode se dar de tal modo que os mortos sejam localizados em um segundo *anel* em torno da esfera dos vivos. Num primeiro momento, o que a psicanálise designou com um conceito tão espirituoso quanto questionável de "trabalho de luto" nada significa, do ponto de vista psico-histórico e psicopatológico, além do esforço dos sobreviventes para transportar seus mortos do âmbito da intimidade ferida para um anel de proximidade apaziguada de amplitude maior. Esse anel é traçado pelo luto — trata-se, portanto, do esforço psíquico para estabelecer um acordo entre o pesar pelo afastamento definitivo dos falecidos e o desejo de, ainda assim, mantê-los "aí" em outra forma de proximidade. Quando os pequenos grupos arcaicos se reportam aos seus mortos, o espaço da esfera foi ampliado para além das relações reais entre parentes e pessoas que convivem, e se formou uma bolha maior que abrange os presentes e os ausentes. Ela constitui a dimensão mínima de uma civilização — se, com razão, entendermos por civilizações formações esferopoiéticas que cultivam e transmitem de geração em geração memórias de mortos determinantes.

Embora, a princípio, o lugar dos mortos determinantes só possa ser a distância, o além indeterminado e algum outro lugar imensurável, os enlutados se dedicam à tarefa de conferir a esse distanciamento vago e potencialmente ilimitado uma medição humanamente compatível. O luto gera a proximidade estendida que transforma o infinito em um além manejável. Ele é a primeira paixão proxêmica — um sofrimento espacial que gera proximidade distante em relação aos perdidos. (Deixemos de lado saber se Freud fez bem em interpretar esse sofrimento com o conceito do trabalho, pois só objetos podem ser trabalhados, ao passo que, no caso do luto, trata-se de reposicionar algo desaparecido ou de procurar para si mesmo um novo lugar *vis-à-vis* ao que foi retirado; portanto, estar de luto não significa trabalhar um objeto, mas mudar-se para um espaço estendido.)

Diante disso, pode-se dizer que o des-afastamento [*Ent-Fernung*] é o impulso propriamente fundador da cultura. Ele não permite que os mortos determinantes se afastem demais, mas os exila em um entorno mais amplo, o que delimita o círculo do espaço de vida e animação de uma esfera cultural — ou, pelo menos, um anel mais amplo dentro desta. Por essa razão, memórias relevantes estão presentes, num primeiro momento, sempre no espaço público do grupo; suas marcas são as sepulturas que sinalizam significativamente o espaço de proximidade distante para os membros do grupo.

Na condição de monstruosa ofertante de "trabalho" de luto, a morte é o primeiro estressor de esferas e formador de civilizações. As

Cimetière des Innocents [Cemitério dos inocentes], Paris, c. 1550.

comunas enlutadas se conservam, assumindo a tarefa que lhes foi dada de domesticar a fúria do desaparecimento mediante a criação de espaço ampliado. A faculdade distanciadora da imaginação, que acomoda o espaço real de vida no leito dos espaços circundantes de mortos e espíritos, é a primeiríssima a suscitar as civilizações como imaginações espaciais autorresgatadoras. A proximidade distante dos mortos importantes: ela ingressa no raio de ação das esferas autônomas originais realmente existentes — ou seja, nos círculos das hordas, dos clãs e das pequenas sociedades tribais — e, ao fazê-lo, gera a primeira forma mundial autônoma. Unicamente um sistema de coexistência de mortos e vivos possui caráter mundial em termos ontológicos — e possui ontograficamente a capacidade de traçar em torno de si uma borda da imagem de mundo.[6]

6. O argumento de que a imagem de mundo se desdobra simultaneamente à imagem da beira do mundo é explicitado mais adiante no Capítulo 2: "Lembranças de

Foi mais que um sentimentalismo etnológico quando se começou, em nosso século, a estudar os ritos, os mitos e as construções de mundo de clãs primitivos compostos de uma centena de pessoas nas florestas do Brasil, da África ou da Polinésia com a mesma atenção que, segundo se acreditava, devia ser dada somente às grandes civilizações, como a greco-romana, a egípcia ou a chinesa. Se a dignidade espiritual de uma forma de vida pode ser depreendida de sua capacidade de formar esferas e, portanto, do seu poder de manter vivos e mortos unidos em comunhões rituais dentro de um horizonte tratado, então pequenas tribos são formações tão admiráveis quanto impérios que forçam muitos milhões de humanos a estarem dentro de um círculo de dominação. Pois o que quer que sejam a dimensão numérica e o raio de ação político de uma cultura: todo grupo que controla por si mesmo seu processo de

recipientes: Sobre o fundamento da solidariedade na forma inclusiva", p. 173 s.

geração gera em torno de si, com suas energias psíquicas, imaginativas e simbólicas, o anel de proximidade distante e distância próxima no qual se assenta a existência genuinamente humana, aberta para o mundo, aberta para os mortos, animadora do espaço. No interior desses anéis, encontra-se aquilo que, com boas razões, se pode denominar "lugar antropológico".[7] O lugar [*Ort*], no sentido forte da palavra, é o engajamento territorial de uma esfera. Essa ligação a um território não seria concebível se os espíritos dos próprios mortos não tivessem ocupado o solo e o céu acima dele como seu "mundo de vida [*Lebenswelt*]" específico. O espaço de vida dos grupos é atravessado pelos sinais da presença dos ancestrais e dos deuses. Esses sinais são as margens e os pontais (em alto-alemão antigo: *orte*) que os deuses e os mortos estendem ao encontro dos vivos. Com a armação de mundos vitais que abrangem vivos e mortos, tem início a era da etnosfericidade territorializadora.[8] Vistas sob esse ângulo, as civilizações são funções das criptas, sobre as quais estão assentadas as gerações de turno. Tradições são rios de signos no espaço tanatalógico.

É preciso precaver-se do idílio etnológico que ilude a percepção moderna com fantasias de um morrer mais leve e um sobreviver mais indolente ou mais consolado nas civilizações antigas. Trata-se, nesse caso, quase sempre de ilusões de óptica, condicionadas por lacunas na tradição, nostalgias e iniciação malograda. Assim que começa a tradição escrita, ela fala de grandes batalhas de luto e narra como os sobreviventes se bateram com o insuportável, a morte que causa separação.

A segunda metade da epopeia babilônica de Gilgamesh — o mais antigo documento da arte narrativa imperial, transmitido em quatro línguas diferentes entre os séculos XXI e VI a.C. — trata da luta vã

7. Cf. M. Augé, *Orte und Nicht-Orte. Vorüberlegungen zu einer Ethnologie der Einsamkeit* [Lugares e não lugares: ponderações prévias para uma etnologia da solidão]. Frankfurt s/ Meno, Beck, 1994, p. 53 s.

8. Sobre a dissolução do territorialismo e o afrouxamento do vínculo entre lugar e eu, cf. adiante o Capítulo 8: "A última esfera: Para uma história filosófica da globalização terrestre", p. 820 s.

de Gilgamesh, famoso caçador, rei de uma cidade e dois terços divino, contra a morte do seu amigo Enkidu e por sua revolta contra a noção de que, ao contemplar o cadáver decomposto do amigo, ele tinha diante de si seu próprio destino. O mundo de Gilgamesh já representava uma forma de macrocosmo, no qual os mortos se retiram para um além muito distante ou um submundo muito profundo, de modo que o luto integrador por eles só é bem-sucedido quando o protagonista avança até a beira do mundo, para encontrar o antídoto contra a separação e contra o próprio fim. É metafisicamente informativo que Gilgamesh só tomou consciência da própria mortalidade por meio da morte do seu *alter ego*. Pois a morte não se torna problema para o indivíduo, como sugere a filosofia grega e cristã tardia, através da perspectiva do próprio fim, para o qual os mortais, como se gosta de dizer no nosso século, "correm na frente"; o aguilhão da morte é experimentado primeiro pela exigência descabida de sobreviver ao outro mais íntimo, ao gêmeo, ao complementador indispensável. Na beirada do mundo, no destino da viagem de luto de Gilgamesh, desenrola-se o seguinte diálogo entre o sábio conselheiro Utnapishtim e o buscador inconsolável.

> Utnapishtim fala para ele, para Gilgamesh:
> "Por que tens encovadas as faces, abatido o teu semblante?
> Por que está triste teu coração, estão envelhecidos teus traços?
> Por que há aflição no teu ânimo
> e teu rosto parece o de um viajante que vem de muito longe?
> Por que teu rosto está curtido pela umidade e pelo calor do sol,
> [...] e corres pela estepe?"
> Gilgamesh fala para ele, para Utnapishtim:
> "Utnapishtim, como não estariam encovadas minhas faces nem curvado meu semblante?
> Como não estaria triste meu coração nem envelhecidos os meus traços?
> Como não haveria aflição no meu ânimo,
> Nem pareceria meu rosto o de um viajante que vem de muito longe?
> Como não estaria curtido de umidade e do calor do sol o meu rosto,
> [...] nem correria eu pela estepe?

> Meu amigo, o burro veloz, o jumento selvagem da montanha, a pantera da estepe!
> Enkidu, meu amigo, o burro veloz, o jumento selvagem da montanha, a pantera da estepe!
> Depois de termos cumprido tudo juntos, subimos à montanha,
> Tomamos a cidade [...], matamos o touro do céu,
> Também abatemos o Humbaba que morava na floresta de cedros,
> nos desfiladeiros matamos leões!
> Meu amigo, a quem amei além da conta,
> Que enfrentou comigo todas as dificuldades —
> Ele foi alcançado pelo destino dos humanos.
> E eu o pranteei durante sete dias e sete noites,
> Não permiti que ele fosse sepultado,
> Até que os vermes atacaram seu rosto.
> Fiquei tão apavorado com a aparência do meu amigo,
> Tão assustado diante da morte que corri estepe afora!
> A questão do meu amigo pesa sobre mim a tal ponto
> Que percorri um longo caminho através da estepe!"
> (Décima placa, IV, 42-50; V, 1-19)[9]

Nessa reflexão sobre morte não há vestígio de idílio holístico. A ampla envergadura da viagem de luto de Gilgamesh indica o tamanho de seu ferimento; seu fracasso no empreendimento de trazer para casa a planta da vida o carimba para todo o sempre como perdedor metafísico, que, dali por diante, persuadido de sua mortalidade, teria de respeitar a diferença entre ele e os 100% deuses; e só o fato de que, no final da viagem, ele retorna à cidade de Uruk, a sede do seu domínio confere ao processo épico um arredondamento que equivale, em sua forma como tal, a uma consolação. A viagem de Gilgamesh encerra o luto em um círculo completo. Naturalmente, no Império Babilônico, o duplo do rei, o amigo íntimo morto, não pode mais ser sepultado debaixo da coluna central da casa comunitária (como acontecia

9. *Das Gilgamesch-Epos*, nova trad. alemã e notas Albert Schott, revisada e complementada por Wolfram von Soden, Stuttgart, Reclam, 1958, p. 83-84. [Trad. para o português com base na trad. alemã — N.T.] [Ed. bras.: *A epopeia de Gilgamesh*, trad. Carlos Daudt de Oliveira, São Paulo, Martins Fontes, 2011.]

com mortos importantes em alguns povoados das tribos antigas), para acompanhar a vida dos seus como espírito doméstico. A domesticação do seu desaparecimento não acontece mais por meio da comunicação animista próxima com um além convivial. Para seguir o Enkidu morto em seu distanciamento radical, Gilgamesh tem de percorrer os limites do mundo, até onde alcança a representação babilônica de amplidão e grandeza. O arco da separação passou a abranger mundos; a proximidade distante do perdido imperdível assumiu traços cósmicos. A viagem do protagonista dura 45 dias para, na beirada do mundo, encontrar o meio contra a morte. Alguém sabe em que limites ele se encontra aqui? Quais são as águas fronteiriças que o protagonista enlutado transpõe com seus remos de pedra? Em que mar híbrido ele tem de mergulhar para encontrar a erva milagrosa? As imagens épicas fazem com que os extremos sejam rebatidos para dentro do mundo interior.

A mais antiga epopeia não fala da alegria antecipada em vista de uma reunião dos amantes no além. No entanto, a civilização babilônica se torna, em sua totalidade, uma caixa de ressonância da narrativa da amizade heroica, da catástrofe da perda e da viagem de luto. Durante mais de um milênio e meio, narrou-se de maneira sempre renovada, nos impérios mesopotâmicos, o drama da separação dos inseparáveis e da busca real por uma erva contra a morte. Tendo em vista essa corrente narrativa, pode-se ousar a suposição de que impérios não só são espaços de direito, administração e prepotência, mas que, se quiserem ter duração como esferas animadas, devem ser também, em certa medida, espaços de repercussão de lamentos civilizados e caixas de ressonância para empatia com destinos humanos exemplares.

Para condições de luto totalmente alteradas leva o relato de Aurélio Agostinho no Livro 4 das *Confissões* sobre a perda do seu amigo de infância mais íntimo, um jovem coetâneo, em companhia do qual Agostinho (nascido em 354) tinha vivido um ano feliz, desfrutando intensamente das mesmas inclinações e maneiras de pensar. O incidente deve ter sucedido em Tagaste em torno de 376, poucos anos depois que o jovem Agostinho se convertera ao maniqueísmo. O fato de o amigo estar sob sua influência e também próximo dele como cúmplice de experimentos e erros metafísicos explica em parte a perplexidade de Agostinho diante da morte súbita do amigo. Tanto mais doloroso é para ele o rompimento do discipulado espiritual, ao inteirar-se de que o amigo se deixara batizar *in extremis*, sem que tivesse tido oportunidade de conversar com ele sobre a mudança de mentalidade.

Também nesse caso de morte, de implosão catastrófica de uma aliança simbiótica, abriu-se diante do sobrevivente um abismo intramundano que parecia insuperável da perspectiva da vida até então, e, também nesse caso, tiveram de ser mobilizadas as máximas razões de consolação que a época tinha a oferecer, para interpretar a própria sobrevivência em vista do amado falecido. Entrementes essas razões ascenderam a um alto nível teórico; elas são filosoficamente elaboradas, psicologicamente bem pensadas; apoiam-se em uma metafísica que disponibilizou um conceito monoteísta amadurecido de Deus e uma ideia exigente de previdência e predestinação.

Sob a monarquia de Deus, é de bom-tom que o crente enfrente também o insuportável com uma forte suposição de sentido. Ele deve pensar toda a sua vida, incluindo seus abismos de separação, feridas e derrotas, como um *curriculum* concebido por Deus; ao cristão compete "ser revolvido pelas provações": *in experimentis volvimur* (*Confissões*, Livro 4, 5,10). Quando aparece essa ideia da provação e da catarse, pode manifestar-se a expectativa de que, em um plano mais elevado, até as perdas mais irreparáveis resultarão em ganhos. Não sabemos de nenhum motivo para desconfiar de que o relato de Agostinho sobre seu estado após a morte do amigo seja convencional ou retórico, até porque, na época em que redigiu o texto (397-401), o autor era um homem na metade de sua quarta década de vida, relatando vivências que tinham se passado havia quase um quarto de século.

> Com tal dor, meu coração ficou sombrio. Tudo o que via era a morte. A pátria era para mim uma tortura, e a casa paterna, um estranho tormento. E tudo o que havia vivenciado com ele, sem ele convertia-se em tormento sem fim. Meus olhos o procuravam por toda parte, mas ele não se mostrava. E eu odiava tudo, porque nada o abrigava e porque nada de tudo aquilo podia me

> dizer: "Olha, logo ele vem", como ocorrera antes quando ele não estava presente por algum tempo. Eu tinha me tornado uma grande questão para mim mesmo (*Factus eram ipse mihi magna quaestio*). Eu perguntava à minha alma por que estava triste e se perturbava tanto, mas ela não sabia o que responder. [...] Só o choro me era doce e só ele sucedera ao meu amigo (*successerat amico meo*) como delícia do meu coração. [...]
> Eu me sentia miserável (*miser*) e miserável é todo o espírito preso pela amizade às coisas passageiras. Ele se quebranta quando as perde, e só então sente a miséria em que ele já se encontrava antes de as perder. [...] De fato, eu me admirava de que ainda vivessem os demais mortais, tendo morrido aquele que eu amara como se ele jamais pudesse morrer, e, sendo eu um segundo ele, ficava ainda mais admirado de ainda viver, estando ele morto. Acertadamente alguém chamou seu amigo de "metade da minha alma". De fato minha sensação era como se a sua alma e a minha alma fossem apenas uma em dois corpos. E por isso passei a ter horror à vida, porque não queria viver como metade (*nolebam dimiduus vivere*) [...]. (*Confissões*, Livro 4, 4,9 e 6,11)[10]

Enquanto o luto veterobabilônico impele o protagonista aos extremos do mundo à procura de auxílio contra o inaceitável, o luto cristão-platônico exorta o adepto a aprender uma lição decisiva na escola das separações. A morte do amigo íntimo, ainda que seja a catástrofe microesférica pura e simples, provoca um salto para além da esfera e pressiona o sobrevivente a redefinir seu lugar no existente. De fato, o autor das *Confissões* platonizou e cristianizou ao mesmo tempo o seu luto; ele o platonizou ao interpretar a perda como estímulo para a ascensão do amor do perecível para o imperecível; ele o cristianiza, ao deslocar sua lealdade do amigo que morreu de febre para o Cristo que morreu para matar a morte com a plenitude de sua vida (*Confissões*, Livro 4, 12,19).

10. Apud Augustinus, *Bekenntnisse*, latim-alemão, ed. J. Bernhart, Frankfurt s/ Meno, Kösel, 1987, p. 151-155. (A tradução foi levemente modificada em algumas passagens.) [Trad. para o português com base na trad. modificada para o alemão; cf. Santo Agostinho, *Confissões*, trad. J. Oliveira Santos e A. Ambrósio de Pina, São Paulo, Nova Cultural, 1996, p. 104-106 — N.T.]

Contudo, ambos — a ascensão platônica do perecível sensível para o imperecível suprassensível e o matar cristão da morte — já são operações típicas da geração de macroesferas, isto é, grandes espaços interiores de vitalidade espiritualizada, que se contrapõem exitosamente aos ataques do exterior. A operação básica do "trabalho de luto" cristão consiste em substituir o parceiro da proximidade perdido pelo parceiro da proximidade distante, o Deus vivo. Quem não quiser continuar vivendo como metade abandonada tem de procurar alguém novo que o complete, e, onde a necessidade metafísica intervém nesse dilema, o complemento será de natureza espiritualizadora, transcendente e superlativa. O gêmeo interior tem de se apresentar, como na escola platônica do amor, primeiro como humano belo individual, depois como o belo em geral e, por fim, como o próprio Deus superbelo, superbom.

A maneira como, na meia-idade, durante a redação das *Confissões*, Agostinho lança um olhar retrospectivo sobre si mesmo, o outrora abandonado inconsolável, e sobre o amigo, o retirado da vida precocemente e, no entanto, no tempo certo, ilustra com perfeição o esforço por conferir sentido posteriormente ao sem sentido a partir de um ponto de vista elevado. Sem hesitar, o Pai da Igreja interpreta seu progresso no curso dos distanciamentos como obra da graça. Consequentemente Deus, o mestre de todos os mestres, teve de dissociar os dois alunos conjurados no erro, para que o mais talentoso deles encontrasse a trilha correta; somente afastando um deles da vida ele conseguiu fazer o outro compreender que se trata de um equívoco idolatrar tanto o mortal como se não fosse possível perdê-lo. Distanciando-se posteriormente do próprio desconsolo pela morte do amigo, Agostinho desenvolveu uma teoria crítica do amor: o que importa é diferenciar os objetos do amor e então fazer a escolha correta. "Pois só não perde nenhum amigo quem considera todos queridos naquele que não há como perder."[11] Quando o amor de Deus se impõe aos erotismos tacanhos, ele adquire, na opinião do homem da Igreja, a elasticidade de expansão da esfera em dimensões universais.

11. *Confissões*, livro 4, 9,14.

Pode-se ler o relato do luto de Agostinho como uma teoria indireta da Igreja — isto é, como lançamento das bases para um reino radicalmente inclusivo do coração. Neste, o amor preferente, o amor seletivo e vulnerável demasiadamente humano, seria revogado em favor de uma simpatia não preferente por todas as cocriaturas (com a mesma mentalidade). Desse modo, a morte teria sido concomitantemente reestilizada como estressor vantajoso; de fato, desde tempos antigos, é permitido ao povo da Igreja cristã edificar-se com a concepção de que, em um concílio geral que convocasse toda a *communio sanctorum* [comunhão dos santos], os mortos e os vivos estariam sentados nos mesmos bancos como grupo solidário — os mortos, entretanto, em sua maioria e um degrau mais alto do que os vivos, porque todos eles, pelo simples fato de terem morrido, parecem ter sido promovidos ao grau de mestres informais da Igreja.

O que chama especialmente a atenção, de uma perspectiva esferoteórica, na interpretação posterior que Agostinho faz de seu luto juvenil é o traço autoterapêutico e psicagógico. O autor tem plena consciência de que o buraco aberto no existente pela morte do outro que se ama exige inflexivelmente ser novamente fechado: por conseguinte, ele diz que o choro pelo morto teria como que sucedido (*successerat*) a este e tomado o seu lugar em sua alma. As lágrimas são o primeiro substituto, ainda sensível, da relação com o objeto do amor, e não é por nada que Agostinho diz que o choro é doce: *solus fletus dulcis erat mihi*. A relação de abraço se converteu em relação de choro. As lágrimas, por sua vez, precisam secar e ser substituídas, dissolvendo-se em uma relação de contemplação e adoração de um interlocutor mais elevado. Certamente as lágrimas de Agostinho não são mais as de um animista que mantém para além do túmulo a relação convivial com o outro arrebatado, mas as de um metafísico que busca alívio em suspiros, abstrações e diversões. Enquanto o amigo morto, convertido na última hora para estupefação de Agostinho, ficou enterrado em Tagaste, este se mudou para Cartago para que o antigo entorno comum não o trouxesse constantemente à sua memória; no entanto, essa mudança não representa uma viagem épica de luto, mas uma fuga para a dispersão — um movimento a respeito do qual Agostinho mais tarde diria que só teve um final feliz dez anos depois com a conversão e o batismo no ano de 386 em Milão. Não obstante, essa fuga assumiria um significado salutar — por meio da posterior conversão. Pois que sentido teria a sobrevivência inquieta de Agostinho senão o de que um dia ele poderia falar de modo exemplar do doloroso e falso amor pelo efêmero e do verdadeiro e doce amor pelo duradouro?

Portanto, depois do choro — tomando o desvio da dispersão —, o discurso edificante se torna o substituto do insubstituível. Quem é bem-sucedido no luto obtém um cargo docente; ele obtém o mandato de falar para os demais crentes sobre a diferença entre temporal e eterno. Ao mesmo tempo, falar, falar, falar se torna para Agostinho a imagem perfeita do curso da vida e marca de nossa substituição pelo que vem depois no tempo: pois para que surja uma sentença com sentido, as palavras precisam aparecer em sequência, dar brevemente a sua contribuição para o sentido do todo e desaparecer, para dar lugar à palavra seguinte. Se o amigo morto era a palavra antes, Agostinho sabe que agora ele tem a palavra, na certeza de que outros chegarão na vez depois dele.[12] Todas as vidas que seguem umas às outras são partículas na construção de frases de Deus: esta é a assunção que proporciona ao metafísico a certeza de que tanto os mortos quanto os vivos e os ainda não nascidos são posicionados segundo um plano mestre no sintagma divino. Com essa mentalidade, Agostinho mais tarde superará com alguma paz de espírito a morte do seu filho, Adeodato, que morreu mais ou menos com a mesma idade do seu amigo de infância de Tagaste.

Só uma vez ainda fracassou em grande escala o projeto filosófico cristão "paz de espírito": por ocasião da morte de sua mãe, em Óstia. Agostinho até conseguiu, como ele descreve de forma pormenorizada no Livro 9 das *Confissões*, conter as lágrimas durante os ritos fúnebres, de modo que seus companheiros puderam admirá-lo por sua compostura. Porém, em seus aposentos privados, longe dos olhares dos outros, pela última vez Agostinho derramou lágrimas (*et dimisi lacrimas*). Em

12. "É assim que nossos discursos se efetuam por meio de sinais sonoros (*per signa sonantia*). Pois nunca resultariam em um discurso completo, se cada palavra, depois de cumprido seu papel, não desaparecesse para que outra a seguisse" (*Confissões*, livro 4, 10,15).

relação aos tempos que se seguiram, Agostinho alegou nunca mais ter chorado por causa de perdas humanas, demasiado humanas, mas só por comoção religiosa e moral. A partir de então, ele viveu de modo lábil, mas decidido, naquele espaço interior absoluto da imaginação religiosa, do qual se diz que não haveria mais expatriação; em linguagem cristã: no reino de Deus. Ao que parece, de fato não mais será deixado órfão quem lançou sua âncora na esfera do *pater orfanorum*, do pai dos órfãos, como um último sistema de parentesco.[13] Segundo o evangelista João, Jesus tinha dito para os seus discípulos que não os deixaria órfãos: sua partida seria apenas a condição exterior de sua permanência definitiva; o Espírito, com sua presença permanente, seria o substituto do Filho ausente até o fim dos tempos (João 14,16-17). O interior máximo, pensado até as últimas consequências em termos cristãos, constitui o espaço de todos os santos, no qual se reúnem aquelas ideias do absoluto que são pessoas redimíveis. Uma vez acolhidos nessa convenção, ainda poderiam cair fora dela? Em caso afirmativo, isso não será revelado antes da crise final, no dia do juízo final, quando Deus, à maneira de um inventário de fim de ano, computa os que são seus e risca os que não são seus. Com os eleitos, Deus forma, então, a esfera definitiva, a maior de todas as esferas possíveis de almas espirituais. Para estas, a morte não pode mais significar uma ameaça, mas é apenas uma irritação superada — uma vacina para a vida eterna, que se produz na reação imune à morte. As informações mais confiáveis sobre essa sociedade redimida, que só frequenta mais os melhores círculos divinos, estão disponíveis nos cantos do *paradiso* de *A divina comédia*, de Dante. Deles se pode depreender o que sucede quando a mais ampla inclusividade é associada à mais rigorosa exclusividade: no céu de Dante, o abrigamento das almas eleitas na esfera de Deus se tornou fato consumado.

Enquanto a morte é o ampliador inicial de esferas, sob cujo efeito de estressor se constituem pela primeira vez as civilizações ou "sociedades" — cada uma delas contém no anel aberto seus mortos próximos-distantes —, o estresse injetado nas sociedades pela inveja e pelo mal

13. *Confissões*, livro 9, 12,32.

tem o efeito de um consolidador de esferas de primeira grandeza. Através de seus ritos prenhes de violência, com os quais se protegem contra o mal e procuram escorraçá-lo do seu interior, os grupos primordiais se consolidam como conjurações contra o mal e se aglutinam, por assim dizer, como times visando à sua exclusão e expulsão. Em consequência disso, para as sociedades mais antigas, o exterior é uma dimensão moral-demoníaca, mais do que um fato geográfico ou topográfico; ele se refere ao espaço não controlado — na terminologia etnológica: a exosfera —, para o qual o mal ou suas corporificações humanas são enxotados e de onde se deve temer seu retorno. Do ponto de vista topológico-moral, todas as comunidades humanas arcaicas estão cercadas por um universo-anel difuso, que possui preponderantemente o caráter de um exterior ambivalente. Pois lá fora, no espaço não controlado, vagueiam, além de inúmeras imponderabilidades do tipo favorável, indiferente e ruim, inevitavelmente também os espíritos dos escorraçados e assassinados que outrora estavam conosco. Do espaço inquietante, isto é, do mundo circundante levado a mal, retornam potencialmente os excluídos e cercam o mundo vital dos grupos com um anel de sítio de perigos exosféricos — razão pela qual toda xenofobia, bem como a religião, tem início no temor do retorno de quem foi expulso. (Isso vai do tremor do cristão tradicional diante do segundo advento de seu Senhor, o qual se supõe no céu, mas se teme que, no mais sinistro de todos os dias, ele deixará o céu mais uma vez para acertar as contas com os seus: *unde venturus est iudicare vivos et mortuos.*[14]) O que contribui para emprestar um caráter inquietante aos que retornam é a circunstância de que todo o exterior, a exosfera indefinida, está franqueado para eles, e que, a partir dele, eles podem lançar seu ataque, não se sabe de que lado nem em que momento, contra a comunidade reunida em sua base rotunda.

Ao lado do enquadramento dos mortos em uma proximidade distante envolvente e protetora, o esforço fundamental de todas as unidades sociais consiste em expulsar o mal do interior para fora e assegurar

14. *Symbolum Nicaenum* [Credo niceno]: "De onde virá para julgar os vivos e os mortos."

os limites. Por essa razão, a diferença topológica entre dentro e fora tem um sentido moral, do mesmo modo que a moral possui um sentido imunológico; ela gera o desnível do bom e interior para o mau e exterior — um desnível que com frequência é interpretado concomitantemente como diferença entre o puro e o impuro, entre o justo e o injusto. Na medida em que se orientam nesse esquema de exclusão entre condições endoesféricas e condições exoesféricas, as sociedades, tanto as arcaicas quanto as modernas, permanecem sempre e sobretudo comunidades de esforço e de êxtase, que de tempos em tempos vibram com excitações extáticas compartilhadas em uníssono contra os autores presumidos ou reais do mal. Os rituais de sacrifício, sobre os quais as sociedades antigas fundam, cada uma à maneira que lhe é peculiar, sua continuidade cultural ou religiosa, representam rotinizações dessas excitações solidarizadoras. (Nas sociedades modernas, aparentemente livres de sacrifícios, eles são reprisados na forma de escândalos periódicos e demonstrações de indignação.) Desse modo, os espaços interiores de civilizações ou sociedades originárias são arenas de afetos que mantêm a empolgação de seus atores mediante a participação no mais excitante, no mais comprometedor, no mais contagiante de todos os empreendimentos comunitários: a eliminação violenta do mal do seu interior. Santificação do espaço interior e aviltamento do mundo circundante são processos diretamente interconectados; ao separar a esfera de tudo que não se quer que ela mesma seja, eles constituem os primeiros fatos sociais e ecológicos.

Por isso, os esforços para excluir o mal do espaço interior da comunidade têm o efeito de ampliar imediatamente a esfera; eles significam, em primeira linha, a tentativa de interpor uma distância segura entre o espaço imune e seus destruidores expulsos. Também nesse caso não há como separar a ampliação da consolidação da esfera, pois os diques e fossos morais, atrás dos quais o grupo busca proteção contra perturbadores reais ou presumidos, são sempre traçados em um distanciamento tático em torno do mundo interior íntegro.

Pontos essenciais dessas reflexões combinam perfeitamente com as representações de René Girard sobre a gênese das civilizações a partir do espírito do mecanismo sacro da violência. Em numerosos trabalhos,

Girard explicitou a tese monumental de que todas as sociedades humanas, a princípio, não podem ser senão sistemas de inveja e ciúme impulsionados por pressões miméticas. Por razões imanentes, eles se encontram sob alta tensão endógena, autoestressante, e são forçados por uma lei natural sociomorfológica ou de dinâmica de grupos a se purificar dos supostos autores de seus males através de um homicídio cometido em conjunto com sede de sangue extática. Assim, toda civilização local seria uma quadrilha do assassinato fundante; seu jogo de linguagem central seria toda vez a acusação e a condenação coletiva, unânime, de uma vítima que tem de assumir todos os males, e a negação tão monótona quanto coerente da própria responsabilidade pelas escaladas [de conflitos] que desenfreiam a violência. Pertence a uma "civilização" nesse sentido da palavra quem participa, real ou simbolicamente, do sacrifício do bode expiatório, cuja expulsão do interior da comunidade devolve ao grupo a tranquilidade do senso de justiça e uma paz pós-estressora. Para Girard, civilizações são formações soldadas em uma peça mediante as energias de fusão da incitação máxima do estresse do linchamento — e que, depois do excesso cometido, retornam ao nível da ordem descontraída e da solidariedade purificada.

Das sensações edificantes e acalmadas da comunidade decorrentes das orgias do assassinato fundante derivam-se os ritos e os mitos dos povos — os ritos representando a repetição simbólica e refreada da original excitação comum desenfreada do assassinato, enquanto os mitos fornecem as narrativas justificadoras daqueles. Portanto, se Girard tiver razão, todas as civilizações ou etnias estão baseadas, num primeiro momento, em cooperações que fundem em torno de um crime, em seguida em torno de irrenunciáveis acordos sobre mentiras comuns, isto é, sobre mitos que põem toda a culpa pela violência nas vítimas dela. Dessas reflexões decorre a tese sociologicamente subversiva de que, em cada caso, só o bode expiatório pode ser o integrador involuntário do seu grupo — pois a suprema excitação de todos os membros da sociedade converge nele, e suas narrativas gravitam em torno de sua expulsão ou seu sacrifício e sublimação salvíficos. Por meio delas, excitação e narrativas, as sociedades ficam afetivamente apegadas de alto a baixo e são levadas a ter uma sensação inconfundível de unidade e solidariedade.

É a exclusão do mau que torna possível a autoinclusão do não mau em um espaço pateticamente ocupado pelo nós.

Nesse sentido, todos os grupos estreitamente integrados em termos cúlticos, sejam eles arcaicos ou contemporâneos, estão baseados em mecanismos de discriminação — eles não conseguem existir sem um inimigo e uma vítima, e, portanto, para acumular a quantidade de estresse autógeno necessária à estabilização interior, dependem da constante repetição das mentiras sobre o inimigo. Isso significa simultaneamente que eles não conseguem subsistir sem Deus nem deuses, porque, de acordo com essa dedução, os deuses nada mais são que os bodes expiatórios que se tornaram numinosos e inquietantes. De início, não há absolutamente nenhuma necessidade de "crer" em deuses; basta recordar a festa constitutiva do assassinato para saber o que eles têm a ver conosco. A memória constrangida de um crime encoberto é o que perfaz a assim chamada profunda religiosidade de civilizações mais antigas; em sua atmosfera religiosa, os povos estão próximos das razões espectrais de suas mentiras. Deus é a instância que tem permissão para lembrar seus adeptos do segredo ocultado da culpa.

Com essa memória miticamente refratada e ritualmente abafada, a relação comunitária íntima é renovada e fortalecida. Pois o que poderia estar mais estreitamente vinculado do que o coletivo criminoso com sua vítima que se tornou seu Deus? É na condição de comunidades narrativas e comunas de excitação — portanto, no culto — que as civilizações, esses grupos de criminosos fascinados com o seu malfeito, mais são elas mesmas. Pois onde excitação e narrativas se sobrepõem constitui-se o sagrado (*sacré*) — e é este que imerge os grupos no clima inconfundivelmente próprio de reverência, culpa, temor e disposição para o sacrifício. Desse modo, o objeto sacrificado é posicionado no centro do espaço espiritual de uma sociedade. Por meio da presencialização cúltica do Deus sacrificado, a sociedade se vivencia como um corpo homogêneo, que de maneira sempre renovada tem de vibrar no desconforto sagrado comum para permanecer coerente consigo mesma. O que confere às primeiras sociedades sua impenetrabilidade típica é precisamente o fato de, na condição de comunidades de sacrifício e culto, possuírem seu meio de unidade em memórias bem peculiares de violência. (Por conseguinte, não é possível converter-se a religiões primitivas por estar excluída a possibilidade de participar do crime constitutivo de um grupo estranho, a não ser na posição de espectador não convidado; em contraposição, a partir de quaisquer cultos, é possível ter acesso a religiões das altas civilizações, como o cristianismo ou o budismo, porque ambas possuem a estrutura de movimentos de emancipação que conduz para fora dos antigos complexos de culto e culpa — mesmo que, como é o caso no cristianismo, o movimento de libertação fique atolado em novas culpabilizações autossabotadoras da parte de um Deus sacrificado.)

Ora, quando se acrescenta ademais o que Girard acredita ter demonstrado em relação a inúmeros grupos ou civilizações sacrificiais, a saber, a sublimação do bode expiatório no reinado sacral, então a síntese grupal fundada em excitações e narrativas, em pânicos e mentiras, será adicionalmente consolidada em termos políticos. O estresse interno da inveja e da violência — que, quando escala, incita sociedades até o limite da desagregação e ocasionalmente para além disso —, revela-se, desse modo, ao mesmo tempo, como o mais importante consolidador das esferas, e isso na medida em que, após a crise, se logra assumir ritualmente o controle sobre as tensões do ciúme que desencadearam a violência. Exatamente essa é, segundo o modelo de Girard, a tarefa dos cultos organizados em torno de sacrifícios sangrentos: sua função civilizatória consiste em reprimir as epidemias transbordantes reais de violência por meio do exercício de violência ritual.[15] (*Post Christum crucifixum* [Depois da crucificação de Cristo], isso leva, como Girard não se cansa de enfatizar, à *via antiqua* dos humanos perversos, que ainda servem à violência sacrificial, embora há muito já pudessem saber que as vítimas não são mais culpadas do que eles próprios e que a

15. Cf. R. Girard, *Quand ces Choses commenceront: entretiens avec Michel Treguer* [Quando essas coisas começam: entrevistas com Michel Treguer], Paris, Arléa, 1996, p. 57: "Retomando uma formulação de Jean-Pierre Dupuy: 'Os sistemas de sacrifício *contêm* (*contiennent*) a violência no sentido duplo da palavra': porque ela é inerente a eles e porque eles impedem a violência de inundar tudo."

violência aparentemente purificadora sempre repete apenas o mesmo jogo perverso.[16])

Poder-se-ia equiparar a transformação das hordas pré-humanas em comunidades humanas de ritual e sacrifício com uma reação imune da sociosfera contra sua maior ameaça imanente; aqui, de fato, o estressor — a peste mimética, na qual todos se contagiam mutuamente com seu desejo — assume uma nova função, a saber, a de estabilizador religioso: o que era mau deve se tornar sagrado. Esse sagrado rutilante, via de regra, manifesta-se como divindade étnica com o mandato de garantir a coerência do povo, na qualidade de atalaia da esfera e protetor do grupo. Assim, grupos que aderiram a religiões arcaicas de sacrifício possuem a forma de bandos integristas que, mesmo que já não cometam crimes em conjunto, se identificam mutuamente através dos sinais de malfeitos passados. Quando esse integrismo produz sintomas mais fortes, a ânsia de uma recaída na orgia encenada se torna aguda. E, em geral, grupos que buscam a violência encontram sua vítima com bastante facilidade e, em pouco tempo, criam os pretextos para voltar a praticar e celebrar sua eliminação.

Esses integrismos quase naturais de grupos com sua sede de escaladas [de conflitos] não são imunes a iluminações. No interior de sociedades ritualmente apaziguadas, sobretudo quando elas cresceram a ponto de se tornar impérios consolidados e poder contar com experiências mais longas de paz, podem se desenvolver reflexões críticas à violência que põem a descoberto e rompem com o jogo fatal da excitação ciumenta. Alguns dos mais remotos testemunhos da formação de éticas explicitamente antimiméticas, que abafam o ciúme, encontram-se nos livros sapienciais do Antigo Egito, dentre os quais destacamos aqui os ditos de Amenemope, um escriba e supervisor geral dos depósitos de cereais da época do Império Novo. Esse texto é uma instrução moralizante surgida em torno de 1300 a.C., cujos reflexos inequivocamente podem ser demonstrados nas literaturas do Oriente Próximo, sobretudo nos

16. Cf. R. Girard, *La Route antique des hommes pervers* [A antiga via dos homens perversos], Paris, Grasset, 1985.

escritos sapienciais do Antigo Testamento, em particular nos Provérbios de Salomão. A ética do Novo Testamento também é antecipada neste e em numerosos outros trechos da reflexão sapiencial do Antigo Egito. Na *Instrução de Amenemope para seu filho Kar-nakht*[17] estão registrados, entre outros, os seguintes ensinamentos:

> Não se irrite com quem ofende você, mas dê-lhe uma resposta que se justifique por si mesma. [...]
> Não discuta com uma pessoa furiosa e não a provoque com suas palavras. Deixe passar a noite antes de lhe responder, para que ela tenha tempo de se acalmar. Em todo caso, fique longe de quem se exalta passionalmente e deixe-o falando consigo mesmo, pois Deus saberá como lhe retrucar. [...]
> Respeite os limites dos campos a serem cultivados, pois nem a mínima parcela da viúva deve ser subtraída. [...]
> Não cobice os bens dos outros e não faça teu vizinho passar fome. Pois, de verdade, é repugnante tentar estrangular aquele que teve o direito aos seus bens confirmado, e pervertido é quem tenta explorá-lo para se apropriar de seus bens. [...]
> Não entoe o louvor ao bem-sucedido diante de quem ficou sem glória. Não atormente o anão, não imite o aleijado.
> Estenda a mão ao homem velho com todos os sinais do respeito que lhe é devido. [...]
> Não maltrate ninguém, pois todos estão na mão de Deus.

Essas máximas poderiam ser lidas como testemunho de uma revolução da discrição. Quase um milênio e meio antes do Sermão da Montanha, esses pensamentos oriundos do vale do rio Nilo desaprovam o descaramento com que desde sempre se portaram os violentos, como se ninguém que tivesse de ser levado a sério estivesse olhando. A reflexão egípcia já avançara até a questão decisiva de todas as civilizações mais altas: o que são a violência e a crueldade além de sinais da inescrupulosidade de atores diante da testemunha mais alta? As instruções do

17. As passagens seguintes foram citadas e traduzidas (por este autor) conforme E. Laffont, *Les Livres de sagesses des pharaons* [Os livros de sabedoria dos faraós] (Paris, Gallimard, 1979), p. 111-112.

supervisor de cereais mostram que, no clima mais temperado da civilização do estrato médio do Antigo Egito, pôde despontar uma mentalidade sapiencial que se assemelha a uma primeira iluminação. Ela não busca mais a razão da convivência em ritos que citam remotos atos de violência sangrentos, mas a busca no estar resguardado e abrangido da comunidade pelo uno, pelo Deus atento a tudo. De modo totalmente lúcido, o novo ensino sapiencial expõe o mecanismo da escalada [de conflitos] do destempero entre humanos oriundo da inveja e aponta o caminho para uma vida em discrição e moderação. O mais novo *way of life* egípcio se assemelha a uma ascese da des-escalada [de conflitos]. Ele está fundado na suposição de uma atenção divina que atravessa o espaço e à qual não escapam nem as emoções mais íntimas dos agentes.

Logo, a fé no supremo observador que ordena a discrição figura no início de um desenvolvimento que foi levado adiante pelos profetas judeus e pela ética jesuânica, e que acaba desembocando nas modernas formulações dos direitos humanos. Na base dessa tendência evolutivo-moral está o conhecimento de que macroesferas do tipo de reinos e impérios (e muito mais de igrejas mundiais) só são capazes de preservar sua forma duradouramente se pararem de apostar preponderantemente na violência sacrificial e no terror divino. Os macro-organismos políticos só chegam a uma inclusividade cativante, avançando, como atestam os ensinamentos de Amenemope, para uma ética que oferece expressamente sua proteção às vítimas reais e potenciais — os fracos e os estrangeiros; essa tendência já se havia manifestado no Código de Hamurabi da Babilônia, da época em torno de 1700 a.C. O teor desses mais novos ensinamentos sapienciais reside na advertência a não participar de escaladas [de conflitos] que desenfreiam a violência. Isso corresponde a um clima ético marcado pela preocupação com a coerência civil em um macroespaço pacificado mais do que pela mobilização do grupo contra bodes expiatórios e inimigos externos. O clima de inclusão é o início do *éthos* mundial. É próprio da política climática de impérios estáveis prometer cuidar dos necessitados e tomar para si as dores dos que estão em perigo e dos que foram prejudicados. (Por conseguinte, deduzir a genealogia da moral do ressentimento dos perdedores, como propôs Nietzsche, é acertado, mas unilateral; precisa ser complementado por uma genealogia morfológica imperial.) Esse *éthos* é afetado pelo paradoxo de que ele volta a maturar efeitos excludentes, pois tem de declarar como adversários grupos integristas ou povos renitentes que não querem se dissolver na mornidão civilizada do império. Assim, justamente o universalismo ético colide em todas as frentes possíveis com os limites estruturais da inclusividade apaziguadora. De fato, na maioria das vezes e em primeira linha, climas internos mais amenos só medram por trás de muralhas confiáveis e, quando se tenta exportar os padrões climáticos amenos, a violência imperial irrompe da casca pacificada de modo mais ou menos cruento.

As grandes religiões e doutrinas sapienciais inclusivas precisam conviver com esse dilema desde que subiram ao palco da história mundial há três mil anos como parceiras simbióticas dos impérios e concomitantemente como seus dissidentes crônicos. Um simbionte dissidente especial dos impérios foi o judaísmo histórico, que sempre precisou tentar suas chances nas lacunas interimperiais e intraimperiais. Ao mesmo tempo, os impérios deparam, desde o emergir das imagens de mundo da era axial e das altas éticas, com a tarefa de chegar a bom termo com a prole da boa gente que despreza a paz armada imposta pelos Estados e seu sistema legal finito, e contrapõe a esta a paz de um império bem diferente e uma justiça infinita muito distinta. Com a diferenciação dos tipos de paz começa a guerra mundial propriamente dita: a resolução histórico-mundial da antítese entre poder (enraizamento, imposição, aparato, civilização) e espírito (desenraizamento, resistência, anarquia, arte). Se houvesse um "fim da história", ele seria perceptível na extinção desses antagonismos.

Capítulo 2

Lembranças de recipientes
Sobre o fundamento da solidariedade na forma inclusiva

Creia-me, felizes eram os tempos em que ainda não havia arquitetos...
Sêneca, *Epistulae morales*, 90

A natureza se agrada sobretudo do redondo, o que já ressalta das formações que ela mesma gera, produz e cria. O globo terrestre, os astros, as árvores, os animais, seus ninhos, e tudo o mais que eu quiser enumerar que ela queria que fosse redondo.
Leon Battista Alberti, *Da arte de construir*

De onde vem a voz que diz "viva!"?
De outra vida.
Samuel Beckett, *Mirlitonnades*

O ser humano seria um *zôon politikón*: a sentença de Aristóteles ressalta no gênero dos humanos que eles devem ser definidos, antes de tudo o mais, como animais que levam a vida em comum. Todavia, olhando mais de perto, o predicado "*politikós*" — que aqui tem um acento biológico — é muito fraco sob todos os pontos de vista para designar o específico nas associações humanas. É sintomático que, no discurso aristotélico (sobretudo em *Historia animalium* I, 1), ele não conste exclusivamente para o modo de existir dos humanos, mas da mesma forma para o de insetos que formam Estados ou o de animais gregários como lobos e grous.[1] A zoologia grega fala dos "animais de rebanho" que levam uma vida sociável como seres vivos "políticos", sem se preocupar muito, de início, com o que outras disciplinas terão a dizer sobre o ser humano como animal narrador, sacrificador, construtor de cidades, formulador de conceitos.

Desse modo, a palavra "*politikós*" mira — sem acertar na mosca — motivos pré-políticos e não urbanos do convívio humano. Ela faz constar que, desde o início, os humanos são os que não vivem sozinhos e que eles não se encontram só para o acasalamento, nem só para o comércio citadino. Quem fala dos humanos como animais "políticos" admite que entre esses seres atuam forças vinculantes que dificilmente podem ser entendidas da perspectiva de ideologias individualistas. O individualismo é a maneira de pensar que reserva o predicado "real" para os indivíduos e só aceita a vigência de comunidades como composições secundárias, subordinadamente reais e rescindíveis de partes autônomas — ou seja, como "sociedades" no sentido da teoria do contrato. Um ponto de partida como esse faz com que se perca a noção da densidade irredutível das relações de intimidade humanas. Ele esconde o campo das relações fortes[2] da percepção antropológica. Mas qual é a "obra" conjunta que leva os seres que têm vida sociável como que *a priori* a se buscarem, se imbricarem uns nos outros e se porem debaixo de razões comuns de existência?

Após as fundamentações microesferológicas do primeiro volume, começaremos a desenvolver aqui uma série de respostas macroesferológicas a essas perguntas, dependendo todas elas de uma observação

1. Cf. D. O'Meara, "Der Mensch als politisches Lebewesen. Zum Verhältnis zwischen Platon und Aristoteles" [O ser humano como ser vivo político: sobre a relação entre Platão e Aristóteles], in: D. O'Meara, *Der Mensch — ein politisches Tier? Essays zur politischen Anthropologie* [O ser humano — um animal político? Ensaios de antropologia política], ed. Otfried Höffe, Stuttgart, Reclam, 1992, p. 14 s.

2. Sobre o conceito da "relação forte", cf. P. Sloterdijk, *Esferas I: bolhas*, op. cit., capítulo 8: "Mais perto de mim que eu mesmo: Propedêutica teológica para a teoria do interior comum", p. 503.

Renas no deserto nevado do Ártico siberiano.

elementar: se, desde as civilizações de caçadores de animais selvagens do Paleolítico inferior até o limiar da modernidade, os grupos humanos tendem a manifestar fortes capacidades de coerência interior é porque se encontram, em todos os estágios da escala de grandezas sociossistêmicas, sob um superpoderoso imperativo existencial da forma. Por motivos específicos de gênero, e muito antes de a forma de vida da *pólis* ditar aos humanos suas ideias comuns determinantes, os integrantes do mesmo grupo estão entretecidos em relações fortes uns com os outros — mais do que toda teoria da comunicação feita até agora foi capaz de descrever, mas também de uma maneira diferente do que fabularam as conhecidas concepções românticas, comunitárias e organicistas. Não é preciso assinar a teoria extrapolada dos espíritos dos povos para perceber a realidade de comunas coesas e civilizações de valor intrínseco.

Do mesmo modo que, segundo os teólogos cristãos, as pessoas da Trindade imanente não precisam levantar nenhuma parede em torno de si para serem inteiramente elas mesmas e, ainda assim, passarem umas para as outras[3], os membros da sociedade primária e da sociedade primitiva não precisaram de nenhum muro físico a circundá-los e encerrá-los para efetivar a relação forte entre si. Por muito tempo ainda não haverá necessidade de muros em torno de seus assentamentos para manifestar que eles têm algo a ver uns com os outros da maneira mais radical possível. A comunidade sem muros também já se reproduz endogenamente a partir de energias de coesão, as quais têm o efeito de fazer cada grupo criar seu respectivo espaço existencial e a forma típica com que pode se mostrar para si e para outros. Mesmo sem um reforço arquitetônico maciço, cada grupo que se diz "nós" sabe como se abrigar em uma forma experimentada e se instalar, mediante uma espécie de movimento centrípeto, em uma forma total integradora. Todas as unidades culturais primárias só podem ser entendidas como processos morfogenéticos autogeradores.[4] O projeto imediato de toda comunidade é a autoabrigagem continuada do grupo em seu envoltório morfológico: todas as "sociedades" concretas, tanto as primitivas quanto as complexas, são projetos esferopoiéticos (por ora, ainda podemos omitir os significados geométricos da expressão "esfera" e restringir-nos a espacialidades interiores vagas).

É uma trivialidade constatar que a maioria das formações de esferas na história do gênero humano não se manteve como conjuntos do tipo clânico nem de civilizações tribais, dos quais apenas poucos conseguem evoluir para composições étnicas de formato médio — de fato, um *povo* já é um efeito morfológico que, pensado a partir dos seus primórdios como horda, beira o impossível, pois ele pressupõe a síntese cultural e, na maioria das vezes, também política de milhares de hordas (agora: famílias ou clãs). Só nos casos mais raros essas formações, indo além das unidades étnicas, cresceram a ponto de se tornar macroesferas de ordem máxima, isto é, cidades-Estados e impérios multiétnicos, no

3. O que é articulado pelo conceito da pericorese, aclarado em ibidem, capítulo 8 (p. 544 ss.).

4. No terceiro volume, seguindo sugestões dadas por Heiner Mühlmann, a morfogênese de conjuntos sociais será interpretada com o auxílio do modelo de "tensegridade" de Buckminster Fuller.

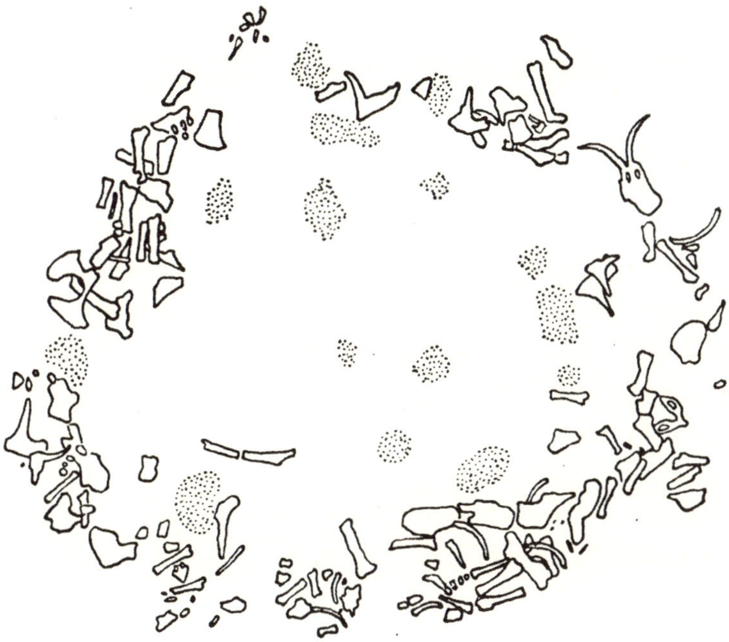

Ponto de parada de um grupo de caçadores do Paleolítico, há trinta mil anos.

sentido de Spengler e Toynbee, até "civilizações" que foram capazes de conferir a si mesmas, em termos políticos e ontológicos, a forma de *mundos*. Nesse caso, a expressão "mundo" não designa "tudo que é o caso", mas tudo o que pode ser contido por uma *forma* ou um limite sabido. Nós também designaríamos isso adequadamente como um contexto autógeno.

Encontramos o símbolo determinante de integração desse conceito de mundo, no que tange à Antiguidade ocidental, na imagem homérico-hesiódica da *oikuméne* cercada pelas águas do rio *Okeanós*, isto é, o lugar visível de moradia dos humanos, que se situa bem protegido dentro dos limites de um mistério divino abrangente. O mundo chinês antigo conhecia para isso o símbolo análogo *t'ien-hsia*, "tudo sob o céu" ou "reino". Nas duas concepções de ecumene, o conceito de mundo é vinculado à representação de que todas as coisas manifestas estão envoltas por anel extremo formado por potências ordenadoras invisíveis.[5]

5. Cf. E. Voegelin, *Order and History* [Ordem e história], v. 4: *The Ecumenic Age*

Esse anel se torna consciente no pensamento assim que, por ocasião de um crescimento crítico, os grupos primários são submetidos a um estresse morfológico que precisa ser resolvido mediante a construção de muralhas e meios simbólicos de autoafirmação política e filosófica. Mas também muito antes disso, quando pequenos grupos humanos ainda levavam uma vida de caçadores nômades e estavam bem longe de se entrincheirar atrás de muralhas de cidades e fronteiras de impérios, eles existiam, em todo caso, como formas autoarredondantes e autoinclusivas: nós os circunscrevemos como as estufas sem paredes de solidariedade das esferas — que é algo bem diferente da solidariedade imaginária e organizada por grupos de interesse em modernas sociedades de massa, sejam eles o da assim chamada classe trabalhadora ou o dos idosos e dos jovens que, pelo desvio das caixas sociais, estariam unidos por supostos contratos (evidentemente não sólidos) entre gerações.

Falar de solidariedade em estufas de formas visa, em primeira linha, indicar que, no caso dos que realmente convivem, suas relações interiores detêm a primazia incondicional diante das assim chamadas relações com o meio ambiente. Precisamente as hordas mais antigas exibem esse movimento rumo à primazia do interior; na medida em que, como estufas de relações de fato existentes, levam os membros do grupo a sua condição ótima relativa, elas se orientam, antes de tudo, em sua autoabrigação atrás de muros não construídos e de paredes não edificadas. Por essa razão, o princípio "parede" está em jogo já nas formações societárias mais primitivas, até onde dificilmente se poderá falar de realizações arquitetônicas da figura de inclusão divisora do espaço. (No entorno de acampamentos do *moustérien* [musteriense] foram encontrados restos de ossos amontoados como primeiros indícios de uma paliçada mágica.[6]) Onde há paredes — construídas e não construídas — dividindo o espaço, sempre se trata de criações físicas e mentais de espaços interiores: pois a primeira parede sempre é a que é vista

[A era ecumênica], Baton Rouge e Londres, Louisiana State University Press, 1974, p. 272 s.

6. Cf. A. Leroi-Gourhan, *Hand und Wort. Die Evolution von Technik, Sprache und Kunst* [Mão e palavra: a evolução de técnica, linguagem e arte], Frankfurt s/ Meno, Suhrkamp, 1988, p. 396.

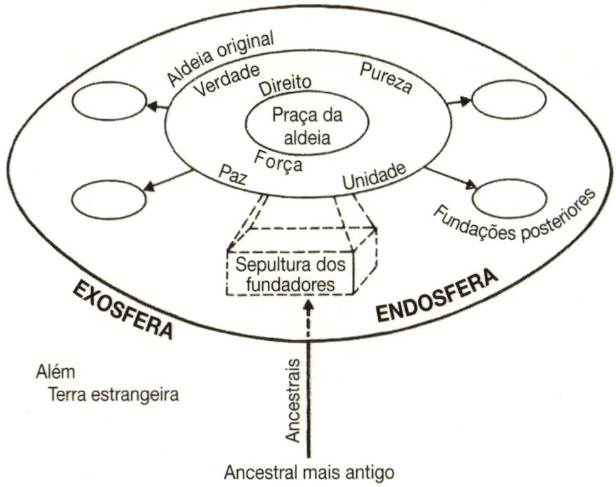

Esquema topológico do espaço de uma aldeia primitiva, conforme K. E. Müller, *Das magische Universum der Identität* [O universo mágico da identidade], Frankfurt s/ Meno, 1987.

de dentro — a parede para nós, a cerca constituidora, a linha de cercamento [*Umfriedung*] autotraçada. A diferença topológica primordial entre dentro e fora — conosco e não conosco — impõe-se, de início, sem marcações materiais maciças; nela se baseia o universo mágico das identidades[7], que, na profusão imensurável de suas realizações individuais, reitera de modo constante a lei de produção endoesfericamente dominada do espaço. Como grupo que cerca [*einfriedend*] a si mesmo, os que vivem juntos recortam do espaço não cercado de intranquilidade [*Unfrieden*] seu pedaço de moradia, sua paz e tranquilidade [*Frieden*].[8]

O efeito de autoalbergamento resulta daquela *insulação* que Hugh Miller[9] identificou como o mais importante mecanismo socioantropológico: grupos que convivem constituem, mediante seu campo de

7. Cf. K. E. Müller, *Das magische Universum der Identität. Elementarformen sozialen Verhaltens. Ein ethnologischer Grundriß* [O universo mágico da identidade: formas elementares de comportamento social. Um delineamento etnológico], Frankfurt s/ Meno e Nova York, Campus, 1987.

8. Os termos alemães "*umfrieden*" e "*einfrieden*", no sentido de cercar com o intuito de proteger o que está dentro do cercado, têm em seu radical a palavra "*Frieden*", que significa "paz", indicando que o sentido original do cercamento era proporcionar paz e tranquilidade a quem estava dentro. [N.T.]

9. Cf. H. Miller, *Progress and Decline: The Group in Evolution* [Progresso e declínio: o grupo em evolução], Oxford, Pergamon Press, 1964.

proximidade, um clima interior que tem o efeito de um nicho ecológico privilegiado para os moradores. Em consequência, humanos são construtores de nichos, mais do que buscadores de nichos. Sua característica é de que eles mesmos ajeitam o lugar em que podem medrar. Dieter Claessens deu a necessária ênfase a esse fato antropológico:

> Enquanto a evolução rumo aos mamíferos delegou a função de nicho a um elemento propício à sobrevivência como a água, depois à proteção mais evidente do ovo e, por fim, ao próprio ser vivo materno (que, assim, torna-se diretamente o mecenas da prole, desenvolvendo, ele próprio em si aquele clima interior artificial que constitui o pressuposto para um desenvolvimento mais exigente), a evolução rumo ao ser humano de certo modo se inverte: agora o útero volta a ser um espaço social, o que significa tão somente que uma parte da função protetora que o espaço interior materno tinha assumido volta a ser deslocada para fora, o que não seria possível se antes não tivesse sido criado tal espaço exterior: o "útero social".[10]

Daí decorre que toda sociedade é um projeto uterotécnico; ela precisa extrair de si mesma o manejo cuidadoso mediante o qual ela própria se torna possível. No entanto, morar não significa, como ensinou Heidegger, simplesmente manejar com cuidado, mas diferenciar entre esfera manejada com cuidado e esfera não manejada com cuidado. De fato, na mesma medida em que é essa diferenciação que alça a endosfera de dentro da exosfera, é ela que decide o que virá a estar dentro dela e o que serão as "circum-stâncias". Ela faz com que da extensão indiferente ou enfeitiçada do espaço inexplorado lá fora seja recortado o lugar não indiferente, claro-escuro próprio. Essa zona pacificada, cercada, que cuida de si mesma, frequentemente se distancia de cercos de demônios e salteadores — ainda é possível reconhecer, por exemplo, nos ditos dos áugures romanos, traços de um "absolver" (*effari*) original de campinas e

10. D. Claessens, *Das Konkrete und das Abstrakte. Soziologische Skizzen zur Anthropologie* [O concreto e o abstrato: esboços sociológicos de antropologia], Frankfurt s/ Meno, Suhrkamp, 1980, p. 61.

prados a serem consagrados, outrora selvagens, não pacificados/cercados. No lugar ajeitado, explorado e liberto, o mundo se clareia como nosso. O lugar próprio se torna o coração do existente ou a sede da alma cósmica — tendo, como vimos, em contextos como esses, o adjetivo "próprio" uma razão especial de ser. Na medida em que o habitamos, o lugar eleito, interiormente centrado, eleva-se à condição de mundo relevante e se caracteriza como uma região de maior densidade e claridade mais familiar — mas também de maior perigo. Onde grupos humanos constituem seu espaço de moradia e vida, o autoabrigamento, a autoclimatização e o autoarredondamento vigoram de modo criativo em relação ao lugar. A Terra pode até estar recoberta de milhões de assentamentos estranhos — ainda assim, incomparável é, em primeiro lugar e até segunda ordem, este aqui, porque ele nos alberga, nos torna possíveis e está realmente franqueado a nós. É aqui que recortamos do espaço indiferente e não comum uma esfera animada, o ente comum que somos nós: é nela que moraremos como se fosse nosso alojamento cósmico. Aqui sabemos o que estamos querendo dizer quando dizemos que estamos em casa *no mundo*. O recorte é a mensagem, a esfera é o sentido de ser.

A partir dessas reflexões, abre-se o caminho de volta para as nossas investigações microesferológicas. Agora se pode levantar a seguinte pergunta: onde estamos realmente quando acreditamos estar conosco ou em casa em alguma região, paisagem, cidade? Se essa pergunta por "onde" tiver o propósito de ser mais do que a prova de um abuso do pronome interrogativo, ela nos força a assumir que o existir no interior [*In-Sein*] de um mundo público e familiar jamais poderá ser algo trivial. Temos de nos convencer uma vez mais de que o morar juntos em um lugar-mundo implica mais do que uma ocupação egocêntrica do espaço por muitos. Isso foi explicitado no primeiro volume mediante recurso aos esboços de Heidegger sobre uma analítica do "ser-em [*In-Sein*]": "No *Dasein* há uma tendência essencial à proximidade" [*Esferas I: bolhas*, p. 301 ss.]. Mediante o morar ou "interiorar [*Innen*]" — entendido como verbo —, o mundo é des-distanciado e franqueado como espaço em que se pode estar próximo. No que se refere à essência e à dinâmica da aproximação que franqueia o mundo, as explanações mais formalistas de Heidegger praticamente não as aclaram. Decerto nada parece mais óbvio do que dizer que um grupo (em termos contemporâneos: um sistema social simples) está aí no espaço onde ele se encontra e que o simples fato de seu ser-aqui [*Hier-Sein*] se refere ao espaço à sua volta como seu entorno (em termos contemporâneos: seu meio ambiente). Não obstante, o ser-aqui de todo grupo em seu lugar tem uma particularidade que escapa tanto aos cartógrafos e aos funcionários do cadastro de imóveis quanto aos sociólogos de campo: pelo fato de conjuntos humanos serem grandezas autoprotetoras ou uterotécnicas, eles nunca ocupam só um setor em um espaço físico ou jurídico dado, mas eles próprios produzem o espaço em que moram como sua esfera de relação e animação. Até onde quer que cheguem, onde quer que se assentem: eles sempre têm consigo a capacidade de criar o espaço interior que lhes é peculiar e sua atmosfera. Esferopoiese, atmosferopoiese e topopoiese acontecem num só e no mesmo processo. Elas são o aspecto formal da criação local do mundo, na medida em que criam o recorte que representa o mundo. A partir dele, tornam-se possíveis excursões para o espaço aberto: "Como retrato do interior se conquista o exterior; como retrato do exterior se sacraliza o interior."[11]

Quando se instalam, os que se unem em seu mundo comum se abrigam em um círculo próprio que lhes pertence como se fosse uma estufa sem paredes, uma tenda feita de forma e de tom endógenos. É por isso que se pode — também tendo em vista grupos estabelecidos de maneira aparentemente evidente — repetir a pergunta bizarra referente a onde estão quando estão onde estão. A pergunta atrai respostas fecundas, na medida em que se logra explicar por que o ser-dentro ou o ser-consigo de conjuntos humanos sempre está impregnado de uma plurivocidade topológica que gera uma tensão entre todo "aqui" e todo "algum outro lugar". O que significa dizer que, em todo ser-aí-dentro [*Da-innen-Sein*] aparentemente inequívoco, válido aqui e agora, se imiscui a referência a algum outro dentro? — A um dentro-lá [*Dort-Innen*]

11. T. Macho, "Drinnen und Draußen. Reflexionen zur Ordnung der Räume" [Dentro e fora: reflexões sobre a organização dos espaços], in: Bernhard Perchinig e Winfried Steiner (eds.); *Kaos Stadt. Möglichkeiten und Wirklichkeiten städtischer Kultur* [Cidade caos: possibilidades e realidades da cultura citadina], Viena, Picus, 1991, p. 107-123.

passado ou futuro, que jamais pode ser totalmente afastado da situação atual mediante o pensamento? Pelo fato de a interioridade sempre se apresentar como um estado de coisas multicamadas, sempre apontando para algum outro lugar, oculta-se na fala do ser-aí-dentro a indicação para a diferença topológica fundamental que não há como reprimir por meio de nenhum agarrar-se ao presente imediato ou primitivo. Onde quer que humanos existam, o lugar que lhes é próprio sempre já remete a outros lugares e condições. Através de todo aqui-dentro [*Hier-Innen*] transparece um dentro que vigorava em outro lugar. Toda parede substitui alguma parede, todo interior remete a outro interior, todo sair de uma situação interior provoca outras saídas.

E, justamente porque isso é assim, a diferença primitiva entre endosfera e exosfera pode se tornar confusa. O que Sigmund Freud sabia sobre o inquietante [*Unheimliche*] não passa de uma alusão turva psicologizante à deturpabilidade fundamental da diferença espacial primária entre o próprio-dentro e o estranho-fora: anterior a toda psicologia é a experiência de que a coisa interior ocasionalmente aparece como estranha e a exterior como própria. Desde o começo, as produções humanas de espaço precisaram dar conta dessa dificultação e desse enriquecimento. Um segundo interior inquietante provoca tensão no primeiro interior caseiro, e um segundo exterior promissor solapa o sentido do primeiro exterior inquietante. Os espaços humanos são surreais, porque em todo lugar atua a diferença alotópica: somos como somos aqui só porque, sempre vindos de lá, temos conosco no aqui o lá.

Logo: o ser humano é o animal que, em companhia de seus outros essenciais, gera endosferas em quase cada condição, porque ele fica marcado pela memória de algum outro ter-sido-dentro [*Innengewesen-Sein*] e pela antecipação de um último ser-envolvido. Ele é o ser vivo natal e mortal que possui um interior porque muda de interior. Em cada lugar do ser humano atuam tensões de mudança. Por essa razão, sua história é, do começo ao fim, a história de paredes e suas metamorfoses.

Na fenomenologia da esfera íntima do primeiro volume, ressaltamos alguns traços do abrigamento humano original em um recipiente vivo — sobretudo aquela "clausura na mãe", mediante a qual em cada vida que veio ao mundo é cunhado o padrão cênico originário duradouro do estar contido em uma cavidade redonda fomentadora. É dessa *matrix* que se origina a maioria das posteriores exigências de recipientes — assim como as grandes fobias de recipientes, sem as quais especialmente os indivíduos modernos não conseguem dizer o que querem quando declaram querer a liberdade — sem adjetivo. Pode-se definir a era da metafísica clássica dizendo que, nela, o motivo do autoabrigamento numa boa totalidade prepondera de longe em relação ao da autolibertação, ao passo que a Era Moderna se destaca pelo primado da tendência para a liberdade em confronto com a necessidade da cavidade e pelo movimento de transcender horizontes. Antiguidade e Era Moderna diferenciam-se por procedimentos radicalmente opostos de insulação.

No início da linha evolutiva está, sem dúvida, a cunhagem dos humanos pela experiência de sua imanência em um envoltório vivo fomentador. Numa perspectiva psicogenética, o anseio criador de espaços dos humanos por abrigamento em recipientes fomentadores se desenvolve a partir desta experiência primordial de espaço: a vida dupla intrauterina e sua continuidade no campo "mãe-criança" pós-nascimento fornecem o padrão para toda ampliação da condição íntegra. Ele tem a regência das posteriores novas encenações do espaço que deve proporcionar aos seus moradores a presença consigo mesmos. (Por conseguinte, essa autopresença não é nenhuma ilusão escorada em discursos de alguma interioridade privada imediata, mas o êxtase primitivo do ser-aí-no-espaço-repartido/compartilhado.) O ser-dentro é vivenciado aqui como vitalidade no interior de um vivente envolvente. Quem dessa maneira está dentro se convence espontaneamente da vantagem de ser onde é, pois é confirmado pela mudança de vida em sua vida própria. Assim se vinculam com a experiência da primeira situação de recipiente evidências antigas de um estar abrigado efetivo em correspondência com o convivente.

O sentido preciso de ser-dentro — da interioridade infernal falaremos mais tarde — se torna acessível à luz da primeira vitalidade dupla; sua estrutura constitui a chave para a cena humana primária e suas inesgotáveis traduções para todas as claves de ressonância intersubjetiva.

O cercamento original — a flutuação fetal em um mar interior continente e contido — propõe a seguinte tarefa formal a toda a posterior geometria social ou geografia política: repetir a estrutura básica da clausura na mãe com os meios da vida publicada. Só no *continens* pode haver o *contentum*, no abrangente fundante, o abrangido satisfeito, no recipiente aberto, o bem parido.

Portanto, o que humanos socializados exigem de seus companheiros no mundo em que vivem nada mais é, num primeiro momento, que estes se juntem de maneira tal que permita preencher novamente em conjunto a primeira concepção de espaço vital: o que está vivo em um anel do que está vivo. Poder-se-ia dizer que grupos sociais em seus módulos mais simples são comunas amnióticas — conjuntos que estão em condições de reprisar para os seus membros o papel de moldura viva existencialmente exigida. Do mesmo modo que o âmnio ou o pericárpio como primeira parede imanente ao útero possibilitam a função de recipiente da bolsa amniótica para o feto e seu gêmeo placentário, em grupos humanos primitivos, os respectivos outros conviventes precisam poder desempenhar, em seu conjunto, o papel do recipiente para o indivíduo e seu parceiro mais próximo. No entanto, na evolução mais antiga dessas relações de recipientes não entram em cogitação recursos cerâmicos, nem têxteis, nem arquitetônicos. De início, são quase exclusivamente os próprios membros do grupo que, mediante presença física mais ou menos crônica, como que se emolduram reciprocamente. Na medida em que são em relação a cada um dos membros do grupo o entorno suficientemente presente, eles correspondem ao imperativo elementar do recipiente: configure a esfera comum de tal maneira que a máxima do estar-junto possa ser entendida em todo o tempo como conclamação para envolver o que está vivo mediante outro que está vivo.

A psicanálise — sucedendo às artes magnetopáticas dos séculos XVIII e XIX — realizou pelo menos um aspecto parcial disso, quando ela quis fazer depender a cura da psique isolada de casos de amor artificialmente encenados. Esses casos de amor são, de certa forma, experimentos que passam pelo retorno à integridade sem paredes da relação amorosa primária. O que a psicanálise não viu corretamente, num primeiro momento, é a circunstância de que o que é reativado na assim chamada

Terapia de grupo em Poona, 1977.

transferência não são padrões de relação, mas relações de espaço, não unicamente deformações individuais do desejo amoroso, mas, mais do que isso, modos de constituir um espaço primário conjunto com o outro. Quem viu isso foram Béla Grunberger, com sua teoria da mônada, e Otto Rank, com sua teoria da situação terapêutica.

Praticamente todas as práticas de terapia de grupo atestam o poder não esgotado do mais antigo dos padrões de coexistência: vida envolta por vida — de modo bem mais evidente do que o *face-à-face* terapêutico individual. Desde que o grupo em terapia não escape totalmente do controle, manifestam-se em cada nova tentativa as inclinações e aptidões dos participantes para florescer em euforias conspiratórias; desse modo, eles experimentam o recipiente autógeno e, na medida em que participam de uma esferopoiese espontânea, vivenciam como a função tônica reguladora da forma inclusiva se torna perceptível entre os membros do campo.

Portanto, na medida em que grupos humanos são grandezas autoabrigadoras, eles constituem, em todos os planos quantitativos, "círculos" em torno de si e a partir de si. Cada "círculo" ressalta um interior de dentro do exterior. Tais formações possuem inevitavelmente qualidades uteromiméticas, porque têm de tornar efetivo o traço autoabrigador ou automaterno de primitivas configurações grupais; é nelas que se deve conhecer o processo sociopoiético original. Mas também sociedades mais complexas, estratificadas, geralmente encenam, em suas hierarquias, uma relação de ordem, na qual os reinantes se apresentam, pelo menos no imaginário social, como envoltório em torno do povo; em seus estudos sobre a sociedade indiana de castas, Louis Dumont definiu classicamente a essência da hierarquia como a capacidade de um dos polos da relação englobar sua oposição: *englobement du contraire* [englobamento do contrário].[12] A coesão de sociedades de classes não é obtida somente por efeito da violência direta e estrutural, mas também por meio dos efeitos vinculantes do inconsciente morfológico, que se corporifica na relação entre o englobante e o englobado (*englobant-englobé*).

Portanto, todo grupo orgânico é uma metáfora viva do querer existir que demanda forma em um interior comum. Pelo fato de grupos e povos, tanto tradicionais quanto modernos, sempre serem também configurações do útero social, toda unidade cultural vive sobre a base de uma constituição morfológica que perenizou o direito fundamental ao abrigamento dotado de forma — um direito a morar na forma que é mais antiga do que qualquer preceito codificado dos deuses e dos humanos. De fato, é provável até que ambos, tanto humanos quanto deuses, provenham da experiência da forma abrigadora. Os deuses são gêmeos para todos, enquanto todos são a bolsa amniótica de cada um.[13]

Portanto, o ser-em-forma [*In-Form-Sein*] do grupo, e o do indivíduo dentro dele, é derivado de padrões cênicos primitivos de condições de interiores íntegros. Com profusa evidência, psicólogos de crianças fundamentaram a tese de que recém-nascidos, durante sua "primavera extrauterina", só conseguem encontrar um caminho promissor para dentro da vida quando têm a chance de continuar representando com

12. L. Dumont, *Homo hierarchicus: le système des castes et ses implications* [*Homo hierarchicus*: o sistema de castas e suas implicações], Paris, Gallimard, 1986, p. 397.

13. Nesse contexto, vê-se como o lema dos mosqueteiros "Um por todos e todos por um" indica um vago protossocialismo soldadesco-romântico. Hölderlin antecipou essa figura de pensamento no lema de campanha de *Hipérion*: "Tudo por cada um e cada um por todos" como uma profecia esferológica do "Estado livre", ou seja, da República cidadã.

suas mães, de maneira modificada, também na nova condição exterior, as cenas familiares do ser-dentro. Com a capacidade de exagerar, fomentadora de conhecimento, que lhe é própria, Alfred Tomatis formulou de forma precisa esse motivo morfológico, a inclinação, quase como uma lei natural, dos humanos para o autoabrigamento em metamorfoses do círculo uterino:

> A mãe continua sendo esse útero ampliado, esse rosto que mais tarde se torna cabana, iglu, casa, universo. Estamos sempre rodeados de paredes. Nunca deixamos realmente o útero, que, todavia, se amplia no decurso da vida, assumindo outras formas e outras proporções.[14]

Se abstrairmos do idealismo matriarcal do sistema de Tomatis, essa tese provoca um vislumbre de graves consequências da dinâmica de transmissão das formações da imagem de mundo. Mesmo se ela fosse errada, teríamos de ser gratos por sua generosa exageração. De fato, o que se denomina uma imagem de mundo não é concebível sem uma função explícita de parede e borda nem sem a constante nova acomodação da borda a espaços ampliados de experiência. Para cada volume de mundo deve ser definida uma nova borda emolduradora e uma espessura adequada da parede. Assim, toda concepção de totalidade responde, de modo manifesto ou latente, à pergunta sobre como os moradores dessa totalidade fazem para autoabrigar-se no interior de um recipiente-mundo suficientemente ampliado e suficientemente reforçado. Na medida em que o ser-aí [*Dasein*] quer ser interpretado como ser-aí-dentro [*Innen-da-Sein*], existência sempre quer dizer também estadia atrás de parede e borda.

Por essa razão, uma função primária da "imagem de mundo" é tornar expressamente visível e perceptível a borda da totalidade. Pois onde o observador deverá reconhecer que ele realmente tem diante de

14. A. Tomatis, *Klangwelt Mutterleib. Die Anfänge der Kommunikation zwischen Mutter und Kind* [Mundo sonoro útero: os primórdios da comunicação entre mãe e criança], Munique, dtv, 1994, p. 126.

si uma "imagem" do universo senão na linha circundante ressaltada que demarca o extremo? Mas, assim que uma linha de borda manifesta é apresentada, tem início a dialética do limite, na qual o deter-se na linha entra em concorrência com o impulso de cruzá-la. Todo limite diz, ao mesmo tempo, "para" e "segue adiante" — até aquele que se apresenta como o último. Para os humanos, como seres aos quais a experiência do limite é inata no duplo sentido, reinicia em cada borda que eles alcançam o drama de sua troca de espaço interior.

Quando as imagens de mundo cumprem ingenuamente a primeira de suas funções essenciais, a saber, oferecer uma representação da totalidade com seus limites que impedem de seguir adiante, não pode faltar à contemplação sensível o contorno externo. De uma imagem de mundo faz parte infalivelmente a imagem da borda do mundo. Isso aparece de modo mais plástico do que em qualquer outro lugar na descrição da mais antiga obra de arte contendo uma imagem de mundo, transmitida dos primórdios da cultura escrita europeia — na famosa descrição do escudo de Aquiles no canto XVIII da *Ilíada* (versos 474-608).[15] A exposição que Homero faz desse artefato das oficinas do deus ferreiro Hefesto — protótipo e obra-prima da antiga literatura descritiva — obedece, de duas maneiras, ao imperativo morfológico da imagem bem arredondada e bem delimitada. Em primeiro lugar, o mundo descrito é composto no escudo como uma coleção de cenas primitivas, e cada uma delas tem o próprio indicativo de arrendondamento — pensemos na imagem do céu apresentada de início com a Lua cheia, o Sol incansável e a constelação do Grande Carro, que gira num mesmo ponto sem nunca se pôr; pensemos, ademais, nas duas cenas da cidade em tempo de paz, numa das quais a dança de roda de uma comunidade celebrando núpcias proporciona um fechamento imanente, de formato arredondado da cena, e, na outra, um litígio é levado a termo em uma espécie de arena retórica:

15. Cf. E. Simon, "Der Schild des Achilleus" [O escudo de Aquiles], in: *Beschreibungskunst — Kunstbeschreibung* [Arte da descrição — descrição da arte], ed. Gottfried Boehm e Helmut Pfotenhauer, Munique, W. Fink, 1995, p. 123 s.

Os anciãos
Se assentam num círculo sagrado em pedras lisas,
Portam cetros de arautos vozecoantes,
com os quais se alçando cada qual profere o veredito.
No meio havia dois talentos de ouro...
(*Ilíada*, canto XVIII, versos 503-507)[16]

Em cenas arredondadas de modo similar, o narrador detalha a totalidade desse mundo abarcado pela borda do escudo: a cidade em guerra, na qual se concentram os exércitos que a sitiam; as lavouras úberes, onde os agricultores bebendo vinho conduzem suas juntas de bois de um lado para outro; as cenas de colheita em torno de um jubiloso rei sentado à mesa posta; uma plantação de videiras repleta de cachos de uva, cercada por um fosso de aço azul; um rebanho de bovinos de ouro e estanho cercado por nove mastins; uma dança de roda de moças portando véus e moços vestindo túnicas bem tecidas, rodeados de uma multidão extasiada, e, no centro, compondo o círculo com sua voz potente, um cantor divino. Todas essas unidades cênicas compõem, no texto homérico, uma sequência sem interstícios, como se, em sua alternância, visassem aclarar a seguinte tese: de que há uma imagem que constitui o recorte em si mesma.

Toda "vista" autêntica é redonda-completa em virtude de si mesma: essa qualidade de pregnância confere à concepção grega do *eidos* a tensão que lhe é própria. O que for imagem nesse sentido pode representar o mundo a qualquer tempo. Homero faz com que o artista originário Hefesto ponha, em torno desse ajuntamento de cenas individuais arredondadas em si, uma moldura global, que de modo nenhum acrescenta apenas um *parérgon* ou um acessório à arte principal, como nos quadros modernos, mas corresponde à pretensão da figura por pregnância autônoma — exatamente como Georg Simmel tinha exigido em seu ensaio sobre a moldura do quadro: a função da moldura seria atestar a ruptura ontológica entre obra e mundo circundante. Para transformar

16. Homero, *Ilíada*, edição bilíngue, trad. Trajano Vieira, São Paulo, Editora 34, 2020, p. 713. [N.T.]

a obra em uma ilha autorreferencial, a moldura deve conduzir um "fluxo fechado em si" em torno do quadro e excluí-lo do seu meio com os "recursos de acabamento" mais nítidos possíveis.[17] No caso do escudo homérico, a borda fluida de fato não é uma moldura aposta, mas reproduz, no próprio quadro, o retrato ou a vista do limite objetivo do mundo. O *okeanós* é algo que flui em torno por sua própria virtude. Quando se trata da imagem da totalidade universal, a borda e a moldura estão muito próximas da essência do objeto. Como última instância da formatação, a moldura da imagem de mundo no escudo de Aquiles está inseparavelmente ligada ao tema do quadro. Apenas ela pode assegurar, ao finalizar o quadro — melhor: ao permitir que o quadro finalize a si mesmo —, que a imagem presente realmente seja imagem de mundo. O recorte, que é a mensagem, contém nessa única vez a totalidade. Contudo, o fato de essa totalidade poder ser inteira no quadro deve-se a uma energia de recipiente, ela própria uma função do quadro.

Na imagem de mundo, a informação morfológica determinante é difundida mediante o recorte do maior possível de dentro do espaço excedente: que o mundo relevante, o nosso mundo, o mundo daquilo que está vivo, seja algo que possa ser contemplado sob a forma de um recipiente último e de um limite extremo. "Forjou o grão vigor da correnteza oceânica, no círculo extremo do broquel espesso" (*Ilíada*, canto XVIII, versos 607-608).[18] Desse modo, o escudo de Aquiles se apresenta como primeira cunhagem da obra de arte que expõe um mundo, compondo o grande mundo a partir de pequenos mundos e enquadra sua soma em um formato global. Nesse sentido, a obra de arte é a realização completa da ideia da ecumene. A exposição do mundo na obra se consuma através da promessa que parte da forma: de que seria possível a coleção e a unificação do múltiplo em uma totalidade no interior de um limite belo. O caráter bem delimitado do panorama é que confere

17. G. Simmel, "Der Bildrahmen. Ein ästhetischer Versuch" (1902) [A moldura do quadro: um ensaio estético], in: G. Simmel, *Vom Wesen der Moderne. Essays zur Philosophie und Ästhetik* [Sobre a essência da modernidade: ensaios de filosofia e estética], ed. Werner Jung, Hamburgo, Junius, 1990, p. 254.

18. Homero, *Ilíada*, op. cit., p. 719. [N.T.]

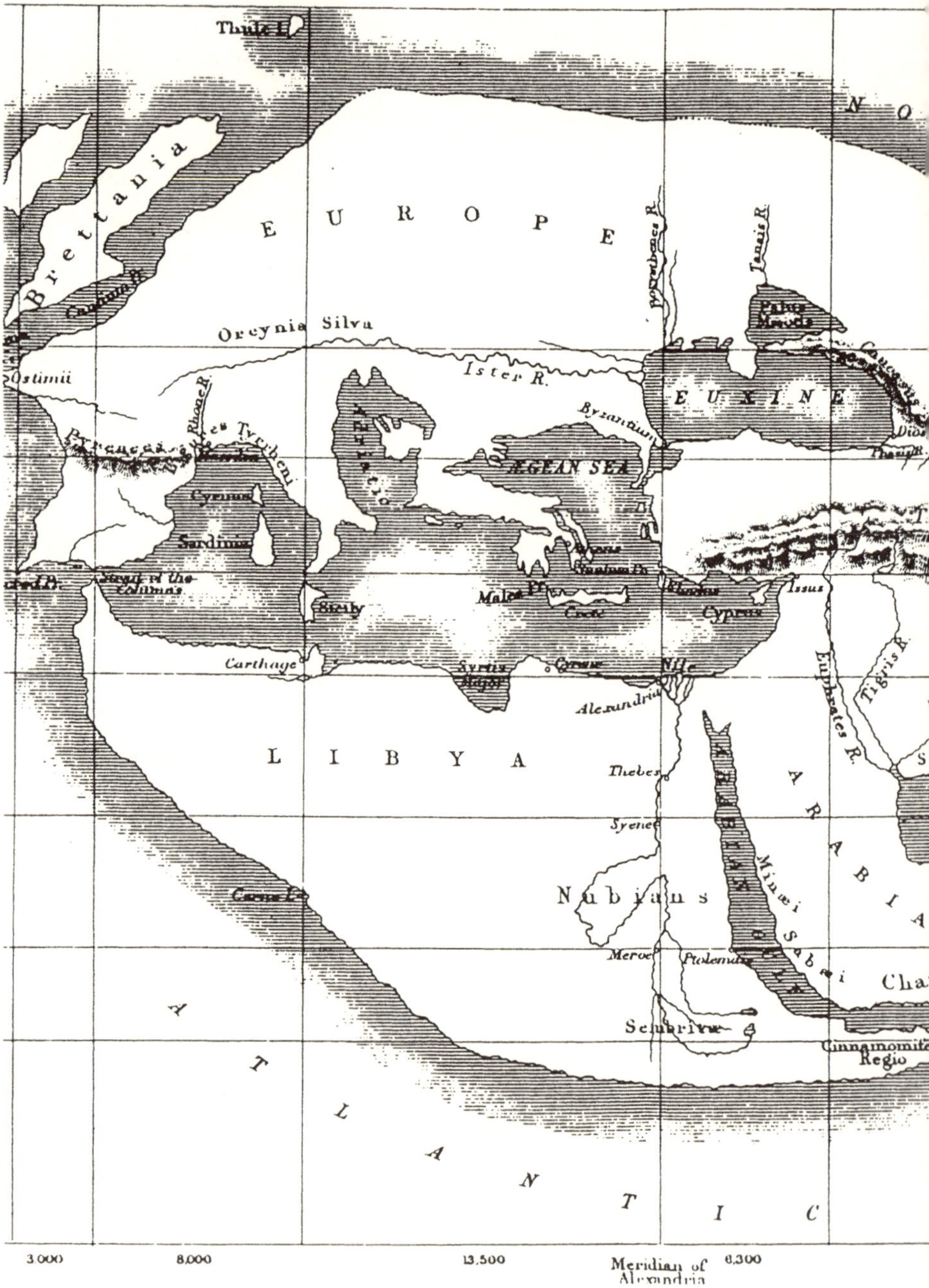

Reconstrução da imagem do mundo de Eratóstenes.

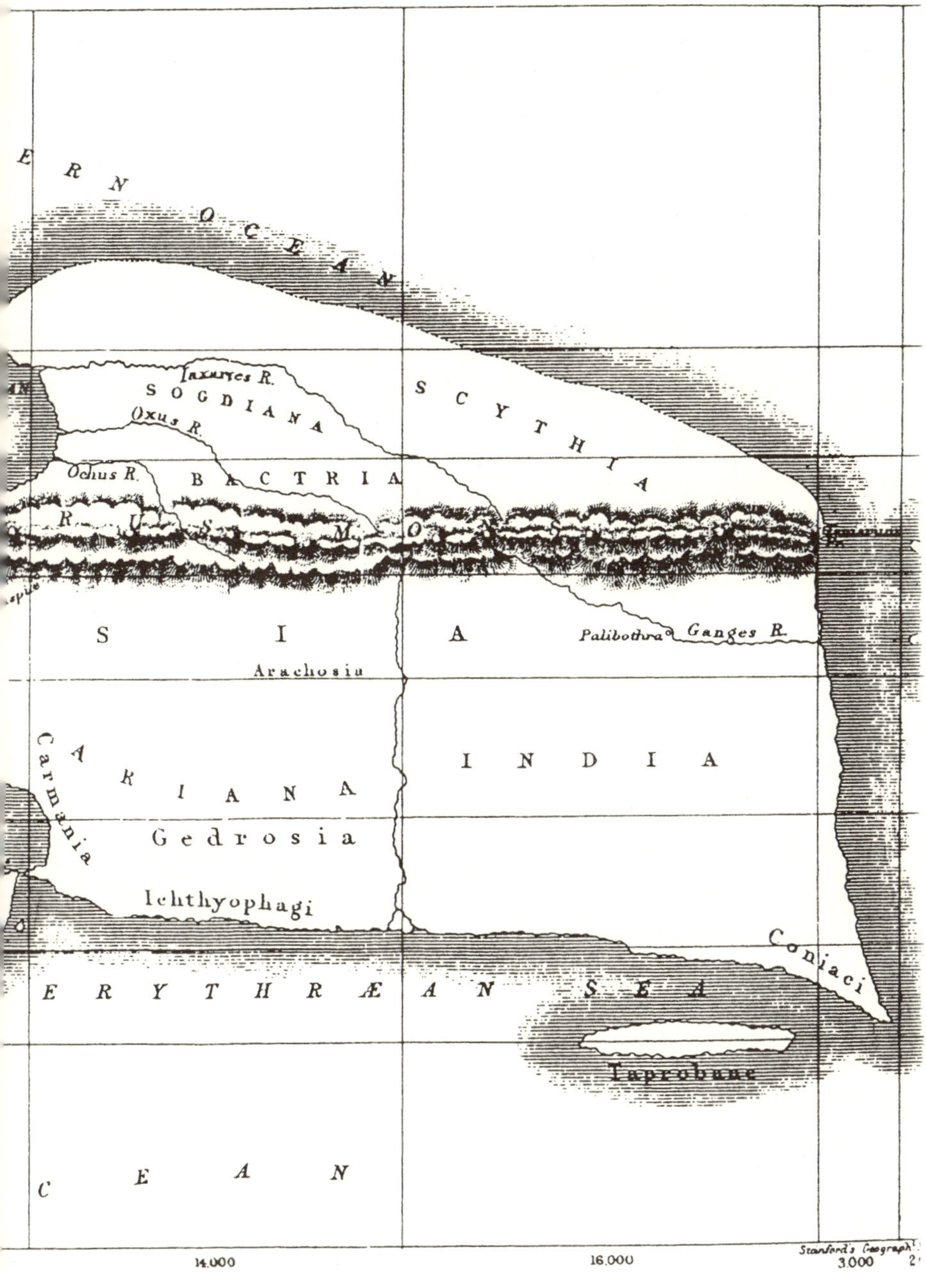

E R N O C E A N
Iaxartes R.
SOGDIANA
S C Y T H I A
Oxus R.
Ochus R.
B A C T R I A
S I A
Palibothra
Ganges R.
Arachosia
A R I A N A
I N D I A
Carmania
Gedrosia
Ichthyophagi
Coniaci
E R Y T H R Æ A N S E A
Taprobane
C E A N
14,000
16,000
3,000

plenos direitos à imagem: essa é a lei fundamental da eidética grega. Tudo o que é só pode sê-lo dentro dos limites bem nítidos do traçado do seu contorno. O contorno fala ao olho da essência da coisa mesma.

Por essa razão, prefere-se que esses recipientes que doam, esses escudos que protegem e esses envoltórios de mundo que englobam sejam de formato redondo. Pois entre o que mantém a si mesmo como totalidade figura uma forma de borda que reforça com a concisão que lhe é própria a retenção do que está dentro. (Aliás, essa tarefa também pode ser assumida por formas quadráticas, em especial por quadrados — como se encontram preferencialmente na edificação de cidades da Mesopotâmia, bem como em simbolismos totalitários asiáticos e latino-americanos; nas mandalas budistas, que usam o círculo e o quadrado concomitantemente, o quadrado muitas vezes representa o espaço, enquanto o círculo representa o tempo. Elas pertencem a um estágio do pensamento em que a visão geral do rei no reino fornece o esquema espacial predominante, razão pela qual inúmeras mandalas representam fantasias do mundo como palácio e os correspondentes espaços interiores dos palácios.[19]) Logo, a borda da imagem de mundo é mais do que uma guarnição formal posta sobre o não unitário, mais do que um envelope que envolve seu conteúdo com indiferença. O redondo do escudo duplica a circunvisão do panorama épico da totalidade redonda. Nessa formação se espelham, como em um foco poetológico, todos os outros objetos narrativamente atualizados na visão geral homérica. Assim, o escudo, como *imago* concisa da totalidade, permite ver uma vez mais todo o universo da *Ilíada*, incluindo o cantor no centro. O escudo é o círculo completo dos círculos, o anel composto de anéis reconduzido para dentro de si mesmo.

Essa figura de englobamento causa estranheza por dois aspectos, denunciados por seu nome: correnteza oceânica. Para os modernos, é estranho que aqui *okeanós* não seja nome para uma superfície marítima, mas designe um rio. Como nome de rio, *okeanós* lembra os séculos

19. O modo como o esquema da produção de espaço por meio de transposições de palácios se impôs na linha ocidental será aclarado no próximo capítulo, que tratará das potências metafóricas da arquitetura palaciana persa; cf. mais adiante p. 246 s.

Disco da Terra do livro *Sobre as propriedades das coisas*, de Bartolomeu da Inglaterra, século XV.

iniciais da cultura helênica, nos quais os gregos, não se distinguindo nisso dos povos orientais antigos, parecem ter imaginado a massa de solo habitável da Terra como um disco envolto por uma larga corrente de águas. A imagem de mundo homérica em torno de 700 a.C., bem como a de Hecateu, do final do século VI, fazem as terras do círculo terrestre boiar no rio *Okeanós* que as banha em toda a volta. É claro que, com o passar dos séculos, esse cosmograma primitivo teve de admitir correções feitas pela empiria dos marinheiros, generais e mercadores. A noção definitiva do caráter de mar interior do Mediterrâneo e a visão crescente de relações espaciais extramediterrâneas mudaram o significado do *Okeanós* de rio limítrofe da ecumene que serve de suporte aos humanos para a representação de um mar exterior que envolve toda a terra firme. Esse processo chegou à conclusão com o mapa-múndi do erudito universalista e geógrafo Eratóstenes de Cirene, a partir do ano 246 diretor da biblioteca de Alexandria, que localizou as massas de terra firme euro-asiáticas e norte-africanas dentro de um mar aberto, que denominou "Atlântico". Em consequência, o Atlântico de Eratóstenes, que, segundo afirmava, podia ser circum-navegado com navios, abarcava Portugal no Ocidente e a Índia no Oriente, e o rio Ganges recebeu a honra de desembocar nesse mar oniabrangente postulado por um grego. Recorde-se que Alexandre, o Grande, já falara de uma circum-navegação do mundo pelo mar exterior, que teria equivalido a uma primeira globalização geopolítica.[20]

Com o conceito de um mar periférico, a cosmografia antiga acumulou uma reserva semântica, da qual puderam se servir as representações oceânicas modernas — pois os europeus modernos foram os primeiros a compreender os oceanos como mares mundiais reais e a explorá-los como meios mundiais globais.[21] Na história desse termo, reflete-se a mudança histórica de ênfase que fez com que os espaços potâmicos, as civilizações de rios, ficassem em desvantagem em relação aos centros de poder pôntico-oceânicos.

Ainda mais notável na menção que Homero faz do *Okeanós* é que ele toma emprestadas as imagens de mundo que estão sob o signo de Grande Mãe, pois, como figura oniabrangente, o rio *Okeanós* que constitui o limite do mundo possui inequivocamente propriedades amnióticas. De que outra maneira poderiam ser atribuídas a uma água envolvente qualidades de recipiente? O *Okeanós* pode até ter sido retratado sem um aparelho marcial masculino, mas pela energia de sua forma

20. "Mostrarei a vocês que o mar bircânico (Cáspio), o golfo indiano e o golfo pérsico estão interligados; pois o *Okeanós* envolve a Terra inteira. Assim navegaremos com nossa frota do mar Pérsico até as colunas de Hércules, passando pela Líbia (África), contornaremos a Líbia e então a Ásia inteira, de modo que os limites do nosso domínio coincidam com aqueles que Deus pôs à Terra" (Arriano, *Anábase*, V, 26).

21. Cf. adiante o Capítulo 8: "A última esfera: Para uma história filosófica da globalização terrestre", p. 754 ss.

ele testemunha um contexto mundial mais antigo, determinado pela primazia de motivos femininos; característico desse contexto é que o sólido é envolto pelo líquido e não o líquido pelo sólido. Caso se queira representar o líquido como sustentador, é preciso que ele venha dotado de uma energia específica de recipiente — condição que só se preenche quando as águas em torno possuem energia formadora amniótica. Assim, esse limite do mundo possui traços daquela estrutura originária vida-dentro-da-vida, a respeito da qual procuramos mostrar anteriormente que ela tinha de realizar — antes de toda arquitetura ou metalurgia — o autoabrigamento dos grupos coletivos no endoambiente. Enquanto a parede extrema for imaginada como um limite aquoso, ela ainda tem irrestritamente as propriedades do vivente que contém o que está vivo. (Inversão do recipiente: não é a parede do jarro que torna possível preenchê-lo de líquido, mas, pelo fato de o conteúdo conter a si mesmo, o recipiente aparece junto com ele em torno dele.) Portanto, nesse caso, parede e borda são imaginadas sob o signo do feminino; ser ainda significa: ser imanente a uma Grande Mãe, na medida em que imanência significa permanecer dentro, apesar de alguma mudança de lugar. Sob essas premissas, cosmografia e uterografia podem convergir.

O esquema "imanência apesar de mudança" possibilita memória e imaginação — com efeito, ele permanece sendo o motivo portador de todas as grandes criações de imagens de mundo na era da primeira ecumene. "Memória" constitui, de início, apenas a experiência de que, antes do nosso estado, houve nesse espaço outros estados dentro de outros mundos interiores. Por essa razão, toda parede substitui uma parede, todo espaço interior remete a outro espaço interior, cada criação de parede divisória continua a reflexão sobre uma ideia anterior de abrigamento, todo morar remonta a uma interioridade mais antiga. Quanto maior o risco oferecido pela vida exterior, tanto mais a vida ameaçada se vê incentivada a instalar depósitos, nos quais memórias são acumuladas como mantimentos para tempos de provação. No limiar para a alta civilização, os humanos definiram lúcida e quase definitivamente o que é necessário para sobreviver a quebras de colheita e condições de vida errôneas: cereal e memórias de integridade. Para armazenar ambos os bens, é incontornável construir recipientes, depósitos de cereais no centro da cidade e depósitos de deuses no centro do espaço da alma, e, pelo fato de cada um desses bens ter relação com o princípio de vida do grupo, as paredes dos recipientes (construídos e verbalizados) que contêm coisas tão indispensáveis devem ser cercadas de atenção sacral.[22]

Registremos: há um animismo primário das paredes e uma divisão primordial do espaço a serviço da animação do espaço interior. Na medida em que esse princípio passa a vigorar, os muros da comunidade, que geram espaços interiores, continuam sendo grandezas vivas, mesmo que sejam levantados com material assim chamado morto. Enquanto todas as paredes essenciais forem vivenciadas como próprias, a edificação de muros se consuma sob a primazia do interior; nesse caso, os moradores, *intramurani*, podem pendular sem impeditivos entre o dentro e o fora e persuadir-se reiteradamente das vantagens da vida atrás de paredes próprias. Porém, quando as paredes se tornam estranhas, monumentais, não simpatizáveis e nem todos, de fato apenas poucos privilegiados, conseguem associá-las a um espaço interior próprio, instaura-se a necessidade de diferenciar os muros. A diferenciação entre muros próprios e muros estranhos se torna função elementar da razão social. Os muros dos outros passam a ser vivenciados como ofensivos e repulsivos — e eles provocam o surgimento de uma vontade de atacar historicamente nova: o anseio por provar ao inimigo que não pode se sentir seguro nem mesmo atrás dos próprios muros. Provavelmente essa é a forma originária do ressentimento em termos de história mundial. Querer obter vantagens de segurança para si mesmo passa a significar tornar inseguros os muros dos outros. O documento clássico para isso é o relato bíblico da queda das muralhas de Jericó ao soar das "trombetas" israelitas (Josué 6,1-21): ele documenta o amargo anseio por vingança do povo nômade contra o que ele vivencia e denuncia como a arrogância de senhores territoriais sedentários.

Ainda está por ser escrita a história dos povos que odiavam muralhas. Porém, nas civilizações avançadas, não são só os muros dos

22. Esse centrismo duplo de tipo ideal se apresenta, nas cidades da Mesopotâmia, como centrismo triplo (de templo, palácio, celeiro).

inimigos que podem ser experimentados como demonstração estranha e repulsiva de poder. Onde se estabeleceram grandes sociedades hierarquizadas, iniciam-se indefectíveis processos de estranhamento também das paredes da própria civilização. Nos blocos de moradias romanos, o estranhamento se torna epidêmico; isso foi registrado por escrito por Sêneca, moralista milionário, quando observa o seguinte em suas manifestações críticas à arquitetura e ao luxo: "Hoje as casas são uma das principais causas do nosso medo (por causa do perigo de desabamento)" (*Epistulae ad Lucilium*, carta 90, 43). Ademais, para muitos, o alto do que é próprio se torna mais estranho que o baixo do que é do estranho; por essa razão, em muitas regiões da terra, pessoas humildes conseguem entender melhor os pobres de povos estrangeiros do que seus senhores que constroem edifícios altos. (Um esquema de experiência que permaneceu atual até dentro das covas da Primeira Guerra Mundial e que, no atual momento, é extrapolado para viabilizar uma espécie de frente de batalha mundial de fracassados da globalização.) Esses estranhamentos de muros de senhores e proprietários levam até a inversão da relação entre recipiente e conteúdo.

Todas as teorias do estranhamento são tentativas de entender a existência prévia de muros repelentes e o sentido de paredes divisórias. A que se refere a parede "da cabana que você não construiu"?[23] Que teoria do muro está na base do slogan "Guerra aos palácios, paz às cabanas"? Essas perguntas reagem à agudização de uma diferença arquitetônica na sociedade estamental. Só em condições de gritante desigualdade — determinada pela tradição marxista como sociedades de classes — ocorre com regularidade que a vida de fracassado é reprimida para dentro de uma interioridade dominada pelo ressentimento. Passa-se a construir em torno dela de um modo que a maioria se estranha do seu ambiente recipiente. Então os indivíduos começam a não mais entender as "próprias paredes" e o sistema social ao qual sucumbiram — a crise da forma da casa como forma do mundo se prenuncia. Quando as paredes circundantes outrora próprias acabaram por se extinguir, a vida encerrada nelas passou a se dar como radicalmente não mais consigo

23. Verso do poema *Prometeu*, de J. W. Goethe. [N.T.]

mesma. Ela não se sente mais abrigada em uma amplidão protegida pelo poder, mas cercada de todos os lados em uma falta de perspectiva do tamanho do mundo. ("Estou nesse *samsara* como um sapo dentro de um poço fechado" — *Maitraya Upanishad.*) Agora se manifesta a metafísica de uma imanência pânica que sonha com a evasão. O dualismo de almas imateriais vivas encarceradas e de cárceres materiais mortos sobe ao palco da história do espírito — e esse antagonismo, que é agudo no mais tardar desde Platão, expõe um esquema gnóstico básico que, por mais de dois mil anos, serviu a humanos europeus na articulação de suas reservas contra o ser-no-mundo. Na Era Moderna, essa ressalva contra o mundo escapou do cercado das tradições religiosas e filosóficas e se disseminou em incontáveis metamorfoses profanas, tornando-se onipresente. Uma das últimas grandes formulações contra o mundanismo sem remédio da moderna sociedade econômica surgiu sintomaticamente no chão da sociologia, quando Max Weber ousou falar do cativeiro da vida em "compartimentos sólidos como aço" da formação inteiramente racionalizada da sociedade.[24]

Onde não se logra mais a animação do limite extremo pela matriz, como ocorre em macroestruturas políticas que se tornaram muito vastas e complexas, a totalidade representada do mundo se torna potencial e realmente um compartimento estranho ou um cárcere. Em virtude da expansão demasiada do espaço, o limite do mundo é deslocado para a dimensão do não simpatizável e inconcebível. Em consequência, a totalidade perde sua natureza de envoltório. A partir daí, a energia de animação do espaço pelos citadinos não é mais suficiente para avançar até as bordas extremas. Os humanos se sentem sitiados por um exterior frio, que deixou de ser animável, e só seria possível apresentar o limite extremo como um limite significativo e vantajoso através de esforços extras imaginários intensificados.

Esforço extra: unicamente sob esse ponto de vista é possível tornar compreensíveis, em termos de economia das imagens de mundo, as

24. Cf. sobre isso a excelente investigação de N. Bolz, *Auszug aus der entzauberten Welt. Philosophischer Extremismus zwischen den Weltkriegen* [Êxodo do mundo desencantado: extremismo filosófico no período entre as guerras mundiais] (Munique, Fink, 1989).

cosmologias estratificadas da Europa antiga, das quais se falará extensamente a seguir. Trata-se de tentativas de defender como estrutura caseira uma forma total não mais animável, apesar de sua transcendência monstruosamente extrapolada. Mostraremos — ao interpretar as esferas cósmicas como paredes da casa do ser — onde está o fundamento da figura de pensamento e de edificação da casa, preponderante na história do pensamento.[25] Durante os últimos dois milênios e meio, a casa foi a mais importante ideia de espaço da humanidade, porque representa a forma mais eficiente de transição entre o modo original de ser dos humanos em autoabrigamentos sem paredes e a moderna moradia em compartimentos inanimados. A história das altas civilizações teria de ser inevitavelmente também a história da construção de casas, e isso porque nenhuma alta civilização teria conseguido resolver seus problemas de autoabrigamento sem o semianimismo da casa. Pois o que são altas civilizações senão esforços para forçar a equiparação impossível de casa e cosmo contra a evidência do estranhamento imperial?

Na casa própria, os humanos de períodos de alta civilização exercitam a capacidade de animar paredes feitas de material sem vida. Sem a experiência facilmente evocável da parede animada, jamais se teria conseguido construir cidades e reinos. Citadinos e habitantes de impérios são os representantes clássicos de um tipo humano que é dotado da capacidade psicopolítica precária de se pensar, também em grande escala, por trás de paredes que respiram. Tais representações de união pressupõem que o coletivo político pode haurir da representação de que as longínquas muralhas limítrofes, os fossos e as fortificações em torno dele estão repletos de uma vida inconfundivelmente própria, específica de um povo. Mas como os cidadãos de uma cidade fortificada aprendem a defender os muros como se fosse a própria pele? Como o Estado pode se tornar o próprio corpo dos seus cidadãos? Como a pele do Estado se torna politicamente sensível?

Entre os primeiros pensadores do ato de construir se manifestou uma consciência da dificuldade de apreender a transição das formas de

25. Cf. adiante o Capítulo 4: "A prova ontológica da esfera", bem como a Digressão 4: "Panteão: Sobre a teoria da cúpula", p. 377 ss.

Aborígines: reunião informal na termosfera.

viver sem casa e sem paredes para as formas dotadas de casas e cercadas de paredes. Isso é evidenciado pelas reflexões que Vitrúvio dedicou à origem da construção de casas no início do seu escrito *Dez livros sobre arquitetura*. Vitrúvio afirma, de modo ousado e plausível, que o fogo de chão se encontra no início das aglomerações humanas e que cuidar do fogo deu o impulso para a prática arquitetônica dos humanos. Em uma mirabolante especulação sobre a proto-história da humanidade, o mentor dos arquitetos da Europa antiga faz com que o cuidado com os locais de fogo, a gênese da linguagem e a construção de choças procedessem diretamente um do outro.

> 1. Nos primórdios, os humanos costumavam nascer, a exemplo dos animais selvagens, em florestas, cavernas (*speluncis*) e bosques. [...] Durante esse tempo, acontecia que as árvores, por estarem em grande número próximas umas das outras, pegavam fogo ao esfregar seus ramos uns nos outros agitados de um lado para o outro pela ventania, e, assustados com aquelas chamas flamejantes, fugiam dali todos os que se encontravam perto daquele lugar. Mais tarde, depois que situação havia se acalmado, eles se aproximaram e, percebendo que o calor do

> fogo era muito agradável (*magna commoditas*) para seus corpos, lançaram pedaços de madeira no fogo e, por essa via, o mantiveram aceso, trouxeram outras pessoas para perto e com um gesto indicaram o proveito que teriam com isso. Quando, durante esse ajuntamento (*congressu*) de humanos, ora de um jeito ora de outro, foram emitidos sons (*voces*) ao respirar (*spiritu*), eles compuseram palavras em virtude do hábito diário, do jeito que tinham acabado de lhes ocorrer; então, por fim, eles casualmente começaram a falar (*fari fortuito coeperunt*), dado que designavam coisas com mais frequência ao usá-las. 2. Portanto, dado que, em decorrência da descoberta (*inventio*) do fogo, tinha surgido primeiramente entre os humanos uma confluência, uma conciliação e uma convivência (*conventus, concilium, convictus*), e mais humanos se reuniram em *um só* lugar [...], nessa comunidade (*in eo coetu*), uns começaram a construir cabanas de palha (*tecta*), outras a cavar cavernas no sopé dos montes; outros ainda imitaram os ninhos das andorinhas e construíram habitações (*loca*) de barro e gravetos para nelas se abrigar. Então eles observaram as habitações dos outros (*aliena tecta*), introduziram inovações por reflexão própria e, dia após dia, criaram tipos melhores de casas (*meliora genera casarum*). [...] 7. Porém, depois, olhando para o futuro, eles começaram a [...] construir, em vez de cabanas, casas com fundamentos (*domos fundatas*), dotadas de paredes de tijolos ou construídas com pedra e madeira e cobertas de telhas [...].[26]

O ponto vital da especulação vitruviana é evidente: o ato de construir obedece a uma força centrípeta, que primeiro efetua a reunião dos humanos para de imediato acarretar uma obrigação de albergamento para os reunidos. No centro das reuniões humanas, atua uma comodidade descoberta por acaso, mas que logo se tornou indispensável, uma *magna commoditas*, que requer ser complementada por um segundo conforto, a casa. O fogo acostuma mal os humanos e os torna dependentes de desafogo: assim, a civilização pode começar como história da

26. *Vitruvii de architectura libri decem*; Vitruv, *Zehn Bücher über Architektur* [Vitrúvio, *Dez livros sobre arquitetura*], trad. e notas dr. Curt Fensterbusch, 5. ed., Darmstadt, WBG, 1991, p. 79-85.

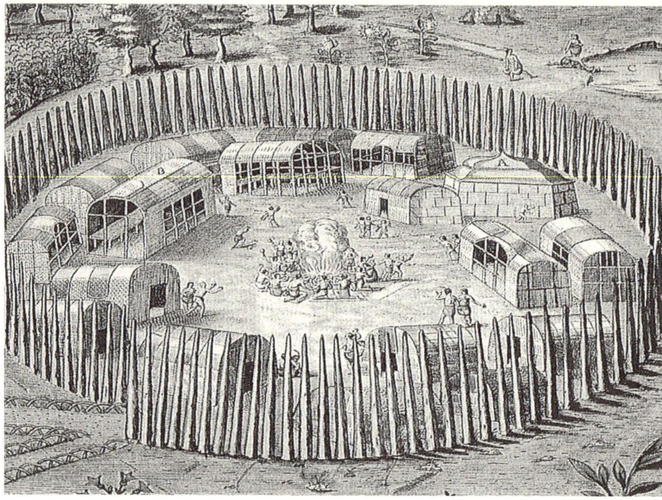

Théodore de Bry, *A aldeia indígena fortificada Pomeiock*, segundo um modelo de 1585.

má habituação [*Verwöhnung*] — e como luta pelo acesso aos escassos meios de má habituação. Todos os outros passos da má habituação e do desafogo caseiro e citadino decorrem do fogo da lareira como primeira grande comodidade. É o calor do fogo domesticado que atrai os humanos para um local de reunião como em torno de um ponto focal. Pouco esforço seria necessário para desdobrar as ideias lacônicas de Vitrúvio em uma sociologia da lareira: de acordo com ela, os primeiros motivos da formação de grupos teriam consistido em uma comodidade duplamente irresistível — na própria radiação benfazeja de calor e nas falas agradáveis dos humanos sobre esse fato agradável. Vitrúvio ressalta claramente o ponto que interessa: os primeiros a desfrutar do calor convidam os próximos a se aproximarem e comunicam a eles com gestos e palavras primitivas as vantagens da energia central misteriosa recém-encontrada.

Portanto, um socialismo térmico no início — uma congregação primitiva em torno de um fogo cuidado, um anel de humanos em torno do que, mais tarde (quando se adicionam chaleiras e panelas), se chamaria lareira/fogão — e concomitantemente a experiência paradigmática de que o calor da irradiação se difunde uniformemente para todos os lados a partir do centro em brasa, de modo que, enquanto formassem *um só* anel em torno do fogo, os que estão reunidos jamais precisarão se confrontar como concorrentes pela bela *commoditas*. Se a irradiação beneficia a todos, ela significa solidariedade imediata. Quando alguém mais se agrega, isso ocorre de tal modo que se faz espaço para ele no único anel. Quando o anel igualitário fica tão grande que ninguém mais tira proveito dele, desfaz-se o encanto e todos se igualam diante da gélida insatisfação. Porém, quando candidatos ao calor precisam postar-se atrás dos demais, surge a sociedade de classes térmicas.

A construção de cabanas de que fala Vitrúvio começa como segundo abrigamento, que complementa o primeiro — a experiência de todos poderem estar contidos juntos na esfera generosa do calor.[27] É evidente que esse espaço interior do calor da lareira implica, por sua vez, também qualidades uteromiméticas, na medida em que o calor congregador coloca os que se encontram próximos em uma condição interior fomentadora. Logo, a reedificação arquitetônica desse interior não seria senão a execução material de um imperativo sociotérmico já efetivo de abrigamento. Solidariedade é ter parte no mesmo fogo; mais tarde também: partilha dos alimentos enquanto ainda estão quentes; e, por fim: socialização de carne cozida ou assada nas grandes festas de compartilhamento de motivação religiosa. Isso corresponde à evidência etnológica quase universal de que, nas sociedades mais antigas, a partilha de bens presentes funcionava como técnica universal para asseguração contra a necessidade e a falta (a dessolidarização só surge com as provisões). Segundo Vitrúvio, vale para a totalidade da sociedade o que, segundo a concepção grega e romana, é acertado para os edifícios

27. A dedução de toda sociedade da reunião em torno do fogo sofreu contestação já na teoria clássica da arquitetura, e isso com razão, porque ela extrapola indevidamente a visão dos contextos de vida setentrionais. Na introdução a *Zehn Bücher über die Baukunst* [Dez livros sobre arquitetura], ou *Da arte de construir*, Leon Battista Alberti (falecido em 1472) deslocou a casa como tal para o início: "Houve quem dissesse que a água ou o fogo teriam sido os princípios sobre os quais se constituiu a sociedade humana. Porém, quando analiso a utilidade e a necessidade de teto e parede, naturalmente ficarei persuadido de que eles contribuíram em grau muito maior para unir e manter coesos os humanos" (Darmstadt, WBG, 1975, p. 10). [Ed. bras.: *Da arte de construir: tratado de arquitetura e urbanismo*, trad. Sergio Romanelli, São Paulo, Hedra, 2012.]

Cabana de feltro da Mongólia, em Pallas, *Historische Nachrichten über die mongolischen Völkerschaften* [Informações históricas sobre os povos mongóis], 1776.

privados: que a lareira é mais antiga que a casa, e que uma casa representa, antes de tudo, um ponto de fogo reconstruído. Junto à lareira se efetua um dos atos mais importantes da hominização, porque ali se desenvolve, na sintonia entre recipiente e fogo, a experiência originária da alquimia alimentar, o cozinhar. Em torno da lareira, recipientes humanos e recipientes alimentares compõem uma rima material. Mostramos em outro contexto por que a casa, além disso, sempre era obrigatoriamente também uma residência de espíritos da proximidade.[28]

Em que medida o espaço público das cidades da Europa antiga teve de ser projetado a partir do modelo da lareira é atestado pela instituição grega do pritaneu, que servia simultaneamente de abrigo para o fogo da cidade e local de reunião para comensais políticos — de certo modo para celebrações civis da eucaristia. Aristóteles ainda não tinha dúvida de que da boa vida da cidade fazem parte as refeições em conjunto

28. Cf. P. Sloterdijk, *Esferas I: bolhas*, op. cit., capítulo 6: "Compartilhadores do espaço espiritual: Anjos — gêmeos — duplos", p. 383-385.

(*Política*, 1329b, p. 39 ss.); nessas refeições, continuam a existir, sob os auspícios urbanos, as festas arcaicas de repartição (de proteína). Só junto à lareira citadina, que era consagrada à deusa Héstia, era possível encenar de modo palpavelmente convincente a vinculação primária promotora da solidariedade do doméstico com o estatal.

Contudo, encontramos a materialização mais impressionante dessas relações termopolíticas fundamentais na forma da lareira estatal romana no *Forum Romanum*: sem dúvida, para os romanos, o santuário da deusa da lareira, Vesta, era tido como o centro de sua *res publica*. Por meio do fogo sagrado protegido no templo de Vesta estava assegurada a equiparação de casa e império, indispensável para os romanos. Quem quisesse a felicidade daquela devia ter em mente o bem-estar deste; prover o fogo sempre aceso significava diretamente proteger a alma do Estado. Sem a força de congregação da *commoditas* sagrada no centro do espaço público, seria impossível efetuar-se o *coetus* político, a reunião de muitos em torno do centro comum.

Não é para menos que o ritual estatal romano postou o templo de Vesta geométrica e simbolicamente no centro da cidade, do império e do universo. A guarda do fogo se destacava como o mais importante ofício sacro no sistema dos cultos romanos. Por essa razão, a virgindade das vestais, às quais fora atribuída a guarda da lareira estatal, podia se tornar objeto de interesse do Estado; o costume público cuidava para que as jovens servas aristocráticas do fogo sagrado (o fato de serem seis, como consta, faz memória da união de seis linhagens nobres para formar a cidade original) vivessem em um bloco de moradias castas adjacente ao santuário no *Forum Romanum* protegidas de tentações comprometedoras. As vestais intocadas eram avalistas da aura de suma integridade, sem a qual não era possível imaginar nem proteger a reunião dos cidadãos em torno do centro imaculado da lareira. As sacerdotisas da domesticidade divina deviam estar munidas de privilégios extraordinários de salvação: se um criminoso condenado à morte encontrasse uma vestal no caminho para o local da execução, ele era posto em liberdade na hora.

O milagre da imunidade atesta a radiação integralizadora do primeiro fogo. Pelo fato de o império depender morfologicamente da casa e porque a imperialidade precisa se conceber como continuação da domesticidade com outros meios, é indispensável que a fonte de calor da casa, a lareira, impregne também o mundo público até seus limites, por mais distantes que estejam. Da lareira estatal parte uma radiação abrigadora que aquece o universo de matizes romanos como um fogo-matriz político. Com razão, Spengler observou: "O Império Romano não é senão a última e a maior cidade-Estado da Antiguidade, em razão de um sinoicismo gigantesco."[29] O tema ou motivo do sinoicismo, da decisão de conviver, é a orientação em um fogo central que vincula todos. Ele deve ser visto como a primeira aproximação da reflexão romana sobre o poder ao princípio da radiocracia.[30] Mesmo quando sob Constantino o culto cristão começou a gozar da proteção declarada do imperador, ainda teria sido inconcebível apagar o fogo eterno no coração do foro, apesar de se tratar de chamas pagãs que ardiam nele, e substituí-lo por velas votivas cristãs.

Depois de tudo que indicamos sobre a morfologia política do círculo, é quase uma obviedade dizer que o edifício que albergou a lareira estatal, a *aedes Vestae*, tinha de ser um templo redondo. O imaginário do império exige uma inclusividade centradora, que chega até os limites extremos animados — como se a técnica térmica fosse o centro da política. Nela já está contida toda a síntese social — política focal, política de inclusão, política de ventre, política de imunidade, política de forma. Testemunha a favor da consciência dramatúrgica e cosmológica dos romanos o fato de apagarem a lareira estatal uma vez por ano por uma noite, para, no entanto, reacendê-la solenemente no dia de ano-novo. Essa pausa térmica político-religiosa permitia que vivenciassem como o império e o universo seguravam a respiração durante uma crise regenerativa, regida culticamente. Enquanto houvesse tais regenerações, o império não desapareceria.

29. O. Spengler, *Der Untergang des Abendlandes. Umrisse zu einer Morphologie der Weltgeschichte*, Munique, Beck, 1923, 1979, p. 1035. [Ed. bras.: *A decadência do Ocidente: esboço de uma morfologia da história universal*, trad. Herbert Caro, Rio de Janeiro, Zahar, 1973.]

30. A lógica da dominação por radiação é aclarada nas seções sobre emanacionismo político, adiante no Capítulo 7: "Como o centro da esfera atua remotamente através do puro meio: Sobre a metafísica da telecomunicação", p. 612 ss., 625 ss.

Ruínas do templo de Vesta no *Forum Romanum.*

Tanto mais sintomático é o momento em que o fogo sagrado dos romanos foi definitivamente apagado: esse sucedimento, pura e simplesmente inconcebível para os antigos, se consumou nos estertores da rebelião conservadora de Flávio Eugênio, que havia se sublevado contra os ditames bizantinos após a elevação do cristianismo à condição de religião exclusiva do império e a proibição de cultos pagãos no ano de 391. Após sua vitória sobre Eugênio em 394, Teodósio I pensou ter razões suficientes para proceder com uma dureza até ali considerada impossível contra os resquícios de paganismo e ordenou a extinção do fogo estatal. Só então ficou claro para todos o que significou, em termos de política religiosa, a transferência do centro do poder romano para

Aldeia circular dos índios craô, Brasil central.

o Oriente. Porém, a destruição simbólica da antiga Roma mediante a extinção da lareira estatal só foi possível porque o império, sobretudo em sua nova central, a Segunda Roma, encontrara na religião cristã outro princípio integrador e um símbolo alternativo da síntese social. De fato, durante mais de um milênio, a *lux perpetua* cristã mostrou-se perfeitamente adequada para substituir o antigo fogo sagrado romano.

Diante desse pano de fundo, entende-se bem por que o novo culto ao imperador, teologicamente espinhoso, que fora lançado pouco depois do assassinato do ditador por parcelas do Senado e por um movimento "popular" liderado por Otaviano, só podia querer se estabelecer no lugar mais proeminente do *Forum Romanum*, e também se entende como, por conseguinte, o templo do imperador — um centro

de culto da teologia imperial do período imperial — pôde ser construído diretamente defronte do vetusto e venerável templo de Vesta. Sem proximidade do *feu sacré*, a causa de César não ganha nenhuma força de irradiação. Em virtude de sua função, Vesta, a deusa da lareira estatal, também era solidária com os espíritos das casas particulares, os penates, que, na condição de deuses da provisão (*penus*), tinham de assumir funções de proteção de um âmbito familiar mais estreito da vida; sua veneração acontecia, via de regra, nas lareiras caseiras [*lares*].[31]

31. Não foi por acaso que, ao circunscrever estritamente essas relações com seus recursos conceituais, no adendo ao § 257 de suas *Linhas fundamentais da filosofia do direito*, com a qual inicia a teoria do Estado, Hegel falou da diferença entre os deuses privados e o divino público: "Os *Penates* são deuses *inferiores*, internos,

A genialidade do culto a Vesta em termos de política religiosa é palpável: a ligação da fonte de calor que é suficiente para todos com os espíritos da provisão que não é suficiente para todos permite conter, pelo menos no plano imaginário, os efeitos inevitavelmente dessolidarizadores do pensamento da provisão próprio da economia doméstica. O restante precisa ser contornado por doações públicas.

Mas, pelo fato de a *res publica* ser tida concomitantemente como a casa comum do povo romano, os deuses coletivos penates, *di penates populi romani* [deuses penates do povo romano], também devem ser venerados junto à lareira estatal no templo de Vesta como espíritos protetores de todos os cidadãos romanos. Desse modo, a lareira estatal irradiadora de calor e os espíritos que animam o espaço das casas particulares unem suas potências esferopoiéticas, visando estabelecer validamente um ponto central dominante tanto em grande quanto em pequena escala.

Entre os romanos da época imperial, toda política de culto foi, efetivamente, a sublimação do animismo doméstico com meios públicos. Isso transparece principalmente no fato de que, desde Augusto, os altares dos lares ou espíritos protetores nos cruzamentos das ruas (*compita*) eram usados ao mesmo tempo para o culto ao gênio do imperador. Na base dessa ideia de culto está a representação de que os espíritos domésticos acompanham seus protegidos para fora das quatro paredes pelas ruas e encruzilhadas, e, para além disso, em todo o orbe habitado, que, a partir daquele momento, é animado e assegurado por ninguém menos que o imperador em pessoa. Foi assim que o cesarismo soube se conectar com o imaginário doméstico de cada romano. O culto romano ao imperador antecipa a posterior psicopolítica cristã; esta também dizia que, para o Deus que criou o céu e a terra, era fácil acompanhar cada alma tanto em seu recinto privado quanto em viagem, por mais longa que fosse. Aqui o segredo do sucesso do monoteísmo (e do sumoteísmo que operava a favor dele) foi desvendado: quem quiser dominar tem de

o *espírito do povo* (Athena), o divino que se *sabe* e que se *quer*". G. W. F. Hegel, *Grundlinien der Philosophie des Rechts, Werke*, v. 7, Frankfurt s/ Meno, Ullstein, 1970, p. 398. [Ed. bras.: *Linhas fundamentais da filosofia do direito,* trad. Paulo Meneses et al., São Leopoldo, Unisinos, 2010, p. 229.] Desse modo, anuncia-se uma hierarquização clara dos sistemas imunes religioides.

ampliar a casa em cosmo e descrever o universo como casa senhorial. É isso que os poderosos e os sábios têm em comum desde os tempos do estoicismo antigo: eles aprenderam a portar-se como se estivessem em casa em toda parte — ou pelo menos a convocar o mundo para casa, para a Roma eterna.

As indicações de Vitrúvio a respeito da gênese da sociedade a partir da reunião em torno do fogo podem ser entendidas não só como observações sobre o percurso particular romano até o grande Estado mínimo solidário. Elas também contêm uma intuição válida da natureza dos motivos pré-arquitetônicos da reunião humana e sua projeção nas formas edificadas. Porém, inclusive onde falta a referência explícita a uma fonte de calor, as sociedades podem encontrar seu suporte formal por meio de uma centração cúltica. Tomando como exemplo os bororós brasileiros, Claude Lévi-Strauss apontou o poder fundador de identidade de formas redondas de aldeias. Os bororós, uma tribo indígena matrilinear das planícies pantanosas e cobertas de matas do Pantanal, viviam em aldeias em forma de roda de carreta, em cujo centro se encontrava a casa grande dos homens; nela se mantinham os membros adultos masculinos da tribo; eles passavam ali a maior parte do tempo, fumando, conversando, dormindo, adornando-se com penas, recitando cantos sagrados e confeccionando instrumentos sacros. O acesso à casa dos homens era estritamente vedado às mulheres, e as meninas que tinham a ideia de chegar muito perto da casa podiam facilmente passar pela situação de serem apanhadas e violentadas pelo grupo inteiro.

Os missionários que por longo tempo tinham tentado em vão converter os bororós viram que essas primitivas sociedades aldeadas abrigavam um segredo morfológico. Com o passar do tempo, os monges salesianos encarregados de missionar os indígenas brasileiros perceberam que havia uma conexão entre a disposição das aldeias e a resistência psicológica dos índios contra influências externas. As formas redondas das aldeias eram como que os sistemas imunes dessa cultura e, enquanto puderam se ater a suas formas tradicionais de aldeamento, os bororós conseguiram se blindar contra as tentativas de sugestionamento dos sacerdotes europeus. Somente quando foram forçados a assentar-se em aldeias longas seu escudo de imunidade se quebrou, e eles se abriram

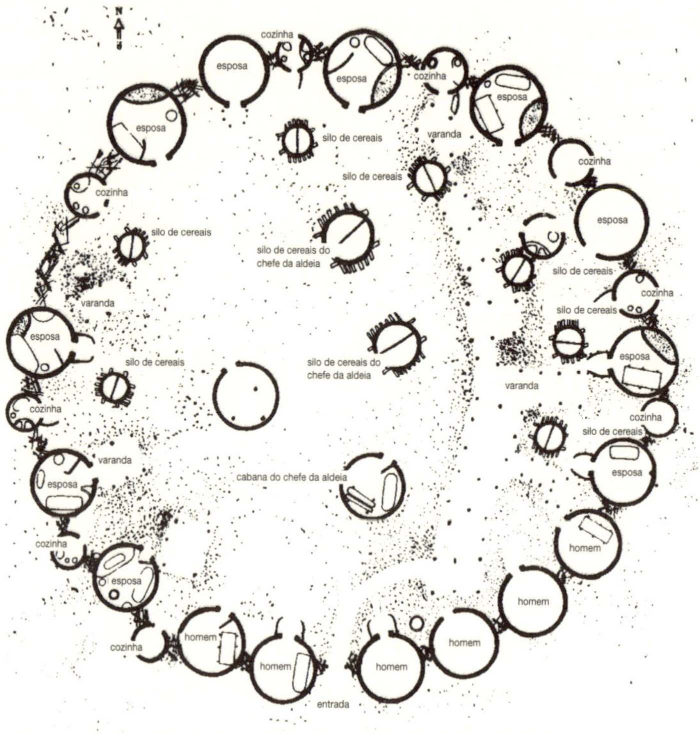

Aldeia circular contemporânea na República de Camarões.

para a influência cristã.[32] Independentemente de considerarmos a cristianização dos índios uma necessidade civilizatória ou uma injustiça imperial, o procedimento descrito pode ser entendido como um experimento sociológico, no qual foram postas à prova as propriedades imunes de uma forma de interpretação do mundo e de assentamento centralizados. O resultado do experimento parece confirmar a suposição dos missionários de que a forma redonda da aldeia continha para seus moradores a informação central sobre sua identidade. Em nossa terminologia: a forma redonda da aldeia atualiza o autoabrigamento coletivo atrás de uma parede morfológica. A destruição dessa estrutura endógena basal de integridade tornou os índios receptivos para a oferta

32. Cf. C. Clément, *La Putain du diable* [A puta do diabo], Paris, Flammarion, 1996, p. 64 s.

Reconstrução da aldeia chinesa Banpo, da fase inicial da cultura de Yangshao (4800--3600 a.C.).

de outra potência salvífica, anunciada pelos sacerdotes estrangeiros. Se o círculo não salva mais, talvez o Cristo anunciado salve.[33]

Formas similares de aldeamento circular foram atestadas, em meio a inúmeras outras, entre os indígenas da Flórida — incluindo um conjunto de cabanas redondas dispostas em círculo, distribuído em torno de uma casa central alongada; a endosfera inteira da aldeia, por sua vez, está encerrada dentro de um anel em formato de paliçada de troncos, que só em um ponto tem uma abertura em forma de corredor. A existência em tais aldeias deve ter equivalido a um exercício permanente de centração e orientação.

A edificação de aldeias circulares e cabanas redondas era um motivo de qualidade relacionada com o pensamento elementar e que ocorreu espontaneamente em toda parte. Isso se mostra nas formas análogas de construção da América, da África, da Europa antiga e do Oriente Próximo. Também em estratos muito antigos da cidade de Jericó, na antiga Palestina, foram descobertos resquícios de primitivas casas redondas. Encontram-se aglomerações aldeadas irregulares compostas de pequenas cabanas ovais bem próximas umas das outras, do Neolítico

33. Cf. a Introdução: "Geometria em escala colossal: O projeto da globalização metafísica", Seção IV: O evangelho morfológico e seu destino.

Joseph-François Lafitau, cerimônia de luto diante de uma cova redonda entre índios norte-americanos, 1753.

europeu, por exemplo em San Giovenale, perto de Roma, ou na ilha eólica de Filicudi.[34] Da atual República de Camarões se tem ciência de aldeias circulares, cuja borda exterior é formada por cabanas redondas maiores e menores de homens e mulheres. Nessas construções também se manifesta uma dupla realização da produção esférica de espaço. Seria plausível considerar os moradores de tais aldeamentos como animistas geométricos — independentemente de suas representações religiosas específicas. No entanto, as qualidades animistas partem do imperativo esferológico a que obedecem sem exceção as primitivas estruturas grupais mais do que da estrutura geométrica das formas de construção como tais.

34. Cf. também W. Altmann, "Die italischen Rundbauten" [As construções redondas itálicas], 1906, apud O. Spengler, *Der Untergang des Abendlandes*, op. cit., p. 699.

Casa de mulheres em Gana.

As artes vitais das unidades primárias remontam em sua totalidade à necessidade de formar o grupo como recipiente autógeno, no qual o conteúdo contém a si mesmo. O fenômeno da solidariedade, como reunião original em torno de uma vantagem microclimática, que só pode ser percebida a partir de dentro, guarda até o fim seu segredo morfológico.

Porém isso não diz respeito só às pequenas unidades focais, mas à humanidade como um todo, na medida em que ela está unida em um socialismo solar latente. Isso foi bem expresso por Giacomo Leopardi, em seu diálogo *Copérnico*. O poeta remonta a virada copernicana a uma decisão do Sol de, dali em diante, repousar em vez de continuar girando em torno de um grão de areia arrogante denominado Terra. Esse repouso do Sol modifica desde a base as relações de solidariedade entre os mortais, pois estes, mais do que nunca, precisam tomar consciência de que estão condenados à morte pelo frio, se não conseguirem obter, também sob o novo regime, um acesso aos excedentes que o Sol tem a oferecer. O Sol, por sua vez, não esconde que não é nenhum humanista:

George Rodger, primeira assembleia do Partido Nacional, Nápoles, 1943, em *Magnum Opus*.

> O que tenho eu a ver com isso? Por acaso sou a ama do gênero humano ou até seu cozinheiro, que deve aquecer ou preparar sua comida? E por que tenho de me preocupar se um bando ridículo de criaturas invisíveis, a milhões de milhas longe de mim, não será capaz de resistir ao frio sem ver minha luz? E, afinal, se é para eu servir, por assim dizer, como fogão ou lareira para a família humana, o mais certo seria que a família, na medida em que queira se aquecer, venha até a lareira e não que a lareira se mova em torno da casa. Portanto, se a Terra necessita de mim, ela que se ponha em marcha e trate de encontrar uma maneira de se apoderar de mim.[35]

Desse modo, é dada aos humanos a tarefa de providenciarem por si mesmos um lugar ao Sol. Quem poderia negar que, em todas as políticas da Era Moderna, manifesta-se a dificuldade de reunir a humanidade como família solar excessivamente numerosa em torno dessa lareira excêntrica?

35. G. Leopardi, *Gedichte und Prosa* [Poesia e prosa], sel. e trad. Ludwig Wolde, Frankfurt s/ Meno, Insel, 1979, p. 143.

Capítulo 3

Arcas, muralhas citadinas, limites do mundo, sistemas imunes

Sobre a ontologia do espaço cercado de muros

A cidade é a repetição da caverna por outros meios.
Hans Blumenberg, *Höhlenausgänge*
[Saídas de caverna]

A forma que permite aos humanos estarem juntos "dentro" consigo mesmos não só traz imunidade e redenção em um sentido metafórico vago, mas também pode constituir, do ponto de vista técnico, a condição tanto da salvação quanto da sobrevivência: esse é o sentido morfoevangélico das narrativas bíblicas e extrabíblicas do dilúvio e das fantasias de arcas associadas a elas. A concepção da arca — do latim *arca*, caixa, compare-se: *arcanus*, fechado, secreto — desvela a ideia esferologicamente mais radical de espaço que os humanos foram capazes de conceber no limiar para a alta civilização, a saber, que sob certas circunstâncias o mundo interior impermeabilizado, artificial, pode se tornar o único meio ambiente possível para os seus habitantes. Desse modo, cria-se um novo tipo de projeto: a representação do autoabrigamento e do autoentorno de um grupo diante de um mundo exterior que se tornou inviável.

A arca é a casa autônoma, absoluta, isenta de contexto, o edifício sem vizinhança; nela se corporifica de modo exemplar a negação do meio ambiente pela estrutura artificial. Ela proporciona ao esquema espacial surreal "recipiente autógeno" sua primeira realização técnica, mesmo que tenha se tratado apenas de uma técnica do imaginário. O episódio da Arca de Noé do Antigo Testamento põe a descoberto como a construção da casa pode levar ao resgate diante do mal molhado. A casa absoluta, se pudesse ser construída, teria de ser um edifício flutuando solto e, para isso, desatar o vínculo da casa relativa com o solo e a vizinhança. Um edifício só pode ser absoluto quando se descontextualiza completamente e não adere nem a paisagens, nem a edifícios adjacentes; ele poderia possuir só o tanto de solo que pertence a ele próprio — ele não teria porão, mas quilha, não teria fundamento, mas um sistema de navegação. (Chama a atenção que a arca bíblica, o navio paradigmático da história da humanidade e das catástrofes naturais, parece ter renunciado a um leme, como se navios, cuja construção foi ordenada por Deus, não necessitassem de ponte de comando; de acordo com isso, a arca de Noé não teria sido um navio, mas uma balsa superdimensionada.)

Lida sob esse aspecto, a narrativa bíblica da Arca de Noé retrata o primeiro experimento de desfundação. A seu modo, ele seria imbatível se não fosse o fato de numerosas civilizações extrabíblicas e extraeuropeias igualmente terem ciência da aliança dos motivos do dilúvio e da endosfera flutuando exitosamente. A noção de que o solo exterior pode ser retirado e tem de ser substituído pelo solo próprio de um mundo interior flutuante foi expressa por todo o gênero humano em múltiplas formas mitológicas. Manifestamente a ideia da desfundação e da repetição da fundação sobre o endofundamento é tão antiga quanto o dilúvio, que decerto representa o mais importante vestígio de memória comum nas civilizações mundiais. A construção da arca deu início ao construtivismo. (Edmund Husserl, evidentemente, ao estilo dos fenomenólogos, "pôs entre parênteses" a possibilidade de dilúvios e até a viagem marítima regular quando formulou em termos de "arca primordial" seu teorema tardio de que atitude natural no meio em que se vive é a aderência ao solo.) A descoberta da possibilidade de recolher-se para dentro de um interior impermeável não é nenhum privilégio europeu. Como um exemplo entre tantos, citamos um mito cosmogônico difundido entre os povos do golfo de Tonkin:

> Os primeiros humanos eram seres muito imperfeitos. Quando corriam, tinham os calcanhares voltados para a frente e também de resto eram malformados. Eles não sabiam usar o fogo, viviam em grotas, alimentavam-se de plantas e carne, e se misturavam sem nenhum critério. Pan-ku se comiserou de sua deplorável condição e pediu ao céu que os aniquilasse. Deus lhe enviou, por meio de uma andorinha, uma semente, que Pan-ku plantou. A planta que dela cresceu produziu uma abóbora grande como uma casa. Pan-ku e sua irmã tinham acabado de entrar nela, quando caiu o dilúvio por três dias e três noites e destruiu todos os humanos, todos os animais e todas as plantas. As águas, que eram tépidas, baixaram novamente, e a abóbora fundeou na cordilheira de Kun-lun. Como não conseguiram encontrar nenhum outro humano em toda a Terra, eles superaram seus escrúpulos e se casaram. Três meses depois, a irmã deu à luz uma massa de carne ensanguentada, que Pan-ku quis cortar em 360 pedaços. Mas ele se descuidou ao fazê-lo e resultaram só 359. Por essa razão, o último pedaço foi complementado com uma folha que foi grudada na massa de carne. Disso tudo surgiram humanos, os ancestrais das famílias que povoam a Terra.[1]

Nessa narrativa, a abóbora assume a função da casa absoluta, todavia com o acento típico das imagens de mundo pré-patriarcais e pré-técnicas de que o interior isolado em si mesmo ainda é representado como vegetal mais do que como artefato. A arca-abóbora do sul da China é uma clara metamorfose vegetal do útero. Em contraposição, a provocação inesgotável do mito bíblico da arca consiste em que ele, pela primeira vez, retira a endosfera inteiramente da velha natureza e a apresenta como um constructo artificial do começo ao fim. A Arca de Noé já é um útero mecânico, no qual a vida se afirma contra um meio ambiente não maternal. Poder-se-ia reconhecer aqui um indício de que somente o judeu, único entre os povos antigos, aprendeu algo do incidente do dilúvio — do qual ele tomou conhecimento, no mais tardar, através de seus opressores

1. Apud P. Hübner, *Vom ersten Menschen wird erzählt in Mythen, Wissenschaft und Kunst* [Acerca do primeiro humano se conta em mitos, ciência e arte], Düsseldorf e Viena, Econ, 1969, p. 187.

babilônicos no século VI a.C. —, e isso não só em termos morais, mas sobretudo teológicos, etnotécnicos e de filosofia da natureza: de fato, após o dilúvio, a natureza não podia mais ser tida, sem ressalvas, como a boa mãe universal, nem como céu, nem como terra. A alusão à inundação serve como código para dizer que não é a natureza que provê tudo para o ser humano, mas que os humanos estão condenados a, dali por diante, cuidar de si mesmos com a ajuda de Deus. Assim tem início a história da era tecnológica; a era propriamente dita do ser humano não deve ser calculada a partir da criação, mas a partir "do recuo da água".

Por meio da construção da arca foi efetuado claramente o rompimento com o ilusionismo matrístico. Em virtude dela, o ser humano que tirasse desse mito as últimas consequências depararia com a natureza como adulto em termos ontológicos. Na casa flutuante, não é mais a natureza que abriga o ser humano, nem sequer aparentemente. Em vez disso, é o ser humano que tem de convidar as naturezas animais para a sua cápsula resgatadora, na medida em que se queira que sobrevivam. Em pares capazes de reproduzir-se, a Arca de Noé abriga a abundância do mundo animal que, após a aniquilação da natureza pela natureza, dará início a uma segunda cadeia da vida. "Todos os animais que estão contigo, tudo o que é carne, aves, animais e tudo o que rasteja sobre a terra, faze-os sair contigo: que pululem sobre a terra, sejam fecundos e multipliquem-se sobre a terra" (Gênesis 8,17). A caixa isolada em si mesma, a *arca*, reflete uma relação com a natureza, de acordo com a qual esta nunca mais poderá ser concebida como *matrix* não problemática da vida humana, animal e vegetal. Após o dilúvio, a natureza só está dada ainda para o ser humano como segunda natureza em segunda dadidade, e a forma da mesma terá de ser diferente da inclusão e da preservação confiantes do ser humano nas concepções de imanência maternal. Após a crise que destruiu todas as continuidades, a confiabilidade da natureza é posta sobre uma nova base contratual por meio de um *acordo* entre Deus e tudo o que tem vida. O centro do contrato com a natureza é uma cláusula de tempestade — uma convenção sobre a exclusão futura do pior dos casos:

> (11) Estabeleço minha aliança convosco: tudo o que existe não será mais destruído pelas águas do dilúvio; não haverá mais dilúvio

> para devastar a terra. (12) Disse Deus: "Eis o sinal da aliança que instituo entre mim e vós e todos os seres vivos que estão convosco, para todas as gerações futuras: (13) porei meu arco na nuvem e ele se tornará um sinal da aliança entre mim e a terra. (Gênesis 9)

Isso também pode ser lido como uma *carta de rescisão de contrato*: o direito de moradia do ser humano no dado originário do naturalmente existente está perdido para sempre e precisa ser posto sobre uma nova base, sobre uma base formal; tudo o que era natureza aparece, dali por diante, sob uma clave ética revolucionária. Sua forma jurídico-religiosa é a *aliança* entre Deus e o gênero humano posterior a Noé. Essa ideia de aliança permite reconhecer que inclusive a natureza aparentemente dada com evidência pré-linguística só está mais dada como uma promessa e não como um pré-mundo autônomo ou uma *matrix* autônoma dos processos vitais. A aliança com Noé constitui a primeira versão de um *contrat naturel*[2] — ou seja, da incorporação do natural dentro de uma esfera jurídica humano-divina; sem contrato de exclusão do dilúvio não existe monoteísmo.[3]

A aliança denuncia o motivo formal pelo qual o princípio da arca precisa persistir também após a saída de Noé com sua família e do mundo animal do veículo físico. Mais do que uma estrutura material, ela constitui uma forma simbólica de abrigamento da vida resgatada, uma cápsula de esperança. Por isso se trata de uma tolice arqueológica rastrear nos penhascos do Ararat ou em qualquer outro lugar os destroços da arca real de Noé — como se um princípio formal pudesse ser captado com a pá. Quem quiser encontrar a arca precisa saber ler;

2. Sobre o conceito do contrato natural, cf. M. Serres, *Le Contrat naturel* (Paris, F. Bourin, 1990) (ed. alemã: *Der Naturvertrag*, Frankfurt s/ Meno, Suhrkamp, 1994). O fato de G. Heinsohn, *Die Erschaffung der Götter. Das Opfer als Ursprung der Religion* [A criação dos deuses: o sacrifício como origem da religião] (Reinbek, Rowohlt, 1997), p. 157, acreditar que pode caracterizar a contratualização judaica da natureza pós-diluviana por meio da aliança como sinal de um "otimismo cósmico" figura entre as curiosas florescências que um filossemitismo impotente é capaz de gerar.
3. Cf. R. Safranski, *Das Böse oder Das Drama der menschlichen Freiheit* [O mal ou O drama da liberdade humana], Munique, C. Hanser, 1997, p. 32-33.

A Arca de Noé, miniatura do século XIV, Flandres.

é preciso observar como os povos reinterpretam suas catástrofes como provações e como os teólogos envolvem as suas em ritos e histórias. Arcas são corpos flutuantes autopoiéticos, em tradução um tanto livre, autoimpermeabilizantes, nos quais os aliados recorrem ao seu privilégio de imunidade diante de meios ambientes inviáveis para a vida.

A narrativa das andanças pós-diluvianas de Israel se converte no romance das viagens da arca monoteísta pelas vicissitudes dos tempos. Firme em seu propósito, ela trata da relação triangular celeste-infernal entre Javé, Israel e os outros. Ela se desdobra como a grande narrativa das aventuras sinistras do povo eleito em sua jornada por uma era em que os impérios sempre são os dos outros. Nessa era, ser judeu significa padecer sob impérios, manobrar entre impérios ou buscar a proteção de impérios, sem jamais poder ou querer edificar pessoalmente um império próprio que esteja à altura dos demais. A arca de madeira de Noé, complementada pela primeira aliança selada com o arco-íris, poderia até ter aportado em algum lugar após a enchente, se ela tivesse existido,

Pedro pilota o navio da Igreja. Miniatura lombarda, c. 1480.

sendo, então, abandonada pela sua tripulação como um meio não mais necessário; contudo, como ideia etnopoiética da forma, como princípio de imunidade baseado na teologia da aliança, a arca permaneceu irrenunciável para o judaísmo. Desembarcar de tal veículo de abrigamento teria equivalido à autodestruição.

Portanto, o veículo de Noé precisa prosseguir em sua viagem de resgate — primeiro como arca de Abraão, para a qual passou a vigorar uma aliança de eleição entre Deus e os povos circuncidados; no período pós-egípcio, ela retoma sua viagem como arca de Moisés — tripulada então exclusivamente pelo povo de Israel do êxodo, que havia revogado a comunhão de mesa com os demais povos e navegou à deriva pelas eras dentro do envoltório onírico da consciência de sua eleição: a bordo dessa arca, os sinais determinantes da aliança passaram a ser, além da circuncisão, a rigorosa observância do Shabat e da Lei. Após a crise apocalíptica do judaísmo, ela foi reconstruída como arca de Cristo, que foi como se entendeu a velha Igreja Católica — identificável diante do mundo pela hóstia e pela cruz. Nessa nova equipagem eclesial, o navio inebriado de Deus pareceu zarpar para uma viagem triunfal, como uma segunda forma de potência mundial ao lado dos monstros imperiais ainda difíceis de amansar. Quanto à comunidade judaica, ela juntou seus cacos em uma caixa talmúdica ou uma arca da escritura, de cuja aptidão se pode fazer uma ideia, quando fica claro que ela atravessou quase dois mil anos na confiança de que nada existe fora do texto e de seu comentário que quer se estender infinitamente.

Em todas essas versões, o motivo da casa absoluta — poder-se-ia dizer também o motivo do texto que constitui o próprio pré-texto e contexto — se impôs exitosamente a cada um dos outros "ambientes", cada um deles desfavorável à sua maneira. Na medida em que se consegue narrar a história do mundo como relato de uma viagem singular, caótica e, não obstante, contínua da arca, ela pode ser descrita como história de salvação e perdição de um povo especial enjeitado e abrigado. É por isso que a teologia da história desse feitio tem de desembocar em uma teologia da sobrevivência — em termos mais duros: em uma teologia da seleção. Desde os dias do Primeiro Isaías, o nome judeu de Deus é o título do seu direito majestático de ir ao encontro dos seus como redentor e dos outros como exterminador, sem apresentar justificativa. Consequentemente, as teologias da aliança, ou seja, os discursos sobre princípios a bordo da arca, dificilmente poderão tematizar algo diferente da pura sobrevivência. Quando teólogos falam da "lei", eles têm em mente instruções para sobreviver junto a Deus — prescrições de comportamento na caixa redentora "Escritura-e-Igreja". E realmente, em ambientes não fomentadores, a sobrevivência só é exercitável em caixas autocontextualizadoras. Arcas surgem e navegam com êxito só quando o princípio supremo da aliança, o polo absoluto, também está a bordo.

Porém, como sucedeu que o Deus único[4] subiu a bordo justamente aqui nunca se torna totalmente compreensível nem mesmo para os seus à luz de razões. Os arcanos de Deus são indevassáveis no início e se mantêm assim até o fim; a única coisa certa é que as intenções de Deus se manifestam em cada uma de suas maravilhas em forma de arca e nas alianças que lhes correspondem. Com cada uma dessas maravilhas, com cada aliança Deus reitera seu auxílio para o abrigamento dos seus diante das águas revoltas. Fundamentalmente misteriosa, nesse processo, é a seletividade divina, que elege uns e ignora outros segundo regras indevassáveis. Esse *mysterium iniquitatis* [mistério da desigualdade] desempenha um papel em todas as viagens a bordo de arcas; pois todo autoabrigamento em uma forma forte, isto é, toda instalação de uma comunidade em um envoltório endogenamente fechado (nos termos de Noé: impermeabilizado com betume, Gênesis 6,14) não só absolutiza a parede de bordo e não confere mais validade a nenhum exterior real — mas também não esconde mais a circunstância de que só encontra a salvação quem conseguiu obter um dos poucos cartões de embarque para o meio de transporte escolhido. Em todas as fantasmagorias de arcas, a seleção dos poucos é afirmada como uma necessidade sagrada; muitos são chamados, poucos logram subir a bordo do navio.

Para aqueles que têm necessidade moral e lógica de representar vias salvíficas em termos universalistas, manifesta-se aqui um estreitamento

4. Cf., sobre esse tema, O. Loretz, *Des Gottes Einzigkeit. Ein altorientalisches Argumentationsmodell zum "Schma Jisrael"* [A unicidade de Deus: um modelo argumentativo do Oriente antigo para o "Shmá Iisrael"] (Darmstadt, Wissenschaftliche Buchgesellschaft, 1997).

Boat people, refugiados vietnamitas no mar da China, 1975.

difícil de suportar; ele tem de ser revogado por reformulações inclusivas do Evangelho; a edificação da Igreja é compromisso. Porém parece ser uma lei dos jogos de linguagem universalistas que, em sistemas inclusivos universalistas, a exclusividade só consegue ser superada por meio da negação ou — quando esta malogra — de rituais de indignação; por isso, com o universalismo aumenta a pressão por adotar uma atitude hipócrita e por fazer exigências sem obrigatoriedade — uma regra da qual a religião cristã, com seu caudal de piedosas mentalidades de seguimento, representa o mais importante caso de aplicação. O bote do Deus único, mesmo que ainda não estivesse lotado, já tinha um número limitado de lugares — muito menos do que há de humanos a serem salvos.

Não obstante: a arca cristã cruzou as eras fazendo propaganda em todas as direções, imbuída de sua missão inclusivista; ela não cessa de dirigir-se à humanidade como se quisesse trazer a bordo todos os náufragos de todos os séculos e de todos os quadrantes do mundo. Mas é só porque a maioria não pode ou não quer aceitar o convite para se deixar resgatar que ainda há lugar para novos recém-chegados no bote que promete a salvação para todos os lados. Só se não entrarem todos caberão todos; mas, se todos entrarem, não caberão todos. (Antiquíssima piada de pastor, primeira aproximação da teoria dos sistemas à teoria

A Arca de Noé sobre o monte Ararat como máquina de fogos de artifício: decoração festiva romana para celebrar o triunfo de Inocêncio X, 1664.

dos conjuntos.) Com sua exclusividade adornada de universalismo, a arca dos redimidos — como navio das espécies, como povo da eleição e como *ekklesía* — representa simultaneamente o primeiro modelo do que hoje se denomina uma subcultura diferenciada. A Igreja cristã dos primórdios foi o conjunto supraétnico prototípico, cuja pretensão de inclusividade abrangente foi concomitantemente imposta como exclusividade intransigente — a história da Igreja com suas impiedosas escaramuças em torno da formulação do dogma oferece um espetáculo repleto de paradoxos sistêmicos. A sociedade moderna foi a primeira a generalizar e normalizar esses paradoxos. As múltiplas subculturas dos sistemas sociais modernos — sejam elas organizações ou esferas privadas — constituem frotas variadas de arcas de todos os tamanhos, que navegam autorreferencialmente na maré sempre alta da complexidade do meio ambiente. Só que hoje não se soltam mais pombas de dentro do próprio cenário para que, com um ramo verde no bico, indiquem que as coisas lá fora voltaram a ser fáceis. A pós-modernidade renunciou ao sonho de aportar após a enchente. A enchente agora é a terra firme. Onde só existem mais casas absolutas, cada uma à deriva do seu jeito, ficou inviabilizado o retorno ao que um dia se chamou de terra firme.[5]

Ainda que a concepção da arca continue constituindo o modelo mais sugestivo do afastamento humano da aparente prioridade do meio ambiente e a metáfora mais concludente do autoabrigamento de um grupo em seu compartimento próprio radicalmente artificial, o que veio a ser o suprassumo do gestual construtivista de autonomia não é a arca, mas a *cidade*. A cidade é, de certo modo, a arca que aportou em terra — ela representa um navio de sobrevivência, que não busca mais sua salvação à deriva sobre as águas catastróficas, mas se ancora voluntariosamente na superfície terrestre.[6] Poder-se-ia definir cidades como

5. Cf. F. Nietzsche, *A gaia ciência*, § 124: *No horizonte do infinito*: "Deixamos a terra firme e fomos de navio! Destruímos a ponte atrás de nós, e mais, destruímos a terra firme atrás de nós."

6. Quando, em vez disso, a cidade inteira se encontra sobre as águas, surge a figura técnica de pensamento "gigante do oceano" — representado classicamente por

formações resultantes de um meio-termo entre o surrealismo da autorreferência que flutua livremente e o pragmatismo do sedentarismo. Da fusão desses dois motivos de efeito antagônico um ao outro, as cidades e os Estados desenvolveram sua improbabilidade triunfal; de sua exitosa imbricação em uma máquina motriz morfológica elas obtiveram sua capacidade de fazer história. Abrigar-se em concentrações mágicas da vontade atrás dos próprios muros, como se fosse em um navio inebriado de vontade própria, e ao mesmo tempo satisfazer o imperativo territorial e extrair poder de templos, muros, celeiros: nessa fórmula espacial se oculta o segredo esferológico do sucesso da figura histórico-mundial de construção chamada cidade. Para dentro, a cidade inicial tem de consolidar-se como uma arca de Deus que marca os seus com o sinal da predileção; para fora, ela tem de afirmar-se por meio de muros triunfantes e torres dominadoras, para dissipar toda dúvida quanto ao seu direito de ocupar esse lugar eminente e, a partir dele, lançar suas investidas sobre a vastidão. Só onde essa fórmula da esfera é preenchida aplicam-se plenamente as teses de Oswald Spengler sobre a convergência de civilização citadina e alta civilização:

> É um fato bem decisivo e jamais apreciado em todo o seu significado que todas as grandes civilizações são civilizações citadinas. O ser humano superior da segunda era [isto é, na série das altas civilizações (nota de Peter Sloterdijk)] é um *animal construtor de cidades*. Esse é o critério propriamente dito da "história mundial", que a distingue da maneira mais nítida possível da história da humanidade — *a história mundial é a história dos humanos citadinos*. Povos, Estados, política e religião, todas as artes, todas as ciências repousam sobre *um só* fenômeno originário da existência humana: a cidade. Dado que todos os pensadores de todas as civilizações vivem, eles próprios, em cidades — mesmo que fisicamente se encontrem no campo —, eles nem sabem que coisa bizarra é a cidade. Temos de nos transportar inteiramente para dentro do assombro de um humano primitivo que

Júlio Verne em seu romance *Uma cidade flutuante*, segundo o modelo do primeiro grande vapor *Great Eastern*, que, em 1858, cruzou o Atlântico de Bristol a Nova York; cf. mais adiante p. 733.

Hans Hollein, *Porta-aviões na paisagem*, 1964, Museu de Arte Moderna, Nova York.

> vislumbra pela primeira vez, em meio à paisagem, essa massa de pedra e madeira com suas ruas rodeadas de pedras e praças calçadas com pedras, uma habitação dotada de uma forma estranhíssima...[7]

A conclamação de Spengler aos pensadores para perceberem a estranha habitação como se fosse a primeira vez implica a exigência descabida à inteligência para que ela escolha uma posição fora da condição edificante, aconchegante e confortável da cidade. Precisamente isso foi o que deixaram de fazer até agora quase todos os urbanistas e historiadores da cidade, obnubilados pelos costumes urbanos e pelo conforto intelectual e civilizatório do seu objeto. O que as cidades são e querem ser originalmente só pode ser entendido, segundo Spengler, se os citadinos *par excellence*, os filósofos, se postarem fora dos muros e meditarem sobre o fenômeno "cidade" como se ainda não participassem da sua capacidade de abrigamento nem da sua sedução. Logo, pensar a cidade significa primeiramente: reverter a condição confortável gerada pela cidade e escapar à ofuscação provocada por suas autointerpretações.

7. O. Spengler, *Der Untergang des Abendlandes*, op. cit., p. 119; nova edição Munique, Beck, 1990, p. 661.

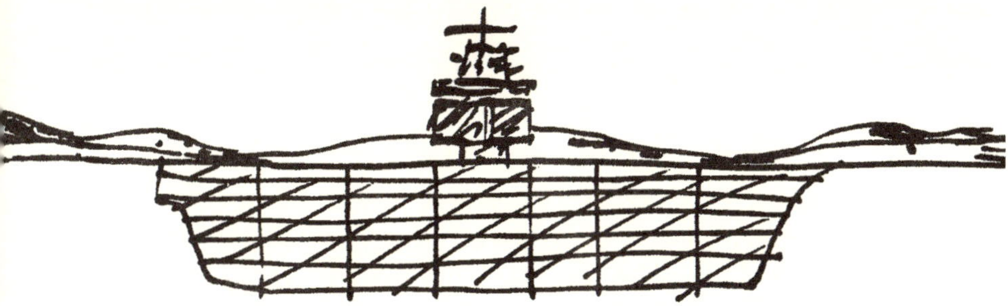

Justamente porque a poderosa cidade sempre é também uma forma de organização da perda de realidade ou do acesso liberado a materiais e signos, os citadinos que não querem ser nada além de citadinos nunca conseguirão entender suficientemente as condições de sua possibilidade e realidade.

Um historiador da forma como Spengler, que observa a cidade como fenômeno assombroso desde a base, teria de ser um fenomenólogo que assume a agraciada angústia de um pensamento de fora — nisso, Spengler é o predecessor direto de historiadores revolucionários da estrutura, como Foucault, Deleuze e Guattari. Quando ele propõe retroprojetar-se para dentro do assombro do ser humano primordial que vê altear-se no horizonte a inconcebível casa gigante com seus muros e suas torres, ele segue a intuição de que a verdade sobre tudo o que aparece no espaço exterior só pode ser conhecida mediante uma angústia espacial iniciática. Essa angústia lança a ponte entre mundo arcaico e Era Moderna, porque atesta o excedente do êxtase em relação à segurança do abrigo, um excedente que jamais se consegue absorver totalmente. Quando esse excedente se torna fecundo para a teoria, abre-se o campo para o pensamento genuinamente moderno. Na medida em que Spengler pensa a partir desse excedente ou desse êxtase — poder-se-ia dizer também mais singelamente, a partir dessa insegurança —, sua participação na aventura do pensamento essencialmente contemporâneo é incontestável. A acuidade visual que ele emprega em sua fenomenologia das civilizações provém da experiência do existir não assegurado em um mundo expandido além da conta, que nunca mais poderá ser transfigurado como pátria em sua totalidade. A morfologia da história mundial de Spengler tem seu *momentum* filosófico em uma teoria da angústia espacial criativa que concede aos humanos das altas civilizações uma revelação da terceira dimensão como "profundidade", isto é, como espaço de origem do incontornável.[8] A intenção é de que o morfólogo reservado e sua sombra, que quer se assemelhar ao humano primitivo perplexo, concordem em um assombro que, na verdade, é um não-poder-crer-totalmente, um espanto. De fato, o que seria uma cidade do tipo das metrópoles rei-deus da Mesopotâmia, vista com olhos de humano primitivo, senão uma aclaração da tese de que, nas altas civilizações, o monstruoso se manifesta como obra humana? E o que são essas habitações de formato estranhíssimo, vistas de fora, senão máquinas de abrigamento, com as quais os humanos processaram sua revelação específica de angústia diante do mundo e edificaram monumentos monstruosos à sua vontade de não estarem do lado de fora?

8. As intuições de Spengler foram preparadas pela tipologia da vivência espacial de Leo Frobenius, que havia diferenciado entre civilizações com senso de amplidão [*Weitegefühl*] e civilizações com senso de cavernas mundiais [*Welthöhlengefühl*]. Cf. L. Frobenius, *Paideuma. Umrisse einer Kultur- und Seelenlehre* [Paideuma: esboços de uma teoria da cultura e da alma], Munique, Beck, 1921; H.-J. Heinrichs, *Die fremde Welt, das bin ich. Leo Frobenius: Ethnologe, Forschungsreisender, Abenteurer* [O mundo estranho sou eu. Leo Frobenius: etnólogo, viajante-explorador, aventureiro], Wuppertal, Hammer, 1998. A mais interessante retomada e exacerbação das intuições filosófico-espaciais de Spengler encontra-se na obra inicial de M. Bense, *Raum und Ich. Eine Philosophie über den Raum* [Espaço e ego: uma filosofia do espaço] (Berlim, Luken & Luken, 1934).

Portanto, o passo para trás dado por Spengler, postando-se diante da cidade, nada tem a ver com a crítica moderna à civilização nem com o ressentimento antibabilônico dos judeus, que foi copiado pelos cristãos e, desde a marginalização do cristianismo, é fantasmagoria onipresente, na condição de fermento anônimo, em meio ao cansaço causado pelo nível das civilizações contemporâneas. Ele significa, muito mais, um ato da *epoché* que possibilita a teoria em vista de um ambiente do qual é difícil ainda distanciar-se e serve para que o pensante se distancie das ofuscações da vida que sempre já foi vivenciada citadinamente, associada a suas exigências não tematizadas de autoexaltação, superação da angústia espacial, alívio e aporte de estímulos. A teoria da cidade só pode começar com a desabituação das comodidades que só se tornaram possíveis mediante a cidade. Portanto, pensar a cidade significa refletir sobre o habitar acomodador nela, como se fosse possível estar em casa em outro lugar além dela, e até como se fosse possível pôr entre parênteses em sua totalidade o anseio por lançar raízes em algum lugar. Habitar como se não habitássemos. Viver como se não tivéssemos casa nem cidade dando cobertura. Pensar como em queda livre.

Qual é a primeira coisa que daria o que pensar a um fenomenólogo que tivesse morrido para a sua maneira habitual de ver as coisas e quisesse reencenar o assombro do humano primitivo diante do primeiro aparecimento de uma cidade, ao avistar uma cidade imperial antiga como Uruk, Kish, Babilônia ou Nínive? Ele teria de ficar assombrado sobretudo porque a aparição no horizonte resiste a um segundo olhar e se afirma como algo que de jeito nenhum quer ser uma ilusão dos sentidos. O olhar desabituado para a cidade se fixa no fato de ela persistir em altear-se; ele se vê confrontado com uma vontade enfática de aparecer. Aqui adentrou o mundo uma altura, cuja potência não foi rolada até ali por forças pré-humanas. Tudo na grande cidade, tanto na antiga quanto na tardia, é obra humana e soberba senhorial. A partir do segundo olhar, o estar dado da cidade diz que ela foi feita por si mesma justamente para tais olhares. Tudo nela é intenção e efeito; tudo é destinado ao apetite de olhos escancarados. Quando Dostoiévski designou, em suas *Memórias do subsolo*, São Petersburgo como a "mais intencional e mais abstrata cidade em todo o globo terrestre", ele só esqueceu de acrescentar que cada uma das grandes cidades alguma vez foi a mais abstrata e a mais intencional. Mesmo que os livros do Antigo Testamento não tenham se cansado de escarnecer a cidade da Babilônia como a grande prostituta, essa designação, abstraindo do seu tom de indignação moralista, descreve o caráter do objeto com precisão. Prostitutas e capitais têm em comum que elas são bem arrumadas e dedicadas à visibilidade; são expostas e vivem de chamar a atenção. Se alguém quiser se aproximar delas, terá, querendo ou não, de pagar um preço. E quem não trouxer consigo um zelo bem pessoal no qual possa se encerrar, de modo que, mesmo estando dentro dos muros, não pise realmente o pavimento citadino (por exemplo, Lutero na Roma papal), na maioria das vezes também desfrutará do que a vida urbana oferece.

As primeiras cidades estão aí para atrair olhares, levantar olhares, humilhar olhares. Sua visibilidade inescrupulosa declara guerra ao olho inofensivo e exige que ele se sujeite a esse relampejar, teimar e permanecer do olhar. O fenomenólogo do humano primitivo que quisesse repetir seu primeiro e seu segundo olhar para o alto das torres e muros de Jericó ou Babilônia teria de dar-se conta de imediato que essa cidade revogou toda a sua maneira de ver as coisas por meio desse estar-aí indissimulado. Somente quem tivesse visto uma cidade como essa poderia dizer de si que sabe o que é uma aparição. Da cidade — e só dela — se consegue depreender o que significa quando uma formação aposta irrestritamente no oposto de estar oculto e se planta no centro da visibilidade. Desde o despontar das cidades, aparição significa: disposição, exposição, revelação permanente. Na maneira de falar de Heidegger: construção de cidades é um modo de desocultação.

Certamente também o ser humano primevo colecionou experiências que marcaram sua vida quando se tornou visível o que, na maioria das vezes, estava invisível; ele sabe o que sucede quando o olho surpreso é exigido pelo aparecimento de um animal predador, de uma caça ou de algo estranho; do mesmo modo, são inesquecíveis para ele os instantes em que fenômenos incomuns no céu o assustaram, eclipses solares, cometas, estrelas cadentes; desde sempre prodígios arrepiantes que subitamente estavam *aí*, como malformações em humanos e animais, chuvas rubras, terremotos, incêndios, quiseram ser entendidos como sinais do ser. Mas aqui, pela primeira vez, ele toma consciência de que, em contraste com a monstruosidade que persevera parada no mesmo lugar, petulante e sublime, da cidade visível de todos os lados, os olhares mais antigos para presenças desse tipo foram apenas exercícios prévios para esse ensinamento epocal, revolucionário, inesgotável, dado pela aparição permanente do que é grande em termos de cidade.

A cidade está aí como pretensão construída à verdade, à validade, à duração; ela quer corporificar um ser inabalável, que, em tranquila grandiosidade, se mantém visível também para o segundo, o terceiro olhar; ela ainda quer continuar valendo até para o último olhar. Esse traço passa da Mesopotâmia para as fantasias urbanas da Europa antiga — para a cidade escatológica de Jerusalém tanto quanto para a cidade eterna de Roma. A cidade não relampeja como um meteoro que o olho em vão procura reter. É claro que próprio do modo como a cidade se encontra aí subitamente é certo chamejar, uma repentinidade sublime, mas esse raio que vem de baixo se converte em uma imagem parada, uma presença duradoura, e, por mais que o olho fite o soberbo maciço, não perceberá na formação aparecida nenhum bruxuleio, nenhuma concessão à transitoriedade. Nada nesse grandioso existir do bloco de muralhas, imbuído de si mesmo, permite deduzir uma propensão ao desaparecimento. O que aparece aqui e persevera na manifestação é a recusa à própria transitoriedade. Esse aparecimento está intumescido da energia da permanência, e, nessa vontade de permanecer, o ser humano antigo fenomenologicamente iluminado experimenta, pela primeira vez, uma nova espécie de deuses.

O Deus da cidade revela sua essência nos muros e nas torres suntuosamente imponentes, na medida em que, neles, a constante presença de uma força se associa à estadia permanente na visibilidade. A força dos muros e das torres é puro agora estático. Quem viu as torres de Uruk e, antes disso, as muralhas de Jericó tornou-se testemunha ocular de uma revolução teológica. Com as cidades imperiais mesopotâmicas começa a ser folheado um novo capítulo da história da revelação. Pois aí Deus se tornou muralha e habita no meio de nós na medida em que nós habitamos dentro dela. Quem vive em tal cidade habita uma hipótese da eternidade.

Aparição mural, muralha da cidade de Nínive, reconstruída pelo Serviço de Antiguidades do Iraque.

Uma coisa é certa de antemão precisamente para o observador externo da aparição da cidade: quem vive atrás dessas muralhas deve estar não só protegido e abrigado por elas, mas também ser energizado e possuído por elas — ele deve ter oferecido sua vida a essas muralhas, em primeiro lugar, para erigi-las, em segundo, para querer que persistam e, por último, para satisfazer sua exigência de fama e preeminência. É como se fosse possível entender pela simples observação atenta das muralhas que, na religião suméria, os humanos de fato foram os servos do Deus da cidade.[9] O Deus feito muralha segura os seus em seu perímetro e espera, através deles, pelos inimigos que vêm de longe a serem humilhados, pelos visitantes a serem ofuscados e pela reposição contínua de trabalhadores escravos a serem consumidos. Toda cidade do tipo antigo e monstruoso espera por algo que vem de longe e que leva longe, e em

9. Cf. M. Eliade e I. P. Culianu, *Handbuch der Religionen* [Manual das religiões], Zurique e Munique, Artemis & Winkler, 1991, p. 145.

sua capacidade de esperar por algo distante e desafiar algo ainda mais distante reside o princípio de sua subsistência.

Ao avistar o "habitáculo com forma estranhíssima", o observador percebe que, desse altivo envoltório de poder faz parte uma vida interior que só pode ser compreendida na relação com esse revestimento. A cidade quer se destacar de modo tão soberbo principalmente porque nela está vivo o pensamento em outras cidades e porque um Deus dentro dela exige alçar-se, com o auxílio de seus meios ativos, os reis e os sacerdotes, acima de outros deuses. As almas citadinas vivem, a exemplo das teologias, de escalações. Por essa razão, toda cidade ocupa o lugar de outra cidade; todo ser-aqui [*Hier-Sein*] citadino está impregnado de uma longinquidade prenhe de poder lá, referida pelas próprias muralhas, desafiada por elas, humilhada por elas. Se não houvesse essa referência à longinquidade e à amplidão rivalizantes, essas muralhas não seriam tão altas e essas torres não seriam tão ameaçadoras. Quem realmente tivesse diante dos olhos assombrados ao modo de um humano primitivo o altear-se de uma antiga cidade do rei-deus veria também de modo indireto a concorrência entre as cidades e, além disso, já que as cidades são manifestações de tensões da vontade que geram povos, a comparação e a concorrência dos deuses étnicos, urbanos, imperiais. Na construção heroica de cidades da Mesopotâmia, foi revelado aos humanos o condicionamento físico dos deuses — pois o que são revelações senão provas de condicionamento físico das causas superiores? Sendo o deus o fundamento último do condicionamento terreno, os sacerdotes, reis e generais de exército são os participantes atléticos na medição de forças dos poderes transcendentes.

A cidade é, portanto, um fenômeno de habitação que quer obrigar os observadores a confiarem nos seus olhos, para que creiam naquilo que agora ainda não veem realmente: o raio da teologia imperial que caiu no centro mental da cidade. Não esqueçamos: com a verticalidade de seus prédios mais eminentes, a cidade faz com que se perceba o que ela pretende na horizontalidade. Assim que aparece uma vontade de potência, ela se caracteriza em representações de formato. Com a cidade antiga tem início uma reformatação exigente do imaginário — em termos políticos, éticos, geográficos, cosmológicos. Nesse ponto, começa a história

Maquete parcial da cidade da Babilônia conforme seu estado no final do século VII a.C., escala 1:500, Bible Lands Museum, Jerusalém, 1996.

da ascensão das formas macropsíquicas que um dia se intensificariam à condição de filosofias e cabalismos e, em nosso tempo, formam metástases como problemas da globalização. O colossal da cidade imperial da antiga Mesopotâmia aparece em sua confiança de poder erigir e manter em forma a totalidade do espaço como um único espaço interior animado. Aqui tem início tecnicamente o experimento "alma do mundo".

Portanto, caso se queira que a cidade seja o mundo: para um empreendimento com esse nível de exigência, menos que a conversão de Deus em muro não é o bastante. Os deuses mesopotâmicos são os protótipos de uma nova soberania ontológica de construtores, na qual o poder divino se expressa como capacidade de erigir uma formação política do tamanho de uma cidade cercada e de um império cercado como sistema imune coeso. A partir daí, política, arquitetura e teologia são conjugadas em um projeto macroimunológico conjunto. O macro-organismo político entra em cena como construtor de um espaço interior mundial. Ainda no século XVI da nossa contagem do tempo, Martinho Lutero comporia seu hino de luta reformador "Ein feste Burg ist unser Gott" [Castelo forte é nosso Deus] inteiramente na tradição das fantasias de imunidade mural do Oriente antigo e da Europa antiga. Quanto a esse aspecto, podem-se entender os prédios das cidades mesopotâmicas — ao lado das instalações dos templos egípcios — como os laboratórios mais importantes da psicologia e da teologia imperiais em surgimento: como em nenhuma outra região do mundo, experimentou-se aqui, durante milênios, em arranjos sempre renovados e a partir de centros sempre novos, a geração de macroespaços interiores com as formas de construção, formas de imagem de mundo, formas de almas e estruturas imunes que lhes correspondem.

Em todos esses experimentos, tratou-se de resolver o paradoxo psicopolítico da cidade: de procurar justamente na forma de vida mais visível, mais exposta e mais provocante a autoasseguração mais resoluta da existência. Como se deve construir para que o edifício mais exposto se torne um castelo fortificado? Por meio de que hábito de morar essas casas imperiais permitirão que seus moradores se apropriem delas? Essas perguntas reagem à contestação básica dos antigos dominadores carismáticos das cidades, pois todos eles renunciaram a buscar a proteção da vida na atitude de passar despercebidos para voltar à buscá-la no ato de chamar o máximo de atenção. Para os períodos históricos futuros, não chamar a atenção só será ainda uma possibilidade dos pequenos, uma opção de nômades, marginais, pessoas privadas, para os quais ocasionalmente ainda será verdadeiro que viver escondido e viver bem convergem. Aos grandes se aplica que eles têm de se expor e chamar a atenção.

O campo desse perigoso estar em evidência viria a se chamar história: não é para menos que a antiga historiografia dificilmente trata de algo além das vicissitudes das cidades em evidência, demasiadamente em evidência, e dos territórios que as envolvem, que, na condição de territórios imperiais anexados, estão enredados no destino da cidade. Nos colossos políticos, a inteligência dos povos aprende a mais sugestiva figura de reflexão da incipiente reflexividade que atuará primeiro como cultura de ditos sapienciais e, mais tarde, como filosofia — o esquema rigoroso e melancólico de ascensão e declínio das potências, *rise and decline*, pois só o que chama a atenção também pode cair. Onde potências hegemônicas, arrogantes e em evidência vieram e se foram há lugar para a pós-colheita de cinismo e ressentimento e de seu destilado mais suave, a sabedoria. A percepção de que o passado está repleto de colapsos do que parecia indestrutível dá origem ao pensamento ponderado que se emancipa de obrigações sacerdotais, por apontar para além da confirmação de potências atuais; a intuição que guia esse pensamento é meditação diante da supremacia do tempo, que leva embora todas as manifestações locais de poder dos construtores divinos. A partir daí se desenvolve o romantismo do poder saturado em relação às ruínas, tanto quanto o sarcasmo dos sofredores sobreviventes em relação a elas. Então os narradores das civilizações subsequentes podem ter a ideia de afirmar que o poço do passado é profundo — e por causa de sua profundeza, na qual o que virá conflui com o que foi, seria importante que todo tempo presente volte a haurir dele de maneira sempre renovada. "Portanto, tudo na história é passageiro; a inscrição no seu templo é esta: nulidade e putrefação. [...] Como sombras passaram diante de nós os egípcios, os persas, a Grécia, Roma..." (J. G. Herder).

Porém a essência das antigas metrópoles permanece inacessível à retrospecção meditativa, porque não é possível trazer para o presente a maravilha das primeiras aglomerações urbanas e os primeiros amuralhamentos de espaços interiores pela contemplação retrospectiva, seja ela maliciosa, seja melancólica. Quem quiser entender a cidade antiga *in actu* não pode ficar remexendo em suas ruínas, mas deve se pôr em uma condição como se se tratasse de profetizá-la de novo *a posteriori*. O que dá o que pensar não é a cidade sem vida e arruinada, mas a cidade a ser construída, a ser organizada e a ser afirmada — a cidade como a impossibilidade que está prestes a se tornar realidade. Só nela vem à tona o desafio macroesferológico, sem o qual nunca teria havido construção efetiva de cidades. Por isso, quem quiser compreender o ânimo construtivo inicial e o elã utópico que levaram aos excessos construtivos mesopotâmicos deve tentar entender, antes de tudo, como os primeiros senhores citadinos chegaram a ter suas ideias de construção e que posição no mundo eles projetaram para si quando tiveram a ideia de posicionar-se como que pela eternidade em aglomerações citadinas. Como foi possível eles terem conjecturado encontrar o seu abrigamento na revelação extrema? Quais foram os imperativos formais, as fantasias norteadoras que os levaram a agir quando foram tomados pela sublime ilusão de buscar sua moradia segura em formações de evidência e artificialidade sem precedentes? Qual é o nó mágico com que os antigos senhores citadinos atam a si mesmos seus auxiliares para enredá-los no projeto de um delírio comum de majestade e espaço?

A resposta a isso pode ser obtida de três ponderações; a primeira diz respeito às conquistas fenomenológico-religiosas da cidade — sobretudo seu efeito de criar um espaço interior e seu papel na nova ordenação das relações entre imanência e transcendência; a segunda se dedica ao seu monumentalismo e ao seu design imunológico como Estado mágico e extensão uterotécnica; a terceira persegue a questão capciosa sobre como deveria ser pensada a complementação íntima de cada uma das almas cidadãs individuais por gênios citadinos comuns.[10]

Encontramos a primeira chave para o fenômeno "cidade" graças a uma reflexão sobre um tipo novo de relação entre poder citadino e estrutura religiosa urbana. O que, nas antigas cidades mesopotâmicas, parece destacar-se como inauguração histórico-mundial de um *continuum* da vontade de potência está fundado na experiência revolucionária da capacidade de fixar por meio de construções marginais próprias uma forma mundial, na qual o espaço interior cresceu literalmente de modo violento, poderoso. Os construtores de Uruk, Nínive, Babilônia não foram movidos por devaneios destituídos de recursos quando deram

10. Isso se refere sobretudo aos achados da fenomenologia das microesferas, que foi desdobrada no primeiro volume; nas cidades e nos impérios, também tem de ser ocupada a função do gêmeo íntimo que complementa o "indivíduo", e isso acontece, via de regra, de tal modo que o grupo inteiro é amarrado ao mesmo complementador. Mais sobre isso adiante, por ocasião de uma observação de Leon Battista Alberti sobre gênios citadinos; ver também as explanações sobre a relação entre geometria e o modelo da alma gêmea na teologia cristã, a seguir, no Capítulo 5: "*Deus sive sphaera* ou O universo-uno explodindo", especialmente p. 457 ss. O primeiro argumento é desenvolvido aqui, nas p. 243 ss.; o segundo, nas p. 259 ss.; o terceiro, nas p. 277 ss.

ordens para erigir torres e fortalezas. Neles já está presente a experiência prática de um saber-fazer dotado de autoridade para transformar radicalmente o mundo visível. Eles já desfrutam do êxtase arquitetônico que emprega a técnica dos tijolos para construir de maneira nova o mundo interior imperial, a caverna dominante. A cidade surge como projeto de erigir, com a ajuda do saber do construtor, uma sede para um Deus que se estabeleceu — não só como um trono isolado, mas adicionando a este o único "entorno" que combina com ele, ou seja, ao palácio, o cosmo, ao rei-deus, o império. Com a instalação de um templo, de um palácio e dos respectivos distritos de artífices, trabalhadores e escravos dentro e fora das muralhas, é realizado nada menos que um espaço interior cósmico para um Deus presente, uma macroesfera, na qual sua pretensão real-divina pode se tornar verdadeira: estar-sempre-dentro-consigo — mesmo que ele emita ordens a serem cumpridas à distância de não menos de 45 jornadas de mensageiros.[11] Para que o Deus da cidade possa se tornar humano, ele precisa se definir através de sua muralha e se revelar nela, tanto para dentro quanto para fora. Sua residência soberana na cidade possui um equivalente em sua capacidade de percorrer livremente os territórios à sua volta. De resto, ao lado dos reis-deuses mesopotâmicos, também os príncipes egípcios se apresentaram como muralhas vivas em torno de seus súditos: no século XIV a.C., um vassalo dirige as seguintes palavras em forma de hino ao faraó: "Tu és um sol que nasce sobre mim/ e uma muralha de bronze erigida para mim." Ao mesmo tempo, o rei herege Akhenaton louva Aton, proclamado como o Deus único, dizendo que ele é como uma "muralha de milhões de côvados".[12] É como se, nos impérios antigos, tivesse chegado a hora das teologias murais.

11. Quarenta e cinco jornadas: na epopeia de Gilgamesh, esse é o código para a distância de Uruk até a extremidade do mundo.

12. Apud J. Assmann, *Das kulturelle Gedächtnis. Schrift, Erinnerung und politiche Identität in frühen Hochkulturen* [A memória cultural: escritura, memória e identidade política em altas civilizações antigas], Munique, Beck, 1998, p. 198 s. No contexto, esclarece-se como o judaísmo pós-êxodo confere uma nova função para o motivo egípcio da "muralha de bronze" nos jogos de linguagem de sua separação em relação aos povos impuros, não judeus.

A revelação do rei-deus por intermédio da muralha traz à existência uma nova reflexão: ela permite que os observadores reconheçam que apareceu uma inteligência que conhece os contornos deste mundo de modo penetrante. Quando o espírito construtor de muralhas entrou em cena, ele decerto deu origem também à ideia da *transparência* em geral. Pois não resta dúvida: quem tem a visão panorâmica do mundo à sua volta de cima de uma muralha ou de uma torre cultual não só desfruta a própria circunspecção, como indica ao mundo circundante e às circunstâncias que eles são vistos de modo penetrante. Toda potência citadina tem de mostrar sobretudo que ela enxerga em torno de si; ela tem de assegurar que todos saibam que ela sabe tudo. Por essa razão, seria errado querer identificar os zigurates mesopotâmicos, entre os quais o babilônico adquiriu um renome especial, com meras "torres de observação": antes, eles fazem parte de uma revelação do poder diante de si mesmo. Revelação significa aqui a demonstração de atenção penetrante. O que um dia desembocaria na afirmação de que nada permanece oculto para o Deus onisciente. Mas, antes disso, vale o seguinte: a muralha encara você, a torre olha para você de cima para baixo (Napoleão ainda tentou incutir isso a suas tropas antes da batalha junto às pirâmides, pelo que se sabe com pouco êxito, certamente porque os séculos que baixaram o olhar dos cumes das pirâmides para o exército napoleônico eram o tempo do lado contrário). Nenhum detentor de poder pode ainda se evadir do dever de deixar que se veja a sua capacidade de ver — por todos os milênios seguintes. Até o século XX, edificações de torres e edifícios eram tidas como sinais característicos de poder e visão ampla.

Porém, na medida em que o Deus clarividente se mostra nas muralhas, ele também se recolhe atrás delas. Em simultâneo com as muralhas reveladas surge o segredo do poder que parece estar no interior, trancado à chave e difícil de alcançar como um tesouro submerso. Começa a florescer um mundo interior de templos e palácios, deslocado para longe por paredes e portões, com o qual sonham os crentes nos átrios. As muralhas se multiplicam, e falta muito para chegar ao seu destino quem já cruzou um portão. Há outras muralhas, portões adicionais e reforços de vigilância distanciam o interior e dificultam a aproximação, não só para o inimigo. Em suas *Histórias*, Heródoto relata como a fortaleza de Ecbátana (hoje Hamadã), situada na montanha e usada como residência de verão pelos grandes reis persas de Susa, havia se entrincheirado, no século VII a.C., atrás de um presunçoso sistema de fortificação.

> Pois as muralhas foram construídas de tal forma que a cidade é cercada por uma sequência de sete muros concêntricos e cada anel sobressai ao anterior sempre só na altura das ameias. [...] Há ao todo sete anéis e dentro do último se situa o castelo real e a câmara do tesouro. O perímetro da muralha exterior é do tamanho da cidade de Atenas. As ameias da primeira muralha são de cor branca, as da segunda, de cor preta, as da terceira, de cor vermelho-púrpura, as da quarta, de cor azul, as da quinta, de cor vermelho-claro, as da sexta são prateadas, e as da sétima, douradas. (*Histórias*, I, 98)

Esse capricho apenas aparentemente motivado pela lógica militar, que sonha com a profundeza inacessível de um espaço interior majestático, ilustra perfeitamente o paradoxo fenomenológico que marcou época, sobre o qual fizemos as cidades serem fundadas: abrigamento seguro na mais espetacular das aparições. Os construtores dessa instalação evidentemente descobriram o formato da fortificação como poder estético de ataque e desenvolveram o excedente da pura aparição em relação à função militar como um estímulo cultivável; a *hýbris* do feitio da construção gera uma imunidade adicional para o interior sobrelevado, aprofundado, adiado.[13] Isso torna compreensível por que tanto generais quanto quem estava em busca de Deus podiam ser dominados pela ideia fixa de encontrar a felicidade penetrando em citadelas quase inexpugnáveis, cercadas de muitas muralhas. Não é raro que saqueadores e místicos tenham sonhos parecidos; onde está o ouro está Deus. E mesmo que Deus seja o não

13. Com o auxílio da concepção engenhosa da "arquitetura instintiva", desenvolvida por H. Mühlmann (cf. *Die Natur der Kulturen. Entwurf einer kulturgenetischen Theorie* [A natureza das culturas: esboço de uma teoria genética da cultura], Viena e Nova York, Springer, 1996, p. 55 ss.), pode-se interpretar essa instalação fortificada como síntese do modo de construir sob estresse máximo e arte de relaxamento pós-estressante.

distante, como seus íntimos passariam a afirmar incansavelmente, e se tudo estivesse cheio dele, para os que buscam por ele sempre ainda restariam muitos passos penosos a dar ao encontro dele; nos períodos monacais, quando a imersão foi constituída em procedimentos, os místicos escreveriam itinerários que tratam apenas de sequências de passos através, para cima, para dentro — passando por três, sete, nove, quinze, 55 ou sabe-se lá quantas estações, etapas, resistências. No século XVI, santa Teresa de Ávila ainda defenderia a tese persa antiga de que a suprema união da alma com Deus possível durante a vida poderia ser conseguida na sétima e última câmara do *castillo interior* [castelo interior].

Nenhum religioso da primeira etapa consegue discernir o que implica o fato originário de toda religião como criptoarquitetura e criptogramática: é o amuralhamento de Deus que gera pela primeira vez seu mistério específico; é a codificação do divino que, pela primeira vez, o afasta do conhecimento público; é pela concorrência das câmaras em torno da posição interior mais profunda que surge aquilo que afirma ser uma proximidade maior de Deus. Portanto, a cripta deve ser procurada tanto na horizontal quanto na vertical, pois "profundidade" não é nenhuma dimensão ontológica bem definida, mas um âmbito de medida para codificações e amuralhamentos. Ir ao interior significa penetrar no que se situa no interior mais profundo — todos os psicólogos e teólogos dos milênios pré-modernos elaboram esse comparativo. Para eles, estar dentro significa *eo ipso* estar mais dentro do que inicialmente pode imaginar qualquer humano do mundo normal ou qualquer humano superficial. Só é admitido à audiência na *cella* da cidade de Deus quem estiver disposto a atravessar muitas antecâmaras. Quem quer entrar tem de postar-se do lado de fora; quem busca a verdade tem de quebrar códigos e muralhas; pois a verdade reside no "ser humano interior", porque o ser humano profano naturalmente reside mais para fora na psique profundamente escalonada. Por essa razão, a pessoa mundana não consegue chegar até o próprio mistério, dado que sua psique, como se compreende agora, é construída como uma Ecbátana interior — como uma série de fossos e muralhas em torno de um *nunc stans* [agora eterno] quase inalcançável, que é um nós que subsiste: a alma interiorizada e o Deus aliado a ela.

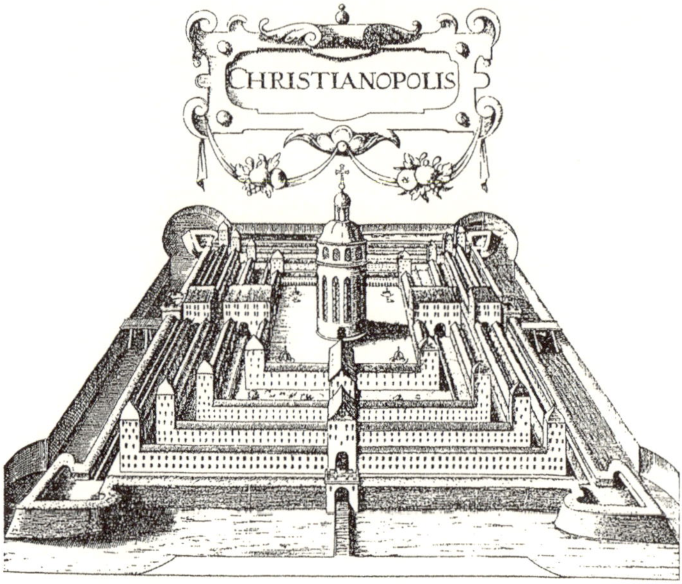

J. Valentin Andreae, *Rei publicae Christianopolitanae descriptio* [Descrição da república cristianopolitana], Estrasburgo, 1619, frontispício.

A Era Moderna, que quebra todos os códigos, que desvenda tudo, que escava tudo, que decifra tudo, é a primeira a dissolver o espaço profundo e alisar suas dobras de sentido ocultas; o que antes era interior e exterior ela põe no mesmo plano, na mesma franquia pública; ela postula para tudo o que existe o mesmo nível de acessibilidade. Agostinho, em contraposição, que ainda não tem nada a ver com os modernos alisamentos do espaço, pode dizer, em coerência com o modelo da interioridade escalonada, que seu Deus está mais próximo dele do que ele de si mesmo: *interior intimo meo* — nesse contexto, não há como ignorar o sentido comparativo de *interior*. Pois se a subjetividade, em termos tradicionais, a alma humana, é um edifício complexo ou a instalação intrincada de um palácio, no ponto mais interior do qual reside um Deus alto e profundo, então também se entende por que o indivíduo, via de regra, habita apenas um átrio do seu íntimo e só em estados de exceção consegue uma audiência com a psique.

Poder-se-ia chegar ao ponto de afirmar que aquilo que a tradição religiosa monoteísta chamou de fé descreve um efeito colateral psicológico da construção de muralhas mesopotâmica (e certamente também da arte egípcia de construção de templos). A fé típica das altas civilizações surge concomitantemente com o oculto-inconsciente — e este, por sua natureza, só pode ser um lugar situado atrás de uma barreira opaca. Desde os dias dos impérios citadinos entre os rios Eufrates e Tigre, crer significa estar convencido de que as muralhas prenhes de maravilhas, por mais que elas em si já mostrem, ocultam, ao mesmo tempo, coisas ainda mais essenciais — e mesmo que, num primeiro exame, fosse só a primeira muralha que, por sua vez, revela que está ocultando grandes coisas. Antes de transportar montanhas, a fé atravessa muralhas com o pensamento e se une no modo da intuição emocionada com a sabedoria radiante que soube erigir, a partir de sua cela íntima invisível, esses testemunhos de seu poder. Por essa razão, a própria muralha já é uma epifania; ela é a visão construída, o lado de amostra de um interior emanador. Quem for receptivo para a manifestação do sagrado perceberá seu aspecto como espontaneamente numinoso, abalador, que exige genuflexão. Se alguma vez foi possível deduzir de um efeito a sua causa, então foi da muralha em pé o poder de erigi-la. Quem prefere a ideia de que Deus seria algo que às vezes se digna a se mostrar como princípio de uma presença é compensado pelas muralhas monumentais. Como algo realmente presente, a muralha não deixa dúvidas quanto à realidade do poder que a construiu — aliás, essa é uma experiência que fascinou os arqueólogos e historiadores da arte europeus ainda no século XIX, pois também para eles a autoria de toda edificação e, portanto, também a de cidades agora soterradas sob escombros, abriga um encontro com a sublimidade do construtor.

Em virtude da construção mesopotâmica de muralhas, tem início um regime religioso e psicológico que aponta uma nova participação, em forma de fé, no divino encoberto e simultaneamente desencoberto: presença mural, transcendência transmural. Presença de Deus no sinal do muro, transcendência de Deus no espaço interior maravilhosamente remoto de um palácio. (A forma correspondente do esclarecimento consiste nisto: provar que não tem nada por trás da muralha, por mais veneranda e maciça que ela se apresente; em caso de necessidade, romper a muralha, apresentar a prova de que na frente e atrás da muralha existe exatamente a mesma coisa, e expor como infundadas as pretensões hierárquicas de validade vindas de além da muralha.)

Heinrich Schliemann com sua esposa e colaboradores junto à Porta dos Leões de Micenas.

Não obstante, onde e enquanto a muralha estiver em pé, a prova da existência de Deus estará dada para o observador comum. Isso tem consequências para o aumento do fator racional nas imagens de mundo posteriores, porque a partir daquele momento o deus poderá ser apresentado como construtor dos construtores e como artífice de todos os artífices. Aos humanos, um deus confeccionador lúcido desse tipo oferece a oportunidade de entender a si mesmos sob uma nova luz. Necessariamente lhes foi imposto o pensamento de que eles próprios teriam sido produzidos por um engenheiro real ou por um ceramista divino. Eles poderiam se atribuir a tal confeccionador de maneira até mais íntima do que a suas mães. Eles se familiarizam com a representação de que, em última análise, se originaram de uma oficina mais do que de uma caverna materna.

Talvez resida aqui a origem tecnognóstica das religiões de redenção do Oriente Próximo: quem sabe como fazer humanos certamente também sabe como consertá-los. (Mães, por sua vez, podem, no máximo, voltar a engolir seus filhos, o que, a longo prazo, não convence como conserto. Em contrapartida, quando a gnose da Antiguidade tardia diferencia tão enfaticamente o Deus criador do Deus redentor, ela apenas põe em relevo que o ser humano, como cliente sabido, não encomendará seus consertos ao charlatão original que fez a parte física do mundo, mas só onde querer e poder ainda são uma coisa só: ao Deus incondicionalmente transcendente que não ficou comprometido com a criação malograda.) No âmbito da experiência de construir e modelar com barro, os crentes em Deus e nos construtores descobrem o conforto cognitivo irresistível de se sentir compreendidos pelo seu confeccionador — e só a partir desse conforto se torna possível o distanciamento em relação aos deuses astrais irracionais, sedentos do sangue de vítimas: os translúcidos deuses engenheiros conquistam a supremacia diante dos Moloques opacos — essa foi a realização histórico-mundial do império construtor mesopotâmico. (Depois de Adão, o Golem é a grande figura de pensamento da antropologia técnica, porque ele interpreta o próprio ser humano na totalidade como um artefato; é o emblema de uma vontade de saber-fazer que transcende a história da referência humana a circunstâncias encontradas prontas.[14])

Mas, ainda antes do ser humano de barro, é a muralha citadina construída de tijolos que podia dizer para o seu autor: "Só tu, Senhor, me compreendes inteiramente porque tu me fizeste; em virtude do teu *savoir-faire* [saber-fazer] me entendes melhor do que eu a mim mesmo." A ideia da criação tomada de empréstimo da muralha da cidade e, inerente a ela, a piedade da criatura são a lição que o judaísmo, que não

14. A. Neher diferenciou essa tese mediante a seguinte observação: se Fausto é o mito do ser humano moderno, o Golem corporifica o mito do ser humano pós-moderno. Citado conforme o prefácio que H. Atlan escreveu para M. Idel, *Le Golem* (Paris, Cerf, 1992), p. 8. Sobre a questão da adamotécnica, cf. P. Sloterdijk, *Esferas I: bolhas*, op. cit., p. 31-43.

era construtor de cidades, aprendeu de seus odiados opressores, dos poderosos babilônios construtores de cidades, "chorando junto aos rios da Babilônia" durante sua escravização, entre 586 e 537 a.C., e generalizou — naquela época em que deu o "primeiro passo da religião tribal para a religião mundial"[15], ou melhor, rumo a uma religião de pretensão mundial. Essa ideia torna plausível a convergência de fazer e entender também com referência a mundos globais. É a experiência da construção de muralhas e cidades que libera o caminho para a teologia de um Deus que sabe tudo por ter feito tudo e que fez tudo para se pôr ontologicamente acima de outros pretendentes a fabricantes. Somente assim ganha força, na religião do Oriente Próximo e, mais tarde, na religião ocidental a tendência para a devoção diante do Deus que sabe tudo e que faz tudo. É essa ideia do saber-fazer, fundada na concorrência entre os deuses imperiais, que direciona a narrativa judaica do Gênesis, redigida na época babilônica ou imediatamente depois dela. A substância da construção de cidades mesopotâmica já tinha sido o monoteísmo do saber-fazer; este tem seu lugar dinâmico na concorrência entre os que sabem fazer; ele é generalizado e liberado na reflexão judaica que mais uma vez o sobrepuja.[16] Ele é a fé em um agente ciente, cujo feito revelado é esta cidade ou, quando não se tem nenhuma cidade, o mundo inteiro.

Quanto à muralha ali postada, ela reivindica a verdade na forma da prova contundente. Tem razão quem constrói em torno de sua capital muralhas de 27 metros de espessura e doze metros de altura. No entanto, a teologia javista do sobrepujamento não se detém diante disso: a última palavra deve ser daquele Deus que ordenou a existência do mundo em geral. Apostando implacavelmente na escalação, os autores do Gênesis fizeram seus senhores construir a criação dia após dia, mais precisamente no modo de organizar as coisas dando ordens

15. S. Ben-Chorin, *Paulus. Der Völkerapostel in jüdischer Sicht* [Paulo: o apóstolo dos gentios na perspectiva judaica], Munique, Deutscher Taschenbuch, 1980, p. 171.

16. Sem rodeios, S. Ben-Chorin escreve: "O monoteísmo judaico com seu aspecto universal nasceu da tragédia do exílio e permanece preso ao exílio" (ibidem). "Exílio" significa, aqui, entoar lamentações junto aos rios da Babilônia e ter de levantar os olhos para os altos edifícios de senhores estrangeiros.

e apenas ocasionalmente usando as próprias mãos — para que fiquem claras as relações de poder com os construtores de torres e cidades da Babilônia. Não há dúvida de que fazer teologia significa participar de escalações. Especialmente no Oriente Próximo, onde os reinos e seus deuses se entrechocam, todo falar de Deus sempre é um falar de Deus para competir.[17] A teologia necessariamente é uma ciência competitiva, por querer ser a constatação do supremo que drena a água das demais constatações do supremo — se é que algo constatável poderia mesmo ser o supremo (uma ressalva que, por sua vez, faz parte de uma escalação posterior que ficou conhecida como teologia negativa). Quem lê o Gênesis judaico inevitavelmente fica com a impressão de que esse Deus deve ter ganhado a competição: quem criou dessa maneira está na frente de maneira global. Só o fato de o Deus dos judeus ter necessitado para a sua criação do mundo o tempo de uma semana babilônica tem uma implicação traiçoeira, pois deixa transparecer que, mesmo sendo bem-sucedido no esforço de produzir seu universo com todas as criaturas, ele se submeteu ao ritmo de trabalho dos odiados deuses falsos — ele cria seu mundo segundo o onipotente esquema temporal do calendário babilônico. A semana é o monopólio babilônico, contra o qual se espatifaram as pretensões de supremacia dos monoteísmos de sobrepujamento posteriores. Do ponto de vista cúltico, judeus e cristãos continuam sendo septemteístas orientais pelo uso que fazem da semana. Afinal, eles creem mais no sete do que no uno e peregrinam quatro vezes por mês, entediados, mas totalmente persuadidos, pela alameda da divindade de cada dia da semana, para acabar tirando o chapéu diante do seu Senhor dominical.

Logo, os arquitetos e mestres de obra são os criadores espirituais do Estado-cidade arcaico — pois são eles que, pela primeira vez, convertem a magia inteiramente em competência técnica —, do mesmo modo que os generais babilônicos esperavam que o desfecho favorável da guerra

17. Inversamente, também se desenvolvem discursos antiteológicos em forma de competição; avalia-se mal, por exemplo, a dinâmica específica do pós-estruturalismo francês com suas ramificações alemãs, quando não se percebe nele o leilão de negações do sujeito — a competição para ver quem faz o discurso mais depurado de resquícios teológicos.

Cornelis Anthonisz, gravura, 1547.

resultasse de uma técnica bélica profissionalmente aplicada mais do que de rituais perfeitamente executados. A maravilha da presunção com que se alteavam diante do olhar de nosso hipotético humano primitivo as antigas cidades heroicamente amuralhadas da Mesopotâmia se deve, portanto, quando se olha mais de perto, ao oposto de uma simples arrogância. Graças a uma técnica de construção com tijolos, aprimorada durante milênios, o ato de construir, inclusive das maiores instalações, tornou-se totalmente rotineiro, calculista, virtuosista, no antigo território entre dois rios. Quem sabe como construir assim evidentemente está em condições de renunciar à magia para obter grandes efeitos e depositar sua confiança no ofício.

Entretanto, essa tranquilidade do saber-fazer desencadeia uma exaltação do querer até ali desconhecida; a competição entre construtores continuaria sonhando e despertaria em extrapolações teológicas. Em consequência, a narrativa bíblica da *hýbris* dos construtores de torres babilônios deve ser considerada certeira quanto ao objeto — apesar de sua tendência incisivamente antibabilônica —, por refletir com bastante exatidão o ponto alto teológico da vontade de construir em grande escala entre os odiados adversários. É verdade que, na construção mesopotâmica de torres e muralhas, manifesta-se uma teotécnica de graves consequências: ela atesta a representação de que os humanos que sabem fazer participam do saber-fazer e da vontade do seu Deus. Mais exatamente: o que seus deuses sabem e querem fazer eles sabem e querem fazer por meio dos humanos que se tornam seus membros e súditos. Esse "por meio de" é a ideia decisiva de toda teologia imperial enquanto exercício autógeno de poder; os construtores, os generais e os príncipes explicarão seus êxitos recorrendo a esse esquema durante toda a era metafísica: não sou eu que estou agindo, mas é Deus que age por meio de mim — o que, todavia, ao mesmo tempo, significa inevitavelmente: ele se expõe à representação por meio de mim.[18] (Na Europa, seria preciso esperar até o século XV para que Nicolau de Cusa desse à ideia dos atos de Deus por meio dos humanos a formulação mais precisa possível; nesse processo, o mediunismo arcaico, no qual a ação de Deus consome o ser humano por inteiro, sofre uma aclaração sutil e que enobrece o sujeito: pretende-se que a possessão pelo deus que proporciona poder se converta em liberdade motivada no absoluto.[19]) Quanto às relações mesopotâmicas, basta olhar para as grandes instalações citadinas para compreender que os novos construtores estão levando sua nova técnica totalmente a sério e não menos a teologia correspondente a ela. Quem constrói dessa maneira presta aos deuses um auxílio para se manifestarem.

É natural que o complexo de arquitetura, celebração de Deus e autoexaltação pareça ser para todos os que observam de fora o protótipo de toda arrogância e até algo como o próprio intolerável — aliás, como sempre acontece: aos olhos daqueles que não estão em condições de competir, o saber-fazer avançado dos competidores poderosos é *hýbris* repulsiva. O complexo babilônico do judaísmo antigo se desgastou em uma

18. Sobre a interpretação do representar como atividade original, cf. adiante o Capítulo 7: "Como o centro da esfera atua remotamente através do puro meio: Sobre a metafísica da telecomunicação", p. 587 ss.

19. Cf. adiante o Capítulo 5: "*Deus sive sphaera* ou O universo-uno explodindo", p. 403 ss., bem como P. Sloterdijk, *Esferas I: bolhas*, op. cit., capítulo 8: "Mais perto de mim do que eu mesmo: Propedêutica teológica para a teoria do interior comum", p. 485-498.

humilhação inextinguível: o Deus de Israel, Abraão e Jacó não esteve em alta naquele período (nem mais tarde) como construtor de cidades e torres. Caso se quisesse, não obstante, afirmar a respeito dele que ele é único e todo-poderoso, seria preciso achar um método para sobrepujar as demonstrações babilônicas com meios que estivessem ligados à construção de cidades. Na sequência, o Deus judaico se especializa em prenunciar e aguardar o ocaso das cidades estrangeiras autocráticas — quer pereçam por conquista de fora, quer sejam arruinadas por falhas de construção ou por catástrofes ecológicas. Javé admite que as muralhas procedem de infiéis que, ao construírem, tiveram falsos deuses em vista, mas dá a entender inequivocamente que a fragilidade das muralhas provém dele. A partir disso se consegue desenvolver um novo modo de dizer a verdade — a exposição profética de brechas nas muralhas dos outros. Esse é o traço básico da teologia antibabilônica do judaísmo — *deconstructio perennis* [desconstrução perene]. Ela procede como profecia a partir da brecha na muralha — como antevisão do fim inevitável de toda potência totalitária e, ainda assim, falível, a partir da visualização de suas falhas de construção e autocontradições. O Deus dos judeus, que trata de sua soberania transcendente diante dos soberanos empíricos, comporta-se em relação à atividade de construção dos outros como um observador que, em função do distanciamento crítico (ou escatológico), renuncia a construções próprias — fazendo uma única exceção: o segundo templo de Jerusalém, no qual se encarnou por algum tempo um sentimento judeu de também saber-fazer. (A isso corresponde, no moderno Estado de Israel, a existência de uma arma atômica própria, semissecreta.) Para se afirmar como senhor dos senhores para além das potências mundiais, o Deus não pode participar da autoglorificação das cidades por meio de sua ânsia edificadora e suas historiografias. Ele permanece para sempre transcendente à cidade feita, ao império feito, à grandeza feita. Em troca dessa abstinência, ela pode deixar trabalhar a seu favor os riscos de desabamento latentes em todas as grandes construções. Quando, além do mais, se erguem torres aos falsos deuses, o verdadeiro Deus aparece em suas brechas; isso voltará a ter algum peso na assim chamada des"con"strução dos edifícios centrais do saber absoluto.

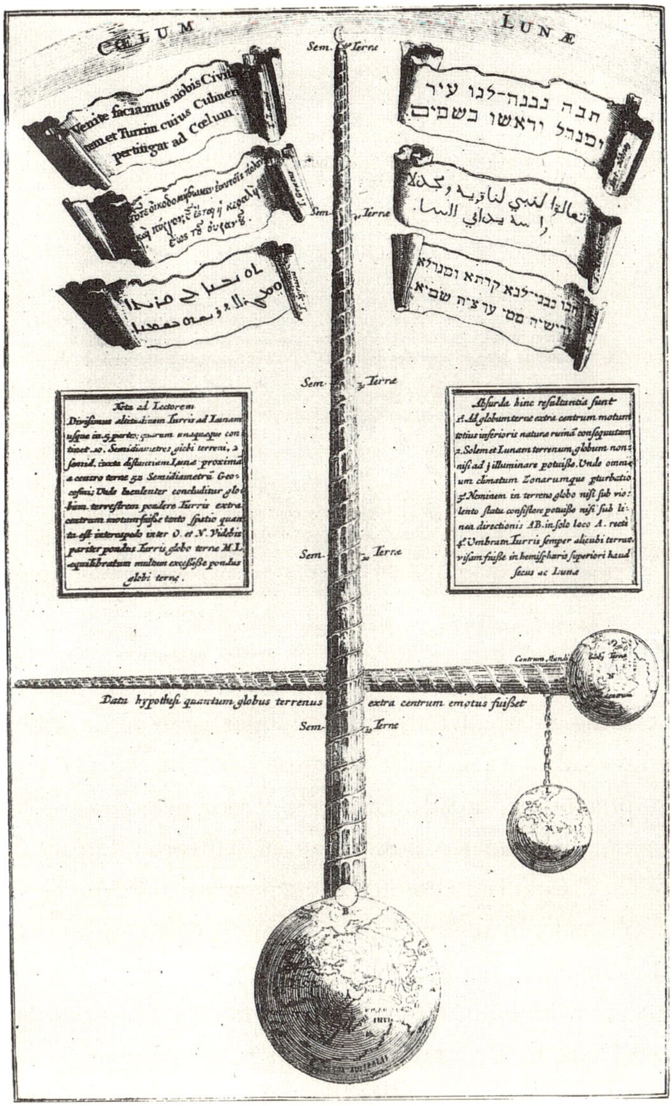

Demonstração, por Athanasius Kircher, da tese de que, em razão das relações de gravidade, a torre de Babel não pode ter chegado até o céu (lunar). Extraído de *Turris Babel, sive Archontologia*, 1679.

Mark Tansey, *Doubting Thomas*.

Observação à parte: na história do monoteísmo há um embate entre a posição sadista (que age) e a masoquista (que observa) em torno do acesso preferido à verdade. Não resta dúvida de que o cristianismo, seguindo o modelo judaico, posicionou, pelo menos retórica e pedagogicamente, o masoquismo dos que não sabem fazer à frente do sadismo dos que sabem fazer; logicamente a humildade, mesmo quando não era acompanhada de obras, ganhou fama de levar para mais perto de Deus do que o orgulho, mesmo quando este cintilava de obras que agradam a Deus. Essa é a razão pela qual não se pode esperar do lado cristão e judeu nenhuma contribuição para uma teoria objetiva da cidade poderosa: porque para quem parte de posições baseadas em ressentimentos não está franqueado o acesso às afirmações maníacas do saber que constrói torres e muralhas. Em consequência, os imperialismos cristianizados da Europa antiga sempre beberam de fontes não cristãs, essencialmente das romanas; os senhores cristãos tiveram de buscar em Virgílio o que não conseguiam encontrar em Paulo, e tomar de empréstimo do romance de Alexandre o que os Atos dos Apóstolos não podiam oferecer. Foi Agostinho que, em sua doutrina da *civitas terrena* [cidade terrena], conferiu forma decisiva, embora não definitiva, à objeção cristã contra a cidade narcisista: a cidade terrena necessariamente tem em mente só a si mesma; todavia, o que privilegia a si mesmo ama em desacordo com Deus. Quem tem em mente a si próprio despende sua libido de modo amaldiçoado. Ao mesmo tempo, o bispo de Hipona voltou a fundamentar, em termos de filosofia da história, a diferença entre arca e cidade, mostrando por que os adeptos da verdadeira religião podem lograr seu abrigamento na segurança de Deus quando muito dentro de arcas, mas jamais em cidades — e isso, por sua vez, apenas por meio da graça divina e não pelo saber-fazer mágico ou técnico. De todo modo, Agostinho tem de admitir que arcas são formações tão falíveis quanto cidades; por conseguinte, a fragilidade da cidade terrena lhe inspira compaixão pela criatura mais do que sentimentos de triunfo; ele reconhece que existe apenas uma diferença de grau entre a perdição escancarada da cidade secular e a piedosa incerteza a respeito da salvação a bordo da arca. A própria dominadora de todas as cidades, Roma, após ser saqueada pelos visigodos no ano de 410, já não tinha se convertido em uma balsa sobre a qual se acotovelavam os náufragos deste mundo? E a bordo da arca da Igreja já não eram notórias algumas figuras suspeitas, de cuja redenção é permitido duvidar? De fato, Agostinho não experimentou em si mesmo até sua derradeira condição mortal que da parte humana só pode haver candidaturas à salvação, mas não certeza da salvação?

A segunda chave para a compreensão do paradoxo da cidade de buscar na suprema notoriedade a suprema segurança é fornecida pela observação mais detida das muralhas da antiga Mesopotâmia do ponto de vista de seu formato ou de seu volume. Deparamos aqui com aquele monumentalismo senhorial que pareceu tão repulsivo aos observadores judeus e tão digno de ser imitado pelos concorrentes mesopotâmicos — a propensão para o desmedido, que, desde então, não pode mais ser facilmente eliminada do pensamento sobre a história das potências mundiais edificadoras (enquanto entrarem em cena como potências de *hardware*). Em seus primórdios, o monumentalismo surge de um gesto teotécnico: os construtores acreditam que devem a si e a seu Deus elevar

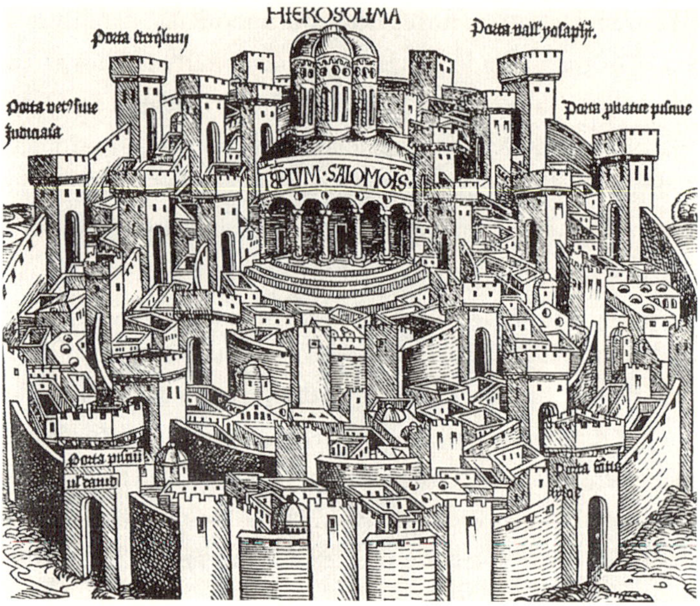

Vista de Jerusalém, em Hartmann Schedel, *Crônica do mundo*, 1493.

o sublime com as próprias mãos tão alto quanto possível — ou, o que significa a mesma coisa, engajar-se na autorrealização do divino.

Os primeiros conhecedores desse gesto foram, como dito, os construtores das monstruosas muralhas que visavam proporcionar às novas cidades e a seus moradores abrigo e segurança na condição exposta. Através da teotécnica mural surgiram os primeiros macroespaços interiores "políticos". A cidade de Uruk, no sul da Babilônia, era cercada, já por volta de 2700 a.C., por uma muralha dupla de nove quilômetros de comprimento e encimada por novecentas torres de defesa; ela teria sido obra do rei Gilgamesh, o herói épico. Essa "primeira grande cidade da história mundial" proporcionou, ao lado das duas cidades-templo dedicadas às divindades Inana (deusa da provisão de frutos) e Anu — instalações de dimensões monumentais e profundidade espacial hermeticamente imbricada —, espaço de moradia para mais de cinquenta mil, talvez até para mais de cem mil pessoas. A teologia do monumentalismo atestou aqui, pela primeira vez, sua aliança com a ideia do autoabrigamento absoluto de humanos em macroconstruções inexpugnáveis. O fato de que justamente um rei dessa cidade, Gilgamesh, tenha se tornado o protagonista de uma grande narrativa do fracasso do ser humano na busca pela imortalidade pode ser interpretado como variante uruquiana do motivo europeu posterior da "iluminação pelo mito". O comentário ao esforço vão de Gilgamesh parece ter sido feito, de uma distância de mais de dois mil anos, pelo filósofo Epicuro, ao observar que os humanos podiam se pôr em segurança diante da maioria das coisas, mas diante da morte era como se todos vivessem em uma cidade sem muralhas.

Não obstante: o motivo-forma da vida atrás de muralhas inexpugnáveis se impôs irresistivelmente em todo o Oriente Próximo — como se, naquele tempo, a cidade cercada de muralhas tivesse sido, nessa região, a ideia mais avançada daquilo que filosofias posteriores chamaram de espírito do mundo e espírito da época. Em torno do ano de 2500 a.C., a cidade imperial canaanita de Hazor (hoje Tell Wakkas) cercou-se de uma muralha de tijolos de sete metros e meio de espessura, assentada sobre fundamentos de pedra. Mais de mil anos depois, quando os espias de Moisés foram na frente até a terra de Canaã para sondar possibilidades de assentamento para os israelitas migrantes, eles encontraram ali cidades — "grandes e fortificadas até o céu" (Deuteronômio 1,28).

Desde o início do terceiro milênio, muralhas de solidez monumental fazem parte do vocabulário elementar das formas de viver na região mesopotâmica e adjacências. Quando os assírios edificaram sua suntuosa cidade de Nínive às margens do rio Tigre, em torno de 700 a.C., pareceu-lhes obrigatória uma muralha de dez metros de espessura e trinta metros de altura. Também o motivo do amuralhamento múltiplo se disseminou em todo o espaço das primeiras civilizações construtores de castelos e cidades — desde Tirinto no Peloponeso, passando por Troia, até Susa e Persépolis. Ele culminou — ao lado da referida fortaleza persa de Ecbátana — nas instalações fortificadas de Babilônia, edificadas em torno de 600 a.C. Naquela época, Nabucodonosor mandou circundar a gigantesca cidade quadrática com um cinto protetor quíntuplo; segundo o testemunho de Heródoto, a linha exterior extrema teria sido uma muralha colossal de quatro vezes 22 quilômetros de comprimento; o centro numinoso da cidade era formado por um monumental anel de muralhas duplas — a muralha exterior tinha sete metros de largura, a muralha interior, oito —, encimado por seiscentas torres. Se levarmos em consideração que o espaço de doze metros entre as duas muralhas provavelmente fora preenchido com terra batida, resultaria, para uma estrutura de 2,6 por 1,5 quilômetro que cercava apenas o velho núcleo da cidade em que estavam as instalações dos templos, uma muralha com a espessura de nada menos que 27 metros — o que corresponde com bastante exatidão às anotações de Heródoto, cujos dados sobre as dimensões da Babilônia foram tidos como fabulações até arqueólogos do início do século XX trazerem à luz os restos da cidade.

Na maioria das vezes, interpretou-se a espessura excessiva das muralhas medida nos castelos, palácios e cidades dos primórdios da era urbana como expressão de uma necessidade hipertrofiada de segurança — como se as orgias de amuralhamento tivessem, acima de tudo, um sentido militar, a ser explicado pelos atritos crônicos típicos da época entre nômades agressivos e povos sedentários defensivos de cidades e comarcas. Caso se aceitasse essa explicação como válida, seria preciso tornar compreensível por meio de uma explicação adicional, por que, em tantos casos, as instalações de defesa extrapolaram tanto as proporções que fariam sentido em termos militares. Ponderações simples mostram que a segurança de moradores da cidade não cresce proporcionalmente à espessura de suas fortificações; instalações fortificadas também estão sujeitas ao efeito da utilidade marginal e, para além de certa espessura relativamente modesta da parede, incrementos não mais são produtivos para a segurança. Onde quer que tenham sido erigidas muralhas citadinas na época monumental da antiga Mesopotâmia, foram incorporados em seu volume tremendos excessos expressivos, bem além do necessário em termos militares. Foi constatado que os primeiros citadinos realizavam freneticamente obras de construção que iam além de toda utilidade pragmática e quase sem levar em conta os custos humanos e materiais. Nem as especificidades da arquitetura de tijolos, que, por causa do risco de rebaixamento dos caibros do telhado, recomendavam o uso de paredes mais sólidas, constituem razões totalmente suficientes para o êxtase de edificação e formatação dos antigos reis.[20]

20. Cf. E. Heinrich e U. Seidl, "Maß und Übermaß in der Dimensionierung von Bauwerken im alten Zweistromland" [Medida e desmedida no dimensionamento

Na historiografia, esses excessos geralmente foram postos na conta da mania de grandeza do início da era imperial, mania apresentada como razão clara o suficiente para explicar ações desproporcionais. Juntando a preocupação excessiva com a segurança e o anseio hipertrofiado de validade, da soma dos dois valores deveria resultar exatamente a paranoia protopolítica que se torna plausível para os que viveram depois como razão suficiente para a propensão monumental das civilizações citadinas da antiga Mesopotâmia e da antiga Pérsia. A maioria dos historiadores que argumentam assim não se dá conta do fato de que a explicação é cômoda demais para poder ser verdadeira. Ela introduz conceitos psiquiátricos modernos diretamente na história antiga e atribui, sem um exame mais detido, a conceitos como megalomania e paranoia o papel de razões determinantes do comportamento. Mas de onde teria se originado de supetão a megalomania paranoica dos antigos construtores de cidades e de onde os primeiros obcecados por muralhas teriam obtido aquele "a mais" decisivo de angústia e aquele excesso incitador da obsessão por validade que parece indispensável como motivação para erigirem suas construções monstruosas? Mesmo que acatássemos a paranoia dos regentes citadinos da antiga Mesopotâmia como fato dado, a psico-história continuaria incumbida da tarefa de realizar uma reflexão profunda e própria sobre a gênese dessa aparente racionalidade. O que foi que direcionou os primeiros senhores das cidades para suas vias paranogênicas? Qual foi o suplemento de erro e descomedimento que toldou seus esforços e os levou para o plano inclinado de exageros insustentáveis? De que razões para o seu comportamento eles próprios estavam cientes e que imperativos divinos lhes deram a certeza de estarem fazendo a coisa absolutamente certa naquela situação?

Propusemos acima uma explicação para os fenômenos do modo monumental de construção antiga na linha das reflexões macroesferológicas e imunológico-políticas. As gigantescas muralhas da antiga Mesopotâmia

de edificações na antiga Mesopotâmia]; palestra proferida no encontro anual da Sociedade Oriental Alemã no dia 9 de junho de 1967; in: *Mitteilungen der Deutschen Orientgesellschaft* [Comunicados da Sociedade Oriental Alemã], v. 99, p. 5-8, 1967; agradeço a G. Leick (Londres) e E. von Samsonow (Viena) pela indicação desse texto.

atestam uma mudança de formato da imaginação, que se articulou tanto na teologia quanto na construção de cidades e na estrutura demográfica dos antigos impérios divinizados. De acordo com isso, o gigantismo dos muros é um sintoma ontológico de crise — algo como a marca de uma puberdade morfológica de sociedades no limiar entre modos de ser de pequeno e de grande portes. Ele representa uma primeira reação imunologicamente significativa da imaginação espacial à vacina com a grandeza. O que precede os empreendimentos monumentais de construção não é o extravasamento de ideias megalomaníacas privadas; em vez disso, a experiência de que algo realmente grande se levanta no horizonte e exige resposta força uma reformatação das almas e de seus locais de assentamento por medições não habituais — correndo-se o risco sempre presente de equivocações megalomaníacas.[21] Pela primeira vez, o grande exterior real infecta a bolha familial mundial, na qual até aquele momento os humanos sem exceção sabiam como levar sua existência, e força nela uma reação imune, pela qual algo até aquele momento exterior é incorporado dimensionalmente ao interior.

De acordo com isso, as cidades mais antigas teriam sido formas processuais de uma psicose do formato — agonias amuralhadas do espaço interior tribal magicamente impermeabilizado, no qual a existência humana estava habituada a se assegurar desde tempos primevos. As cidades se amuralham de vez de maneira tão portentosa, não porque seus moradores repentinamente passaram a sentir muito mais medo dos inimigos distantes reais e imaginários, mas porque o exterior penetrou nelas mesmas como grande formato, como terror de Deus, demandando medida e representação nelas; as muralhas são respostas psicopolíticas à provocação dimensional do macromundo emergente, que é integrado também por deuses próprios em expansão. Elas constituem realizações e autoexposições de uma espacialidade interior reformatada — não

21. Cf. P. Sloterdijk, *Im selben Boot. Versuch über die Hyperpolitik* (Frankfurt s/ Meno, Suhrkamp, 1995 [ed. bras.: *No mesmo barco: ensaio sobre hiperpolítica*, São Paulo, Estação Liberdade, 2012]), p. 29 ss., onde se introduz com intenção filosófico-histórica a diferenciação entre megalopatia e megalomania. Razão megalopática é a forma não psicótica de elaboração do pensamento político e ontológico na era dos impérios e de suas metafísicas.

meros ditames do temor diante do inimigo externo. A cidade maciça e multiplamente amuralhada ajuda seus habitantes, os reis divinos e seu entorno, que também pensa, constrói, ergue o império divino, a suportar a infecção pelo exterior. A muralha gigantesca apoia os moradores da cidade em sua tentativa de superar a inflamação de suas almas pelo macroespaço interiormente compreendido. O verdadeiro sentido das muralhas é que elas mostram permanentemente a seus habitantes instigados a pensar grande como são as coisas. Quando olham do alto para a população em seu interior, as construções monumentais lhe informam que, dali por diante, grandes ideias e grandes perigos constituem realidades imediatas. Concomitantemente, elas servem para um exercício inabitual de memória — pois facilitam aos moradores a tarefa de continuar vivendo dentro "junto de si mesmos", embora no futuro as coisas sucedam no interior mais como em algum mundo exterior — de modo exótico, complexo, indiscernível, polivalente. As muralhas proporcionam visão panorâmica diante do que já não é mais tão fácil de visualizar em seu conjunto. Nesse sentido, elas são as primeiras agências de uma globalização relativa. Sua missão é defender a utopia da comunidade impermeável em uma forma imperial de mundo — exatamente em uma época em que os povos começam a fazer experiências inquietantes com a vulnerabilidade de seus constructos marginais.

Quando foram deportados para a Babilônia no início do século VI a.C., os judeus depararam com uma cidade na qual deuses estranhos eram adorados em mais de cinquenta templos e em cerca de 1.300 altares diferentes; na Babilônia teriam sido faladas vinte línguas, e isso sem gerar complicações duradouras nem nos locais das grandes obras. O tema da antiga cidade gigantesca era menos a segurança diante de inimigos externos do que a auto-ordenação em vista da complexidade do mundo trazida para dentro. A intenção era que ela impressionasse a si mesma como algo construído para a eternidade de acordo com a vontade dos deuses, embora seja manifesto que sua *sustainability* [sustentabilidade] não está nada bem.

O que parece megalomania para todo observador que provém de relações pequenas na realidade ou pensadas em pequenas dimensões não passa, no fundo, da maneira como os citadinos se confrontam com

Uriel Birnbaum, *O aparecimento da cidade celestial*, 1921-1922.

uma tarefa real de grandeza. O que fazer quando dimensões realmente amplas, quando multiformidade real e complexidades provocantes obrigam a redesenhar os mapas interiores? Como se comportar quando exatamente nesse nosso lugar se estabeleceu uma divindade clarividente que só se contenta se tiver um mundo completo como sua residência? Como corresponder a essa reivindicação de mundo do Deus, do gêmeo interior do rei e de todos os que o seguem senão mediante a edificação com meios arquitetônicos de um mundo interior elevado e ampliado? Na medida em que a inteligência avança como visão a partir de cima, ela implanta visões sobre-humanas em ópticas humanas: os humanos pensam a visão de mundo com seus deuses e compartilham com eles o ônus e a euforia das grandes perspectivas. O formato é a mensagem, a dimensão é o deus. Na época em questão, a construção de muralhas é a piedade do pensamento. Se os grandes deuses não tivessem tomado o poder na Mesopotâmia, os humanos dessas civilizações (e as civilizações que lhes sucederam em Israel, na Grécia e no noroeste da Europa) jamais teriam encontrado seus caminhos para a historicidade, nem lógica, nem psicológica, nem tecnicamente. O ato de pôr-se no pensamento do deus que traz dentro de si a glória de ser grande e sofre a paixão cósmica converteu os humanos das eras iniciais em macrocosmopolitas — isto é, em indivíduos úteis para a ecumene que foram bem-sucedidos na mudança das cavernas pobres em imagens para macrocosmos dotados de altas abóbadas. Ninguém teria se esforçado tanto com as grandes obras da periferia se a participação no centro e em seu projeto de mundo não tivesse exigido esforço extremo dos humanos. Unicamente porque o deus, o gêmeo resplandecente do indivíduo extasiado, cresceu a ponto de se tornar um grande Deus, um Deus citadino e imperial prenhe do mundo, as metades humanas desse par de gêmeos têm de seguir esse outro íntimo em sua aventura expansionista.

Porém, também em vista do incomumente grande, o imperativo morfológico para os moradores do mundo-cidade só pode ser, de início, este: Lembre-se! Como todas as memórias que ajudam a entender o presente, os novos moradores de cidades poderosas as retiram de *depósitos*, nos quais são guardadas antigas experiências de imunidade e ideias de formatação. Por essa via, as monumentais muralhas citadinas passam a ser paredes de um recipiente que, ainda no gigantesco, recobra o protótipo de toda integridade. Nesse processo, a forma concreta do perfil da muralha, seja ele oval, redondo ou quadrático, tem uma importância secundária. As correspondências entre geometria e uterotécnica ainda são multívocas e variáveis nesse estágio; a forma circular, que assume a liderança na geometrização grega do existente, ainda não sobrepujou todas as outras possibilidades arquitetônicas. O ponto decisivo é que com a construção de muralhas tem início a grande introversão. Cada vez mais o mundo exterior deixa de ser um entorno ingovernável e gradativamente vai se tornando o mundo próprio dos primeiros senhores que o tocam, o percorrem, o descrevem, o compreendem.

Em perspectiva morfológica, as antigas cidades gigantescas são bolhas de sabão amuralhadas — petrificações de uma macroforma de fragilidade. Nelas, os humanos têm de notar muitas coisas — eles precisam processar uma torrente cada vez mais intensa de experiências atuais com a ajuda de categorias cada vez mais hauridas do seu interior e, ao mesmo tempo, cada vez mais gerais.[22] Aparecem no horizonte grande quantidades de experiências que querem ser trazidas para dentro e conhecidas, até que um dia, no ponto de maturação do pensamento metafísico, esse processo de interiorização possa ser recontado em sua totalidade como fenomenologia do espírito e como filosofia da história. No ponto de maturação da narrativa da era metafísica, havendo suficiente massa de retrospecção, surge a epopeia hegeliana sobre o tema tratando de como o espírito logrou reabsorver a exterioridade pura e simples. O que havia começado com o emergir da forma de pensamento e comportamento "provisão", entre 12000 e 8000 a.C. nos povoados neolíticos, pretende consumar-se agora em um último recipiente-texto autorreflexivo. Em tabuletas sumérias antigas de prestação de contas, a representação "celeiro" é grafada por meio de um quadrado contendo o símbolo da espiga; na metafísica de Hegel, o espírito, como o celeiro de todos os celeiros, é apresentado sob a imagem de um círculo de círculos. Esse sistema de imunidade e percepção, maturado em todas as provações, reuniu tudo o que jamais poderá ser arquivado e redistribuído como provisão ou espírito objetivo: cereal, direito, religião, ciência, técnica, arte.

Como visto, as muralhas da antiga Mesopotâmia figuram no início dessa história; elas indicam que seus ocupantes tinham aprendido a dar conta de um problema de delimitação desconhecido até aquele momento: o que eles fortificaram não foi em primeiro lugar seu local de moradia, a mera soma de suas moradias — pois, como mostram incontáveis povoados e muitas cidades, grupos de casas também podem estar juntos, de modo morfológica e politicamente íntegro, sem a construção de muralhas maciças. Como se sabe, os espartanos se vangloriavam da ausência de muralhas e se reportavam inteiramente à proteção proporcionada por suas

22. Quem ensaiou uma ontologia da concretização e uma teoria das categorias do incremento foi E. Bloch, em sua obra tardia *Experimentum mundi, Frage, Kategorien des Herausbringens, Praxis* [Experimentum Mundi: Questões, categorias de elaboração, prática] (Frankfurt s/ Meno, Suhrkamp, 1975).

leis; e também a cidade de Roma, bem como as cidades itálicas, na época exitosa dos romanos, orgulhavam-se de sua autossegurança destituída de muralhas. A razão de ser das gigantescas muralhas do Oriente antigo é, antes, que a elite dos moradores tem de retraçar o limite exterior em torno de um mundo interior expandido. Eles fazem com um dispêndio excessivo de tijolos de certo modo o mesmo que, muito mais tarde, em Homero, o deus ferreiro Hefesto faria com a moldura do escudo de Aquiles — e o que, ainda mais tarde, os filósofos realizariam, na esteira de Aristóteles, quando apresentaram o universo como um sistema de esferas etéreas maciças: eles criam a moldura explícita em torno da cidade como imagem da totalidade autocompreendida e fazem com que essa abundância heroica apareça afiladamente nos limites de seu contorno.[23] Portanto, eles constroem uma ideia de totalidade; optam por uma grande inclusão dos humanos em um organismo cósmico animado. Pelo visto, todas as energias dessas civilizações são investidas na edificação da moldura; de fato, impõe-se a ideia de que a finalidade do Estado dos Estados arcaicos ou protoimpérios teria sido construir muralhas emolduradoras para provocar o mundo exterior e repelir a contraprovocação de sistemas rivalizantes. O espaço interior majestático cercado de muralhas pretende afirmar a primazia do interior por meio de sua existência real: a partir daí, só as quimeras ainda assombram lá fora, enquanto a verdadeira substância vive dentro, no espaço próprio, guarnecido. Ali os humanos incubam a si mesmos como em um útero artificial do poder que pode o que quer e quer o que pode.

Da perspectiva histórico-filosófica, é possível identificar nessas arquiteturas monumentais o primeiro sinal de vida do que num tempo distante seria chamado de sujeito transcendental. A cidade toma consciência como condição autocrática da possibilidade de um mundo compreendido, autogovernado, autoprovedor e autonutridor. Para compreender o objetivo disso é preciso tomar ciência do tamanho dos esforços físicos e mentais que fluíram para essa sublevação dos espíritos citadinos. Durante milênios participaram disso, em cada geração,

23. O escudo de Aquiles foi tratado no Capítulo 2, a cosmoesferologia grega o será nos capítulos 4 e 5.

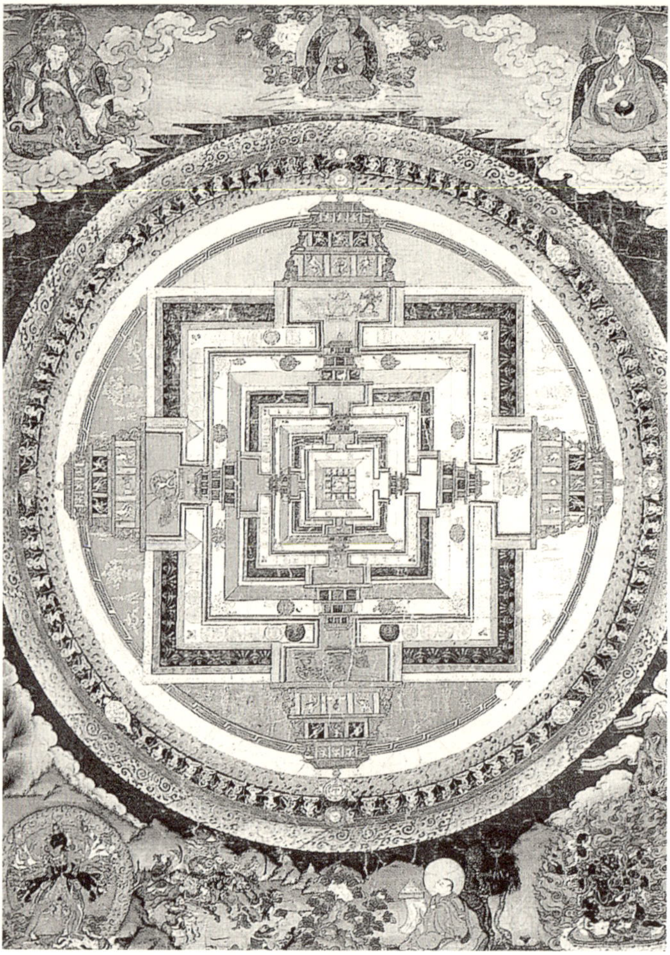

Mandala de Calachacra, Tibete, século XVIII.

exércitos de centenas de milhares de trabalhadores de olaria, que repetidamente foram usados tão somente para o trabalho na margem do recipiente da totalidade. Sua missão foi consumir a vida no contorno sagrado da cidade destinada a atestar que tudo o que existe pode estar contido em uma forma.

A razão pela qual os Estados amuralhados da Mesopotâmia têm uma importância histórica de alcance tão amplo é que neles se articula uma lei formal sociopolítica que vigoraria em toda parte até o século XX: atrás das gigantescas muralhas às margens do Eufrates e do Tigre surgem aquelas maciças sociedades-*container*, que expressam sua ideia principal na edificação de limites em forma de sólidas paredes em torno de si. Porém, como foi mostrado, nesses recipientes se trata primordialmente de funções de autorrecipiente que resultam da necessidade de animar grande quantidade de pessoas no interior de uma esfera de sentido com motivos comuns e representações solidárias de espaço. Essa relação fundamental se tornará tão natural no decurso de milênios que até o século XX as unidades do mundo histórico, os povos, sem uma análise mais detida, serão entendidos como o grupo autorrecipiente cercado de sólidas paredes em seu território — e só com o ingresso no horizonte pós-moderno, que as nações do Primeiro Mundo dificilmente consumaram antes de 1945, começa a aparecer a novidade histórico-mundial de *uma sociedade das paredes finas*.[24] Nessa novidade miram os atuais discursos de globalização dos sociólogos, achando que conseguirão dar conta teoricamente da nova situação com os vocábulos não derivados “global” e “local” e sua combinação simplória. Na verdade, não há como pensar a revolução da morfologia política no século XX com meios sociológicos, porque o *movens* do processo, a reformatação dos sistemas imunes políticos e existenciais de paredes sólidas para paredes finas, não é perceptível pelas ópticas da sociologia.

Portanto, de acordo com nossas ponderações, as muralhas da antiga Mesopotâmia não constituem instalações militarmente necessárias nem

24. Mais detalhes sobre isso no capítulo final deste livro: “A última esfera: Para uma história filosófica da globalização terrestre”, Seção 27, p. 861 ss.

são mera expressão de uma confusão megalomaníaca; elas são experimentos morfológicos em torno da possibilidade de produzir mundos interiores e próprios autoincubadores. Nesse sentido, as espessuras exorbitantes das muralhas só podem ser entendidas como fenômenos imunológicos e fantasias políticas de cavidades corporais; em sua situação histórica, constituíram exageros significativos e necessários, talvez até proféticos. Elas prenunciam que humanos existirão em convivência assegurada em uma proporção até ali inimaginável. Em sua exorbitância, as muralhas mesopotâmicas foram formalmente sistemas imunes mais do que necessidades militares, o que fica evidente sobretudo no fato de que, em megalópoles posteriores, as fortificações puderam voltar a se tornar quase irrelevantes, desde que a definição imunológica da cidade estivesse suficientemente dada com outros meios.

O exemplo romano ilustra isso mais do que qualquer outro. Os romanos mais antigos só chegaram a levantar uma muralha defensiva autêntica após a grave devastação de sua cidade causada pelos gauleses no ano de 386 a.C. Chamada anacronicamente de Muralha Serviana (em homenagem ao rei Sérvio Túlio, que reinara no século VI a.C.), ela foi se tornando cada vez mais obsoleta na posterior história de sucessos de Roma e não chegou a obter autoridade morfológica citadina; a evolução da construção da cosmópole crescente exerceu, após o final das Guerras Púnicas, forte pressão para além das antigas linhas. Demorou mais de seiscentos anos até que uma nova muralha, iniciada pelo imperador Aureliano (falecido em 275), fosse erguida, de 272 a 279, em torno da área ampliada da cidade — de novo por motivos militares prementes, para proteção diante do que os historiadores chamam de iminentes ataques dos bárbaros.

Durante a história de sucessos da cidade de Roma, a questão da muralha, caso não tenha sido irrelevante, teve importância secundária; isso não se explica simplesmente pela ausência de ameaças militares reais. O trauma causado por Aníbal permaneceu suficientemente vivo por séculos e poderia ter motivado dispendiosos esforços de fortificação. A razão de isso não acontecer — além do pretexto histórico real da subjugação e da destruição de Cartago no ano de 146 a.C. por Cipião Africano — reside na constituição morfológica singular do espaço urbano de Roma. A autoconcepção de Roma como cidade que repousa em si mesma e irradia poder estava baseada na representação do sacrossanto prado citadino, que os romanos denominavam *pomerium* e que, por si só, tinha todas as propriedades de um campo imune bem delimitado e dotado de privilégios numinosos. O *pomerium* era um sistema imune territorial carregado de magia, uma formação espacial, cuja inviolabilidade estava irrevogavelmente gravada no imaginário de todo romano. Ele constituía a cunhagem mais nítida do fetichismo dos limites e da magia das bordas, próprios de todos os romanos. Graças a essa ideia interiorizada dos limites do prado citadino, a área urbana de Roma constava como um registro indelével no cadastro dos deuses celestiais, para cuja asseguração uma muralha física só poderia trazer uma contribuição suplementar.

Entre as peculiaridades da cultura citadina romana figura a de que as linhas limítrofes do *pomerium* eram bem discretas e passariam praticamente despercebidas a um estrangeiro; como uma espécie de terra de ninguém, elas contornavam a cidade construída como amplo espaço aberto, uma faixa não construída, indicada apenas por um antigo sulco de arado e demarcada por uma esparsa fileira de pedras do campo. Não obstante, essa linha tinha para os moradores de Roma a hierarquia de um *ens realissimum* — ela mostrava aos coveiros e aos generais o limite em que cessavam suas competências. Ela conferia aos cidadãos de Roma a consciência de estarem postados sobre solo eleito, sobre terreno sacrossanto maternal. O prado citadino de Roma era demasiado sagrado para que cadáveres pudessem ser sepultados nele — por essa razão, os locais de sepultamento deveriam ser instalados fora dali; mas ele também se distinguia demasiadamente como espaço do consenso civil para que comandantes do exército romano pudessem pôr os pés nele; por conseguinte, os oficiais que partiam tinham de buscar os auspícios no limite, ao passo que os comandantes que retornavam, antes de obterem permissão para entrar na cidade, tinham de proceder a um ritual de demissão no *pomerium* e depor o seu *imperium*, o poder de comando sobre tropas, antes de cruzar a linha. Obviamente as tropas regulares não podiam ficar no interior da área protegida da cidade — considerava-se o Campo de Marte como localizado fora dos limites. Na primazia do civil em relação ao militar, zelosamente preservado pelos romanos, expressava-se a preocupação motivada pela religião de excluir do interior da cidadania o poder conferido pelas armas.

Essa concepção de imunidade tem sua origem nos mitos fundantes de Roma e em sua conservação no ritual sacro. Em períodos mais antigos da história da cidade, tinha sido tarefa dos *luperci*, dos espantadores de lobos ou sacerdotes dos lobos reconsagrar magicamente a área mais antiga da cidade por meio de uma corrida repetida anualmente em torno da colina palatina; cobertos com o couro de um carneiro recém-abatido, eles espantavam os maus espíritos e faziam o que estava ao seu alcance para prevenir danos a humanos e animais no interior do perímetro citadino. Esse ritual foi repetido até a Antiguidade Tardia durante as lupercais, no dia 15 de fevereiro, mesmo quando a zona imune da cidade de Roma já perfazia uma área muito maior. O pensamento voltado para o sulco de fundação em torno do Palatino (aquele *sulcus primigenius* que, em posteriores fundações de cidades-colônias pelos romanos, era solenemente aberto com o arado, via de regra como círculo, mais precisamente, de tal modo que o primeiro torrão caísse claramente para dentro) se associava à memória do homicídio fundante de Roma — o assassinato de Remo por seu irmão gêmeo. Rômulo matou o irmão depois que este saltara por cima do primeiro sulco aberto no campo — de acordo com outras tradições, ele pulou por cima do muro rudimentar da cidade — para zombar do fundador da cidade; após o ato, este teria prenunciado que no futuro o mesmo aconteceria com quem ousasse violar o solo romano. Desse modo, confluiu na concepção do *pomerium* também o tabu proveniente de um crime fundante. Em vista desses fundamentos míticos do espaço político, tocar o *pomerium*, mesmo que fosse no sentido de ampliá-lo e fortalecê-lo, só poderia ser concedido a personalidades que pudessem apresentar, como Rômulos redivivos, qualidades de fundadores — adquiridas sobretudo pela ampliação militar das fronteiras do império. Na história do crescimento de Roma, o *pomerium* foi aumentado ao todo seis vezes, a primeira por Sula e a última por Adriano, tendo a expansão feita por Cláudio, que levou à integração da colina aventina, se tornado para a história da "cidade inteira" ainda mais importante do que as retificações das linhas limítrofes sob César, Augusto e Vespasiano.

Muitas vezes, o sentido imunológico de delimitações citadinas possui de longe a primazia em relação às funções militares; isso pode ser demonstrado de muitas maneiras também com base nos constructos imperiais de civilizações extraeuropeias. Especialmente na história da China, muralhas e fossos adquiriram uma importância psicopolítica que não há como superestimar[25]; algumas das instalações citadinas mais exigentes do império, como a Beijing dos tártaros ou Linhao, a capital designada da dinastia Ming (hoje Fengyang), surgiram de orgias de autoenclausuramento em um sistema altamente escalonado de muralhas, como se da definição da vida chinesa fizesse parte a ideia de que sua integridade só estaria assegurada em caixotes e em pátios internos várias vezes selados e apartados. O exemplo de Linhao é significativo, porque suas instalações permaneceram uma cidade-fantasma, da qual foram erigidas somente as muralhas externas, sem que a cidade como tal seguisse. No ano de 1369, o fundador da dinastia Ming tomou a decisão de alçar a insignificante cidade provinciana à condição de capital central do império e provê-la de uma magnífica arquitetura representativa. Em apenas sete anos, um gigantesco exército de trabalhadores mobilizados a curto prazo construiu em torno da cidade uma muralha externa de 7,7 por 7,1 quilômetros de extensão; essa muralha rodeava uma cidade proibida, cuja muralha media cerca de dois por dois quilômetros de comprimento; dentro desta, por sua vez, situava-se a cidade palaciana, cujas muralhas mediam 960 por 890 metros. Esse plano evidentemente é inspirado no modelo da cidade de Beijing, erigida no século XIII por Kublai Khan, que, por sua vez, foi projetada e realizada como cidade encaixotada acometida pela febre de grandeza, composta pela cidade tártara, a cidade imperial e a cidade proibida — uma capitulação do príncipe dos nômades, inicialmente ainda hostil à cidade,

25. Sobre os traços básicos das cidades chinesas e japonesas, cf. L. Benevolo, *Die Geschichte der Stadt* [A história da cidade] (Frankfurt s/ Meno e Nova York, Campus, 1991), p. 59-90.

diante do fascínio da imunidade das cidades muitas vezes imbricadas em si mesmas.

Essas orgias de encaixotamento das capitais reais e virtuais da China são superadas apenas pelas dos túmulos dos imperadores, como o mausoléu (famoso por seu exército de terracota) de Qin Shi Huang, o primeiro soberano, que no ano de 210 a.C. foi "enterrado" em uma instalação subterrânea monumental, na qual teriam trabalhado até setecentas mil pessoas durante trinta anos. (A quantidade de setecentos mil trabalhadores aparece também nos relatos sobre o mausoléu de Mao Tsé-tung, de cuja construção participaram pessoas de todas as províncias do império, para afastar o risco de uma desagregação política após a morte do Grande Timoneiro.[26]) O cadáver do monarca repousa sob uma colina artificial, encerrado dentro de um quadrilátero composto de mais de uma dúzia de caixas umas dentro das outras, a maior medindo 2.500 por mil metros, e cada uma delas valendo como fortificação autônoma. Até hoje os arqueólogos chineses não desencobriram fisicamente a totalidade da instalação desse mundo interior hermético (mas fizeram prospecções com procedimentos de ecossondagem e métodos da arqueologia suave, escavando apenas alguns pontos), como se — apesar de modernizações superficiais introduzidas pelo comunismo e pelo pós-comunismo — ainda tivessem certo temor de tocar no sistema de legitimação cosmológico imperial ainda efetivo de sua cultura. No que se refere à cidade de Linhao, sua construção não foi concluída e ela nunca foi habitada, de modo que dela nada sobrou além das linhas ocas de uma decisão imperial. Seu poderoso gesto fala uma linguagem esferologicamente clara; ele dá a entender que a posterior vida interior

26. Cf. L. Ledderose, "Die Gedenkhalle für Mao Zedong. Ein Beispiel für Gedächtnisarchitektur" [O memorial de Mao Tsé-tung: exemplo de arquitetura comemorativa], in: J. Assmann e T. Hölscher (eds.), *Kultur und Gedächtnis* [Cultura e memória], Frankfurt s/ Meno, Suhrkamp, 1988, p. 311 s. Aliás, Mao se reportou explicitamente ao despotismo centralista do primeiro imperador: "O que havia de tão extraordinário em Qin Shihuang? Ele executou somente 460 eruditos. Nós executamos 46 mil. [...] Vocês nos chamam de Qin Shihuang, vocês nos chamam de déspotas — de bom grado admitimos ter essas qualidades [...]", apud E. Guikovaty, *Das neue China des Mao Tse-Tung* [A nova China de Mao Tsé-tung] (Frankfurt s/ Meno, S. Fischer, 1977), p. 12.

de antemão deveria surgir apenas como função de seu cercado exterior. Como a vida não quis dar seguimento, restou do projeto imperial apenas a casca — uma monstruosa ruína especulativa da técnica de imunidade.

O classicismo chinês também já tinha noção dos riscos e das debilidades de uma ideologia do autoamuralhamento. Prova disso é a visão de Confúcio de um futuro no qual o complexo de xenofobia e claustrofilia teria se dissolvido entre seus conterrâneos:

> Quando a Grande Verdade triunfar, a terra será propriedade comum. Serão eleitos os mais sábios e mais capazes para preservar a paz e a concórdia. Então os humanos não amarão mais só os que lhes são próximos, não proverão mais só suas próprias crianças. [...] Por isso, ferrolhos e fechaduras serão desnecessários, pois não haverá salteadores nem ladrões. Assim, os portões externos ficarão destrancados: isso se chamará a grande comunidade.[27]

Aqui, como em toda parte nas éticas das altas civilizações, trata-se da tentativa de tornar plausível a transferência de solidariedades e reservas de simpatia das pequenas unidades sociais da época das hordas e das tribos para as estruturas imperiais altamente inclusivas. Isso só pode ser expresso por meio das fantasias antecipadas a respeito da comuna universal sem inimigos e sem entorno — em imagens de uma sociedade universal sem não membros.

No momento em que fica claro que uma cidade do tipo antigo constitui, antes de tudo, um sistema imune espacializado e, por conseguinte, um constructo social uterotécnico, pode-se perguntar também pelos procedimentos adotados para a "construção psíquica de cidades". Chegamos, assim, ao terceiro grupo de ponderações sobre a possibilidade psicopolítica de comunas de cidadãos ou de "populações" solidárias. Nos períodos iniciais da Grécia, é atestado o fenômeno de que morar "no formato de aldeia" foi sentido como não mais adequado e de

27. R. Wilhelm, *Konfuzius und der Konfuzianismus* [Confúcio e o confucianismo], Berlim, [s.n.], 1928, p. 102.

que, em toda parte, comunidades interioranas vizinhas se uniram em um *sinecismo*, a resolução de assentar-se em conjunto, em cidades. Só tem clareza a respeito de como deve ter sido forte essa coerção morfológica rumo à *pólis* quem pondera com Jacob Burckhardt que, para a maioria dos envolvidos, isso significou uma mudança de lugar, que deve ter significado um sacrifício amargo para pessoas com um "fortíssimo senso local" e "enorme apego ao seu lugar". A segurança de tais neocidades foi, no mínimo, tanto uma questão de conjuração em torno de símbolos comuns quanto de fortificações; a cidade de Tégea se vangloriava de ser inexpugnável por estar de posse de alguns cabelos da Medusa; outras cidades realizavam a matança ritual de moças e buscavam sua imunidade mágica à sombra do estresse sacrificial.[28]

Tradições romanas antigas provam que os fundadores de cidades e construtores de muralhas desde os dias de Rômulo estavam cientes da primazia das funções imunizadoras ou religioides de muralhas de cidades em comparação com sua importância para a prática militar. Por essa razão, eles podiam começar a renunciar aos excessos de muralhas que, tanto na antiga Mesopotâmia quanto na época ciclópica de Micenas, haviam aparecido como autoexposições indispensáveis de conglomerados de poder fixados em um local. Eles entendiam que também uma muralha citadina não hipertrofiada estava em condições de cumprir sua missão enquanto fosse cultivada como santuário político formal e considerado uma sorte concedida pelos deuses viver como *intramuranus*, aliado a concidadãos animados do mesmo espírito, na liberdade de tal território citadino numinosamente carregado. Em torno de 1450, Leon Battista Alberti coletou cuidadosamente, em seu grande escrito sobre arquitetura *Da arte de construir*, as concepções antigas a esse respeito.

> Varrão, Plutarco e outros relatam a respeito dos antigos que seus ancestrais costumavam delimitar os muros da cidade segundo um determinado rito e mediante usos religiosos. Pois com uma junta composta de um bovino macho e uma fêmea

28. Sobre a gênese de códigos "mais educados" de comportamento advindos do espírito do "relaxamento pós-estressante", cf. H. Mühlmann, *Die Natur der Kulturen*, op. cit., p. 50 s.

> puxavam uma relha brônzea de arado, depois de terem observado detidamente o comportamento dos pássaros. Assim surgiu o primeiro sulco, com o qual assinalavam o perímetro das muralhas da cidade. O bovino fêmea andava pelo lado de dentro, o bovino macho pelo lado de fora da relha do arado. Durante o ato, os moradores jogavam os torrões levantados e espalhados de volta para dentro do sulco cortado na terra e os amontoavam para que nada ficasse espalhado. Quando chegavam ao local dos portões principais, o arado era levantado com as mãos para que o limiar do portão ficasse intacto. Por essa razão se consideravam sagrados, além dos portões, todo o perímetro e a obra das muralhas. [...] Leio que, em outros lugares, costumava-se assinalar o traçado das muralhas a serem construídas com o pó de terra branca, que era denominada terra pura. Quando fundou Faros e não dispunha dessa terra pura, Alexandre teria usado farinha em seu lugar. (Livro IV, capítulo 3)[29]

Esses rituais de fundação, cujo sentido imunotécnico e de formação política é evidente, teriam sido incompletos se o princípio de animação não tivesse sido ativado adicionalmente para segurança da periferia a partir do centro comum. Somente os dois gestos juntos, o defensivo e o inspirador, resultam em um ato macroesferológico completo de fundação de uma cidade. Só quando os requisitos psicológicos duais são transferidos da dimensão microesférica para a forma grande, uma macroesfera pode tomar forma como espaço suficientemente animado. Isso também foi percebido rudimentarmente por Alberti, quando ele, no Livro 7 de sua "coisa da construção", lembrou a necessidade de pôr a população residente em uma cidade sob tutela divina comum ou sob os cuidados de um espírito guardião.

> Os antigos erigiam as muralhas da cidade com cerimônias religiosas solenes e as consagravam à divindade, sob cuja proteção queriam se colocar. Eles achavam que os bens dos

29. L. B. Alberti, *Zehn Bücher über die Baukunst*, op. cit. (ver nota 27 do capítulo 2), p. 191-192.

> mortais não poderiam ser protegidos a contento por nenhum poder humano, e até que a desonra e a deslealdade reinam entre os humanos e que a cidade, como um navio no mar, sempre está à mercê do acaso e exposta a perigos, seja pela negligência, seja pela inveja dos vizinhos.
> Penso que foi por isso que surgiu a fábula de que, para proteger os humanos, Saturno teria posto para liderar as cidades heróis e semideuses, cuja sabedoria os protegeria, dado que necessitamos para nossa proteção não só de muralhas, mas também muito do auxílio dos deuses. [...] Outros afirmam que, pela providência do Deus (maior e mais poderoso), gênios do destino são associados tanto à alma humana quanto aos povos. Por conseguinte, as muralhas das cidades que unem e protegem os cidadãos, de fato, são tidas como sagradas.[30]

A exposição de Alberti toca aqui, ainda que de modo um tanto esquemático, no ponto sensível no qual se decide a questão da animação necessária e suficiente da cidade. Quando ocorre, a exemplo da cidade da antiga Mesopotâmia, de um rei cúltico presente encarnar o centro metafísico da cidade, fica evidente que relação cada um dos moradores da cidade tem com o foco que o anima; o próprio rei figura aqui no papel do segundo íntimo para todos os que estão próximos dele em termos espaciais e psíquicos (consistindo o milagre psicopolítico dessa estrutura na fusão de intimidade e majestade, da qual brota, pela primeira vez, a figura do Grande Outro).[31] A coesão da cidade arcaica tem sua razão principal na concorrência dos moradores por estabelecer a sintonia com o Deus em exercício que habita no meio deles e que eles dificilmente conseguem ver com os próprios olhos. Tais cidades dispõem, enquanto a emanação do rei for efetiva, de forças centrípetas suficientes, porque nelas o elemento comum é, ao mesmo tempo, o elemento próximo e difícil de captar; eles vivem do desejo dos funcionários de se deixar energizar pelo maná do polo elevado. Como se

30. Ibidem, p. 342.

31. Sobre a síntese de intimidade e majestade, cf. mais adiante o Capítulo 5: "*Deus sive sphaera* ou O universo-uno explodindo", p. 458-464.

sabe, exatamente as sociedades de classes arcaicas são mantidas coesas não tanto pela repressão, mas pela distribuição suficientemente ampla de chances de participação no privilégio da majestade. Todos os impérios, tanto antigos quanto modernos, repousam sobre a proliferação de chances de satisfazer o desejo de poder.

As *póleis* gregas já tinham em si — como observa Jacob Burckhardt de maneira enfática — a estrutura de religiões locais, porque cada cidade tinha os seus deuses e seus cultos como marca distintiva propriamente dita. Em toda parte, a construção psíquica da cidade só era bem-sucedida mediante maiores ou menores possessões discretas pela *pólis*, dentre as quais o serviço militar obrigatório vitalício dos homens cidadãos era a expressão mais visível. Assim, antes de o nivelamento macedônio abrir as cidades, a Grécia era uma colcha de retalhos de ortodoxias locais rigorosas que se engajavam em seus rituais para permanecer magicamente em forma. Em toda parte, os indivíduos eram cientes de estar amarrados até o extremo à felicidade e à desgraça de suas cidades. Por essa razão, não admira que, no período de declínio das *póleis* e da antiga crença nos deuses, emerge um novo clichê de Deus da cidade: a *Týche* (que corresponde mais ou menos à *Fortuna* romana), simbolizada pela coroa mural, na qual o cidadão podia, por exemplo em Alexandria e Antioquia, venerar o princípio de seu casual estar por cima. Nesses tempos, sente-se desejo de poder, forçando uma aproximação aos favorecidos pelo acaso.

Apesar ou talvez por causa da deposição política dos reis, resquícios dessa psicodinâmica permaneceram virulentos até o tempo presente — como pode ser depreendido dos efeitos magnetizantes e histerizadores do *star system* e da classe de proeminências da sociedade de massa. De fato, o Deus no poder sempre está próximo e é difícil de captar; seu carisma pode até repousar na imaginação, mas ele torna dócil. Como as cidades gregas e, mais tarde, também Roma se definiram por não querer tolerar — exceto em seus períodos mais antigos — nem o domínio de príncipes, nem o de reis divinos (para os gregos, a *isonomía*, algo como: igualdade de direitos, e a *isokratía*, algo como: repartição igualitária das forças, não eram meros "valores", mas pensamentos estruturais e ideias reguladoras da vida na *pólis*), elas tiveram de recorrer a outro princípio de união que deveria ser, ao mesmo tempo, cosmicamente fundado e localmente eficiente.[32] Como indica Alberti, isso podia ser produzido, entre outros, mediante a sintetização dos gênios das almas individuais em um gênio coletivo. Como foi exposto, o gênio pessoal era um protótipo do espírito de complementação que forma uma microesfera íntegra com o indivíduo.[33] Quando toda a população de uma cidade era associada a um gênio comum, os muitos indivíduos na cidade podiam se sentir pessoalmente como irmãos psíquicos do espírito de sua cidade e a este como outro íntimo de cada um deles. A construção dessa ponte psicopolítica entre as estruturas da constituição microesférica e a construção macroesférica do espaço possibilitou o que, nas sociedades republicanas até hoje, costuma ser louvado e exigido como *senso comum* ou *concordia* — a solidariedade profunda dos cidadãos que parecem possuir uma razão de viver comum ao mesmo tempo íntima e pública.

Porém confusões malignas são promovidas quando atuais buscadores do senso comum perdido voltam a conjurar os fantasmas do holismo político da Europa antiga para promover a terapia das sociedades atuais, individualisticamente centrifugadas — pois os gênios coletivos que, em tempos antigos, deveriam representar a razão metafísica da interconexão de cidadãos em cidades, desapareceram irrevogavelmente com a civilização citadina e imperial do Oriente antigo e da Europa antiga, e ninguém saberia como implementar uma renascença não fascista de domínios totalitários.[34] Em questões políticas, não existe retorno ao

32. Cf. J. de Romilly, *La Grèce antique à la découverte de la liberté* [A Grécia Antiga no tempo da descoberta da liberdade], Paris, Fallois, 1989.

33. Cf. P. Sloterdijk, *Esferas I: bolhas*, op. cit., capítulo 6: “Compartilhadores do espaço espiritual: Anjos — gêmeos — duplos”, p. 378 s.

34. Os gênios coletivos pagãos de cidades e povos são transformados mais tarde por um cristianismo platonizado em anjos de comunidades (cf. Apocalipse de João 2,1-29; 3,1-22) e anjos dos povos; sua concepção indica que comunidades religiosas e grupos políticos também puderam ser representados, em analogia a espécies animais, como ideias secundárias de Deus. (Cf. A. Borst, *Der Turmbau zu Babel. Geschichte der Meinungen über den Ursprung der Verschiedenheit der Völker* [A construção da torre de Babel: história das opiniões sobre a origem da diversidade dos povos], 5 v., Munique, Deutscher Taschenbuch, 1995.)

"sentimento euclidiano" — uma expressão com a qual Oswald Spengler caracterizou com muito acerto a total absorção dos humanos antigos pelos espíritos de sua linhagem e sua cidade. Onde, como na sociedade moderna, o holismo político não representa mais nenhuma esperança com fundamento, enquanto o individualismo renuncia ao espaço público e comunitário, a única via ainda aberta em questões de síntese social é a esferológica.

Desde o século XVIII, esses espíritos totalitários participam da secularização e aparecem segundo Herder (territorializados) como espíritos dos povos, segundo Arndt e Hegel (temporalizados) como espíritos da época. Por fim, ambos são dessubstancializados, no curso do século XIX nos termos da teoria do ambiente e da psicologia social, no século XX também nos termos da teoria dos meios de comunicação de massa, com o efeito de que, a partir daí, as tentativas de ressubstancializá-los parecem retrocessivas e (pré-)totalitárias. Em seu livro *Rembrandt als Erzieher* [Rembrandt como educador], 12. ed. (Leipzig, Hirschfeld, 1890), J. Langbehn voltou a supor para a síntese social do povo alemão um gênio nacional real, nesse caso inato — o engraçado é que se trata de um gênio "individualista": "O grande futuro dos alemães repousa em seu caráter excêntrico" (ibidem, p. 4); razão pela qual um holandês podia ser o mais característico dos alemães, dado que nele se cunhou da maneira mais pura a "forma incomumente tosca do crânio, da arte e do espírito alemães" —; desse modo, Langbehn conquistou um lugar no pré-fascismo intelectual.

A história (da decadência) do platonismo político ainda está por ser escrita. Um apelo para que seja feita uma nova apreciação filosófica das *comunidades vivas* foi lançado por H. Rombach em seu livro *Drachenkampf. Der philosophische Hintergrund der blutigen Bürgerkriege und die brennenden Zeitfragen* [Batalha de dragões: o pano de fundo filosófico das sangrentas guerras civis e as questões candentes da época] (Freiburg, Rombach, 1996).

Digressão 1

Morrer mais tarde no anfiteatro
Sobre o adiamento, ao estilo romano

Sine missione nascimur.
Sêneca, *Epistulae morales,* 37[1]

Lugar fechado; sabe-se tudo o que é preciso saber para falar.
Samuel Beckett, *Se Voir*

A arena romana só pôde se tornar uma metáfora do mundo porque sua edificação concretizou a tese principal do fatalismo antigo: ninguém escapa vivo das garras deste mundo. Nele, cada qual precisa cumprir o seu destino até o fim. O único favorecimento que esse lugar tem a oferecer é que nós, com alguma sorte e competência, consigamos um adiamento em caso de fracasso.

O teatro da crueldade ao estilo romano funcionava como um gerador de destinos, no qual as massas assistiam à última diferença relevante entre os humanos — a diferenciação entre os que morrem mais cedo e os que morrem mais tarde — sob a forma de uma sentença esportiva de Deus. As lutas de gladiadores geraram uma forma popular da teoria filosófica, mediante a qual era encenado o modo como a diferença

1. "Nascemos para uma luta de vida ou morte." A *missio* significa a dispensa de um gladiador de uma luta perdida; em lutas *sine missione*, era preciso lutar até a morte de um dos contendores.

decisiva vem ao mundo. No drama esportivo, era possível observar com excitação impessoal a separação entre mortos e vivos.

O espectador não fica orfanado quando os perdedores se prostram na areia; ele está desobrigado das demandas do luto quando os derrotados são arrastados para fora; com excitação impassível, ele vê vigorar a diferença decisiva: uns morrem agora, os outros não agora, mas certamente logo, uma rodada, uma estação, alguns anos de arena mais tarde. Só raramente acontece de se conceder a um gladiador veterano a espada de madeira de sua aposentadoria. Adiamento é tudo. A morte dos lutadores vitoriosos é postergada até um determinado momento em função de sua competência para lutar. Certamente a morte o alcançará em um presente não muito distante, mas, de momento, as circunstâncias de sua ocorrência estão encobertas. A única coisa que pode ser desfrutada como vida vitoriosa é esse encobrimento que permanece. Quem ao anoitecer ainda está vivo na arena desfruta até a última gota o privilégio de poder deixar indeterminada a data de sua morte, ao passo que para os perdedores o dia e a hora foram apurados.

Desse modo, o teor da lição da arena é que a vida humana nunca pode ser mais do que um poupar-se para morrer mais tarde. Essa é a situação, romano! Encare-a. Você está entre os vivos tão somente porque até o momento presente conseguiu não ser derrotado; mas continua sujeito à lei da arena, permanecerá até o fim preso ao juramento do gladiador. Quando, antes do início dos jogos, os lutadores prestavam o voto de não se insurgir contra o destino da arena, mesmo que, no decurso das lutas, fossem despedaçados e queimados vivos, eles concluíam esse voto de aceitação da situação sem saída com a seguinte fórmula: "Que diferença faz ganhar uns poucos dias ou anos? Nascemos em um mundo sem misericórdia."[2]

E, no entanto, é essa diferença, e somente ela, que confere cor e volume à vida entendida em termos romanos. Não é para menos que Sêneca pôde dizer, em sua famosa 37ª carta a Lucílio, que nem o sábio jamais

2. Apud R. Sennett, *Fleisch und Stein. Der Körper und die Stadt in der westlichen Zivilisation* [Carne e pedra: o corpo e a cidade na civilização ocidental], Frankfurt s/ Meno, Suhrkamp, 1997, p. 115.

Constatação permanente da diferença entre estar deitado e estar de pé.

conseguirá mais do que repetir o juramento humilhante extorquido dos gladiadores na forma de um voto voluntário e, por isso, honroso: pois mesmo a melhor das vidas não poderá ser mais do que a aceitação sincera do destino que deverá nos atingir na arena do mundo. Embora Augusto tenha proibido por algum tempo as lutas de gladiadores até a morte, a longo prazo o *habitus* sanguinário acabou se impondo. Sabedoria é assentimento a uma vida que deve ser conduzida *sine missione*: não se pode solicitar a dispensa da obrigação da existência.

O que Jacques Derrida denominou a *différance*, a diferenciação que consiste num adiamento, já podia ser contemplado, na forma de teoria sem teoria, como resultado singelo de torneios eliminatórios na arena romana. Os jogos romanos simplificaram a Prima Filosofia e a substituíram por uma regra de ouro grosseira. Quem fosse assistir aos jogos de gladiadores no anfiteatro podia contemplar as verdades romanas fundamentais como um seminário filosófico introdutório financiado pelo imperador e por magnatas — o que tornava desnecessários os seminários principais. O iluminismo romano era desvelar como a vida vitoriosa se prolonga diretamente às custas da vida dos perdedores. A atratividade desse procedimento residia na exacerbação ousada de observações de cunho natural feitas em seleções biológicas. A partir destas, todos os mortais trazem consigo uma noção obscura da fragilidade da *conditio humana*; sem desejarem experimentar mais detalhes, eles sabem a diferença entre aqueles que partem mais cedo e aqueles que partem mais

Vic(tor): Imago et victoria convertuntur. Mosaico no piso de uma mansão perto de Tusculum, século III.

tarde; eles também entendem que sua posição no processo da vida tem a ver, em primeiro lugar e sobretudo, com os papéis de sua idade — estes conferem o desenho prévio geral à sua relação em vista do fim. Com os jogos romanos, estabelece-se pela primeira vez metodicamente um vínculo causal entre o morrer mais cedo de uns e o morrer mais tarde de outros: porque, a partir daí, o ganhador do jogo sério se impõe ao perdedor como a causa de sua morte.

Desse modo, a tanatologia imperial ingressa no seu estágio crítico. Os jogos, como a política imperial em geral, são organizados como superação e aceleração da seleção natural por meio do esporte marcial celebrado como duelo de erradicação. Onde esse *habitus* se fixa, um vício em dramas de eliminação e jogos de finalização se infiltra no público, porque a visualização do fim de uns aumenta a sensação de continuar vivendo dos outros. A fascinação dos torneios tem sua razão de ser nisto: neles, analogamente à criação de animais, o procedimento de eliminação se converte em uma seleção feita pelos humanos. Ele ou eu, nós ou eles — isso é exercitado na arena como em uma sequência experimental de seleções artificiais. Por essa razão, é evidente que com os jogos romanos de gladiadores foi inventado o efeito "fascismo", na medida em que o definimos como encenação política da seleção ou como teatralização da *différance*.

Na arena, vem à tona a verdade sobre a biopolítica romana: do mesmo modo que a cidade de Roma, como gladiador do cosmo, havia subjugado todos os inimigos à sua volta, para, por fim, fazer com que todo o mundo em torno do *mare nostrum*, como uma espécie de plateia universal, contemplasse a Roma vitoriosa, as massas no anfiteatro de Roma e em suas dependências também contemplavam os lutadores que, no sangrento caldeirão da decisão, aclaravam a pergunta: quem restará em pé? Quem dominará o palco de areia? Quem preservará sua vida para se afirmar contra novas tentativas de abreviá-la? A figura de pensamento fundamental do anfiteatro é a pura diferenciação postergadora: o próprio não morrer agora de uns é a causa atualmente necessária e suficiente do morrer agora dos outros. É certo que essa diferença, enquanto lei universal da mortalidade precoce ou tardia, é conhecida desde sempre mais ou menos em toda parte, porque os vivos sempre se conhecem difusamente como os que não morrerão tão cedo. Na arena, essa diferença se torna nítida e é impelida até um apocalipse artificialmente produzido. Ela encena a separação, ao estilo de uma sentença divina, entre aqueles que hoje tombam e aqueles que permanecem em pé. Em vista desse drama de diferenciação, os que vão levando a vida difusamente ganham a possibilidade de sentir com atualidade flamejante seu pertencimento ao grupo dos que não morrerão agora. Quando os estádios prorrompem em gritos, as massas celebram seu êxito no adiamento da morte. No culto aos vitoriosos, está implícito que a multidão passa do exército dos que tombaram para o lado daqueles que, após a luta, ainda estão de pé.

Quem quiser compreender os jogos romanos (e seus derivados modernos) deve atentar para o fato de que, na forma rotunda do anfiteatro, enuncia-se uma lição de cosmovisão. O arredondado desse teatro circular não é só um símbolo do mundo no entendimento mediano, não é só a réplica romana à esferofilia e ao filociclismo dos gregos; ele é, antes de tudo, uma marca da impossibilidade de escapar da totalidade indo para qualquer lado. Quem quer a imanência absoluta tem de aprovar também o teatro romano da morte. Sua forma arquitetônica foi a de um círculo ou oval fechado, "como se dois semicírculos do teatro grego tivessem sido justapostos".[3] Na arena, o espectador perde a visão do palco

3. Ibidem, p. 127.

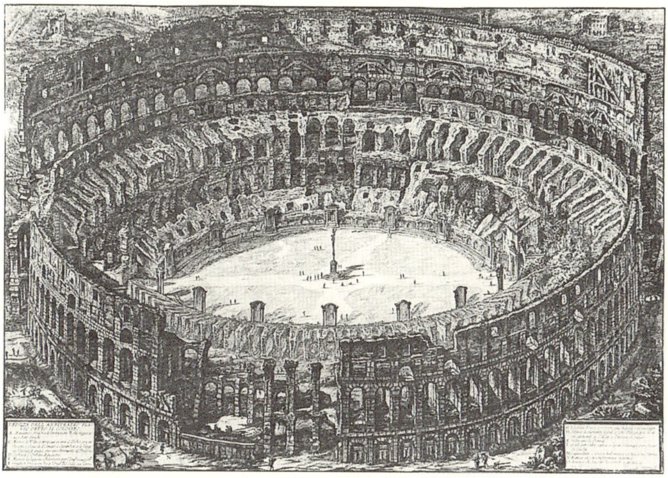

Giovanni Battista Piranesi, *O Coliseu*, século XVIII.

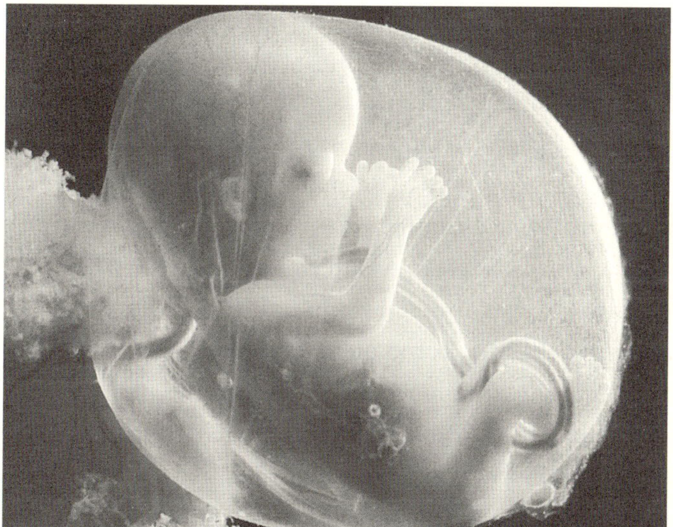

Feto no quarto mês, fotografia de Lennart Nilsson.

Jean-Léon Gérôme, *Pollice verso*, c. 1859, Phoenix Art Museum, detalhe.

que estaria postado diante dele; nela, não são apresentados deuses que entram em cena a partir do lado oposto. Todas as ações são puxadas para o centro e para o meio-termo, e se efetuam na imanência do estádio. A ação trágica é reduzida à carnificina — o pragmatismo romano sempre quer *the real thing* [a coisa real] e só tolera o tanto de encenação e adorno metafórico quanto é possível sem prejudicar o massacre puro e simples. Os atores só podem atuar como quem está cercado. Se ocorrer a algum dos torturados, como último recurso desesperado, a ideia de abandonar o seu papel, homens armados na borda da arena tomam providências para que o fujão retorne à sua posição no jogo da carnificina. O que o espectador tem diante dos olhos nesse caldeirão não é só o plano geral fechado da cena — ele vê, ao mesmo tempo, a visão fatalmente limitada dos lutadores, sobretudo a falta de perspectiva dos perdedores que se tornou atualidade real. O observador goza do privilégio de ver que a morte do outro tem uma data altamente atual: agora. Mas ele também vê que a vista do vitorioso, por sua vez, não alcança mais longe do que até a próxima luta — nisso eles se solidarizam com seus espectadores exultantes. "O anel de rostos fascinados, uns sobrepostos aos outros, tem algo de curiosamente homogêneo. Ele engloba tudo e contém tudo o que se passa embaixo. Ele não solta nenhum deles, ninguém quer ir embora."[4]

Por essa razão, a teoria romana não é nenhuma filosofia de panoramas joviais; ela não sabe de nenhuma *epoché*, nenhum contemplar aliviado, livre de considerações práticas, mas tão somente a meditação na areia, a análise cismativa da situação nas pausas entre as lutas. Enquanto o lema grego era: conheça a si mesmo, o romano é: conheça a situação. O gladiador compreende qual é a situação quando olha da arena para as fileiras de assentos. Ele sabe que ali o humor do povaréu pronuncia sentenças divinas com o polegar.

Os anfiteatros romanos exercitam o axioma de que, para humanos com senso de autopreservação, o que importa é figurar entre os vencedores. Sendo um teatro de seleção, os jogos romanos apelam metodicamente para a necessidade de conceder que a crueldade sempre tem razão. Neles, esse acompanhar os resultados das lutas passou a ser um curvar-se pararreligioso diante da máscara pétrea da violência. As vitórias e os triunfos ao estilo romano não seriam, por isso mesmo, apenas manifestações de desespero em outro estado? Com boas razões, os estoicos tinham declarado que, em certo sentido, a sabedoria consiste na imitação das pedras. Os próprios deuses estão condenados ao oportunismo; quem crê neles tem de aprender a submeter-se aos resultados dos jogos, tanto em pequena quanto em grande escala, como se fossem revelações. Fatalismo como religião nada significa senão a disposição de ver a vontade dos deuses implicada nos acasos mais vulgares.

Sem dúvida, nos excessos do entretenimento do teatro romano está a origem da cultura de massa: com eles surgiu uma forma precoce e completa de indústria da fascinação que provê sociedades irritadas ou decadentes com estímulos e as une em torno de fascinações. O fascismo da diversão da Antiguidade (cujo último derivado direto é a tourada espanhola) antecipa, em termos funcionais, numerosas características

4. E. Canetti, *Masse und Macht* (1960), nova edição, Frankfurt s/ Meno, Fischer, 1988, p. 29 ("A massa como anel"). [Ed. bras.: *Massa e poder*, trad. Sergio Tellaroli, São Paulo, Companhia das Letras, 2019.]

No centro, o portão estreito da sabedoria como ponto luminoso flamejante, em Heinrich Khunrath, *Amphitheatrum sapientiae aeternae*, 1602.

da regência moderna das massas através dos meios de estimulação. Aqui como lá, a cultura de massa organiza a compulsão por assistir: seu elemento é a síntese social através do fascínio exercido pela violência. De fato, quem teria conseguido apresentar aos ávidos espectadores no ponto alto dos jogos algum outro objeto suficientemente forte para desviar os olhares do espetáculo da diferenciação fundamental? Intelectuais humanistas e, mais tarde, autores cristãos polemizaram em vão contra os jogos inebriantes, fatalizantes e embrutecedores. A interdição cristã da *curiositas*, o culto escravizador aos olhos e a curiosidade centrífuga, devoradora das almas, tem sua razão decisiva na luta contra o prazer de assistir à morte próprio dos jogos romanos. Durante setecentos anos, foi esse teatro das fascinações que transmitiu aos contemporâneos a seguinte instrução romana: mate hoje, morra mais tarde e obrigue a massa a assistir.

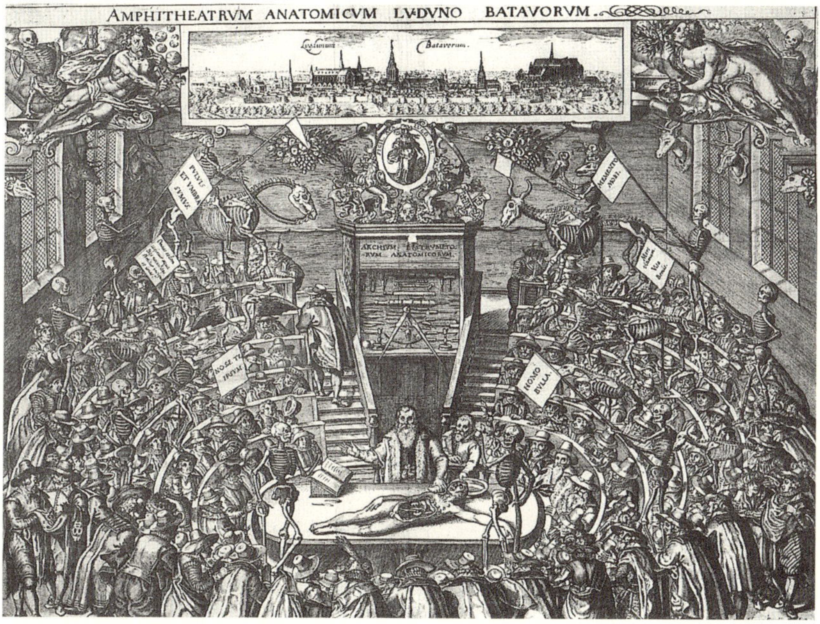

Bartholomeus Dolendo, *Theatrum anatomicum* da Universidade de Leiden, 1610; prefiguração científica da literatura de terror.

Agora se explica por que os primeiros cristãos fixaram seu olhar no complexo romano; pois, diante do culto romano à vida e à morte, compreende-se por que Roma tinha de se tornar fatal para seus dissidentes cristãos. Roma só valia uma missa porque foi só pelos romanos que os cristãos ficavam sabendo contra o que a *vera religio* [religião verdadeira] se rebela em última instância. O cristianismo tomou consciência de si historicamente como a inversão do fatalismo de sobrevivência romano. Ele teve de competir contra a doutrina dos anfiteatros e contra a religião da vitória no próprio terreno desta, porque só na capital da biologia política e dos jogos de seleção podia ser levantada a tese contrária: a mera sobrevivência ainda não é a verdade; a vitória exterior ainda não é o sinal do sucesso junto a Deus. Através da crítica cristã, o sucesso ganha uma segunda face, que não está voltada para o juízo humano, e unicamente essa descoberta possibilitou que o espírito europeu se emancipasse do fatalismo. O símbolo arquitetônico dessa virada só tomaria forma entre os séculos XV e XVII, quando foi projetada a praça de São Pedro como o verdadeiro anticirco, a contra-arena evangélica.

O circo romano a pairar sobre a esfera cósmica, em medalhão de Guilherme V da Baviera, 1715, com o lema *Agnosce. Dole. Emenda* (Conheça, sofra, melhore).

Os romanos eram adoradores do sucesso em toda parte, não só nos teatros, mas também no coração cúltico do poder político; isso fica provado, entre outras coisas, pelo fato de que, durante toda a época imperial, o Senado romano abria suas sessões regularmente com uma oferenda no altar da *Victoria*; foi só Constâncio, o sucessor de Constantino, que mandou retirar do prédio do Senado o altar à vitória erigido por Augusto. Nele, a classe política de Roma havia adorado durante uma era inteira o princípio de sua existência. (Demorou bem mais até que a Igreja obtivesse a vitória sobre a sede de sangue nas arenas: no Coliseu, as lutas de gladiadores se mantiveram — a despeito de ocasionais proibições — até o ano de 405, o acossamento de animais, até 526.)

Portanto: após sua implantação no mundo romano, o dogma cristão não ensinou mais apenas a superação da morte por meio de uma vida superior. Só com essa tese o cristianismo poderia ter continuado a ser a religião periférica que foi no início. Em contraposição, anunciado a partir da Roma dos teatros, o Evangelho significa: nem sempre os que morrem mais cedo são os perdedores; o simples morrer mais tarde não pode mais substituir a salvação. À seleção dos mais fortes que exercita o fatalismo nos teatros, a teologia cristã contrapõe a seleção de Deus. De fato, também Deus estabelece uma diferença, mediante a qual separa

A cidade medieval de Arles no contorno do anfiteatro antigo.

os seus da massa perdida; mas a diferença feita por Deus não possui a estrutura de uma *différance* niilista. Ela relampeja como juízo escatológico, com o qual é mantido o único resultado decisivo da vida humana: pertencer ou não pertencer à esfera do amor divino. É nessa diferença que tem seu fundamento a diferenciação entre império e Igreja, fatídica para a Europa. Enquanto o império era o poder de comando enraizado na crença da vocação para vencer, a Igreja era, em termos típicos ideais, o poder das chaves que deveria vigiar os acessos à comunhão do amor.

Diante do pano de fundo dessas determinações, pode-se dizer mais claramente em que se baseia a Era Moderna em questões de salvação: ela começa com a noção de que, para os indivíduos, será para sempre impossível decidir com segurança se eles próprios estão mais próximos do que outros da *communio* dos amados por Deus. Pois onde estaria a comunhão de amor que pudesse dizer que ela seria objetivamente distinta dos não amados, dos sem amor, das pessoas com curiosas predileções? Hoje a diferenciação entre comunhões e egoísmos é questão de foro íntimo — e o autoelogio dos eleitos não passa de um *votum* entre muitos. De fato, o próprio conceito "comunhão de amor" foi tomado por uma sensação incômoda, como se, sem discussão explícita, tivesse se disseminado a noção de que a distância até o inalcançável é a mesma de qualquer ponto de partida.

Digressão 2

Merdocracia
Sobre o paradoxo da imunidade de civilizações sedentárias

E, tapando o nariz, percorri mal-humorado todo o ontem e o hoje...

Friedrich Nietzsche, *Assim falou Zaratustra*, II — Da canalha

O fenômeno dos jogos romanos evidencia os riscos associados à regulação das paixões nos macro-organismos imperiais: a habituação a estímulos torna as massas dependentes de incitações induzidas pela violência, cuja abolição exige nada menos que o destroçamento do paradigma inteiro pela via de uma revolução cultural. Os massacres romanos para fins de entretenimento haviam exercitado um padrão de instigação das massas que não podia mais ser moderado ou sublimado de modo imanente, mas só poderia ser abolido por meio de uma ruptura radical com o sistema vigente de ventilação das paixões. De fato, a passagem para o cristianismo impôs às populações do Império Romano e às civilizações que as sucederam um tipo totalmente diferente de ecologia das paixões, até que a indústria da cultura do século XX voltou a produzir fenômenos que podem ser interpretados como retomada do nível antigo do consumo de bestialidades.

Os *ludi* e as *venationes* romanos pertencem a um complexo comportamental, para o qual usamos a expressão "autoclimatização ativa". Ela designa técnicas culturais com as quais uma população dada regula as constantes atmosféricas de seu espaço existencial de acordo com opções próprias — no caso romano, tratava-se de um paradoxo climático, que pode ser circunscrito como "habituação mediante bestialização". Pelo visto, não se logra uma tonalização e climatização do "mundo de vida [*Lebenswelt*]" em macro-organismos políticos do tipo da megalópole antiga sem uma alta dose de autointoxicação. Sob esse ponto de vista, sociedades sempre seriam também comunidades que inebriam, mimam e intoxicam. Efeitos funcionais de tais mecanismos em termos de redução da criminalidade das principais cidades não são diretamente comprováveis *a posteriori*, mas devem ser postulados por razões sistêmicas, por tudo o que se sabe sobre esses contextos. Também o fato de a associação de sexualidade e violência, obrigatória na moderna cultura de entretenimento, estar quase completamente ausente na administração das paixões dos romanos sem dúvida deve-se ao consumo intenso de cenas de violência pura e gratuita nos teatros.

Porém, mais do que de tais técnicas ativas de autoincitação, a síntese social de antigos grupos sedentários depende de autoclimatizações passivas e nada dramáticas. Desde que se coloca para os humanos a questão da fixação em um local, ganham peso determinante para a cultura as próprias excreções e exsudações como formadores endógenos do clima. Em termos de climatologia cultural, uma unidade étnica sedentária é, antes de tudo, um grupo que se cheira e que encontra no seu próprio odor um critério de identidade esfericamente disseminado. A historiografia cultural pouco se preocupou até agora com o fato de que a passagem para o sedentarismo não só trouxe para os humanos as conquistas e trabalheiras da era agrária — do arado, da espada e do livro, para citar a fórmula de Gellner —; o modo de vida sedentário também conjurou um problema endoclimático de dimensões epocais, para o qual — depois das instalações de canalização das cosmópoles antigas — só a política de higiene dos séculos XIX e XX nos países industrializados parece ter encontrado uma solução sistemática.[1]

1. Cf. J. Csergo, *Liberté, égalité, proprieté: la morale de l'hygiène au XIXe siècle* [Liberdade, igualdade, propriedade: a moral da higiene no século XIX], Paris, Albin Michel, 1988.

O dilema atmosférico do sedentarismo aparece no fato de que grupos humanos que se apegaram a casas e terrenos não podiam mais evitar a própria matéria fecal e suas emanações odoríferas espaciais na mesma medida em que isso parecia natural para as tribos nômades pré-históricas. A cultura sedentária se submeteu a um pesado ônus sanitário autocausado, dado que ela trocou a vantagem de viver perto dos campos e celeiros pela desvantagem de ter de perseverar nas proximidades das próprias latrinas. Para os nômades, ainda está franqueada a via do comportamento disseminador no que tange a suas práticas excretoras — o que circunscreve a questão em termos um tanto anacrônicos, pois esses disseminadores despreocupados ainda não tinham descoberto para valer o princípio da semeadura —, e só ocasionalmente eles entram em uma relação compromissiva com terrenos, imóveis e latrinas.

Portanto, enquanto os nômades mantêm a dinâmica fecalófuga de seus movimentos, os agricultores, e ainda mais os citadinos, estão fadados a um estilo existencial latrinocêntrico. A eles se aplica que o espírito do lugar e a lei da latrina convergem. Poder-se-ia dar crédito à suposição de que o humano sedentário foi o primeiro a se predispor para a ideia da causalidade da retribuição e do retorno do crime para o criminoso, depois que a evidência quase universal das emanações da latrina comprovou a impossibilidade de um crime secreto sem consequências. O cheiro infame traz tudo à luz do dia, e o retorno dos odores para seus autores impõe aos humanos que não têm como se desviar a ideia de um carma miasmático ou de uma nêmesis odorífera. O que os fenomenólogos costumam caracterizar, em conexão com o Husserl tardio, com a expressão "*Lebenswelt*" [mundo de vida] deve ser concebido, antes da revolução desodorizante dos dois últimos séculos, em primeira linha como fenômeno odorizante — e isso em uma proporção que não pode ser "compreendida" pelos sujeitos modernos por lhes faltarem os critérios. O estar consigo mesmos dos primeiros grupos em associações de povoamentos não pode de fato ser descrito sem referência à presença constante de exalações próprias ominosas. Mundo de vida é mundo da respiração: belas palavras; mas qual é o sentido de respiração, enquanto o ar compartilhado pelos sedentários estiver sob o interdito da cloaca?

O povoado realmente existente, a cidade realmente existente: no período histórico, percebidos segundo padrões pré-modernos, trata-se, sempre e sobretudo, também de arquiteturas odoríferas baseadas na atmosfera, que são erigidas em torno dos centros olfativos de emanação das comunas, essencialmente em torno das latrinas, das cloacas e dos estábulos dos grandes animais domésticos, em segunda linha, dos pontos de fogueiras, dos locais em que enterravam os animais e das covas para restos. Numerosos documentos literários atestam que as cidades europeias da Idade Média, no que se refere a seus padrões sanitários e odoríferos, não passavam de cloacas povoadas, e que até a época de Goethe e de Beethoven as medidas policiais e sanitárias das autoridades territoriais conseguiram atenuar, mas não neutralizar, as condições odoríficas. No século XVI, Michel de Montaigne anotou: "As duas belas cidades, Veneza e Paris, reduzem a atração que sinto por elas por causa do mau cheiro que exalam, o de Veneza advindo dos banhados e o de Paris, dos excrementos" (*Ensaios*, livro I, capítulo 55). Sobre a urbanidade europeia antiga reina o hálito da latrina como uma divindade infame da cidade. No caso de fontes de odor desse tipo, trata-se de sistemas reais de emanação, porque também aqui todo poder emana da substância central que se esbanja no modo da autocomunicação, transbordando esfericamente para o seu entorno. Porém, enquanto as emanações nobres conceituadas com precisão pelo neoplatonismo contêm o derramamento da luz para dentro da esfera pública do ser, as emanações suspeitas das latrinas sempre resultam em uma espécie de efeito olfativo cavernoso e na exclusão dos que estão distantes da totalidade do odor assimilado — um fato para o qual os etnógrafos tentaram chamar a atenção com a maior discrição possível quando observaram que exatamente os povos que exalam um odor muito intenso costumam não registrar o próprio cheiro e o do seu habitat. O que chama a atenção dos que chegam de fora, mais do que qualquer outra coisa, é a circunstância de que os moradores locais não notam nada. Sem dúvida, a emanação da cloaca também constitui um caso de dominação da substância — ou seja, a autodisseminação de uma força presente sobre uma área incluída —, mas, enquanto a determinação do dominador se orientar apenas no caráter sublime ou violento de manifestação do poder, e essa é a regra numa cultura teórica cega para a atmosfera (em compensação, tanto mais fixada na coisa e no acontecimento) como a europeia, o dominante, que se apresenta como campânula expandida de odor, mais precisamente como volume habitado de fedor, dificilmente poderá ser tema de conversa — descontando algumas formulações sabidas da escatologia popular ("é tudo uma merda").

Diante desses fatos dados, divergem os espíritos e os narizes, e na soleira na qual as ciências do espírito teriam de se converter em ciências do gás todos os métodos confiáveis nos abandonam. O que se sabe ao certo é tão somente que, nesse ponto, todos os modernismos e cosmopolitismos induzem a erro. Pois, enquanto o conceito moderno de sociedade implica as interações entre desodorizados no espaço olfativamente neutro (a hipótese do odor zero é anterior aos direitos humanos), toda abordagem de formas pré-modernas de convívio precisa tratar detidamente de modos de aura odorífica bastante obsessivos e bastante invasivos de um "ser-aí como ser-com".[2]

Anteriormente falamos, talvez um pouco condescendentes em demasia com necessidades sentimentais, de traços básicos de um socialismo térmico — portanto, da participação nas vantagens do calor emitido pela mesma fonte de radiação[3] —: nesse meio-tempo, tomamos conhecimento de razões para cogitar um socialismo de latrina quase tão originário. Se entendermos por poder imediatamente comunitarizado uma presença de estrutura esférica de fato inescapável — um microclima, um espírito local, uma atmosfera caseira, um elemento respirável —, é evidente

2. A vinculação do conceito da aura com o fenômeno "esfera do cheiro" remonta, pelo que sabemos, a I. Illich, *H_2O und die Wasser des Vergessens* [H_2O e as águas do esquecimento] (Reinbek, Rowohlt , 1987); dele partem as investigações de M. Hauskeller sobre o espaço do cheiro em *Atmosphären erleben* [Vivenciar atmosferas] (Berlim, Akademie, 1995), p. 941. O detalhe picante é que essa formulação, como enfatiza Hauskeller, não tem nada a ver com o conhecido teorema de Walter Benjamin, mas a tese da "perda da aura" assume um significado novo, mais premente e talvez mais duradouro; ela não diz respeito ao status da obra de arte, mas à sociedade desodorizada e, nesse caso, indica ausência de aura, mais do que no caso das obras de arte, de fato um modo de ser radicalmente modificado da coisa mesma.

3. Cf. o Capítulo 2: "Lembranças de recipientes: Sobre o fundamento da solidariedade na forma inclusiva", p. 204-205.

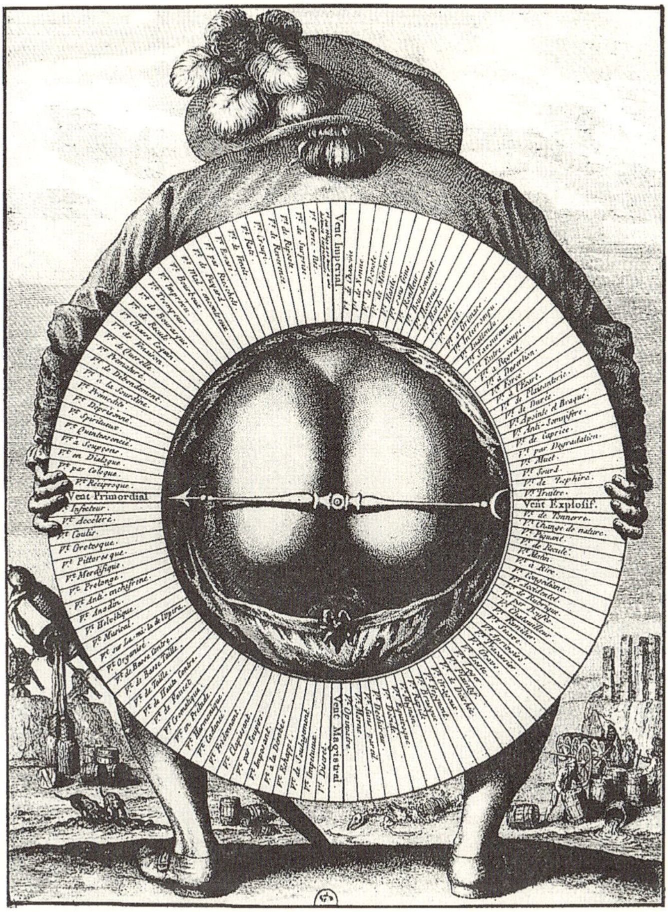

Bombardoni, *Nova bússola para narizes sensíveis*, Arquivo Roger-Viollet, Paris.

como a aromaesfera de um grupo representa o primeiro dos princípios de coesão efetivos sensivelmente partilhados de um dado coletivo. Povos diferentes se vivenciam primeiramente como odorizados diferentes. As palavras latinas "*odor*", cheiro, e "*odium*", ódio, chamam a atenção remotamente, em sua afinidade de radicais, para o *clash of civilisations* [choque de civilizações] nasal — o que, no entanto, se refere sempre só ao encontro de grupos malcheirosos ou de seus representantes, nunca ao embate de duas paisagens miasmáticas, pois as fontes do fedor de fato reinantes permanecem, por sua natureza, localmente fixadas e praticamente possuem a estabilidade de santuários. À semelhança dos templos, também as cloacas detêm um poder específico de franquear espaço; a *stabilitas loci* de ambos é que primeiramente expressa a completa seriedade de uma tomada de terra e um casamento entre povo e solo. Nessa perspectiva, em todas as civilizações sedentárias anteriores à revolução da higiene do final do século XVIII, reina um sistema bifocal de consagração do lugar e de definição do solo — perceptível por meio da aura dupla de aromas e miasmas do solo pátrio, que desde o início confluem uma na outra.

Todo espaço merdocrático, todo aqui, todo nosso, é um império para si; ele forma uma mônada de aura, que prende seus moradores em um estado de ânimo básico específico e os impregna com o hálito da paisagem olfativa (*smellscape*). Portanto, o que desde o século XVIII europeu é denominado, um tanto caprichosa, especulativa e tendenciosamente, de espíritos do povo [*Volksgeister*] são, em primeira linha e na maioria das vezes, os odores do povo ou os gases do povo (considerados capazes de penetrar até na literatura e no folclore dos povos — um equivalente mental dos alimentos defumados). Uma teorização xenófoba posterior foi a primeira a retirar esses aromas de seus espaços endoclimáticos para criticá-los nas exalações corporais do indivíduo como algo repugnante dotado de aura estranha. No Japão, foram escritos, em torno de 1900, livros sobre o cheiro nauseante de europeus e europeias, diante de cujas exalações as pessoas ficavam embaraçadas, ao passo que na Alemanha surgiram dissertações implacavelmente exatas sobre os cheiros judaicos e negroides.

Nesses ensaios xenófobos baseados no cheiro, costumou-se ignorar que, para todos, de onde quer que sejam procedentes, em lugar nenhum se pode exalar um fedor tão penetrante quanto na casa de cada um. Como foi mostrado, o dilema olfativo da existência sedentária se manifesta através do próprio para o qual contribuímos o tempo todo e que permanentemente sopra de volta, mais do que através do estranho. O que se denomina pátria é o lugar em que se considera o próprio fedor como um privilégio. O patriota é o ser humano que releva certos cheiros ao nosso lugar. Pátrio é sempre só o miasma que desarma. É nele que os sedentários, os que respiram juntos, orientam seus vínculos atmosféricos com o mundo. Quando Heidegger ressalta que "no ser-aí há uma tendência essencial para a proximidade", só resta ao intérprete que tem a mesma opinião acrescentar que isso *nolens volens* tem de incluir também as latrinas constitutivas. A vizinhança com a matéria fecal própria e sua coleta, sua recoleta, é a primeira lei da proxêmica. Se existe um senso de proximidade fisiologicamente privilegiado, é justamente aquele que é atualizado pelo olfato. A aproximadora do ser não é a noite, que Heidegger contemplou com louvações temática e linguisticamente problemáticas; é a cloaca comunal que o povoado e o bairro da cidade referem a si mesmos e arredondam em si mesmos autoinclusivamente como "totalidade indivisa do mundo". A partir dela, outrora a vida local adquiriu a tonalidade de uma segurança primária do mundo.

Porém, também é compreensível por que, no processo da Era Moderna desodorizadora, as características de familiaridade da aura do mundo tiveram de ser cada vez mais privatizadas, marginalizadas e neutralizadas. Quando se toma consciência da importância dos fatores relativos à aura olfativa tanto para a síntese social primária quanto para a acomodação dos indivíduos no mundo — mas o que significaria tomada de consciência no caso de perda dos odores? —, fica claro por que, em seu percurso até a modernidade, ou seja, nesse caso, até a transodorização e a desodorização do mundo de vida, alguns povos tiveram de passar por graves crises, em especial os alemães, que expressaram seu anseio por evidência pátria palpável com mais veemência do que outros, sem ponderar que a segurança original da existência, equivalente à segurança das latrinas, não poderia ser recuperada por meio de desfiles patrióticos e forçações de barra nacionalistas.

Se, antes da era da política de desodorização, o vínculo da vida sedentária com o mundo inevitavelmente era marcado pelo latrinocentrismo das atmosferas da casa, do povoado e da cidade, é evidente por que tomou forma, com a irrupção da modernidade, uma nova ecologia de identidades olfativas. Não foram só a industrialização e a motorização que alteraram fortemente os fatores de emanação de cheiros do mundo de vida, mas também a revolução permanente da higiene a partir do final do século XVIII liquidou quase por completo o velho sistema dos espíritos odoríficos locais, tanto nas cidades quanto no campo — na Baviera, atualmente se deve verificar, por meio de parecer especializado do Ministério da Justiça e do Ministério do Meio Ambiente, se ainda há bases jurídicas suficientes para o depósito de montes de estrume a céu aberto. Porém, pelo fato de a equiparação de ancoragem da aura de cheiros e atmosfera pátria da existência ainda ter um resquício de validade para populações sedentárias no mundo moderno, põe-se para os climatizadores das sociedades nacionalistas o sério problema de como se pode imergir grandes populações em miasmas geradores de comunidade mediante um sistema de odorantes metafóricos nacionais.

Esse é o lugar sistêmico dos modernos meios de comunicação de massa, na medida em que funcionam como transportadores de cheiros secundários simbolicamente codificados ou de aromas metafóricos de grandes grupos. Aqui se apresenta a oportunidade de lembrar a afinidade não só etimológica entre cheiros [*Gerüche*] e boatos [*Gerüchte*]. O boato é o cheiro falado — não por acaso boatos são imaginados como seres alados que impregnam biótipos sociais com rapidez demoníaca.[4] O rumor é tão infeccioso e rápido quanto a vontade perversa. Com a implementação de um sistema de disseminação de boatos baseado na escrita, não há como deixar de ver nem de cheirar a contribuição da imprensa de massa, bem-sucedida desde o século XIX, para a síntese social atual: ela o faz por meio de autoempestamentos em nível nacional, mediados por sinais, macroclimaticamente muito efetivos e duradouros. O que é efetivado no respectivo nível local pela política de higiene dos sistemas de serviços públicos urbanos e de abastecimento de água, ou seja, a ampla neutralização das emanações fecais — de cujos riscos micróbicos se toma conhecimento pela primeira vez no século XIX também em discursos científicos —, é sobejamente compensado funcionalmente pela assim chamada missão informativa da imprensa de massa, também sobre bases locais e, não obstante, com repercussões em nível nacional. O clima local da aura de cheiros desvanecente é substituído pela instalação de um climatizador informático nacional,

4. Cf. J.-N. Kapferer, *Gerüchte. Das älteste Massenmedium der Welt* [Boatos: o mais antigo meio de comunicação de massa do mundo], Leipzig, Kiepenheuer, 1996; H.-J. Neubauer, *Fama. Eine Geschichte des Gerüchts* [Fama: uma história do boato], Berlim, Berlin Verlag, 1998; A. Farge, *Lauffeuer in Paris. Die Stimme des Volkes im 18. Jahrhundert* [Incêndio em Paris: a voz do povo no século XVIII], Stuttgart, Klett-Cotta, 1993.

que deve providenciar a autoventilação afetiva, temática, tóxica e, nesse sentido, da política interna da macrossociedade. (De resto, está claro que os ministros do Interior cobrem o lado constituído da merdocracia, ao passo que os meios de comunicação de massa, enquanto poderes merdocráticos indiretos, utilizam à exaustão seus espaços de manobra.)

Sem esforço, seria possível mostrar que os climatizadores nacionais, primeiro apoiados na imprensa, mais tarde nas ondas de rádio, sob muitos pontos de vista, nada mais fazem que uma transposição do latrinocentrismo comunal para o formato de federação e estados. O sistema dos cheiros secundários nacionalizadores passa a funcionar, em primeira linha, por meio de comunicações infecciosas de aviltamento e incitação — os temas privilegiados por ele são catástrofes, casos criminais, intrigas políticas e a vida privada dos famosos, sendo seus mecanismos mais importantes provocar ondas de indignação e prender a atenção por meio de escândalos. A latrina dos meios de comunicação de massa organiza, falando nos termos de Nietzsche, o contexto olfativo do ressentimento geral. O autor de *A gaia ciência* e *Genealogia da moral* foi quem, com ouvido atento e nariz atento como ninguém antes dele, se deu conta da dimensão em que as modernas sociedades de massa estão organizadas como coletivos de autoincitação e autoempestamento — razão pela qual, para ele, o esclarecimento até em questões mais sutis deveria continuar sendo assunto do nariz. O que, sem razão nenhuma, foi denominado de sua "hermenêutica da suspeita" foi, na verdade, uma hipersensibilidade precisa para as emanações infames que se disseminaram nas sociedades modernas sob os odores dissimuladores da filantropia, do igualitarismo e da obrigação de lembrar. Em sua hermenêutica nasal, quase nunca se trata da imputação de motivos, mas apenas de farejar motivos. Nietzsche atesta que o projeto "desodorização" está fadado ao fracasso, enquanto puder se efetuar sem controle o processo macroclimático básico da democracia, a produção pelos meios de comunicação de massa de miasmas autoestressantes, indutores do sentimento coletivo (por meios verbais, pictóricos, folclórico-musicais).

A descoberta de que as comunidades ligadas a territórios causam a si mesmas um endoestresse atmosférico pela vizinhança forçada com sua matéria fecal, seus dejetos, sua carniça e seus mortos não é privilégio exclusivo da moderna crítica social. No século XIII, já se constatam na Europa vestígios de uma nascente ocupação jurídica com a dinâmica de autoempestamentos físicos em cidades. Não teríamos ousado enumerar no mesmo fôlego matéria fecal, dejetos, carniça e mortos se essa interconexão precária não tivesse sido explicitada por um eminente documento do alvorecer da consciência ecológica — estamos falando da lei de conservação da pureza do ar de Frederico II de Hohenstaufen, contida nas Constituições de Melfi. Na parte III dessa obra jurídica de 1231, destinada a suas possessões sicilianas, o imperador do Sacro Império Romano promulgou, sob o título 48, as seguintes resoluções:

> *De conservatione aeris* [Da conservação do ar]
>
> Propomo-nos a conservar com zelo diligente e no que depender de nossas forças a pureza do ar (*salubritas aeris*), que fica reservada ao juízo divino, e determinamos que doravante ninguém terá permissão de depositar linho ou cânhamo (*cannabem*) nas águas adjacentes a alguma cidade ou a algum castelo à distância de, pelo menos, 1,5 quilômetro, para que, por essa via, não se deteriore a condição do ar (*aeris dispositio corrumpatur*) — do que nos informamos com precisão. Quem o fizer perderá dito linho ou cânhamo em favor da corte.
>
> Ordenamos, ademais, que as sepulturas dos mortos que não forem sepultados em urnas devem ter a profundidade de meia braça (*mensura cannae*).
>
> Se alguém se opuser, deverá pagar à nossa corte um augustal.[5]
>
> Também ordenamos que a carniça em putrefação que exala fedor deve ser depositada pelos proprietários de peles a quatrocentos metros de distância do território habitado, ou lançado no mar, ou então em algum rio.
>
> Caso alguém, não obstante, contrarie essa prescrição, deverá pagar um augustal à nossa corte por cães e outros animais maiores do que cães, e meio augustal por animais menores.[6]

5. Moeda de ouro cunhada por Frederico II, rei da Sicília, de 1231 a 1250. [N.T.]

6. *Die Konstitutionen Friedrichs II. von Hohenstaufen für sein Königreich Sizilien*, [As Constituições de Frederico II para o seu reino da Sicília], ed. e trad. Hermann

Microclimas e atmosferas do mundo da vida puderam se tornar grandezas jurídicas e políticas, e nem toda emissão de fedor pode recorrer ao direito natural da formação inevitável de miasmas do tipo da emanação de latrina — com essas percepções, a lei de Hohenstaufen já extraplola o limiar da modernidade. Mesmo que o ordenamento de Frederico conceda que a saúde do ar (*salus, salubritas aeris*), em última análise, só pode ser garantida por Deus, ele permite reconhecer em seu manuscrito enérgico — se abstrairmos por um momento do precário parágrafo referente à carniça — o quanto seus autores já tinham obtido uma consciência clara de que uma administração previdente em uma sociedade densa, de atividade fabril intensa, pródiga na produção de lixo, também deve promulgar regras para as turvações atmosféricas humanamente provocadas. O estado de coisas da modernidade se cumpre quando relações de imunidade são excetuadas da devoção religiosa e transpostas para ordenamentos técnicos, jurídicos e políticos. Enquanto atmopolítico, Frederico II de Hohenstaufen é nosso contemporâneo. De suas disposições se depreende que toda preocupação real com a sociedade real pressupõe uma miasmologia: uma teoria crítica do ar e um conceito objetivo da *res publica* atmosférica. O destino não é mais a política sem adjetivação, mas a política climática.[7]

Conrad, Thea von der Lieck-Buyken e Wolfgang Wagner, segundo um manuscrito latino do século XIII (Colônia e Viena, Böhlau, 1993), p. 309.

7. No terceiro volume de nosso projeto de esferas (esferologia híbrida) será desenvolvida uma teoria geral do *air conditioning*, que parte da formatação técnica da relação entre ar e espaço.

Capítulo 4

A prova ontológica da esfera

E quem admite isso ainda poderá negar que tudo está repleto de deuses?

Platão, *As leis*, Livro X, 899b

Não digas: "Do Senhor me esconderei, lá em cima quem se lembrará de mim? No meio do povo não serei reconhecido, quem sou eu na imensa criação?"

Eclesiástico 16,17

O destino de todos os sistemas imunes metafísicos se decide na questão referente a se os seres abertos para o vasto mundo, os humanos das épocas do império e da cidade, conseguirão dar plenamente o salto do autoabrigamento coletivo em comunidades citadinas fortificadas para a autoasseguração individual — para além das pátrias contingentes. Eles têm um interesse existencial em obter clareza sobre se, até na mais distante terra estrangeira, ainda seriam capazes de levar uma vida íntegra — uma questão que, para eles, se codifica em refletir se, na condição de mortais, de dependentes da família e apegados ao local, poderiam se habituar ao espaço do mundo exterior. Quanto exílio suporta o ser humano? De quanto desmame dos primeiros lugares precisa a alma pensante para vir a si? Quanto desenraizamento é necessário para se tornar sábio, isto é, resistente ao destino?

Os sujeitos citadinos que praticam o comércio, que fazem a guerra, marcados por viagens, derrotas e expulsões, alfabetizados e treinados no

Joseph Cornell, *Soap Bubble Set, Lunar Rainbow, Space Object*, c. 1936.

ato de argumentar, serão os que lançarão seus olhares aquilatadores para fora das próprias muralhas. Eles, os primeiros "humanos cidadãos", sabem melhor do que ninguém que em outros lugares também vivem pessoas como eles, e que bastariam poucas reviravoltas triviais do destino para que fossem parar no estrangeiro; a impotência acompanha a vida segura de si como uma sombra acompanha o corpo iluminado. Uma tempestade no mar, uma viagem malograda, uma guerra perdida poderiam mudar tudo. Assim sendo, o que se denomina estrangeiro deve mesmo ser suposto só lá fora? A morte e a exterioridade já não se fixaram há muito no que é nosso? Quanto mais os indivíduos mobilizados fazem suas experiências de vida nas cidades falíveis, tanto nas estranhas quanto nas familiares, tanto mais nitidamente percebem que a cidade natal também não conseguirá satisfazer seu anseio por enraizamento feliz. Se você se sente mal em cidades estrangeiras, não deveria ficar admirado, tendo em vista o estado em que estão as coisas. Mas, se você é infeliz na própria cidade, chegou a hora de refletir sobre a existência em cidades e sobre o ser-no-mundo de modo geral.

Em lugar nenhum do mundo antigo essa reflexão foi consumada de modo tão radical nem teve consequências tão incisivas quanto na Atenas pós-socrática — a cidade destroçada, que saiu humilhada, arruinada, perplexa e permanentemente envenenada das provações dos trinta anos de guerra contra Esparta. As muralhas citadinas perderam o encanto. As pessoas sentem que, após o terror endógeno que se abateu sobre a *pólis* durante a Tirania dos Trinta, até a diferença cardeal entre dentro e fora tinha perdido sua relevância. Diante disso, a restauração da democracia pouco significou. O processo contra Sócrates tinha posto a descoberto a labilidade e a agitação da cidade. E o caso de Alcibíades, que, por obstinação contra os seus, tinha aderido aos espartanos e chegara a confraternizar com os persas, pôs de manifesto que a cidade não consegue mais segurar precisamente seus filhos mais brilhantes. Onde reinou a peste, a bacteriana primeiro e depois a política (ou a sequência foi outra?), a *pólis* está quebrada como sistema imune e invalidada como forma de mundo. Como poderão futuramente construir, morar, pensar os vencidos, os que a si próprios se dilaceram, os que a si próprios se envenenam? Em que consiste a recompensa da fatalidade citadina, caso um dia ainda venha a ter alguma?

Então se mostra como essa cidade inigualável soube se resgatar em um colapso para a frente, poder-se-ia dizer também em um progresso ou em um prelúdio do que um dia se chamaria "dialética do Iluminismo". O desespero gera ousadia, a memória da catástrofe libera construções a partir do fundamental. Como seria se fosse possível provar que, para além da cidade e do Estado, o próprio universo constitui uma esfera fechada em si mesma, que nada perde e que sabe como resistir a todo ataque contra a sua imunidade? Como seria se, no ponto mais elevado, tudo está no seu lugar, "fiel como a linha circular ao ponto central" (Herman Melville)? Os mortais feridos pela cidade não poderiam então nutrir o sonho de se sentir em casa também em dimensões cósmicas ilimitadas e, justamente nelas, de modo fabulosamente invulnerável? De fato, se fosse possível morar no universo? Se fosse possível se assentar no próprio ser...? Se fosse possível se assentar em uma altitude à qual não conseguem ascender os aromas locais e onde os miasmas políticos teriam perdido seu poder infeccioso? Se fosse possível fazer companhia aos planetas? Se fosse possível chegar ao ponto de aspirar o aroma do puro ser? Se alguém conseguisse espairecer no absoluto, longe de toda vizinhança com estupidezes brigadas? Se descobrisse uma região em que as almas se recuperam da peste local, das maldades insanas e das camarilhas egoístas?

A brotação de tais especulações excêntricas e catárticas, nas quais o desejo e o saber firmam uma nova aliança —, selada pela palavra *philosophía* como seu tom, ao mesmo tempo, musical e evangélico —, dá início ao que foi denominado o milagre grego no sentido estrito: a transformação de uma tradição sapiencial regional em uma cultura do saber de orientação universal. Nela, a geometria incorre numa relação inaudita com a imunologia. Na Atenas platônica, filosofar significa, acima de tudo, isto: ampliar a ideia de imunidade de uma cidade derrotada mais poderosamente do que nunca para além do seu território. Se não fosse a catástrofe de Atenas, a velha Europa talvez tivesse trilhado bem outros caminhos da sabedoria pré-científica até o conceito filosófico. Somente ali e naquela época, na reação imune da mais sábia das cidades, a sua derrota atmosférico-política mais grave, pôde se desenvolver o que direcionou o conceito de mundo da inteligência helenista para as vias do Ocidente antigo.

No seu momento de fundação, a filosofia foi um dispositivo de aclaração para a inteligência traumatizada. O seu estabelecimento diante dos portões de Atenas permitiu criar uma técnica de filtragem de atmosferas estragadas. Como um médico que prescreveu dietas e exercícios, Platão propôs para a cidade perjura investigações lógicas e elevações psíquicas: a memória é o grande remédio da alma — todavia, não daquilo que os modernos denominam experiência, mas de um saber urânico que aponta um tempo anterior às histórias e pátrias. A genialidade psicagógica de Platão foi alegrar as jovens almas impelidas até seus diálogos, fazendo-as participarem de aclarações inigualavelmente sérias. Não se deveria duvidar de que a Academia foi o lugar mais divertido e o mais sério da cidade; nela, a comédia e a tragédia foram transpostas para uma clave lógica. Esse desanuviar da atmosfera da cidade deveria fazer história, ou melhor, anti-história — até que um dia as coisas chegaram a um ponto em que a instituição utópica "escola" tornou-se, por sua vez, tão sufocante quanto já estivera, de outro modo, o seu ambiente, forçando o espírito livre a buscar, fora da alternativa "escola ou sociedade", lugares em que conseguisse respirar.

Porém, primeiro se trata de ressaltar corretamente o salto para dentro do desenvolvimento do primeiro efeito da Academia: é preciso mensurar o que significou a implosão da fixação ao solo ateniense e de sua sabedoria, e que menos do que a colonização do ser em geral não bastaria para satisfazer as necessidades de moradia de uma inteligência que se sentiu desarraigada da discrição citadina. Uma nova fórmula de estadia tinha se tornado necessária. Somente uma crença filosófica hiperbólica na identidade de casa e cosmo poderia futuramente proteger os citadinos dos assaltos da frialdade do estranhamento após a catástrofe da *pólis*. O que mais interessou os novos fundadores filosóficos da *pólis* foi a contenção da depressão política: era preciso proteger a sociedade da suspeita paralisante de que os deuses estariam demasiado distantes para se interessar pelos humanos.

Deve-se posicionar o acontecimento "Platão" diante do pano de fundo da catástrofe política e biológica da *pólis* para entender o tamanho da mudança efetuada pelo helenismo tardio tendo em vista os estilos de vida dos eruditos. Dele partiu um sugestionamento que permaneceu característico para a vida filosófica durante uma era: como agente da nova ontologia, o filósofo oferece aos seus concidadãos a oportunidade de participar da transição de morar na cidade para morar no ser. Nada além disso é pretendido pelo projeto "amor à sabedoria". Manifestamente o tempo estava maduro para tal; pressupõe-se um conceito prévio forte e talvez desesperado de sabedoria quando o adepto da filosofia se lança à tarefa de adquirir o saber mais salutar da totalidade, e isso no breve tempo de uma vida humana. A sabedoria de Platão é um fogo, no qual *uma vida* se lança para salvar a si mesma e o seu sonho de imunidade. Todavia, mesmo quem não gostaria de se queimar, mas se aquecer ou edificar de longe, como é o caso do cliente médio da *paideia* na época helenista, logo não terá mais como deixar de curvar-se à autoridade da nova fonte de sentido e de calor.

Vacinar a vida com a loucura que se chama ser: em virtude dessa operação, o filósofo se dá o direito de se apresentar dali por diante como médico e auxiliar de mudança para a vida cercada; sob a máscara de um especialista em outros lugares e outro jeito de morar de modo geral, o filósofo se recomenda às sociedades estranhadas como médico especializado em doenças de cultura, sentido e local. Sua missão é, de acordo com a metáfora de Sócrates no *Teeteto*, parir boas ideias de circunstâncias ruins. Assim como o judaísmo pós-babilônico tinha aprendido a viver fundamentalmente além de suas possibilidades em questões teológicas, quando retornou do exílio tremendo de raiva, fraqueza e admiração e, ainda assim, exaltou o seu Deus acima dos deuses imperiais das grandes potências circundantes, a genialidade de Atenas se tornou sumamente virulenta em termos filosóficos, depois que, recuperando-se de sua queda, colonizou o próprio ser como uma *Magna Graecia* críptica. A partir de então, as filosofias residem nas cidades que as hospedam como se não residissem nelas realmente; a Academia, situada diante das muralhas da cidade, desenvolveu-se como escola de um exílio metafórico, metafísico. Ali o transpor e o sobrepassar são exercitados como movimentos primários da vida consciente. Nesse gesto e em sua copiabilidade, fundam-se os imensuráveis êxitos de exportação da escolástica ateniense.

Pensar passa a significar mudar-se para o lugar em que não será mais possível ser desarraigado.[1] Do mesmo modo que toda vida passa

1. Uma dinâmica análoga foi demonstrada por D. Claessens, *Das Konkrete und das Abstrakte. Soziologische Skizzen zur Anthropologie* [O concreto e o abstrato: esboços sociológicos sobre a antropologia] (Frankfurt s/ Meno, Suhrkamp, 1980), p. 300, no que tange a técnicas modernas para estabelecer relações amistosas com o mundo; essa dinâmica já está operando, como tentamos mostrar, no nascimento da filosofia a partir da crise da autoafirmação citadina:

Por meio da "simpatia universal" que pode ser constantemente utilizada no espaço institucional, a comodidade ainda pode ser introduzida na "palavra-*lógos*-razão" e é possível se sentir em casa na *ratio* e até na análise (dissolução). [...] A técnica de transmissão empregada é a mesma: o abstrato é convertido em algo aconchegante. Isso fica encoberto de nós por um pudor moderno de chamar as fontes pelo nome, de modo que, já em Hegel, Deus (Pai) é transformado em "razão" (ou o espírito/espírito universal [*Weltgeist*]). Esse "resfriamento" ou essa (pseudo)des-emocionalização tem continuidade no uso e na reutilização de conceitos em "ciência", até chegar ao de "sistema", que pode se tornar tão absoluto (isto é, tão concentrado/onienunciador e, ao mesmo tempo, tão desvinculado) quanto Deus (Pai).

Assim, teorias sistêmicas seriam as técnicas (dissimuladas) de acomodação de subculturas intelectuais? Sobre a sinonímia encoberta entre os conceitos "ovo" e "sistema", cf. P. Sloterdijk, *Esferas I: bolhas*, op. cit., digressão 3: "O princípio do ovo: Interiorização e invólucro", p. 295-296.

de sua cavidade inicial no corpo para um receptáculo social, agora a filosofia, que quer ser parteira em clareiras com mais luz, exercita a mudança do recipiente político para uma caverna de pura luz. Esta oferece, invertendo uma expressão de Gaston Bachelard, não mais "as grandes seguranças de um ventre", mas, em compensação, "as belezas racionais do volume geométrico".[2] O exemplo dado por Diógenes com seu famoso *píthos*, o barril-moradia, vale durante todo o milênio seguinte e mais adiante para todos os representantes autênticos do ofício: eles não moram mais na cidade empírica, mas em um tonel luminoso, no cosmo. Do tragediógrafo Eurípides foi transmitida uma sentença já inteiramente tingida pelo espírito do semiexílio acadêmico: "A águia está em casa em toda parte no ar; a Terra inteira é a pátria do homem nobre." Também quando os filósofos possuem o direito de cidadania como pessoas políticas, eles vivem como sujeitos espirituais em suas cidades hospedeiras como metecos ou *peregrini*, como estrangeiros residentes e passantes, em uma comuna casualmente dada, obliterada e intelectualmente sem perspectiva. Nesse ponto, não há diferença nem mesmo entre os antípodas mais nítidos da filosofia antiga, entre platônicos e cínicos. Enquanto a alma platônica insiste no seu direito de flanar por toda parte, "debaixo da terra e acima do céu" (*Teeteto*, 174e), o cínico se vangloria de ser invencível como "cidadão dos países 'Obscuridade' e 'Pobreza'".[3] Ambos interpuseram a ironia entre eles e a cidade. De fato, de que servem as muralhas heroicas se elas não protegem mais a convicção de que atrás delas se abriga a melhor das vidas? Comparações e derrotas desfizeram a ingenuidade local. Para que continuar construindo se as muralhas não conseguem mais livrar do medo diante do abismo desalmado? Não é só diante da morte que todos os humanos vivem, como diria Epicuro, em uma cidade sem muralhas,

2. Cf. ibidem, p. 91.

3. Diógenes Laércio VI, 93. O. Spengler pode ter pensado nessas teses quando comentou que Atenas sucumbiu diante da teoria (*Der Untergang des Abendlandes*, op. cit., p. 1072); mas Spengler certamente está confundindo causa e consequência, pois a filosofia só chegou ao topo quando a velha Atenas com seus deuses já havia desaparecido e uma nova forma de síntese social, supracitadina, universalista, tinha sido posta na ordem do dia.

mas também diante da sensação de ter ido parar em um espaço abandonado por todos os espíritos comuns de luz — em linguagem moderna, diante de depressão, dessolidarização, abandono —, os cidadãos das cidades fortificadas não conseguem mais se pôr em segurança. Tanto mais premente se torna a questão sobre como se consegue obter a cidadania no ser.

Através da preocupação política dos humanos com o espaço no limiar que leva ao Estado imperial, transparece um motivo que, acompanhando Oswald Spengler, poderíamos denominar a angústia cosmológica arcaica em relação ao espaço — uma angústia que Spengler quis considerar como uma característica de toda vida desperta e que se move livremente e como um *movens* de todas as criações culturais superiores. "A angústia cósmica certamente é *a mais criativa* de todas as sensações originárias."[4] É ela que deve ser proscrita em toda primitiva "*simbolização do expandido*, do espaço e das coisas". Parece-nos mais plausível assumir que a angústia específica em relação à vastidão inabarcável do espaço terreno e celeste só irrompeu como efeito colateral de perturbações em esferas durante a amalgamação violenta de grupos e tribos em estruturas imperiais maiores e na violação da segurança das cidades. Não é necessariamente a vastidão naturalmente experimentável da abóbada celeste que inspira nos humanos a sensação de estarem perdidos no espaço expandido além da conta. Antropólogos culturais e caracterólogos mostraram que algumas civilizações e alguns indivíduos pouco sabem de angústia em relação ao espaço; Frobenius celebrou a vivência de mundo das civilizações que buscaram a amplidão, e Balint forneceu, em seu retrato do "filobato", o equivalente psicológico individual disso. O sentimento cosmofóbico é, antes, um fenômeno derivado que tem como pressuposto imunizações malogradas e narcisismos colapsados. Humanos com cargas traumáticas antigas reduzidas associaram, desde tempos antigos, à visão do céu sem nuvens preferencialmente imagens de tendas e mantos mágicos, e, na era dos arquitetos, imagens de catedrais, cúpulas e palácios; eles identificam em sua amplidão uma cúmplice de sua coragem e em sua altitude uma projeção das possibilidades

4. Ibidem, p. 107-110.

de sua inteligência. Em contraposição, a vivência de que o espaço cósmico é permeável e convida a lançar-se para fora, aquela sensação de *profundeza* séria e grave, sobre a qual Spengler redigiu páginas inesquecíveis em sua teoria do espaço — ou a consciência encolerizada de estar na beira de um deserto amuralhado quando se ergue o olhar para o céu —, figuram entre as conquistas psicopatológicas de épocas em que uma quantidade cada vez maior de indivíduos se vivenciou como enjeitados e perdidos, como rejeitados pelos humanos e esquecidos pelos deuses. Talvez nesse modo de vivenciar as coisas também se mesclem restos de uma religião arcaica do pânico, que poderia ter se formado sob a impressão de catástrofes cósmicas.

O sentimento ateísta moderno conjurado de modo característico por Pascal: "O silêncio eterno desses espaços infinitos me apavora", que tem escoltado as belas almas desde o século XVII, possui uma história prévia complexa, cujos contornos poderiam ser reconstruídos com os recursos de uma teoria das catástrofes das esferas e da baixa imunidade psicocosmológica adquirida. A história das angústias cósmicas empiricamente adquiridas se distinguiria de uma história universal da vida machucada por ter como objeto os transtornos dos sistemas imunes psicocósmicos: ela trata de deportação, exílio, estranhamento e existência no castelo interior das separações, cujos ocupantes parecem ter sido condenados a uma vida errante em masmorras mortíferas. Ela se distingue, ao mesmo tempo, da história do mal-estar na civilização pelo fato de tematizar a privação da forma mais do que a renúncia ao impulso, e de tratar de carências esféricas mais do que de carências libidinosas. Nesse caso, dever-se-ia falar mais de destinos de sensações de espaço do que de destinos de impulsos, mais de doenças espaciais do que de doenças relacionais da alma; a debilidade da referência ao objeto aparece como aspecto de uma debilidade da forma cósmica.

Concomitantemente a esses transtornos dos sistemas imunes político-existenciais, teriam de ser indicados nessa história os procedimentos de cura que foram introduzidos pelos detentores de poder que interpretam as formas cósmicas, por reis, fundadores de religião e sacerdotes, e, por último, informalmente e sem cargo oficial, pelos filósofos, para fechar brechas nas muralhas citadinas psíquicas e fissuras nos invólucros do mundo de vida. Resultaria daí uma história das concepções macroscópicas, das doutrinas de sabedoria e, por fim, das teorias filosóficas do ser sob claves imunológico-terapêuticas. Nela deveria se evidenciar que o conceito "mundo" como tal só adquiriu seus sobretons metafísicos por meio de artifícios de interpretação panaceicos.

Dos consertos proativos feitos nas concepções míticas animistas e religiosas mais antigas da totalidade surgiram as assim chamadas "imagens de mundo" das altas civilizações. Por seus traços espirituais básicos, todas elas constituem ontologias terapêuticas, na medida em que, em última análise, tratam tão somente da questão sobre como os indivíduos em perigo nas comunidades potencialmente e de fato permeáveis do vasto mundo perturbador, não obstante, ainda podem se sentir resguardados em um recipiente de suma grandeza que lhes proporciona forma. Nos grandes projetos sociocosmológicos das civilizações antigas, desde a China até a Grécia, tratou-se da questão sobre o que devem fazer os inquietos isolados nas épocas turbulentas da cidade e do império para efetivar a passagem das sociedades humanas falíveis para a cidadania imperdível do universo.

As grandes doutrinas da ordem, que se apresentam como escolas filosóficas de vida e como ontologias políticas, prescrevem em traços gerais o que as pessoas devem ponderar quando querem se alçar acima da história tribal, citadina e nacional com suas vicissitudes e chegar aos processos ordeiros da natureza perene. Porém, pelo fato de essas regularidades edificantes que os humanos devem tomar como critério, os fenômenos celestes constantes, as trajetórias circulares do Sol, da Lua e dos planetas, oferecerem o mais sugestivo dos paradigmas, nada parece ser mais importante para as ontologias clássicas ou ontoimunologias do que aclarar as relações entre o mais inquieto dos seres e a mais quieta das formas de ordem, entre o humano lábil e a constituição celeste. (Isso pressupõe que, entre os humanos da incipiente era filosófica, esteja extinto o mínimo vestígio de uma memória potencial de irregularidades astrais consideráveis, se é que houve alguma no tempo histórico. Para que se possa ver os movimentos planetários como o arquétipo de trajetórias circulares eternamente regulares, não podem estar ativos entre eles nenhum derivado de psicoses astrofóbicas, como as que podem ser supostas em algumas religiões do Oriente Próximo, da Ásia e da América Latina. Só se isso for concedido é possível divinizar um céu aliado como garante de efetuações da ordem universal.[5]) O que se quer é que os humanos desarvorados, liberados, propensos à angústia nos tempos das cidades e dos Estados guerreiros cheguem à convicção de que eles, em tempo nenhum, podem estar postados fora de ordens válidas e, de fato, de modo nenhum longe de uma totalidade sólida e plena, bastando que concordem em participar do novo tipo de apreensão exata de sua condição cósmica por meio do pensamento filosófico.

Uma vez que os mortais tivessem tomado conhecimento de sua condição no recipiente-universo do ser, eles sempre conseguiriam dar conta tanto de privações pessoais quanto de perdas de forma da política local. Mesmo que os persas eliminem os seus parentes ou piratas macedônios vendam você em algum mercado de escravos, e mesmo que cavaleiros citas assem você em fogo lento — sempre deveria haver uma perspectiva a partir da qual isso parecesse a você mesmo apenas a superfície encrespada de uma profundeza não turvada. Esse é o consolo da filosofia, na medida em que ela leva sua missão harmonizante ao extremo: ela fornece aos seus a chave mediante a qual eles tomam ciência de que tudo o que nos diz respeito acontece como pode e deve. Ela é a arte de trocar o ponto de vista em relação a cada incidente de tal maneira que a negação possa se tornar afirmação, que o estranho possa ser próprio, que a aniquilação possa ser uma contribuição para a eutonia da totalidade. O sábio sempre entende felicidade e infelicidade apenas como lições em um curso de adaptação ao universo; ele é o humano que refutou o exterior. Seu método é um estruturalismo urânico. Diante do extremo, tanto existencial quanto cosmológico, as escolas edificantes

5. Sobre a hipótese de surgimento da religião a partir de astrofobias e memórias de *deep impact* [impacto profundo], cf. A. Tollmann e E. Tollmann, *Und die Sintflut gab es doch. Vom Mythos zur historischen Wahrheit* [E houve mesmo o dilúvio: do mito à verdade histórica] (Munique, Droemer Knaur, 1993); bem como F. Hoyle, *Kosmische Katastrophen und der Ursprung der Religion* [Catástrofes cósmicas e a origem da religião], intr. Eberhard Sens, posf. Alexander Tollmann (Frankfurt s/ Meno, Insel, 1997).

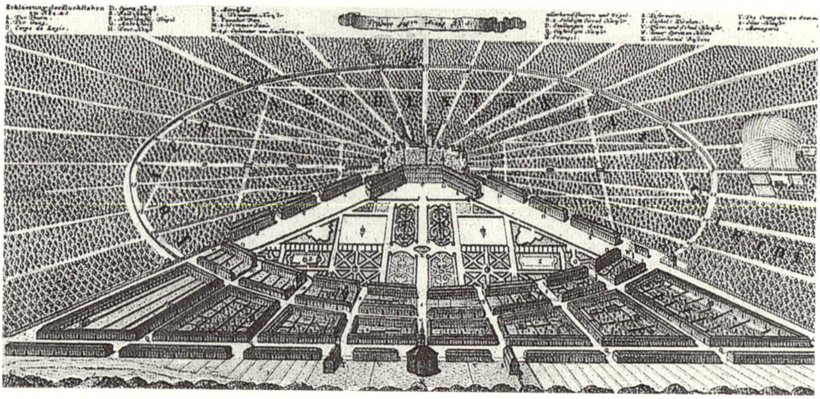

Heliópolis, aliás, Karlsruhe, 1715.

impõem a tese holística de que para o céu a exterioridade é impossível. Basta assumir o ponto de vista do cosmo para obter participação em sua invulnerabilidade.

Nos tempos antigos, todos os interessados entenderam que essa mudança de ponto de vista para o mais do que humano seria impossível sem uma rigorosa ascese. Por essa razão, quando os pensadores levavam a sério o refúgio na filosofia, a vida exercitante se tornou obrigatória; as escolas são ordens racionalistas e ascéticas; elas querem transformar simples humanos em ponto de comutação do lógos cósmico. Certamente, você mesmo, como indivíduo frágil, pode até ser muito fraco para ter noção da totalidade; isso não o dispensa da tarefa de se adaptar ao maior de todos os sistemas imunes: a periferia completamente lisa e brilhante do céu, que não pode colapsar, mesmo que todas as seguranças do mundo humano balancem. A esfera superior permanece distante de perturbações, de um lado porque a periferia da totalidade gira em si mesma, de outro porque os germes do mal, as desigualdades gritantes dos incidentes na parte de baixo jamais chegam até o ponto mais elevado. O éter não percebe nada dos miasmas sublunares; a esfera das ideias repousa atemporalmente em sua luz. Por isso, a meditação sobre o anel extremo, invulnerável, contendo o existente em sua totalidade constituiu o exercício mental decisivo da filosofia pós-platônica.[6] Todo

6. Sobre o caráter de exercício mental dos antigos sistemas escolásticos, cf. o estudo

exercício serve ao fortalecimento desse sistema imune mental. No que tange ao seu sentido prático, as contemplações da ordem pelos antigos nunca foram senão a continuidade individual de uma construção por meios lógicos de muralhas citadinas que tinham perdido seu sentido.

"O compasso é o cinzel dessa segunda arte visual."[7] Seu objetivo é provar que, em toda situação em que o destino pôs a alma e em cada ponto da superfície terrena, ela pode invocar seu privilégio assegurado de ser uma cidadã do cosmo obsequioso. O direito de cidadania na cidade absoluta sempre será propriedade do sábio, mesmo que tudo o mais o contemple com revolução, peste e exílio. Este é o *cogito* cósmico que deve poder acompanhar toda situação humana: o universo é uma casa, e a casa não perde nada, nem a mim mesmo, por mais perplexo e perdido que eu possa me sentir.

Obviamente foi Platão que, em sua obra tardia, estabeleceu os padrões para a glorificação do mundo feito. O *pater philosophorum* [pai dos filósofos], como o neoacadêmico Marsílio Ficino costumava chamar o fundador da Antiga Academia, empenhou-se pessoalmente em expor como deve proceder cada refutação do exterior. Para isso, ele introduziu, no controverso Livro X de *As leis*, dando continuidade a suas exposições sobre a filosofia da natureza de *Timeu*, o novo gênero argumentativo da prova [da existência] de Deus, que desemboca essencialmente na refutação da assunção de que haveria corpos que não são envolvidos, preenchidos e regidos por uma alma.

Reconhece-se de imediato que a teologia, a nova teologia filosófica do mesmo modo que a teologia sacerdotal mais antiga, foi uma teologia política desde o primeiro instante, pois a defesa de Deus sempre é estruturada como defesa da comunidade de seus adeptos contra seus negadores externos. Do mesmo modo se reconhece em que consiste o ataque ateísta, dado que a doutrina do não ser dos deuses desde o início pôde se mancomunar com a tendência antissocial e o materialismo político,

clássico de P. Hadot, *Exercises spirituels et philosophie antique* [Exercícios espirituais e filosofia antiga], 2. ed. (Paris, Études Augustiniennes, 1987).

7. O. Spengler, *Der Untergang des Abendlandes*, op. cit., p. 115.

ou seja, com a doutrina da lei do mais forte. Se de fato houvesse, como ensinam os negadores de Deus, meros corpos que não fossem dotados de nenhuma alma divina que os protege e conduz, poder-se-ia dizer, com razão, que eles são exteriores em um sentido absoluto e em um sentido relativo. Porém, se os corpos fossem exteriores e inanimados, os humanos não seriam menos, pois eles próprios são corpos entre corpos. Ademais, se os planetas não fossem deuses, mas apenas aglomerados quentes de escombros e pedras, seria impossível que seus corpos se preocupassem com sábia solicitude com os humanos. Se os grandes corpos celestes fossem apenas desertos escaldantes lá longe no universo, a solidão cósmica dos humanos seria fato consumado, e a solidão social, decorrência imediata dela. Nesse caso, os ateístas teriam razão de zombar das ficções piedosas dos bem-intencionados, que se imaginam rodeados de deuses e supõem que o curso das coisas tenha sido ordenado por uma providência sábia. Suprima os deuses e negue as almas: então as pedras serão nossos vizinhos mais próximos e a diferença entre corpos animados e corpos mortos não significará mais muita coisa.

Para os humanos desencantados dessa maneira, o céu seria uma escola da indiferença. Entre os cidadãos das cidades, a indiferença de todos em relação a todos teria a última palavra, pois, na ausência de um princípio de união, eles se reconheceriam mutuamente do mesmo modo que uma pedra reconhece a outra. Sem temerem castigos transcendentes, eles teriam permissão para fazer uns aos outros o que bem entendessem. No vazio, não há instância superior que socorra as vítimas e queira punir a injustiça. A lei do corpo mais forte seria a *ultima ratio* na regulamentação de relações entre forças no espaço exterior. Quando muito, os corpos fracos poderiam, na medida em que se habituassem temporariamente uns aos outros, apoiar-se uns nos outros para formar coalizões contra corpos mais fortes e escapar da solidão por um momento ilusório. Mas jamais poderia haver uma comunhão substancial ou animada entre eles por terem sido negadas de antemão as almas-campo [*Feld-Seelen*] sintetizadoras ou os espíritos comuns. A alegria dos criminosos impunes triunfa sobre a ponderação filosófica — uma possibilidade da qual a Era Moderna soube fazer uso ao estilo de Sade com seu culto ao artista criminoso. Característico da precaução conservadora de Platão é que ele só espera coisas ruins do aparato político da democracia com sua superestrutura de teoria do contrato, convencionalismo e otimismo antropológico, e sai à procura de bases mais sólidas para a fundamentação da sociedade.

Por conseguinte, as premissas da intervenção platônica estão claras: o filósofo compreende com que adversário está lidando. Sem ilusões, ele assiste ao espetáculo que mostra como o ateísmo político se prepara para o ataque ao centro da comuna. Quando Crítias, em uma comédia (perdida) intitulada *Sísifo*, designa os deuses como invenção de algum homem esperto; quando Anaxágoras designa o Sol como uma massa de pedra incandescente; quando Aristófanes apresenta, em *As nuvens*, o céu como uma máquina climática destituída de deuses — pode-se até, tratando-se de atenienses que gostam de palavras e ditos espirituosos em companhia de amigos ansiosos por dar boas gargalhadas, por um instante, achar graça dessas liberalidades, pois fazem parte do *agorázein*, da vida livre dos homens no mercado. Porém o filósofo que reflete sobre as condições do poder-ser da cidade tem de constatar, em conformidade com a verdade, que com esse tipo de conversa a comuna vai morrendo dentro dos seus cidadãos. Mas mesmo que as coisas fossem assim como afirmam os negadores da alma e do preenchimento do mundo pelos deuses, seria preciso precaver-se duplamente de promover publicamente tais doutrinas. É fatal para o espírito das sociedades quando se dissemina a visão de que os humanos não poderiam ser uns para os outros mais do que corpos manipuláveis no espaço desalmado. Tais convicções não só liberariam os fortes para imporem seus fins aos demais de modo ainda mais inescrupuloso; eles também desencorajariam as alianças dos fracos e minariam a reverência religiosa, da qual se nutre a solidariedade cidadã. Ademais, um filósofo que presenciou como se tratam mutuamente pessoas que se consideram corpos no vazio sabe muito bem que os humanos relegados a si mesmos não são reconfortantes para ninguém, nem na paz e muito menos na guerra. É preciso ter vivenciado a "terrível exasperação com que essas ínfimas cidades se aniquilaram mutuamente"[8] para compreender do que é capaz o pânico desalmado entre humanos que querem se salvar às custas de outros.

8. Ibidem, p. 113.

Caso se queira preservar os cidadãos de incidirem uns sobre os outros como uma multidão contingente de simples corpos que perderam a razão e que competem pela sobrevivência, os ateístas não podem mandar na *pólis*, ensina a preocupação conservadora. Resistir às origens — isso não vale só para a infecção erótica, mas bem mais para a infecção ateísta. Nela reside, como Platão, o pioneiro de todo conservadorismo vanguardista, acreditou ter reconhecido, o embrião da dessolidarização. Quem não se declara partidário de algum tipo de união *a priori* dos humanos que vivem juntos não estaria promovendo seu isolamento e desamparo político? Quem se nega a crer em um espírito comum já não está apoiando a desespiritualização perigosamente irrompida? Toda a primeira parte da vida de Platão esteve preenchida pelos trinta anos de guerra entre Atenas e Esparta; por isso, diante das ruínas físicas e psicológicas de sua cidade natal, ele tinha fortes razões para promover a Nova Ciência da animação da *pólis*. Era da natureza das coisas que essa nova ciência se converteria em um novo esboço da doutrina dos deuses e, além disso, na primeira teologia teórica explícita. Quem quisesse resgatar a sociedade de uma maneira mais radical do que os agitadores democráticos e os liberais do mercado nem sequer poderiam sonhar tinha de imbricar indissociavelmente e de maneira nova a cidade, as almas cidadãs e os deuses. Pois, de acordo com Platão, do mesmo modo que a alma divina só pode animar e governar o corpo se estiver unida com ele, só assim a presença de um órgão racional divino na cidade será capaz de iluminá-la e conduzi-la da melhor maneira.

Por sua tendência, a teologia política platônica ruma para um comunitarismo cosmicamente sustentado: de acordo com ela, as comunidades citadinas só são bem-sucedidas na medida em que, como corpos animados, são movidas por um princípio racional de fato presente. Caso se entendessem bem, elas seriam, de certo modo, igrejas lógicas ou unidades teonomicamente constituídas, presididas, na melhor das opções, pelos filósofos verdadeiros e reais. Para o povo comum, essa noocracia salvífica poderia ser representada, até ordem em contrário, também pelo culto tradicional aos deuses, na medida em que este ainda pudesse ser exercido de boa-fé e sem fazer concessões em demasia às atrocidades do sacrifício sangrento. Com a nova filosofia e com a velha piedade, a síntese social estaria suficientemente fundada a partir de cima e de dentro; seriam, em cada caso, almas-espíritos, deuses citadinos, *numina*, *týchai* substanciais regionalmente atualizadas, individualmente encarnadas, que mantêm em forma as sociedades empíricas. (Essa regra holística, quebrada por inúmeros reveses, teria vigência por milênios; a sociedade moderna "diferenciada", que soube criar sistemas de abrigamento não teológicos, sobretudo promovidos pelo Estado de bem-estar, foi a primeira a ousar o experimento de fazer sua síntese sem deuses unificadores, supondo que seria possível dar férias políticas ao divino sem logo entregar o domínio aos lobos. Porém, pelo fato de meros sistemas sociotécnicos de junção evidentemente não serem suficientes para animar uma boa sociedade, também a Era Moderna voltou a clamar por "valores"; mas o que seriam esses "valores" senão os antigos deuses da *pólis* no exílio?)

Somente se tudo estiver repleto de deuses — Platão retoma o dito de Tales, *pánta plére theôn*, em um ponto eminente de sua demonstração — os corpos, inclusive os corpos da *pólis*, dos quais se trata aqui em primeiro lugar, estarão sempre associados com almas racionais e seria impossibilitada a errância exterior de corpos isolados no espaço vazio e de almas em um mundo inabitável. Essa impossibilidade é o *demonstrandum* de Platão — início e fim de seus esforços de fundação da sociedade sobre energias divinas essenciais realmente presentes e efetivamente abrangentes. Onde a alma racional tivesse criado um corpo político, a primeira cidade dedutiva, seria possível eliminar — talvez pela primeira vez na era humana — as forças da avidez e do ressentimento dos regimentos cidadãos e substituí-las por um regime noocrático.

Submetendo os argumentos de Platão — que logo detalharemos — a um exame crítico a partir de uma distância maior, o que chama a atenção é a rapidez e até a precipitação com que ele chega ao objetivo, ao qual ele não estaria disposto a renunciar em nenhuma circunstância. Teria sido recomendável sugerir-lhe que avançasse mais devagar em suas demonstrações? Teria sido bom aconselhar-lhe que hesitasse mais com suas conclusões e confiasse menos em suas vivências de evidência? Essas perguntas evidentemente são de natureza retórica, pois não

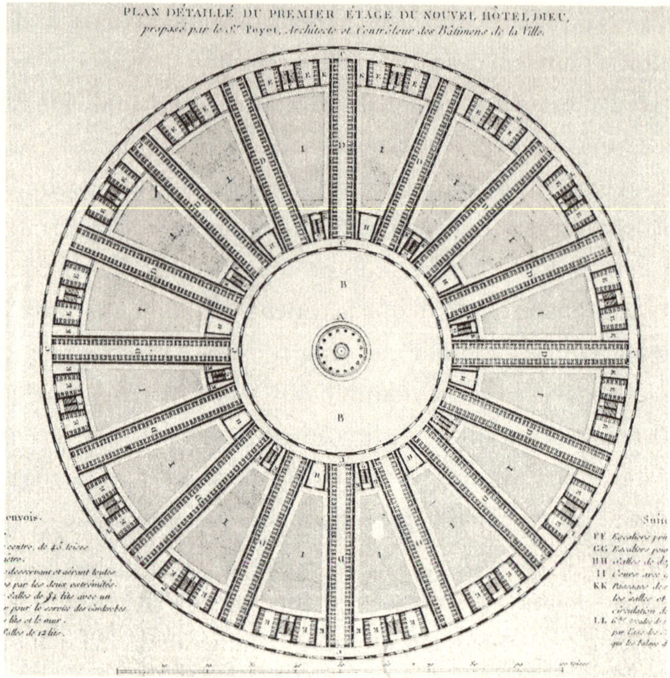

Plano do primeiro andar da clínica de observação de Bernard Poyet, 1785.

temos conselhos *a posteriori* para os grandes da tradição. Em vez disso, estamos inclinados a admitir que pensadores que sabem de antemão a que resultado querem chegar sempre e como que necessariamente têm de atropelar seus pensamentos (justamente sob a aparência da desaceleração argumentativa e mediante o respeito explícito às sequências lógicas), porque para eles não se tratava do caminho que levou ao objetivo, mas do objetivo que se encontrava no início e em relação ao qual era preciso alegar que teria sido encontrado pelas vias da investigação e agora poderia ser alcançado de modo geral e seguro por quem tivesse boa vontade e fosse sensato. Nós, modernos, colocamos sob suspeita e ao mesmo tempo invejamos todos aqueles que desfrutam do privilégio de poder partir de um objetivo (pois quem, em algum momento, compreende que já está onde pretende ir pode se considerar iluminado, ao passo que para os que foram privados de objetivos e os indecisos não pode haver iluminação, mas só os êxtases do ceticismo). O que caracteriza a situação lógica do tempo presente é que ele recomenda explicitamente correr quando é certo que andar não leva ao objetivo. Talvez seja preciso perder a clássica certeza do objetivo para entender o privilégio que foi quando os que outrora estavam seguros de seu objetivo voaram com afortunada precipitação ao encontro de seus resultados — ou se acercaram deles com salutar procrastinação. Então se compreende que é pedir demais aos velhos mestres que eles sejam cúmplices de dúvidas e depressões modernas. Quando se trata de questões urgentes, o resultado pode mesmo ser mantido em aberto? Manter resultados em aberto não se torna possível só quando não há mais nada em jogo nas causas? A famosa "dúvida metódica" não foi desde sempre uma farsa, tendo de servir de cartaz para encobrir os estados de espírito basicamente maníaco-resultativos ou depressivo-indecisos de seus autores? (No pensamento contemporâneo, foi sobretudo Jacques Derrida que experimentou com formas de um discurso que mantinha as questões radicalmente abertas — sendo a argumentação filosófica transformada em exercício de não chegada a um resultado objetivo. Porém esse "sempre já não chegar lá" mostra, por sua vez, a imagem inversa do "sempre já estar no objetivo" da metafísica clássica.)

Seja como for, quem, após a demonstração de Platão, quisesse continuar afirmando que não há deuses e que os corpos humanos estariam justapostos, de modo solto, arbitrário e a todo momento dissociável, a outros corpos no espaço vazio de deuses estaria, num primeiro momento e pelo resto do tempo, simplesmente laborando em erro, segundo o dito da escola e do templo. Pois a verdadeira tese que precisa ser assegurada diz, de uma vez por todas, que tudo está repleto de deuses.

Porém, pelo fato de que o ateu, sobretudo quando se trata de uma pessoa jovem sob más influências e teimosa, pode ter apenas se enganado de início, ele tem direito à instrução. Ninguém gosta de errar, e toda pessoa que erra tem direito a ser corrigida por quem sabe mais: esses axiomas socráticos correspondem à regra básica da mentalidade citadina grega de não tratar como *esoterica* nem mesmo os sumos bens culturais, mas de trazê-los para o centro da sociedade, *en méso*, para o meio das testemunhas e dos oradores. Isso foi encenado com sucesso nas peças trágicas dos atenienses, e a nova teologia, pretendendo relegar o teatro dionisíaco ao segundo plano, não pode proceder de outro modo nesse tocante. Em consequência, a opinião de Platão era de que, antes de enfrentar a questão de como se deve punir os ateus, seria correto e necessário tentar fazer um uso sociopedagógico de sua prova de Deus visando à reabilitação de ateístas merecedores de punição — nesse ponto se separam os caminhos do pensador comprometido com a paciência metódica e os dos sacerdotes que rapidamente amaldiçoam tudo o que não jura como eles. Só quando se trata de um caso de obstinada incompreensão culposa, Platão acaba opinando que se poderia e se deveria, de certo modo lamentando, fazer os delinquentes sentirem o rigor da lei. Contudo, com ambas, tanto com a prova de Deus quanto com sua aplicação terapêutica, Platão dá a entender que, no caso da questão da existência de Deus e deuses (nesse caso, a diferença entre singular e plural adquire menos importância do que comumente se supõe), não se trata de uma polêmica sobre um posicionamento teórico que pudesse ser praticado dentro dos muros da Academia como torneio de argumentação. Afirmar ou negar os deuses — não se trata de posições simétricas que estariam em concorrência mútua e cuja peleia pudesse ser observada com interesse esportivo. Em relação à tese de que existem deuses e que estes, embora residam no supremo, *mégiston*, também se preocupam com o pequeno, *mikrón*, com as questões humanas, não pode haver liberdade de opinião — caso a filosofia tenha algum proveito para a sociedade — e, em consequência, não pode haver licença para a negação. Para que a *pólis* exista, devem existir deuses; por existirem deuses, a *pólis* é possível e real — e se a vida na *pólis*, ainda assim, vai mal, então é principalmente porque o esquecimento dos deuses já se alastrou entre os cidadãos de maneira preocupante.

Nesse estado de coisas, o filósofo se recomenda como médico da cultura contra o esquecimento. Ele certamente não deixa de se envolver no empreendimento de provar a existência de Deus pondo a descoberto evidências soterradas para participar de embates discursivos simulados. O Platão envelhecido está bem distante do sadismo esportivo com que estudantes talentosos estrangulam, em debates acadêmicos, as opiniões dos ancestrais em pleno ar, como Aquiles fez com as serpentes. Sua argumentação é conservadora e taciturnamente edificante. Ele sabe que nenhuma sociedade pode *realiter* pôr seus sistemas imunes efetivos, suas convicções comuns doadoras de vida, à disposição sem destruir a si mesma. Sua prova de Deus ou deuses não visa aportar a uma questão não decidida os argumentos a favor do que é mais provável. A questão está decidida na instância máxima, a sentença foi pronunciada com razões humanas e divinas. Os deuses vivem, e sua realidade e presença não podem ser atingidas por nenhuma antítese seriamente formulada. Se, ainda assim, Platão argumenta — ele reflete por um instante abertamente sobre se argumentar seria mesmo a coisa certa (*As leis*, Livro X, 887a-c) —, é porque quer assegurar adicionalmente, em vista das provocações ateístas, este resultado irrenunciável: a doutrina confirmada por pensadores de todas as épocas e aprovada intuitivamente por mentes sãs de todos os povos de que existem deuses bons e sábios que se interessam por humanos.

Portanto, estamos lidando com um prelúdio ateniense à tese medieval da *fides quaerens intellectum* [fé em busca de entendimento], agora sob a regência da filosofia, que reivindica para si, diante da crença popular e sacerdotal, a nova competência teológica determinante. Consequentemente, a decisão de argumentar tem seus ardis em termos de política das ideias. Pois, quando os deuses se tornam dependentes de prova, antepõem-se, pelo menos hipoteticamente, as bases da legitimação de poder e ordem na sociedade em favor dos que trazem os melhores argumentos para sua fundamentação teológica. A introdução da prova de Deus por Platão fornece o modelo de uma revolução conservadora a favor da classe fundamentadora.

Naturalmente, a *pólis* tinha vivido, desde tempos antigos, da convicção de que deuses atentos, fiéis ao lugar, presentes nas almas dos cidadãos garantem sua subsistência. No futuro, todavia, ela precisa atentar adicionalmente para que a totalidade da ordem da cidade, como encaixe harmônico das partes, participe *per analogiam* da estrutura geométrica divina do universo hierarquizado e arredondado[9] — nesse

9. No ponto alto de sua criatividade intelectual, os gregos desenvolveram modelos explícitos de cosmologia política e estabeleceram expressamente analogias entre cooperações citadinas e configurações cósmicas; é o que mostra J.-P. Vernant em seu estudo *Die Entstehung des griechischen Denkens* [A gênese do pensamento grego] (Frankfurt s/ Meno, Suhrkamp, 1982).

ponto, entra em jogo a contribuição especificamente nova da teologia filosófica do cosmo. A cidade tem de se tornar redonda como o cosmo é redondo e ser hierarquizada do mesmo modo que o cosmo é hierarquizado, descendo do melhor até o menos bom. Para falarem dessa geometria divina, os especialistas costumeiros em culto, os sacerdotes, não mais têm competência; quem a tem são os novos filósofos formados em matemática.

Assim, na tentativa de repelir o crime de opinião do ateísmo, Platão, o imunólogo-chefe da era metafísica, põe suas cartas na mesa: depois do que foi dito, a verdadeira doutrina de Deus e, em consequência, também a doutrina da sociedade só são mais possíveis de uma vez por todas filosófica e esferologicamente. Os rapsodos podem até continuar narrando seus mitos, e os sacerdotes podem preservar sua competência ritual — mas futuramente serão os filósofos que poderão reivindicar, como único grupo capaz de apresentar a prova de Deus, a representação espiritual adequada da sociedade.

De um só golpe foi revelado aqui como a nova teologia filosófica é embutida na reconstrução imunológica e institucional de uma cidade melhor. Em sua prova de Deus, Platão trata objetivamente de uma prova da animação de todas as coisas. É bastante curioso: Deus pode ser considerado provado se puder ser evidenciado que o cosmo possui a forma de esfera e que essa esfera oni-inclusiva é homogeneamente animada em toda a sua extensão. Se essa sentença pudesse ser argumentativamente alcançada, toda exterioridade teria sido refutada, e a inteligência ameaçada pela solidão cósmica e social poderia respirar aliviada de uma vez por todas. Nesse caso, não seriam a arbitrariedade e o acaso que governam o mundo, como pensam os caóticos mestres de direito natural com sua doutrina do *prius* do forte, mas a totalidade do ente se encontra, quer os humanos compreendam, quer não, sob o domínio da lei divina abrangente, que se revela na geometria e na ética ao mesmo tempo. A matemática filosófica romperia, assim, o aparente privilégio do forte: ela mostra que existe uma força que consiste em maldade e fraqueza. Porém, se as totalidades animadas forem as realidades propriamente ditas, a vida nas cidades poderá e deverá voltar a ser boa — até em Atenas, após a merecida ruína.

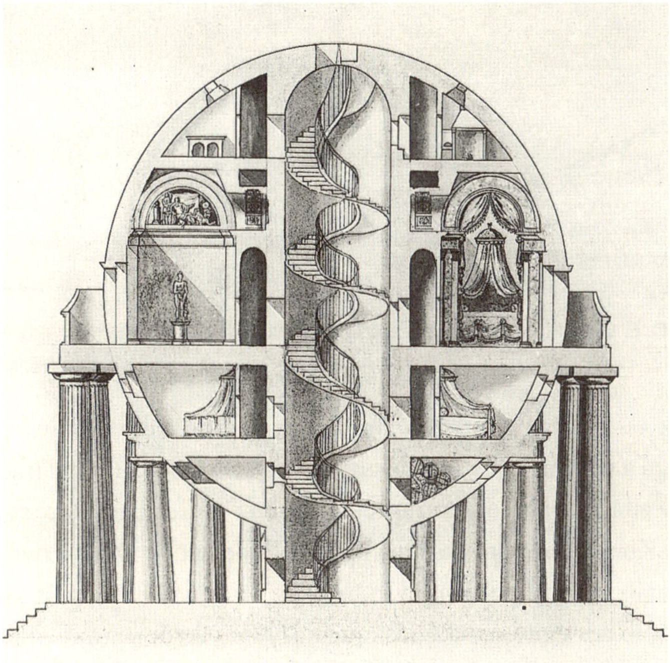

Casa para um cosmopolita, de Carl Peter Joseph Normand, conforme Vaudoyer, 1785.

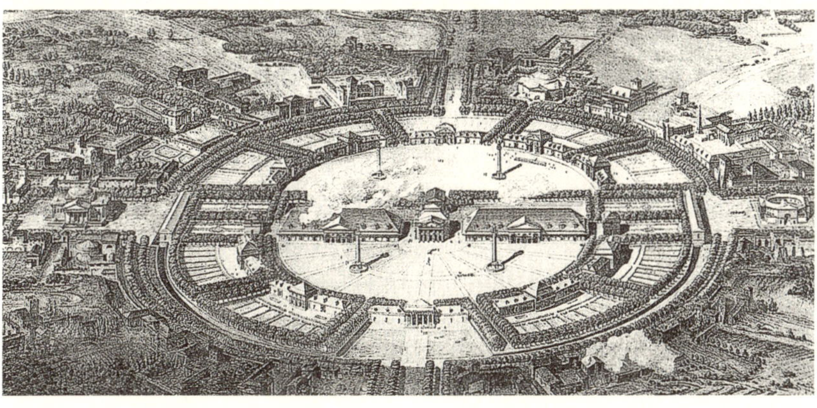

Claude-Nicolas-Louis Ledoux, *Utopia da cidade fabril*, 1775.

O. E. Bieber, projeto de concurso para arranha-céu em Colônia, 1925.

Por essa razão, a questão fatídica da comunidade política é como ela chega a ter uma constituição antiateísta — e, em segunda linha, a um sistema educacional solidarizante. A filosofia se oferece aqui como a primeira ciência protetora da constituição. A defesa de Deus e dos deuses por Platão deteve, por um lado, o ateísmo atualmente mais perigoso em relação aos deuses citadinos, que nas *póleis* desde sempre foi denunciado como o crime da impiedade, *asébeia* — o caso de Sócrates não foi esquecido — e, por outro lado, o ateísmo filosófico-natural ou cosmológico, que afirma um mundo destituído de deuses e, em consequência, um exterior universal: uma tese, cujo despontar atesta o quanto os sofistas, por conta própria, podiam se afastar do dever tradicional dos sacerdotes e sábios de promover as mentalidades pátrias em vista das sociedades políticas e físicas. Numa situação cultural em que as cidades dependem de uma constante regeneração das mentalidades societárias, as duas espécies de ateísmo, tanto o regional quanto o universal, têm um efeito extremamente corrosivo; eles equivalem a um tipo de deserção comunal e ontológica. O ateísmo em relação aos deuses citadinos é primeiramente o mais perigoso, porque leva os humanos na *pólis*, quer cultos, quer incultos, a caírem na tentação de agir sem levar em consideração as leis nem os justos interesses dos concidadãos, ao passo que o ateísmo absoluto ou cosmológico só atrai os clientes de alguns sofistas superinteligentes. Porém, as duas variações evidentemente atacam os sistemas imunes mentais e os fantasmas que animam o organismo comum dos coletivos políticos, enquanto estes ainda precisam articular sem alternativa a razão de sua coesão em discursos e ritos teológicos.

A colônia Leipzig-Lössnig, c. 1925.

Enquanto os deuses forem as hipóstases efetivas do senso comum e as cidades viverem do que seus cidadãos consideram a força vital de seu sistema social como mais real do que o de cada vida individual, em circunstância nenhuma poderão ser apresentadas em voz alta dúvidas a respeito da existência dos deuses; muito menos podem passar a circular, como se fossem opiniões passíveis discussão, discursos negadores dos deuses, cujos autores parecem ser homens sábios.

O forte sentimento de Platão contra a aparência enganadora e seus produtores e intermediários, os sofistas, decorre sobretudo desta contrariedade: com que facilidade os argumentos ateístas e antissociais conseguem vestir a aparência de plausibilidade — e aniquilar essa vestimenta é o sentido crítico da filosofia "verdadeira", a saber, até ordem em contrário, a filosofia platônica. Na situação cultural antiga, os ateístas podem ser percebidos como terroristas semânticos, que estariam a fim de arruinar argumentativamente a síntese social. Portanto, se a filosofia quiser se tornar indispensável para a fundação da sociedade, ela tem de começar a provar o que até aquele momento parecia não carecer de prova: a realidade dos deuses — e não só isso: o preenchimento da totalidade do ente por uma presença divina retardada.

Nesse novo tipo de empreendimento probatório, revolucionário em termos de procedimento quando aplicado por uma mentalidade conservadora, acontece pela primeira vez aquilo que estabelece em sua posição sobranceira que marcou época o conceito fundamental de nossas investigações, a concepção da *esfera* ou do globo realmente existente, plena/o de sentido, que anima e abriga tudo. A prova platônica de Deus entroniza em toda forma a esfera com princípio último de formatação do existente em geral. O que quer que tenha sido indicado por Anaximandro, Anaxágoras, Parmênides, Empédocles e, acima de tudo, pelos pitagóricos sobre a estrutura esférica da totalidade universal, tão somente a argumentação completa e soberana de Platão promoveu a teologia da esfera ao posto de paradigma inesquecível. Foram seus argumentos em *Timeu*, em *Fedro*, em *As leis*, que encaminharam a geometrização da totalidade do existente com consequências quase impossíveis de aquilatar. Jamais se poderá apreciar suficientemente esse acontecimento na história do pensamento: a prova de Deus não só se manteria por dois mil anos como a rainha das disciplinas da filosofia edificante, como também durante quase o mesmo período os argumentos platônicos se conservariam válidos nos discursos tanto da cosmologia quanto da noologia; e só quando os europeus mais recentes aprenderam a juntar seus sistemas sociais com adesivos não religiosos — economia de mercado, parlamentarismo, sistemas de bem-estar social, meios de comunicação de massa, direito e atividade artística —, ou seja, a partir do século XVIII, eles puderam se dar ao luxo de esquecer seu legado platônico quase da noite para o dia. *Voici le temps des esprits forts* [Eis o tempo dos espíritos fortes]: o barulho infernal de todos os espíritos livres. Porém, não foi o próprio Hegel que expressou a suspeita de que a zombaria a respeito dos reis-filósofos só pôde se desenvolver para o divertimento vulgar, em especial entre os filósofos respectivamente mais recentes, porque o próprio Estado moderno é o platonismo realizado, a regência dos princípios?

Em Platão, toda a teologia se tornou morfologia. Ao demonstrar Deus como a suprema coisa formal, pela primeiríssima vez ela se viabilizou como arte do discurso racional de Deus. Mediante a prova de que Deus possui e concede a melhor forma possível na totalidade realizada, a teologia ingressou em seu período racionalista ou construtivista; a partir daquele momento, deve-se calar a respeito de Deus e deuses quem não quiser falar da esfera. O que de fato caracteriza o espírito do velho Ocidente de Jônia até Iena é que ele passa, sim, a *construir* Deus, mas tem de fazer de conta que está se submetendo a uma revelação. O

Panteão, panorama da cúpula através de uma objetiva olho de peixe.

que denominamos a era da metafísica é substancialmente o tempo de um construtivismo forçado a negar a si mesmo. Sua figura de pensamento e edificação primária é o Deus esférico como garante imbatível da imunidade ontológica. Porém, se os teólogos religiosos até hoje se indignam contra essa noção fundamental e desprezam o Deus construível como fetiche ou ídolo, isso se dá unicamente porque fazem pouco de constructos e seu desempenho em termos de asseguração e porque insistem na representação de que a imunidade superior só pode ser encontrada, mas não feita. Isso implica uma noção sábia na prática, na medida em que aposta em um Deus que mantém sua mão aberta justamente quando tudo escapa às mãos humanas. Mas ela é teoricamente irresoluta, porque fecha os olhos para o poder das imunidades construídas. Talvez essa indecisão seja psicologicamente compreensível, porque os teólogos não desejariam se privar, sem seus negócios discursivos, da certeza de poder, caso necessário, deixar-se cair em um envoltório abrangente. Por essa razão, eles se detêm diante do limiar, além do qual a teologia, pela lógica da coisa, passaria a ser morfologia e imunologia.[10]

10. A pista formal deixada por esse recuo dos teólogos diante da potência racional de seu fazer aparece nas declarações de humildade com que tentam subordinar o "deus dos filósofos" construído ao assim chamado Deus revelado da Bíblia. Portanto, mesmo que Deus pudesse ser representado, por razões plausíveis, como a maior das esferas, ele teria de ser, não obstante, segundo a opinião dos teólogos da submissão, muito mais do que isso e diferente disso. E isso porque, de uma perspectiva metateológica, os teólogos religiosos não podem e não querem crer que uma forma de imunidade que pode ser compreendida pelo ser humano de fato possa imunizar suficientemente. Enquanto os teólogos filosóficos tecnicamente mais inteligentes começam a meditar a periferia do maior dos círculos como o grau supremo de imunidade, os teólogos religiosos acenam negativamente: um Deus que *nós* pudéssemos pensar não seria seguro o bastante *para nós*. O que podemos mensurar não é capaz de nos sustentar. *Deus semper maior* [Deus sempre é maior]. Sempre queremos ser tomados mais do que tomar; queremos nos entregar e não lidar até o fim com coisas que podemos entender. Em suma: a promessa superior de imunidade é procurada no que não se pode entender. Porém, em termos imunológicos isso é, na melhor das hipóteses, uma meia verdade. Não poder e não querer crer no Deus que se pode compreender é a forma originária de hostilidade à técnica. Os teólogos sacerdotais se recusam a admitir que eles também exercem um ofício teotécnico — portanto, que eles *fazem* algo e não só *acham* algo; eles resistem a ver que evocam imunidade ou salvação subjetiva em produções simbólicas, e não só deixam acontecer coisas indisponíveis. Mas, desse modo, eles apenas expressam sua incompreensão do fenômeno "imunidade".
A versão hierarquicamente mais elevada da não compreensão da essência da teologia pelos teólogos sacerdotais aparece na fórmula aparentemente clara e, não obstante, ambígua do IV Concílio de Latrão: "Pois entre o criador e a criatura não se pode observar tamanha semelhança que não se deva observar diferença maior ainda" (H. Denzinger, *Enchiridion symbolorum definitionum et declarationum de rebus fidei et morum*, Freiburg, Herder, 1991, p. 386 [ed. bras.: *Compêndio dos símbolos, definições e declarações de fé e moral da Igreja Católica*, trad. da 42. ed. alemã de 2005, José Marino Luz e Johan Konings, São Paulo, Loyola, 2006, documento 806, p. 286]). A fórmula é clara na medida em que concede prioridade ao aspecto em Deus que não entendemos e ao qual não nos assemelhamos em relação ao aspecto ao qual nos assemelhamos e o qual entendemos. Ela é ambígua na medida em que denomina criador o Deus que não entendemos, sem levar em conta que essa titulação contém uma demanda construtivista, a saber, a vontade de derivar o existente de ações de uma inteligência que nós entendemos (porque sabemos o que é fazer). Em consequência, deparamos com um semirracionalismo que da criação só quer saber o fato, mas não o modo. Tal teologia é (como quase toda teologia) uma forma final do quase-pensar.
Na visão esferológica, o enigma da diferença entre o Deus dos filósofos e o dos teólogos é relativamente fácil de resolver: enquanto os filósofos se empenham com êxito que marcou época pela fundamentação das relações macroesféricas de imunidade

A nova ciência do Deus construível depende inteiramente do argumento de Platão, que marcou época, de que por duas razões o universo divino teria de ser uma única esfera animada: em primeiro lugar, porque em toda parte a alma, na condição de movente, confirma sua primazia em relação ao corpo, na condição de movido, e, em segundo lugar, porque o espírito divino e criador, em virtude de sua excelência e ausência de inveja, só pode dar ao cosmo, que é seu "eterno produto", para falar em termos paradoxais, o seu melhor movimento, o automovimento circular. Dado que da abundância do que é bom faz parte o número pleno das dimensões primárias, também sensivelmente experimentáveis, o número três, o círculo precisa ser elevado à abundância não saqueada e, em consequência, à forma da esfera.

Não há como se admirar o bastante desse argumento que representa a célula lógica da globalização metafísica; ele não só permite reconhecer os simulacros que celebram sua ascensão sob a luz mortiça da evidência, mas também expõe, com pureza quase caricatural, a que conclusões pode levar a pretensão de extrair a "verdade do conceito". Quando se reformula a ideia platônica enfatizando sua forma lógica, sua singularidade se torna ainda mais notável: o cosmo *tem de* ser uma esfera porque Deus deve satisfazer o seu conceito! O conceito que Deus tem de si mesmo exige dele com uma força que demanda consequências, por um lado, não deixar o mundo incriado — porque essa omissão seria uma forma de poupar indigna de Deus (o Deus e o sol são os *great providers* [grandes provedores] da era metafísica; funcionam como reis ontologizados da prodigalidade, cuja liberalidade conquista o seguimento de todo o existente — excetuando rebeldes que lhe recusam a gratidão); esse conceito exige dele, por outro lado, configurar o mundo ao estilo

— de onde surgem a ontologia clássica ou a ontoteologia, bem como a cosmologia aristotélica das camadas —, as inteligências sacerdotais têm de dar conta da tarefa de transformar o Deus recipiente do "ser" novamente no Deus relacional da alma. Trata-se, portanto, de duas configurações diferentes e talvez incompatíveis de micro e macroesferologia. A forma como deve ser concebida a repersonalização do ser dos filósofos em seus detalhes será aclarada mais adiante, no Capítulo 5: "*Deus sive sphaera* ou O universo-uno explodindo", p. 458 ss.

de Deus ou à semelhança de Deus porque algo que seja menos do que o melhor em termos formais e materiais não é capaz de expressar o autor (o *modus operandi* de Deus é inevitavelmente expressionista-perfeccionista). A forma esférica da totalidade expressa a necessária convergência entre a otimidade do autor, a otimidade do processo e a otimidade do resultado. Ser redondo é a forma de revelação da *aristeia* [excelência] ontológica do mundo. Com isso se alcança aquilo que, no prólogo, damos a entender sobre o otimismo exato da ontologia: teoria da totalidade só *pode* ser teoria do melhor.[11]

É impossível não tomar conhecimento de que, desse modo, se instaura uma relação entre Deus e mundo, análoga àquela que no Gênesis bíblico se chama "imagem e semelhança" — procedendo o Deus de Platão de modo extensivamente mais generoso do que o Deus do Gênesis, porque já no primeiro movimento ele "põe para fora" de si o *optimum* morfológico (no caso da obra do demiurgo não se trata da criação de uma coisa após a outra no sentido judeo-cristão, mas de uma protuberância que vai se atenuando do centro para a periferia), enquanto a generosidade de Javé é mais intensiva e culminante, na medida em que ele começa com repartições grosseiras, para investir o melhor no final, em Adão, o último a ser criado, e em seus descendentes. É evidente que, desse modo, são postas teologias radicalmente diferentes que podem ser caracterizadas com as etiquetas "cosmoteísmo" (a grega) e "etnoteísmo" (a judaica), talvez também morfoteísmo e nomoteísmo.

Com a força do que se faz pela primeira vez, Platão torna os deuses, isto é, as almas motrizes ou os princípios dos corpos, e o Deus que se manifesta, o corpo-universo que move a si mesmo, isto é, o céu que é a totalidade ou o cosmo, dependentes de sua inteligibilidade e construtibilidade — poder-se-ia dizer também de sua demonstrabilidade e acessibilidade racionais — e, em consequência, de suas propriedades lógicas e geométricas, ou melhor, uranométricas. Agora se chega ao ponto em que convergem compreensibilidade, redondeza e otimidade; a denominação filosófica do ponto focal dessa convergência é: verdade.

11. Cf. p. 25 s.

Desse modo, está dada a situação protoconstrutivista; tornou-se possível a teologia racional, aliás, a ontoteologia.

Provar [a existência de] Deus; geometrizar Deus (ou melhor, uranometrizá-lo); atribuir a Deus e ao seu análogo corporal, o cosmo, a forma e o movimento mais sublimes; fazer com que Deus retorne a si mesmo, circulando sem começo nem fim: a ação concertada dessas determinações perfaz a ação originária do racionalismo filosófico europeu. Por meio dela, a geometria, a única que é competente para tratar de círculos e esferas, torna-se a ciência básica da teologia — e, por meio desta, também da teoria política. (A aliança entre geometria e politologia se afirmará até a Era Moderna: sobretudo nas fantasias da época da Revolução Francesa a respeito de uma "sociedade geométrica" e no construtivismo socioarquitetônico da arquitetura moderna da Bauhaus até Le Corbusier.[12]) Ao Deus dos filósofos não competem mais só em sentido imunológico vago os autoabrigamentos do mundo de vida e as impermeabilizações do espaço interior; sendo um Deus exato, ele gera a si mesmo e o seu espaço conforme o modelo do mais nobre dos movimentos e da mais distinta das formas. A partir daquele momento, esferas devem ser concebidas como *globos* no sentido exato da palavra — não mais só como contornos pré-geométricos, psicocosmológicos do mundo da proximidade com suas extensões arquitetônicas morfologicamente difusas. Com a ajuda do compasso, o espaço interior mundano mais antigo do povoado, da cidade, é renovado como forma cósmica perfeita. Dali por diante, os sabedores residirão sob uma *cúpula* sutil que se torna visível quando, após o desencantamento da percepção sensível, passa a vigorar o novo encantamento da intuição formal.

A modernização matemática do cosmo não cumpriria sua finalidade se não fosse evidente para os adeptos da filosofia que, nessa catedral redonda do ser, a alma racional está consigo mesma em toda parte, sendo impossível que em algum momento ela possa estar fora da boa

12. Cf. J. Starobinski, *1789. Die Embleme der Vernunft*, Munique, Fink, [s.d.], p. 45-54. [Ed. bras.: *1789: Os emblemas da razão*, trad. Maria Lucia Machado, São Paulo, Companhia das Letras, 1988.]; H. Klotz (ed.), *Vision der Moderne. Das Prinzip Konstruktion* [Visão da modernidade: o princípio "construção"], Munique, Prestel, 1986.

totalidade. Com isso se levanta a questão de como os indivíduos entendem sua posição dentro da casca absoluta. Eles lograriam deduzir seu dever de sua localização na totalidade, seu mérito, de seu destino, sua imunidade, de sua circunspecção?

A parte mais importante da prova platônica de Deus para criação da macroesfera política é a doutrina da não indiferença dos deuses em relação aos humanos. De que adiantaria ter ciência de que Deus é uma esfera oni-inclusiva se não fosse possível tornar plausível, ao mesmo tempo, que essa esfera não só contém os humanos ao lado da totalidade de todos os elementos e de todas as coisas, mas também se preocupa com eles? Se o deus não passasse de um grande recipiente, como ele poderia se interessar pelo seu conteúdo? Que importa ao envoltório da esfera aquilo que ele envolve? Se ela fosse só uma moldura exterior, de que modo a *sphaira* conseguiria se comunicar com os pontos lógicos dispersos em seu interior, com os indivíduos e os demais seres animados?

As respostas de Platão a essas questões impressionaram a inteligência europeia durante mais de dois mil anos, e, se as doutrinas clássicas sobre a interconexão da totalidade significativa com suas partes inteligíveis hoje parecerem mais ou menos liquidadas, isso ocorre não tanto por terem sido realmente refutadas — pois o que quer dizer refutação no campo da exuberância? —, mas porque foram vitimadas pelas mudanças de temas da revolução cultural da Era Moderna. Do ponto de vista lógico, a Era Moderna é a autoefetuação do mito analítico que confere às partículas a primazia em relação às suas composições. Também no campo sociológico reina a primazia dos indivíduos em relação a suas associações, dos sistemas em relação aos seus entornos. Logo, a sociedade de mercado não encontra mais serventia para o esquema hierárquico da totalidade e suas partes na execução de suas rotinas; ele é guardado na reserva apenas para tempos de guerra, que é quando modernos sistemas sociais são reconvertidos em padrões holísticos de cunho militar (com distribuição totalitária do estresse ou então com mobilização total).

Como não poderia deixar de ser quando se trata de problemas situados no limite do dizível e fundamentável, Platão, em muitos pontos críticos, ocultou seus enunciados em parábolas mitológicas e assim propiciou uma manifestação sugestiva à especulação mais descolada do chão. Quando se trata de mostrar que o cosmo não é indiferente aos humanos que nele estão, Platão recorre ao mito do construtor já explicitado em *Timeu*, com o qual facilmente se consegue aclarar por que, em um plano inteligente para um conjunto, justamente as partes são significativas, "pois mesmo os construtores dizem que grandes pedras não podem ser bem assentadas sem as pequenas" (*As leis*, 902d).

A cooperação entre ser humano e universo é concebida primeiramente segundo a analogia de um grande mecanismo ou uma cidade racionalizada do início ao fim, na qual todas as partes atuam em conjunto de acordo com um plano-piloto definido em detalhes. Platão explica da seguinte maneira o encaixe do humano individual no edifício do mundo:

> Vamos persuadir o jovem [ameaçado pelo ateísmo (nota de Peter Sloterdijk)] de que todas as coisas estão ordenadas por aquele que cuida de tudo, visando à preservação e excelência do todo, no qual cada parte age e sofre o que lhe cabe na medida de sua capacidade. Para cada uma dessas partes foram designados regentes [isto é, almas subordinadas (nota de Peter Sloterdijk)] para governar até os mínimos detalhes seu fazer e sofrer e, assim, promover a consumação do todo em cada mínima fração. *Uma* dessas partes é você também, pobre mortal, que, por minúscula que seja, se empenha o tempo todo para cumprir as finalidades do todo e tem nestas a sua finalidade. Mas você não pondera e permanece encoberto a você que tudo é gerado unicamente para que aquele ser (eterno) que está na base da vida do todo, seja bem-aventurado, e que esse todo não foi gerado por causa de você, mas você por causa do todo. Pois todo médico e todo artesão (humano) competentes trabalham sempre em vista de um todo e, buscando sempre a perfeição desse todo, ele não completa o todo em função da parte, mas a parte em função do todo; mas você resmunga porque não vislumbra em que medida o que é melhor para você pode simultaneamente corresponder ao todo e também a você, na medida em que o permitem as leis universais do vir a ser. [...] Portanto, em relação a essa totalidade cósmica, ele dispôs que cada coisa obtenha necessariamente a

> sua posição e sua residência nela de acordo com a propriedade assumida. (*As leis* 903b-c, 904b)

A sublimidade opressiva desse argumento serviria de modelo durante dois mil anos para os espíritos positivos, sempre que se tratasse de rebater as reivindicações de indivíduos insatisfeitos, rebeldes ou, em termos contemporâneos, dissidentes. Pode-se opinar que aqui Platão leva a termo, com meios argumentativos, o que os construtores de cidades da antiga Mesopotâmia iniciaram com métodos arquitetônicos — o fechamento do poder expandido em um mundo interior homogêneo e, além disso, o encaixe do indivíduo no edifício total. Somente assim esse mundo interior sem exterior pode se converter em *territorium* de uma subjetividade divina que a tudo determina porque calcula tudo do início ao fim.

Na construção cabal do interior absoluto, o grandioso está estreitamente ligado ao assustador, o que pode ser identificado nas indicações de Platão de que os indivíduos mal-intencionados, obstinadamente divergentes, não têm como escapar da atenção universal dos deuses. Segundo ele, ninguém pode se vangloriar de ter alguma vez escapado da punição divina — pois os deuses encontram você em toda parte, "por minúsculo que você seja e mesmo que se esconda nas profundezas da terra e suba às maiores alturas e se alce ao céu" (*As leis* 905a). No espaço platônico, quem transgride a ordem sempre acaba preso — a justiça eterna tem 100% de êxito em suas diligências (ponto de comparação: a polícia da Baviera informa com orgulho para o ano de 1997 a cota quase sensacional de 65% de esclarecimento de crimes, diante de uma média federal de 52%) —, o que se apresenta como ameaça para os mal-intencionados, ao passo que para as almas bem-intencionadas é impossível querer estar em algum lugar diferente dessas relações transparentes. (Entre os profetas judeus, esse poder executivo onisciente de Deus é igualmente bem desenvolvido: "Se penetrarem no Xeol, lá minha mão os prenderá; se subirem aos céus, de lá os farei descer" [Amós 9,2]; de modo análogo no Atarvaveda, da Índia antiga: "Mesmo que alguém conseguisse passar para o outro lado do céu, ele não teria conseguido escapar do rei Varuna."[13])

13. Cf. R. Pettazzoni, *Der allwissende Gott. Zur Geschichte der Gottesidee* [O Deus

Para abafar um pouco o aspecto real e potencialmente terrível nessa hipertransparência, Platão põe em jogo a segunda de suas construções mitológicas que ajudam a entender por que os humanos, ainda assim, não são só postos em determinadas posições, segundo alguma disposição superior, como pequenas pedras em uma grande construção ou como figuras em um tabuleiro — e por que inversamente a liberdade não reside só no crime. O fator heteronômico nesse tipo de considerações holísticas permite perceber uma mentalidade extrapolada de ordem, que provoca indignação mais do que edificação, porque nela se dispõe dos indivíduos não como livres, mas como se fossem instrumentos, não como seres racionais que elegem pessoalmente suas finalidades, mas funcionários executivos sem vontade própria dentro de um serviço totalitário ao ser e a Deus. (Esse heteronomismo acompanha os holismos políticos até os séculos XIX e XX, quando se tentou implementar politicamente as ideias totalitárias do platonismo político, aliás, do idealismo alemão e dos sistemas naturalistas dele decorrentes.) Caso se queira que a doutrina do regimento dos deuses jogue o seu charme, não se pode estragá-lo com argumentos que contrariem o senso de liberdade. Em consequência, é recomendável reformular a ideia rude da determinação estranha na direção da autodeterminação, e isso só pode ser feito mediante uma reflexão que transforma os humanos sensatos em cooperadores autônomos dos deuses.

Nesse ponto vulnerável, Platão recorre a uma segunda reserva mitológica — a lenda do parentesco entre a alma espiritual humana e os deuses. Pois os furtos cometidos por Prometeu deram aos humanos "parte na sorte divina", como explica Sócrates no diálogo *Protágoras*, que pertence à fase inicial. Portanto, se o universo estiver mesmo sendo conduzido por energias divinas ou princípios divinos com base em sabedorias estruturais inigualáveis, os humanos não podem ser totalmente excluídos dessa capacidade. Se fizerem bom uso da razão furtada para eles, não só descobrirão as ordens dadas na atitude de submissão acatadora, como também terão parte nela com uma espécie de coespontaneidade

onisciente: sobre a história da ideia de Deus], Frankfurt s/ Meno, Fischer, 1960, p. 28 e 16.

Recluso em oração diante do prédio central de uma penitenciária pan-óptica.

intelectual. De modo nenhum eles seriam meros prisioneiros das cascas cósmicas, como afirmariam posteriores inimigos gnósticos do mundo, mas coprodutores e associados da totalidade bem-sucedida. Coproduzindo o que é válido, eles confirmam sua afinidade com os deuses. Portanto, como parentes da nobreza inteligente, aconselha-se aos humanos que se sintam *partout* em casa na macroesfera. Do mesmo modo como a alta nobreza tem parentes em todos os quadrantes do mundo, entre os quais ele poderia ocasionalmente residir, o intelecto identifica, em cada alma cósmica, a bondade da imanência disposta a acolhê-lo.

Esse sublime sistema de inclusão, decorrente da reconstrução da cidade em forma de esfera cósmica, não pôde ser defendido sem paradoxos e novas exclusividades espinhosas, como mostra o infeliz destino daqueles que insistiram até o fim em seu ateísmo citadino ou absoluto e dos que até tomam a liberdade (como o mal-afamado Alcibíades) de celebrar mistérios privados de cunho herético ou parodístico, para por meio deles "destruir casas e Estados desde a base".

> Digo que todas essas pessoas, depois de terem sido apanhadas em tal crime, devem ser condenadas pelo tribunal segundo a lei a permanecer encarceradas e acorrentadas no interior da terra (plana) por toda a vida, e nenhum homem livre jamais deve poder visitá-las. [...] Porém, após a sua morte, eles devem ser lançados fora da terra sem sepultura. E, caso, ainda assim, algum homem livre lhes proporcione sepultura, cada qual deve ter o direito de processar a este mesmo por impiedade. (*As leis* 909b-c)

De modo surpreendentemente indissimulado, o argumento sutil desemboca em uma proposta prática grosseira. Pois lançar o ímpio fora da boa totalidade faz com que irrompam paradoxos que teriam consequências devastadoras para a credibilidade racional da construção, caso pudessem ser explicitadas em um local que fosse. Para explicitá-los, bastaria perguntar para onde — na tópica da totalidade do existente — os cadáveres dos negadores de Deus devem ir quando forem lançados para fora da terra e qual é o sentido topológico de seu não sepultamento. Pois ou a esfera é inclusiva, e, nesse caso, nem os ateístas poderiam ser excluídos dela; ou ela é não inclusiva, e, nesse caso, teriam razão aqueles que afirmam que existem corpos sem alma e um exterior sem deuses. Pois o ponto alto da excomunhão drástica é expulsar os heréticos justamente para aquele exterior que, segundo a convicção de seus adversários e juízes teístas, não pode existir. Não sepultar os ateístas que não querem mudar de opinião nem sob a impressão da prova de Deus em terra pátria de acordo com o costume sacrossanto dos gregos — isso não significaria estabelecer um exemplo de que alguns corpos de fato acabarão no espaço sem alma? Seus cadáveres insepultos não cessariam de ensinar a petulante doutrina do exterior — bastaria que alguém se aproximasse deles para escutar e propagar essas prédicas que vêm do frio.

Percebe-se nessa passagem e em muitas outras do *corpus* platônico que as exposições reunidas de Platão estão muito distantes de compor um sistema; nem mesmo a oposição fundamental entre tendências monistas e dualistas chegou a um equilíbrio em Platão, e de modo nenhum se pode falar de uma coesão do vocabulário conclusivo ou do campo conceitual básico. O caso em pauta fala por si mesmo de todas as maneiras: excomungar do universo animado os negadores do universo animado — esse paradoxo já é suficientemente devastador para desmentir a oni-inclusividade da esfera divina (que aponta opções monistas). Porém compreende-se de imediato que não se trata aqui exclusivamente de verdade teórica, mas bem mais das funções imunes de uma grande visão de mundo. Do mesmo modo que a cidade não poderia viver se não pudesse excomungar *ultima ratione* os inimigos inconvertíveis da *pólis*, a esfera que contém tudo não poderia manter-se em forma se não pudesse *in extremis* descartar o que não consegue integrar. Nem o cosmo uno pode ser concebido como redondo sem a discriminação do outro.

No ponto crítico em que poderia irromper o paradoxo, o legislador-teólogo introduz uma proibição de pensar, nesse caso, em forma de uma ríspida advertência contra tomar o partido do ímpio após sua morte. Aquilo que o morto lançado para fora poderia objetar contra o teólogo sob nenhuma circunstância pode ser articulado por outro em seu lugar — senão a polêmica silenciada entre teístas e ateístas seria reativada. Do ponto de vista procedimental, a proibição de sepultar ateístas é equivalente à prescrição de retirar totalmente das conversações a causa ateísta como um todo. Você não pode se relacionar com representantes da tese da inexistência de almas; e não deve fazer perguntas, visando ir além do uno, do bom, do todo, do interior. Para que não cresçam novas cabeças no monstro analítico, aqueles que propiciam aos negadores de Deus falecidos a honra do sepultamento em solo pátrio devem estar sujeitos, por sua vez, à acusação de *asébeia*. (De resto, ainda se pode lembrar que, no *Body of Liberties* [Corpo das liberdades] da teocracia de Massachusetts, ainda em meados do século XVII, estava prevista a pena de morte para o ateísmo; na Europa, as visões negadoras de Deus constituíram, até o final do século XIX e, dependendo da região, além dessa data, um pretexto seguro para a excomunhão — não tanto das comunidades eclesiais, mas da boa sociedade.)

Se tivesse havido necessidade de testemunhos de que discursos universalistas são criaturas que facilmente ficam resfriadas na corrente de ar de seus paradoxos imanentes, eles teriam sido concedidos pela lição de intuição dada por Platão na parte prática de sua prova de Deus. Não há necessidade de tal demonstração em nossas investigações esferológicas, nas quais é ressaltada de antemão a qualidade imunológica de formações totalitárias e figuras de inclusão — sejam estas ritualistas como nos cultos tradicionais, arquitetônicas como na construção de muralhas da antiga Mesopotâmia ou argumentativas como na nova ontoteologia ateniense.[14]

A exemplo de Platão, seu sucessor Aristóteles também deu primazia ao movimento circular em relação aos demais tipos de movimento (linear, curvo, composto). Contudo, em correspondência ao rápido incremento dos jogos discursivos pós-platônicos — diz-se também, um

14. Tendo em vista *As leis*, de Platão, A. Badiou quis até identificar a exclusividade da comuna filosófica (hipotética) realmente existente com o princípio do terror: "A essência do terror é aniquilar o que não é" (*Conditions*, Paris, Seuil, 1992), p. 229 — uma tese que seria ainda mais aceitável caso se explicasse melhor sobre a atividade propriamente terrorista: sobre a pretensão de proferir o veredito final sobre o que é determinado como não existente e sobre a passagem do juízo teórico para o extermínio prático.

tanto precipitadamente, por causa do progresso científico —, ele teve de dissolver o invólucro mitológico com que o fundador da Academia havia revestido suas doutrinas cosmológicas. Enquanto em *Timeu* um demiurgo divino ainda havia sido responsabilizado pela constituição esférica e pela mobilidade circular do corpo cósmico, Aristóteles se viu forçado a abandonar o mito do criador e a descobrir uma razão imanente, estrutural ou material que confere forma redonda e rotação ao corpo cósmico. Não era uma tarefa fácil, em vista do estado de coisas daquela época, porque dos elementos que pareciam compor todos os corpos naturais, definidos desde Empédocles — terra, água, ar e fogo —, nenhum deles tem de si mesmo a rotação como característica cinética. Próprios de todos eles são apenas movimentos em linhas retas — ou de um ponto dado para cima, como no caso dos elementos leves ar e fogo, ou de um ponto dado para baixo, como nos elementos pesados terra e água. A partir das propriedades dos elementos canônicos é impossível explicar a rotação do céu, que parece estar provada pela simples evidência empírica. Aristóteles percebe com muita sobriedade que não há o que fazer, em termos cosmológicos, com os elementos básicos triviais da natureza. Estes são todos capazes apenas de realizar movimentos finitos, lineares, exauríveis; em contraposição, o movimento do céu tem de ser infinito, rotativo e inexaurível, caso queira cumprir o que se promete dele a razão cosmoteologicamente interessada. Nem da terra, nem do fogo, nem da água, nem do ar parte fisicamente um caminho que leva à sublime visão do céu que se move circularmente, do céu completamente arredondado.

Portanto, para explicar o céu, sua forma e seu movimento — e isso por vias que respeitam e sobrepujam os parâmetros de Platão —, Aristóteles recorre a uma das mais violentas e sugestivas hipóteses que jamais foram propostas na história do pensamento científico. Ele postula a existência de um quinto elemento ou quinto corpo, ao qual compete por sua natureza aquele movimento rotativo que falta à essência dos demais corpos. Aristóteles denomina esse corpo circulante, por si só rotativo e esferógeno, de *aithér* — retomando tradições mais antigas.

Já entre os antigos poetas, o éter era conhecido como substância sutil que preenchia o céu — seu nome teria sido derivado, entre eles, do fato de que ele "corre ininterrupta e eternamente (*aeì theí*)".[15] Em seu tratado tardio intitulado *Epinomis*, uma espécie de pós-escrito astronômico aos doze livros sobre as leis, o próprio Platão havia assumido um quinto elemento, uma *quinta essentia*, igualmente chamado éter, uma região clara acima da atmosfera, povoada por demônios e seres divinos intermediários. Contudo, em Aristóteles, o éter se torna o primeiro elemento, *próton sôma*. É a substância que compõe o perfeito, substância do céu e das estrelas, *prima materia* de todas as órbitas imperecíveis. Os mortais naturalmente estão impedidos de fazer a observação direta do éter porque, de acordo com sua organização sensível, só podem lidar empiricamente com os quatro elementos terrenos. Estes compõem o mundo inferior, o núcleo mais escuro do cosmo abaixo da Lua, ao passo que as camadas do éter, afastadas do toque e da visão humanos, preenchem as colossais alturas acima da Lua, passando pelas camadas dos planetas até a abóbada extrema, o céu das estrelas fixas.

Por essa razão, em termos de quantidade e dignidade, o éter é de longe a primeira substância no cosmo. Não é fácil compor um quadro de sua constituição a partir de uma posição sublunar, porque os humanos dificilmente conseguem captar dele mais do que é denunciado pelo tremeluzir das estrelas. Sua materialidade é mais fina que a do fogo, mais tênue que a brisa, sutil como ouro espumante à luz do sol, brilhante como a névoa da manhã sobre o Olimpo. Acima de tudo, porém, ele possui a propriedade ciclofórica exigida: é o portador natural dos movimentos circulares — nesse aspecto, comparável a uma ideia divina que retorna a si mesma. Portanto, se compete a Urano ser concebido como corpo universal, ele só pode ser tecido, em suas altas camadas, por esse primeiro elemento, essa maravilhosa substância viva que gira em si mesma.

Em virtude de sua colossal extensão na dimensão supralunar, o mundo etéreo de Aristóteles abrange quase tudo o que se pode cogitar — razão pela qual ao cosmo são atribuídas as propriedades dignas que

15. Aristóteles, *Vom Himmel. Von der Seele. Von der Dichtkunst* [Do céu. Da alma. Da arte poética], 270b 21, trad. e ed. O. Gigon, Munique, Deutscher Taschenbuch, 1987, p. 63.

lhe correspondem quase em toda parte, só não no espaço próximo à Terra. O corpo celeste rotativo do éter "não possui nem aumento, nem diminuição"[16]; por conseguinte, ele também deve ser, segundo Aristóteles, imutável, sem gênese, eterno, sem idade, simples, não afetado por oposições, livre de esforço, e tem de subsistir incólume por si mesmo.

Embora seja uma parte da natureza física, o primeiro ou quinto elemento recém-identificado brilha com uma cauda de cometa de predicados metafísicos — como se encarnar-se no éter fosse mais apropriado ao divino, já que ainda não deveria se tornar humano. Uma vez que se admitiu a existência do fabuloso elemento, está explicada com ele também a forma esférica do cosmo-urano, porque justamente o éter assume por si mesmo, através de sua propriedade de executar movimentos de rotação, toda a atividade da esferogênese. Uma vez que se tem o éter, tem-se também o movimento giratório e com este, por sua vez, a esfera — do mesmo modo que, para citar uma analogia, basta ter o capital para ter também a circulação dinheiro-mercadoria-dinheiro e, com esta, a globalização terrestre. A mitologia aristotélica do éter impressionou a posteridade por sua consistência e solidez parafísica, que lhe permitiu motivar as rotações cósmicas nos termos da filosofia natural e não mais em termos teológicos, como havia feito Platão em *Timeu*, ao atribuir a um mundo feito por Deus a forma de movimento mais parecida com Deus.

No seu tratado *Do céu*, de graves consequências, Aristóteles usa muita perspicácia para provar a tese já reforçada por Platão de que só poderia haver um único céu ou cosmo. Pelo visto, não se entende isso assim de antemão, porque "céu" é um conceito genérico que poderia encampar vários objetos concretos com esse nome. Assim, existem esferas de bronze e de ouro ou círculos de bronze e de madeira; o círculo individual e a esfera individual são logicamente bem diferentes do círculo e da esfera em geral. Nem mesmo esse céu ali que estamos vendo, apreciado do ponto de vista lógico, é *a priori* idêntico ao céu puro e simples — não obstante, ele é uma coisa só com aquele, porque o céu em geral que pensamos e este céu em que vivemos têm de ser uma

16. Ibidem, p. 62.

coisa só por razões lógicas e ontológicas. Porém isso agora tem de ser demonstrado. A partir do argumento de que esse céu ali é, ao mesmo tempo, o céu puro e simples — porque objetivamente só pode haver um único céu real —, Aristóteles desenvolve sua prova específica de coesão e unidade da totalidade universal. Se esse céu abrange tudo o que existe fisicamente, é preciso rejeitar todo devaneio a respeito de um lugar ou um corpo fora da totalidade. Pensar o céu como um só significa exigir a imanência de tudo o que existe.

> Ora, o céu certamente faz parte do individual e do que consiste em matéria. Porém ele não consiste em uma parte da matéria, mas em toda a matéria. Portanto com certeza o ser desse céu é distinto do ser do céu em geral, mas, apesar disso, não existe outro céu nem pode haver vários céus, porque toda a matéria está contida nele. [...] Assim, não é possível que algum dos corpos simples se encontre fora do céu. [...] A partir do que foi dito, está claro que nenhum corpo está no exterior e que nenhuma espécie de massa corpórea pode surgir lá fora. [...] Portanto, não existe, nem existiu, nem pode surgir uma pluralidade de céus. Mas este céu é um só e único e completo.
>
> Ao mesmo tempo, está claro que fora do céu não existe lugar, nem vazio, nem tempo.[17]
>
> Ademais, dado que é manifesto e nós pressupomos que o universo se move em círculo, e dado que foi provado que fora do perímetro extremo não existe vazio nem lugar, por isso mesmo o céu tem de ser esférico.
>
> [...]
>
> A partir do que foi dito, está claro que o cosmo é esférico; igualmente que ele é arredondado com tal precisão que nenhuma obra oriunda da arte humana se compara a ele nem a nenhuma outra coisa com que deparamos. Pois nada do que serviu para compor o cosmo pode possuir em si tal regularidade e precisão próprias da natureza do corpo abrangente.[18]

17. Ibidem, p. 86.

18. Ibidem, p. 108-110.

Em nosso contexto, facilmente se entende que, com esses argumentos, Aristóteles não só articula o estado de arte da composição da teoria cosmológica do seu tempo como, de quebra, também cumpre seu dever cosmopolita. Podem até ter se tornado estranhas a ele, ao meteco que nunca lançou raízes em Atenas, as extrapolações fundadoras de cidades de Platão, mas o estagirita também teve de marcar sua posição como apologista do universo fortificado. Quando a coisa ficou séria, ele também não pôde se eximir da tarefa que, desde a Antiguidade, tornou-se obrigatória para todo pensador leal ao ser: é seu ofício defender as muralhas do cosmo cheio contra o vazio, o exterior e o nada. Não é para menos que o céu supremo, no qual estão firmadas as estrelas fixas — aquele firmamento que se manteve vivo até nas crenças infantis e na lírica do século XIX —, possui as propriedades de um sólido limite exterior, e, quando Aristóteles insiste com entusiasmo na tese de que a casca gigantesca do céu é um corpo único e finito, um papel determinante nesse argumento é desempenhado, ao lado das ponderações físicas e geométricas, também por considerações relativas à missão imunológica e uterotécnica da cosmologia. Como os humanos poderiam residir na cidade-cosmo se esta fosse um *monstrum* difuso, que chega até ao amorfo, ao infinito? Um corpo infinitamente grande seria uma não coisa amorfa — e teria tão pouco sentido real quanto um pé infinitamente grande (com o qual ninguém poderia andar) ou um útero infinitamente grande (no qual nenhuma criança poderia nascer).

Unicamente a finitude da maior das esferas garante sua qualidade abrigadora, assim como sua esfericidade suprassensivelmente perfeita assegura seu caráter inteligível. No infinito, nem mesmo os deuses conseguem construir; no amorfo, nem eles conseguiriam se reunir em torno de suas bem-aventuradas távolas. De resto, segundo Aristóteles, a finitude da esfera não prejudica sua divindade; pois a finitude da extensão é brilhantemente compensada pela infinitude do movimento de rotação que, no caso do supremo corpo, retorna para si mesmo sem início nem fim. Dessa forma, o corpo cósmico englobado por um bom limite também não tem de carecer do predicado divino da infinitude. A boa infinitude circular requer limites formais bem definidos, ao passo que uma má infinitude linear se perderia no ilimitado, amorfo, sem sustentação — Hegel ainda usaria essa diferenciação para fundamentar sua defesa do círculo-espírito onicompreensivo (e *eo ipso* racionalizar sua aversão ao pontual, aberto, fragmentário). Assim, os filósofos uranômetros da Grécia continuam com meios argumentativos, sob certo ponto de vista, o projeto da política babilônica de inclusão, mas onde os reis divinos da antiga Mesopotâmia mandaram edificar muralhas hipertrofiadas de tijolos em torno de um espaço interior-mundo-cidade prenhe de poder, os filósofos construíram a margem do cosmo geral com corpos etéreos em rotação.

Seriam os filósofos estoicos que conceituariam mais precisamente o sentido arquitetônico ou urbanístico da cosmologia filosófica, quando declararam abertamente como parte do seu programa a equiparação metafísica, até ali apenas latente, de mundo e cidade. Com admirável franqueza, eles denominaram a cidade que se chama mundo de cosmópole e transformaram o direito de cidadania nessa moradia em um ideal ético inexaurível. Essa cidade-mundo moral assumiu contornos experimentáveis após o período de Alexandre, quando as camadas móveis da ecumene circum-mediterrânea tinham se tornado mais numerosas e começaram a buscar uma lógica e uma ética plausíveis da miscigenação. Após sua vitória sobre os persas, Alexandre impulsionou com vigor a política do *melting pot*, a prática de sacudir o "cadinho dos povos"; ele prescreveu ativamente a política dos casamentos mistos, promoveu a transferência de costumes e saberes em todas as direções e, desse modo, criou os pressupostos sob os quais o estoicismo de Zeno pôde se transformar em língua mundial de uma internacional mestiça e migratória.[19] Surge demanda por modelos de soberania que ajudam o indivíduo a manter-se na crista das revoluções crônicas. Até os primeiros Estados filosóficos brotam do chão lavrado pela guerra; *warlords* e utopistas residem em campos adjacentes; na península de Atos, surge, em torno do ano 300, o Estado ideal Uranópolis, governado por um príncipe que se apresenta como Deus-Sol e cujos súditos se dirigem a ele chamando-o

19. Cf. A. Gehlen, *Moral und Hypermoral. Eine pluralistische Ethik* [Moral e hipermoral: uma ética pluralista], Frankfurt s/ Meno, Klostermann, 1973, p. 23-35; esse texto impressiona principalmente porque o autor retroprojeta na Antiguidade seu ódio contra o humanitarismo intelectual.

de "O Celestial". A plausibilidade da ideia de que a humanidade que se estende da Espanha até o Eufrates seja uma única família em uma única cidade cresceu continuamente também entre os administradores romanos, de modo que o retor Élio Aristides pôde exclamar, em torno do ano de 150, em seu grande *Elogio a Roma*: "O universo inteiro é uma única cidade." Em exacerbações filosóficas, tais superurbanismos também resultaram em consequências adversas para os templos, porque os sábios, elucubrando livremente, não queriam mais aceitar que se prendessem os deuses em casas quando o céu inteiro era um único panteão.

Esse impulso humanitário urbano despertou para uma atualidade voluntariosa, ainda que com um significado muito modificado, quando, em torno de 1500, os europeus partiram para a aventura específica de sua época, a globalização terrestre. Quando a filosofia com seu *páthos* humanitário voltou a ter direitos de cidadania nas democracias modernas — e acabou por conquistar sua emancipação da teologia e da Igreja —, isso ocorreu em primeira linha porque teve como trazer à memória, diante de todas as pátrias positivistas, que há um *plus* cosmopolítico e, pouco dissimulado dentro deste, um evangelho igualitário e comunicativo. Todavia, os cosmopolitas modernos não estão mais cientes do que significara a concepção da cosmópole sobre as condições antigas, e, quando apresentam a si mesmos com o emblema de cidadãos do mundo, eles confundem o cosmo antigo com a terra moderna, franqueada pelo comércio mundial colonialista. No falatório corrente a respeito do cosmopolitismo, a não diferenciação entre globalização metafísica e globalização terrestre pode se esbaldar com boa consciência ideológica.

Não obstante, uma centelha autêntica salta do velho iluminismo da forma do mundo para a Era Moderna: o mundo antigo já codificou experiências de liberdade que se tornaram inesquecíveis para os europeus. Em consequência, os modernos não suportam mais nenhuma maneira de viver que não aceite o aberto, o outro, o comparável como sua crítica. Porém o que, na Antiguidade mais antiga, era percebido como o pior dos destinos, o exílio forçado da sua cidade, foi positivado na Era Moderna como direito humano a viajar e emigrar — não sem amalgamar esse direito com um direito de invasão do livre-comércio em todas as sociedades ainda não de mercado. Enquanto o cosmopolitismo helenista foi a tentativa de tornar a alma ilimitadamente passível de exílio por meio de asceses prévias de desabituação, o cosmopolitismo moderno é o empreendimento de exigir para o organismo turístico em toda parte o mesmo conforto. Mas quem descreve o ser humano apenas como animal emigrante-imigrante corre o risco de se engajar, graças à leviandade apolítica, por uma má abertura, que ignora o imperativo formador das comunas reais. O cosmopolitismo pós-moderno, na maioria das vezes, nada mais é que a superestrutura filosófica de voos baratos entre capitais europeias e norte-americanas. Quem leva a sério o motivo da irrupção do mundo ampliado nos mundos de vida locais deve se ocupar com a crise de espaço das "sociedades abertas". Na busca por uma fórmula para a melhor cosmopolítica na era da segunda ecumene, é recomendável orientar-se pela máxima de que é preciso encontrar a mistura certa de mistura e não mistura.[20]

20. A política "emancipatória" da Era Moderna se caracteriza pelo fato de ter de apostar em um cosmopolitismo após o fim da ideia positiva do cosmo — em outras palavras, em uma política do infinito. Até aquele momento, o infinitismo político, que é a definição filosófica das esquerdas, teve de se distanciar de toda retórica e práxis da comunidade concreta, porque esta propõe uma política do finito. Recentemente, A. Badiou formulou afirmativamente, uma vez mais, o axioma de uma política pós-marxista de emancipação a partir dessa perspectiva: "As situações da política são infinitas" (*Conditions*, op. cit. [ver nota 14 deste capítulo], p. 245). Essa sentença é manifestamente falsa, mas tem a vantagem de ser clara. Ele deixa explícito que a esquerda metafísica recorre ao infinito para fazer a crítica do finito — o que põe a descoberto as raízes religiosas de toda política à esquerda do possível e real. Portanto, o infinitismo político (para o qual tendem autores tão diferentes quanto Derrida, Lyotard, Lévinas, Deleuze, entre outros) é uma forma de "mentalidade" no mau sentido da palavra. Em contraposição, o ponto alto do comunitarismo mais recente é aclarar os pressupostos para uma política do finito feita pela esquerda.
Somente uma esferologia política pode formular adequadamente a tensão entre políticas finitas e infinitas. Ela mostra, ademais, por que é inaceitável ter de escolher entre um conservadorismo que se entende como postergador da decadência e um progressismo de ser suspeito de atuar como acelerador da decadência.
O conceito da "cultura mundial" indica o horizonte de um construtivismo político situado além da alternativa entre conservador e progressista. Muito se pode aprender sobre essa concepção da obra inigualavelmente bem informada, ainda que hermética, de R. Grether, *Sehnsucht nach Weltkultur. Über Grenzüberschreitung*

O êxito epocal dos impulsos platônico-aristotélicos na cosmologia da esfera fala a favor de que os grandes mestres do pensamento grego foram bem-sucedidos na tentativa de formular um novo e altamente efetivo desenho de imunidade para humanos na era da imagem de mundo racionalizada. A nova consolidação do limite cósmico extremo por meio da doutrina das esferas dispostas em camadas estava manifesta e idealmente em conformidade com a retirada dos limites do horizonte através da comunicação ecumênica e das primeiras ciências naturais. Quando gerações posteriores usaram o conceito grego para a totalidade cósmica, o conceito "cosmo", ele já estava carregado com o fascínio da devoção ao círculo e à esfera cunhada pela filosofia. O fato de, desde Platão, as palavras para mundo e céu, *kósmos* e *uranós*, terem se tornado sinônimas lançou uma luz do alto sobre todos os futuros discursos sobre o mundo. A própria palavra "cosmo" soou dali por diante como uma confissão de fé geométrica — como um *sýmbolon* de suposições últimas da ordem e uma senha que assegurava aos mortais o direito de acesso a melhores círculos. Ela representa a autoridade avassaladora que o esferismo platônico conseguiu manter durante tantas épocas, que nem Copérnico ousou tocar o teorema filosófico da forma circular das órbitas planetárias quando reuniu seus argumentos a favor da tese heliocêntrica. Kepler só removeu as discrepâncias que Copérnico havia deixado quando conseguiu quebrar sua resistência a levar em consideração a metafisicamente frustrante, mas matemática e astrofisicamente convincente elipse como forma orbital dos planetas que "circulam" em torno do Sol.

No caso da doutrina do círculo ideal, de fato se tratou, desde o início, mais das virtudes imunomorfológicas do idealismo geométrico do que das vantagens científicas dos modelos esféricos, o que já se evidenciou muito cedo, quando os astrônomos platonizantes, sobretudo Eudoxo de Cnido, que cooperou colegialmente com Platão, depararam

und Nichtung im Zeitalter der Zweiten Ökumene [Anseio por cultura mundial: sobre cruzamento de fronteiras e nadificação na era da segunda ecumene] (dissertação), Konstanz, 1995.

com dificuldades quase intransponíveis na reconstrução racional de movimentos planetários reais evidentemente não circulares. Essas dificuldades não foram resolvidas mediante a revisão ou o abandono do modelo esférico mecanicamente implausível, mas por meio de construções auxiliares denotando desespero e tendo por base as diretrizes platônicas. O próprio Eudoxo já se viu forçado a aumentar a quantidade de camadas para 26 — e isso apenas para explicar irregularidades nas órbitas das sete camadas principais: dentro das camadas em que se pensava que as estrelas errantes acompanhavam um movimento fixo, era preciso conceber ademais uma profusão de camadas adicionais que percorriam trajetórias circulares deslocadas umas em relação às outras — quatro para cada planeta no caso de Saturno, Júpiter, Marte, Vênus e Mercúrio, três para cada um no caso do Sol e da Lua —, sendo a única razão da existência de todas elas a de interpretar em consonância com o dogma esferista o desvio dos astros da órbita simples idealizada da camada que os sustentava. Aristóteles foi muito além disso e acabou propondo um sistema que exigiu 55 camadas esféricas em movimento rotatório complexo umas em relação às outras para mais ou menos dar conta dos achados empíricos.

A peça satírica de cunho epistemológico de autoria de Platão conhecida pelo título *Salvação dos fenômenos* visava, na verdade, à salvação de um sistema imune psicocosmológico que rapidamente se tornara indispensável, cujo ativo mais importante era a geometrização do limite exterior do existente. Essa comédia-teoria, que se manteve durante uma era inteira nos currículos acadêmicos mediante estrita proibição do riso, só viria a ser sobrepujada pela hermenêutica cristã, que assumiu, enquanto "salvação do sentido da Escritura", tarefas análogas de imunização. Os êxitos do iluminismo filosófico alçaram o círculo e a esfera à condição de figuras ontoimunológicas decisivas, sem as quais não era mais possível responder satisfatoriamente às perguntas referentes à imagem de mundo — e menos ainda a da imagem da borda do mundo —, mesmo que os custos epistemológicos colaterais desse modelo de cosmo aumentassem rapidamente de modo preocupante, pelo menos aos olhos dos conhecedores. Aristóteles poderia ter dirigido o sarcasmo que destinara a algumas teorias bizarras de seus predecessores

Roda da carruagem do mundo, Templo do Sol de Konarak, Índia, século XIII.

e colegas físicos com boas razões também contra as suas exposições: "Entretanto, seria de admirar que as soluções apresentadas não tenham sido ainda mais esquisitas do que o próprio problema."[21] Portanto, o rei Afonso de Castela, fomentador e conhecedor da astronomia medieval, que reinou de 1252 até 1284, tinha boas razões para o seu conhecido dito espirituoso: "Se, durante a criação do mundo, Deus tivesse pedido seu conselho, ele teria sugerido um sistema bem mais simples."

A história triunfal do modelo cosmológico-filosófico do céu em camadas mostra com muita clareza que questões de custos cognitivos pesavam pouco em comparação com o valor de uso morfológico grandioso da construção sublime. Exatamente para o público leigo que não tinha

21. *De caelo*, 294a.

de se preocupar com a salvação dos fenômenos, a concepção de um universo composto exclusivamente de esferas concentricamente encaixadas umas nas outras, tendo a Terra como centro, pareceu irresistivelmente plausível e, dentro de certos limites, também psicologicamente atraente. Ela permitiu aos humanos que viveram entre a Antiguidade clássica tardia e o início da Era Moderna alcançarem a medida indispensável de habituação ao lar em um universo cujas dimensões já pareciam ter se estendido ao monstruoso-sinistro. Durante dois mil anos, ela se comprovou como a técnica determinante de familiarização da cultura europeia com o mundo. Ela interpretou o cosmo como a cidade, dentro de cujas muralhas inexpugnáveis os mortais prolongam sua existência.[22] Nele, eles identificavam o extremo do que poderia ser conseguido pela transferência da técnica citadina do útero para o universo.

A hiperesfera autônoma, após ponderação de suas vantagens e desvantagens, forneceu uma visão preponderantemente satisfatória da forma da totalidade cósmica e, além disso, uma resposta sugestiva, ainda que prenhe de problemas, à pergunta pelo lugar da Terra. Esta, de fato, não poderia ser localizada em nenhum outro lugar que não fosse no centro das camadas dispostas concentricamente umas sobre as outras. A despeito de algumas hipóteses não geocêntricas entre os pitagóricos, que haviam proposto um fogo cósmico central, e apesar do avanço isolado até o heliocentrismo pelo grande astrônomo Aristarco de Samos, do século III a.C., o geocentrismo aristotélico se impôs sem ser importunado. Foi Aristóteles quem, sob a designação "imagem ptolomaica de mundo", ditou as linhas mestras da cosmografia europeia durante quase dois mil anos — se descontarmos o retorno indeciso da Idade Média a uma concepção da Terra como disco; porém, mesmo no milênio entre o declínio do Império Romano do Ocidente e as pesquisas de Copérnico, a memória da *globositas* [globosidade] da Terra nunca chegou a ser totalmente apagada. Não precisamos nos ocupar aqui em detalhes com

22. Por isso, A. Koestler tinha razão de relatar a recepção edificante do esferismo antigo na Idade Média cristã europeia sob o título "O universo amuralhado": cf. *Die Nachtwandler. Die Entstehungsgeschichte unserer Welterkenntnis* [Os noctívagos: a história do surgimento do nosso conhecimento do mundo] (em alemão, 1959, Frankfurt s/ Meno, Suhrkamp, 1980), p. 941.

as vicissitudes medievais da cosmologia aristotélica e seus débeis acordos com a concepção bíblica do Gênesis e com o Apocalipse de João.[23] Aliás, o fato de numerosos dados de medição, nos quais aparentou se basear o sistema de Cláudio Ptolomeu (100-178), não terem sido mais do que cômodas falsificações e assunções de autores mais antigos não prejudicou nem minimamente a marcha triunfal do sistema aristotélico-ptolomaico. Da história de sucesso do ptolomeu-aristotelismo se pode depreender muito mais do que imagens de mundo e cosmografias; justo quando entram em cena como teorias cientificamente consolidadas, constituem, em primeira linha, sistemas autossugestivos de convencimento que encontram ampla ressonância só quando se afirmam no ecossistema imaginativo de suas sociedades. Sob esse ponto de vista, a convicção das camadas própria dos europeus antigos se distingue como uma das mais exitosas auto-hipnoses cognitivas da história da teoria e da cultura. Durante uma era inteira, os ícones ontológicos do círculo e da esfera mantiveram a investigação empírica do céu em piedosa paralisia, sendo o meio mais efetivo de assegurar a imobilização da pesquisa a crença em resultados de supostas pesquisas mais antigas. Foi preciso haver uma revolução completa da imagem de mundo e, concomitantemente a esta, uma nova formatação radical das relações de imunidade e dinâmicas de crença psicocósmicas entre os europeus a partir do século XVI antes que as ciências da natureza e as concepções religiosas do espaço pudessem se libertar do esferismo imemorial.

A superfície dessa transição, que se moveu em termos de história dos dogmas, foi exposta de modo exemplar pelo historiador das ideias Alexandre Koyré, sob o título programático *Do mundo fechado ao universo infinito*.[24] No que se refere a uma exposição da mudança

23. Eles foram recentemente detalhados na excelente monografia de E. Grant, *Planets, Stars and Orbs. The Medieval Cosmos 1200-1687* [Planetas, estrelas e orbes: o cosmo medieval] (Cambridge, Cambridge University Press, 1996); também é proveitoso como sinopse da cosmologia das esferas em termos de história das ideias o estudo erudito de J.-P. Lerner, *Le Monde des sphères*, op. cit.

24. A. Koyré, *From the Closed World to the Infinite Universe*, Baltimore, Johns Hopkins University Press, 1957; ed. alemã: *Von der geschlossenen Welt zum unendlichen*

na imagem de mundo sob os pontos de vista sistêmico e imunológico--esferológico, algo assim nunca foi tentado, e as indicações lacônicas nessa direção dadas no presente livro de modo nenhum conseguem substituir uma história detalhada do discurso e do sistema da grande extroversão. Numa investigação como essa, seria preciso tornar compreensível o projeto da Era Moderna como experimento em grande escala de abrigamento de sociedades de massa em estruturas imunes de cunho não teológico e em tecnologias de salvação. Para que tal exposição fizesse jus ao ponto decisivo do seu objeto, ela teria de elaborar particularmente a tomada de poder do exterior como o acontecimento fundamental do que Heidegger chamou "era da imagem de mundo". Mas queremos pelo menos indicar em grandes traços como essa revolução do modo exterior de pensar se associou aos processos de globalização da Era Moderna, o que será feito no capítulo conclusivo deste volume, que trata da última esfera, ou seja, a Terra circum-navegada, cartografada, ocupada e utilizada.

Entre os efeitos colaterais precários da cosmologia geocêntrica das camadas figura, além das insuperáveis complicações na aplicação prática do modelo, uma ambivalência fundamental, para não dizer ruinosa, na determinação do lugar do humano e de sua hierarquia no cosmo. Pois colocar a Terra no centro constitui, só na primeira impressão, uma concessão ao suposto narcisismo cosmológico de seus habitantes humanos. A circunstância de que, com a virada copernicana, a Terra, no fim das contas, ainda assim tenha sido decentralizada, após uma fixação milenar no centro da imagem de mundo, de modo nenhum causou uma humilhação narcisista nos humanos, como sugeriram Freud[25] e seus repetidores sem ter conhecimento das relações históricas das imagens de mundo, mas trouxe a libertação já passada da hora de um sufoco cosmológico pertinaz

Universum, Frankfurt s/ Meno, Suhrkamp, 1969, 1980. [Ed. bras.: *Do mundo fechado ao universo infinito*, trad. Donaldson M. Garschagen, 4. ed., São Paulo, Forense Universitária, 2006.]

25. Cf. S. Freud, "Eine Schwierigkeit der Psychoanalyse" [Uma dificuldade da psicanálise] (1917), in: *Gesammelte Werke* [Obras completas], v. XII, [s.l.], [s.n.], p. 3-12. O mesmo argumento aparece no capítulo 18 de *Introdução à psicanálise*, do mesmo ano.

e sem sentido. Por essa razão, o heliocentrismo teve sobre o público uma repercussão que oscilou entre a aprovação entusiástica e a indiferença, e onde ele foi explicitamente rejeitado, como em certos círculos do catolicismo romano oficial, isso se deu mais porque não se esteve disposto a renunciar sem mais nem menos ao ponto central Terra enquanto localização da *humilitas* [humildade] — porém, sobretudo porque, em um mundo copernicano, não se saberia mais onde localizar o inferno, sem o qual não haveria como sustentar o regime psicopolítico do catolicismo contrarreformador (nem, de modo geral, a imagem de mundo cristã em três estratos, composta de inferno, terra e mundo superior).

Para muitos contemporâneos sensatos de Copérnico, foi até longe demais a promoção da Terra a uma posição entre as estrelas, que podia ser deduzida do seu livro sobre as órbitas celestes. A exclamação de Filipe Melâncton contra os inovadores heliocêntricos, seis anos depois da publicação de *De revolutionibus orbium celestium* [Das revoluções das esferas celestes], caracteriza tipicamente o espanto de um leitor crítico acerca de uma sobrevalorização tão temerária da Terra: "*Terram etiam inter sidera collocant*", "Eles até colocam a Terra entre os corpos celestes!"[26] Portanto, o conto freudiano da humilhação é vazio em termos de história das imagens de mundo e pertence exclusivamente à estratégia de autoexaltação do movimento psicanalítico (mesmo que o caminho até ela tenha sido preparado pela observação grandiosamente ingênua de Goethe, de que a revolução na imagem de mundo teria forçado os humanos "a renunciar à fabulosa prerrogativa de serem o centro do universo"). Entretanto, a pequena fabulação é digna de nota porque ela pode ser produtivamente desenvolvida, em perspectivas não freudianas, no sentido de uma ecologia geral das humilhações que se ocupa com os efeitos colaterais de cunho sociopsicológico de invenções de teorias e inovações técnicas. Toda inovação de fato produz perdedores com os quais é preciso falar. Inclusive os êxitos da psicanálise e de todos os outros sistemas do "eu vejo algo que você não vê" — onde se logram

26. R. Brague, "Geozentrismus als Demütigung des Menschen" [Geocentrismo como humilhação do ser humano], *Internationale Zeitschrift für Philosophie*, v. 1, p. 24, 1994.

tais êxitos senão no livre mercado do desnível humilhante entre aqueles que afirmam ver algo novo e os cegos correspondentes?[27]

No que se refere à ofensa a um hipotético narcisismo da humanidade, caso se possa mesmo falar de algo assim, ela não aconteceu por meio da descentração copernicana da Terra, mas sucedeu dois mil anos antes por meio da centração aristotélica, que desenvolveu um sentido antropológico paralelo precário. Na verdade, foi a colocação da Terra no centro que trouxera a esta e aos humanos sobre ela uma desvalorização ontotopológica funesta. Suas razões, como expusemos sumariamente acima, eram acessíveis a bem poucos eruditos, ao passo que o povo em geral na Idade Média só chegou a sentir as consequências atmosféricas dessa degradação: ele pagou durante uma era inteira o preço daquela retórica do vale de lágrimas que impregna todas as coisas e que caracteriza o miserabilismo cristão. Este, porém, havia sido, no aspecto cosmológico, uma conclusão totalmente legítima do modelo aristotélico de mundo. Os cristãos, via de regra, não tinham clareza de como se pôde chegar à concepção inevitavelmente depressiva da condição do ser humano no universo e, na maioria das vezes, ela foi associada apenas de modo confuso com as consequências do pecado original. Essa associação talvez seja pertinente nos planos antropológico e moral, mas, em termos de história das imagens de mundo, ela se caracteriza pela cegueira. O pecado original não teve nada a ver com a degradação da Terra pelos antigos filósofos e cosmólogos. O menosprezo cosmológico da Terra não é propriedade da doutrina cristã, muito menos uma invenção típica desta, mas constitui uma decorrência inevitável da idealização da periferia etérea na cosmografia aristotélica. Pois se o perfeitamente abrangente se encontra em cima, então — por mais

27. Indicações para uma história cultural universal das humilhações se encontram, entre outros, em G. Vollmer, Die vierte bis siebte Kränkung des Menschen — Gehirn, Evolution und Menschenbild [Da quarta à sétima ofensa ao ser humano — cérebro, evolução e imagem de ser humano] (*Philosophia naturalis*, v. 29, p. 118 s., 1992); como também em H. Mühlmann, *Die Natur der Kulturen*, op. cit., p. 2-4; cf. também deste autor: *Kränkung durch Maschinen. Philosophische Anmerkungen zur pychohistorischen Stellung der neuesten Medizintechnologie* [Ofensa causada por máquinas: notas filosóficas sobre a posição psico-histórica da tecnologia médica mais recente]. Palestra no Congresso "Medicine Goes Electronic" em Nuremberg, set. 1995.

bizarro que isto possa soar — é inevitável que o centro se situe embaixo, e justo lá se encontra a Terra com seus habitantes mortais, suscetíveis de erros, extraviados na ambiguidade. Se, na esfera cósmica, o centro fosse um lugar excelente, ele teria uma vantagem abismalmente irônica: os habitantes do ponto central poderiam desfrutar do privilégio negativo de residir na extremidade mais escura da totalidade. Pois precisamente porque, como se viu, o melhor tem de estar na borda superior, o pior inevitavelmente se concentra no centro inferior.

Portanto, quem procura o ponto fraco no grandioso projeto de mundo de Aristóteles só precisa se dar ao trabalho de sair em busca da Terra supostamente privilegiada por seu posicionamento no centro: este planeta tingido pela morte e pelo erro é o miasma do cosmo, a mancha escura na veste alva do céu. Só as porções subterrâneas da Terra conseguem sobrepujar o lugar do humano, a superfície da terra, em termos de falta de luminosidade e distanciamento de Deus — razão pela qual, na imagem de mundo da cosmologia das camadas, assume-se que as regiões do Hades e do inferno de fato se situam debaixo da superfície da terra, no último sedimento e refugo do universo. É isso que define com precisão o triste cosmopolitismo do estoico Aristipo ao declarar que o percurso até o Hades teria a mesma distância de qualquer lugar do mundo. O centro mais interno do mundo corpóreo é o cerne da escuridão — e os humanos são seus vizinhos em perigo. Foi exatamente isso, inclusive, que Dante ainda representou e conceituou com suas visões aterrorizantes do inferno. O cosmo cristão possui uma constituição infernocêntrica — do mesmo modo que o primitivo mundo em que viviam os povos sedentários inevitavelmente tinha de ser latrinocêntrico. No entanto, assim como todas as ontocosmologias ocidentais apresentam uma estrutura bifocal — um centro elevado em Deus, um centro infame no terrestre-subterrâneo —, também as ordenações espaciais das civilizações sedentárias na era agrária são tributárias do bifocalismo mediante a dicotomia de centro resplandecente (templo e palácio) e centro miasmático (latrina, muladar, cárcere).[28] Quando se

28. Cf. Digressão 2: "Merdocracia: Sobre o paradoxo da imunidade de civilizações sedentárias", p. 296-297.

toma conhecimento dessas relações topológicas básicas das construções da imagem de mundo da Europa antiga, fica evidente que falar de uma humilhação copernicana só pode ser ou um mal-entendido, ou um desencaminhamento movido por interesses.

No seu livro *Do céu*, Aristóteles exprimiu com destemor a inevitabilidade de desvalorizar o centro físico e geométrico do cosmo de camadas — sem deixar de distanciar o centro físico-material depravado de *outro* centro nobre e incorrupto:

> [...] como se o conceito do centro tivesse um único significado e como se o ponto central da grandeza fosse, ao mesmo tempo, o ponto central da coisa e da natureza. Porém, do mesmo modo que, nos seres vivos, o centro do ser vivo não coincide com o centro do corpo, tanto mais é preciso assumir o mesmo para o céu inteiro. Por essa razão, portanto, aqueles [os pitagóricos, que haviam assumido um fogo central no centro como "atalaia de Zeus" sobre a totalidade do mundo (nota de Peter Sloterdijk)] não deveriam se deixar confundir a respeito do universo [...], mas, pelo contrário, investigar o que é e como é *aquele outro centro* [grifo de Peter Sloterdijk]. Pois aquele centro é a origem e o venerável, mas o ponto central espacial se assemelha mais a um fim do que a um começo. [...] Porém o abrangente e limitador é mais venerável do que o limitado, pois este é a matéria, aquele a essência do todo.[29]

Esse argumento, no qual se mesclam a distinção ontológica e o subterfúgio ardiloso, nutriu o catolicismo intelectual durante mais de um milênio. Pois se a Terra, justamente por estar assentada no centro mundano, estiver condenada a perseverar no lugar mais baixo e mais ingrato — como se fosse uma favela do cosmo —, mais cedo ou mais tarde seus habitantes chegarão a perceber a construção imunológica equivocada desse modelo de mundo, não importando quais possam ser as promessas de salvação que os teólogos apresentem. A recepção cristã do esquema aristotélico-ptolomaico deixa isso claro, pois ressalta a *humilitas* da posição humana com todos os meios a seu dispor, e não

29. *De caelo*, 293a-b.

só em um sentido religioso-antropológico, mas também na perspectiva cosmológica. Alanus de Insulis: "O ser humano é como um ádvena que reside no subúrbio do mundo."[30] Justamente a situação interna aparentemente excelente no núcleo do sistema cósmico de camadas rigorosamente hierarquizado traz para o ser humano uma desvantagem de localização que a cristandade medieval sorveu até a última gota amarga e a qual só pôde ser remediada por uma mudança radical de situação com novos meios cosmológicos.

Promover essa mudança perfaz o sentido da revolução copernicana em termos imunológicos e em termos de história da imagem de mundo. Pois aquilo que aparentemente representa a posição ideal em uma estrutura hermeticamente fechada contra o exterior, de paredes maciças, embora sutis e transparentes, evidencia-se, na perspectiva ontotopológica, como um defeito fatal e irreparável para seus ocupantes. O perfeito encerramento da Terra e de seus habitantes no centro sombrio do cosmo tinha de roubar-lhes a proximidade com o ontologicamente superior e supremo. Os riscos e efeitos colaterais metafísicos do geocentrismo se evidenciaram tão graves para os europeus já na Antiguidade e mais ainda na Idade Média que eles só foram capazes de sobreviver espiritualmente por meio de implementação de rotas de fuga da zona escura do cosmo.

Por essa razão, a ominosa palavra "cosmopolitismo", que Diógenes de Sinope teria introduzido no debate da Antiguidade, já tinha um subtom sarcástico, mesmo que mais tarde os estoicos tenham se esforçado por usá-la sem ironia: na cidade chamada mundo, tudo o que importa ao sábio não é, de jeito nenhum, morar no centro da cidade degenerada, ou seja, na Terra, mas residir nos nobres distritos exteriores, onde os melhores círculos do éter têm suas mansões. Quem fala de cosmópolis sempre tem em mente também algo como um desembarque do local terreno concreto ou pelo menos a estetização da amplidão-espaço. Hegel ainda se lembraria vagamente dessas relações espaciais aristotélicas e europeias antigas quando pretendeu trazer a si o conceito no espírito do

30. Literalmente: "O ser humano é um *metoikos* (*alienigena*, estrangeiro residente) que reside no subúrbio (*suburbium*) do mundo." Sobre a fonte, ver nota 26 deste capítulo, p. 14.

éter — o que, porém, significa um programa para implantar o céu via Estado e cultura nas condições da superfície da terra mais do que um procedimento para se tornar infiel à Terra por meio da evasão espiritualista para o alto?

O fato de estoicismo, platonismo e cristianismo terem conseguido conferir forma, em suas psicagogias, aqui e ali a interesses estratégicos comuns reside principalmente em que todos os três ofereceram programas atraentes de transcendência para remover a desvantagem dos humanos de residir no centro material ruim. De fato, talvez a suscetibilidade dos europeus da Antiguidade Tardia, da Idade Média e do início da Era Moderna para todas as possíveis espécies de auxílios idealistas de evasão e doutrinas filosóficas de transcendência deva ser explicada pela necessidade de providenciar salvadores contra a humilhação geocêntrica.

Só muito tempo depois de as camadas celestes terem sido explodidas e a Terra ser promovida à igualdade cosmológica de direitos com os demais corpos celestes, o Zaratustra de Nietzsche pôde ter a refinada ideia de pregar aos seus amigos a fidelidade à Terra. No reino bimilenar do aristotelismo, isso teria sido uma absurdidade, pois significaria diretamente a renúncia à participação em qualquer vida esférica superior; sob tais premissas, fidelidade à Terra faz tanto sentido quanto a fidelidade do preso ao seu calabouço.

Porém Aristóteles, a exemplo de Platão antes dele, já tinha caracterizado com precisão a principal rota de fuga da região central sublunar para o superior e melhor — trata-se do acesso a justamente aquele *outro centro*, do qual se falou na passagem de *De caelo* já citada e que se refere tão somente ao topos utópico do Deus supramundano, cujo reflexo psíquico, a alma cósmica, tinha sido implantada no *centro* do cosmo pelo demiurgo. A única coisa que pode levar o ser humano para perto do outro centro, do centro bom e sublime, é a ocupação com a própria alma-espírito, o pensamento ponderado, que, quando se entende corretamente, reconhece dentro de si mesmo uma radiação do sumo bem.

Desse modo, admite-se que o centro do mundo corpóreo e o centro do bem não coincidem. No jogo basal de toda espiritualidade, "Busque o centro!", oculta-se um duplo sentido esferológico que a própria era

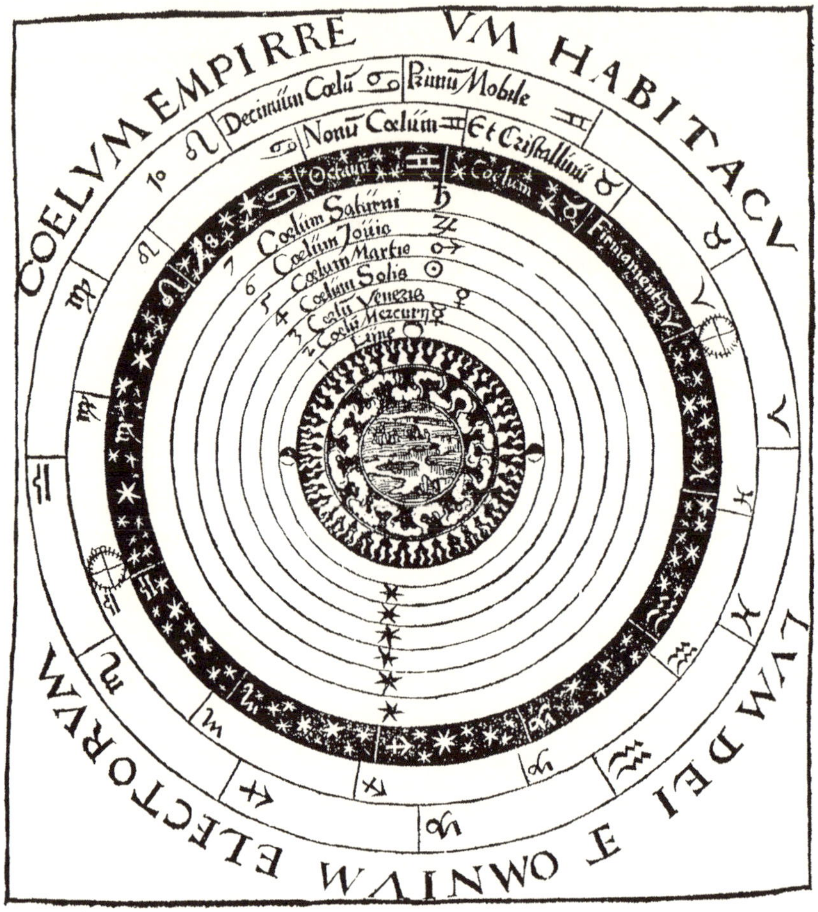

Clássico cosmo de camadas em Pedro Apiano, *Cosmographicus liber*, 1524; o empíreo imóvel, situado na borda extrema do cosmo escalonado, é ressaltado aqui através da inscrição, em relação aos dez céus em rotação, dentre os quais se destaca o oitavo (o céu das estrelas fixas ou firmamento): ela sublinha a noção de que os eleitos (*electi*) encontrarão no repouso da altura suprema sua última forma de imunidade ou sua última morada (*habitaculum*).

metafísica não conseguiu aclarar. Os mestres da filosofia grega legaram à posteridade uma confusão patética quanto à questão do ponto central — a seguir, nós a apresentaremos como o sistema europeu antigo dos dois centros e o faremos de maneira tão exageradamente clara que ele se desagregará, por assim dizer, por ação da própria luz a que será exposto — do mesmo modo que algumas pinturas das catacumbas teriam desaparecido diante dos holofotes dos seus descobridores. Nesse proceder, mais uma vez e de outro modo ficará claro o que já se sabia de diversas fontes — que a metafísica grega, mesmo quando procura manter a aparência cosmoteísta, na verdade passou a ser uma teologia mais ou menos nítida da transcendência.

O pensamento da transcendência é o indicativo formal de que a um centro embaixo se associou um centro em cima. *Nota bene*: também depois de o centro inferior ter perdido seu valor no geocentrismo, permanece em vigor a ideia monárquica de um ponto central — essa ideia, contudo, só pode ser defendida com argumentos teológicos e espirituais, e só conserva seu sentido em contextos não físicos, não cosmológicos. Imprestável para narcisismos humanos, ela designa o centro em que os mortais, os que existem no mundo, justamente não estão. Assim, permanece este problema: no mundo geocentricamente constituído, o centro bom deve ser concebido como extramundano e supramundano, logo, como transcendente, espiritual e, caso se possa falar em termos espaciais, situado no alto, mesmo que Timeu afirme, com sensibilidade metafísica, que a alma cósmica (dotada do *nous*) tenha sido implantada no centro do corpo cósmico. Compreende-se que essa maneira de falar constituiu um código polido para se referir à supramundanidade, de tal maneira que teria sido mal aconselhado quem quisesse procurar a alma no centro físico do mundo, onde ela deveria estar sediada, segundo a palavra ambígua de Platão: pois esse centro, em consequência, recai no núcleo da Terra, porque a Terra reside no centro do cosmo de camadas — e foi justo ali que os infernólogos medievais, que sabiam mais a respeito da diferença entre centro divino e centro terreno do que os filósofos edificantes, supuseram, de forma topologicamente bem correta, o inferno. Explicitaremos a convergência entre "estar no mundo" e "estar no inferno" mais adiante no capítulo sobre as "antiesferas".

Existem essencialmente duas possibilidades para manter a conexão entre ser humano e Deus na interpretação metafísica clássica do espaço: ou o ser humano tem de ascender do seu calabouço central para o ar livre — galgando uma escada inteligível que o conecta com o mundo superior; ou Deus tem de descer até o ser humano — supostamente pela mesma escada, seja por meio de sinais ou milagres, seja pelo acolhimento de um corpo. Logo, transcendência e encarnação são movimentos verticais simétricos; ambas têm o sentido de manter aberta a referência ameaçada entre o centro ruim (o existente quantitativo) e o *outro centro* (o existente essencial).

Nessas tensões verticais fica evidente que, na "era da imagem de mundo" não há como ajudar o ser humano mediante a simples inserção em um recipiente, por mais espacialmente isolado que ele seja. Em consequência, todos os discursos holísticos têm de permanecer inócuos, porque os humanos não querem apenas estar guardados em um *container* da totalidade, em um anel *continens* metafísico, mas também se encontrar, numa experiência interior viva, com o Grande Outro anticêntrico que os possibilita mediante complementação íntima. De fato, a vida das sociedades não pode subsistir, nos espaços ampliados da realidade das eras imperiais, sem imunizações efetivas e fortificação de fronteiras, mas, no que se refere à integridade microesférica dos humanos, ela não pode ser alcançada apenas pelo abrigamento nos macrorrecipientes sociopolíticos e cósmicos. Mais importante do que a blindagem do campo psíquico contra o exterior continua sendo a complementação psicogônica íntima. Somente ela pode prover que a estadia em um macromundo não termine em desfalecimento amargurado ou surfismo insípido.

Por essa razão, a imunização macroesférica — resumindo, também se poderia dizer: a filosofia, mais exatamente, a filosofia da transcendência — não é tudo. A certeza de estar contido em algo sobremodo grande pode proporcionar tranquilidade; quem ocasionalmente chegou até ela foram os sábios tradicionais, caso seus escritos publicitários não sejam mentirosos em toda parte. Porém paz de espírito seria uma meta equivocada, se ela fosse dissociada da alegria e da espontaneidade que se originam da comunhão com o Outro íntimo, não importando se este é imaginado como parceiro inseparável, presentemente próximo, ou como interlocutor sublime e distante. Logo, no período das altas civilizações, não só precisam ser reformatados os recipientes cósmicos em torno das coletividades políticas. Também o Outro íntimo do indivíduo, o gêmeo divino distante-próximo, tem de ser definido em contornos mais poderosos. Onde este entra em cena em versões condizentes com o tempo atual, os seres humanos podem se reorientar da busca por tranquilidade no recipiente supremo para a vivência de casos de amor movimentados com o Absoluto. Destes falaremos, entre outras ocasiões, quando compulsarmos, no próximo capítulo, o livro europeu antigo, há muito não lido, da teologia da forma [*Gestalt-Theologie*]. Nele se encontram os necessários esclarecimentos sobre aquele *outro centro*, que Aristóteles pôde muito bem postular, mas que, com os meios de que dispunha, não conseguiu explicitar de modo convincente.

Digressão 3

Autocoprofagia
Sobre o recycling *platônico*

Na história da recepção de Platão, muito alarde se fez da predileção do mestre pelas figuras geométricas do círculo e da esfera; contudo, praticamente ninguém se deu conta de que, em uma passagem, ele propôs um argumento cíclico que supera o idealismo matemático abstrato da esferofilia e ousa dar o salto para uma biologia da totalidade — hoje diríamos: para uma ecologia universal. Enquanto as modernas ciências da vida e da morte sempre só puderam empreender o estudo de processos circulares parciais tendo como pano de fundo entornos que permanecem exteriores ao círculo, Platão, em um instante arriscado, tangeu a questão das condições de uma ecologia no absoluto. Trata-se, nesse caso, de um ecossistema do ser, que teria de ser estruturado como processo circular fechado, e isso de tal modo que não poderia mais haver entorno nem mundo exterior que constituísse o pano de fundo do círculo da vida. Essa ecologia absoluta só pode ser realizada como biologia absoluta, e esta, por sua vez, só como descrição de um animal absoluto que constitui uma singularidade e atende pelo nome de cosmo, caso alguém quisesse chamá-lo. A passagem clássica se encontra no início do discurso de Timeu, exatamente no ponto em que se trata de explicar por que o demiurgo moldou a esfera-cosmo como um animal "todo liso" por fora, "e isso por múltiplas razões":

> Não necessitava de olhos, pois nada restava visível exteriormente a ele; tampouco necessitava de ouvidos, pois nada havia ali

> audível; não havia ar o envolvendo que pudesse necessitar para respiração; tampouco necessitava ele de qualquer órgão pelo qual absorvesse alimento ou expelisse o não digerido. Pois nada dele saía ou nele ingressava proveniente de qualquer lado, uma vez que nada existia (além dele); de fato, fora projetado de tal modo a suprir seu próprio consumo como alimento para si mesmo, e a realizar todas as ações e experimentar todas as paixões por si mesmo e dentro de si mesmo [...].[1]

Assim se nominou o preço da perfeição; o animal absoluto tem de ser autocoprófago, o que em prosa quer dizer: o que come o próprio excremento. Ademais — e é nisto que consiste a engenhosa formação citada —, a diferença entre boca e ânus, que faz todo o sentido e é necessária nos animais que possuem um entorno e, neste, comedouros e latrinas, no ser vivo superior tem de ser anulada, de forma que os orifícios do corpo, através dos quais se efetuam os dramas do metabolismo, são transpostos inteiramente para o interior e ligados diretamente uns aos outros — do que resulta a estrutura ecologicamente impressionante, mas psicanalítica e gastronomicamente perturbadora de uma analidade oral. (A genitalidade, por sua natureza, não ocorre nesse superanimal porque, por seu modo de ser, ele não é constituído nem como ser gerado, nem como ser gerador.)

O ser vivo que padece tudo por si mesmo e realiza tudo por si mesmo concretiza um atributo divino que, na época dos doutores, foi expresso com o termo "*aseitas*" ou asseidade [= existir por si mesmo], mesmo que nenhum dos teólogos escolásticos tenha tido o sangue-frio platônico de ocupar-se com os detalhes do metabolismo no animal divino — uma omissão que se mostra perdoável quando se pondera que, para os cristãos cultos, o cosmo não era um animal absoluto, mas uma criatura. Porém, pelo fato de a doutrina cristã atribuir ao absoluto o devir humano, mas não o devir mundano, o ponto crítico no ser é apenas deslocado, pois Cristo entra em cena como um ente divino que tomou

1. *Timeu*, 33 c-d. [Ed. bras.: Platão, *Diálogos V*, trad. Edson Bini, Bauru, Edipro, 2010, p. 183.]

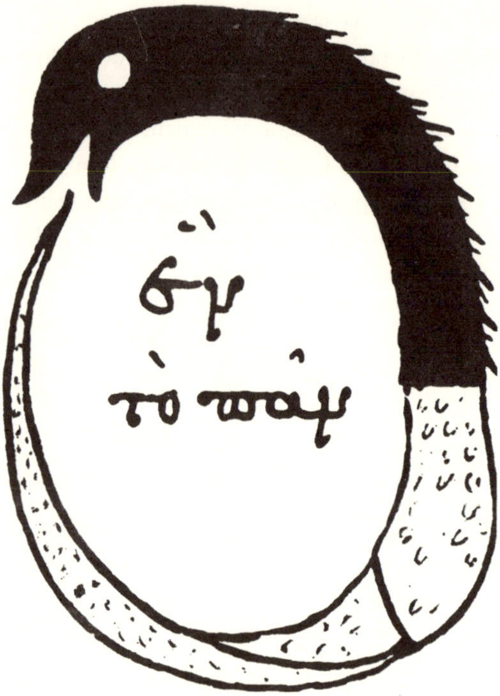

Uróboro: o uno-todo.

sobre si a natureza humana e consequentemente anuiu em conviver com a diferença entre boca e ânus. De maneira coerente, ele inicia sua carreira em meio aos constrangimentos do metabolismo ("encontrareis um recém-nascido envolto em faixas"). No entanto, ele não pode evitar por muito tempo a pergunta se ele consome e expele coisas exteriores ou vive sem entorno do que lhe é próprio: pois como verdadeiro Deus, ele necessariamente é um ser não metabólico, do mesmo modo que, como verdadeiro ser humano, ele necessariamente é um consumidor de alimentos e um expelidor de excrementos. Não obstante, sobretudo dois fatos da história da recepção dos textos atestam que, a despeito da doutrina das duas naturezas, o verdadeiro Deus obteve a vitória sobre o verdadeiro ser humano: são transmitidas palavras do Senhor, mas não são mencionadas nem guardadas excreções físicas; e seu corpo transfigurado ascendeu ao céu, mas não se fala de fezes transfiguradas. Logo, o homem-Deus decididamente está sujeito à diferença entre sistema e entorno, diferentemente do cosmo platônico, que é sistema sem entorno.

A diferença entre a via grega e a via cristã até uma ecologia do absoluto ganha contornos mais precisos tendo essas ponderações como pano de fundo. Enquanto o devir mundo de Deus gera um animal absoluto que, em virtude de sua autocoprofagia, percorre um processo vital sem exterior, o devir ser humano de Deus origina um híbrido metafísico, sendo que um dos seus lados não come nem bebe desde a eternidade, ao passo que o outro, através do comer e do beber terrenos, cria os pressupostos para excreções correspondentes das quais não se pode falar na imanência do culto. Portanto, o animal-cosmo grego é um ser que não consome pasto do entorno nem lança dejetos neste, porque não possui entorno; dito em outros termos, porque, em função de sua autonomia, ele renuncia a toda e qualquer exteriorização, enquanto o humano-Deus cristão até flagela o mundo, mas sem dúvida deixa para trás os mencionados dejetos que não podem ser mencionados. (A objeção de alguns teólogos medievais de que Cristo de fato teria comido, mas não defecado, talvez mereça ser mencionada, mas não discutida.) O animal-cosmo é sujeito-objeto de uma ecologia absoluta, que consome tudo sem deixar resto e que não deixa nada escapar para fora (da mesma forma que — para citar um exemplo ainda quase atual — no budismo tibetano, até o início do nosso século, pílulas desidratadas dos excrementos do dalai-lama eram apreciadíssimas como amuletos medicinais e talvez de fato tenham sido engolidas como último recurso para a cura, porque o dejeto do Deus vivo justamente não pode ser dejeto), ao passo que o humano-Deus se comprometeu com uma ecologia parcial, na qual restos e dejetos são vigorosamente exteriorizados.

Assim, fica evidente a diferença entre um *recycling* grego e um *recycling* cristão. Enquanto o cosmo-Deus inevitavelmente é estruturado de modo autocoprofágico (é isso que os holistas têm em mente, em última análise, mesmo que não possam nem queiram dizê-lo), o humano--Deus tem de ser anoréxico ("não só de pão" e, por isso, o mínimo possível de pão) ou dualista (a mesa da ceia e a latrina não estão localizadas no mesmo mundo). No *recycling* platônico, tudo se torna alimento de Deus: isso quer dizer que, no sistema oral-anal cósmico, ou as próprias excreções têm um caráter de *haute cuisine*, ou para a boca da esfera divina o sabor é indiferente e não faz nenhuma distinção entre ambrosia e fezes. Ainda mais importante do que essa indiferença é a imunidade do cosmo (sua abóbada exterior é absolutamente lisa), que não admite nenhuma abertura pela qual algo possa ser descartado para fora, para dentro do nada. Do lado cristão, o humano-Deus vem ao mundo como para dentro de um exílio constrangedor, mas não para mostrar como se constroem casas ecológicas nem como se fertilizam campos com o esterco humano e animal. Sua missão de *recycling* se refere exclusivamente às almas. Ele desce para provar que não é possível fazer jejum do mundo; segundo sua doutrina, os humanos não são vocacionados para o metabolismo nem para a separação do lixo, muito menos para serem onívoros na linha autocoprofágica nem na linha heterocoprofágica. A referência cristã ao que torna alguém saudável e redondo não possui orientação cosmológica, mas pneumática. Os pneumáticos compartilham com os nômades o privilégio de conservar um estilo de vida fecófugo em meio a uma população sedentária; eles evitam os compromissos que prendem os humanos a moradias fixas; desviam-se do ambiente de fidelidade à latrina. (De modo geral, vale que o cristão deve viver de tal maneira que jamais tenha de usar um banheiro *próprio*; deixem os dejetos descartarem seus dejetos.)

A ecologia pneumática se contenta em trazer as almas (no máximo, acompanhadas dos corpos ressuscitados) de volta para a casa paterna sobrenatural; o resto ela exterioriza sem remorso. A ecologia cosmológica, em contraposição, está tão interessada na interiorização que faz com que o animal absoluto só coma e defeque dentro de si mesmo. Em consequência, as duas maiores doutrinas de economia doméstica da Terra real não ajudam em nada: uma delas não ajuda porque se interessa exclusivamente pelo abrigamento de almas e encara o mundo como bastidor e dejeto; a outra não ajuda por absolutizar o mundo e, assim, negar a possibilidade de dejeto de modo geral.

Contudo, as concepções discretas de *recycling* ecológico que, desde a revolução da higiene do século XIX, alegam ajudar a Terra permanecerão fragmento, porque lhes faltam a coragem e a força para exigir o ciclo total. Para todo o sempre, a ecossociedade será sabotada por um humanismo que insiste na insuperabilidade da diferença entre boca e ânus.

Digressão 4

Panteão
Sobre a teoria da cúpula

É a redondez
Do esplendor: meio-dia.
Tudo é cúpula...
Jorge Guillén, *Cántico*

Não há nada na grande técnica que antes não tivesse estado na metafísica: uma prova do alcance dessa sentença em termos de diagnóstico cultural com a qual a história da técnica começa a filosofar é oferecida pelo mais importante edifício redondo do mundo antigo, o Panteão de Roma, cuja construção foi objeto de discussão entre 115 e 125 d. C. sob Trajano (98-117) e concluído sob Adriano (117-138), uma maravilha do mundo da arquitetura no sentido preciso do termo, cuja cúpula, com um vão interno de mais de 43 metros de diâmetro, foi durante toda uma era, autêntica e simultaneamente, a primeira e a maior construção esférica da Terra — nem mesmo os arquitetos da basílica de São Pedro ousaram superar o diâmetro da antiga cúpula gigantesca.[1] No caso do Panteão, tratou-se de uma construção com características de

1. No que se refere às suas dimensões, ela de fato só foi superada no ano de 1912 pelo "Salão do Centenário [*Jahrhunderthalle*]" de Breslau (pela celebração do centenário da vitória sobre Napoleão) com um vão interno de 65 metros de diâmetro. A abertura da cúpula da basílica de São Pedro é de 42,5 metros, com uma altura interna de 119 metros (contra 43 [de diâmetro] do Panteão).

templo dotada de uma referência sensível e até exagerada em termos de teologia do céu. É o que mostra a história das desventuradas construções que a antecederam e que tinham sido edificadas no mesmo lugar: o templo dos sete deuses planetários, erigido por Agripa, o cunhado de Augusto, no início do século fora destruído pelo grande incêndio do ano 80, o sucessor reconstruído por Domiciano, no ano 110, fora atingido por um raio. Quando Trajano e Adriano empreenderam, num prazo tão curto, uma terceira tentativa de renovar o lugar central de culto da teologia romana dos deuses do destino, pairava no ar o propósito de erigir, dessa vez, um edifício capaz de resistir com mais êxito aos caprichos dos elementos do que seus antecessores e que pudesse forçar de modo mais convincente a aprovação do universo para sua construção e conservação do que os edifícios anteriores.

Assim se conjugaram no local, na dedicatória e na história pregressa do Panteão, envolta por duvidosos *omina*, os ingredientes de um programa extraordinário de teologia e construção. O próprio resultado a que se chegou expressa de modo arrebatador que o monumentalismo imperial quis erguer um monumento a si mesmo e, além disso, no acordo dos dois construtores imperiais com seu arquiteto, o sírio Apolodoro de Damasco, era ponto pacífico que se deveria levantar diante dos cidadãos da ecumene um edifício para servir de lição teológico-política e de revelação edificada de uma ideia imbatível de cosmo. A Operação Panteão beneficiou-se de um momento favorável em que a arquitetura e a teologia quiseram tentar juntas algo inaudito.

As premissas gerais para o plano concreto atual remontam a tempos antigos: os gregos haviam matematizado o céu, urdindo-o no simbolismo interligador de uma geometria precisa da esfera; os romanos haviam reunido os deuses planetários em um grupo, alçando-os à condição de patronos e atalaias da atribuição de destinos a cada um dos mortais; os imperadores, por fim, haviam se apossado do céu como recurso da felicidade do império e completado o *mare nostrum* [nosso mar] com um *coelum nostrum* [nosso céu]. Da síntese dessas tentativas de agarrar o abrangente brotou o acontecimento-edifício denominado Panteão, que ainda deve ser acolhido como a introdução mais conclusiva à essência, ao problema e à realização da *philosophia perennis* [filosofia perene]. Trata-se de um dos casos que merecem ser descritos — segundo a feliz formulação de um autor contemporâneo — como "soluções romanas para problemas gregos".[2] No Panteão, a *translatio philosophiae ad romanos* [transferência da filosofia para os romanos] se torna um fato crivelmente consumado, mesmo que Heidegger ainda tenha achado que poderia tratar com menosprezo a contribuição romana para a história do pensamento e mesmo que a maioria dos representantes especializados desse ofício se congrace na opinião de que se pode omitir o Panteão e, não obstante, permanecer filósofo. É fácil mostrar que isso é um erro, pois é preciso provar tão somente que a ideia filosófica da totalidade não é explicitada exclusivamente em escritos, mas também pode ser explicitada no formato de edifícios. Até a inovação do platonismo por Plotino, a panteologia romana corporificou, enquanto teoria imanente do edifício singular, a posição máxima da ideia em sua era.

O Panteão é a resultante do encontro entre duas ambições de soberania, tendo sido uma delas cesárea e a outra acadêmica. No que se refere à pretensão dos filósofos de pensar a totalidade nos contornos de uma forma clara, invulnerável e arrebatadoramente bela, Platão e seus sucessores e rivais até o estoicismo disseram todo o necessário. Os romanos tiveram de receber lições do pensamento helênico do círculo e da esfera, inclusive nos períodos de seu apogeu político. No que se refere aos césares que herdaram a vitoriosa, demasiado vitoriosa República romana, eles foram forçados pelo espírito do seu cargo a pensar sobre a coesão de uma gigantesca periferia por um centro que irradiava e concentrava poder, e o resultado dessas meditações cesáreas sobre a correspondência de cidade e orbe foi a crescente disposição de sintonizar seu pensamento com o Sol e o Deus que opera em todo lugar de modo transbordante, vivificando tudo e assumindo a responsabilidade por tudo.

O Panteão constitui o centro entre essas duas formulações de soberania. Pois se, de um lado, o extraordinário edifício atesta algo do

2. M. Schneider, *Der Barbar. Endzeitstimmung und Kulturrecycling* [O bárbaro: clima de fim dos tempos e reciclagem cultural], Munique e Viena, Hanser, 1997, p. 41.

segredo da produção filosófica de espaço com meios geométricos e macroesferológicos, de outro, ele foi devotado a uma criação citadino-imperial de espaço que ainda entende a dominação do mundo como êxito expansionista doméstico e vê a vida do césar como um atalaia sobre o orbe ocupado por romanos.

Quando césares discutiram, sob tais premissas, com filósofos sobre o maior signo possível do cosmo, foi preciso pôr em jogo uma terceira força, cuja missão foi oferecer às duas partes sensualizações aceitáveis de suas pretensões ontopolíticas e espaçoteológicas. Essa força só poderia ser a arquitetura, que concebe suas ideias sobre o tempo em edifícios, mais do que seu tempo em ideias. O engenheiro militar e construtor Apolodoro de Damasco viabilizou o ponto alto do pensamento edificador ao conquistar Trajano e principalmente Adriano, o sucessor daquele, para a concepção de um templo esférico sem precedentes. A frase hegeliana de que o racional é real e o real é racional se aplica à arquitetura mais do que aos demais campos, pois nela primeiro alcançam consistência material as ideias ordenadoras da estrutura lógica e geométrica ideal. No cimento romano (*opus caementitium*), em que foram executados o núcleo do muro e a cúpula do Panteão, o conceito esférico se realizou *concretamente*. Indo além de todas as sensibilidades nacionalistas romanas, Apolodoro, o oriental dotado de formação filosófica, compreendera que, depois que o mundo inteiro se tornara um império, havia chegado a hora de a esfera perfeita se tornar edifício e que só com esse ato lógico-arquitetônico a imperialidade do império conseguiria encontrar sua expressão plena. Portanto, Apolodoro conseguiu realizar, em aliança com o helenófilo Adriano e empregando meios arquitetônicos, o mesmo que Virgílio havia consumado um século antes para Augusto com a sua epopeia — o rearmamento simbólico de um macroespaço político que havia se consolidado militarmente, antes que qualquer romano pudesse dizer o que deveria significar metafisicamente esse *monstrum* de poder.

Assim, a arte do arquiteto preparou o foro em que poderia se realizar a reunião de cúpula bilateral entre cesarismo e filosofia. Graças à sua ousadia edificadora que, milênios depois, ainda impressiona, Apolodoro arriscou propor a tese de que a arquitetura tinha chegado

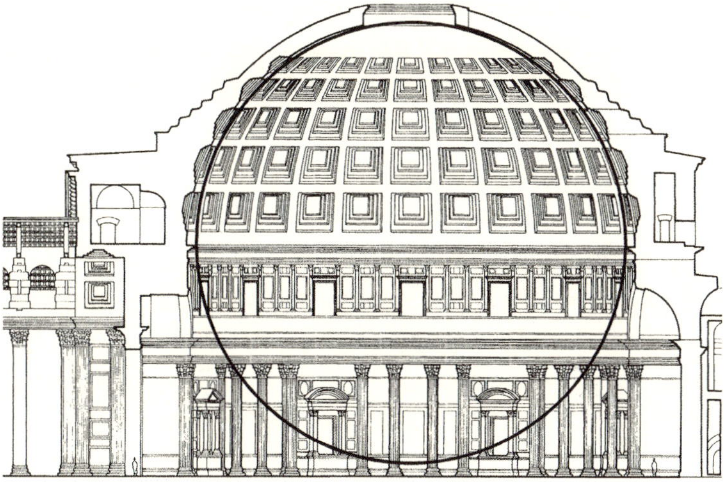

Corte transversal do Panteão.

a ponto de poder se equiparar aos dois ápices da ideia de mundo ao mesmo tempo. Ele garantiu a satisfação do lado cesáreo com uma ideia de construção que acolheu a preocupação doméstica do império e de seu guardião, recorrendo a formas rigorosas e monumentais; ele deu ao conceito filosófico o que lhe cabia, ao aceitar a aposta de que a esfera não seria mais confeccionada só como modelo ao alcance da mão para estudos matemáticos e astronômicos, mas também poderia ser realizada como grande templo e símbolo formal edificado da vastidão cósmica. Sem dúvida, Apolodoro foi o gênio do empreendimento porque soube bem como tornar a metafísica da esfera plausível para os senhores do Palatino e encorajar o imperador Trajano e seu sucessor ao gesto sem precedentes de convocar o universo e todos os seus deuses a Roma. (Conta-se que houve tensões com Adriano, que executou e finalizou a construção — o que parece compreensível, depois que o imperador se identificou de tal maneira com o projeto que ele próprio quis que o considerassem o arquiteto propriamente dito; Cássio Dio chega a dizer que Adriano teria mandado executar o grande construtor após a conclusão do Panteão; porém outras fontes parecem contradizer esse relato.) Apolodoro não teria tido o sangue-frio necessário para apresentar essa proposta se não pudesse assegurar com boas razões ao imperador que empreendeu a construção que entrementes teria se tornado tecnicamente possível (com a ajuda da construção com cimento e uma técnica avançada de cofragem)[3] construir o próprio céu, na medida em que fosse céu em camadas.

Em vista da instalação do Panteão, é preciso tomar literalmente a formulação "construir o céu". Ao fazer essa cúpula, Apolodoro não só realizou a mais perfeita semiesfera que jamais havia sido tentada nessa escala, como, além disso, inscreveu no espaço interior do edifício a semiesfera inferior invisível do céu, cujo polo sul toca o piso do salão de tal modo que o diâmetro da cúpula de 43,3 metros define com precisão também a altura do espaço. Nessas proporções se manifesta a essência filosófica da obra: também o conceito aristotélico do *uranós* ou cosmo é obtido mediante a abstração da intuição da semiesfera azul-clara acima de nossas cabeças e complementada pela concepção de uma esfera cósmica completa, como seria vista por um Deus exterior. Exatamente isso se efetua no Panteão por meio da interação da cúpula superior visível construída e da cúpula inferior invisível não construída, a primeira delas, tomada para si, representando o céu da contemplação ingênua, e as duas juntas, o céu dos filósofos, o universo. Quem quiser entender o Panteão tem de apreender *ambas* as cúpulas simultaneamente: é preciso ponderar sua diferença e, ao mesmo tempo, considerá-la superada. Então o olho espiritual logrará, nesse templo da geometria do ser, a esferoscopia plena.

Portanto, o Panteão, em seu aspecto interior, não é senão o globo que o Atlas farnésio carrega nos ombros, transposto para um formato que corresponde à ideia de que o cosmo divino seria um lugar que carrega a si próprio — e a nós dentro dele. Nesse caso, deixam de existir as constelações ingênuas da *sphaira* grega, que era destinada a uma visão de fora, dando lugar a um céu escalonado geometrizado do começo ao fim, cuja visão é obtida a partir de dentro, de modo perfeitamente parmenidiano e anfiscópico. Um cosmo produzido por arquitetos e imperadores com tais ideias e meios não precisa mais de nenhum atlante

3. Cf. E. Heinle e J. Schlaich, *Kuppeln aller Zeiten — aller Kulturen* [Cúpulas de todas as épocas — de todas as culturas], Stuttgart, Anst, 1996, p. 20 ss. Aliás, até hoje não se sabe como Apolodoro resolveu o problema da cofragem que precede a moldagem da cúpula.

mítico: a esfera que constitui a totalidade passa a se encaixar na forma sacral da casa; e, de acordo com a vontade dos deuses, que falam aos humanos por meio de seus êxitos, o nome da casa que também constitui o universo é, em todo período dos césares, *Roma aeterna*. Quanto à lanterna, a ousada abertura redonda de nove metros de diâmetro no ápice da cúpula moldada, ela dá curso a um fator platônico triunfalista, dado que permite a entrada na esfera, durante o dia, da luz de um holofote de cima e de fora, que precisa ser percebida como simbolismo consumado da transcendência. Esse *opeion* não pretende ser uma janela pela qual os humanos podem olhar em segurança para um cosmo emoldurado lá fora; ele mesmo é a clareira do espaço que significa o mundo.[4]

O Panteão é uma tese monumental que não só apreende o resultado da cosmoteologia antiga, mas aponta também, de maneira tão clara quanto discreta, a diferença entre esotérico e exotérico, sem a qual não poderia haver, no mundo antigo, nem sabedoria, nem saber verdadeiro. Da maravilha do Panteão faz parte que não se pode intuir a partir de fora o que ele mostra por dentro, mais precisamente porque ele, como qualquer edifício isolado e distinto, certamente também apresenta uma aparência externa, contudo uma que cala completamente sobre a ideia de sua forma interior, sem que se pudesse acusar o construtor de camuflagem. Ao olhar de fora o Panteão se revela como um edifício redondo compacto, sobre cuja base cilíndrica se estende uma cúpula achatada, marcada na passagem entre parede lateral e calota por sete anéis escalonados; nada impede de lembrar que esse número sete se refere aos deuses planetários, aos quais foram dedicados os templos anteriores construídos no mesmo lugar. É preciso conceder que a visão exotérica também não mente e que ela preserva sua própria razão de ser, mesmo que não tenha sido corrigida pela verdadeira aparência oposta que se mostra a partir de dentro. O edifício de Apolodoro é tributário do fato de que, em Roma, como antes em Atenas e em toda parte, a maioria dos que vivem na época do pensamento se dá por satisfeita em passar

4. R. M. Rilke, *Gedichte in französischer Sprache* [Poemas em língua francesa]: uma janela seria um "jeito com a qual se equilibra entre nós o excesso de exterior"; apud Otto F. Bollnow, *Mensch und Raum*, op. cit., p. 162.

ao largo dos lugares da verdade, não fazer perguntas às bocas que falam a verdade e desperdiçar as horas da verdade. A célebre inscrição que Platão fixou sobre a entrada da Academia, que se mantenha afastado quem não for geômetra, é reformulada em seu sentido mais profundo pela diferença entre dentro e fora do Panteão. No entanto, neste basta — talvez diferentemente do que ocorre no jardim de Platão — entrar com os olhos abertos no edifício para ser convertido, mediante a simples circunvisão desse evento de redondez sem precedentes, a uma vida sob o signo da geometria cósmica.

De fora absolutamente não se vislumbra que, no interior, consumou-se algo que modificaria desde a base e para sempre o status da finalização superior de edifícios e até o sentido de telhados, coberturas e espaços abobadados. Aqui ocorreu nada menos que a metaficização completa de telhado e teto; o céu real viu surgir, na forma da cúpula, um concorrente sério. Só quem ingressou no templo abobadado fica sabendo que a cúpula se tornou a mensagem. Já no caso de construções mais antigas com telhados abobadados no Oriente Próximo passara a vigorar o motivo de que telhados podem e querem ser mais do que simples vedações para o alto do espaço cercado por paredes.[5] O motivo do autoenvolvimento por formas de abrigamento que mimetizam o útero é, como mostram numerosos monumentos paleoarquitetônicos, quase tão antigo quanto a própria ideia do telhado. O fato de casas sempre significarem também metamorfoses do espaço materno é o que confere à arquitetura tal eminente posição na explicitação histórica das forças de transmissão espacial. Mas a cúpula do Panteão foi a primeira em que o avanço rumo à poética e metafísica racionais do espaço abobadado se efetuou de maneira tão triunfal e conclusiva que ninguém que não tenha contemplado e compreendido o céu em caixinhas do templo cósmico romano pode ainda pretender saber qual é a altura do espaço construído.

5. E. B. Smith, *The Dome: A Study in the History of Ideas* [A cúpula: um estudo na história das ideias], Princeton, Princeton University Press, 1950, cap. IV: "Domical Forms and Their Ideology" [Formas cupulares e sua ideologia], p. 61-94.

Todas as construções posteriores de cúpulas da civilização europeia, da cúpula de Brunelleschi sobre a catedral de Florença, das cúpulas sobre São Pedro em Roma e São Paulo em Londres, até os salões de leitura abobadados da Bibliothèque Nationale e da British Library, só podem ser entendidas como comentários e antíteses à tese filosófico-espacial da cúpula do Panteão. Não é por acaso que a discussão mais intensa da história da humanidade sobre cúpulas, o debate sobre a coroação da reconstrução de São Pedro — que começou em 1506 com o lançamento da pedra fundamental e (no que se refere à cúpula) foi concluída em 1592, após planos aprimorados de Michelangelo (1475-1564), por Giacomo della Porta e Domenico Fontana — com desenhos esquemáticos ao estilo antigo feitos pelo primeiro arquiteto Donato Bramante: estes permitem identificar uma réplica direta da cúpula maciça do Panteão, apoiada sobre colunas — o que teria sido tecnicamente inexequível em virtude do peso. A história do problema da cúpula de São Pedro é o teste de funcionamento do racionalismo construtor moderno. Do ponto de vista da moderna produção de espaço, ela não é menos interessante do que a concomitante virada copernicana na cosmologia. Pois a deslimitação do espaço para fora não é nem um pouco menos dramática do que sua estreia nos grandiosos simbolismos espaciais da incipiente Era Moderna. Enquanto a antiga cúpula do Panteão ainda pôde repousar sobre um cilindro amuralhado de dimensões quase telúricas, as cúpulas da Era Moderna tiveram de processar a dificultação de não poder se apoiar sobre muralhas maciças ao rés do chão, mas elevar-se a alturas descomunais, distantes do chão e artificiais, em cima de ousadas construções em forma de pilastras. Nisso se pode aquilatar a diferença entre as exigências feitas ao construtivismo antigo e as feitas ao construtivismo moderno.

Porém o que a Antiguidade e a Era Moderna têm em comum no que se refere a megaconstruções no limite do impossível é a experiência de que nada que seja sublime pode subsistir sem fissuras e riscos de se quebrar. Poucos anos depois da moldagem da cúpula do Panteão já foi preciso cimentar largas rachaduras meridianas que nela apareceram; a história da cúpula de São Pedro é, do século XVII até hoje, uma história de tentativas de reforçar a armação que a sustenta. Para arquitetos e

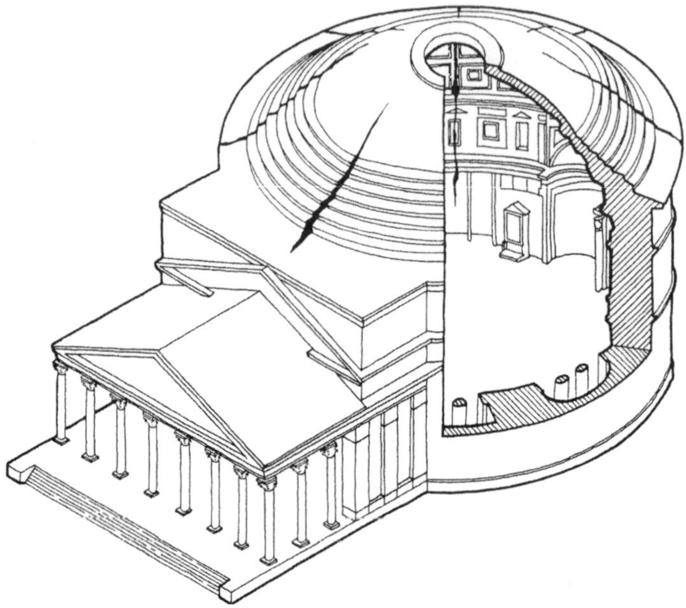

Fissuras antigas na cúpula do Panteão.

imunólogos essa experiência não é tão irritante quanto para filósofos, pois aqueles sabem desde o começo que justamente a tentativa bem-sucedida de construir o céu resultará no dilema de cedo ou tarde ter de prover a sustentação do céu construído. (Esta é a ideia pragmática fundamental do catolicismo contrarreformador: se for da vontade de Deus que a Igreja continue existindo, ele não deixará o edifício romano ruir, apesar de suas rachaduras; porém, se não for, perceberemos isso pelo fato de não sermos capazes de resolver nossos problemas de estática.) A antiga ciência da estática construtiva desenvolveu-se como uma cabala matemática para cuidar de cúpulas em perigo. Os filósofos, por sua vez, desde o tempo em que eles próprios não mais constroem e em virtude da frivolidade e da marginalidade específicas de seu ofício, facilmente sucumbem à tentação de tirar de fissuras nos edifícios-universo de outros construtores conclusões des"con"strutivistas, em vez de conclusões conservadoras.

Compreender o Panteão a partir de sua programática esotérica torna plausível a constatação de que a arquitetura romana foi a primeira a realizar na prática o *páthos* da filosofia grega de representar a totalidade do cosmo sob o signo da domesticidade, e ela o fez assimilando a casa ao cosmo de uma maneira que os gregos não teriam conseguido com os meios de que dispunham. Se o gênio grego — como observou Hegel em tom elogioso — alcançou a domesticização do cosmo, os construtores romanos da época imperial lograram a cosmização da casa. Todo visitante do Panteão, mesmo sem formação ontológica prévia, pode meditar sobre a ideia fundamental da filosofia antiga de que a existência do sábio significa mudar-se da casa local para a casa universal. E com a mesma clareza brilha através das caixinhas luminosas da cúpula a doutrina lógica fundamental da Antiguidade de que conhecer e ordenar/classificar são a mesma coisa.

Com a construção do Panteão, Apolodoro e Adriano repetiram e aclararam à sua maneira o enigma da exitosa história romana. Pois o domínio mundial dos romanos não foi, como enfatizaram de muitas formas conhecedores das relações antigas, expressão de um instinto imperial ofensivo, mas antes o resultado assumido involuntariamente de um senso hipertrofiado de segurança e domesticidade associado com uma disposição histerizada de lealdade (*fides*) para com aliados nas fronteiras do império (Cícero: "Nosso povo já se apossou de todos os países para defender povos aliados [*sociis defendendis*]" [*De re publica* III, 23]). Portanto, o império surgiu de uma orgia de domesticidade e pacatez defensiva — nesse aspecto, ele se assemelha a um sistema filosófico que só se ocupa com o vasto mundo para manter-se quieto em meio ao falatório. Entre os romanos, o imperialismo é sintoma de uma exofobia generalizada, cuja autoterapia consiste em internalizar todo o exterior capaz de atrapalhar.

De modo semelhante, o Panteão quis lidar com as potências numinosas dos povos estrangeiros, emitindo um passaporte romano para todos os deuses essenciais vindos de fora. Muito antes de as universidades europeias e norte-americanas inventarem o título de professor associado, as cabeças dos teólogos romanos já haviam descoberto a função de Deus associado. Esse título era concedido a potências numinosas reconhecidas no plano inter-religioso com as quais os guardiães da existência romana não consideravam recomendável não estar aliado. Como já ocorrera na Mesopotâmia, desenvolveu-se em Roma um senso para

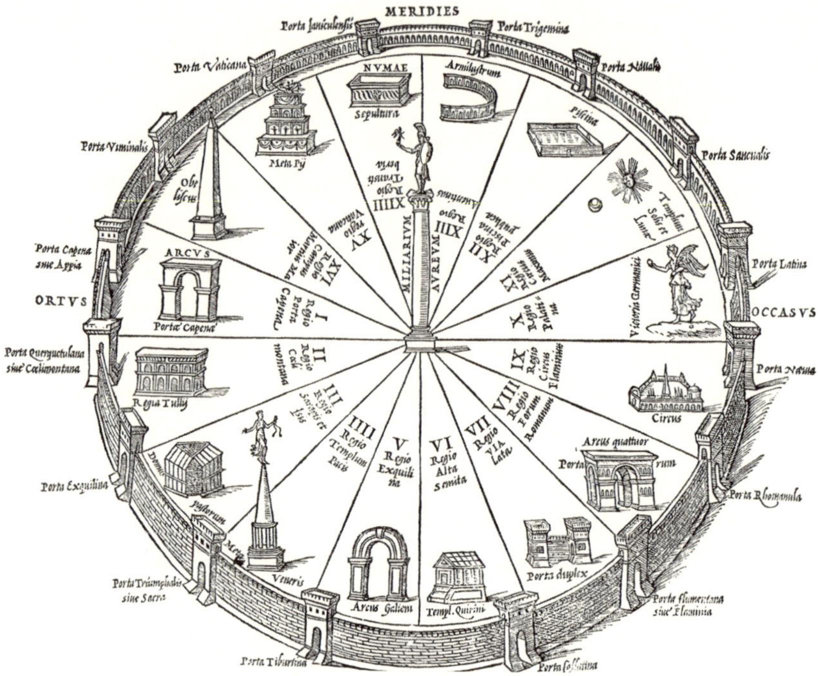

Roma como centro do cosmo, gravura, 1527.

a necessidade de uma diplomacia religiosa que fazia a mediação entre diversas configurações do mundo dos deuses. Para todas elas, o Panteão foi construído em formato de céu e ecumenicamente como um plenário, para conjurar todas as potências que mereciam o nome "Deus" em torno da ideia da casa romana.

Esse construir o cosmo modifica o sentido de imanência com consequências permanentes, pois permite ver até onde chega uma imperiotécnica como cosmotécnica. Esse construir em grande escala e escala máxima ainda não tem nada a ver com as fanfarronices arquitetônicas das capitais dos Estados nacionalistas europeus posteriores, que erguem fachadas ao céu na falta de uma ideia real do cosmo e de uma efetiva técnica de potência mundial. O Panteão é a prova cabal de que o universo anuiu ao formato caseiro depois que a casa soube assimilar-se ao formato do universo. A partir daí, a totalidade ganha atualidade como tema de uma história técnica universal; é justamente isso que o tempo presente discute sob a palavra-chave da globalização (terrestre).

Nessa palavra se oculta a questão sobre se o globo "é", ou "acontece", ou "é feito".

Em conexão com essas reflexões, é possível nomear de modo marcante o sentido cosmotécnico da cúpula europeia antiga: ela confere contornos arquitetônicos à ideia da imanência universal e empresta um lugar de visibilidade ao motivo imune da metafísica clássica, à visão do grande abrangente, do solícito universal e do que mantém o universo coeso. A cúpula porta o enunciado de que a vida humana se desdobra sob um princípio cooperativo e que o céu se interessa pelos fenômenos sobre os quais ele se estende. Nas cúpulas, os poderosos constroem a utopia da solicitude com a qual o luminoso mais alto está voltado para o turvo mais baixo.

O que de fato triunfa na cúpula do Panteão é uma ideia de cosmo, ordem e imanência, cuja alta-tensão ontoteológica logo entra em acirrado contraste com as tendências neorreligiosas que, vindas da periferia do império, gradativamente se alastram sobre o centro. Enquanto o imperador ainda mandava erigir um templo para todos os deuses, visando integrar tudo o que era simples deus regional e força divinizada da natureza numa divindade formal de grau máximo, em todas as partes do império as pessoas se libertavam da religião filosófica da transparência (poder-se-ia dizer também da assembleia racional *sous l'œil de l'empéreur* [sob o olhar do imperador]) e confiaram sua vida às novas religiões da intransparência.

É isso que o Panteão engloba, a seu modo, no malogro expandido da filosofia da Antiguidade tardia. Pois com sua luminosa crença na esfera, com seu totalismo jovialmente solene, com a sutil subdivisão do interior da cúpula em caixinhas que parecem antecipar o conceito pseudoareopagítico da hierarquia, o Panteão apresenta um verdadeiro sistema de emanação de cimento que contém mais inteligência realizada do que todos os seus frequentadores posteriores juntos mobilizaram. Logo após sua conclusão, o edifício já se encontrava diante dos cultuadores como uma máquina de produzir sentido, que até se podia usar ritualmente, mas não se conseguiria construir uma segunda vez.

Algo da aura da solidão esotérica que envolve esse edifício grandiosamente soberbo e, ao mesmo tempo, irrestritamente acessível foi

Cerimônia em São Pedro pelo jubileu de 1700.

captado por Oswald Spengler com sua observação genial de que o Panteão teria sido "*a mais antiga de todas as mesquitas*".[6] Spengler conectou a essa formulação sua tese obscura de que, no ano de 125, Roma já teria estado havia muito tempo prestes a deixar o círculo do "psiquismo [*Seelentum*]" antigo e sucumbir ao fascínio daquela "cultura mágica" que começava a se expandir no Oriente Próximo mediante numerosas assimilações pseudomórficas a povos e culturas estrangeiras. (Conhecedores dessa obra principal de Spengler sabem que o autor apresentou a respeito desse complexo um livro dentro do livro com o título *Problemas*

6. O. Spengler, *Der Untergang des Abendlandes*, op. cit., p. 273.

da cultura arábica, do qual se pode dizer, sem ir longe demais, que se trata da culminação da filosofia especulativa da cultura no século XX.) No fim das contas, a mudança de ênfase do psiquismo antigo para o psiquismo mágico teria sido responsável pela impregnação do Império Romano por uma religião pseudomórfica, o antigo cristianismo em sua forma helenizada (o qual, por sua vez, representava uma alma gêmea do posterior islamismo, o protótipo de uma religião da intransparência que exigia submissão e garantia devotamento). O que certamente está correto na indicação de Spengler é que, na época do Panteão, Roma vivenciou uma mudança de sentido da imanência e que o modo como os deuses manifestavam sua presença passou por uma transformação de graves consequências.

É bastante provável que as massas da Antiguidade Tardia, ao entrarem no Panteão, pouco se inteirassem do que fora ponderado e realizado nas conversas de cúpula entre cesarismo, filosofia e arquitetura. Cada vez mais, era o tempo dos mistagogos e apóstolos que promoviam uma desmatematização do céu — hoje se falaria de um reencantamento do mundo. A esses agentes de uma percepção totalmente modificada de imanência, alógica confessante, telepática, ávida por milagres, deve-se que as cúpulas posteriores, especialmente as do Oriente bizantino, não repitam mais a forma panteológica de construção que pretendeu erigir um monumento à participação noética do ser humano no *optimum* da forma da casa cósmica, duradoura como um *opus caementitium*, mas crescentemente atestam o cercamento completo do espaço humano por um mistério cósmico indevassável; Oswald Spengler aclarou isso de modo sugestivo com o auxílio do símbolo central da cultura mágica, relevante em termos de filosofia do espaço, a saber, a percepção da caverna cósmica. Essa mudança é evidenciada pela diferença entre o Panteão e a igreja da Hágia Sophia em Constantinopla. No lugar em que o templo esférico romano havia propiciado à ideia de cosmo da filosofia antiga uma autodeclaração última mediante a cristalização arquitetônica (em um edifício no qual se ingressava como nativo de alguma província do mundo e se saía como grego e como neófito da filosofia), a igreja da Santa Sabedoria pôs em operação uma percepção de imanência irradiada pelo numinoso e cercada de magia (de tal modo

Cúpula sobre uma sala da escola islâmica (madraça) de Shir Dar em Samarcanda.

que não se podia entrar nela sem se converter em árabe *ante litteram*, em debutante extasiado nas coisas fascinantes de Deus).

Nas vicissitudes posteriores do Panteão, é dada uma nova interpretação ao motivo da redondez do céu, que aparece como uma recondução irônico-psicognóstica da esfera às mães: por doação do imperador Focas, de Bizâncio, o Panteão caiu em poder do bispo romano Bonifácio IV, ao qual decerto não ocorreu nada melhor para fazer do que consagrar o edifício como igreja mariana com o nome de Sancta Maria ad Martyres; a solenidade ocorreu em algum dia do ano do Senhor de 609. Porém só mais tarde, quando a igreja foi reconsagrada com o nome de Santa Maria della Rotonda, raiou a hora mais luminosa na história do símbolo cósmico, na medida em que a esfericidade publicamente exata dos metafísicos voltou a ser fundida com a rotundidade orgânica íntima do céu da imanência na Nossa Senhora do Último Mês.

A singularidade cosmotécnica da Hágia Sophia, bem como a de todas as posteriores mesquitas autênticas, consiste em que ela não está mais interessada na convergência filosófica de casa e ser, mas na equiparação mágica de mundo luminoso e caverna maravilhosa. Isso propõe à arquitetura oriental um *absurdum* criador, cujo efeito necessariamente levou a arquitetura islâmica subsequente a evoluir para uma escola das maravilhas. Pois, do mesmo modo que o Panteão tem seu fundamento tecnológico-teológico na fórmula "construir o céu", a grande igreja bizantina e a mesquita o têm na concepção "erigir a caverna cósmica".

O reencantamento do mundo na Antiguidade Tardia atrai também o ato de construir para dentro de uma remistificação do espaço, sem que a arquitetura, enquanto saber artístico a respeito do grande edifício, pudesse, por causa disso, parar de seguir sua vocação construtivista. No entanto, ao devir casa do universo já não corresponde mais o devir universo da casa — pelo contrário, a própria casa inicia uma migração pseudomórfica e se transforma de volta na tenda mágica de alvenaria e na caverna construída. Nesse processo, a arquitetura se põe a serviço de uma ideia contra-arquitetônica de espaço — num primeiro momento, ela se converte na arquitetura da maravilha em suspensão e da incompreensibilidade restaurada de Deus, para acabar enredada em si mesma

Hágia Sophia, litografia de Louis Haghe (1806-1885) sobre aquarela de Gaspare Fossati.

Salão de leitura da Biblioteca do Congresso, Washington.

como testemunha de uma estagnação mágica e de um não saber mais como prosseguir em termos de técnica e cultura — ademais como sintoma de um não mais ser capaz de prosseguir cosmofóbico, que ainda hoje sustenta uma presença magoada no palco mundial sob a designação problemática "nação islâmica". Onde a cúpula é forçada a servir de forma construtiva à imanência cavernosa, a alta técnica é posta a serviço de uma ideia de espaço de hierarquia inidônea. Por algum tempo, isso pode trazer resultados sumamente fascinantes. A longo prazo, porém, a cúpula orientalizada se transforma em guardiã da sonolência de uma razão desativada.

Em contraposição, onde a cúpula encima os edifícios eclesiásticos ocidentais da Era Moderna, que vieram ao encontro da exigência de espaço da Era Moderna oceânica, ela se afirmou até o limiar do século XX como emblema quase universalmente utilizável para a problemática espacial neoeuropeia: retratar o mundo dinâmico descentrado em grandes construções centradoras. Os colossais projetos de São Pedro em Roma e São Paulo em Londres, com suas cúpulas projetadas em função tanto do seu aspecto exterior quanto do seu aspecto interior, que se alteiam como torres triunfais, acolheram o ímpeto da investida moderna na direção do descomunal. Nelas se revela o sentido do classicismo após

Lying in State in the Rotunda: exéquias estatais para o general Dwight David Eisenhower sob a cúpula do Capitólio, 30-31 de março de 1969.

a "era do descobrimento do mundo e do ser humano". Em termos de estilização do poder, a Era Moderna é a tentativa de expressar os volumes mundiais da situação oceânica nos legados formais da Antiguidade. A essa regra se submeteram quase todos os construtores estatais modernos, de Luís XV, em cujo reinado foi iniciada a construção do que mais tarde seria denominado o Panteão parisiense ("metade antigo, metade jesuítico", Julien Gracq), até a igreja de São Nicolau em Berlim e da catedral de Isaac em São Petersburgo. E é claro que também o Capitólio em Washington (para não falar dos cansativamente numerosos capitólios de cada um dos estados norte-americanos) devia a si mesmo a autocoroação com uma cúpula em estilo maximalista — aliás, após um debate sobre a cúpula que quase assumiu as dimensões de um debate sobre a Constituição. Na cúpula do Capitólio (resposta direta à de São Paulo em Londres e indireta à de São Pedro em Roma), finalizada no ano de 1864, ainda durante a Guerra de Secessão, a *translatio*

Cúpula do Capitólio de Washington, vista do interior.

imperii [tranferência do império] dos europeus para os estadunidenses já é estilisticamente fato consumado, que só precisava ainda ser politicamente confirmado; o ensejo para isso foi o ingresso dos Estados Unidos na Primeira Guerra Mundial em 1917. Em termos arquitetônicos, essa cúpula já é um *fake*, uma simples fachada de pedra sustentada por uma estrutura de ferro oculta, o que caracteriza todo o classicismo de Washington.

Porém a metamorfose decisiva da cúpula não aconteceu sob os construtores políticos das inúmeras paráfrases mais ou menos loquazes da construção central no mundo antigo e no Novo Mundo, que foram

Cúpula central em construção da Galleria Vittorio Emmanuele II, Milão, 1865-1867.

erguidas até bem além do limiar do século XX (e em cuja linha ainda se moviam os planos presunçosos de Hitler e Speer para os edifícios do triunfo final em Berlim); ela se efetuou a partir da década de 1820 sob regência privada e econômica: naquelas construções de galerias comerciais, generosas e cobertas, em Paris, Milão e Roma, nas quais, como mostrou Walter Benjamin, a produtividade espacial do capital moderno impôs a mais sugestiva de suas ideias até aquele momento. As galerias cobertas realizam uma ideia de interior que não expressa mais a imanência da totalidade cósmica em um abarcar divino imunizador, mas uma que atesta a circunvolução da Terra pelo tráfego de mercadorias e a compenetração de todos os contextos vitais pelos fluxos monetários. Na galeria coberta, a *piazza*, a rua de comércio e o salão social se fundem sob o signo da "mercadoria" ou do "estilo de vida". Quem dispuser de meios suficientes poderá satisfazer aqui a necessidade de suprimir o caráter de

Novas galerias comerciais, Moscou, 1888-1893; desde 1917, Centro de Compras do Estado (GUM); passarela intermediária.

parede do céu construído em prol da transparência simulada. Esse é o sentido imunológico do material de construção chamado vidro, cuja longa carreira começa com os telhados das galerias comerciais e com o qual o dinheiro, que constrói suas ideias de espaço, possui uma afinidade tão evidente quanto estreita.

Foi só com as utopias construídas em cristal da fase inicial do construtivismo e com as engenhosas arquiteturas *indoor* de livre circulação do final do século XX que o acontecimento produtor de espaço nas cabeças dos arquitetos, dos filósofos e dos designers de ambientes deu um passo decisivo para além dos projetos europeus antigos. Agora o caminho está aberto para grandes espaços reconstruídos que deixaram para trás tanto a oposição de exotérico e esotérico quanto a de centralidade e descentralidade. Nos novos espaços, apresenta-se uma ideia "não redonda" de esfera que se libertou da dogmática do espaço

Maquete da cúpula do Parlamento em Berlim, Norman Foster, 1998.

central da Europa antiga.[7] Definitivamente o século XXI projetará seus telhados mundiais para além dos velhos modelos morfológicos de céu, casa e caverna. O ser humano da Era Moderna, que des"con"struiu o firmamento e o demitiu de suas tradicionais funções de imunização, é alguém imunizado de outra maneira, que, por isso mesmo, mora e constrói de outra maneira. Ele projetou seus telhados e suas paredes laterais de maneira nova e contratou seguros que mudaram drasticamente sua postura em relação ao risco mundial. Como alguém que pensa de outra maneira, ele também teve de se tornar alguém que é considerado

7. Quem apontou de modo especialmente enfático a originalidade radical da moderna produção de espaço no construtivismo arquitetônico foi Heinrich Klotz, sobretudo com sua impactante exposição "Visão da Era Moderna: O princípio construção", no Museu de Arquitetura da Alemanha, em Frankfurt s/ Meno, de 6 de junho a 17 de setembro de 1986 (livro e catálogo, Munique, 1986). Essa tese da originalidade é a *matrix* do teorema, entrementes copiado pela sociologia, da Segunda Era Moderna, que em Klotz — virtualmente independente do numeral 2 — designa o potencial não exaurido da moderna arte de criação de espaço e, por conseguinte, a capacidade de renascimento do moderno enfoque construtivista na arquitetura e, em certa medida, também nas artes plásticas. Portanto, modernidade sob o signo do numeral 2 não tem nada a ver com reflexividade, como alegam alguns sociólogos, mas com a criatividade intacta da Nova Construção, que conseguiu provar que nem longos períodos de estagnação funcionalista vulgar puderam deter seu ímpeto.

Millenium Dome, na curva do rio Tâmisa em Greenwich Village, Londres, vista de janeiro de 1999.

de outro modo; como alguém mais bem assegurado, ele igualmente é alguém que pode arcar com uma abertura para o mundo numa proporção sem precedentes.

Na era vindoura, a cúpula se tornará sinal da noção de que também o vazio quer ser reconstruído. Deus pode até estar morto, mas a construção da cúpula prossegue e com ela a disputa em torno do telhado apropriado sobre as cabeças dos contemporâneos. Os telhados da pós-modernidade são hipóteses de trabalho para comunidades transitórias e não mais dogmas ontológicos. Parece que o vazio edificado desenha hoje o horizonte no qual os nascituros-mortais têm de cuidar de si mesmos e de suas convenções. Até o *prima facie* megalomaníaco *Millenium Dome* [Cúpula do Milênio], em Greenwich, perto de Londres, de autoria de Richard Rogers, com que a Inglaterra deseja celebrar sua virada para o terceiro milênio, atesta a grande força propulsora dessa exigência simbólico-política de espaço. Um país inteiro vibra sob a impressão de uma ideia de espaço contemporânea e, ainda assim, difícil de interpretar: de acordo com informação de estatísticos da língua, o substantivo "*dome*", "cúpula", teria sido a palavra mais usada (depois do nome "Diana") pelos jornais da Grã-Bretanha no ano de 1997.[8] Debates sobre cúpulas continuam sendo indicadores de sensibilidade coletiva para o espaço. Como ocorre desde as muralhas de Jericó e de Uruk, o avançado conhecimento construtivo e arquitetônico serve hoje para dar ênfase à tese protocomunitária de que o primado do interior também deve valer em escala muito grande e até no nível global. Não há nada na arquitetura que não tenha estado antes nas ideias de imunidade.

8. Cf. H. Rauterberg, em *Die Zeit*, n. 35, p. 34, 20 ago. 1998.

Capítulo 5

Deus sive sphaera
ou
O universo-uno explodindo

A esfera é autorretrato da alma.
Marco Aurélio, *Meditações*, 11,12

A cada instante principia o ser; em torno de cada aqui gira a esfera lá. O centro está em toda parte.
Friedrich Nietzsche, *Assim falou Zaratustra*, III — O convalescente

A teologia ocidental foi, na sua melhor autocompreensão, uma meditação sobre o centro surreal. Ela tratou, com uma persistência que beira o desespero, de um universo-centro, que era impossível que fosse o do mundo. No design da metafísica clássica, Deus e mundo foram separados pela primeira diferença; por essa razão, o centro do mundo real, a Terra carente de luz e o ser humano errante sobre ela, e o centro do mundo superior, o centro divino da abundância e os espíritos bem-aventurados em torno dele, tiveram de divergir para sempre. Por isso, a teoria da totalidade só poderia vir a ter duas partes e até duas línguas, e, por fim, a ser definitivamente discrepante. Como cosmologia ou ciência da totalidade do natural, ela tratou do "*universum*", como teologia ou ciência da totalidade do espiritual, tratou de Deus como fundamento ou mistério do mundo. Em decorrência disso, a ideia que se impõe, a saber, de que os dois discursos pudessem compor uma teoria global unitária, como se a natureza e o Deus-espírito fossem dois aspectos complementares do mesmo *continuum* e suas teorias não passassem de diferentes projeções da mesma realidade global coerente em si mesma, mostrou-se inexequível, a despeito das imensas asseverações e de suas reiterações cada vez mais refinadas.

A partir de um posto de observação moderno, há boas chances de se reconhecer que os cosmólogos da Europa antiga e os teólogos judeo--greco-cristãos, embora fossem dois partidos especializados em totalidade, em nenhum momento falaram da mesma coisa quando trataram do que denominavam o uno e o todo, por mais persistentes que fossem seus esforços pela convergência dos seus discursos. Até poderiam ter encontrado, na estrutura das duas totalidades, uma razão formal para a harmonização de teorias da totalidade do mundo e teorias da totalidade de Deus: na afinidade das concepções morfológicas básicas — pois, por suas explicitações determinantes, cada uma delas deve ser concebida como uma única esfera imensamente perfeita, e parece justificar-se a expectativa de que duas diferentes projeções de uma esfera máxima se referem, em seu teor concreto, a uma e mesma esfera. Mas essa suposição acaba se mostrando enganadora, e o exame das duas esferas máximas mostrará a impossibilidade de que sejam as mesmas, e nem mesmo sua imbricação — incessantemente tentada tanto pela *philosophia perennis* quanto pela teologia especulativa — pode ser efetuada sem implicações absurdas. O Deus dos morfólogos evidentemente se agradou de fazer de bobos tanto os teólogos quanto os cosmólogos quando teve a ideia de se apresentar em duas totalidades incompatíveis, como se quisesse confrontar o teorema autoevidente *maximum est unum* [o máximo é um só], o qual propõe que há um máximo e que ele é um só, o uno e o todo singular e sem concorrência.

Recordemos: Platão e Aristóteles primeiramente tiveram êxito retumbante com sua tentativa de provar que, entre as muitas esferas possíveis, só pode haver uma que de fato é a universal-abrangente. Platão ensinara enfaticamente que o demiurgo não tinha produzido dois ou incontáveis cosmos, mas um só cosmo, que com sua abundância e completude representa uma singularidade unigênita (*monogenés*) e solitária (*éremos*). Entre os fundadores de escolas de Atenas, toma forma o argumento fatídico de que o *maximum* só pode ser um e que, por conseguinte, todas as coisas fisicamente existentes estão compreendidas em um único envoltório máximo, o da abóbada celeste real: *o máximo é único* — um teorema cuja formalidade pujante impôs sua autoridade desde a Antiguidade, passando pelo Cusano e chegando até os idealistas modernos. Se o mundo é a quintessência do que é abrangido por um limite extremo, consequentemente ele pode ser um só e único, porque no conceito do máximo está contida necessariamente a integração do universo. O cosmo dos filósofos gerado e animado pelo lógos é promovido, assim, à condição de quintessência máxima e de quintessência do abrangente. Em termos cosmológicos, integridade e integridade universal significam a mesma coisa.

No entanto, para teólogos sucessores de Platão está estabelecido que Deus, por sua vez, tem de suplantar e transcender de modo inigualável o mundo e tudo o que ele é e o que há nele. Atribui-se a ele a autoria de uma esfera universal ainda mais portentosa, ainda que seja de espécie bem diferente — uma esfera de todas as esferas, uma esfera hiperfísica, noética, energética, erótica, da qual só se pode dizer em sentido impróprio que é espacial, e em cujo centro — mas o que significa centro na supraespacialidade? — ele frui a si mesmo sem medida e sem oposição de modo oniativo e onisciente. Deus cerca tudo e não é cercado por nada, consta no Pseudo-Areopagita — o que expressa com clareza sua vantagem de grandeza, tanto espacial quanto supraespacial. Se essa intervenção dos teólogos idealistas tiver base válida — e, numa visão imanente, muita coisa fala a favor dessa concessão —, então a esfera dos doutores aristotélicos em coisas naturais, a esfera do mundo-céu, que tolera a Terra em seu centro, e a "esfera" matemático-mística de Deus, que emana tudo de si mesma e segura tudo dentro de si mesma, precisamente não podem ser as mesmas. Tampouco o famoso expediente de que se vale a ideia metafísica de unidade, aquela *analogia entis* que permite ao mundo ser semelhante no dessemelhante, seguir a uma distância apropriada o Deus imensuravelmente sobrelevado, é capaz de eliminar a oposição inquietante dos dois projetos máximos.

Imagem de mundo pseudoteocêntrica. Nicolas de Oresme, *Livre du ciel et du monde* [Livro do céu e do mundo], 1377, manuscrito de uma tradução comentada de *Do céu*, de Aristóteles, feita para Carlos V. O ilustrador desse livro procedeu a uma inversão do cosmo aristotélico, de modo que as sete camadas planetárias se arqueiam irregularmente em torno de Deus, em vez de em torno da Terra, com a camada de Saturno e das estrelas fixas por dentro e a camada da Lua na borda externa.

Teoria de Deus e teoria do mundo permanecem, tanto em seus pontos de partida quanto em seus resultados, empreendimentos profundamente diferentes, mesmo que ambas, enganadoramente similares em suas formas escritas, sejam levadas a termo *de facto* como teorias da esfera de grau máximo. Espinosa foi o primeiro a mostrar, com o seu enfoque *deus sive natura* [Deus ou natureza], como excluir do repertório a comédia ocidental da teoria dupla, caso se esteja disposto a sacrificar a transcendência. Por maior que seja a tentação de identificar as duas formulações referentes à esfera — a cosmológica-imanente e a ontoteológico-transcendente —, elas, ainda assim, apresentam dissonâncias substanciais, que necessariamente fazem malograr toda tentativa de unificação. Apenas um interesse institucionalizado por consonância e convergência permitiu produzir a aparência de que a ciência escolástica greco-cristã teria conseguido chegar a uma *unified theory* [teoria unificada] que abrange Deus e mundo e, assim, logrado o que poderia se designar como uma imagem coerente da totalidade do existente e supraexistente ou como sistema metafísico integrado. Basta ler os textos relevantes um pouco mais devagar do que o habitual para se convencer de que não há como dizer isso. Na verdade, a assim chamada onto(cosmo)teologia da era metafísica, de cuja homogeneidade enganadora Martin Heidegger ainda foi tributário com a tentativa objetivamente supérflua de sua "destruição", é cindida desde a base. Na sua base se manifesta a diferença irrevogável entre dois projetos esféricos de totalidade voluntariosos e que jamais poderão ser concentricamente executados, em cuja união no complexo da assim chamada "metafísica", quando vista sob a luz correta, não há nada a destruir, porque já é falha como constructo.

Todas as tentativas de fazer coincidir os centros, o diâmetro e os anéis interiores das duas sublimes esferas totais estavam condenadas ao fracasso por razões de princípio, mesmo que o paralelismo das retóricas a respeito de Deus e mundo tenha contribuído desde o princípio para dissimular a discrepância nas questões concretas. Em consequência, a metafísica clássica de uma *de*struição ou *des*"con"strução não é carente nem capacitada, porque justamente numa *re*construção feita com boa vontade, mas não com aturdimento, revelam-se com nitidez cristalina ou, caso se queira, trágica a inexequibilidade do projeto metafísico, a imbricação concêntrica perfeita de esfera do mundo e esfera do supramundo.

Portanto, o que se fazia necessário era não tanto uma crítica do centrismo como tal, mas uma diferenciação suficientemente atenta dos centros e das periferias correspondentes. A partir dela ficaria claro que toda a tradição metafísica estava baseada em uma confusão interessada de espaços de transcendência e de imanência e, portanto, na troca de dois centros totalmente diferentes e seus entornos. É admissível que, para pensadores afirmativa ou subversivamente fascinados pela tradição, não seria fácil fazer essa diferenciação. Até Nicolau de Cusa, de bom grado, se deixou ofuscar pela quimera constitutiva da sua era mundial, que tinha de sonhar com a Terra sendo abraçada pelo céu, razão pela qual ele ensinou o impossível de maneira tão formal quanto vã: a con(ex)centricidade da esfera do cosmo e da esfera de Deus ou, o que nesse caso significa a mesma coisa, a rotunda inclusão de toda imanência em uma transcendência abrangente: "Portanto, aquele que é o centro do mundo, a saber, o Deus bendito, também é o centro da Terra,

Esfera cósmica geocêntrica, extraída de obra de Cecco d’Ascoli, Viena, 1516.

e de todas as esferas, e de todas as coisas que há no mundo; ele é simultaneamente a circunferência infinita de tudo."[1] Evidentemente é possível escrever, mas impossível pensar, esse tipo de coisa — e isso por uma razão que, na sequência, se apresentará com uma nitidez que nenhuma das historiografias filosóficas experimentara até aquele momento: a discrepância entre a interpretação teoperiférica e a interpretação teocêntrica do mundo ou, como também se poderia dizer, entre a ontologia majestática de Aristóteles (Deus no alto) e a doutrina emanacionista platônica de Plotino (Deus no centro), é feita de um material mais duro do que qualquer anseio por uma harmonização dos sistemas. Não se pode construir a totalidade a partir da Terra *e* a partir de Deus simultaneamente, e quem, não obstante, tenta fazê-lo tem de fazer parecer que há concentricidade onde não pode haver nenhuma. O que ou quem de fato é "o centro da Terra" no espaço da imagem de mundo medieval poremos a descoberto mais adiante no capítulo sobre as antiesferas, mediante uma investigação satanológica básica; e que ilusões precisam ser mobilizadas para pensar Deus como o "centro de todas as esferas" é algo que se deve demonstrar no caso do próprio Nicolau de Cusa, em forma de nota ao seu tratado *Dialogus de ludo globi* [Sobre o jogo da bola].

A confusão sobre o sentido do centro no pensamento medieval chega até as últimas camadas da interpretação de Deus e mundo. Sem uma trama densa e elástica de auto-hipnoses piedosas, apoiada por um sistema de

1. *De docta ignorantia*, Livro II, 11: "*Qui igitur est centrum mundi, scilicet Deus benedictus, ille est centrum terrae et omnium sphaerarum atque omnium, quae in mundo sunt; qui est simul omnium circumferentia infinita.*" Essa frase é parte de um argumento cosmológico em que se manifesta convulsivamente a agonia da "imagem de mundo" medieval: empreendendo a fuga para a frente, Nicolau de Cusa inclui o universo físico no paradoxo teológico que resplandece na sentença de que Deus seria uma esfera, cujo ponto central está em toda parte e cuja circunferência, em lugar nenhum — aquela proposição nuclear da mística geométrica, cujo significado aclararemos mais adiante. Porém o que ainda possui um sentido aceitável no discurso teológico passaria a ter também validade cosmológica, razão pela qual para Nicolau, também no caso do mundo, ocorre o que, de resto, só acontece em Deus, a saber, que *centrum* e *circumferentia* coincidem — uma aparente ousadia, da qual se quis depreender uma contribuição para a superação da imagem de mundo medieval e que representa apenas o fim desolado de uma harmonização inexequível de ontoteologia e cosmologia.

pseudopensamentos institucionalizados, que corresponde precisamente ao que hoje se denomina discursos (de acordo com Foucault: rotinas de dizer coisas), a "metafísica ocidental" jamais teria podido defender sua existência no ponto decisivo. O preço da liberdade de pensamento medieval, que só era possível como licença para teorizar nos limites do dogma, foi que o bifocalismo da "imagem de mundo" teve de ser mantido latente e que não era permitido haver um diálogo explícito sobre as contradições entre o ponto de projeção geocêntrico e o ponto de projeção teocêntrico no interior da bolha de ilusões da *philosophia perennis*.

A fundura da confusão edificante evidencia-se, entre outros aspectos, no fato de que ainda o insensato de Nietzsche, que supôs proclamar a morte de Deus, foi vítima da confusão dos centros, sem ter a mínima noção de que, em sua atuação, teria sido preciso diferenciar duas concepções radicalmente diferentes de "um e tudo". Quando o insensato faz suas excêntricas perguntas no ominoso parágrafo 125 de *A gaia ciência* — "O que fizemos quando desatamos esta Terra do seu Sol?", "Haverá ainda um 'em cima' e um 'embaixo'?", "Não estamos errando através de um nada infinito?" —, o tom e o conteúdo de sua fala tratam inconfundivelmente da *perda da periferia*, que, para a humanidade pós-copernicana, andava de mãos dadas com a despedida do aristotelismo na cosmologia. Ali se lamenta a evaporação do céu de estrelas fixas, cuja eliminação provoca o choque do infinitismo. O *páthos* das perguntas de Nietzsche denuncia o quanto a descentração da Terra e a liquidação das camadas afetou o sistema imune psicocósmico da Europa antiga: "Não sentimos na face o bafejar do espaço vazio?", "Não está mais frio agora?" Tais falas dão a impressão de que o niilismo passou a rondar a porta de cada casa; o movimento de rotação da Terra é interpretado como centrífuga fatal que nos arremessa para dentro de um frio perene; o fato de faltar ao céu a última abóbada significaria, de imediato, a perda do seguro da vida. É fácil entender a mensagem alarmada: o deserto avança, o ponto oriental foi perdido, o exterior toma tudo, e só é mais possível encontrar sentido em sistemas de autoabrigamento radicalmente artificiais, projetados contra a falta de chão objetiva (na construção de uma arca de segundo grau).

Contudo, quando o insensato proclama, no mesmo fôlego, a morte de Deus, ele está falando de algo totalmente distinto — a saber, da *perda do centro*, que resultou da retirada da teologia moderna dos postos platônico-plotínicos. O fato de Nietzsche querer apresentar essa segunda perda como consequência de um *assassinato* do altíssimo, do melhor, do maior, pode ter sido uma histerização tolerável por indicar uma consciência da agudeza da questão sucessória. No entanto, o ato como tal permanece problemático, pois com que estilete circular teria sido possível apunhalar o ponto central absoluto? É recomendável dobrar a atenção neste momento: rolar a Terra para fora do centro do cosmo aristotélico-ptolomaico e apagar a origem de toda luz no centro da esfera divina neoplatônica — trata-se de duas operações fundamentalmente diferentes, cuja não diferenciação necessariamente leva a concepções confusas em todos os aspectos atinentes. Não menos importante é que nessa questão se decide o sentido de modernidade: ela seria uma era pós-metafísica, como ressoa de cima de todas as cátedras, ou uma era metafísica diferente, que ainda não entende bem a si própria? A ontologia de fato se tornou completamente impossível nela, como não se cansam de dizer pensadores transcendentalistas e construtivistas precipitados, ou foi apenas um tipo histórico de pensamento ontológico que cumpriu seu dever de ofício? O pensamento filosófico de fato falou sua última palavra, de modo que os teóricos do estranhamento teriam razão ao fitar o passado em um estado de melancolia oninecrológica, ou o antigo amor à sabedoria já não estaria mais se convertendo em uma nova forma histórica, digamos: em uma arte racional transgênica? É como se o sentido da própria modernidade dependesse da interpretação da catástrofe das esferas metafísicas e, desse modo, dependesse de expressar-se sobre se devemos dar por perdido o centro ou a margem, ou ambos, e que centro e que margem de que esfera.[2]

Não obstante: a convicção que se valida tanto nas lendas conservadoras quanto nas lendas modernas da Era Moderna até hoje é a de que todas essas perdas significam, em última análise, a mesma coisa. Essa confusão vem de longe, seus primórdios remontam ao classicismo grego, e a Idade Média inteira se encontra sob o seu signo. Se até Nietzsche

2. Cf. uma determinação mais precisa da intervenção de Nietzsche mais adiante na Digressão 5: "Sobre o sentido da sentença não dita 'A esfera está morta'", p. 505 s.

ainda incorreu nela, isso atesta a massividade da ilusão veteroeuropeia e católica, que era forçada a manter em vigor a qualquer preço a afirmação de que, sob pontos de vista mais elevados, a esfera do mundo e a esfera de Deus estariam, apesar de tudo, estruturadas concentricamente de alguma maneira, para não dizer que seriam uma coisa só, tal como quis dar a entender a proposição de Nicolau de Cusa, que soava tão cativante, mas que, lógica e concretamente, era expressão de completo desespero. De fato, a tese da identidade tinha de estar certa para que se pudesse supor, com alguma perspectiva de êxito, que o afastamento da Terra do centro do cosmo seria metafisicamente equivalente à evacuação de Deus do centro do ser.

Mas isso não passa de um sugestionamento sem suporte concreto. Na verdade, trata-se de duas descentrações *toto coelo* distintas, a cada uma das quais corresponderia uma ocupação — ou uma vacância — completamente diferente do ponto central. Na Era Moderna, não faltaram candidatos para a sucessão nos dois centros vacantes da totalidade: a matéria, o ser humano, o sujeito genérico, a vanguarda, a raça, a estrutura, o inconsciente, o capital, a linguagem, o cérebro, os genes, a massa da explosão originária — tudo isso e muito mais já foi objeto de conversa como *fundamentum* e centro dominante, e cada cliente podia decidir-se *à son goût* pelo seu *a priori* no mercado desregulado do sentido. Quase nunca se tentou entender de qual dos centros a serem preenchidos de fato se tratava.

Por conseguinte, a história das ideias dos últimos duzentos anos é a era das guerras de sucessão para os centros problemáticos de totalidades carentes — compreensivelmente ela desemboca em propostas pacifistas de por fim distensionar-se em uma "cultura sem centro".[3] Não é o caso de não se conseguir entender que o esclarecimento é uma atividade lenta nesse campo impossível de abarcar com a vista em virtude de ângulos demasiadamente amplos e que pouco se consegue alcançar sem uma espécie de observação orbital de fora e sem panoramas radicalizados. Porém, até quem tiver se obrigado a ter, em toda linha,

3. R. Rorty, *Eine Kultur ohne Zentrum. Vier philosophische Essays* [Uma cultura sem centro: quatro ensaios filosóficos], Stuttgart, Reclam, 1993, p. 5-12.

um conhecimento melhor sobre isso, os terríveis simplificadores e os restauradores salmodiantes farão o que quiserem com seu público indefeso. Aqueles buscam refúgio em um Aristóteles que satisfaz tanto a arcebispos quanto a sociais-democratas, estes revitalizam relíquias barrocas da *philosophia perennis* para o público nostálgico. A intervenção mais conhecida nesse campo foi oferecida pelo católico demente Hans Sedlmayr com seu libelo crítico à modernidade intitulado *Der Verlust der Mitte. Die bildende Kunst des 19. und 20. Jahrhunderts als Symptom und Symbol der Zeit* [A perda do centro: as artes plásticas dos séculos XIX e XX como sintoma e símbolo da época], escrito em 1948, em que se lamenta a perda de um centro do qual nunca se pôde dizer onde ele teria se situado. (Pelo menos Sedlmayr ilustra, uma vez mais, o que era e o que queria o aristotelismo católico quando acusa a construção moderna de ter se soltado "da base terrena" — exemplarmente corporificada no projeto de Ledoux de uma *Casa de guarda agrícola* em forma de esfera em Maupertuis [1775-1780], que por causa de sua forma puramente geométrica violou as leis da existência sublunar; em seu conjunto, Sedlmayr vê em operação, na Era Moderna, unicamente a tendência para a formação de "esferas inumanamente puras", o que acaba desembocando em uma acusação de autoendeusamento e satanismo.) Porém, seja Sedlmayr, seja anti-Sedlmayr, a confusão acerca do sentido do centro e de sua perda na Era Moderna é aproximadamente do mesmo tamanho em todas as frentes.

Caso se queira diferenciar com segurança as duas figuras clássicas do oniabrangente, a esfera celeste e a esfera divina, basta olhar para seus centros. Imediatamente se destaca de modo irreconciliável a diferença entre o projeto esférico geocêntrico e o teocêntrico. É essa diferença que sabota a partir de dentro, para todo o sempre, o mais sublime de todos os empreendimentos teóricos da Europa antiga, que é o de conferir ao *hèn kaì pân* uma forma lógica.

No primeiro projeto da grande esfera, encontra-se no centro, como foi aclarado no capítulo anterior, o *pessimum* e *ultimum* ontológico: deparamos aqui com a Terra habitada por humanos mortais e com suas entranhas subterrâneas, o inferno, determinado como o polo negativo

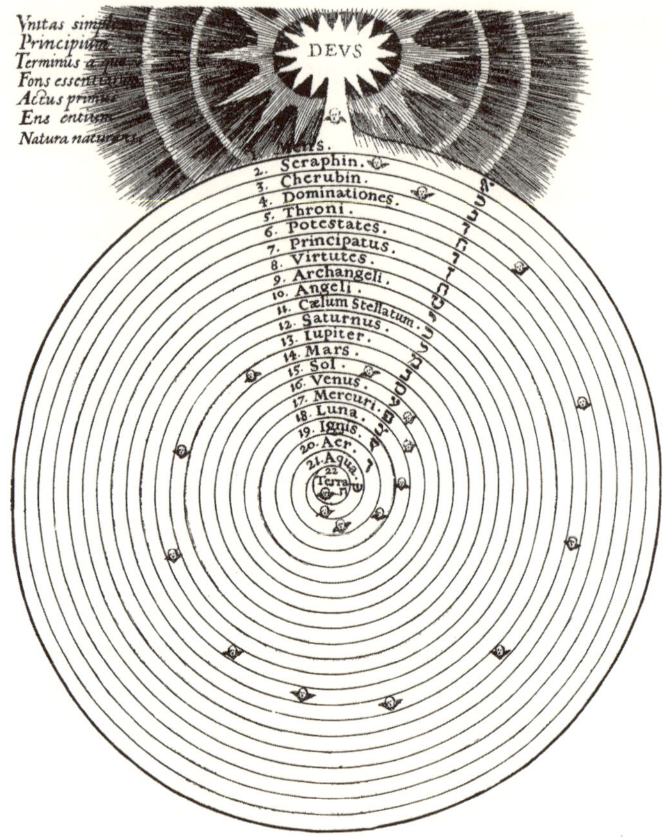

Cosmo em espiral de 22 níveis, que correspondem às letras do alfabeto hebraico. O esquema extremamente teoperiférico sintetiza em uma única série o sistema areopagítico de emanações (a emanação das nove inteligências angelicais de Deus, 2-10, em seguida o cosmo em camadas de Aristóteles, 11-18, e, por fim, os quatro elementos, 19-22). A degradação da Terra (Terra, 22) mediante sua determinação ambígua como elemento *e* como corpo central mais afastado de Deus dentro do sistema ganha expressão flagrante no diagrama híbrido. A esfera preta indica a existência de uma segunda construção, que, por sua vez, é teocêntrica. Extraído de Robert Fludd, *Geschichte des Makrokosmos und des Mikrokosmos* [História do macrocosmo e do microcosmo], 1617.

do universo e como a maior distância possível do Deus das alturas. Inerente à cosmografia geocêntrica é um infernocentrismo estrutural — o anel mais interior do inferno de Dante no núcleo da Terra, onde um Satanás de três faces (contratrinitário) deixa rolar suas lágrimas de seis olhos colossais sobre o próprio gelo, erige um monumento característico a essa concepção do ponto central absoluto do mundo. O fato de a tradição também o ter denominado o príncipe do mundo atesta uma consequência cosmologicamente correta da ofensa aristotélica à Terra. Do Satanás no gelo se aprende o que significa, em última análise, o ser no mundo segundo a interpretação católica: o diabo não perdeu o centro; ele é o próprio.

Em torno desse centro depravado do mundo, do polo negativo subterrâneo, a superfície da Terra pelo menos já forma uma crosta firme, exposta à luz, aberta na direção do céu, um meio sobre o qual se efetua a vida humana, ameaçada pela profundeza maligna pegajosa, mas, ao mesmo tempo, puxada para fora por atratores mais elevados. A ontotopologia clássica não para de repetir sua frase principal de que o lugar do ser humano é o entremeio. Com isso operam continuamente as energias vetoriais de baixo e de cima. Em torno dessa esfera terrestre formada pela força da gravidade da morte e pela propulsão da esperança e de seus cemitérios sob a Lua depositam-se, do seu satélite para cima, camada após camada, regiões etéreas de dignidade mais elevada. No esquema simplificado dos oito níveis: às camadas da Lua e do Sol somam-se as camadas dos cinco planetas, e, acima destas, a esfera das estrelas fixas, que constitui a fronteira do éter planetário com o *empyraeum* [empíreo], o reino dos espíritos bem-aventurados junto a Deus.

A viagem exemplar de Dante ao céu, que foi ampliada para uma sequência de dez níveis, corresponde essencialmente a esse modelo geocêntrico; ela leva primeiro ao céu lunar, habitado por bem-aventurados que tinham sido impedidos de cumprir algum voto; em seguida, ao céu de Mercúrio, onde residem os heróis da honra, e ao céu de Vênus, no qual os amantes decentes tinham encontrado sua morada permanente; esse céu é coberto, em quarto lugar, pela cúpula solar, muito apropriadamente habitada pelos teólogos esclarecidos, que durante sua vida ocultaram seus corpos da luz sob cogulas, mas agora, em compensação, douram seus corpos transfigurados no banho de sol eterno. Avançando para o alto, o poeta alcança o quinto céu, formado pela camada de Marte, na qual estão reunidos os mártires como heróis de guerra da fé, seguido do céu de Júpiter, dos bons príncipes, e, por fim, do céu de Saturno, dos contemplativos. Acima deste se estende a oitava cúpula, a do céu das estrelas fixas, que, por sua vez, é abrangida por um último recipiente, o céu de cristal — este, em virtude de suas propriedades translúcidas, havia sido postulado pelos doutores como o assim chamado primeiro *diaphanum*, para que a luz divina pudesse fluir desimpedida de cima para dentro do cosmo físico.[4] Acima da enéada dos espíritos sumamente bem-aventurados, pode-se intuir, por fim, a década indizível com a rosa do céu e a sede da Trindade.

Manifestamente o paraíso de Dante se baseia em um modelo cósmico-supracósmico bastardo, que sintetiza de maneira bastante livre motivos aristotélicos e neoplatônicos, assumindo as ordenações em camadas do cosmograma de Aristóteles e tomando emprestada de Platão e Plotino, em contrapartida, a centração de Deus em um ponto de luz superclaro. O fato de a luz central divina de Dante não brilhar no centro físico do mundo, mas incidir no cosmo a partir da periferia, já indica o papel polissêmico da luz (como *lux* e como *lumen*) que oscila entre a física e a suprafísica. No esquema de Dante, a cosmoteologia e a espiritoteologia são mescladas de maneira franca, sem recear incompatibilidades. Em seu ascenso, o poeta sabidamente não se comporta como se estivesse adentrando raios cada vez maiores e cúpulas que se estendiam em camadas cada vez mais amplas, como deveria ser no caso de um ascenso cosmologicamente coerente; pelo contrário, ele ruma para um ponto localizado no alto que, de certo modo, constitui um "centro" deslocado, que paradoxalmente se encontra na borda superior e fora dos níveis do cosmo. Com grande despreocupação, o poeta deixa de lado essa complicação topológica do céu; só Deus mesmo pode saber

4. Cf. A. Vasiliu, *Du Diaphane: image, milieu, lumière dans la pensée antique et médiévale* [Do diáfano: imagem, meio, luz no pensamento antigo e no medieval], Paris, Vrin, 1997.

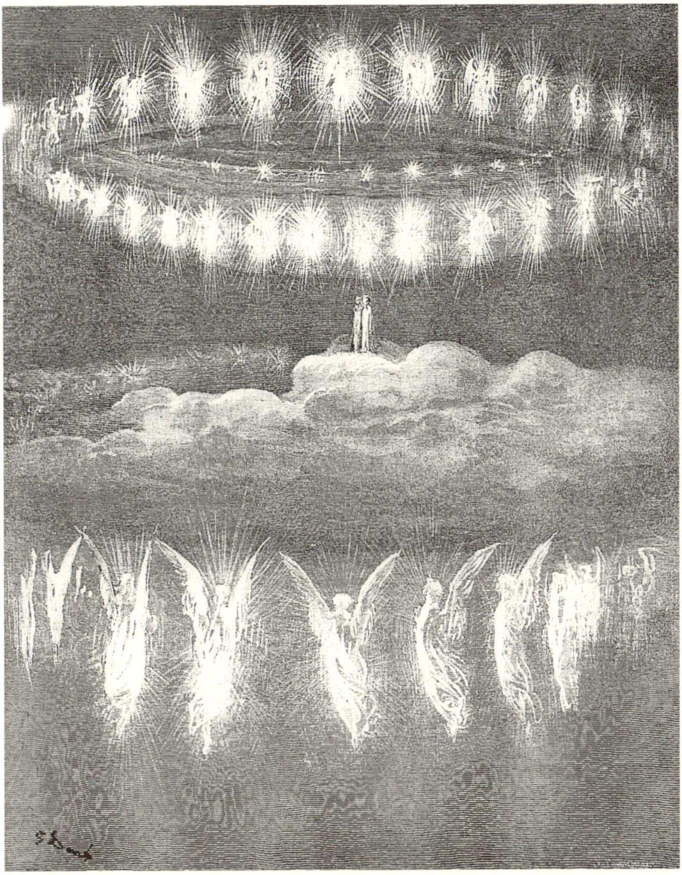

Gustave Doré, ilustração para *A divina comédia*, de Dante Alighieri, "Paraíso", canto 12:

> *Così di quelle sempiterne rose*
> *volgiensi circa noi le due ghirlande,*
> *e sì l'estrema a l'intima rispose.*
> [Então vi aquelas rosas sempiternas
> Girarem ao nosso redor como duas girlandas
> A menor coincidindo com a maior.]

como fazer para se condensar em um único ponto central resplandecente e, ao mesmo tempo, apresentar-se como baluarte mais amplo e muralha mais sublime da estrutura cósmica. Seja como for, também ao não teólogo é permitido concordar com a ideia de que Deus, caso ele exista, não toma conhecimento de problemas figurativos e poderia ser ponto e volume universal ao mesmo tempo.

No que se refere a essa esfera cósmica de constituição geocêntrica, nela é preservada a perspectiva humana habitual mediante a diferenciação entre em cima e embaixo, razão pela qual seu centro, em consonância total com a intuição cotidiana, está localizado "aqui embaixo", enquanto a periferia, por sua natureza, só pode estar "lá em cima". Não por acaso Dante, um pouco antes de ser alçado ao céu de cristal, que é o destino da sua viagem, olha de novo para trás e divisa, no mais remoto recanto do universo, a Terra em sua ridícula e comovente pequenez.

> *Col viso ritornai per tutte quante*
> *Le sette spere, e vidi questo globo*
> *tal, ch'io sorrisi del suo vil sembiante.*
> ("Paraíso", canto 22, 133-135)
> [Com meu olhar retornei por todas
> As sete esferas, e vi este globo,
> E tive de sorrir de seu vil aspecto.]

Assim, ressalta-se novamente o caráter de viagem espacial do percurso do poeta pelo mundo luminoso das esferas; entre os resultados almejados está a humilhação da Terra diante das portentosas dimensões do cosmo.[5] *Deus est res extensa* — a tese espinosiana já faz certo sentido

5. Essa humilhação pode escalar: o judeu aristotélico-plotinense Salomon ben Gebirol (Avencebrol) afirma, em seu escrito *Fons vitae* [Fonte da vida], influente na Idade Média europeia, que o sistema das esferas cósmicas inteiro se reduz à "nulidade de um ponto" diante dos olhos do Deus imensuravelmente excêntrico e transcendente. Cf. D. Mahnke, *Unendliche Sphäre und Allmittelpunkt* [Esfera infinita e centro do universo], Halle, M. Niemeyer, 1937, p. 212. Visões excêntricas da Terra também são conhecidas por Platão, na visão final de Fédon sobre a "verdadeira Terra", e por Cícero, no *Somnium Scipionis* [Sonho de Cipião] (*De re publica* VI, 16). "A Terra mesma me pareceu tão minúscula que cheguei a... lastimar o nosso império."

para o Deus da cosmologia escolástica, na medida em que este põe o céu ou o mundo etéreo como extensão indireta de si mesmo, do que, todavia, decorre que, no esquema espacial que se estende para baixo, ele está cada vez menos "consigo", para, por fim, no ponto mais baixo, no ponto de Satanás, no centro do mundo corpóreo, deixar totalmente de existir. Em consequência disso, nesse modelo, bem-aventurança e desventura estão distribuídas de acordo com a diferença entre em cima e embaixo, de modo que quem busca salvação por nenhum instante pode duvidar do rumo que terá de tomar — alçando-se a esferas mais altas, quando intui Deus lá em cima, ele o segue.

Contudo, a quem ocorresse a ideia de procurar por Deus *no interior* da esfera terrestre sempre descobriria apenas sinais indiretos de sua atuação, vestígios, relíquias, acenos, hieróglifos (razão pela qual a teologia facilmente se converte em atividade de teodetetive). Por mais próximo que ele possa se sentir do objeto de sua busca: enquanto se mantiver na imanência, aquele que busca tem de compreender reiteradamente que o verdadeiro Deus sobrepassa tudo o que se pode captar de modo sensorial, espacial e simbólico. O modelo clássico da busca vã por Deus em um espaço no qual ele não pode estar como ele mesmo foi explicitado por Agostinho no Livro X de suas *Confissões*, apoiando-se em motivos do Salmo 139; ainda no início do século XIX, Jean Paul replicou essa vã viagem espacial da alma na viagem de seu Cristo morto pelo edifício cósmico vazio de Deus: "Embarquei nos sóis e voei com as vias-lácteas pelos ermos do céu; mas não há Deus [...]."[6]

6. O contraste mais nítido em relação a esses tristes seres que não encontram Deus foi traçado por Giordano Bruno: "Então veio o nolano [isto é, Giordano Bruno (nota de Peter Sloterdijk)] e deixou para trás o estrato atmosférico, penetrou no céu, percorreu as estrelas, cruzou as fronteiras do mundo e derrubou as muralhas imaginárias da primeira, da oitava, da nona, da décima e das demais esferas que matemáticos delirantes e a cegueira de filósofos ordinários ainda desejariam acrescentar. [...] Assim, estamos capacitados para descobrir o efeito infindável das causas infindáveis. [...] Não precisamos procurar a divindade lá longe, pois ela está bem perto de nós [...]." (G. Bruno, *Das Aschermittwochsmahl* [A ceia de Quarta-Feira de Cinzas], trad. Ferdinand Fellmann, Frankfurt s/ Meno, Suhrkamp, 1981, p. 92-93.)

Dante Alighieri, *A divina comédia,* "Paraíso", canto 14:

> *[...] vidimi translato*
> *sol con mia donna in più alta salute.*
> [(...) me vi transportado,
> sozinho com minha senhora para uma salvação mais elevada.]

Dante Alighieri, *A divina comédia*, "Paraíso", canto 27:

"Al Padre, al Figlio, a lo Spirito Santo",
cominciò, "gloria!", tutto il paradiso,
sì che m'inebriava il dolce canto.
["Ao Pai, ao Filho, ao Espírito Santo",
iniciou, "Glória!", todo o Paraíso,
tanto que me inebriou o doce canto.]

Assim, no mundo geocêntrico, o endereço de Deus é expresso pela aproximação mais extrema a ele: *excelsior*; sua residência só pode estar localizada em um estrato que se alteia acima do mais elevado estrato físico ou simbólico. Nesse ponto, torna-se palpável a razão pela qual os humanos, quando procuram pela verdade ou pela bondade nesse esquema cósmico, estão condenados a ascender e a transpassar; simultaneamente fica claro por que os teólogos exercitam a escalação: diante deles se ergue a tarefa irrealizável do pensamento de pensar que Deus sempre é maior do que a maior coisa que se pode conceber como grandeza concreta. Quem anela o melhor tem de chegar à borda superior do universo e deixar também esta abaixo de si; partindo deste mundo baixo, só se chega mais próximo da verdade mediante um ascenso vertical. Em consequência, ciências meramente horizontais são funestas, e isso, pelo menos do ponto de vista dos teóricos desafiados pelo vertical, para todo o sempre.

No escrito pseudoaristotélico *Do mundo*, datado do final do século I, encontra-se o esboço clássico do esquema geocêntrico, no qual todos os teólogos e cosmógrafos católico-aristotélicos baseiam a sua imagem de mundo:

> Ora, a primeira e suprema sede é ocupada pelo próprio Deus e, por isso, ele se chama o "Supremo", porque, segundo a palavra do poeta, ele está entronizado "no pico mais elevado" de todo o céu. O maior proveito disso tira o elemento mais próximo dele (isto é, o etéreo), depois o adjacente a este e assim por diante até chegar ao nosso âmbito. É por isso que a Terra e tudo o que é terreno se mostram tão fracos, desarmônicos e caóticos, já que são os mais distantes das intervenções auxiliadoras de Deus.[7]

Uma perspectiva radicalmente oposta deve ser escolhida na construção da esfera teocêntrica, na qual o posto central é ocupado pelo *optimum* e *summum*: por Deus. No entanto, esse enfoque suscita uma

7. Aristóteles, *Über die Welt* [Do mundo], trad. e coment. Otto Schönberger, Stuttgart, Reclam, 1991, p. 19.

Dante Alighieri, *A divina comédia*, "Paraíso", canto 31:

> *In forma dunque di candida rosa*
> *mi si mostrava la milizia santa*
> *che nel suo sangue Cristo fece sposa.*
> [Na forma, então, de uma alva rosa
> se mostrou a mim a milícia santa,
> que Cristo desposou com seu sangue.]

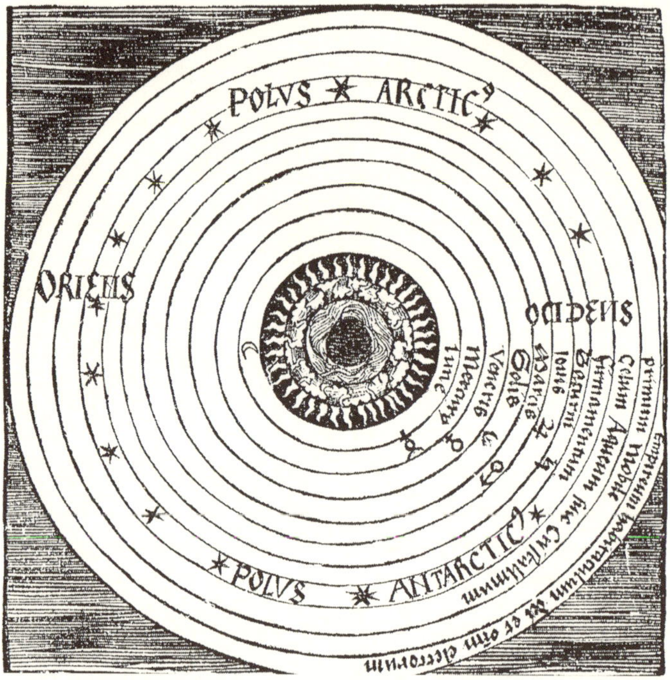

Imagem de mundo aristotélica clássica de dez esferas com os seguintes estratos: 1 Lua, 2 Mercúrio, 3 Vênus, 4 Sol, 5 Marte, 6 Júpiter, 7 Saturno, 8 Firmamento, 9 Céu aquoso ou cristalino, 10 *Primum mobile* [primeiro móvel]; além do décimo estrato: o *Empyreum* como *habitaculum Dei et omnium electorum* [habitação de Deus e de todos os eleitos]. Extraído de Gregor Reisch, *Margarita philosophica nova*, 1508.

dificuldade, em relação à qual nunca se sabe ao certo se poderá ser humanamente dominada. Pois, na construção do abrangente a partir de Deus não se pode principiar da condição da inteligência natural, já que os teocêntricos têm de partir de uma origem inalcançável — "num primeiro momento", dizem os iluminados — para intelectos humanos. Ainda assim, sob as premissas da especulação, é possível explicar com suficiente clareza o que se tem em mente com esse "partir de Deus", mas, de acordo com tudo o que já se sabe sobre tentativas feitas por humanos, permanece tão questionável quanto no primeiro dia se eles são as pessoas certas para proferir tais discursos. Somente com um salto até o princípio — mas quem seria o saltador? — poderia ser obtido o ponto de partida da construção teocêntrica: é preciso principiar aqui com a *arché* divina, aquele ponto originário supraexistente, imensuravelmente

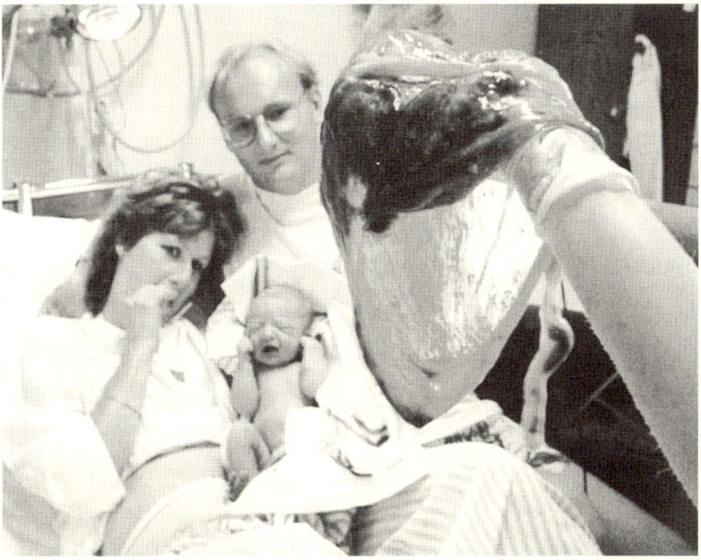

Quaternidade, foto de Lennart Nilsson.

rico e denso, do qual "pro"vém sem cessar a abundância do existente em certo *modus* — mediante transbordar, irradiar, estourar ou desdobrar. No centro da *outra* esfera, acharíamos, portanto — caso pudéssemos saltar até lá, dentro do absolutamente implícito —, o verdadeiro Deus dos filósofos que, através da infiltração neoplatônica, foi se tornando cada vez mais o Deus dos teólogos, sobretudo entre os simpatizantes de uma *theologia mystica* cristã do tipo pseudoareopagítico.

Quando Deus é assumido como ponto absoluto que se mundaniza em seu estourar eterno, a estrutura da distância entre centro e periferia se inverte: nesse momento, o mundo e os humanos têm de ser situados na periferia da esfera divina: em termos fotológicos, no âmbito da luz inibida pelos sentidos, mediada, toldada pelos meios; do ponto de vista moral, em uma posição de distanciamento relativo de Deus. Quanto aos humanos, que, nos dois projetos de totalidade aparecem como anfíbios físico-metafísicos, é impossível que seu desejo metafísico — o anseio por superar a distância até Deus — tome, no sistema teocêntrico, o mesmo rumo que no sistema geocêntrico. O anseio pelo melhor é comutado da altura inatingível para o interior inatingível. De modo correspondentemente radical transforma-se o sentido de *distância*. Quem quiser sair do mundo físico sombrio e ingressar no espaço claro tem de se preparar para um ascenso até o píncaro da periferia — quanto a isso, as ortodoxias católicas e islâmicas nunca deixaram dúvidas; em contraposição, quem quiser ingressar no centro da irradiação divina tem de aprender a se concentrar em um ponto sobremodo interiorizado nas profundezas da própria alma — um interesse ministrado pelas místicas monoesféricas. O que no geocentrismo se manifestou como saudade do céu — *superior summo meo* [acima do que há de mais elevado em mim] — apresenta-se no teocentrismo como anseio de retornar para o centro arrebatado das profundezas — *interior intimo meo* [mais dentro do que há de mais íntimo em mim] — do espaço do espírito e da alma.

Conceituar as propriedades e exigências desse *outro centro* foi a razão de ser do projeto teórico veteroeuropeu chamado "teologia", que, nos seus melhores dias, conseguiu com seu racionalismo magistral sustentar a primazia diante de todas as outras disciplinas da cultura racional monacal e universitária. Sempre que os participantes desse jogo teórico foram suficientemente lúcidos para apreender a peculiaridade de sua tarefa, eles levaram a cabo a conversão para o estilo de pensar "a partir de Deus", em cuja base é possível identificar, desde a época do neoplatonismo, os teocêntricos autênticos.[8] Quem não assume a conversão para uma maneira teórica radical de ver as coisas pura e simplesmente não chegará a ver a outra esfera, a esfera luminosa. O afastamento da aparência sensível, exigido dessa forma, tem um preço, a respeito do qual os conhecedores não se cansaram de afirmar que, havendo boa vontade e a orientação correspondente, ele pode ser pago em suaves prestações: assegura-se que, na viagem até o íntimo, há, como na peregrinação até Compostela, grande quantidade de pontos de partida viáveis, edificantes locais de descanso pelo caminho e um trecho final obrigatório para todos, que precisa ser percorrido em atitude de devoto recolhimento. E, por ser assim, amigos de Deus podem e devem realizar estudos, mesmo que, para a maioria, a data do exame seja imprevisível — no fundo das

8. Do mesmo modo que hoje se identificam sistêmicos autênticos por seu estilo de pensar "a partir do sistema" — o que exige uma ascese semelhante (a saber, a renúncia a tomar como ponto de partida a consciência, o vivenciado ou o ser humano).

Matthias Grünewald, *Altar de Isenheim*, c. 1512, detalhe: Deus Pai com emanação angelical.

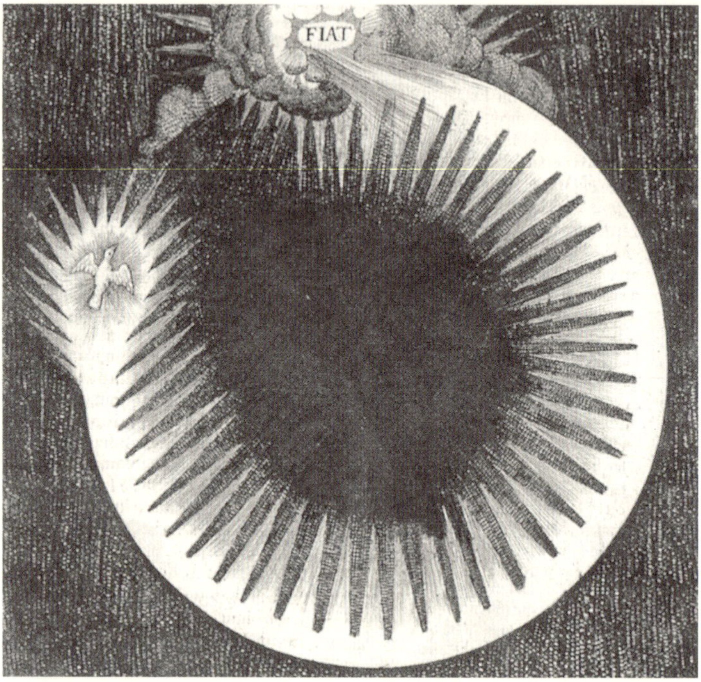

Fiat lux. A pomba-espírito originada da palavra "Haja" traça o primeiro círculo de luz. Extraído de Robert Fludd, *Geschichte des Makrokosmos und des Mikrokosmos* [História do macrocosmo e do microcosmo], 1617.

galáxias de uma imersão que dissolve o ego. Quanto aos exames, mais do que a conhecimentos objetivos, eles visam a uma insciência erudita que responde com uma aconceitualidade específica à não conceitualidade e à supraconceitualidade específicas do supremo.

Caminhos tão longos e antinaturais como os da mística exata ou teosófica só são recomendáveis quando o destino justifica o esforço — (a não ser que o caminho seja declarado como destino, o que sempre é plausível para os niilistas, que acreditam em meios sem fins e viagens sem chegadas). Mas para onde estão rumando os humanos quando seu *terminus* não se chama "lá em cima", mas "lá dentro"? Que estudos eles estão fazendo quando, em seu processo, não reúnem saber concreto, mas se afastam cada vez mais de objetos públicos?

Poder-se-ia comparar o enfoque teocêntrico anacronicamente com a iniciativa de buscar tratamento psicanalítico com o Uno, conduzido sob o lema "Onde era Eu que seja Ele". Plotino diz sem rodeios:

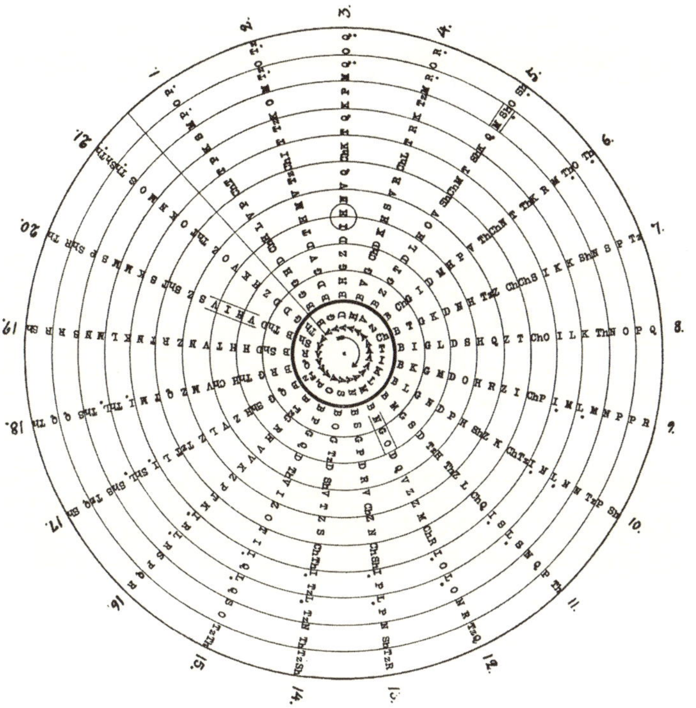

Emanação de letras, na representação do alfabeto hebraico do *Sêfer Ietsirá* [O Livro da Criação].

"Vemo-nos transformados nele."[9] Pacientes posteriores do analista divino, como o Cusano e Bruno, atuam como caçadores da sabedoria que afirmam a respeito de si mesmos que, a exemplo de Actéon, acabaram se transformando em caçados. Após um tratamento exitoso, esses procuradores procurados devem ser capazes de contemplar o *arcanum magnum* do ser, a esfera luminosa de Deus, em toda a sua glória e se deslocar para o seu centro. Marsílio Ficino foi certeiro no tom original de Deus quando, em seu *Diálogo teológico entre Deus e a alma*, fez a divindade estourando ordenadamente dizer o seguinte:

> Eu preencho e impregno e contenho o Céu e a Terra. Eu preencho e não sou preenchido porque sou a própria abundância. Eu impregno e não sou impregnado porque sou a própria potência

9. Plotino, *Enéadas* VI, 9, 2, 43.

> de impregnar. Eu abranjo e não sou abrangido porque sou a própria capacidade de abranger.[10]

O ato de pensar a partir da "posição" teocêntrica põe requisitos manifestamente exuberantes que só podem ser preenchidos por meio de uma renúncia a si mesmo metodicamente executada por parte do pensador (é claro que essa renúncia a si mesmo significa, na verdade, um vir a si mesmo mais profundo) —, e até o último momento não fica claro se tal renúncia a si mesmo é possível e se ela cumpre o que os que a praticam esperam dela. Característica desse procedimento é uma certa intuitividade e dedutividade sobre-humana que equivalem à tentativa de estar tão próximo quanto possível da origem ou da emanação originária do seu ponto fontal de todas as categorias do existente. Na proximidade do ponto absoluto não existe nenhum *cogito*, mas tão somente a testemunha ofuscada do nascimento da luz. Se pudesse ser dado o salto do intelecto até o princípio, este seria cossabedor de eventos inauditos: ele poderia acompanhar o percurso de Deus até o mundo passo a passo — caso a metáfora pedestre seja apropriada aqui. A testemunha ocular da divina erupção perceberia um foguetório de desdobramento de princípios — um evento soberano de autorrebaixamento a partir do absoluto que extrai de si, percorre, conserva e abrange tudo, desde as primeiras intuições luminosas em Deus, passando por nove elos intermediários compostos de anjos, conceitos gerais, espécies e chegando até o formato de grão de poeira na borda do universo. O intelecto maravilhado poderia assistir ao espetáculo em que, pelo transbordar dos primeiros anéis de ideias do centro gerador, cascatas de luz hierarquizadas se expandem concentricamente para todos os lados, um anel após o outro, um degrau após o outro, uma determinação após a outra, até chegar àquela zona relativamente distante do centro em que as erupções superbrilhantes de pura luz se atenuaram o suficiente para gerar o cosmo acessível ao sentido do olhar mediante a combinação das luzes ou ideias-espécies

10. Apud E. Cassirer, *Individuum und Kosmos in der Philosophie der Renaissance* [O indivíduo e o cosmo na filosofia da Renascença], Darmstadt, Wissenschaftliche Buchgesellschaft, 1977, p. 201.

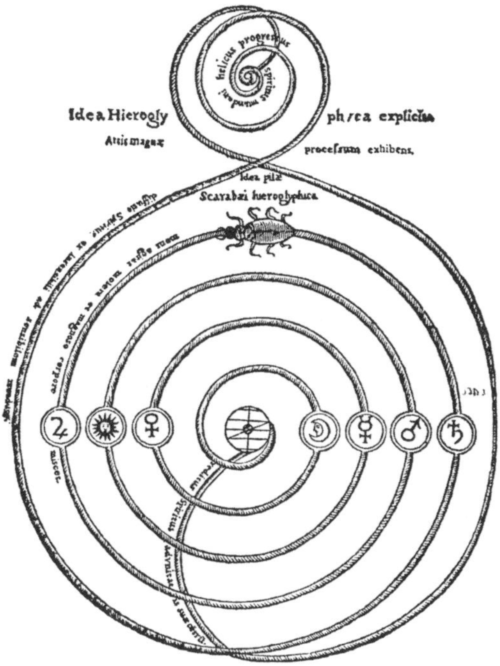

Esferas-escaravelho, em Athanasius Kircher, *Oedipus aegyptiacus*, Roma, 1653.

mais concretas com a matéria periférica. Pensar significa aqui se deixar cair dentro do estrondo de uma explosão de luz cosmogônica.

É preciso conceder que o discurso acerca de uma esfera teocêntrica detém um intenso cunho metafórico, porque o transbordar das categorias do existente de dentro da *origo* divina constitui, num primeiro momento, um evento indiscernível e supraespacial, que só após sua tradução para a língua da metafísica da luz e do metaforismo da luz passa a ter ligação com relações espaciais e visíveis. Mas é justamente nessas traduções e metaforizações que o platonismo medieval está em seu elemento, e quem, naquela época, quisesse tratar com o auxílio de expressões não bíblicas como o Deus da teologia mística consegue criar um mundo dificilmente escaparia de fazer coro com os jogos de linguagem que tratavam da autopropagação da luz na esfera hierarquizada.[11]

11. Cf. K. Hedwig, *Sphaera lucis. Studien zur Intelligibilität des Seienden im Kontext der mittelalterlichen Lichtspekulation* [Esfera de luz: estudos sobre a inteligibilidade

Aqui tudo se encontra no "quase" e no "por assim dizer", e, não obstante, tudo é dito exatamente como é dito.

Quem acompanhasse com atenção o transbordar do centro em direção às bordas, sobrepassando todos os limiares e degraus —

> pólen da divindade em flor,
> articulações de luz, corredores, escadas, tronos,
> recintos da essência, escudos de alegria, tumultos
> de êxtases tempestuosos, e, subitamente
> solitários, *espelhos* cuja beleza reflui
> restituída à face que se contempla[12] —

perceberia imediatamente a que distâncias precárias do primeiro centro emerge o mundo terreno com suas criaturas vegetais, animais, humanas — uma formação próxima da borda extrema da esfera divina, ainda alcançada e formada pela luz, mas já fortemente marcada também pela escuridão, pela nulidade. Pois, na medida em que o cosmo material representa um fenômeno para intelectos dispostos em função de mediações sensíveis, realiza-se por meio dele apenas uma "exteriorização" obscurecida da emanação luminosa. O observador da luz emanante adquire uma noção da ambiguidade ontológica do mundo físico situado a uma distância tão preocupante do centro da luz: pois, em primeiro lugar, só o poder do centro e de seu *continuum* mantém os corpos em existência — pois todo existente dotado de um formato até o menor dos insetos de determinada espécie participa da emanação das formas de espécies e gêneros que presenteiam a vida e, assim, do *continuum* do melhor que emana do ponto supraexistente; em segundo lugar, contudo, juntam-se às formas complementos turvadores de materialidade vazia, de um algo originário amorfo, que se adensam com o distanciamento crescente, tornando-se cada vez mais pesados, mais inertes, mais opacos, até que seja alcançada uma borda sem luz, para além da

do existente no contexto da especulação medieval sobre a luz], Münster, Aschendorff, 1980.

12. R. M. Rilke, *Duineser Elegien* (1912-1921). Segunda elegia. [Ed. bras.: *Elegias de Duíno*, 6. ed., trad. Dora Ferreira da Silva, São Paulo, Globo, 2013.]

qual os teólogos só arriscam fazer alusões fatídicas. Se, no contexto da escola, não fosse inaceitável qualificar o *radius* de Deus expressamente como limitado, seria preciso constatar sem rodeios que a esfera luminosa e prenhe de entes deve estar circundada, para além da periferia de sua criação multicolor, por uma noite do distanciamento não analisável de Deus. Naturalmente o teoesferismo clássico não permite a perda *a priori* de nenhum raio de luz emitido por Deus; segundo a teoria ortodoxa, todos os raios deixam o centro e vão até o seu ponto de retorno específico, do qual voltam para o ponto de partida. Reflexão ou retorno da luz para casa são um termo fototeológico de alto nível, cuja história, que vai de Plotino e Proclo até Habermas, Hawkins e Zajonc, ainda está por ser escrita.

No entanto, isto está claro: nem toda luz é refletida ou volta para a origem, e, por conseguinte, existe — mesmo que o espírito católico não goste de olhar para lá — um deserto exterior mortiço, a partir do qual não acontecem mais reflexões nem resgates. A borda extrema de Deus, ou melhor, o além de sua borda, é um anel de quase nada ou de absolutamente nada, para dentro do qual se arriscaram a ir alguns raios de luz perdidos, que não são mais capazes de retornar nem querem mais retornar. Nesse caso, porém, o Deus que se irradia também possui um "lá fora" irrecuperável, no qual falha o sistema imune do ser. Com todo o cuidado, a palavra católica para "lá fora", inferno, aponta essa região sinistra.

De maneira sobremodo clara, as periferias dos dois projetos de esfera refletem a antitética dos centros: no caso da esfera cósmica, a ponta morta se situa no centro, enquanto à borda elevada compete a perfeição; enquanto isso, a esfera divina se caracteriza pela monarquia do centro, ao passo que sua periferia extrema, mais exatamente, sua transperiferia, representa apenas uma anarquia diabólica. Por essa razão, nesses esboços ontotopológicos, a localização dos infernos é tão informativa. No esquema geocêntrico, quando as almas perdidas caem fora da *unio*, elas vão parar no último embaixo e dentro, segundo o modelo do gélido senhor dos demônios de Dante; no inferno, elas são sarcasticamente ressocializadas — neste caso, o lá fora, no qual nem Deus ingressa, é o inferno da negatividade, onde estão presos os que o ofendem. Na esfera

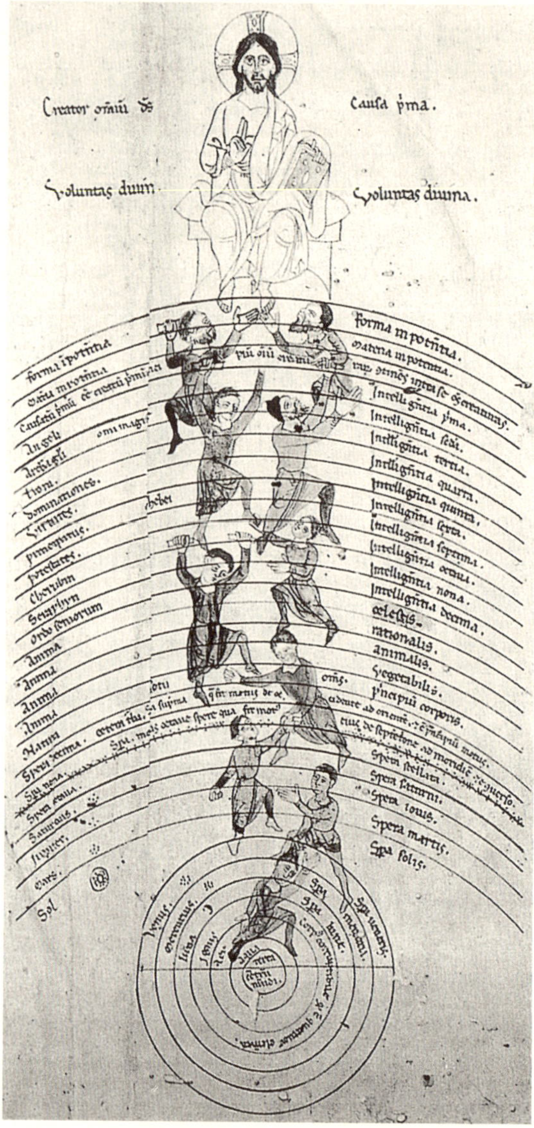

Este esquema do *mundus hierarchicus*, de um manuscrito vienense do século XII, também mostra o pseudoconcentrismo das inteligências areopagíticas (que supostamente emanam de Deus em anéis concêntricos) e do mundo de esferas aristotélico (que se organiza concentricamente em torno da Terra).

teocêntrica, em contraposição, os raios de luz inflexíveis se perdem por um caminho sem volta situado além dos marcos extremos de retorno da luz capaz de voltar para casa. Através de sua dinâmica teófuga, eles chegam a um espaço do qual nada retorna — caso se queira interpretar seu destino existencialmente, ele é mais parecido com o dos assim chamados esquizofrênicos, que se encontram à deriva no universo com uma dor indizível.

Uma vez que os perfis das duas esferas da totalidade foram diferenciados formalmente em seus grandes traços, sem dúvida simplificados demais, e postos lado a lado — o que, pelo que sabemos, não foi feito de maneira explícita em nenhuma passagem da tradição europeia, embora na da lógica dos discursos e grafismos as duas formações estejam presentes em toda parte de modo explícito o suficiente, interferindo uma na outra e se confundindo constantemente —, torna-se automaticamente supérflua a ideia de uma identificação ou mesmo de um simples encaixe concêntrico de ambas. Somente na filosofia islâmica alguns pensadores se deram conta do conflito entre a interpretação teocêntrica e a interpretação teoperiférica do mundo, sem que suas tentativas de solução, que em geral favoreceram o Deus periférico, fossem lá muito convincentes.[13] A vantagem da teosofia islâmica é que ela trouxe a lume de forma indissimulada o paradoxo de um "centro" situado do lado de fora. No que diz respeito ao pensamento europeu, pode-se constatar hoje, em tom calmo, distante de polêmicas envolvendo a visão de mundo, que a esfera de Deus e a esfera do mundo da metafísica clássica, em razão de sua estrutura antagônica, não eram compatíveis nem podiam ser "reconciliadas" ou coadunadas uma com a outra.

Tanto mais interessante é a questão de como os pensadores da tradição procederam para contornar esse dilema e como lograram preservar a aparência católica diante do rompimento potencialmente ruinoso entre os dois modelos correntes de totalidade. O que lhes facilitou

13. Cf. M. Horten, *Die Philosophie des Islam* [A filosofia do islamismo], Munique, E. Reinhardt, 1924, p. 234-235. Em termos gerais, os pressupostos dogmáticos do pensamento islâmico, especialmente o resoluto teísmo transcendente, mantiveram em xeque as veleidades neoplatônicas, mais do que ocorreu nas teologias cristãs.

essa tarefa foram, como foi mostrado, as analogias morfológicas entre os dois sistemas. O que pesa muito aqui, ao lado da esfericidade acolhedora comum a ambos, é especialmente o realismo dos níveis que impregna tudo o que se traduz em ambos num *habitus* obsessivo de pensamento hierárquico. Os que exercem as profissões metafísicas puderam aprender com base nas duas esferas que o pensamento católico e a existência católica repousam sobretudo na distinção dos níveis: é indiferente pensar em termos de descenso ou ascenso, em termos teoperiféricos da terra para o céu ou em termos teocêntricos a partir de Deus na direção do cosmo — em todo caso, ser significa sempre também "ser em seu nível".

O ambiente do racionalismo católico permaneceu até o século XX marcado por padrões hierárquicos; a ordem sagrada do superior e inferior ainda vige ali como o critério mais forte de orientação. Também no que se refere à posição do ser humano nas duas esferas de totalidade, os esquemas geocêntrico e teocêntrico têm em comum o *páthos* da humilhação, pois, nos dois modelos, o ser humano é confrontado com sua distância do *optimum*, que dificilmente poderá ser superada, não importando se essa distância se explicita como longe lá dentro ou como longe lá em cima. No entanto, o teocentrismo humilha de modo diferente do geocentrismo: enquanto a *humilitas* católico-aristotélica cede ao humano um posto na terra e lhe concede dignidade em meio ao indigno, a humilhação platônica espicaça a ambição mística e seduz os adeptos a pretensões de interiorização sublime ou transfiguração mediante aniquilação; ela desperta em seus adeptos a ideia de fundir, mediante autoimersão, a própria alma com o centro da esfera divina (Plotino: *eíso en báthei*, dentro da profundeza). Não obstante, os traços comuns dos dois totalismos clássicos não são suficientes para apagar sua diferença fundamental, e, inclusive quando os pensadores tentaram ignorar essa diferença, a diferenciação real necessariamente transpareceu em seus discursos, não se deixando reprimir por nenhuma boa vontade de chegar a uma síntese.

A história da diferença ignorada entre as duas superesferologias da Europa antiga tem início, uma vez mais, no pensamento de Platão. Os núcleos de cristalização, tanto de uma quanto da outra, podem ser

Ilustração de uma edição do século XIV de *Breviculum*, de Raimundo Lúlio; protótipos das escadas a serem descartadas após a subida.

encontrados no idealismo ou esferismo geométrico que, no discurso platônico — ao lado da teoria dos números —, fornece o fundamento da inteligibilidade do existente. Se alguma vez houve para Platão algum *inconcussum* indubitável, foi este: Deus e o mundo só podem ser contemplados (e construídos de acordo com um modelo) sob a forma de um *totum* absolutamente redondo. Já se apontou para os primórdios antigos da confecção europeia do globo a partir do espírito da cosmografia e uranografia filosóficas. Todo leitor contemporâneo pode se convencer facilmente de que a cosmologia aristotélico-ptolomaica das camadas representa uma perpetuação racional de impulsos provenientes dos estímulos soberbos de *Timeu*. No início do longo discurso do pitagórico, ao qual Platão passa a palavra em questões de cosmogonia, encontram-se aquelas formulações quase evangélicas sobre a criação de um mundo redondo por um mestre de obras perfeito e destituído de inveja, que não pôde proceder de outra maneira senão repassar o que ele tinha de melhor para a melhor das obras possíveis.

> Tal [...] raciocínio (*logismós*) [...] levou o organismo universal a ser formado liso, regular e a uma distância igual do centro para todos os lados. [...] Sendo assim, ele instalou o universo como um círculo girando dentro de um círculo, o qual, único e solitário, é capaz de relacionar-se consigo mesmo graças à sua excelência, prescindindo de qualquer outra coisa para isso, sendo suficientemente familiar e amigo tão somente de si mesmo; e, mediante todas essas providências, ele o criou para ser um Deus bem-aventurado. (*Timeu* 34b)

Aristóteles faria um retoque de graves consequências nessa imagem, ao pôr expressamente no centro do cosmo-urano — ao lado da alma cósmica platônica que, a partir dali, entretece todo o organismo cósmico até além de sua borda — a Terra, cuja posição central em meio ao cosmo de camadas confere à física pré-copernicana sua forma milenar. (Mas também nisso Platão teria a primazia, caso fossem aceitas suas frases no final do *Fédon* [108e] sobre o pairar da Terra "redonda no meio do céu" como tese a ser levada a sério em termos cosmológicos.)

Diante disso, causa espécie o achado de que esse mesmo autor, Platão, que, ao lado dos esboços para uma imagem do cosmo geocentrado, também lançou os rudimentos da teoria da segunda hiperesfera, em cujo centro não está um organismo, mas uma ideia, ou melhor, o princípio supraideal de todas as ideias e de sua interconexão em um mundo paralelo superior ou inteligível. Obviamente se trata daquele *ágathon*/bem, ao qual os "verdadeiros filósofos" acreditam servir desde tempos idos no posto de teólogos. Não é preciso ir muito longe para encontrar o *locus classicus* da teoria do ponto embrionário da teoria da esfera espiritual ou divina. Ele se encontra no zênite do *corpus* platônico: no final do Livro VI de *A República*, nas imediações da parábola da caverna — como culminância cognitivo-crítica prévia anterior ao ápice final da poesia platônica do lógos. Poder-se-ia até sustentar com boas razões a opinião de que a própria parábola do Sol, com sua rígida radicalidade, seria o ponto culminante, ao qual a parábola da caverna das imagens ilusórias e da saída dela teria sido associada apenas como ilustração pedagógica. De fato, na parábola do Sol, pensada com extremo esmero e formulada com todo o cuidado, Platão fala pura e simplesmente do que, na época, era o mais poderoso dos objetos, ou superobjeto, do pensamento, que ao mesmo tempo se revela à mentalidade receptiva como o sujeito propriamente dito do pensamento: o *ágathon*, que bem nessa passagem (após os prelúdios dos pré-socráticos) debuta de maneira inesquecível como o deus dos filósofos. Como veremos, o despontar desse Supersol já indica a virada para o pensamento a partir do absoluto, que, dali por diante, viria a ser, para todos os teocêntricos, ideal, exercício artístico e confissão de fé ao mesmo tempo.

Já no seu primeiro aparecimento, esse bem se dá a conhecer ao entendimento vulgar como um *unicum* lógico e até como um *monstrum*. Pois, por um lado, ele parece se posicionar diante do intelecto representador como um problema entre outros, como um tema ou um objeto; por outro, contudo, deslocado para dentro como que por um volteio misterioso, ele cintila nos olhos do próprio cognoscente e raia através deles dentro do mundo. Para a situação exigente em que algo está presente em um objeto que está aí, pode ser visto e, ao mesmo tempo, proporciona a compreensão adequada no intelecto com que se defronta, Platão só consegue recorrer a um único exemplo do mundo da experiência. De acordo com sua exposição, a luz do sol está repartida de modo comparável sobre os dois lados de toda relação cognoscente visualmente mediada: de um lado, espalhada sobre os objetos iluminados, do outro, presente como prontidão luminosa inata no olho cognoscente. Assim, o Sol físico sempre tem um presente duplo a dar — o primeiro para "o mundo afortunado das coisas"[14], que cresce e aparece sob sua luminosidade, o segundo para o olho que, de certa forma, armazena luz filtrada

14. M. Merleau-Ponty, *Das Auge und der Geist. Philosophische Essays*, Hamburgo, Meiner, 1984, p. 39. [Ed. bras.: *O olho e o espírito*, trad. Paulo Neves e Maria Ermantina G. G. Pereira, São Paulo, Cosac & Naify, 2013.]

e protótipos, coletando, ademais, experiências com visualidades reais, e, mediante a combinação das duas, irradia uma segunda luz, uma luz cognitiva ou inteligível sobre os objetos atuais. (Seja permitido lembrar mais uma vez que, na ótica de Platão, o olho não é afetado passivamente pelos objetos iluminados, mas ele, muito antes, os "visualiza" por meio de um raio visual ativo.)

> Ora, a visão está relacionada com esse Deus (o Sol) da seguinte maneira [...] Ela não é Sol, nem o local em que ela mora (que denominamos olho) é Sol. [...] Mas ela é o mais solar dos nossos sentidos. [...] Inclusive ela recebe do Sol sua capacidade de ver, tal como um influxo para dentro dela. [...]
> Portanto, referi-me ao Sol quando falei do retrato do bem que deriva sua origem do bem. O que o bem é no mundo inteligível para a inteligência e as coisas inteligíveis, o Sol é no mundo visível para a visão e as coisas visíveis. [...]
> Trata-se, portanto, de duas coisas. Uma delas governa o mundo inteligível, a outra o mundo visível (para não dizer o céu...). Você tem os dois mundos: o visível e o inteligível? [...] Agora tente entender também o que quero dizer com a segunda parte [dentro do mundo inteligível (nota de Peter Sloterdijk)]. São as coisas das quais a própria inteligência se apropria com o auxílio da dialética. [...] Ao fazê-lo, ela não recorre a nada sensível, mas conduz sua investigação com ideias, mediante ideias, em função de ideias e terminando em ideias.

É publicada aqui uma descoberta enorme, de cujos desenvolvimentos procedem as imensuráveis asceses e as galáxias discursivas da metafísica do espírito e da luz da Europa antiga. O teor da notícia dada é aparentemente singelo: ideias formam interconexões próprias, texturas próprias, continentes próprios e até reinos próprios, os quais são de tipo bem diferente dos *continua* do mundo perceptível com os sentidos. Assim que passam a seguir as regras da lógica, os humanos podem navegar pelas interconexões próprias das ideias e se convencer de que ideias decorrem de ideias e se conectam com outras ideias para formar texturas conclusivas, entretecidas por fios de evidência. Quanto mais experiências os pensadores tiverem adquirido com operações no espaço das ideias, tanto mais claro fica para eles que os objetos inteligíveis representam algo como um "mundo" (ou deve-se dizer dimensão, esfera, contextura? — todos eles conceitos com um grau parecido de intangibilidade) de sentido próprio com leis que só valem dentro dele. Logo, de um jeito exclusivamente pertinente a elas, ideias são conectoras, formadoras de esferas, produtoras de contextos, capazes de criar mundos. Através de sua interconexão, elas formam aquilo que o idealismo que se assegurou de sua experiência fundamental chamará de *kósmos noetós* ou *mundus intelligibilis*.

Portanto, o *novum* da doutrina *não* reside na assunção de um segundo mundo. A crença popular e a tradição pré-metafísica tinham assumido desde tempos antigos um mundo por trás do mundo, seja como um além dos espíritos, seja como dimensão oculta de poderes transpessoais atuantes. A assunção de que a realidade é bidimensional figura entre as teses universais das ontologias populares e seus prolongamentos eruditos.[15] Diante do pano de fundo das convicções a respeito de uma duplicação da realidade em um mundo manifesto e um mundo oculto, presentes em todas as culturas do mundo, a zombaria de Nietzsche sobre os "ultramundanos [*Hinterweltler*]" do platonismo cristão parece ser um tanto provinciana.

A inovação do idealismo consiste no fato de ele ter posto o segundo mundo sob um tipo novo de constituição lógica, regida pela razão e, por isso, de certo modo previsível ou factível. A partir daí, o "lado de lá" figura entre as entidades racionais cuja característica é serem mais nítidas do que tudo o que pode ocorrer no lado de cá sensível. Nitidez e suprassensibilidade convergem para gerar a evidência; evidência é o *modus* pelo qual o além noético se faz presente no lado de cá. Os espectros vagos precisam morrer para que as verdades precisas, as ideias, os arquétipos possam viver. A fantasmagoria tem de cessar para que o pensar — a navegação no lógico — se torne possível. É por isso que, em termos de política de ideias, a metafísica entra em cena como guerra em duas

15. Cf. J. Assmann, "Der zweidimensionale Mensch: das Fest als Medium des kollektiven Gedächtnisses" [O ser humano bidimensional: a festa como meio da memória coletiva], in: J. Assmann e T. Sundermeier (eds.), *Das Fest und das Heilige* [A festa e o sagrado], Gütersloh, Gütersloher Gerd Mohn, 1991, p. 13-30.

frentes: ela combate simultaneamente o lado de cá ofuscante e o lado de lá confuso. Assim que a nova ciência do luminoso além venceu suas primeiras batalhas, as opiniões tradicionais sobre objetos físicos ou morais quaisquer passaram a valer tão pouco quanto historinhas de amas sobre aparições de fantasmas e pareceres de poetas sobre os deuses. Todo o campo do fenômeno precisa ser cultivado de maneira nova — foi exatamente isso que Platão exigiu em sua parábola soberana e de graves consequências do outro Sol.

Quem alguma vez experimentou a densidade convincente da interconexão entre axiomas, corolários, grupos de sentenças, colônias de teses — portanto, quem alguma vez argumentou com êxito ou calculou lucrativamente — compartilhará o sentimento básico da revolta filosófica contra a trivialidade: o sentimento de que doravante não mais se tolerará sem resistência que o pensamento fique na dependência de um falatório tradicional solto e pouco fundamentado. As relações entre as ideias e a certeza sensível pedem uma revisão fundamental. O pensamento deve acender para si uma luz própria — a luz da outra interconexão, na qual tudo depende, no fundo, do princípio dos princípios, do primeiro bem e de suas irradiações.

Assim a matemática inicia sua secessão da realidade; a geometria ensina a visualizar círculos e triângulos perfeitos; a evidência finca seus marcos sobre a planície lógica. Mediante o avanço imanente de uma sentença para a outra, de uma figura para a outra, o pensar, inebriado por sua capacidade de articular interconexões puramente internas, põe à prova sua potencialidade de criar mundos regida por leis próprias ou — o que significa a mesma coisa — sua aptidão para navegar coerentemente no "mundo verdadeiro" e, no quadro dessa coerência, navegar livremente nele. Contudo, todas as operações lógicas, mesmo que principiem como deduções em linha reta, acabam descrevendo um único grande círculo. Todas as sentenças que decorrem de sentenças anteriores obtêm sua luz a partir de um princípio lógico que remonta ao princípio de todos os princípios, o bem, que compartilha a sua luz, a claridade da evidência, com tudo que dele decorre e é deduzido de maneira correta.

Dessa forma, nasce um Sol que é mais claro do que todos os meios-dias terrenos. Uma visão mais dura começa a dominar, de nitidez surreal como em dias de vento cálido no Mediterrâneo. Foi preciso a genialidade de Platão para reivindicar com todas as suas consequências o título "mundo" para o outro lado do real, experimentável no pensamento como pensamento. E somente na medida em que, no pensado, se conseguiu pôr um mundo para si foi possível que, na sequência, um mundo inteiro entrasse em conflito com outro mundo inteiro "no mundo".

Desse atrito surge a polêmica originária da ontologia clássica. O mundo verdadeiro pensado dá um tapa de luva no mundo real meramente percebido. É essa provocação que faz do texto de Platão o acontecimento-chave da história ocidental. A partir dele começa a reforma ideológica e técnica do existente. Tornou-se manifesto que o próprio mundo não é indiferenciado, simples e unívoco, e que quem diz mundo não quer dizer cientificamente ou nem sempre quer dizer diferenciação do mundo ou guerra mundial. A polêmica originária, caracterizada já por Platão de modo totalmente realista como "guerra de titãs pelo ser", uma vez irrompida, não permite que ninguém se declare não combatente; nessa guerra, todos têm partido, inclusive os ingênuos que alegam não saber do que se trata. A partir daí, nem mesmo o Sol onipresentíssimo continua sendo o que parecia ser até aquele momento, pois por trás do Sol despontou um Sol que contesta a primazia do Sol visível. "Conhecemos — realmente conhecemos!..."[16] O Sol negro da outra luz: seus raios tornam cabeças humanas incandescentes quando sentenças verdadeiras se apresentam ao pensamento.[17]

16. M. Bense; cf. Introdução: "Geometria em escala colossal: O projeto da globalização metafísica", p. 44.

17. "Aí o homem parte da observação passiva para a ação; à noite, já construiu um edifício, que formou do seu Sol interior. Quando, à noite, ele o olha, considera-o maior que o primeiro Sol exterior" (G. W. F. Hegel, *Vorlesungen über die Philosophie der Geschichte*, Werke in zwanzig Bänden, v. 12, p. 134). [Ed. bras.: *Filosofia da história*, 2. ed., trad. Maria Rodrigues e Hans Harden, Brasília, Editora UnB, 2008, p. 93.]

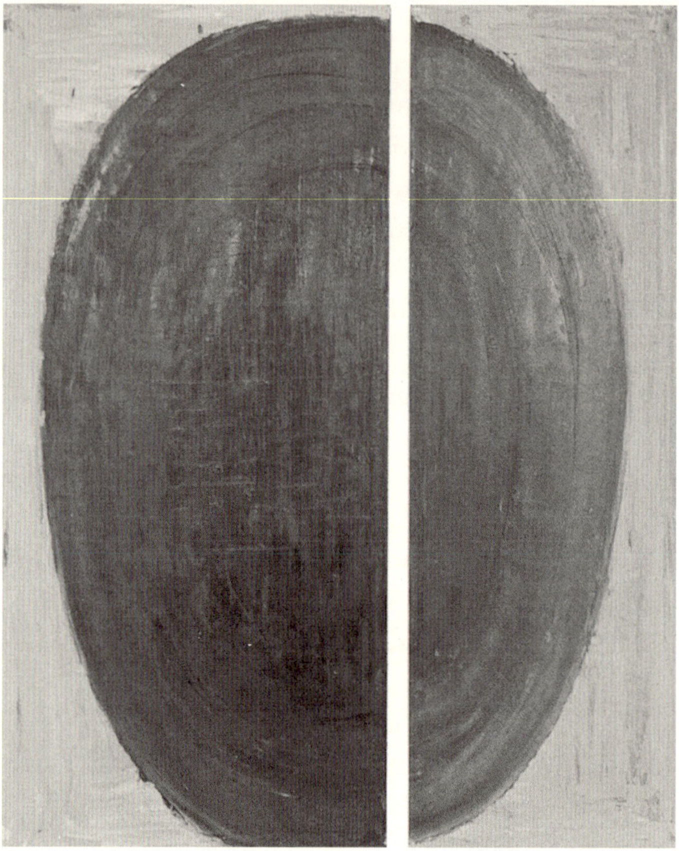

Ákos Birkás, *Cabeça 55*, óleo sobre tela, 200 x 164 cm, 1989.

Na parábola do Sol, a posteridade escuta a declaração de independência das colônias inteligíveis em relação à pátria da visibilidade. Em um único período, Platão proclama os Estados Unidos da Luz — um reino que gera a si mesmo e basta a si mesmo. Com ideias, mediante ideias, visando a ideias, em meio a ideias: assim viverão os novos moradores do Estado da Luz, retirados em um asilo lógico indestrutível, cidadãos da cidade situada na colina da luz, em um "lugar outro", que está em toda parte e, no entanto, é igualmente inacessível de todas as partes. Naturalmente esses Estados exportarão suas ideias e, se não houver outro jeito, intervirão nas turvações do velho mundo sensível para providenciar uma nova ordem. É claro que eles estarão convictos de deter a primazia em virtude de sua evidência superior — embora a tenham descoberto só tardiamente e após longo tempo de desconhecimento — e de que, desde o momento em que o novo mundo apareceu, o velho mundo só interessa ainda como área de influência e fornecedor de metáforas.

Em nosso contexto, o que importa no modelo espiritual hiper-heliológico de Platão é sobretudo a posição central da fonte surreal de luz. Por meio dela é entronizado, da forma mais enfática possível, o *outro centro*, mediante o qual tão somente a segunda rotundidade, a esfera espiritual ou teosfera, pôde se emancipar da cosmo-esfera. Aqui residem os primórdios do discurso posterior, admiravelmente condescendente, dos teólogos sobre o absoluto, que, contemplado sob a luz que lhe é própria, não teria nenhuma necessidade de um mundo e, ainda assim, resolve ter um — na época grega tardia, certamente mediante jovialidade transbordante; no regime católico, mediante graça derramada do alto. Logo, o dia em que Platão publicou sua teoria do bem é o *independence day* da história do espírito.

Contudo, com sua parábola do Sol, Platão introduziu no mundo uma ambiguidade, da qual se aproveitou o pensamento edificante da Europa antiga até o limiar da atualidade — referimo-nos ao papel duplo da luz, que evidentemente teve de exercer funções constitutivas para os dois lados, tanto para a cosmosfera quanto para a teosfera. Assim como anteriormente se pôde fazer menção do hierarquismo como razão formal da bem-vinda confundibilidade dos dois modelos de totalidade, agora também se pode entender a constituição fotológica das duas esferas como razão material para sua aproximação e equiparação. Como articulação entre o cosmo inteligível e o cosmo físico, a teoria da luz possibilitou aquela medida de assimilação entre os dois totalismos esféricos que era necessária para impedir a desagregação prematura do pedestal (ou madeirame) metafísico rachado da metafísica europeia. Naturalmente, os primeiros mestres da especulação sobre a luz, em primeiro lugar o próprio Platão, e mais ainda Plotino, Proclo, Iâmblico e Dionísio Pseudo-Areopagita, tinham consciência do caráter metafórico, impróprio de seus discursos heliológicos, fotológicos, radiológicos. Eles não se cansaram de apontar o status metafórico, analógico ou “paralelo” desses discursos, sem que isso tenha modificado nem mesmo minimamente o caráter homogenizador das retóricas idealistas da luz.

El Lissitzky, *Globetrotter (in Time)*; folha 5 da pasta de figurinos para a exposição eletromecânica "Vitória sobre o Sol", Hannover, 1923.

No que diz respeito à parábola platônica do Sol, o traço figurado do discurso sobre a luz ganha expressão nela nas formulações encabuladas de Sócrates, que, pelo que se sabe, não gostava de falar em linguagem figurada, e isso não aconteceu de passagem, pois nesse ponto, mais até do que em outras ocasiões, Platão teve de primar pela clareza, porque seu propósito era deslocar para o segundo plano o Sol físico conhecido de longa data, pondo-o atrás do recém-descoberto Sol novo suprafísico. Por meio dessa vitória sobre o Sol, a metafísica do espírito mostra o que tem em mente com os fenômenos. Pelo fato de o verdadeiro Sol

O Grande Selo dos Estados Unidos da América, 1776.

se chamar *ágathon* a partir de agora e Hélios só poder ser interpretado como retrato projetado e representação exterior do modo de ser do *ágathon*, a luz que brilha na realidade, tanto a física quanto a espiritual, doravante será sempre compreendida como duplicada e escalonada. Depois que o Sol branco foi superado pelo Supersol negro, a fonte da luz, em última instância, não brilha mais por si mesma, mas faz brilhar. Quando a luz brilha *realiter*, como claridade sensível ou evidência noética, ela só é mais "luz de luz", na dicção de Plotino: *phôs ek photós*, em termos católico-nicenos: *lumen de lumine*. Porém, pelo fato de a luz real, tanto a pensada quanto a vista, passar a valer do começo ao fim como luz secundária oriunda de uma luz primária superclara, pode-se reivindicar também para a *cosmo*logia ortodoxa uma aura de fotocentrismo ou cripto-heliocentrismo, pois a luz física dificilmente se encontra numa situação melhor em relação à superluz de Deus do que a luz noética: ela tem de conceder que não provém de si mesma, mas *ab alio* [de outro]. O outro centro torna as duas coisas possíveis.

Embora seja constituída geocêntrica e, em última análise, infernocentricamente, a natureza física também pode, em consequência, ser apresentada como se fosse regida pela luz, só que, bem por isso, não espiritualmente nem a partir de dentro, mas solarmente e a partir de cima

Estereoscópio de Charles A. Chase, 1894.

e de fora. Desse modo, foi logrado o melhor que se poderia conseguir sob essas condições: a imagem da totalidade universal corpórea consegue continuar aparentando confiança em sua compatibilidade com a visão teocêntrica da totalidade espiritual. Pode-se ousar a suposição de que, sem essa *fraus pia* [fraude piedosa] cometida coletivamente com instinto seguro, a ontoteologia da Europa antiga, aliás, o catolicismo filosófico necessariamente teria fracassado de antemão. Se à luz de luz não tivesse seguido de imediato a aparência de aparência, os teólogos não teriam podido explicitar seus soberbos jogos de linguagem no centro de poder das universidades medievais.

O atrativo da segunda esfera está fundado no fato de possuir uma espécie de continuidade interna bem diferente de todas as interconexões conhecidas no mundo espacial-sensível da experiência. Poder-se-ia falar em relação à esfera de luz ou de Deus de um *continuum* de puras ações internas, ao passo que na esfera cósmica predomina um *continuum* de estados materiais e suas mutações. Isso corresponde, *grosso modo*, à diferença entre emanação e metabolismo. Na teosfera, importam

Odilon Redon, *O olho alça voo como um estranho balão rumo ao infinito*, litografia de 1882, ilustração para E. A. Poe.

exclusivamente as operações da luz noética; através de imanência indestrutível em si mesma, ela se dissemina nas abóbadas dos próprios atos e sofrimentos. Essa esfera de operações luminosas possui um atrativo avassalador para o pensar porque apresenta o protótipo de uma geração construtivista do mundo a partir de um centro. Seu fascínio se origina do sugestionamento de que o uno no centro da esfera espiritual estaria livre para levar a termo um mundo completo mediante a mera autoefetuação de seu pensar e da continuidade do pensar a partir do primeiro pensamento — um mundo, ademais, que, abstraindo de certas obscuridades na periferia, em lugar nenhum poderia ser prejudicado por uma perturbação advinda do exterior. Pois que a luz, tanto a noética quanto a física, não se perderia na exterioridade, mas em toda parte estaria "consigo mesma" no espaço de disseminação que lhe é próprio, algo a que os platônicos sempre deram ênfase, Plotino em primeiro lugar:

> O Sol pode servir de exemplo, que é como o ponto central para a luz que dele parte, a qual fica firmemente ligada a ele: pois em toda parte, a luz está com o Sol e não dissociada dele, e caso se queira separá-la dele numa direção, a luz sempre permanecerá do lado do Sol.[18]

O que vale para o *continuum* físico da luz vale muito mais para a autodisseminação do *kósmos noetós*, não importando se é chamada de o bem, ou o deus, ou o uno, ou o supraexistente. O princípio do *continuum* luminoso confere à esfera divina o máximo de transparência interna e comunicatividade: "Pois tudo ali é transparente e não há nada escuro, renitente, mas cada um e cada coisa são visíveis para cada um até o íntimo."[19] Isso significa o mesmo que cada ponto no espaço da esfera de luz estar situado em um raio que parte do centro espiritual. Disso decorre que todos os pontos participam do centro, porque cada um deles pode estar imediatamente seguro de poder ser alcançado pelo raio de luz que vem do centro. Porém não é só entre ponto e meio que reina completa

18. Plotino, *Enéadas*, I, 7, 1, 23.

19. Plotino, *Enéadas*, V, 84, 4.

O dodecaedro platônico (pentágono-dodecaedro) e suas derivações, em Wenzel Jamnitzer, *Perspectiva corporum regularium*, Nuremberg, 1568.

transparência, mas os pontos estão conectados uns com os outros em linhas de comunicação imensamente numerosas e lúcidas. Para todos os amantes da transparência estão realizadas ali as condições ideais.

Ao mesmo tempo, ficam à mostra as razões pelas quais se diferenciaram desde cedo dois impulsos na fuga idealista para dentro da luz — um associal espiritualista e outro espiritual sociável, para dizê-lo com algum exagero de nitidez. No que se refere ao primeiro, ele é parcialmente responsável pela má fama, pelo caráter sectário, da vida de pura espiritualidade. Sem dúvida, já nesse primeiro construtivismo houve uma tendência anoréxica que aprovou sem ressalvas o asco diante dos corpos em movimento em ávida relação — as comunas pitagóricas devem ter sido a primeira tentativa em solo europeu de reconstruir a sociedade como ordem abstinente.[20] Desse tipo de impulsos nutrem-se os movimentos ascéticos, hostis ao matrimônio e "bionegativos" em geral. Parece justificado perguntar se alguma vez houve um pensamento metafísico espiritualista sem esse ingrediente de abstinência quase autista do demasiado humano, demasiado pegajoso.

Concomitantemente, na descoberta do reino espiritual existente para si manifesta-se também um interesse discreto pela possibilidade de uma associação política de puros espíritos. Socialismos são fundados no céu. Pois se os núcleos psíquico-espirituais dos próprios humanos fossem algo como ideias — o que os impediria de formar grupos puros, comunas puras de luz descomprometida? Nesse caso, os humanos também não poderiam imaginar que eles, na verdade, deveriam estar socializados no outro mundo, no mundo propriamente dito? É como se de ponderações desse tipo resultasse uma leitura plausível da curiosa formulação de Plotino de que "lá", no mundo espiritual, "*cada um* e cada coisa" seriam visíveis para "*cada um*" até o íntimo. As formulações personalizadas indicam que ali são postas em jogo subjetividades que poderiam ser igualadas a "ideias". Mas, nesse caso, "lá" ideias e almas espirituais (ou núcleos pessoais) têm grande afinidade. Essas vizinhanças constituem o material do qual são feitos os reinos espirituais

20. Cf. M. Rodinson, *De Pythagore à Lenine: des activismes idéologiques* [De Pitágoras a Lênin: a respeito dos ativismos ideológicos], Paris, Fayard, 1993.

Francesco Botticini, *Ascensão de Maria ao céu*, c. 1485, National Gallery, Londres.

interessantes para humanos. Lá, na segunda sociedade, as deficiências patentes da primeira não seriam necessariamente eliminadas, já que entre espíritos puros só seriam possíveis relações harmônicas? Não seria plausível deduzir do socialismo das inteligências angelicais e dos poderes sutis o socialismo dos humanos empíricos que recobraram a razão? E a competência comunicativa dos espíritos puros não acabaria por acarretar também a dos espíritos corporificados?

Em termos de história das ideias, como foi visto, a duplicação das totalidades geocêntrica e teocêntrica não é um *proprium* da metafísica cristã católica, mas consequência necessária das decisões esferistas fundamentais do classicismo grego. No racionalismo esferológico de Platão — que, por sua vez, retoma impulsos dados por Parmênides, Empédocles e Pitágoras — não se expressa só um otimismo morfológico forçado. Concomitantemente se firma também a aliança entre pensamento da totalidade e geometria, que, desde então, não pode ser perdida de vista como a característica forte do pensamento do ser da Europa antiga. O racionalismo geométrico ou, melhor dizendo, uranométrico é a resposta criativa do pensamento grego ao desafio proposto pelo macrocosmo:

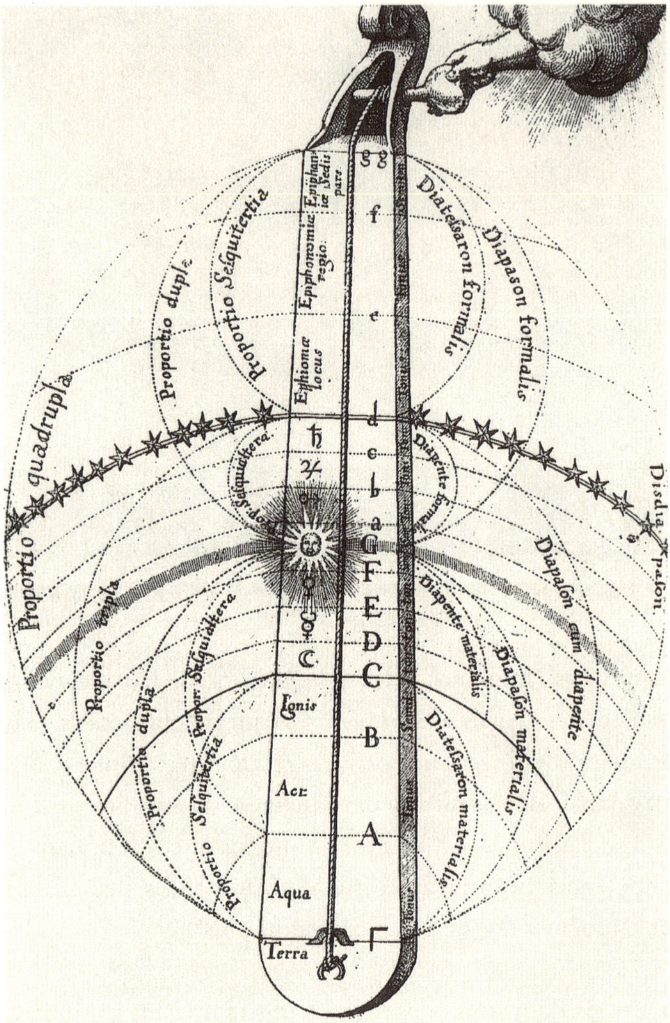

Robert Fludd, monocórdio cósmico, 1617.

Karlheinz Stockhausen no painel de controle do auditório esférico do pavilhão alemão da exposição mundial Expo '70 em Osaka.

é resposta por ser precedida da pergunta, que se tornara incisiva, pelo tamanho e pela forma do mundo; é criativa porque ele não tolera mais o tamanho da forma cósmica como se fosse um destino incompreensível, mas participa de sua geração a partir de uma presença espiritual construtiva e a impregna de diferenciações próprias. Vistos sob esse aspecto, os esferogramas dos filósofos da natureza gregos, assim como as fantasias corais dos teólogos angelicais, são emblemas da capacidade amadurecida de encerrar a totalidade maximizada em uma representação formal clara e nítida. De fato, antes que pudesse ser posto simbolicamente como *sphaira* sob o pé de um imperador ou como globo imperial coroado com a cruz na mão de um soberano, o cosmo teve de ser concebido no pensamento como totalidade aclarada, mensurada, conhecida. Por sua mera aparição, essas esferas chamam por seu construtor, e pensadores e dominadores do mundo a serem levados a sério só se encontram mais a uma distância audível desse chamado. O texto do chamado é inconfundível: pertenço àquele que pode me gerar com a minha verdadeira forma. O Panteão romano é o testemunho mais cabal de como esse chamado foi ouvido.

Vimos, portanto, que Platão havia concebido dois enfoques totalmente distintos para a criação da esfera: o primeiro caracteriza sua confecção pelo demiurgo que, como produtor quase transcendente, cria a totalidade cósmica na forma de uma esferoplástica animada; ao segundo enfoque se chega tirando as consequências da parábola do Sol, que pode ser compreendida, de modo inteiramente legítimo, como cenário primordial de uma criação da esfera mediante emanação — pois, pensando bem, o Hipersol platônico, o *ágathon*, só pode se irradiar produtivamente à sua volta e para todos os lados por meio de suas emissões ou emanações para dentro do existente secundário.

Tanto uma quanto a outra criação da esfera — a heteropoiético-demiúrgica e a autopoiético-emanadora — confrontam o ser humano com uma concepção de poder que libera nele reflexões ambivalentes. Em ambas as vezes, o ser humano não é posto, num primeiro momento, do lado de quem sabe fazer, mas do lado de quem é feito — do mesmo modo que o mito bíblico da criação põe o ser humano inteiramente do lado da criatura, moldado como peça de cerâmica e insuflado como obra de arte pneumática.[21] Porém essa visão original, passiva e religioide, em que o ser humano se encontra do lado do produto, não precisa se coagular em uma postura final; a humilhação infligida pela capacidade do criador, pela qual o ser humano se vê feito, não é a última palavra em todos os sentidos. Pois: poder *representar* uma capacidade suprema de criar, pela qual eu próprio fui produzido — isso, por sua vez, é uma capacidade que merece respeito e que, se tomar a si mesma pela palavra, criará os pressupostos para evoluções extraordinárias. A ideia de que Deus pode fazer atrai o princípio da técnica e dá asas à vontade de também poder-fazer por si mesmo.

A capacidade humana de entender a razão do que está dado, o poder que produz tudo, por mais turva e imperfeita que seja, demarca o ponto luminoso e cálido no universo: pois somente a partir daqui se forma o eco lógico ao fato agora compreendido de maneira nova de que tudo o que existe foi feito por um poder central ou por suas ações — se foi feito por um estranho ou por ele mesmo não tem importância nesse

21. Cf. P. Sloterdijk, *Esferas I: bolhas*, op. cit., introdução, p. 31-43.

momento. Sendo os mundos redondos, como se sabe a partir daí, feituras de uma força produtiva suprema, confeccionados com soberania demiúrgica ou gerados autopoieticamente a partir de emanação própria, os humanos que, mediante o pensamento, farejaram esses dois estados de coisas, tanto a redondeza quanto a feitura do mundo, veem-se de um só golpe logicamente implicados. Isso equivale a uma perda da inocência tecnológica. Eles são enredados em uma provocação intelectual que não é comparável a nenhuma outra. É como se tivéssemos sido puxados para dentro de uma cumplicidade indelével com os procedimentos dos deuses. Pois refletir sobre a esfericidade do todo e compreender sua feitura por um princípio capaz de fazer — a unidade dessas duas ideias em um ato desencadeia nos humanos que pensam corretamente uma sensibilidade para a totalidade, mediante a qual sua inteligência se sente chamada a participar desse poder-fazer onipotente. O intelecto humano que enxergou tão longe agora se vê, ele próprio, pertencente a uma associação familiar de potências que podem e sabem, e que se atestam responsáveis pelo ser-aí e o ser-assim do mundo. Pode até ocorrer que os indivíduos que compreendem isso sintam mais afinidade com essas potências do que com seus semelhantes humanos, para os quais essas noções permanecem inacessíveis. Por essa razão, separam-se aqui, num primeiro momento quase imperceptivelmente, os caminhos dos sacerdotes e os caminhos dos tecnólogos, porque aqueles interpretam a palavra fundamental da transigência religiosa: *non possumus* [não podemos], ao passo que estes elaboram a frase *dum possum volo* — enquanto puder, eu quero.

O saber a respeito do poder-fazer cinde as sociedades a partir do momento em que se alçou à condição de cumplicidade com o *modus operandi* do Deus que cria esferas. Poder-se-ia dizer: há no mundo uma nova diferença que reparte a multidão dos mortais entre aqueles que sabem que se trata de esferas e do poder que entende e gera mundos esféricos e aqueles que continuam a cavilar suas fábulas e não percebem a grandiosidade do jogo que começou nesta terra iluminada por ideias que querem se tornar práticas.

Concomitantemente à diferença técnica entre os cúmplices da esfera e os que não têm noção dela se escancara uma diferença erótica, cujos efeitos sobre a cisão das sociedades humanas vão ainda mais fundo. Ela racha as comunas em maiorias que cobiçam objetos ou objetivos convencionais bem próximos, meios de fruição, parceiros sexuais, meios de exercer poder, vantagens em termos de segurança, e a minoria que é tomada pelo anseio de atingir *summum bonum* redondo — seja na ascensão através da cosmosfera até o lugar supracelestial a ser alcançado, no qual espíritos puros cultivam relações com Deus, seja o ponto fontal íntimo da teosfera superluminosa, do qual prorrompem as procissões dos coros de luz próximos de Deus.

A diferença entre os dois modos de desejar — digamos: o das coisas próximas e o do amor excessivo — colocará os acentos decisivos no desdobramento da cultura cristã. Como ocorre mais tarde no islamismo, também nela a diferença entre os humanos que têm desejos normais e os que desejam outra coisa se converte em uma linha divisória que determina a cultura. O cristianismo medieval impôs a via do amor excessivo como modelo psicagógico de amplo alcance, quando conseguiu espicaçar e nutrir o anseio pelo mais distante nos projetos de vida de inúmeros religiosos e leigos. Trata-se de uma realização civilizatória digna de apreciação, quando se pondera paralelamente como foi ralo na Antiguidade o grupo dos teófilos, que, por motivos autenticamente racionais, dava valor à fusão com o uno ou à ascensão da alma até o lugar supracelestial. ("Um entre mil, dois entre dez mil", consta em um documento gnóstico pertinente.) O cristianismo obteve um êxito muito amplo para o excesso erótico e esferológico, ao mesmo tempo vicário e no interesse próprio; explicar seu segredo ou ao menos aclará-lo pode representar uma pedra de toque para a capacidade explicativa da esferologia universal.

A razão pela qual o cristianismo medieval logrou tornar habitual, em amplos círculos do clero e da sociedade laica, as formas de pensar e de se comportar do amor excessivo (recordemos a comunhão de órgãos em *Herzmäre* [O conto do coração], de Conrado de Würzburg, do século XIII[22]) não é por ter fornecido pretextos para arroubos maciços

22. Cf. ibidem, capítulo 1: "Operação cardíaca ou Do excesso eucarístico", p. 93 ss.

de amor pela geometria. Ele não pregou dos púlpitos as vantagens do centro na esfera noética, tampouco exaltou a atratividade dos espaços etéreos situados na borda superior do globo celeste. Sem dúvida, a doutrina cristã teria permanecido teoricamente mirrada e primitiva diante dos padrões das escolas gregas se não tivesse assumido em sua estrutura profunda as teses macroesferológicas principais da metafísica antiga; como foi mostrado de sobejo, a *vera religio* só veio a se tornar intelectualmente satisfatória mediante sua helenização. Porém, em seu texto atraente, ela não falou de grandes esferas, mas de fortes relações, não da curiosidade pelo centro, mas do anseio pelo retorno à integridade do espaço Deus-alma, que, nesse caso, é denominado com toda franqueza *basiléia theoû*, reino de Deus, ou *regnum vitae*, reino da vida. Cristo não é proclamado como princípio ontomorfológico, mas como complementador íntimo das almas — em termos microesferológicos, como um representante-gênio, que concomitantemente detém o posto do outro íntimo mais elevado possível de cada qual.

Valendo-se dessas propostas de sentido, dotadas de uma eficácia propagandística incompreensível para os modernos, o cristianismo dos primórdios e o medieval conseguiram quebrar o gelo metafísico que tornava a sabedoria estranha às massas da Antiguidade. Ele converteu o olhar frio que se ergue para a dimensão hiperurânica em uma relação de amor com um amigo capaz de sofrer; converteu a tensão distanciada em relação ao centro cuspidor de hipóstases da esfera do ser em uma ligação com um Deus parceiro íntimo. A inteligência apostólica polivalente de Agostinho — que anacronicamente pode ser chamada de genialidade religiosa — trouxe a lume em definitivo a natureza dupla distante-próxima da concepção cristã de Deus. Tendo Agostinho em vista, é possível atestar a carga pessoal do centro platônico do ser em seu momento mais vivaz.

A partir do *corpus* dos escritos agostinianos deve ser aclarada toda a obra de arte psicodinâmica e semântica da alta religião monoteísta: o bispo de Hipona formulou cabalmente a síntese de religiosidade íntima e religiosidade majestática com clareza sem precedentes e na mais dinâmica maleabilidade diante das necessárias exigências dos dois aspectos. Com ele se pode aprender, mais do que com qualquer outro autor, que a grande teoria sempre tratou exclusivamente de conceber um Deus ao mesmo tempo cósmico e intimista, ou seja, um Deus que não deixa de ser o gêmeo brilhante e manso dos indivíduos nem mesmo depois de ter ocupado seu lugar como cosmocrátor no trono imperial do existente (e como superexistente no centro supralocal do reator ontológico).

Atribuiu-se à fase inicial maniqueísta de Agostinho todos os possíveis efeitos tardios espiritualmente nocivos; mais tarde, ele mesmo não viu, em termos morais e doutrinais, nada de bom em sua vida anterior entre os dualistas. No entanto, não pode escapar à percepção do morfologista da religião que o atrativo maior do fenômeno agostiniano é oriundo de um legado maniqueísta eficaz até o fim — da teologia do gêmeo, amplamente silenciada e ignorada, que havia constituído já em Mani o ponto axial e de virada da teologia de um acompanhamento privado pelo gênio para a complementação por um Deus cósmico.[23] Foi com esse duplo íntimo do fundador da religião, do qual se fala nos escritos canônicos dos maniqueus como gêmeo brilhante, que Agostinho deve ter conhecido a figura de um Deus íntimo, que permanece ligado ao seu parceiro terreno em íntima proximidade, sem jamais deixar de atuar como princípio supremo do bem em dimensões histórico-cósmicas. Portanto, por intermédio do maniqueísmo Agostinho entrou em contato com um Deus próximo, a respeito do qual se poderia falar com mais razão do que do Deus cristão que ele está *interior intimo meo* [mais próximo dele do que ele de si mesmo]. Como se sabe, após a impregnação maniqueísta com o gêmeo da doce proximidade, Agostinho se converteu ao Deus dos filósofos platônicos — fazer a *conversio* significava, naquele tempo, devotar-se à vida filosófica —, e só quando a grandiosidade anônima de Deus, que se chama o bem ou a substância, começou a ficar insípida para ele, Agostinho estava maduro para fazer a síntese de intimismo maniqueísta e ontologia grega: o que resultou disso foi o abraço dos extremos.

23. Cf. ibidem, capítulo 6: "Compartilhadores do espaço espiritual: Anjos — gêmeos — duplos", p. 395-397. Contra a lenda católica denunciatória deve-se lembrar que Mani ensinou uma teologia da tolerância e que ele, como primeiro gênio ecumênico, captou o nexo interno das religiões avessas a matar da Ásia e da Europa.

Hans Kemmer, *Cristo entre fundadores*, 1537, segurando a esfera diáfana, detalhe.

Nada além disso resulta do sistema da *vera religio*, que se baseia no equilíbrio entre a maior proximidade e a mais distante majestade de Deus. Em nossa terminologia, isso corresponde à possibilidade de que o interlocutor íntimo-complementar na microesfera, o segundo polo do dual psíquico, seja unificado com o centro da macroesfera ontologicamente construído em sua plenitude. A partir daí, a alma tem do seu lado não só um gênio, mas o próprio ser. Que se pretendia oferecer esse comprometimento solene com o absoluto a cada indivíduo pensante (ou, caso isso fosse querer demais, a cada indivíduo crente) figura entre os engajamentos no nível da política de ideias pelos quais se lutou nos primeiros tempos das polêmicas dogmáticas travadas em torno da teologia trinitária. Tão somente porque o centro do ser, enquanto intimidade de Pai e Filho, já é relação em si, tendo o Espírito como figura de acabamento triádico, os humanos também podem se sentir como aliados da totalidade e não só como contidos e impessoalmente abrangidos. Para eles, seu interlocutor íntimo coincide com o centro do absoluto. Se você entender isso, estará no olho do furacão.

Essa sobreposição possibilita a passagem de intimidade para majestade e vice-versa: ela franqueia o absoluto para o par. O epicentro da pequena elipse e o centro da maior das esferas podem, portanto, ser fundidos um com o outro ou ao menos deslocados para uma proximidade ressoante um do outro — pressupondo que a esfera seja a espiritual —, pois com o centro da esfera cósmica material não seria possível realizar essa operação (a não ser que afrouxamentos românticos e neopanteístas liberem o abraço da natureza mãe de tudo). A magia exata do *outro centro* consiste em que ele pode ser abordado como super-Com[24] e super-Tu em um êxtase pessoalmente matizado da acessibilidade.

Na perspectiva psicoestrutural, o monoteísmo específico nunca foi algo diferente de uma ordenação experimental distribuída por diferentes cultos e culturas, referente a esse modelo — sem dúvida, o mais exigente da história das religiões —, que se realiza em um espectro entre convencionalidade e abismalidade. De fato, os riscos psicológicos do dual levado a sério com o uno, como é fácil de compreender, são extraordinariamente altos: mediante a identificação do centro sublime da teosfera com o parceiro íntimo do espaço psíquico, os crentes sérios se convertem como que em pontos na imediação divina no campo de irradiação do absoluto — e, pelo fato de o interlocutor ser ao mesmo tempo o abrangente, eles também se convertem potencialmente em moluscos de personalidade fraca. (Claro que há, ao lado disso, também o monoteísmo não íntimo, a tranquila heteronomia de estilo católico cotidiano, islâmico cotidiano, judaico cotidiano, do mesmo modo que há, em toda parte, intimidade banal sem ampliação da psique, em que os pares desembarcam de seus contextos o tempo todo.)

O modelo perto-longe oferece ensejos prementes de falar de riscos. Quando meu gêmeo ou acompanhante invisível são, ao mesmo tempo, o Deus e *ipso facto* centro e circunferência do universo, então posso desfrutar de euforias dinâmicas enquanto conseguir perceber apenas as vantagens dessa estrutura soberba de complementação; mas justamente por causa da minha conexão íntima com o outro abrangente facilmente acabo caindo na condição de resto debilitado, esquecido, mendicante. A imersão do sujeito na comunhão com o grande outro não é capaz de gerar um estado no qual religião e vício convirjam: a mística cristã como modo de viver é a dependência voluntária de um sistema circulatório comum, no qual o sujeito se deixa liquefazer pelo grande outro; ela estimula o auscultar dos batimentos cardíacos de um espaço interior cósmico compartilhado.

24. Sobre a expressão "Com", cf. ibidem, capítulo 5: "O acompanhante originário: Réquiem para um órgão rejeitado", p. 323 ss.

Quando um dos teólogos leigos mais ambiciosos do século XX formulou: "O coração de Deus quer pulsar por meio de nós no mundo sem coração"[25], ele atestou expressivamente a realidade íntima intercordial em contraste com todo envolvimento meramente formal ou com uma agregação rasa. Ele cala sobre o risco da psicose da posição intermediadora: ao ser perpassado pelo palpitar do outro hipertrófico, dificilmente é possível evitar que eu perca o senso para simetrias mais maduras. Certamente se intimidade fosse carta branca para a igualdade de condições, não haveria barreiras para a ascensão integradora do sujeito ao céu na relação com o Deus do monoteísmo. Porém, intimidade com o Deus longínquo-próximo da mesma forma significa: perigosamente fácil acabar do lado não vivível de uma hiper-relação. Os sofrimentos psíquicos extremos, muitas vezes atestados, dos íntimos de Deus confirmam o risco que adere a uma relação metaficizada com um gêmeo, atada de modo demasiado estreito. Assim que o outro íntimo fica momentaneamente inacessível, o sujeito que ficou para trás é obrigado a sentir até o amargo extremo seu isolamento. Dificilmente um místico é poupado da experiência de tempos secos, depressivos. A mística franqueia ao eu não só os paraísos poéticos da presença profusa, mas também — e talvez acima de tudo — os infernos prosaicos da abstinência.

Para prevenir mal-entendidos: se fosse possível ao Deus intimizado permanecer presente de maneira confiável na posição do cúmplice silente e ficar voltado continuamente para o sujeito, nutrindo-o com discrição, em acessibilidade não problemática, as tensões oriundas da intimização do outro majestoso poderiam ser convertidas em vivências estimulantes regulares, psiquicamente bem integradas. Ao que parece, foi isso que conseguiram fazer alguns ativistas incandescentes do absoluto ao cabo de demoradas lutas transformadoras, caso toda uma biblioteca de testemunhos espirituais não esteja baseada em excesso de estilização e fraude psicagógica. Porém, pelo fato de o Deus aliado ser a parte de um grande par assimétrico que, na maioria das vezes, está

25. E. Rosenstock-Huessy, *Die Sprache des Menschengeschlechts. Eine leibhaftige Grammatik in vier Teilen* [A linguagem do gênero humano: uma gramática corporal em quatro partes], v. II, Stuttgart, Schneider, 1964, p. 862.

ocupada em outro lugar, a probabilidade é bastante grande de que serei eu a me encontrar reiteradamente na posição de obscuridade — como dejeto excomungado por Deus, como sua irmã denegrida, como seu resto indizível perdido no lixo ou enterrado debaixo de uma roseira, como a coisa que não pode aparecer e que não tem nada para dar ao grande outro.

De modo bem coerente, uma das tarefas mais importantes da literatura mística foi a de interpretar e acolher os sofrimentos psíquicos criados pela própria cultura mística de intimidade ou pelo menos postos de manifesto por seu cultivo. O teor desses discursos é este: o quanto Deus adorna a alma com sofrimentos. Na linha das doutrinas paulinas, o sofrimento é interpretado como ser crucificado com um Deus crucificado. No *opus A luz fluente da divindade*, de Mechthild de Magdeburgo, essa hermenêutica da dor do místico é formulada em muitas variantes. Sua sentença nuclear tem este teor: "Quando estamos enfermos, vestimos roupas de bodas, quando estamos sãos, vestimos roupas de trabalho."[26] Quando não se consegue extrair do *morbus mysticus* [enfermidade mística] o sentido de um prelúdio da fusão mística, aparecem os sintomas de pura depressão da separação. Nela, as almas esgotadas se sentem como idiotas de Deus, que deixaram escapar o prêmio da autorrenúncia. No entanto, não são só sintomas de solidão que dão trabalho aos misticamente dotados em seus períodos obscuros; também os sinais do sofrimento sob a indiscrição sem limites do outro lado se manifestam na enfermidade sagrada. Quem traçou uma imagem plástica disso foi Daniel Paul Schreber em suas *Memórias de um doente dos nervos* (1900-1903), que tratam, em extensas passagens, das importunações psicóticas da influência de parasitas transcendentes sobre nervos e ideias — a única coisa a lamentar, no caso dele, é que até agora tenha sido pouco acolhido pela pesquisa afirmativa da mística, que de resto está em poder dos ingênuos.

26. H. Neumann, *Mechthild von Magdeburg — Das fließende Licht der Gottheit* [Mechthild de Magdeburgo: A luz fluente da divindade], v. I, texto, Munique e Zurique, Artemis, 1990, p. 310.

Por mais explosivas que tenham sido as consequências da decisão monoteísta fundamental de formar a díade com o absoluto — talvez ainda mais explosivas tenham sido as consequências resultantes da radicalização do atributo divino "infinito" na teologia da Alta e da Baixa Idade Média. Poder-se-ia até encarar o jogo dos teólogos com a concepção da infinitude como um experimento, cujos resultados fizeram o projeto medieval de mundo soçobrar. Talvez o que é chamado de Era Moderna seja, antes de tudo, a formação de uma reação à vacinação com o infinito pelas subculturas sensíveis ao conceito.

Através da virada para o infinitismo, o paradoxo espacial e *eo ipso* a irrepresentabilidade aguda penetram na esfera luminosa teocêntrica. Na sequência, também o Deus dos filósofos se recolhe inteiramente à não contemplabilidade, como se em nenhum aspecto quisesse ficar atrás do fundamento cristão do mundo em termos de obscuridade do mistério; ele afunda em um abismo de determinações bizarras, que não fazem sentido para a imaginação espacial habitual. Assim, o design imunológico da forma metafísica do cosmo, a abóbada geometrizada do universo como último estágio de abstração da técnica uterina e da morada do ser, entra em uma crise da qual não se encontra mais nenhuma saída conservadora. Uma esfera de fato infinita — de que maneira ela ainda poderia ser representada? Uma esfera cujo centro não possui lugar porque ela se repete ao infinito, brotando em toda parte de pontos que estouram — como relacionar-se com tal mostrengo geométrico? E como ver-se inserido em tal ordem descentrada como criatura individual? Em seu tratado sobre o céu, Aristóteles já não tinha listado as razões definitivas pelas quais um corpo infinitamente grande seria um absurdo, de forma que, segundo ele, estava estabelecido que a totalidade cósmica teria de ser encarada como um *maximum* bem-acabado, justamente como essa uma e única esfera celeste?

A fonte determinante da posição do outro centro em toda parte, o mal-afamado *Liber viginti quattuor philosophorum*, ou *O livro dos vinte e quatro filósofos*, confirma enfaticamente a constatação da crise; abri-lo significa compulsar o documento principal do hermetismo teosófico da Alta Idade Média. Teosofia é o modo de pensar que aposta tudo em

Deus e concede ao mundo apenas o valor de uma dobradura complexa no interior do absoluto. O pensamento hermético, por sua vez, é uma parte daquelas temíveis ciências secretas que querem tornar o ser humano cúmplice de um poder-fazer irrestrito. *O livro dos vinte e quatro filósofos* possivelmente foi compilado ou traduzido do grego para o latim por redatores ocidentais poucos decênios antes do ano de 1200; talvez ele até seja a cópia ou a atualização de um tratado alexandrino do século III que teria chegado à Europa por vias não esclarecidas e no qual estariam preservados, segundo hipóteses mais recentes, fragmentos de uma teologia aristotélica que se julgava extraviada[27]; outros autores o consideram como uma compilação de sentenças do neoplatônico Iâmblico. Em torno do ano de 1200, o livro já estava bastante difundido no Ocidente latino. Embora não se digne a mencionar os artigos de fé cristãos, ele foi muito valorizado pela elite do clero europeu, como prova a quantidade de manuscritos conservados. Quem já adquiriu sua literatura por intermédio de livrarias alternativas sabe o que significa se informar a partir de fontes bem diferentes que munem o leitor de informações de um tipo bem distinto. A lista dos pensadores de primeira categoria que ficaram impressionados com o livro ou foram por ele influenciados, a saber, Mestre Eckhart, Nicolau de Cusa, Giordano Bruno, Leibniz, assegura ao pequeno escrito um lugar respeitável na história da especulação metafísica. A obra, que tem como autor a fantasiosa *persona* de Hermes Trismegisto — segundo a lenda da Antiguidade Tardia, o primeiro sábio, do qual tanto Moisés quanto Platão teriam derivado suas doutrinas —, leva sem desvios para o planalto da teosofia neoplatônica, situado dez mil pés além do sacerdócio e do catecismo.

De modo lapidar, é dito na introdução que 24 filósofos — como se não se tratasse de nenhum pessoal suspeito — teriam se reunido para aportar suas respostas à pergunta "*Quid est Deus?*" ["O que é Deus?"], com a ressalva de chegar a uma declaração final comum sobre Deus a partir das teses reunidas — a esse ponto, aliás, não se chegaria. A essa observação lacônica prévia seguem-se 24 definições de Deus, que

27. Que, na verdade, seguramente representa uma seleção de trechos das *Enéadas*, de Plotino.

passam diante do leitor sem derivação, uma chuva de meteoritos de sentenças especulativas repentinas de densidade e audácia sem precedentes. Revestem-se de especial importância para nós a primeira, a segunda e a 18ª sentenças.

> *1. Deus est monas monadem gignens, in se unum reflectens ardorem.*
> *2. Deus est sphaera infinita cuius centrum est ubique, circumferentia nusquam.*
> *18. Deus est sphaera cuius tot sunt circumferentiae quot puncta.*
>
> 1. Deus é uma mônada que gera uma mônada, e que reflete sobre si um clarão de luz.
> 2. Deus é uma esfera infinita, cujo centro está em todo lugar e cuja circunferência está em lugar nenhum.
> 18. Deus é uma esfera que tem tantas circunferências quanto pontos.[28]

Mostraremos por que é plausível ler as três definições como paráfrases de uma única ideia que, sob a forma de um paradoxo geométrico, expressa uma concepção necessária em termos de teologia da luz e, ainda assim, inapreensível para a intuição sensorial. É possível reconhecer de pronto que as sentenças 2 e 18 convergem por seu tema comum, a esfera divina. É menos autoevidente que as duas coincidem com a primeira sentença, o que, por isso mesmo, tem de ser mostrado por uma ponderação adicional.

O ponto em que mais facilmente é possível aclarar o sentido esferológico próprio da formação espacial divina é o final da sentença 18. Em toda e qualquer esfera profana, todos os pontos devem ser dispostos em raios que emanam do centro. Porém, por ocasião da emanação de Deus, é comunicada de novo a cada ponto em volta de Deus a característica

28. *Liber viginti quattuor philosophorum*, ed. Franchise Hudry, série *Corpus Christianorum, Continuatio Mediaevalis*, Turnhout, Brepols, 1997, CXIII A, p. 5, 6 e 25. Trad. K. Flasch (*Süddeutsche Zeitung*, p. 33, 17 maio 1997). [Ed. bras.: "Liber viginti quattuor philosophorum — O livro dos vinte e quatro filósofos", trad. Jan G. ter Reegen, *Veritas*, Porto Alegre, v. 47, n. 3, p. 441-452 [cit. p. 442 e 449], 2002].

principal da divindade, a natureza emanadora e autocomunicativa. Se isso for correto, fica excluída, de início, na esfera divina, a diferença geométrica trivial entre ponto central e ponto distante, porque a partir de cada ponto pode-se reiniciar o processo de emanação ao redor. De fato, o *proprium* de Deus é que, em cada ponto que toca, ele comunica o presente da plenitude indivisível de sua essência, de modo que os pontos distantes não podem ser mais pobres do que o centro, que, no início, parecia monopolizar tudo sozinho. Assim, o que era ponto se torna centro e o que recebeu o ser se torna, por sua vez, foco de novas emanações do ser. Disso necessariamente resulta uma reação em cadeia de novas formações a partir de cada ponto na "primeira" esfera; todos os pontos atuam, eles próprios, como centros, lançando sua luz adiante em novas esferas, dentro das quais todos os pontos, por sua vez, continuam a atuar luminosamente e presenteando o ser — até o infinito (caso não se queira introduzir aqui, como é usual no neoplatonismo, um mecanismo de distanciamento e atenuação, através do qual surge, por fim, uma borda, na qual a emanação se perde). Em consequência, a *sphaira* divina possui, na totalidade, tantas circunferências quanto pontos — uma quantidade infinita, o que precisava ser demonstrado.

Imanente a essa 18ª definição de Deus é, como se nota, um princípio de plenitude que assegura que não possa haver em Deus nenhuma perda de substância, por mais que suas emanações se distanciem do misterioso "primeiro" centro. Poder-se-ia dizer da mesma forma que Deus não tem ponto fraco e que, numa interpretação bem rigorosa, em seu interior não são possíveis regiões distantes dele (nisso, o neoplatonismo, como observado, não é rigoroso e salva o primado do primeiro centro, fazendo com que a esfera emanadora vá se extinguindo em razão de perdas condicionadas pela distância); pelo contrário, ele está plenamente presente — caso se tivesse a força de vontade para compreender isso — *em toda parte*, e como totalidade autodada e autodando. Logo, a 18ª definição fornece, de modo grandiosamente simples e complexo ao mesmo tempo, sob a forma de uma tese geometricamente paradoxal, o esquema pelo qual se consegue tornar o princípio gerador da autoinfinitização de Deus mais ou menos compreensível para a razão humana, mesmo que a intuição sensorial desse cálculo teomatemático

Thomas Wright, ilustração para *An Original Theory or New Hypothesis of the Universe* [Uma teoria original ou Nova hipótese sobre o universo], Londres, 1750; cada esfera estelar possui um centro inteligente próprio. Como Wright equiparou o centro gravitacional do universo com Deus, o mundo necessariamente implodiria em Deus, caso uma profusão de centros colaterais não provesse contrapesos.

se perca pelo caminho (pois esta não pode — nem quer — imaginar um ponto que esteja infinitamente distante de Deus e, ainda assim, seja plenamente Deus). Dado que Deus se derrama em seu "entorno" a partir de um primeiro centro, cada ponto em torno dele é ele próprio e, na medida em que a ideia de um gradativo enfraquecimento de Deus é vedada — assim que ela se torna explícita (e explicitude é o elemento comum da diabologia e da teologia) —, ele possui o dom inimaginável de, em toda e qualquer distância de seu centro, ser ele mesmo de forma tão indivisa e intensa, tão transbordante e inteira quanto na própria *origo* [origem] hipotética. Portanto, ele gera, a partir de cada ponto de sua circunferência, outras tantas circunferências, nas quais estaria presente de modo igualmente pleno. *Tot circumferentiae quot puncta.*[29]

A única coisa que ainda falta a essa ousada sentença é a menção das forças centrípetas ou de reflexão, pelas quais a "permanência" da luz junto ao seu primeiro centro estaria assegurada. A razão pela qual essas forças recuperadoras são necessárias fica compreensível assim que se lança um olhar para o design cognitivo do Deus hermético. Em um sistema de emanação puro — como no caso de fontes sensíveis de luz do tipo dos sóis e das lâmpadas —, a aura de radiação em torno do centro luminoso seria irreflexivamente centrífuga; uma vez que um raio tivesse deixado sua fonte, ele também já teria sido arremessado para longe e irreversivelmente em um movimento constante de fuga. Pelo menos seguia a cada um desses raios sua permanente renovação a partir da fonte, a fim de que também a luz irradiada, de alguma maneira, pudesse ser concebida como "permanecendo eternamente na esfera", por mais atenuada e diluída que estivesse.

Porém, entre as características essenciais da luz divina figura a de que ela permanentemente se complementa e se aperfeiçoa através de raios reflexivos ou retornantes, razão pela qual a todo "caminho de ida" da luz tem de corresponder um "caminho de volta" mais ou menos

29. Em seu estudo *Unendliche Sphäre und Allmittelpunkt*, op. cit. (ver nota 5 deste capítulo), p. 144 ss., D. Mahnke mostra como Mestre Eckhart continua refletindo o impulso do *Livro dos vinte e quatro filósofos*, de modo a conferir-lhe um ponto alto, estabelecendo, em sua interpretação, uma relação especialmente estreita entre a 18ª e a segunda sentenças.

simétrico; isso foi explicitado com toda formalidade pela especulação neoplatônica. Portanto, a luz originária não só se lança centrifugamente de seu primeiro ponto de emissão para dentro da imensidão, do irrecuperável, mas — em uma eterna revolução conservadora — volta para casa, para a sua fonte, a partir de um ponto de retorno precisamente determinado. Dito em termos um tanto desrespeitosos, o que o éter aristotélico consegue fazer, a luz noética consegue tanto mais, pois sua "reflexão" é a continuação da cicloforia etérica com meios superiores. Essa viravolta, ou volta para casa, é constitutiva do ser abrangente de Deus, pois sem ela não seria possível diferenciar entre fonte e raio, primeiro e segundo; não haveria mais fundamento racional para a primazia hierárquica da origem em relação ao originado. O primeiro emissor se perderia em suas emissões, o criador perderia seu *prius* em relação às criaturas; o Deus dissipador necessariamente ficaria eternamente estourando e disseminando, sem nunca recolher nem conhecer.

Enquanto a intenção for ater-se a concepções centristas, a fonte tem de possuir o privilégio constitutivo da unidade universal de trazer de volta ao lar e "unificar" os raios emitidos; se não fosse assim, tratar-se-ia simplesmente de uma reação em cadeia, comparável a uma explosão nuclear, e a luz seria apenas portadora de uma dispersão irrecuperável — em termos contemporâneos, um gasto sem retorno. Se a volta da luz não acontecesse, a monarquia do centro e até a economia inteira do centro estariam em perigo, e, uma vez que esta tivesse sido abandonada, seria o fim da teologia especulativa como tal.

É justamente dessa lei dos retornos que trata, de modo extremamente condensado e, ainda assim, explícito o suficiente, a poderosa primeira definição do *Livro dos vinte e quatro filósofos*: "Deus é uma mônada que gera uma mônada", e que, na segunda metade, diz: *in se unum reflectens ardorem* — o que foi traduzido por Kurt Flasch [para o alemão] de forma tão ousada quanto precisa por: "e a reflete para si em um único sopro ardente" — "a" referindo-se inequivocamente aos raios que retornam para casa, a saber, a totalidade da mônada gerada, a respeito da qual é possível demonstrar que não se refere a nada além da soma da luz irradiada ao seu redor que é refletida da borda da esfera luminosa de volta para o centro. Não é para menos que, já na primeira

Extraído de Leonhard Euler, *Briefe an eine deutsche Prinzessin* [Cartas a uma princesa alemã], 1768.

dessas definições de Deus, seja levantada a questão sobre a reflexão ou o retorno para si mesmo, visto que sem ela Deus seria apenas um reator de luz, mas não um processo de conhecimento. Contudo, é precisamente isso que ele tem de ser nessa cultura especulativa que enfatiza a onisciência, pois nela Deus subsiste só na medida em que se afirma como onisciente onicriador. E não resta dúvida de que, sem a reflexão abrigadora, os raios emitidos por ele se perderiam numa "má" infinitude sem retorno ao lar e nunca mais chegariam ao ponto.

Deus pôde e teve de ser representado como esfera por uma única razão: só o formato da esfera foi capaz de prometer o autoabrigamento da vida livre e em expansão, seja ela interpretada em termos pampsíquicos, vitalistas ou noéticos, em uma estrutura interior abobadada. Se a vida fosse de antemão apenas estadia no exterior, se não tivesse de proporcionar imunidade nem assumir interesses de abrigamento em pequena e grande escalas, não haveria necessidade de falar de círculos e esferas até o nível máximo de sua autointerpretação metafísica; pois, nesse caso, não haveria nenhuma necessidade de buscar refúgio na forma coesiva. A simples ocorrência de coisas no espaço não faz exigências morfológicas nem cria dificuldades com a representação de que algo vai embora e não volta. Porém, quando o imperativo imunológico é incutido no pensamento — poder-se-ia também dizer: quando importa pensar, no sentido enfático, *uma vida*[30] —, impõe-se o motivo do círculo, por ser totalmente inevitável que, *more geometrico* [à maneira dos geômetras], seja posto sobre ele o peso principal da asseguração do espaço interior e da formação da periferia do cosmo. A vida quer se expandir com liberdade de movimentos e, não obstante, experimentar em um limite endógeno o privilégio de poder morar. (Morar é, para citar uma definição contemporânea, "cultura dos sentimentos em um espaço

30. Cf. G. Agamben, "L'Immanence absolue" [A imanência absoluta], in: É. Alliez (ed.), *Gilles Deleuze*, Le Plessis-Robinson, Les Empêcheurs de penser en rond, Synthélabo, 1998, p. 165-188; o estudo de Agamben sobre o pequeno e poderoso ensaio de Deleuze, de caráter quase testamentário, *L'Immanence: une vie...* [A imanência: uma vida...], atesta uma metamorfose moderna do problema metafísico sobre como deve ser pensada a individuação do absoluto. Em *Esferas III*, essa pista será seguida.

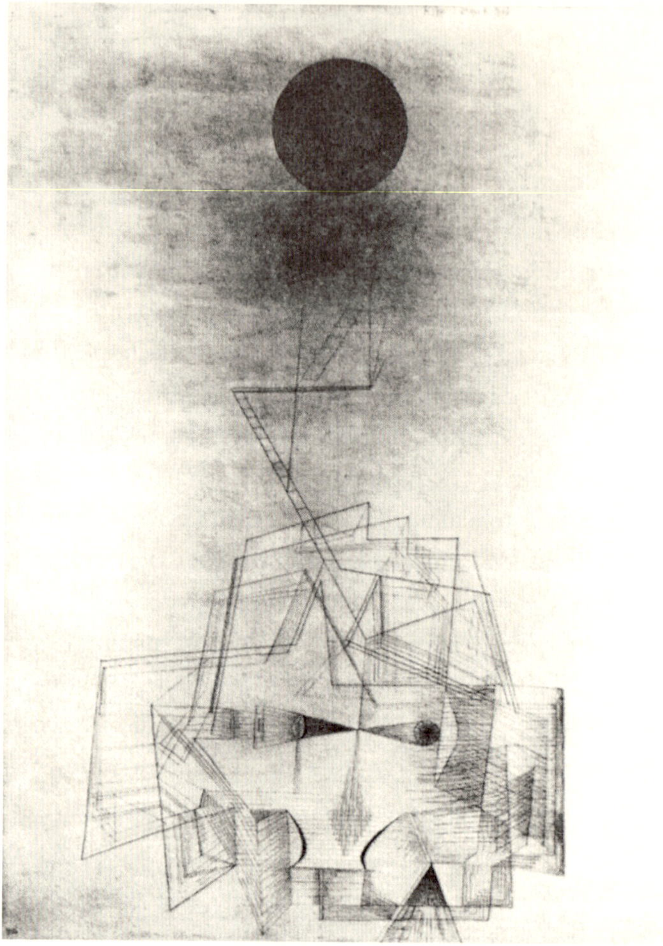

Paul Klee, *Limites do entendimento*, 1927.

cercado"[31] — uma sentença que, em termos filosóficos, acarreta as consequências mais pretensiosas quando se admite que o único cercamento logicamente satisfatório só pode ser proporcionado pelo *hén kaì pân*.)

Por essa razão, mesmo um Deus que brinca com o fogo infinitista não pode perder totalmente o controle; o imperativo morfológico também vale até o fim, inclusive nas relações internas mais expansivas. Portanto, por esse motivo: *in se reflectens*. Ele se origina de si e retorna a si — é isso que teve de ficar registrado na primeira sentença desse que é o discurso mais excessivo sobre Deus. O sopro ardente criador de esferas ao seu redor arremessado por ele para fora de si, para fora do ponto originário — pois esse é o sentido do discurso da criação de uma mônada pela mônada —, deve como que retornar ao emissor descrevendo um arco de luz. Como ocorre na aritmética trivial, também no caso de Deus uma vez um é igual a um — a *monas* que se multiplica por si mesma gera, por sua vez, uma *monas*, e, no entanto, essa operação, divergindo da matemática profana, possui fecundidade teosférica, porque ela "explicita" algo implícito, a saber, a identidade do uno-ponto ou do uno-*minimum* não expandido e do uno-esfera ou uno-*maximum* oniabrangente, excluindo-se da consideração, por ora, a impossibilidade cosmológica de tal esfera. Os raios oriundos do núcleo arrebentam como ondas de volta no núcleo, vindos da borda do *maximum*. No caso de um princípio tão protuberante quanto o do Deus de luz monádico, menos que uma contraprotuberância, a colossal recuperação de uma colossal evasão, não é o bastante para conferir a forma de unidade à luz desencadeada. Em consequência, Deus é uma esfera simultaneamente em repouso e em explosão. Somente porque o raio emitido retorna, todo estouro é compensado por reflexões. A todo dispêndio corresponde uma recoleta, a toda emissão, uma absorção. Por essa via, a rotação também é devidamente contemplada no Deus hermético; no entanto, as órbitas dos astros se converteram em círculos de reflexão, os ciclos etéreos, em circunferências do conceito. (Isso também foi

31. H. Schmitz, *System der Philosophie* [Sistema da filosofia], parte III, v. 4: *Das Göttliche und der Raum* [O divino e o espaço], Bonn, Bouvier, 1977, 1995, § 218, p. 258.

preparado em todos os pontos decisivos pelo neoplatonismo.[32]) Se não fosse assim, a emanações centrífugas arrastariam tudo para dentro do irrefletido; o mundo estaria em fuga crônica de sua origem — o que, aliás, é o dilema das teorias contemporâneas da explosão primordial, do *big bang*, que oferecem, como fábula de explicação do mundo, um instantâneo da evasão de um algo inicial sem reflexão de dentro de um ponto demasiadamente denso e superquente.[33]

Unus ardor — tem de ser um só e o mesmo sopro ardente que gera a esfera a partir do ponto e, em seguida, procura retornar ao seu ponto de partida por meio de uma reviravolta espontânea, não forçada e precisa. Se as reflexões fossem forçadas por resistências externas, obteríamos um Deus coagido — o que decerto seria a última coisa de que um teósofo quer ouvir falar. Para que Deus permaneça não coagido, os retornos da luz têm de ser jornadas livres para casa, nas quais a pressão das circunstâncias ou das forças opostas não pode desempenhar nenhum papel. É preciso que o retorno seja regido pela mesma liberdade e a mesma efervescência que houve no primeiro surgimento de dentro da fonte. Em suma, não se quer que o conhecer seja menos espontâneo (e fecundo) quanto o gerar.

Por isso, entre os jogos de luz do Deus pulsante figuram duas efusões, dois orgasmos, duas satisfações — cada um deles para si um preenchimento imenso, e, ainda assim, só os dois juntos perfazem a totalidade do que pode ser o prazer após sua infinitização em Deus. A base desse duplo prazer imenso é a simetria entre o gerar e o conhecer, que se

32. Cf. o capítulo sobre o círculo no estudo pioneiro de W. Beierwaltes, *Proklos. Grundzüge seiner Metaphysik* [Proclo: traços básicos de sua metafísica] (Frankfurt s/ Meno, Klostermann, 1979), p. 165-239.

33. A partir daqui se explica a ambição especulativa de autores contemporâneos como K. Wilber, *Eine kurze Geschichte des Kosmos* [Breve história do cosmo] (Frankfurt s/ Meno, Fischer, 1997), e A. Zajonc, *Die gemeinsame Geschichte von Licht und Bewußtsein* [A história comum de luz e consciência] (Reinbek, Rowohlt, 1994), de fornecer *a posteriori* uma história de reflexão a respeito da explosão irreflexiva. Está embutida aí, quase sem dissimulação, a pretensão teológica ou filosófica das origens de que a explosão deve ter sido tão bem calculada que comportou intencionalmente o aparecimento posterior de teóricos da explosão. Porém um *big bang* finalizado não é senão a "mônada que gera uma mônada e a reflete em si mesma com um único sopro ardente", tão familiar dos teósofos.

relacionam mutuamente como emissão e retorno ou como ejaculação e autoafirmação do prazer. O ponto alto da extroversão criadora é confirmado e continuado pelo ponto alto do recolhimento cognoscente, e isso em autorrenovação sem fim. Esses movimentos não se chamariam *ardor*, queimação e sopro ardente se não apontassem uma fibra vivenciadora, através da qual os dois pontos altos estão imbricados. É nessa linha que deve ser entendida uma passagem pouco comentada de Mestre Eckhart: "Deus é uma efervescência (*effervescentia*) que gera um ponto alto a partir de um ponto alto (*apicem ab apice*)" — uma frase à qual Hegel ainda parece prestar reverência quando, em passagem de destaque, mediante uma citação poética, faz com que o absoluto efervesça em autorreflexões como se espumasse em taças.[34]

Juntando-se as aclarações sobre a primeira e a 18ª definições, a famosa segunda sentença, de graves consequências, já está elucidada a ponto de só faltar esclarecer um resto, que, todavia, é um resto problemático, ao qual aderem implicações que revolucionam a imagem de mundo. "Deus é uma esfera infinita, cujo centro está em todo lugar e cuja circunferência está em lugar nenhum." Poder-se-ia sustentar, com boas razões, a opinião de que essa tese literalmente excêntrica da teosofia hermética da Alta Idade Média foi a bomba-relógio, talvez armada já desde a Antiguidade Tardia, que, em alguma data distante, deveria explodir a partir de dentro o cosmo aristotélico catolizado e arredondado — um processo para o qual a virada heliocêntrica de Copérnico forneceu o complemento em um palco extrateológico. O que de fato carece de aclaração é o adjetivo "infinita" que parece ter sido incluído de forma convencional e que confere à esfera divina uma nota peculiar de matiz matemático difuso. Pois como pode ainda subsistir a concepção de uma esfera, que, sem dúvida, só é credenciada como tal por uma periferia finita, se essa *sphaera* é caracterizada sem rodeios como infinita? Ainda repercute nesse atributo a doutrina antiga segundo a qual esfera e círculo possuem uma infinitude boa ou qualificada, porque, fluindo de volta para si mesmos, reúnem em si a ausência de início e a ausência

34. "Do cálice desse reino dos espíritos espuma/efervesce até ele sua infinitude" [Schiller apud G. W. F. Hegel], *Fenomenologia do espírito*, 1807, frase final.

de fim. Porém já se percebe aí que um conceito mais moderno de infinitude apresenta suas reivindicações; não é possível afastar de todo a ideia de que a esfera hermética não possui mais só a infinitude de rotação e reflexão para dentro de si, mas também já a infinitude de expansão. O signo "infinita" já poderia ser considerado como valor para o raio ou o diâmetro, e, se cedêssemos a essa tentação e até a essa probabilidade, seria o fim da glória católica com seus coros, suas hierarquias, seus hábitos centrocráticos imemoriais. Assim que o diâmetro alcança o valor "infinito", a periferia perde seu caráter de protuberância, já que a circunferência de um círculo infinto deve ser traçada como reta. Portanto, o interior do pseudocírculo volta a cair no irredento. Não há mais interior; a geometrização do espaço imune fracassou definitivamente; o projeto "alma cósmica" acabou. Tudo é exterior.

As consequências da virada infinitista são imprevisíveis. O *establishment* inteiro da transcendência teria de ser varrido do mapa pela devastadora colocação do centro em todo lugar — pois no infinito a concepção sacerdotal de que certas pessoas e instituições estariam "mais perto de Deus" perde todo e qualquer ponto de sustentação. É certo que não estamos lidando aqui com um dogma cosmoesférico e muito menos com um dogma de política eclesiástica ou crítico de Roma, mas com uma tese que indubitavelmente faz parte de um experimento teosférico-teosófico de difícil compreensão para os profanos. Porém, como a confusão entre os campos enunciativos teológico e cosmológico, constitutiva do efeito "*universum*" católico, possibilita e exige a substituição de trechos doutrinários individuais, é plausível que a arriscada infinitização da esfera divina venha a maturar efeitos colaterais para a construção, ou melhor, a desconstrução do sistema geocêntrico-cosmoesférico. O drama da Era Moderna: "*Do mundo fechado ao universo infinito*" — que Koyré tipificou no título de seu estudo — só viria a atingir um ponto culminante em seu próprio campo e com argumentos típicos do sistema, mas a febre infinitista salta da dimensão teosférica para dentro do arraial dos cosmógrafos e cosmólogos. O fenômeno Bruno mostra de maneira clara como o espírito da ilimitação lança Deus e mundo concomitantemente fora de formulações antigas.

Após Copérnico, o universo teve de permitir que dissessem a seu respeito, com boas razões, que ele não era mais capaz de oferecer aos habitantes da Terra o antigo abrigamento sob suas camadas; inequivocamente a Era Moderna e a modernidade devem ser determinadas por uma reestruturação radical das relações imunes. Porém não são Copérnico, Digges nem Bruno que deveriam responder a um processo por danos de cunho histórico-espiritual em virtude de consequências de longo prazo do infinitismo. Pois muito antes de suas teses cosmológicas, a existência humana já tinha perdido todas as qualidades de abrigamento no Deus esfacelado pelo hermetismo — bastaria tê-lo entendido corretamente. A teosfera infinitizada não garante mais proteção — ela põe em liberdade. O Deus dos teósofos herméticos já se tornou inteiramente o inquietante, o não abrigador, em relação ao qual não se consegue mais prever como ele poderia cumprir sua missão de imunidade para um mundo infinito e para inteligências finitas. Esse Deus pensado adiante e talvez até o fim em termos especulativos não só se despiu de todo sopro de temperamento personalista — ele já não possui mais nenhuma propriedade evangélica; não há como confraternizar com ele como se faz com o Cristo. No caso dele, tampouco se vê como a geometrização do espaço interior ainda poderia visar aos seus efeitos imunizadores (na linguagem europeia antiga: edificantes) para a intuição humana do espaço cósmico.

Esse Deus, cujo centro estaria em todo lugar e cuja circunferência estaria em lugar nenhum, pura e simplesmente não pode mais ser usado como muro morfológico contra o exterior. Pois, em virtude de suas sublimações especulativas, ele próprio é uma força excentradora de suma virulência; pensar nele aniquila os pequenos direitos das almas a uma pátria, cuja salvação se apoia em capelas domésticas, paisagens, prerrogativas e grandiosidades. Seu reino não é desse mundo interior; não é mais possível habitar sua esfera com alguém como esfera íntima. Quem medita sobre esse Deus acaba adentrando o imensurável, o insustentável, o extra-humano, bem mais do que o mais gélido pensamento no vazio do universo e a mais amarga separação do próximo e amado jamais poderiam levá-lo. Quem ainda quisesse permanecer crente teria de ir ao encontro de um Deus que teria descartado o íntimo e o rotundo. Mas quem conseguiria se conceber em relação com esse *monstrum* teomatemático?

Compreender o nexo entre a morte de Deus e o infinitismo teológico fica difícil para os assinantes de uma teologia mais sossegada e cômoda em todos os campos confessionais, e tanto mais difícil quando preferem se apegar à ilusão de que a desagregação da religião e a dissolução da pátria pela modernização teriam irrompido sobre eles como uma fatalidade exterior, injusta e indesejada. Eles não entendem que a própria teologia é uma das fontes do processo da Era Moderna, pois principalmente os teólogos devem ser responsabilizados pelo infinitismo. A modernização teológica se efetua como luta entre um Deus velho, concebido como regional, que poderia ser invocado como cúmplice de projetos de salvação tribais, étnicos e imperiais, e um Deus novo, excêntrico, inapreensível-infinito e que não pode ser instrumentalizado, que não dá suporte a nenhum poder e não faz a auréola transcendental brilhar sobre nenhuma metrópole terrena — um Deus que não perdoaria ninguém que quisesse afirmar que ele existe.

Por essa razão, é absurdo afirmar que a excentração ou a descentração europeia teriam começado, em termos político-mundiais, teórico-mundiais e teológico-mundiais, no ano de 1945, uma data que só é importante porque, a partir dela, finalmente até o último veteroeuropeu foi obrigado a dar-se conta do conceito da situação (portanto, uma vez mais: Hans Sedlmayr e "a perda do centro"). O processo de descentração propriamente dito obedece a impulsos que remontam ao despontar da onda mística na virada para o século XIII. O misticismo é a imunodeficiência adquirida das ontologias regionais; ela é adquirida por meio da relação desprotegida do pensamento com o conceito excitado do infinito. Uma esfera cuja circunferência estivesse em lugar nenhum porque seu centro está em todo lugar; uma esfera cujo centro não pode ser encontrado porque sua circunferência evaporou para o infinito: quem realmente tivesse se interessado pelo centro perdido teria direcionado suas investigações, num primeiro momento, para a circunferência perdida do Deus infinitizado da Era Moderna. Essas análises teriam trazido a lume que a teologia infinitista é a fonte principal do niilismo. Ela é responsável pela equiparação de ser-aí e desabrigamento; ela é a negação inicial de todas as reivindicações humanas de imunidade.

Circumferentia nusquam — com esse "em lugar nenhum", essa revogação de todos os limites finitos de imunidade, teve início a longa jornada da Modernidade rumo à supremacia do exterior infinito. Com ele, o pensamento do ser é desacoplado dos interesses do vivente[35]; o ser assume os traços da presença homogênea e da disponibilidade neutra. Nesse ser esterilizado, uma memória sem cor do que se chamava vida é preservada unicamente por meio da multiplicação quantitativa incessante. A existência em um Deus excentrado dessa maneira equivale a uma estadia no exterior sem chão e sem borda.

Portanto, o jogo hermético final da teologia inicia a última transposição da microesfericidade para a macroesfericidade — com a consequência absurda de que a esfera infinita renuncia à sua função de abrigamento. Os que nela estão contidos perdem sua imunidade e seu abrigamento. Com o infinitismo teosófico surge uma forma de religião na qual Deus frustra sistematicamente seus crentes. Ele é sempre aquele do qual nada há a esperar. De fato, meramente continuar crendo nele passa a ser um negócio imunológico de perda para os envolvidos. O *monstrum* místico-matemático sempre tira mais do que dá, tornando--se um ponto de coleta de esperanças irrealizáveis de segurança. Esse efeito é tão antigo quanto o plotinismo, no qual a esfera espiritual havia sido expressamente distinguida pela primeira vez com o predicado "infinita". Porém o pensamento neoplatônico ainda viveu da transposição do vivente para o geométrico, da projeção de uma vitalidade finita no horizonte do infinito. Explorou a circunstância de que os humanos têm

35. Por não ter chegado a esse discernimento, Heidegger repete, por meio do antibiologismo de sua ontologia fundamental, a traição ao vivente, que de todo modo se efetua na tendência moderna para um conceito neutro do ser. Em sua obra tardia, ele tenta compensar essa traição por meio de uma ontologização do lugar salvífico e da palavra necessária ao ser. Inversamente, Deleuze, acompanhando Fichte e Nietzsche nesse aspecto, atém-se ao absolutismo do vivente, mas serve à Era Moderna com um elogio ilusório do devir sem limites e da mobilidade livre de solo. Assim, dois pensadores eminentes do século XX apenas ajudaram a expressar a polêmica originária da Era Moderna, a contradição entre imunidade e infinitude, mas não conseguiram fazer jus a ela.

muita consideração pelo monstruoso, enquanto acreditam ser aliados dele; eles emprestam ao Deus não abrigador aquela imunidade que pressupõem haver nele e da qual, se olhassem bem, não descobririam *nele* mais nenhum vestígio, porque no infinito se perdeu o sentido do ser-em. Com inabalável ingenuidade, eles ainda encaram inclusive o infinito como cúmplice da asseguração da vida mortal, como Boécio fixou por escrito em sua definição clássica da eternidade (*aeternitas*) como "posse ilimitada e, ao mesmo tempo, perfeita da vida".[36] A vida se torna patrocinadora da não vida.

O mistério da metafísica foi que ela envolveu com o esplendor da vitalidade justamente tais ideias que a deixaram na mão. Por essa razão, a monstruosidade teomatemática da "esfera infinita" pôde temporariamente dar a impressão de estar envolta em uma aura vital; e, por essa razão, Hegel ainda pôde ensinar que o "interesse geral do espírito na história" seria "chegar ao infinito ser em si da subjetividade" — um programa que monta um simulacro holístico de imunidade que, embora formando um "ser em si", não serviria de abrigo para ninguém.

No entanto, para a autoarticulação do pensamento moderno, a guinada romântica para a natureza foi mais importante do que a consumação hegeliana da metafísica na terra de ninguém do espírito. A filosofia romântica da natureza logrou a criação conceitual de imensuráveis consequências que, pela primeira vez, deixou tão clara a essência da metafísica, o anseio por abrigamento do sujeito em uma aliança ontológica incorruptível, que ela até poderia ser contestada, mas jamais voltar a ser esquecida. Justamente no ponto de fusão entre a reivindicação de abrigamento do sujeito e o motivo da infinitude surge o conceito explosivo que obriga o pensar, nos séculos XIX e XX, a deixar suas formas tradicionais: o do inconsciente. Com esse conceito foi feita a tentativa de obter, inclusive da totalidade infinitizada, uma guinada para a proteção da vida — o que, pela natureza das coisas, só pôde ocorrer na forma de um postulado. Os freudianos perderam, em meio à nebulosidade de sua escola, que só permite enxergar a distâncias menores que três gerações, a dimensão histórica e a estrutura lógica do seu conceito

36. *De consolatione philosophiae* [A consolação da filosofia], V, 6, 4.

principal, e não sabem que o inconsciente surgiu da última transferência para o infinito da forma interior, a saber, da projeção do interesse pela imunidade para uma vida — logo, da exigência de que também uma totalidade natural infinita teria de exercer a função de abrigamento do envoltório divino de outrora. Porém, pelo fato de transferências para coisas infinitas falharem por causa da falta de suporte no objeto, o ato de transferir precisa por fim atentar para si mesmo — isso foi exaustivamente exercitado pelos jovens hegelianos como primeiros críticos da transferência com suas investigações sobre as projeções do humano sobre o divino (e do feito sobre o achado).

De fato, a psicologia como estudo geral de imagens de transferência e espaços de transferência pressupõe a morte de Deus, isto é, o estouro da monosfera e o despertar da auto-hipnose monoteísta. O inconsciente do início do século XIX é a hipóstase ontológico-medicinal de uma força curativa absoluta, que deve se manifestar na natureza infinita como capacidade para o bem *pro nobis*. Com essa concepção do inconsciente, a imunidade torna-se concebível pela primeira vez em termos gerais — mais precisamente como conceito limítrofe entre biologia e metafísica.[37] Depois que os exageros panteístas da ideia romântica de salvação haviam se dissipado, restou o motivo da imunidade sem os adornos teológicos. O caminho estava franqueado para uma prática interpessoal de imunidade, que alcançou na "situação analítica" um formato praticável.

No campo de filosofia, a sobriedade a respeito do Deus não instrumentalizável e o estar aí de mãos vazias diante de uma infinidade morta só encontraram sua linguagem por volta do final do século XIX. Nietzsche observa sob o termo-chave "No horizonte do infinito":

> Deixamos a terra firme e subimos a bordo! Destruímos a ponte atrás de nós, e mais, destruímos todos os laços com a terra atrás de nós! E agora, barquinho, toma cuidado! Junto a ti está o oceano, é verdade que nem sempre ele ruge; e estende-se,

37. Um exame parcial das psicologias profundas pré-freudianas é oferecido em P. Sloterdijk, *Esferas I: bolhas*, op. cit., capítulo 3: "Homens no círculo mágico: Para uma história das ideias da fascinação pela proximidade", p. 189-239.

> às vezes, como seda e ouro, e um sonho de bondade. Mas virão as horas em que reconhecerás que ele é infinito e que não existe nada mais terrível do que a infinitude. Ah, pobre pássaro que se sentia livre e que esbarra agora contra as grades dessa gaiola! Pobre de ti, se fores acometido pela nostalgia da terra, como se lá tivesse havido mais *liberdade*... agora já não há mais "terra"! (*A gaia ciência*, § 124)[38]

Foi Nietzsche quem efetuou a virada imunológica do pensamento e começou a interpretar a totalidade da cultura como competição entre estratégias de vacinação minimizadoras e estratégias de vacinação intensificadoras. Enquanto a democracia promove a vacinação em série da massa por motivos de segurança, Zaratustra, mais uma vez, quer tornar a vida dos poucos terrível, convertendo o próprio pensar em uma infecção: "Vacino-os com a demência."

O centro em todo lugar, a circunferência em lugar nenhum — com tais determinações o Deus da mística racional descarta as últimas qualidades da caverna e até os vestígios mais remotos de domesticidade cósmica. Se é que a *border politics* [política de fronteiras] metafísicas alguma vez foi exitosa, essa extrapolação sublime das circunferências põe fim fundamentalmente à utilização de Deus para encantamentos espaciais regionais e imperiais. Após a virada para o factualmente infinito, o conceito de Deus não é mais edificante para nenhuma potência, nenhum contexto de vida, nenhuma dominação regional. Poderes locais, santos impérios, áreas de segurança do poder, círculos mágicos herméticos e auto-hipnoses que trazem sorte só recebem mais dele a informação humilhante de que, enquanto formas tacanhas de sentido, eles sempre já estão dissolvidos, dispersos, ironizados e superados em um meio transcendente e oceânico. Isso confronta o pensador com uma situação na qual não há como diferenciar o interior mais sutil do exterior mais

38. F. Nietzsche, *Die fröhliche Wissenschaft*, in: F. Nietzsche, *Sämtliche Werke, Kritische Studienausgabe*, v. 3, Munique, Deutscher Taschenbuch, 1980, p. 480. [Ed. bras.: *A gaia ciência*, trad. Jean Melville, São Paulo, Martin Claret, 2003, § 124, p. 115.]

monstruoso. O Deus com a circunferência em lugar nenhum jamais poderá voltar a ser usado como cúmplice de uma visão finita de mundo ou de uma presunção de mundo. Quem pudesse pensá-lo teria chegado ao "ponto de vista" da imanência absoluta — mas, nesse caso, pensar significa meditar sobre o monstruoso, sobre o que causa perplexidade.

A mística teosófica da esfera desencadeia uma dinâmica centrífuga, em cujo alinhamento se desdobrarão o culto do início de Era Moderna ao gênio criativo e análogo a Deus e, mais tarde, também o individualismo moderno tanto em seus formatos mais sublimes quanto em seus formatos mais vulgares. Pois quando o Deus infinitizado perde, no curso da Era Moderna, sua posição central no espaço espiritual, seus representantes humanos, os indivíduos dotados de espírito, devem realizar essencialmente mais do que apenas ocupar uma posição distante em seu interior. Pois o "em" de "no infinito" já não designa mais uma relação de moradia e participação constatável; em vez disso, os humanos criativos teriam de, em cada caso, realizar a partir do seu lugar no existente todo o trabalho do Deus formal perdido, caso se queira mesmo avistar na imanência o aspecto da origem, o ponto de partida de uma vida. Eles próprios teriam de herdar o centro, voluntariando-se para a tarefa de "ser" e representar esse centro.

A ortodoxia católica soube se resguardar de tais excessos ou individualismos suspeitos de panteísmo nos últimos séculos de sua dominância exclusiva, proscrevendo os experimentos da mística matemática para o limite do admissível em termos de ortodoxia. Não obstante, o individualismo hermético continuou sendo uma tentação característica do pensamento da Idade Média tardia e posterior. Ele anuncia uma época em que o absoluto se faz representar por gênios e não mais por sacerdotes. Rousseau estabeleceria a regra do gênio da vida expressionista a partir do centro próprio da alma:

> Não há um ser no universo que não se possa, de algum ponto de vista, encarar como o centro comum de todos os outros [...]. Antes nos ocupávamos só com o que nos toca, *o que nos rodeia diretamente*; mas agora de repente estamos percorrendo o globo inteiro e corremos até as extremidades do universo. Essa

> diferença resulta do progresso de nossas forças e da inclinação de nossa mente. Na condição de fraqueza e de insuficiência, o impulso de autoconservação se concentra inteiramente em nosso interior; na condição de força e de energia, somos impelidos pelo desejo de expandir nosso ser, visando ao maior desdobramento possível.[39]

Johann Gottlieb Fichte formaliza as intuições imperialistas individuais de Rousseau por meio de sua teoria da criação maníaca do meio ambiente:

> [...] a figura original da autonomia espiritual é um ponto geométrico que se faz perpetuamente e se mantém vivíssimo na consciência. [...] O eu é o primeiro a trazer ordem e harmonia à massa morta e amorfa. Tão somente a partir do ser humano se dissemina a regularidade em torno dele até os limites de sua observação. [...] Graças ao eu existe a monstruosa escala que vai do líquen até o serafim; [...]. No eu reside o penhor garantido, [...] de que com a cultura progressiva do ser humano progredirá concomitantemente a cultura do universo [...].[40]

Novalis, que confere a essas teses uma reformulação filosófico-artística, pressupõe, por fim, a transformação da teologia clássica da emanação em um moderno pensamento de produção e expressão ao anotar em seus livros de rascunho: "Cada indivíduo é o centro de um sistema de emanação."[41]

39. J. J. Rousseau, *Émile*, apud G. Poulet, *Metamorphosen des Kreises in der Dichtung*, Frankfurt s/ Meno, Berlim e Viena, Fischer, 1985, p. 104. [Ed. bras.: *Emílio ou Da educação*, trad. Sérgio Milliet, Rio de Janeiro, Bertrand Brasil, 1992, p. 318.]

40. Ibidem, p. 133-134. [J. G. Fichte, *Die Anweisung zum seligen Leben* [A instrução para a vida bem-aventurada], [s.l.], [s.n.], 1806, p. 88.]

41. *Paralipomena zum Blütenstaub* [Pólen], nº 131. Sobre o "esferoidismo" e o "enciclopedismo" de Novalis, cf. D. Mahnke, *Unendliche Sphäre und Allmittelpunkt*, op. cit., p. 2-5.

Mais de 250 anos depois do surgimento de *O livro dos vinte e quatro filósofos*, Nicolau de Cusa propôs uma pequena suma da esferologia escolástica, em seu tratado tardio em forma de diálogo intitulado *De ludo globi* [Sobre o jogo da bola] (parte I de 1462, parte II de 1463; o autor faleceu um ano depois), o qual, na superfície, se apresenta como um exercício leve para iniciantes, para não dizer uma peça cristã de "filosofia de entretenimento".[42] Sem rodeios, ele se refere, omitindo explicitamente a fonte, à mal-afamada sentença principal do recém-abordado escrito teosófico-hermético:

> E se você observar o dito daquele sábio dizendo que Deus é um círculo cujo centro está em todo lugar, então você verá que Deus se encontra em tudo, do mesmo modo que o ponto é encontrado em todo lugar, em cada [...] coisa extensa.[43]

A forma de pensar que caracterizamos como teocêntrica se tornou a segunda natureza de Nicolau de Cusa a ponto de ele nem sequer admitir para si o pressentimento da pressão crescente de um problema quando trata do acoplamento uma na outra ou da analogização das macroesferas "deus" e "mundo". Assim, na primeira parte do diálogo, em uma réplica do jovem duque João da Baviera às exposições do cardeal, é proposta a ideia de que o ser humano seria, enquanto *pequeno* mundo, um análogo, *similitudo*, do *grande* mundo também chamado de *universum*, que, por sua vez, representa uma metáfora do maior dos mundos, ou seja, da esfera divina.[44] A palavra "mundo" não poderia ser empregada em três formatos, se ainda não vigorasse com a maior naturalidade a equiparação de "mundo" e "esfera", e se essas três regiões ontológicas

42. É o que diz K. Flasch em seu livro magistral: *Nikolaus von Kues — Geschichte einer Entwicklung. Vorlesungen zur Einführung in seine Philosophie* [Nicolau de Cusa — História de um desenvolvimento: preleções de introdução em sua filosofia] (Frankfurt s/ Meno, Klostermann, 1998), p. 576.

43. N. von Kues, *De ludo globi liber primus*, op. cit., p. 313. Nicolau cita a sentença ominosa apenas pela metade, provavelmente porque julgou a segunda metade (*circumferentia nusquam*) imprópria para jovens.

44. Ibidem, p. 261.

ou "esferas" (*parvum-magnum-maximum*) já não fossem representadas, em analogia às camadas planetárias, como grandezas concentricamente acopladas; o ser humano está no mundo tal como o mundo está em Deus. Desse modo, nem mesmo um pensamento que preferisse evitar as imagens sensoriais consegue escapar das espacializações (nem precisa escapar delas, porque Nicolau de Cusa ainda não antevê aqueles modernos que se devotariam a "uma exaltação unilateral do tempo" às custas do senso metafisicamente mais originário do espaço, para usar a uma formulação de Max Bense; pois é por causa da unilateralidade cronolátrica dos modernos que, pela primeira vez, se torce o nariz para "espacializações" deselegantes).

Portanto, Deus e mundo são diferenciados por Nicolau de Cusa, respectivamente por seu interlocutor, como o *maximum* do *magnum*, sem que disso resulte uma indicação para a diferença estrutural das duas macroesferas. O grande tem de caber dentro do máximo — como não poderia deixar de ser. Nicolau se curva à aparência católica da compatibilidade dos dois constructos e faz com que o mundo se dissolva sem conflito como um círculo interno que se encaixa no círculo divino máximo. Ele o logra tanto mais facilmente porque todo o seu discurso é entretecido por figuras de linguagem que conjuram tão somente a monarquia do centro e a difusão da luz central a partir de sua fonte hiper-real.

No caso do velho bispo-cardeal, o *habitus* centrófilo chegou a tal ponto que ele não se pejou de inventar um *jogo da bola* mundano com segunda intenção espiritual, modificando um jogo de "discos" apreciado na Idade Média, que ele recomendou aos seus interlocutores da Baviera, os quais designaríamos hoje como políticos da nova geração (da Confusão Jovem[45]), de certo modo como um jogo de *boules* [bolas] ou *pétanque* [petanca] para platônicos cristãos.

Como era de esperar de um teocêntrico juramentado, esse jogo é disputado na direção do centro, que nada mais representa que o verdadeiro Deus, o *dator vitae* [doador da vida][46], que, por sua vez, representa

45. "*Junge Konfusion*": referência jocosa à organização de jovens dos partidos alemães União Democrática Cristã (CDU) e União Social Cristã (CSU) chamada Junge Union [União Jovem]. [N.T.]

46. N. von Kues, *De ludo globi liber primus*, op. cit., p. 297.

o alvo de todos os desejos metafisicados. Com humor grandioso — ou se trataria apenas de rotina eclesiástica? —, o cardeal reproduziu a esfera divina na forma de um alvo pintado no chão com nove anéis e um 10 divino no centro — o que, aliás, pode ser uma das razões pelas quais, no tratado, ele tende a usar como sinônimos os conceitos do círculo (bidimensional) e da esfera (tridimensional), como há pouco pudemos observar na citação anônima deformada do *Livro dos vinte e quatro filósofos*.[47] Portanto, os jogadores de *boules* cristãos jogam "iluminação" ou "chegada à casa de Deus", atirando as bolas de maneira que elas fiquem paradas o mais próximo possível do centro exato do 10 divino. O jogo da bola do Cusano requer uma projeção da teosfera sobre um terreno plano, para que os jogadores que se encontram diante do disco possam estabelecer uma relação visual com o centro e os anéis que o rodeiam. Poder-se-ia ver isso como certa despreocupação não filosófica ou, pelo menos, uma concessão bastante grande à necessidade visual grosseira. Para acertarem o anel central, os jogadores de *boules* precisam ter altas qualidades esportivas e propensões meditativas, pois só a prática faz o mestre das bolas. Assim, a busca pelo centro do ser se converte em uma piedosa festa de atiradores, sendo aquele que busca a Deus o atirador, Deus a pontuação mais alta possível e a vida eterna o prêmio.

Quem achar problemático que um dignitário da Igreja Católica do século XV tenha podido apresentar, sem ser questionado, os mistérios mais profundos da teologia mística na imagem de um alvo — no qual Deus figura como a pontuação mais elevada —, deve levar em consideração, para relativizar sua admiração, que, no mesmo período, no budismo japonês, foi desenvolvida uma forma análoga de espiritualismo cavalariano-esportivo — a arte do tiro com arco e flecha, que entrementes se tornara conhecida também no Ocidente e que era praticada como exercício armado-desarmador de pretensiosa despretensiosidade.[48] Comparada com o análogo de sublime marcialidade do Extremo

47. Um pouco despreocupadamente, Nicolau de Cusa converteu Deus *est sphaera infinita* [deus é uma esfera infinita] em Deus *est circulus* [deus é um círculo]; cf. p. 407 s.

48. Cf. H. Dumoulin, *Geschichte des Zen-Buddhismus* [História do zen-budismo], v. II, Berna, Francke, 1986, p. 252 ss.

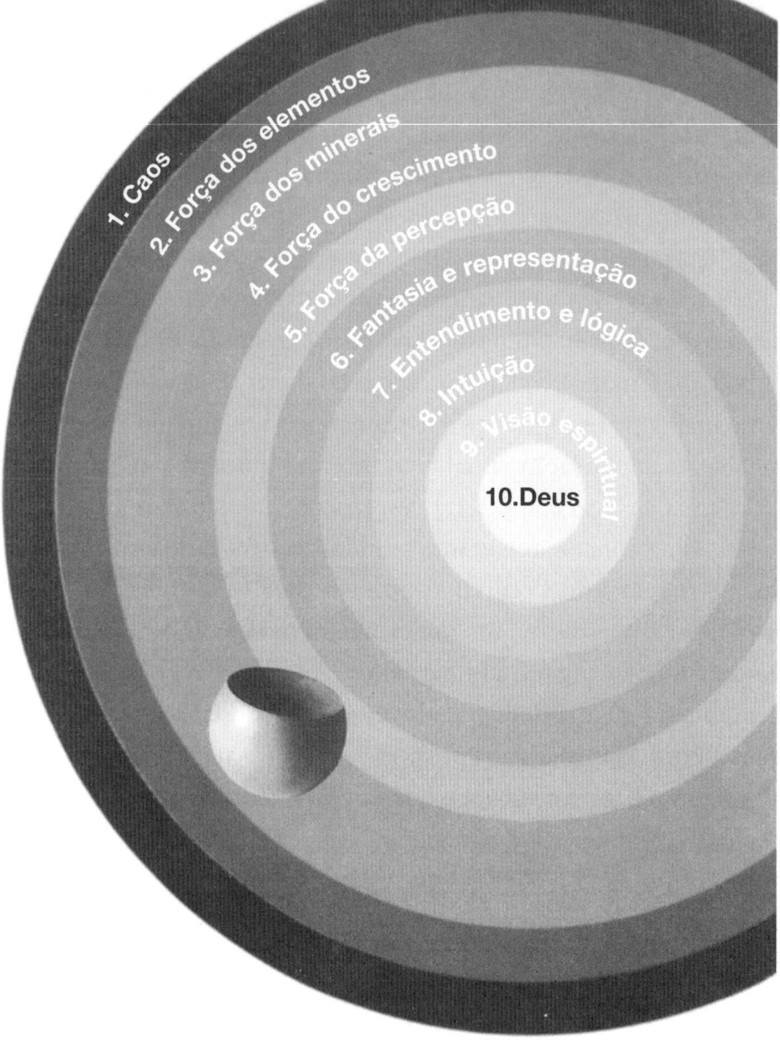

O “jogo da bola” em Nicolau de Cusa, *De ludo globi.* Reconstrução do disco.

Oriente em torno do qual se organizou uma subcultura complexa, a festa das *boules* idealizada por Nicolau de Cusa não passou de um *gaudium* [divertimento] pré-Reforma de sentido mais profundo — ainda hoje é possível encontrar as bolas do jogo nas lojas de suvenires da cidade alemã de Kusel. Porém, quem ler os comentários no manual de instruções do jogo perceberá que estes, em especial na segunda parte, nada deixam a desejar em termos de tensão, e quem quiser praticar o jogo sob as condições do Cusano possivelmente ficará tão absorvido por ele quanto o discípulo zen-budista diante do alvo, da flecha e do arco.

A comparação com o zen-budismo não é de natureza meramente associativa, mas tange a uma característica espiritual da construção do Cusano. O ponto alto do jogo reside em que o lançamento da bola é dificultado pela circunstância de que as bolas foram feitas pelo Cusano para não rolar em linha reta, em virtude de um ardil engenhoso do inventor, sendo, por assim dizer, serradas ou escavadas assimetricamente, de modo que, ao serem atiradas, não se movam em linha reta na direção do alvo pretendido. Em vez disso, elas se movem para diante bamboleando em linha curva e, por fim, se detêm rolando de borco para dentro. (Numa analogia remota a isso, pode-se apontar o fato de que o arqueiro zen-budista não mira o alvo com a intenção de acertá-lo diretamente como faz um arqueiro comum, pois acertar o alvo não deve mais ser a função de um querer do próprio eu.) Esses dois terços de bolas dotadas de concavidades e bamboleantes representam, em certa medida, a condição humana, que, como se sabe, não permite retornar a Deus pelo caminho mais direto, mas sempre só por aproximações indiretas ao *absolutum* mediante movimentos laterais e desvios tortos. Ao ser humano são concedidas *sub luna* nada mais que aproximações à perfeição, "para que, após muitas voltas e curvas oscilantes e inconstantes, possamos, por fim, repousar no reino da vida".[49] Portanto, o sentido do jogo consiste em, mediante treino e jeito, conseguir jogar a bola de tal maneira que, apesar da trajetória torta, ela venha a parar o mais próximo possível do centro. Quanto mais próximo do 10 divino repousar a bola, tanto maior será a pontuação obtida pelo jogador com seu lançamento.

49. N. von Kues, *De ludo globi liber primus*, op. cit. (ver nota 43 deste capítulo), p. 275.

Ganha o jogo o primeiro que obtiver 34 pontos — que, segundo o Cusano, é o número de anos que Jesus viveu. (Quem estiver em busca de passagens comprobatórias da tese psicanalítica de que o fantasiar não é livre deveria anotar esse exemplo; e quem quiser refutar a tese de Schiller de que o ser humano só é inteiramente humano quando joga dificilmente poderá passar ao largo do exemplo de Nicolau de Cusa.) A recompensa do ganhador não é pequena, pois ele promete a santificação em vida e a bem-aventurança *post mortem*.

Com as bolas desse jogo, o cardeal humorista não inventou só um jogo, mas também um inferno específico para o jogo; é o que mostram, no que se segue, as reflexões que ele dedica ao destino dos perdedores. Pois o que significa ser o perdedor desse jogo? Num primeiro momento, essa questão parece dizer respeito apenas aos que necessitam de mais tempo do que o jogador mais exitoso para chegar ao número máximo de pontos. Se fosse assim, já seria possível conviver com isso, mesmo que aqui já se ouçam alguns subtons problemáticos que soam como se a *vita christiana* devesse ser declarada como uma competição pela redenção. Porém, como logo se verá, o jogo da bola idealizado pelo Cusano — já que, em virtude de sua carga teológica, ele não é um simples divertimento — pode de repente tomar um rumo ruim e desembocar numa urgência existencial: aparece no campo visual uma derrota no sentido mais fatal da palavra — uma derrota que atinge em particular aqueles que nem sequer tinham participado do jogo para atingir o centro identificado como cristão. Pois lançar na direção do centro significa mirar no Pai — o que não poderia acontecer se o Filho não tivesse mostrado o Pai como Pai.[50]

Portanto, de maneira um tanto insidiosa, o jogo da bola traz à memória a necessidade de ser cristão. Os círculos traçados sobre o alvo do Cusano representam, na opinião do autor, nada menos que os estágios da contemplação que olha para o centro-Pai (supostamente) sempre só com a ajuda do Filho. Nesse ponto, o jogo trai seu caráter totalitário latente, porque exclui todos os que não estão dispostos ou não são

50. *Quia non potest patrem ut patrem ostendere, nisi filius* [Porque ninguém pode mostrar o Pai como Pai, a não ser o Filho]. Ibidem, p. 296.

capazes de jogar exclusivamente na direção do centro indicado ou atingido por Cristo, o lugar do "único mediador". Por essa razão, fora do jogo da bola reina uma noite sem visão e esperança; *extra ludum nulla salus* [fora do jogo não há salvação]. "Fora do círculo e fora dos estágios da contemplação eterna e sem Cristo, não é possível ver a vida dos viventes ou a luz das luzes, já que não se pode ver o centro, que só pode ser visto de *dentro do* círculo."[51] Assim, quem não jogar de acordo com as regras platônico-cristãs estará cego para o próprio centro do ser e de antemão perdeu o jogo real da bola, a tentativa de retornar ao centro supostamente indicado apenas pelo Filho. Mas Nicolau não se satisfaz com isso; depois de ousar chegar até esse ponto, ele vai para o tudo ou nada, apresentando Cristo como o jogador exemplar do jogo da bola, o único que até agora teria sabido atirar sua esfera de modo a acertar perfeitamente o arremesso e fazer a bola parar no centro do 10. O que a Idade Média denominou *imitatio Christi* é traduzido na busca por emular esse arremesso inigualável. Todavia, jamais jogadores humanos, por mais perfeitos que sejam seus arremessos, acertarão a mesma trajetória e o mesmo ponto de repouso: de um lado, porque Cristo naturalmente sempre será o melhor jogador, de outro, porque, pela natureza do jogo, é impossível que, a cada vez, dois diferentes jogadores acertem exatamente o mesmo ponto. Para o Cusano, ser real é ser diferente. Nesse ponto, o argumento matemático e o argumento metafísico confluem, do que se pode concluir que nem um Cristo retornado conseguiria repetir seu arremesso de modo exatamente idêntico.

> Esse jogo [...] significa o movimento da nossa alma de seu reino para o da vida, no qual reinam o descanso e a felicidade eterna. Nesse centro, preside o nosso rei e doador da vida, Jesus Cristo. Quando esse foi parecido conosco, ele moveu a bola de sua pessoa (*personae suae globum*) de tal maneira que ela repousou no centro da vida. Ele nos deixou um exemplo para procedermos como ele procedeu. E nossa bola segue a sua (*globus noster suum sequatur*), mesmo que seja impossível que outra bola venha a repousar no mesmo centro da vida em que repousa a bola

51. Ibidem, p. 299; grifos nossos.

> arremessada por Cristo. Pois dentro do círculo há uma quantidade infinita de lugares e moradias. Pois a bola que cada qual arremessou repousa no ponto e no átomo que lhe são próprios, onde nenhuma outra jamais poderá chegar. Tampouco podem duas bolas estar à mesma distância do centro, mas sempre uma estará mais distante do que a outra.[52]

Portanto, o fato de Cristo ter sido o único que pôde acertar o centro do 10 de maneira irrepetível possui duas razões substancialmente distintas. Uma delas é ontológico-pontual — jamais dois pontos caem no mesmo lugar (uma tese que aplica o princípio da não identidade do diferenciável), razão pela qual há, para o Cusano, uma quantidade infinita de proximidades em relação ao centro absoluto, mas jamais haverá a coincidência de dois pontos; a segunda é uma razão ontológico-esférica — o privilégio de Cristo de ser o único a poder jogar com uma bola redonda sem defeito (*globus personae suae* [a bola de sua pessoa]): ou seria permitido dizer que também o Deus que se tornou humano foi uma bola ovalada?[53] Cristo mostrou como se acerta na mosca (em termos idealistas: a *hénosis*, união; em termos psicanalíticos: a fusão imaginária): isso é o Evangelho traduzido para uma linguagem esportiva. Para o Cusano, o código do "acerto" é um termo bem-vindo, na medida em que reforça a causa do centrismo. A imagem do alvo também contribui para corrigir os efeitos descentradores do boato hermético do centro que está em todo lugar.

Em idade avançada, o Cusano parece ter se convencido de que ousadias místicas acabam produzindo apenas inquietações existenciais e sociais e que, no caso do perigoso tema da esfera, o mais importante seria fortalecer a ortodoxia cristológica contra as forças especulativas centrípetas. A salvação não é, em última análise, uma questão de centração? Mas como a alma poderia mirar no melhor se o centro não pudesse ser mostrado, buscado e encontrado como uma grandeza fixa? *Centrum*

52. Ibidem, p. 271-273.

53. O Cristo de Nicolau de Cusa preenche típica e idealmente a condição da qual Plotino trata na enéada "mística" (VI, 9): que aquele que foi transformado em Uno "como que acopla centro com centro".

autem punctus fixus est [Pois o centro é um ponto fixo][54] — esse é o teor das reflexões do Cusano, que não escondem sua preocupação com a asseguração lógica do centro. Para a percepção sensorial e não iluminada, esse centro certamente está oculto, porque a redondez perfeita sempre permanece invisível, mas a meditação espiritual bem conduzida não errará por completo o alvo, desde que se dê conta de que a esfera de Deus pode ser visualizada *intellectualiter* de duas maneiras: de um lado, sob a ideia do *minimum* absoluto ou do ponto puro que, em sua rotundidade perfeita invisível, encerra tudo em si de forma dobrada (*omnia complicans*); de outro, sob a imagem do *maximum* ou da esfera-universo expandida, na qual tudo está presente de forma desdobrada em grau máximo e que é invisível aos olhos físicos graças ao seu grau de perfeição.[55]

No entanto, no alvo do Cusano, a região mais próxima da borda exterior não deve ocupar um lugar digno de menção, já que se joga exclusivamente visando ao centro — como, de fato, o *ludus globi* representa, na totalidade, um exercício de centração: "Toda a força parece estar oculta no centro."[56] Quem acertasse apenas o primeiro anel seria uma alma praticamente condenada; em geral, quem nunca conseguisse chegar ao 10 correria perigo até o fim. O jogador mais compenetrado seria, em todo caso, aquele que, ao fazer seus arremessos, medita em como sua bola bamboleante atravessa todos os estágios do existente desdobrado, antes de descrever a curva que leva ao centro, que maravilhosamente guarda tudo dobrado dentro de si, e deter-se em sua proximidade. Por mais singular que possa soar: os nove anéis traçados no alvo do Cusano representam os coros de anjos ou os estágios do ser que, segundo a doutrina neoplatônica, brotam do Super-Uno e contêm os arquétipos de todo o existente. Portanto, o jogador de bolas se diverte com nada menos do que a totalidade da ontoteologia. E com cada arremesso ele põe em jogo o sistema inteiro das distinções católicas, a doutrina completa

54. N. von Kues, *De ludo globi liber primus*, op. cit., p. 296.

55. Ibidem, p. 229 e 231: "Se fosse possível postar alguém fora do mundo, este, a exemplo do ponto indivisível, seria invisível para ele", "No que se refere à verdadeira rotundidade, não há nada que seja visível."

56. Ibidem, p. 335.

das categorias. O alvo representa a totalidade do existente, mais precisamente na completude dos conceitos fundamentais.

> Há, portanto, dez diferentes gêneros de distinções (*genera discretionum*), a saber, a divina, representada pelo centro e pela causa de tudo (*causa omnium*), e as outras nove, representadas por nove coros de anjos. E não são mais do que essas, nem pela quantidade, nem pela distinção (*nec numeri nec discretioni*). A partir daí fica evidente por que eu representei o reino da vida desse modo e assemelhei o centro à luz do sol, pintei os três círculos seguintes ígneos, os outros três aéreos (*aetheoros*), e os últimos três, que acabam no preto cor de terra (*in nigro terreno*), como se fossem aquosos.[57]

O fato de o tradicional ponto preto no centro do alvo ter sido transformado em ponto branco ou dourado pelo Cusano talvez possa ser creditado como êxito de espiritualização. No entanto, com a exposição dos anéis, principalmente o mais externo, Nicolau de Cusa entra em um campo capcioso de sentido profundo. Pois o conjunto dos nove coros do existente — exposto por Dionísio Pseudo-Areopagita com graves consequências em seu tratado sobre *A hierarquia celeste* e assumido pelo Cusano — reflete primeiro apenas as três ordens (*ordines*) das inteligências angelicais, cada uma delas subdividida em três estágios, cada um dos quais investido de um grau teofânico próprio e manifestando um aspecto de Deus — dos espíritos supremos próximos de Deus, que conhecem tudo simultaneamente com intuição simples (*in divina simplicitate simul omnia*) até os anjos menos produtivos, mas, não obstante, aptos para a verdade, do entendimento discursivo, que já têm estreita afinidade com os intelectos humanos.[58] Essas nove esferas espirituais se originam como anéis luminosos do centro divino através de uma espécie

57. Ibidem, p. 307.

58. Quando K. Flasch afirma que os círculos do jogo de bolas retratam "também as esferas celestes" (ver nota 42 deste capítulo), então isso não está muito de acordo com o texto numa primeira leitura — mas, ainda assim, não está errado, porque reflete a indecisão fundamental do Cusano sobre se gostaria de falar a partir das camadas aristotélicas ou das ordens angelicais areopagíticas.

de difusão ondulatória e, fazendo-o, de certo modo sempre "permanecem na origem" — com alguma boa vontade para entender, isso pode ser compreendido em consonância com as convenções da doutrina neoplatônica das emanações com certa coerência e sem pressupostos exacerbados de fé. Porém essa cadeia descendente de luzes não faz jus ao que o Cusano quer dizer; pois as luzes emitidas em avanços ordenados a partir de Deus devem cobrir *simultaneamente* as regiões da totalidade concreta do cosmo — razão pela qual esta, como mostra o desenho do alvo, acabou tendo três camadas e nove estágios, mas com uma borda exterior escurecida e tendencialmente sem espírito.

E isso anuncia o desastre sistêmico. Pois nem com a maior boa vontade essa borda pode ser interpretada como a instância mais baixa dos mundos luminosos e angelicais. Vamos examiná-la mais de perto: no alvo desenhado pelo Cusano, os três anéis exteriores adquirem uma coloração *aquosa e de terra preta*, para caracterizar, mediante a simbologia dos elementos, a parca luminosidade das três regiões negras. Na terceira dessas zonas "terranas" mais exteriores, encontram-se as forças minerais, no segundo círculo, as forças elementares ainda mais difusas e menos estruturadas — com as quais decerto se tem em mente a terra, a água, o ar e o fogo. A respeito do último anel, que traz o numeral "1" e representa a matéria subelementar, o jovial cardeal chega até a dizer que ele retrata o caos amorfo (*figurat ipsum confusum chaos*): uma região na qual as emanações do centro luminoso se atenuaram de tal forma que não conseguem mais fazer nenhum efeito formador sobre a substância. Disso decorre que o Deus de luz (apesar do seu atributo "infinito") possui uma borda escura, que não é mais adentrada ou, melhor dizendo, que não é mais alcançada (porque ele atua a partir do centro) por sua capacidade ordenadora.

Nesse ponto se escancara a contradição do sistema. Se as sentenças teocêntricas de fato significassem o mesmo que as cosmológicas ou se fossem minimamente compatíveis com estas, isso significaria que o nono coro do Areopagita e o primeiro anel do alvo do Cusano, o caos amorfo, seriam equivalentes. Isso, porém, é totalmente absurdo, pois seria o mesmo que declarar o caos como teofania e afirmar que o quase nada, o lodo, o pó úmido, conhece Deus a seu modo. (*Nota bene*: ser luz significa compreender Deus em determinado estágio.) Sob as premissas reconhecidas pelo Cusano, tal enunciado é totalmente impensável. Pois Nicolau enfatiza reiteradamente que só a alma inteligente do ser humano poderia consumar, no ascenso, o progresso (*progressio*) do amorfo para o diferenciado (*de confuso ad discretum*).[59] Porém, nem com a vontade sistêmica mais desesperada se poderia afirmar que o amorfo (*chaos confusum*) é uma inteligência, mais exatamente, que ele seria o nono estágio mais distante das inteligências emanadas de Deus.

Tendo em vista a periferia do sistema esférico do Cusano, mostra-se com nitidez devastadora como as duas construções esféricas incompatíveis, a teoperiférica e a teocêntrica, são juntadas à força — o que resulta no surgimento de um potente resto perturbador, que convence o analista da falibilidade insuperável da construção. Compreender imanentemente a tese de que o nono e mais distante anel de inteligências angelicais em torno do centro divino ainda poderia dispor da seleta capacidade de obter verdades válidas a respeito de Deus com os meios do entendimento observador e dedutivo pode ser esperado de todo não platônico e não crente em anjos mais ou menos curioso que estuda o modelo da emanação. Mas que na periferia da esfera divina apareça ao mesmo tempo — como se ela fosse absolutamente idêntica à esfera física do cosmo — um caos amorfo, de certo modo como antessala do inferno da escassez de luz e do abandono de formas: isso é o caso mais denso possível de transição para outro gênero, condicionado por um tremendo salto da teosfericidade para a cosmosfericidade. O problema que Plotino só conseguiu driblar com enigmas teomatemáticos e os árabes só puderam contornar com assegurações ortodoxas também não é solucionado pelo maior pensador da Baixa Idade Média. A solução teria consistido na noção de que se deve deixar de lado o impossível e trilhar novos caminhos do pensamento.

A periferia escura caótica no alvo cósmico do Cusano atesta a continuidade da existência do projeto físico não absorvível em meio aos mais magnânimos ajeitamentos idealistas. O que no modelo cosmológico era o centro escuro, o espaço sublunar e seu núcleo infernal

59. N. von Kues, *De ludo globi liber primus*, op. cit., p. 337.

sem luz, aparece, no modelo do centro luminoso, deslocado para a periferia, mesmo que não seja diretamente onerado com significados infernológicos.

Por essa via, pretende-se forçar aquilo que é tão inadmissível quanto impossível: uma "margem" do mundo que permanece inteiramente sob o controle do centro. A periferia da esfera luminosa, declarada como caos, aparece, então, por contingências sistêmicas incontornáveis, como o ponto fraco, perdido, distante de Deus; a margem extrema quase se converte em um nada e uma terra estrangeira ontológica, onde não vigoram mais os passaportes da luz. Aqui a luz passa a ser não luz; indo além desse limiar, Deus se arruína efluindo para o seu totalmente outro; ele se rebaixa a tal ponto para dentro do caótico que não consegue mais retornar de lá para dentro de sua plenitude.

O fato de uma quebra de sistema de força tão elementar ter podido se escancarar — ou melhor, ter podido *ser omitida* para que não ficasse escancarada — em meio às mais sutis reflexões do maior dos pensadores do seu tempo prova o que talvez, de todo modo, fosse esperado: até as tentativas mais espirituosas do autismo integral, que entra em cena como teologia, ou seja, as de tornar o mundo imanente a Deus, estão fadadas a produzir pontos fracos sintomáticos. Elas denunciam a impossibilidade sistemicamente condicionada de incluir a esfera mundo concentricamente na esfera Deus. Analogia do ser para cá ou para lá: o *maximus mundus* não pode conter o *magnus mundus* sem contradição. Como vimos, no reino de luz neoplatônico, o mundo físico real acaba numa situação tão marginal que não dá mais para falar seriamente que o mundo pode estar contido em Deus. Em virtude da sua sombria marginalidade, o mundo se torna impenetrável até para o Deus central.

Nem a passagem para uma perspectiva filosófico-natural consegue melhorar a situação do modelo de Nicolau. Em estudos sobre a história das ideias referentes à revolução na imagem de mundo da Era Moderna, costuma-se ressaltar o Cusano em tom laudatório como precursor da ideia de um universo que, se não é infinito, pelo menos é isento de limites, sem ponderar que, dessa forma, apenas se celebra outra impossibilidade; pois, dado que, na imagem de mundo teológico-natural, o deus é representado como entronizado "acima de todas as coisas", louva-se o grande cardeal nessa questão por ter deslocado o deus para uma distância inconcebível do mundo. Caso alguém tivesse inquirido o filósofo a respeito desse risco blasfemo, ele, sem dúvida, teria retornado às pressas para o seu modelo neoplatônico básico — mas tão somente para confirmar o resultado que abordamos: ele teria retornado a um mundo que, em razão de sua excessiva marginalidade, seria irrecuperável para o próprio Deus central. Por isso, o *œuvre* de Nicolau de Cusa termina em uma ambiguidade monumental: o centrismo conservador mantém o infinitismo revolucionário em xeque — como se uma explosão tivesse congelado no instante da detonação. Essa constatação talvez permita compreender por que as repercussões do Cusano na posteridade permaneceram, quase sem exceção, indiretas.[60] O mais potente pensador de sua era foi obrigado a consumir suas energias numa situação teoricamente sem qualquer perspectiva.

Do mesmo modo que, em todo monismo, necessariamente há espíritos dissidentes que fazem sentir os limites do espaço de unidade, também existe, no mundo único da metafísica da luz, um resto opaco — que, no entanto, é do tamanho de quase todo o universo físico —, que não se pode resgatar interpretativamente como um modo da luz que se encontra em regiões mais distantes do centro. Não se pode regular a relação entre Deus e mundo através da relação quantitativa entre o maior e o grande, da mesma forma que não se pode regulá-la através do enquadramento da substância cósmica na periferia divina. Assim que, nesse sublime sistema de emanações, o mundo é visualizado como corpo expandido, pesado e denso, adianta-se um *residuum* não integrável, um exterior nulo, atravancador, que segue leis próprias ou, mais exatamente, que não segue leis apropriadas, que desmente a imanência de todas as coisas na esfera luminosa.

Portanto, é inquestionável que existe no *mundus catholicus* [mundo universal] matéria perdida, exatamente do mesmo modo que, na periferia

60. S. Meier-Oeser, *Die Präsenz des Vergessenen. Zur Rezeption der Philosophie des Nicolaus Cusanus vom 15. bis zum 18. Jahrhundert* [A presença do esquecido: sobre a recepção da filosofia de Nicolau Cusano do século XV ao século XVIII], Münster, Aschendorff, 1989.

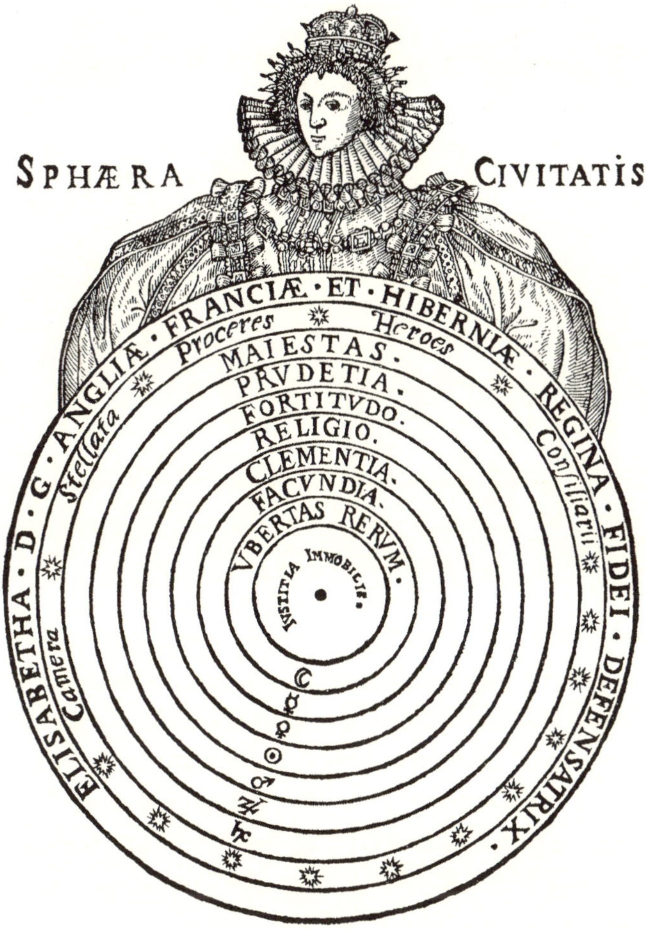

Transposição da cosmologia de camadas pré-copernicana para a teoria política; a Terra fixa, estável, da justiça é rodeada pelas sete camadas planetárias das virtudes majestáticas [opulência, eloquência, clemência, religião, força, prudência, majestade]; em torno destas se estende o firmamento dos ministros, heróis e conselheiros. A rainha [Elizabeth dos ingleses, franceses e irlandeses, defensora da fé] abarca esse céu como Deus abarca o firmamento. Extraído de John Case, *Sphaera civitatis*, 1588.

Omnibus idem. Emblema do século XVII. O mesmo Sol brilha do mesmo jeito sobre a Babilônia e sobre Jerusalém.

do reino dos espíritos, existe um sem-número de almas perdidas, que se revolvem na *massa perditionis* [massa da perdição]. Tudo o que se perde é afastado da esfera boa. E como não poderia deixar de ser: no jogo visando ao centro divino, já é descartada uma grande quantidade de perdedores *a posteriori* (que tiveram uma chance) e uma quantidade ainda maior de perdedores *a priori* (que não tiveram uma chance). Dessa maneira, a pretensão evangélica do jogo, de ser um jogo para todos, dissolve-se em uma pretensão particular e beligerante.

Portanto, também o catolicismo filosófico nunca conseguiu produzir mais do que um sistema de exclusividade inclusiva — ou seja, o usual em termos de cultura. Por essa razão, ele se limita a ser apenas uma forma regional, uma cultura no sentido antropológico, uma ordem simbólica, que para alguns significa o uno e o todo, mas para incontáveis representa uma parede, atrás da qual se desenrola um drama hermético e provincial — que, dependendo do ponto de observação, pode ser considerado uma tragédia ou uma comédia. Se uma forma católica, como forma das formas, realmente quisesse, "em conformidade com o todo", *katà hólon*, conter todo o existente e englobar os mundos particulares em sua inesgotável diversidade, ela deveria ter, como primeira medida, renunciado ao modo centrado de ser que lhe é próprio.

Roseta da catedral de Troyes, século XIII. Foto de John Gay.

Para ser como quer ser considerada, uma totalidade de totalidades de fato deveria apagar a si mesma e se perder nas culturas dos outros — mais ou menos da maneira como os jesuítas na China tinham se transformado em mandarins e os primeiros mensageiros do cristianismo em solo indiano atuaram como *sadhus* ascéticos e brâmanes cultos. Nem mesmo após quinhentos anos de experimentos com a globalização da forma (política e epistêmica) do mundo e da geração de formas de vida (culturais e éticas) pós-monoteístas ficou evidente como se poderia efetuar em grande estilo essa perda voluntária de si mesmo e se ela deveria mesmo se efetuar. A decisão do Vaticano, no ano de 1742, de proibir aos missionários a assimilação aos ritos chineses e indianos mostra com muita clareza como o universalismo europeu, ao enfrentar sua primeira grande prova, preferiu o amor por si mesmo ao amor pelos outros.[61] Porém, é duvidoso se a passagem do catolicismo europeu antigo para o pensamento neo-humanista dos direitos humanos poderia fazer jus ao impulso holístico do *hèn kaì pân*, mesmo que quisesse.

Mas como se poderia imaginar uma "cultura sem centro"? E de que maneira deveria ser concebido o Uno, que dá o que pensar como múltiplo, para que não caia sob o monopólio de um único sistema? Tudo indica que a primeira catolicidade do complexo colonialista-eclesial da Europa antiga há muito já passou para a segunda catolicidade do mercado mundial de capitais e informações. Compreender esse segundo universalismo *in actu* é o sentido da filosofia diagnosticadora da época: seu ponto de fuga é uma ontologia do mundo monetariamente liquefeito. O significado dessa mudança de estrutura da ecumene em termos esferológicos será indicado no capítulo que conclui este volume. Nele investigaremos a história e o status da última esfera, mediante algumas indicações para a reconstrução filosófica da globalização terrestre.

61. Em julho de 1742, Bento XIV proibiu — ao final de um processo centenário contra os assim chamados "ritos chineses" —, mediante a bula *Ex quo singulari*, aos missionários na Índia e na China, especialmente aos jesuítas, a assimilação às civilizações dos países hospedeiros. João Paulo II foi o primeiro a expressar, em fevereiro de 1981, durante uma recepção para sacerdotes chineses durante sua viagem às Filipinas, seu pesar a respeito dessa decisão equivocada em termos de política missionária.

Digressão 5

Sobre o sentido da sentença não dita "A esfera está morta"

O que mais causa admiração na parábola do louco de Nietzsche, que proclama a morte de Deus, é seu anacronismo constrangedor: quem teria julgado possível, sem a comprovação pelo próprio incidente, que no limiar do século XX um pensador voltaria a produzir uma cena histérica a propósito das hipóteses de Bruno e Copérnico? Nada menos que 350 anos antes de *A gaia ciência* havia sido publicada a obra póstuma de Copérnico sobre as translações dos corpos celestes (1543), e trezentos anos tinham se passado desde que haviam sido expostos os primeiros ataques dos filósofos da natureza e dos astrônomos à venerável concepção da esfera das estrelas fixas e do céu de cristal como camadas extremas do céu.[1] Poder-se-ia estar tentado a assumir que, na época de Nietzsche, o pensamento cosmológico havia muito já passara a integrar a ordem do dia e que a grande reforma "do cosmo fechado para o universo infinito" já não abalaria mais ninguém no nível pessoal.

De fato, o século XIX, de modo geral, já não espera mais muita coisa do céu físico; sua extensão infinita é aceita tanto pelas pessoas cultas quanto pelas leigas como um fato dado entre outros; há muito a memória da época das camadas evanesceu, o geocentrismo se reduziu a uma fábula remota, as doutrinas milenares das esferas só são mais

1. A liquidação da última camada foi mais uma vez exposta recentemente em detalhes por J.-M. Lerner, *Le Monde des sphères*, op. cit., v. II: *La Fin du cosmos classique* [O fim do cosmo clássico], capítulo VI: "La Sphère des fixes abolie" [A esfera das estrelas fixas abolida], p. 137-189.

preservadas como curiosidades da história das imagens de mundo, como testemunhos da ofuscabilidade humana e como advertências contra a política católica da ignorância. O rompimento entre religião e física se tornou oficialmente insuperável, e as Igrejas, humilhadas, deixaram de cobiçar o papel de ministério docente de filosofia da natureza. No que se refere a olhares voltados para o céu e para o horizonte temporal, o mundo esclarecido vive em um infinitismo sem lágrimas, preenchido pela crença na convergência intoldável de futuro e melhoramento. O amanhã pertence aos telescópios mais potentes e às realizações sociais mais elevadas; portanto, queixar-se de quê?

Em meio a essas rotinas otimistas bem ensaiadas, que parecem atestar uma maturidade cosmológica, irrompe o louco de *A gaia ciência* e produz uma cena gótica inesperada para seus contemporâneos. Nietzsche puxou a figura do homem do barril, do arquicínico Diógenes de Sinope, para fora do seu abrigo sarcástico, para fazê-lo andar, novamente munido de sua lanterna, pela moderna praça do mercado — dessa vez, em busca de algo diferente de seres humanos. Do Sócrates enlouquecido dos antigos se originou, mediante uma metamorfose que contou com a contribuição do platonismo e do cristianismo, um monge medicante exaltado, um tipo incomum de pregador de penitência, um acusador com a intenção de lançar seus ouvintes em uma reflexividade frenética, culpada. Sem dúvida, trata-se de um desvairado, que arde em sobre-excitações solitárias e que, como todos os dementes autênticos, quer impelir todos os que não foram atingidos a participar de sua loucura. O que tem maior probabilidade de deixar as pessoas alucinadas senão acusá-las de ter feito algo de que não conseguem se lembrar nem com a maior boa vontade? O louco sabe onde atacar: com a clarividência de um alucinado autêntico, ele se lança ao seu mandato de acusar os pacatos circunstantes de um crime incomensurável. "'Para onde foi Deus?', exclamou, 'vou lhes dizer! Nós o matamos, vocês e eu! Somos nós os seus assassinos! [...] Como havemos de nos consolar, nós, os maiores assassinos de todos?'" [§ 125]. A *insanity* dessa intervenção fica clara sob dois aspectos: de um lado, não é possível compreender sem mais nem menos como os humanos viriam subitamente a explicar a invisibilidade de Deus não por sua abscondidade natural, mas como uma ausência causada por um ataque homicida; de outro, menos ainda se entende como os supostos assassinos não são acusados como se fossem culpados, mas deplorados como necessitados de consolo. A cena confusa pode ser explicada se for confrontada com uma suposição de sentido no espírito da psiquiatria compreensiva: talvez na mensagem do louco esteja oculto um núcleo de sentido que se torna visível assim que ela é concebida como uma contração de diferentes dramas mentais. Talvez um amálgama de duas cenas, a primeira das quais encenada no Gólgota e a segunda em Frauenberg, na Prússia Oriental, tendo Cristo como vítima no primeiro caso, Copérnico como réu no segundo.

Portanto, quando emite sua exclamação "Deus está morto", o louco não só deveria estar, como seria de esperar, imaginariamente ao pé da cruz do Gólgota, mas ser ao mesmo tempo um contemporâneo da revolução de Copérnico e Bruno, e falaria não tanto do Filho de Deus que entregou o espírito na cruz quanto do Deus-forma do Ocidente, da sagrada esfera mais externa, da abóbada celeste, que se desfizera em nada em decorrência da grande virada cosmológica do século XVI — podendo-se considerar as reservas esfero-conservadoras do cônego Copérnico como circunstâncias atenuantes, tanto quanto as ressalvas de Kepler contra a ideia de um universo infinito. De acordo com isso, o louco se moveu em um cenário interno, convencido de que este também marcou época na consciência de todas as outras pessoas; ele teria sido testemunha de um assassinato de Deus e vivenciado uma Sexta-Feira Santa cosmológica, à qual, diferentemente daquela do Evangelho, não mais se seguiria nenhuma reviravolta pascal: "Deus está morto! Deus continua morto!"

Não se coaduna com essa leitura a expressão de que "o que o mundo possuía de mais sagrado e de mais poderoso até hoje" sangrou sob os nossos *punhais*: nessa formulação, os assassinos de Deus não aparecem como uma coalizão de judeus e romanos que crucificam Cristo, mas como conspiradores, sob cujas punhaladas o César divino perde a vida. Porém tanto faz se a primeira cena tem lugar nos idos de março ou na Sexta-Feira Santa: é daí que se deriva o motivo do crime inconsciente ou não compreendido pelo criminoso: do mesmo modo que os assassinos de César, convictos de salvarem a República de um ditador, não sabiam o que estavam fazendo, tampouco os atores do Gólgota tinham consciência do enredo em que figuraram como coadjuvantes.

Mas o louco não tinha perdido de vista o paradigma evangélico em seus delírios, o que fica evidente na sequência de sua tese patética de que esse crime marcaria época e que cada um que nascer depois de nós fará parte de uma história "mais elevada" por causa desse crime — se não foi já *post Christum crucifixum* [após a crucificação de Cristo], foi de fato *post sphaeram occisam* [após o assassinato da esfera]. Seja como for, trata-se, no caso dessa encenação, de uma sombria paródia da Sexta-Feira Santa, pois a proclamação do louco não tem a intenção de preparar a verdade do domingo seguinte. Pois esse profeta não é louco por falar da morte de Deus, mas por *não* falar de sua ressurreição; ele é demente porque se entrega à crença de que pode fazer parar os êxitos de recepção da Boa-Nova com a sua Má Nova.

"Deus está morto" — essa frase não contém nada de novo para cristãos, quando se pondera que meditaram sobre ela desde sempre em suas depressões de Sábado Santo; contudo, a frase seguinte, "Deus continua morto", anuncia um novo rigor antipascal, a respeito do qual não se sabe como poderia ser integrado na vida dos ouvintes. O homem com a lanterna é um alucinado porque quer impingir aos seus semelhantes um problema, sem que estes saibam como proceder para assumi-lo como problema. Por sorte, eles ainda não veem o que o louco está vendo, e, enquanto não o fizerem, a questão já está essencialmente resolvida no que tange a eles próprios. Portanto, em razão de sua excentricidade, o louco não está sob efeito de alguma perturbação; o que o move é a lucidez insuportável de quem perdeu a capacidade de participar das autoilusões denominadas saudáveis dos demais. Ele ficou alucinado pelo excesso de acuidade visual; não consegue mais mentir para manter a si e o mundo em ordem. Ele enxerga com olhos demasiadamente bons o que a nova situação tem de especial: quando os novos cosmólogos, após Copérnico e Bruno, puseram abaixo as camadas planetárias e o firmamento, tornaram a Terra excêntrica e a relegaram a uma falta de sustentação cósmica, para a qual nenhum habitante dela estava preparado.

De todo modo, é preciso ser filósofo ou teólogo para vivenciar a catástrofe da imagem de mundo como derrocada do próprio sistema imune mental. O que está fora de dúvida é que os humanos, em conformidade com o seu design evolutivo, não foram criados para esse tipo de conhecimento que provoca resfriados: mas a maioria tampouco se resfria em virtude desse conhecimento novo, porque, seja como for, pensa e sente em formatos menores, regionais e caseiros de imunidade, inclusive nas assim chamadas altas civilizações. A resposta à pergunta sobre se existe ou não um firmamento não decide mais muita coisa para a maioria; para esta não existe nenhuma "doença da morte", cosmologicamente condicionada. Somente aos poucos que usam o formato metafísico para a própria forma imune — os que creem nos livros, os espirituosos, os sobre-excitados — apresenta-se, após a supressão do envoltório cósmico, também, de forma existencial, a pergunta sobre se conseguem se transformar em seres que conseguem conviver com a nova verdade.

O louco é o indivíduo em perigo, cosmologicamente desperto na Era Moderna, o primeiro que não consegue mais nutrir ilusões sobre a situação da Terra. Em suas sobre-excitações, ele vivencia o trauma de nascimento do planeta enjeitado como se fosse o seu; ele sente a Terra caindo para fora dos envoltórios imaginários que a tinham abrigado durante milênios de gestação no interior da totalidade divina; ele atesta seu cambalear que o faz cair "para diante, para trás, para os lados, em todas as direções", como se o vivenciasse em seu corpo; ele sente pessoalmente o frio do estar lá fora, junto com a "noite sem fim", com o vazio que consome e com sensação de deserto e demência desesperada. Ele não é, numa palavra, senão o sintoma histérico da moderna humanidade culta desabrigada, descascada, despida. Põe à prova a unidade de esclarecimento e pânico: vivencia o desabrigamento como existência nua e crua, como existência exposta sem eira, nem beira, nem envoltório.

O momento anacrônico na atuação do louco se explica, entre outras coisas, também pelo fato de que só nos dias de Nietzsche havia findado também para as pessoas cultas a era das construções provisórias contra o vazio exterior: o reencantamento do espaço vazio como extensão de Deus na teologia de Newton acabara de fracassar diante do niilismo puro da gravitação; as tentativas da imaginação cósmica moderna de adornar o imensurável com uma multiplicidade variada de mundos foram por fim descartadas como sentimentalismo literário. Parece que só nos dias de Nietzsche todos os antídotos iluministas contra a perdição cósmica foram experimentados e rejeitados como ineficazes. A partir daí, a baixa imunidade ontológica dos sujeitos modernos precisa ser enfrentada com novos métodos.

Assim, quando posta em seu verdadeiro contexto, a grave palavra da morte de Deus significa algo bem diferente daquilo que as leituras vulgares de todas as partes interessadas estão acostumadas a colocar dentro dela; compreendida em suas próprias condições, trata-se do sentido da perda da periferia cósmica, da derrocada do sistema metafísico de imunidade, que havia dado sustentação ao último formato do imaginário europeu antigo. Ela fala da necessidade, própria de toda a vida futura, de afirmar-se por força de sua autoajuda inventiva contra o fato originário da Era Moderna — a baixa imunidade metafísica adquirida através do esclarecimento. "Deus está morto" quer dizer, na verdade: a esfera está morta, o círculo sustentador estourou, a magia imune da ontoteologia clássica se tornou ineficaz, e nossa fé no Deus nas alturas, sem cuja permissão até ontem nenhum cabelo caía da cabeça de um mortal, se tornou inócua, irrelevante, irremediável: pois a altura está vazia, a borda já não mantém o mundo coeso, o quadro pintado caiu fora da moldura divina. E com o quadro também os humanos necessariamente deslizarão para fora da guarnição de sua fé e, dali por diante, só existirão mais como se estivessem em queda livre. O encantamento pessoal da geometria foi liquidado pelo atentado científico ao círculo de abrigamento. Os humanos só são mais imanentes para o exterior: será preciso conviver com essa complicação.

Porém, como o exterior pode garantir a forma da imanência ou a permanência no interior? A espirituosa solução intermediária do século XVII, de divinizar o próprio espaço infinito e espacializar o Deus infinito — um caminho trilhado por pensadores como Henry More e Malebranche —, até retardou a irrupção da crise ateísta, mas não a deteve.[2] No espaço desencantado, os indivíduos podem perecer em razão

2. Sobre More e Malebranche, cf. A. Koyré, *Von der geschlossenen Welt zum unendlichen Universum*, op. cit., p. 119-120 e 144-145.

dos resfriados mais triviais, das enfermidades mais cotidianas, se não lograrem encontrar abrigo em uma segunda imunidade, que teria de ser mobilizada a partir de potenciais próprios sem suporte na moldura transcendente. Se a religião antiga foi o amuleto natural da primeira saúde, uma saúde pós-copernicana precisará servir-se de amuletos superiores e artes mais complexas de imunidade.

Desse modo, vem à tona uma razão objetiva para as não contemporaneidades na gestão das mentalidades das sociedades modernas: enquanto alguns ainda conseguem crer, como que por um milagre de retardamento, em um ser ordenador objetivo, outros já começaram a entender que estão fadados a construir a ordem por si mesmos. Os teólogos saem, os designers entram. Entre os dois vigora a lei dos mal-entendidos que inevitavelmente divide os que devem resolver o mesmo problema (que justamente não é o mesmo) com métodos demasiado díspares. Por isso, a atuação do louco já atesta com bastante ênfase o escancaramento do conflito de mentalidades: "'Chego cedo demais', disse ele então, 'o meu tempo ainda não chegou.'" Pois, enquanto os poucos que hoje padecem das enfermidades do amanhã já puseram na ordem do dia a invenção de uma segunda saúde, a maioria ainda vive a esmo como se nada tivesse acontecido, na primeira robustez e com vago mau humor, muitas vezes com incompreensão raivosa em relação às preocupações daqueles que estão condenados a operar com complexidades mais altas. Do inevitável atrito entre as duas classes de imunidade surge o que deve ser encarado, na perspectiva de um diagnóstico da época, como a tensão básica da Modernidade — a contraposição de ofensivas de desilusionamento e de defesas de ilusões. Economia do esclarecimento: o livre mercado das ofensas e a livre escolha do ilusionista para tratar delas.

A guerra entre os sistemas imunes é a realidade do real na era mundial posterior ao assassinato de Deus: ela é travada como guerra mundial das profundezas entre ingenuidade e não ingenuidade. Quem poderia afirmar que visualiza e controla as frentes dessa batalha? Justamente porque, em muitos lugares, os posicionamentos dos antigos sistemas simbólicos de imunidade mal foram atacados e por isso perduraram, a notícia de uma "suposta" morte de Deus pôde ricochetear neles como uma informação superficial. Quanto ao louco, ele está persuadido de que também para os ingênuos de hoje chegará a hora em que sua imunidade sustentada por ilusões será desfeita: "A luz dos astros precisa de tempo, as ações precisam de tempo, mesmo quando foram efetuadas, para serem vistas e entendidas. Essa ação ainda está mais distante delas do que as mais distantes constelações: *e foram eles, todavia, que a fizeram!*"[3] A maldição do louco é saber, já na época da ação, o que, para a maioria, só em um futuro distante e muito tempo depois se tornará experiência interior: que Deus ou o sistema imune do ser foram destruídos por um crime cometido por todos — um crime cometido por presunção intelectual, uma ação perversa por coerência do pensamento, um crime por curiosidade, mediante o qual uma verdade foi trazida à tona, com a qual os humanos primeiramente e em geral não foram feitos para conviver. Não é para menos que aqui se lembra logo duas vezes da luz de astros distantes, pois o verdadeiro palco do assassinato de Deus não é outro senão a camada mais externa do velho céu etéreo, a esfera das estrelas fixas, que havia sucumbido às punhaladas dos conspiradores Digges, Bruno, Galileu, Descartes e tantos outros. Para todos esses criminosos inteligentes, vale a palavra do Senhor: porque eles não sabem o que fazem, visto que nenhum deles podia ter consciência de que, ao anular o último céu abrigador, cometeu um ato perverso de ordem teológico-imunológica que o louco ainda teria razão de lamentar séculos mais tarde.

Na visão de Nietzsche, o assassinato de Deus se manifesta como uma espécie de catástrofe climática provocada pelo ser humano. O uso automatizado das forças do entendimento humano desencadeou uma era do gelo ateísta, na qual foi preciso formular de maneira nova, desde a base, a questão da sobrevivência humana. Isso só pôde acontecer porque, desde a Renascença, as práticas europeias de conhecimento se emanciparam das condicionantes católicas do modo humano tradicional de ser e quiseram se estabelecer como grandeza de direito próprio.

3. F. Nietzsche, *Die fröhliche Wissenschaft*, § 125, in: *Sämtliche Werke, Kritische Studienausgabe*, op. cit., v. 3, p. 481-482. [Ed. bras.: *A gaia ciência*, op. cit., § 125, p. 116.]

De fato, em suas reflexões erráticas e incisivas em *A gaia ciência*, Nietzsche expressa sem rodeios, apenas poucas linhas antes da parábola do louco, esse segredo de um esclarecimento autolesivo, que desconsidera as necessidades humanas antigas: "O conhecimento querer ser mais do que um meio é algo novo na história."[4] Assim, para Nietzsche, o ser humano seria apenas condição marginal e meio de um processo de verdade abrangente? Se o conhecimento se tornou um fim em si, o ser humano deveria estar disposto a engajar-se como meio para chegar a esse fim superior. Nesse caso, o conhecer estaria acima de necessidades e condições humanas, sem que os humanos tivessem de se queixar de consequências indesejáveis do conhecimento. Quando o ser humano cognoscente se torna meio para algo que leva para além dele, o fato de pôr a si mesmo em perigo mediante a destruição de suas antigas necessidades de imunidade pode lançá-lo em uma crise criativa, da qual ele talvez saia como criatura mais elevada — que está além das ilusões protetoras de sua primeira natureza. Esse grande "quando" transforma toda a vida posterior à morte da esfera em um "experimento do cognoscente". "A vida não é um argumento, pois o erro poderia encontrar-se entre as condições para a vida."[5]

Essa sentença perigosa torna manifesto o que a parábola do louco pretende alcançar em termos de crítica ao conhecimento: a atuação do Sócrates duas vezes alucinado serve para propor ao entorno a pergunta sobre como o ser humano sobrevive depois que suas condições anteriores foram abolidas. Como é existencialmente possível o ser humano que tem de refletir sobre si mesmo mediante a pergunta: como sou possível sistemicamente? O que é a vida após sua autoiluminação pela biologia? E o que será da filosofia quando futuramente ela tiver de atuar como amor ao saber sobre as baixas imunidades superáveis, fatais e ainda indeterminadas?

4. Ibidem, p. 480. [Ibidem, § 123, p. 115.]

5. Ibidem, p. 438. [Ibidem, § 121, p. 113.]

Capítulo 6

Antiesferas
Sondagens do espaço infernal

Per me si va ne la città dolente,
per me si va ne l'etterno dolore,
per me si va tra la perduta gente. [...]
Dinanzi a me non fuor cose create
se non etterne, e io etterno duro.
Lasciate ogne speranza, voi ch'intrate.
[Por mim se vai à cidade das dores;
por mim se vai à ininterrupta dor,
por mim se vai à gente condenada. (...)
Antes de mim havia apenas coisas eternas,
e eu, eterno, perduro:
Abandonai toda esperança, ó vós que entrais!]

Dante Alighieri, "*Inferno*", canto 3[1]

Na metafísica teológica, especialmente na medieval, Deus é o título de uma hiperimunidade, que insiste em que todos os sistemas de segurança meramente feitos e inventados por humanos precisam ser suplantados. Daí o interesse delirante dos teólogos teoricamente engajados pelo que consideram a grandeza imensurável de Deus: eles querem

1. Na trad. de Fábio M. Alberti de Dante Alighieri, *A divina comédia* (São Paulo, Nova Cultural, 2003), p. 17.

a todo custo um Deus em relação ao qual nada maior pode ser pensado — e até maior do que tudo que se possa pensar; Anselmo de Cantuária já conhece essa escalada sutil. Divulgar a participação no bem imune elevado, supremo, mais que supremo, é o sentido de toda propaganda religiosa metafísica. Quando se trata da salvação dos mortais, o maior que se pode pensar e o que é impensavelmente maior do que o maior pensável é de bom tamanho. Por isso, segundo conselho sacerdotal em uníssono, os humanos não devem em nenhuma circunstância se sentir seguros de si mesmos: se adotassem essa postura, perderiam o acesso às estruturas supra-humanas de imunidade, das quais supostamente só nos tornamos participantes no modo da entrega, ou seja, do deixar-se sustentar pelo garante supremo.

Com esse argumento, a teologia eterna fundamenta seu motivo psicagógico: fazer com que os humanos deixem de ser seguros de si para que se assegurem em um nível mais alto com o Deus onipotente. Esse Deus, concebido como envoltório de todos os envoltórios e suporte de todos os suportes, oferece o grau mais elevado de segurança e imunidade; por esse motivo, devem-se abandonar as autoasseguraçōes mentais menores, nas quais a vida humana opera a sua continuidade dia após dia, ano após ano — pressupondo-se que essa suprema asseguração divina deva mesmo ser almejada; porém, onde sacerdotes monoteístas exerciam poder, essa asseguração tinha de ser imposta por tudo o que há de mais sagrado, mesmo que fosse pela única razão de que esse sacerdócio, onde se entendeu corretamente, só pôde mesmo se legitimar como agência de imunização suprema através de um *deus semper maior* escalado ao infinito. (De resto, curandeiros regionais teriam podido cumprir da mesma forma e até melhor as tarefas locais de imunidade.)

Com a apregoação de Deus como a fonte pura e simplesmente suprema da proteção asseguradora das almas tem início uma dialética que causa, em termos potenciais e reais, paradoxos devastadores de imunidade. Pois, para conseguir afirmar Deus como o supremo assegurador, a teologia precisa primeiro torná-lo inquietante por meio de sublimações excessivas: para que possa ser exaltado como o absolutamente confiável, ele precisa primeiro ser confrontado com o mundo humano na condição de totalmente outro indisponível; para canalizar rios de entrega a ele em total confiança, é preciso descrevê-lo como catarata, pela qual somos arrastados sem saber para onde. Para celebrá-lo como o patrono intocável da semelhança fiel entre a alma e ele próprio, é preciso afirmar a respeito dele uma "diferença maior ainda"[2]; para louvá-lo como o simplesmente amável, é preciso torná-lo temível como o juiz escatológico transcendente. Desse modo, a forma geral desses paradoxos pode ser descrita como uma baixa de imunidade para acarretar a imunização máxima. A vacinação com o temível e o totalmente outro visa pôr o próprio em segurança de maneira definitiva. Enquanto sonho de uma fraqueza pura, o masoquismo primário se realiza no sublime: na expectativa de obrigar a parte mais forte à condescendência protetora mediante submissão.

Pode-se afirmar que foram as tensões provocadas por esses paradoxos que conferiram dinâmica própria à história da religião do Oriente Próximo e da Europa na era dos monoteísmos florescentes. Neles se mostra o preço enorme cobrado pelos sistemas metafisicados de asseguração das almas do tipo eclesial. O que hoje é discutido como fundamentalismo ainda é a manifestação tão inconfundível quanto inevitável daquele paradoxo basal de imunidade que adere às religiões monoteístas: o de buscar a segurança extrema no que abala e a fundamentação última no abismo. Todo Deus supremo é assustador, e o admiramos enquanto ele, "sereno, desdenha de nos destruir".

Onde imunidade e salvação são exigidas no absoluto, irrompem com obrigatoriedade sistêmica riscos abismais de desgraça que eram desconhecidos antes da busca por segurança última e imunidade suprema. As exigências feitas à asseguração inflacionam o terror. Pois um Deus que se pretende capaz de pagar o prêmio maior do seguro chamado "bem-aventurança eterna" tem de ser dotado de plenos poderes para derrubar todas as seguranças humanas a fim de substituí-las pelas apólices do absoluto. Os mesmos plenos poderes de Deus necessariamente chegam ao ponto de pagar prêmios eternos negativos: sobre estes fala a Idade Média em suas expressões de medo do inferno e em suas visões de um mundo inferior no qual os mal assegurados penam

2. Sobre essa fórmula que remonta a um dogma do IV Concílio de Latrão, cf. o Capítulo 4: "A prova ontológica da esfera", nota 10, p. 336 s.

Esqueleto predicante na catedral de Múrcia, século XVI.

em consequência de não contarem com o Deus amoroso e temível da hiperimunidade.

Portanto, quem quiser saber, mesmo que seja só por interesse histórico, o que era esse Deus dos teólogos não deve deixar de fazer uma visita ao inferno cristão. Pois o inferno é a segunda cara do Deus do amor e da adoração apreciado pelos teólogos, o reverso necessário da teologia da *communio* — motivo pelo qual Dante estava certo, por mais obsceno que isso possa soar, em fazer o portal do seu inferno dizer que tinha sido erigido pelo Primeiro Amor. Como vimos, a excomunhão da filosofia e de sua cidade redonda levava, no pior dos casos, a que os ateístas fossem eliminados insepultos na terra de ninguém[3]; a seguir, observaremos

3. Cf. acima p. 345 s.

como a excomunhão do Deus de amor levará a uma extinção mediante internação. Portanto, o inferno cristão é isto: o campo de extermínio para dissidentes do Primeiro Amor.

O círculo que proporcionou à geometria ingênua da imunidade a mais plausível de todas as formas de envoltório pode se tornar simultaneamente o motivo formal de uma devastadora desasseguração e de uma perda fatal da imunidade: essa é a descoberta de que se fala na ciência cristã do espaço infernal. Voltando a ler seu manifesto, os cantos do "Inferno" de Dante, agora de um ponto de vista pós-psicanalítico e esferológico, o que chama a atenção é que estamos diante de uma fenomenologia psiquiátrica na forma de uma teoria da tortura depressiva da angústia e do círculo vicioso existencial. Concomitantemente à esquematização da estrutura dos infernos, Dante forneceu o modelo para toda investigação do abrigamento no errôneo — pois os habitantes do seu inferno estão, Deus bem o sabe, eficazmente rodeados, mas de modo nenhum por envoltórios tonificantes nem por círculos bons. Mediante análises holísticas de uma ironia imensurável, sua ciência do inferno demonstra que, além das esferas do êxito, também existe uma redondez da ausência de perspectiva que retorna a si mesma.

Já à primeira vista, o afresco infernal do poeta permite divisar uma crueldade duplicada: ele não só põe a descoberto, em escala épica, um submundo de sofrimentos humanos perenizados; ele também integra essa enciclopédia negra nas formas circulares, das quais se depreende uma indicação, impossível de ignorar, à instituição divina da totalidade do sofrimento. Desse modo, o infernal adquire uma nitidez tanto maior, pois quando os ocupantes dos anéis inferiores suportam suas torturas pelos meios de suplício do barro, do sangue, do fogo e do gelo, eles são adicionalmente condenados a perceber, a todo instante, o caráter afirmativo de seus tormentos. Se não fosse assim, como poderiam esses tormentos se mostrar autorizados pela forma do círculo? De maneira absolutamente escarnecedora, cada recanto do inferno se arredonda em torno de seus prisioneiros; para maior glória de Deus, todo assistente do diabo martiriza seus clientes no lugar designado com escrupulosa exatidão. Tem-se a impressão de que o inferno de Dante venera o Deus da forma por meio de sua disposição concêntrica de acampamento; em sua estrutura de nove níveis, distingue-se a hierarquia pseudoareopagítica dos coros angelicais.[4]

O submundo de Dante é projetado em forma afunilada, como a de um megafone, de dentro do qual retumba um furacão de gemidos, elevando-se do centro da terra até a extremidade superior mais larga. Sua forma mantém o equilíbrio entre a mais límpida ordem e o horror extremo. Quem quiser saber a que ponto chegam as consequências do fato de Agostinho — um dos patriarcas da infernologia cristã — ter defendido a bondade e a boa índole de tudo o que foi criado — *omne ens est bonum* [todo ente é bom] — só precisa visitar esse que é o além mais elaborado de toda a cultura visionária europeia, esse inferno pensado até as últimas consequências, que, a exemplo da filosofia, se situa totalmente no círculo: se fosse possível à forma dissociar-se por completo do conteúdo, o inferno de Dante constituiria, mais ainda do que o paraíso, o triunfo do formalismo divino. Se tudo o que existe tivesse de fato a luz de sua luz, seria possível depreender também da enéada dos círculos do submundo um programa teomorfologicamente primoroso; o inferno seria o calabouço mais bem-arrumado e até a cidade mais perfeita que os humanos jamais puderam habitar. Os melhores designers teriam estado ocupados em projetar ideias eternas negativas; a obra acabada poderia portar o predicado de qualidade *made in heaven* [feito no céu]: mas é impossível que os pavorosos conteúdos do inferno sejam intenções diretas de Deus, de modo que, para as cenas de tormento eterno, fez-se necessária uma derivação de causas colaterais não divinas.

Acima do portal do inferno consta o enunciado:

> *FECEMI LA DIVINA PODESTATE,*
> *LA SOMMA SAPIENZA E 'L PRIMO AMORE*
> [FUI FEITO POR PODERES DIVINAIS,
> SUMA SAPIÊNCIA E PRIMEIRO AMOR]

4. Com a diferença de que a enéada neoplatônica consiste em três vezes três níveis, enquanto o inferno medieval é composto dos cinco anéis do inferno exterior e dos quatro anéis do inferno interior.

— uma expressão que revela a cumplicidade de confiança em Deus e cinismo, e talvez tenha inspirado posteriores promotores de campos a fixar inscrições análogas em seus portões. Essa inscrição escancara o que custou à fração católica da humanidade impor seu conceito de Deus como o imunizador absoluto. Para poder contratar apólices de fé ao estilo romano, o segurador divino teve de ser posto como sumamente formidável: quem quisesse prometer o céu teria de ser capaz de ameaçar com o inferno. E, porque devia se tratar de um inferno da mercê de Deus, foi necessário imprimir nele o selo formal do seu autor, o círculo.

No entanto, também nesse caso, como em toda a ontologia catolizada, a aparência homogênea, concêntrica arredondada, não seria enganadora? A esfericidade das regiões mais baixas do ser pode mesmo ter a mesma dignidade morfológica que a dos distritos próximos de Deus? Seria possível que o círculo infernal seja substancialmente igual àquele em que os anjos e os redimidos louvam em eternos êxtases corais o centro superbom? Devemos também aqui, ainda sob a impressão das sugestões platônicas, deduzir o *optimum* objetivo da forma cíclica, o ente bem-acabado do fenômeno redondo? Não há dúvida de que o próprio Dante teria dado respostas afirmativas a essas perguntas, porque sua construção do inferno se orienta por concepções escolásticas de ordem, sendo dedicada e povoada em consonância com a ortodoxia teomorfológica. Isso não impede que o texto manifesto, passando ao largo da leitura feita pelo próprio autor, desencadeie noções que se situam fora do raio de ação das doutrinas ortodoxas. Quando se trata de desdobrar a estrutura do inferno, a poesia sabe mais do que o poeta e seus informantes escolásticos. A globalização do sofrimento no inferno obedece, como ainda se mostrará, a uma lei própria, que apenas aparentemente é idêntica à circularidade divina.

A supremacia penetrante das formas circulares que chegam até o fundo do inferno patenteia um sentido morfológico secundário, cujo exame deixa claro que Deus não conseguiu afirmar seu monopólio sobre a forma circular sem questionamentos. Ele não logrou reservar para si o círculo como seu selo formal inalienável; a rotundidade não é sua assinatura à prova de falsificação entre todas as suas criações bem-sucedidas. A obra de Dante mostra, diferentemente, que a região diabólica

Dante Alighieri, *A divina comédia*, "Inferno", canto 14:

> *Ed egli a me: "Tu sai che 'l loco è tondo;*
> *e tutto che tu sie venuto molto,*
> *pur a sinistra, giù calando al fondo,*
> *non se' ancor per tutto il cerchio vòlto [...]".*
> [E ele: "Sabes que este lugar tem forma circular;
> assim, embora já tenhamos percorrido parte extensa,
> baixando à esquerda,
> ainda não o cruzamos por inteiro."]

possui circularidade, reflexividade e coesão *sui generis*. É possível que venhamos a encontrar aqui, uma vez mais e sob um aspecto modificado, aquela duplicação das esferas, que anteriormente foi aclarada como a dualidade irredutível de esfera cósmica e esfera divina.[5] Enquanto na imagem de mundo geocêntrica Deus necessariamente é representado em cima e do lado de fora, como borda resplandecente e elevação superclara, no esquema teocêntrico Deus tem de ser pensado como protuberância luminosa, que se propaga a partir do centro supraespacial, transbordando eternamente e tomando conta de tudo à sua volta, ao passo que o mundo como o conhecemos é deslocado para a periferia mais escura.

5. Cf. o Capítulo 5: "*Deus sive sphaera* ou O universo-uno explodindo", p. 406-504.

Porém, assim como Deus, em sua esfera eufórica, só emana luz e êxito em coros e ondas que desembocam nas regiões marginais do existente de fraca estruturação, também na outra esfera, na esfera cósmica, o ponto do existente mais distanciado de Deus, o centro do inferno no núcleo da terra, pode traçar em torno de si anéis voluntariosos do fracasso.

Trata-se de um submundo organizado de modo peculiar, constituído de malogros extremos que fluem interminavelmente de volta para si mesmos, pelo qual Dante é conduzido por seu guia, Virgílio — e mesmo que o poeta não deixe dúvidas a respeito de que, a seu ver, as estruturas circulares comuns a *inferno*, *purgatorio* e *paradiso* remetem à fundação a partir de cima de uma ordem unitária do início ao fim, que se dá a conhecer pelo esquema numérico nove-sete-nove, ainda assim a circularidade dos espaços infernais possui, quando analisada mais detidamente, um princípio diferente e sobretudo um centro diferente do das formações esféricas em torno de Deus. A convicção de que os mundos circulares celestiais e infernais pertencem à mesma *ordo* é um preconceito piedoso com que o poeta se muniu às pressas para sua terrível viagem, mais do que um conhecimento assegurado, a ser pensado com tranquilidade. É o mesmo preconceito com que se pretendeu dar suporte à era da segurança cristã proporcionada pelos dogmas e o mesmo que permitiu que os pensadores medievais desviassem o olhar da congruência impossível de esfera divina e esfera cósmica. Se, na verdade e na realidade, Deus fosse como o exige seu conceito onipotente-onibondoso, sua obra-prima, o mundo, deveria ser representada por seus exegetas bem mais redonda e bem-acabada do que jamais poderá ser experimentada pelos mortais comuns. É só no prospecto teológico que a criação faz uma figura sugestivamente brilhante.

Para nenhum setor do universo isso se aplica tanto quanto ao inferno, que representa, em termos ontológicos, o valor limítrofe extremo da mundanidade. Só quem percebe o inferno sob a impressão de fortíssimas idealizações é capaz de visitá-lo, no estilo dantesco, como uma periferia problemática da totalidade universal bem arredondada. Logo os espíritos humanos só atravessam o acampamento infernal sem sofrer danos, depois de terem se armado com uma intrepidez metafisicamente

Dante Alighieri, *A divina comédia*, "Inferno", canto 19:

Io stava come il frate che confessa
lo perfido assessin, che, poi ch'è fitto,
richiama lui, per che la morte cessa.
[Sentia-me qual o monge que, havendo confessado
o assassino já metido na cova, ouve que este
ainda outra vez o chama para retardar a morte.]

consagrada, ou seja, com um otimismo morfológico. Pelo fato de não haver nada mais contagioso do que a proximidade da grande miséria, tanto temporal quanto eterna, os visitantes do inferno têm de se imunizar por meio da convicção de que até nesse local tudo é feito de forma correta. O que seria Deus se não distribuísse a cada qual o que lhe cabe?

Com certeza não se pode criticar o inferno de Dante de não dispor de um planejamento soberano. Essas estradas circulares bem pavimentadas do tormento não são prova suficiente de como as instalações foram bem fundadas e bem pensadas? A subdivisão minuciosa da totalidade não mostra que a administração do acampamento sabe o que faz — e não é o caso que seu saber possui necessariamente uma luz de

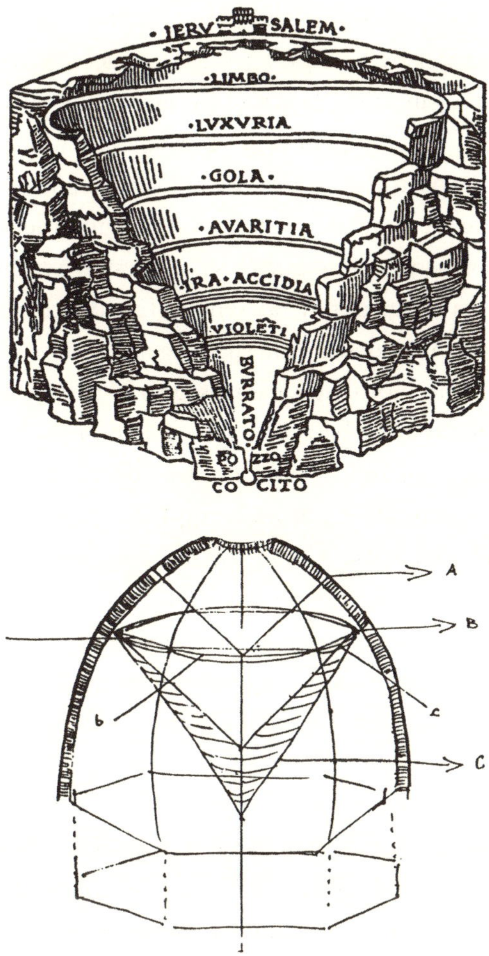

O funil do inferno de Dante, no projeto de Brunelleschi para a cúpula da catedral de Florença.

Deus, a exemplo de todo intelecto? A cidade infernal Dis não tem a mais avançada estrutura urbanística[6], e não é notável com que precisão seus habitantes estão acomodados em *arrondissements* [distritos] específicos para a culpa de cada um?

6. Cf. O. Mandelstam, *Gespräch über Dante* [Conversa sobre Dante], in: *Gesammelte Essays*, v. 2 (1925-1935), Zurique, Ammann, 1991, p. 187: "Ele (o Inferno) é, no pleno sentido da palavra, uma cosmópole."

Munidos de valorosos preconceitos, os poetas descem ao submundo e atravessam universos horripilantes para se acercar da residência do *summum malum* [sumo mal]. Em sua viagem, o poeta vivo frequentemente desfalece, vencido pelo pavor e pela compaixão, mas reiteradamente volta a ser posto em pé pelo espírito de Virgílio, asseverando-lhe que, à sua maneira, também o inferno estaria em ordem. Nesse ponto, o vivo e o morto não conseguem ter o mesmo sentimento, porque Dante não logra se apropriar do sangue-frio do colega falecido. No entanto, a respeito do destino de sua viagem comum pelo submundo nunca paira nenhuma dúvida para os dois viajantes. Para eles é evidente: só no círculo mais baixo, no *finis malorum* [extremo do mal], se tornará totalmente manifesta qual é a razão de ser do inferno.

O percurso através dos porões de suplício apresenta analogias com o protocolo de uma audiência dificultada com um príncipe subtraído aos olhares profanos por numerosas muralhas circundantes e portões vigiados. As reminiscências que a Antiguidade Tardia tinha da pompa dos grandes reis persas invisíveis também não se dissiparam nesse alto inferno.[7] Porém, dado que o príncipe do submundo, como suprassumo da majestade negativa, ocupa, na imagem de mundo aristotélico-dantesca, o centro mais interno do corpo terrestre, que simultaneamente é o centro absoluto da esfera cósmica, o lugar do diabo demarca *per se* o ponto em que o cosmo físico mais se encontra consigo mesmo, e se reflete em sua essência da maneira mais pura. Ali é revelada toda a verdade sobre o mundo inferior, sublunar, terreno-material; ali é o único lugar em que se pode esperar obter a noção definitiva da natureza do mundo não etéreo, não luminoso, não bem-aventurado. Mediante sua audiência perante "o imperador do reino doloroso" — *lo 'mperador del doloroso regno* ("Inferno", canto 34, verso 28) —, os dois poetas olharão para dentro da mais densa escuridão, para dentro de uma dor situada além de todos os limiares, fora do alcance de toda e qualquer narcose.

7. Cf. o Capítulo 3: "Arcas, muralhas citadinas, limites do mundo, sistemas imunes", p. 236 ss., bem como adiante o Capítulo 7: "Como o centro da esfera atua remotamente através do puro meio", p. 613 ss.

A viagem dos poetas até o polo inferior reflete com precisão o infernocentrismo da cosmografia católica. O sentido da viagem ao submundo é ver o príncipe dos diabos, Lúcifer em pessoa, sentado no seu trono, porque só se compreende o *imperium* a partir do *imperator*. Também nesse caso vale o seguinte: tal senhor, tal país. Tal centro, tal periferia. Sem o desfecho proporcionado pela satanofania, a passagem pelo inferno não traria resultado nenhum. Viagens pelo além só cumprem sua finalidade quando prestam informações sobre a região como tal a partir do extremo.

Porém a região não é senão o mundo extradivino, na medida em que sua parcela subterrânea representa seu extrato escuro. Quem além do príncipe infernal ocuparia em pessoa o extremo inferior do espaço físico? Sabemos por que, em perspectiva cosmológica, o centro do inferno tem de ser o ponto mais distante de Deus no universo de camadas e por que esse centro foi parar no interior da terra; veremos por que, em perspectiva metafísica ou moral, o inferno é definido como a fonte estimuladora da recusa à comunicação esferopoiética com Deus. Contudo, pelo fato de que, na análise de Dante, a importância metafísica do inferno gradativamente se sobrepõe ao esquema cosmográfico e toma o seu lugar, seu inferno deixa de ser mero reflexo da constituição geocêntrica do ser. Evidencia-se bem mais que o inferno possui uma potência esferopoiética própria e está sujeito a uma circularidade antiesférica.[8]

Durante o descenso, os dois poetas exploram aquele orco da depressão em que a negação forma círculos peculiares, os círculos da estreiteza e da perda de perspectiva. Eles descobrem o inferno como apocalipse da

8. Em *Memórias de um doente dos nervos*, de Daniel Paul Schreber, que deve ser lido como um dos mais importantes comentários à estrutura e à função da metafísica clássica, encontra-se uma fantasmagoria que ilustra perfeitamente a ideia de um anticírculo oriundo do abuso psíquico: "A imagem que tenho disso na minha mente é extremamente difícil de expressar em palavras; é como se sobre todo o perímetro da abóbada celeste tivessem sido retesados nervos — decerto tomados do meu corpo —, que os raios divinos não são capazes de contornar ou que ao menos lhes oferecem um obstáculo mecânico, de modo similar, por exemplo, quando uma fortaleza sitiada é protegida por baluartes e fossos contra o inimigo que a ataca" (D. P. Schreber, *Der Fall Schreber* [O caso Schreber], v. 1, Wiesbaden, Focus, 1972, p. 79). [Ed. bras.: *Memórias de um doente dos nervos*, trad. Marilene Carone, São Paulo, Todavia, 2021.]

egoidade. Pois uma coisa é o anjo caído ter voltado as costas para Deus e se direcionado para si mesmo; outra bem diferente é o seu afastamento ter originado uma voragem voluntariosa da negatividade. Pegar a pista dessa voragem infernogênica constitui o sentido iluminista metafísico da viagem noturna do poeta. É a essa precária sede de saber que alude Beatriz, que aparece ao poeta do céu imediatamente antes do *descensus*, a fim de encorajá-lo a fazer sua arriscada viagem. Ela mesma parece não entender direito o que o obriga a "descer aqui embaixo a este centro/ do vasto lugar ao qual retornar anseias" ("*scender qua giuso in questo centro/ de l'ampio loco ove tornar tu ardi*") ("Inferno", canto 2, 83-84). Mas essa incompreensão não é motivo para que Beatriz se abale em sua missão de protetora e musa — talvez ela até só possa se tornar musa do poeta por complementar com uma espécie de cegueira redentora o homem genial que se sente impelido a descer ao centro da não complementabilidade, à profundeza melancólica.

Aqui é patenteado algo como um interesse norteador do conhecimento pelo retorno da poesia ao coração das trevas: o poeta se sente na obrigação de entender algo que está bloqueado à compreensão humana — a natureza de uma negatividade sem fim que lançou sua sombra sobre sua vida. A recusa da comunicação com Deus pode se converter em um poder causal de direito próprio e os negadores se trancam dentro de anéis de fracasso autógeno — essa é a intuição de graves consequências da infernologia de Dante. O protótipo de tal negatividade só pode ser encontrado na posição luciferiana; nele se consumou permanentemente a unidade de enrijecimento e negação.

O pensar nunca esteve tão distante da inocuidade filosófica de ver o mal apenas como ausência do bem. O que autores da Antiguidade Tardia como Proclo e, sob a influência deste, o arquimístico cristão Dionísio Pseudo-Areopagita alegaram sobre a falta de substância dos males não passa, do ponto de vista dantesco, de sentimentalismo impotente de monges superprotegidos. Como retratista do diabo e ontólogo do espaço antiesférico, o poeta compreende como da negação pode, não obstante, advir algo e como de recusas e privações podem se originar, ainda assim, entornos compactos, compactamente estéreis e enredados em si mesmos.

Ao percorrer o antirreino, Dante faz uma descoberta ontológico--formal de grande alcance: todo condenado está preso em seu próprio "peri" que se forma a partir de negações penetrantes. Denominar esse "perí-metro" de mundo seria um exagero maldoso, pois a presença eterna do estreitante parodia o estar dado de um universo aberto em clareira, que concede espaço. Daquilo que, ao ar livre, era denominado mundo só resta aqui o caráter renitente, lesivo e gosmento. É por isso que os delinquentes ficam com seus corpos, na medida em que estes constituem o pressuposto para a fixação de uma alma a uma tortura. O corpo é o *minimal world* [mundo mínimo] de que se precisa para trancafiar os humanos no habitáculo do tormento — é isso que torturadores lecionariam se fossem contratados como docentes de antropologia; sem a torturologia, as ciências do humano careceriam de um ramo essencial.

Quanto ao adversário, precisa ser concebido com seriedade ontológica como o herói fundador de uma forma de súdito que reside no centro de um império de negações. Por essa via, enquanto portador de todas as privações, ele é reconhecido, pelo menos no plano fenomênico, como algo poderoso e alguém potente. Ele impregna a criação a partir do seu polo como um antissol que emana raios de frio; estes geram, em torno do ponto de congelamento do ser, anéis amplos, dos quais incontáveis se enredaram na *imitatio diaboli*. Sua ira produz frio suficiente para prover todo o mundo inferior e médio de negatividade, enclausuramento em si. O diabo supremo só consegue comprometer adeptos e manter súditos porque negações são infecciosas e porque o exemplo brilhante do maligno mobiliza grandes séquitos de encerrados em si mesmos. O inferno de Dante apresenta como que a primeira onda individualista — cada um por si e todos pelo diabo. Mostrar a junção de todos os egoísmos individuais em um grande reino de estilo próprio é o sentido dessa infernografia que causa impacto por seu detalhismo. Isso faz saltar aos olhos como a negatividade dá origem a um espaço de tipo próprio e no que consiste seu princípio conclusivo.

A substancialização poética do inferno é uma façanha na história da reflexão sobre a *conditio humana*, porque levou à descoberta da antiesfera — ou do espaço depressivo. Com ela, pela primeira vez, a própria essência humana foi caracterizada pela possibilidade da privação da esfera e do despojamento do mundo. Dante perscruta com paciência heroica um "fim de mundo" no qual cessaram todo compartilhamento espacial psíquico e toda complementação por um segundo. Mas, pelo fato de o pensamento medieval não tolerar espaços sem dono, também à frente do espaço depressivo ainda é posto um príncipe. Em consequência, o próprio inferno tem de se apresentar em forma de reino; seu ocupante supremo, sendo um grande senhor, preserva a forma feudal; o próprio inferno preserva o protocolo imperial. Se fosse possível suprimir essa condição, o Satanás de Dante seria identificado hoje sem dificuldade como o portador exemplar do risco para a humanidade em interpretação modernizada.

Ele é o primeiro em relação ao qual se constata como fato consumado o que seria tematizado, no século XX, sob o título precário de "ser no mundo". O diabo existe totalmente no mundo porque atua, em essência, a partir do centro do mundo: como princípio e padrão de relações incorrigivelmente imanentes, estritamente "autorreferenciais". Quem quiser compreender a estrutura metafísica do cosmo medieval por nenhum instante pode deixar de considerar que, em seu centro congelado, reside um anjo caído de seis olhos que derramam lágrimas de ácido. Ele, o adversário derrubado, é o único e o primeiro a existir totalmente no mundo, por ser o primeiro e único que perdeu o mundo compartilhado. Ele é o indivíduo clássico, ontologicamente empobrecido ao estilo típico da Era Moderna, na medida em que sentiu, antes de todos os outros, a compulsão de instalar-se em uma antiesfera que gira em torno dele próprio. Ele é o primeiro ponto sem contraponto, o primeiro a não ter complemento, o primeiro a viver só, em rotação como centro sem interlocutor furiosamente fixado no ego dolorido. Quando Dante transpõe seu príncipe infernal para o centro absoluto do universo físico, a impressão que necessariamente surge é de que, nessa posição, trata-se do centro de uma intimidade. Na verdade, por mais que essa posição de Satanás apareça como internada e centrada, ela é absolutamente externa e excêntrica. Como senhor da terra das dores, ele é simultaneamente seu observador petrificado. Descreve sua terra recorrendo à diferença entre desespero e esperança e, em todo caso, opta pelo valor escuro. Em consequência, a concepção do inferno como forma máxima da intramundanidade malograda permite divisar apenas meia-verdade sobre as condições infernais. A outra metade, a mais escura, só se trai à segunda vista: o inferno é o exterior.[9]

Observação intermediária: Sobre a depressão como crise de expansão

Indissociável da interpretação metafísica clássica é, como foi mostrado, o otimismo morfológico que se apresenta na convicção de que tudo o que existe está contido em círculos etéreos imaculados. Nessa visão persistentemente clara das coisas, expressa-se a convicção de que todo existente a partir de si mesmo anseia pelo abrigamento na mais primorosa das formas. Assim como cada coisa por si mesma busca compartilhar a melhor forma de sua espécie, ela também quer que o mundo que a circunda e que convive com ela seja o melhor, de boa amplitude, bem arredondado. Se a filosofia europeia antiga do espírito e da luz pôde sintetizar sua essência no dogma eriugênico *omnia quae sunt lumina sunt*, "tudo o que realmente existe possui natureza luminosa", a metafísica clássica de modo geral teria de confessar o princípio de que todo existente existe em círculos: *omnia quae sunt in circulis sunt*. Nicolau de Cusa contribuiu para que essa visão ganhasse reputação doutrinal com sua tese de que toda a filosofia reside em círculos: *tota philosophia in circulo posita dicitur*. A filosofia clássica está persuadida de corresponder à lei de constituição do existente em seus movimentos circulares do pensamento — do explícito para o implícito e do implícito para o explícito. Quem não é capaz de entrar nesse círculo claro ainda não teria pensado em sentido filosófico. Até Heidegger, essa crença no círculo como pai de todas as coisas produzidas e conhecidas permaneceu viva. Sendo conservada em bons círculos, cada coisa recebeu,

9. Aprofundaremos essa ponderação (em conexão com um motivo de Herman Melville) mais adiante no Capítulo 8: "A última esfera: Para uma história filosófica da globalização terrestre", p. 691 s.

junto com sua hierarquia na totalidade, o selo formal de sua condição de coisa bem-acabada, da qual faz parte também sua cognoscibilidade enquanto ordenação em vista de uma inteligência correspondente. Cada coisa é totalmente ela mesma só em sua esfera, que, por sua vez, está abrigada na esfera de todas as esferas.

"O mundo é redondo em torno da existência redonda" (Gaston Bachelard). Peles e horizontes constituem aquilo que apreende o que está vivo dentro de limites vivos. No perímetro divino, pele e horizonte se tornam idênticos. Nas noites cálidas do ser, a vida isolada se sente dissolvida em meio à esfera vital. O existir em círculos tão bons seria, portanto, sempre um ser no lugar certo.

A verdade da depressão é diferente; ela vivencia o mundo sob um modelo espacial oposto. Este se anuncia primeiramente na má vontade em relação à pretensão descabida de dar atenção a anúncios publicitários do exitoso. E não se pode negar que sempre se fala bem do positivo, dado que ele corre em um círculo em que coisas boas levam a coisas boas. Pelo fato de os círculos da felicidade terem um traçado amplo, quem se movimenta neles não bate de frente contra a parede. Em contraposição, a experiência básica da depressão diz: as paredes ficaram tão próximas que impossibilitam movimentos significativos no âmbito por elas traçado. Para os deprimidos, o círculo é uma forma que cerca; o que deveria proporcionar abrigamento fecha-se como muro da prisão em torno da vida isolada. Em consequência, o movimento depressivo, por mais que seja um movimento de rotação, de modo nenhum se assemelha ao périplo do herói ao longo de toda a circunferência do mundo. Ele nada tem em comum com o protótipo do movimento circular bem-sucedido em grande escala, a *Odisseia*, que, ao longo de uma viagem prolongada de volta à pátria, vai exercitando o herói para ser uma pessoa experimentada, conhecedora do mundo e completa. Quem é tomado pela depressão está condenado a um conhecimento pobre do mundo, porque para ele a continuação da viagem é detida, e o horizonte, implodido. Nas suas peregrinações pela cela, o prisioneiro experimenta sempre só a simetria nua e crua do caminho de ida e do caminho de volta, o suprassumo do trânsito ruim — pois ruim é todo trânsito em que a viagem de ida não possui a prerrogativa.

O que não leva a lugar nenhum não se reconhece como caminho, nem de ida, nem de volta. Onde não há caminho nem método para percorrê-lo nada se objetiva, nada se aprende, nada se alcança, nada se aclara. O horizonte não se descortina, os pontos distantes não se cumulam de atrativos. Ao passo que sobre uma odisseia em andamento ou finalizada sempre ainda fica mais por dizer do que já foi exposto, sobre estados depressivos nunca há nada digno de menção a relatar. Eles aparecem para si mesmos como irremediavelmente banais. Da depressão faz parte a evidência incorrigível de que não vale a pena falar sobre nada que seja próprio; nenhuma de suas experiências mereceria ser alçada à condição de tema; elas jamais terão algo a ver com coletividades falantes. A sensação de mundo da pantera de Rilke, que dá voltas em sua jaula e não fareja mais nenhum mundo por trás das barras, corresponde ao modelo de mundo do depressivo que já não alcança nem sequer o que está mais próximo dele.

Na visão esferológica, a depressão expressa a aniquilação do espaço de relacionamento. O bom espaço desaparece quando colapsa o raio que mantinha intensivamente separados o ponto e o contraponto em um perímetro comum. Um mundo sem a energia do raio é a antiesfera — um "ao redor" qualquer em torno de um ponto sem parceiro. Pelo fato de o raio vital — algo como o *phallus* espacial ou a energia que tensiona a esfera — ser a luz alta que ilumina o horizonte, o mundo carente do raio, o mundo da luz baixa do depressivo se converte em uma presença imediata desprovida de horizonte, que voltou a se aproximar da pobreza de mundo do animal — com a diferença de que a carência de mundo depressiva denuncia um mau humor especificamente humano, porque, também como modo despojado do ser no mundo, ele possui um traço ontológico.[10]

10. Cf. M. Heidegger, *Grundbegriffe der Metaphysik, Welt — Endlichkeit — Einsamkeit* [Conceitos fundamentais da metafísica: mundo — finitude — solidão]. Nessas preleções do primeiro semestre de 1929-1930, que contêm um esboço de filosofia da natureza singular em sua obra, Heidegger distingue entre o existir humano no mundo da pobreza de mundo e o enredamento animal em seu meio ambiente e a falta de mundo das pedras.

O que está dado para o depressivo, a circunstância insípida, ainda é a totalidade do mundo, mesmo que seu estar dado se encontre sob o signo da retenção. O mundo se revela aqui como a impossibilidade de empreender algo nele que faça alguma diferença para o agente. O que se recusa dessa maneira é a totalidade da existência esférica, complementada. Onde não existe a extensão da esfera falta o espaço em que poderia ser posta uma ação transformadora ou para dentro do qual poderia ser dita uma palavra eficaz. A energia concedida à esfera entumescida passa ao largo do si mesmo flácido. A totalidade, uma circunstância vazia em torno de um ponto distenso.

Esse espaço implodido tem sua contrapartida no amplo espaço, levado a mal de todos os lados, que envolve a paranoia, aquele "universo da separação" no qual se sente encerrado Saint-Preux, de Rousseau, o protagonista de *A nova Heloísa*: "Meu espírito acanhado quer se expandir e, em toda parte, encontra-se acanhado." Em outra passagem, Rousseau diz sobre um de seus personagens: "Descobriu-se como encerrá-lo em Paris em uma solidão que é mais terrível do que cavernas e matas. Lá, em meio aos humanos, ele não encontra nem compreensão, nem consolo [...] tudo o rodeia e o fita, mas também o evita..."[11]

Para o deprimido parecem possíveis tão somente repetições de rotações dentro dele próprio, em lugar nenhum se oferece a ele o ponto de contato para uma ação criadora de espaço. Em vez disso, para ele, o espaço se encolhe cada vez mais. Amiel, autor francês de diários, vinculou esse recuo da expansão com um correr na frente para a morte:

> A morte nos reduz ao ponto matemático; a destruição que a antecede nos empurra de volta por círculos concêntricos cada vez mais estreitos para este último lugar de refúgio inexpugnável. Degusto antecipadamente até a última gota esse zero, extinto quanto à forma e à essência.[12]

11. Apud G. Poulet, *Metamorphosen des Kreises in der Dichtung* [Metamorfoses do círculo na literatura], Frankfurt s/ Meno, Berlim e Viena, Fischer, 1985, p. 120-121.

12. Ibidem, p. 290.

Desse modo, Amiel trai um segredo comum à depressão e à metafísica: que a morte própria antecipada franqueia o acesso a uma imunidade perversa e agradável.

Na depressão, reside um traço daquele mal que a tradição denominou um mal metafísico, porque nele a percepção de um fracasso se soma ao incômodo causado pelo que está ruim. É possível dar nome à fonte do mal: a impossibilidade de mudar-se para o espaço aberto é uma paralisia da capacidade positiva de transmissão. Enquanto, de resto, nos casos de pôr-se a caminho para dentro do espaço é transmitida a experiência básica "expansão é algo bom" (crianças pequenas e imperialistas são testemunhas disso), a depressão transmite a desativação traumática da capacidade de expansão: a inalcançabilidade precocemente vivenciada do complementador. Em sua ausência, o espaço entra em colapso e faz com que o sujeito preso em um espaço estreito ou largo inabitável encolha até o ponto pânico de si mesmo. Com a transmissão desse ser-ponto tem início a história da solidão.

Fim da observação intermediária

A descoberta medieval de uma linguagem da depressão resulta, por necessidade topológica, primeiramente de noções de uma relação macroesférica: ela fala, em um primeiro momento, do antigo estranhamento oficial entre o diabo e seu senhor e interlocutor divino. A situação depressiva não é descoberta sob claves privadas ou psicológicas, mas como conflito público ou político entre o soberano e sua criatura. Satanás entra em cena como dissidente de um Deus que não é um gênio privado, mas o Senhor acima de todas as hierarquias. O estranhamento entre esses contendores não leva a relações íntimas esfriadas ou tóxicas, mas à fundação de um antimundo em toda a sua forma, de um exterior antiesférico. (Algo similar se consuma com frequência também nas fases mortas das hiper-relações místicas entre Deus e a alma.[13]) Em consequência,

13. Cf. o Capítulo 5: "*Deus sive sphaera* ou O universo-uno explodindo", p. 465 ss.

a depressão é registrada no mapa do existente primeiro como uma zona na qual as existências negativas estão oficialmente em casa.

Logo, o despojamento do ser aparece como uma relação pública. O círculo diabólico primário que se origina da revolta é o ponto rotativo postado em si mesmo, no qual o anjo caído medita à vista de todos sobre sua futura não relação com Deus. Esse ponto também é um "reino" — pois em torno dele se forma um espaço vazio, no qual nada surge que possa ser comunicado no modo do compartilhamento. Uma amplidão vazia se escancara em torno de uma estreiteza vazia; nesta o indivíduo se instala como se fosse dentro de uma cápsula rotativa que funciona como seu *primum mobile*. Em torno da primeira esfera estreita é possível implementar anéis adicionais de mesquinharia e indiferença. O que mantém a cápsula-eu em constante rotação é a autocompaixão prenhe de autoaversão própria desse primeiro perdido.

Por essa razão, à posição central do anjo caído no espaço cósmico são conferidas significações metafísicas: o centro do inferno é o ponto no mundo, a partir do qual pode ser visualizada a inalcançabilidade do mundo por quem se encontra ali. Satanás detém a visão de toda a circunferência que lhe revela a dimensão da perda de mundo; foi-lhe dado o olho espacial parmenidiano, para contemplar a abundância da privação; sua anfiscopia abarca todo o panorama do perdido. Por esse motivo, no caso dele, teoria e autoflagelação se tornaram idênticas; seu ver é seu sofrimento, sua circunvisão é seu sintoma; dor mundial por todos os lados. Ele é o único teórico ao qual se aplica com razão a suposição colegial de que a metafísica clássica alguma vez chegou a formular um sistema rigorosamente conclusivo e a compor um vocabulário definitivo isento de metáforas. O que nos outros assim chamados sistemas filosóficos são sugestões que podem ser descartadas em minutos no caso do diabo melancólico constitui um fechamento substancial. Daí ele ser o único que poderia ter um interesse fundado em des"con"strução se não soubesse perfeitamente que sua *clôture* [clausura] é completa. Sua grandeza consiste em que, nele, a privação de mundo sempre se completa endogenamente. Sua visão abarca a totalidade do que não possui perspectiva. Enquanto os habituais pequenos diabos, de tanto arremeterem contra as circunstâncias, acabam se tornando algo como criaturas do mundo, Satanás, o Grande, interpõe entre a criação e ele próprio uma fenda que não pode ser transposta por nenhuma habituação. Ele, que foi quem mais negou, é quem mais tem a carecer; por sua grande recusa, ele foi privado do *unum* [uno] e do *totum* [todo]. Ele negou o "ser em" na esfera divina para vivenciar agora como o círculo negado exclui o negador.

A negação da união esférica gera justamente o isolamento antiesférico em redor que caracteriza a posição depressiva. Em meio a puros não gozos, esta goza da certeza de possuir um sistema definitivamente fechado e de usar um vocabulário último, o do desespero. Só o diabo é bem-sucedido no fechamento perfeito do seu sistema de saber, porque ele é o único que sabe como fechar logicamente a porta do inferno depois de passar por ela. Para ele, o incondicionalmente depressivo, o mundo é tudo aquilo que está caindo fora. Não é possível ter evidência no dado, mas exclusivamente no perdido. Nesse sentido, Satanás é historista; o bem é tudo o que já passou. Quem quiser entender o metafísico precisa entender o depressivo; quem quiser entender o depressivo precisa entender o diabo; entender o diabo significa apreender seu círculo. O círculo diabólico é o movimento pelas órbitas seguras da não saída.

Em suas ilustrações neogóticas para o "Inferno" de Dante, Gustave Doré captou o ponto alto da existência de Satanás a partir de uma perspectiva moderna, representando o senhor do submundo na pose do gênio melancólico, com o braço apoiado no cotovelo e o olhar renitente, pesar e impenitência inteiramente reprimidos, preso numa grota patética no fundo gélido do mundo. Seu entorno está repleto do vento gelado causado pelo bater de asas. Na projeção do romantismo tardio, Satanás aparece como uma natureza saturnina; ele é um rebelde que negou o existente por estar saturado dele e encara o vindouro como suprassumo do que fracassará. Emerge do gelo como o renitente, espirituoso, exposto, demasiado altivo para não considerar sequer uma alternativa ao existir no inferno.

Com certeza Dante ainda está muito distante dessa modernização pós-miltoniana do diabo, e, não obstante, sua infernografia já aporta traços a uma fenomenologia da negatividade, cuja validade transcende as relações medievais. Embora o seu diabo seja apresentado como um monstro simplório com três rostos coloridos que rangem os dentes, ele

Dante Alighieri, *A divina comédia*, "Inferno", canto 34:

"Ecco Dite", dicendo, "ed ecco il loco,
ove convien che di fortezza t'armi."
[Dizendo: "Eis Dis! Este é o local
onde de extrema fortaleza convém que te armes."]

é um sujeito que optou por si mesmo a uma existência em comunhões abertas e, por essa via, foi parar em um estado ciente de estar rodeado de falta de perspectiva. Banido para a sua antiesfera, ele não está mais familiarizado com nenhuma complementação íntima; nenhum acompanhante explode sua cápsula, nenhuma partição do mundo interior lhe proporciona uma sensação de volume do espaço passível de animação. Ele é grande exclusivamente através do *páthos* com que defende seu isolamento. Em virtude da opção que fez por si, o anjo rebelde se converteu no protótipo da inteligência autorreferencial. Ele foi banido para sua antiesfera-entorno, que logo poderá portar o título de meio ambiente.

Esse diabo, que não consegue se soltar de sua ira aniquiladora que forçosamente o torce na direção de si mesmo, serve de modelo para tudo o que é corpo autorreferencial em um meio ambiente ao redor. Ele representa metaforicamente a autoconservação disposta a tudo de uma vida isolada que se baseia na desconfiança. De fato, corpos pensados em isolamento, que têm primordialmente a si mesmos como referência e só permitem que o diferente tenha validade como aspecto de sua autorreferência, estão programados para funcionar em vista do ponto diabólico neles próprios. Somente a partir dele sabem o que parece ser proveitoso para eles e só a partir dele se conservam às custas do que para eles existe e está à mão como seu meio ambiente. O modo dessa autorreferência, em que prepondera o pensar em si mesmo e o incondicional dar a preferência a si próprio enquanto ponto de poder militante e desejante na batalha permanente, é, da perspectiva do esquema clássico, satanismo em ação. Para a Era Moderna, ele nada mais é que o inocente *a priori* do individualismo.

Pode-se depreender daí que Lúcifer é uma simples figuração antiquada do que filosoficamente se denomina o espírito do mundo; uma vez que ele tenha sido conhecido no original, é possível reconhecê-lo também em suas renovações. O príncipe deste mundo é o príncipe dos sistemas. *A priori* esse princípio da inteligência egoísta só pode existir fragmentado em inúmeros espíritos corporificados ou em indivíduos que se juntam nos superegoístas dominantes, nos Estados leviatânicos, nas empresas em busca de lucros, nas corporações cujo objetivo é servir a si mesmas.

A soma dessas autorreferencialidades dá o suprassumo da razão moderna da autoconservação e suas corporificações em egoísmos sistêmicos.

Nesse sentido, a atual e sintomática teoria geral dos sistemas de Niklas Luhmann deve ser apreciada, antes de tudo, como último produto de neutralização da satanologia. Na forma de uma ciência das inteligências finitas, corporificadas, ela trata com admirável perspicácia dos autismos ativos que ocupam seus nichos ecológicos. Com clarividência, essa doutrina identificou o ponto em que fenomenologia e diabolismo convergem. Observada diante do relevo da metafísica europeia antiga, ela promove com toda a coerência a absolvição e a desinfernalização dos pequenos diabos finitos ou então dos sujeitos racionais organizados, para os quais, mesmo que quisessem, seria impossível pensar e agir de maneira abnegada tendo como ponto de referência o polo divino, porque estão presos primordialmente e sem uma alternativa autêntica em autorreflexões referentes aos próprios corpos, em linguagem tradicional, em egoísmos, não importando se estes se manifestam como egoísmos individuais, egoísmos corporativos, egoísmos de estado e, por que não também?, como egoísmos de igrejas, seitas e organizações de auxílio. O postulado de Nietzsche de purificar as imagens de mundo da velha Europa dos resquícios do ressentimento moralizador está em boas mãos com Luhmann. De fato, onde o ressentimento metafísico teria se manifestado de maneira mais intensa do que no tradicional tabu invejoso contrário ao egoísmo dos outros? Através do trabalho de neutralização do pensamento sistêmico, o antigo inferno é conservado em estados profanos familiares — até se distribuir uniformemente por todos os círculos que, ao cabo, devem considerar exclusivamente a si próprios. Assim, optar entre rolar enormes pesos com os avarentos e os dissipadores no quarto círculo do inferno de Dante e defender uma posição na rodada de negociações salariais para o serviço público é mais uma questão de gosto do que uma escolha metafísica.

Aos psico-historiadores se impõe a questão de como é possível que leitores modernos consigam recepcionar os cantos infernais de Dante — excetuando as alusões próprias da época que se tornaram incompreensíveis — como se tivessem diante dos olhos o roteiro para um filme contemporâneo adaptado ao gosto do público. O que assegura a essas imagens de corpos humanos vadeando no lodo pegajoso e mergulhando em rios de sangue ferventes, de corpos regados por flocos de fogo e cozidos em ataúdes incandescentes, de seres perdidos que lutam com cobras constritoras e ficam inertes sobre o gelo à deriva, o que lhes garante o apelo infalível à imaginação de humanos que há séculos estão persuadidos da irrealidade dos infernos transcendentes? A legibilidade que transcende épocas da infernografia de Dante tem sua razão de ser, do ponto de vista psicodramático e cenológico, no fato, que certamente carece de aclaração, de que conhecimentos sobre estreiteza e empiria do inferno confluem. Quem conhece por experiência própria os excessos da angústia e das dores de constrição ou quem consegue, pelo menos, representá-los para si mesmo sempre já está acessível para mensagens oriundas da dimensão escura.

Sob esse aspecto, o relato poético do submundo fornece uma fenomenologia dos espaços da depressão que perdura para além de sua vinculação com premissas da imagem de mundo medieval. Isso é admirável, se ponderarmos que, em sua obra, Dante até pretendeu possuir competências proféticas, mas não tinha pretensões psiquiátricas nem fazia ideia do que é uma psicologia secular autônoma. Ainda assim, sua longa viagem pelos três níveis do além acaba resultando não só numa experiência objetiva, mas também numa grande psicanálise e, ademais, numa terapia primária, com a qual ele conseguiu operar a saída daquela crise para a qual a enigmática formulação inicial sobre a mata escura, *nel mezzo del cammin di nostra vita* [no meio da jornada da nossa vida] fornece a palavra-chave.

A psicoterapia poética de Dante tirou proveito da revolução na imagem de mundo que, na sua época, já se aprofundara durante um século e que, de uma posição moderna explicitada, deve ser entendida como o prelúdio metafísico decisivo para o florescimento da cultura burguesa da psiquiatria e da terapia entre os séculos XVIII e XX. Mediante o "nascimento do purgatório" — retomando a fórmula de Jacques Le Goff —, foi posta no mundo, no século XII, aquela diferenciação entre a penitência humana sem perspectiva e a penitência humana promissora, da qual desde então dependem direta e indiretamente todos os conceitos de progresso dos europeus pós-medievais. Porém não só a ideia do progresso provém do *purgatorium*, mas também toda a cultura mais recente da psicoterapia constitui uma perpetuação bem codificada da concepção do inferno de transição da Alta Idade Média — tomando o desvio pelas teorias idealistas e materialistas do estranhamento e da reapropriação. Com uma ânsia que ainda hoje causa perplexidade, no momento em que se analisam os documentos mais detidamente, os contemporâneos da revolução do *purgatorium* acataram as novas ideias e se lançaram sobre esse terceiro lugar mediante o qual foi revogada a antiga alternativa implacável entre bem-aventurança e condenação.[14]

Mediante a invenção do *purgatorium*, os europeus desenvolveram o gosto pelo termo médio e descobriram para si mesmos as aventuras da dialética. Somente por meio da diferenciação entre inferno purgador e inferno condenatório foi possível a fuga para a ambição focada em um objetivo que ajudou os europeus a desdobrarem seu senso característico para livrar-se de circunstâncias desfavoráveis mediante esforço próprio. Chateaubriand observou o seguinte: "O purgatório supera o céu e o inferno em poesia, na medida em que representa um futuro que falta a ambos." A poesia do *purgatorium* advém da cisão do inferno em inferno sem perspectiva e inferno promissor. A esperança só pôde se tornar um princípio porque certos infernos possuem uma saída. Sem o *purgatorium* os humanos modernos nunca teriam compreendido por que o esforço constante em busca de algo é importante para a salvação. Sem *purgatorium* não haveria separação das depressões; sem a diferenciação entre *purgatorium* e inferno não haveria seleção entre curável e incurável. A distinção entre melancolia e luto, feita por Sigmund Freud e ainda difícil de compreender, segue as linhas antigas traçadas na Alta Idade Média entre os candidatos ao inferno e os aspirantes ao *purgatorium*: entre aqueles que jamais quererão superar uma perda indizível e sepultam a si mesmos com sua falta sagrada em um sepulcro interior e aqueles que buscam retornar à luz através do túnel do luto.

14. Cf. J. Le Goff, *La Naissance du purgatoire*, Paris, Gallimard, 1981, p. 9-27: "Le troisième lieu"; ed. alemã: *Die Geburt des Fegefeuers*, Munique, Deutscher Taschenbuch, 1990. [Ed. bras.: *O nascimento do purgatório*, trad. Maria Ferreira, Petrópolis, Vozes, 2017, p. 8-29: "O terceiro lugar".]

Pieter van der Heyden, *Juízo Final*, gravura em cobre, 1558, detalhe.

Se o *purgatorium* não tivesse sido descoberto — como espaço de trânsito entre inferno e céu, onde até os piores sofrimentos, as dores encurvadas em si mesmas, têm perspectiva de livramento —, o olhar para dentro do inferno absoluto jamais teria podido maturar de maneira tão completa e com o grau de sangue-frio com que se manifestou no documento de Dante e nas posteriores imaginações pictóricas do inferno. Somente por meio da diferenciação entre os infernos de estagnação do tipo *Inferno* e os infernos de progressão do tipo *Purgatorio* tornou-se possível a fenomenologia da perdição humana. Onde se havia reencontrado o fôlego comprido da esperança até no mais escuro dos lugares, os espíritos mais corajosos puderam tomar para si a tarefa de almejar de modo realista os futuros transcendentes das almas. Eles puderam, então, ousar descer comparativamente para dentro dos dois infernos, um dos quais — sob uma aparência infernal — já é um átrio do céu, enquanto o outro de fato permanece sendo até o fim o inferno que ele parece ser. Nessa investigação, o *purgatorium* prova-se um inferno fenomênico, que ontologicamente já significa o paraíso para o qual ele prepara, ao passo

que, no caso do inferno propriamente dito, essência e aparência coincidem. Por essa razão, o caminho para dentro do inferno jamais leva para outro lugar que não seja o próprio inferno; coerência é a marca desse instituto. Ele permanece inferno por se determinar através de um movimento recursivo que não se abre para o *purgatorium*, isto é, para uma circularidade promissora, que se move em espiral para o espaço aberto. Enquanto o monte da purgação abriga processos catárticos, o inferno real recusa toda e qualquer purgação e distanciamento do mal.

Na linha dessa diferenciação revolucionária no reino da negatividade, Dante pôde dissociar o inferno consumado, no qual impera uma estreiteza não mitigável, do inferno relativo, no qual as tribulações são sofridas no horizonte de esperanças. Corresponde a isso que ele atravessa o inferno com seu guia, Virgílio, como observador estarrecido, mas não envolvido, ao passo que ele faz sua visita ao monte da purgação como terapia penitente em causa própria, que o prepara para a terceira parte da viagem pelo além: o anjo de vigia na entrada marca na testa de Dante sete vezes a letra P pelos sete pecados capitais ou *peccata*, e a cada anel de penitência deixado para trás um deles pode ser apagado. Aqui o observar acompanha o fazer penitência, razão pela qual a contemplação do *purgatorium* tem um efeito diretamente edificante — como, no século XX, a leitura do relato de uma terapia bem-sucedida muitas vezes tem por si só um efeito terapêutico —, ao passo que a teoria do inferno — pelo menos à primeira leitura — não consegue maturar nenhum resultado moral além da pura intimidação. Os sofrimentos progressistas liberam significações desanuviadoras e oferecem como que um entretenimento livre e juvenil. Mesmo que possa ser horripilante ver como, no segundo círculo, os invejosos tateiam à sua volta com os olhos costurados, como os iracundos do terceiro círculo são defumados em espessos rolos de fumaça e como os gulosos redimíveis (também há os irredimíveis no terceiro inferno) de aparência esquelética pelo excesso de dieta se chacoalhavam pelo sexto anel, nesse lugar, vícios e penitências se correlacionam em correspondências edificantes. Em consequência, o *purgatorium* concede vislumbres da economia de Deus baseada na diferenciação entre dívidas quitáveis e culpa não quitável.

Esse *purgatorium* é inconfundivelmente uma instituição bancária, na qual um sistema de crédito com perspectiva de futuro promove suas transações. O negócio eclesiástico das indulgências não foi também posto em marcha inicialmente pela implementação do purgatório, já que tinha como pressuposto nada menos que uma quantificação de dívidas finitas e quitáveis? As equivalências racionais entre culpa e penitência confirmam a impressão de que, em cada caso individual, um negócio de pagamento a prazo é levado a cabo para satisfação de ambos os lados. Quem na terra extrapolou os limites da sua conta pagará sua dívida no inferno de passagem. Isso dá à configuração dantesca de inferno e *purgatorium* certo matiz burguês incipiente: quando entra em cena, a burguesia reclama, e isso já no final da Idade Média, o direito humano à proporcionalidade. Nem mesmo o ponto mais infernal do *purgatorium*, do qual procede seu nome em alemão: o *Fegefeuer* [fogo purgador] do sétimo anel, constitui exceção a essa regra. O fogo purgador, no qual são abrasados os pecadores sexuais redimíveis (naturalmente há, também nesse caso, uma classe não redimível), continua sendo para as vítimas um lugar dos bons augúrios, de um lado, por causa da finitude da tarefa a ser cumprida, de outro, por causa da analogia plausível entre este e aquele ardor. Mas mesmo nesse excesso de penitência, que claramente cruzou o limiar que leva ao sadismo, atua um elemento de lógica compreensível de equivalências, de modo que os absolventes do fogo da dissolução serão transferidos ao céu na plena posse de sua crença na dosagem justa dos atos penitenciais.

Bem diferente é o que sucede no inferno propriamente dito, no qual é aniquilado, junto com a perspectiva de um fim dos tormentos, também o senso para proporcionalidades. É nisso que a infernalidade do inferno tem seu fundamento ontológico. Seu *proprium* é o descomedimento da privação de perspectivas associado ao sofrimento físico desmedido. Esse total obscurecimento gera uma falta abismal de equivalência entre um crime finito e uma punição infinita. Dante até se esforça por construir, também no inferno, relações de equivalência entre o tipo de pecado e o tipo de punição, ao estilo de uma vaga *nemesis divina*[15] — uma relação à qual ocasionalmente se emprega a expressão "*contrapasso*", retribuição[16] —, mas essas correspondências qualitativas são superadas em muito pela desproporcionalidade da quantidade e da intensidade. Virgílio avisa logo de início sem rodeios: aqui os delinquentes perderam o bem do intelecto: "*c'hanno perduto il ben de l'intelletto*" ("Inferno", canto 3, verso 18). Assim, no caso das pesadas punições infernais, não há, em última análise, o que entender, porque cada uma delas é dotada de um complemento de negatividade infinita, que invalida o princípio das equivalências. Também nesse caso vale a tese de que entre finito e infinito não há proporção; *inter finitum et infinitum non est proportio*.

Com o fenômeno do inferno se afirma a realidade de uma má infinitude. No entanto, mesmo que seja definitivamente incompreensível como de um mal finito cometido decorreria um mal infinito padecido,

15. Cf. Carl von Linné, *Nemesis divina*, ed. Wolf Lepenies e Lars Gustafsson, em conformidade com a edição sueca de Elis Malmeström e Telemak Fredbärj (Munique, C. Hanser, 1981).

16. "*Cosi s'osserva in me lo contrapasso*", "Assim se observa em mim a retribuição" ("Inferno", canto 28, verso 142): quem diz isso é o trovador Bertran de Born, encerrado no inferno dos maus conselheiros; do mesmo modo que, em vida, semeou a discórdia entre pai e filho, no inferno ele tem de despedaçar a si próprio e caminhar levando nas mãos a cabeça cortada.

cada ser humano entenderá o que significa o inferno para os seus ocupantes. Por essa razão, o que mais causa assombro no fenômeno "inferno" não é tanto que alguma vez se tenha podido concebê-lo como parte de uma ordem cósmica firmada por um Deus bom, mas bem mais o fato de as infernografias falarem de estados intoleráveis que de imediato eram *prováveis* tanto para autores quanto para leitores a partir do instante mesmo de sua formulação e leitura. Enquanto a metafísica clássica tornava plausível sua concepção do ser com Deus mediante a fantasia de uma bem-aventurança incorruptível, cujos modelos eram o pensar pensante e o amar amante, a infernologia se apoiou na representação de desespero incorrigível que é depreendido de experiências de um confinamento sem perspectiva na dor mais estreita, que retorna a si mesma de modo recorrente. Apenas se essa representação possuir uma probabilidade bem própria se tornará plausível que ninguém precisa ter estado no inferno do catolicismo para saber como seria se nele estivesse. E justamente esse é o caso em ampla escala, dentro e fora do *mundus catholicus*. Inversamente, tem-se a impressão de que figurações católicas do inferno não passam, por sua vez, da gestão simbólica de um fundo de conhecimentos sobre estreitezas e angústias primárias com que uma grande quantidade de mortais está mais profusamente dotada do que poderia ser do agrado de qualquer um deles.

Assim como as macroesferas poderosamente desdobradas do tipo império, igreja e cidade não poderiam ter sido viabilizadas sem uma transferência de algum modo arriscada de concepções espaciais microesféricas íntegras para grande unidade, não há como instalar nenhum inferno sem um violento reestreitamento da vivência macroesférica de amplidão para os estados microesféricos íntimos mais supliciantes. O inferno se desenvolve a partir do intimismo do que há de pior. Nele, todo sujeito é afixado dentro do acanhamento, que para ele seria a condição mais sensível e mais terrível em sonhos angustiantes inconfessáveis. Num olhar psicodinâmico, essa é a razão pela qual, nos cenários infernais, os indicativos de ansiedades pré-natais e perinatais recorrem com regularidade obsessiva, mesmo que, via de regra, não sejam percebidos, já que todas as civilizações desenvolvem cegueiras específicas que tornam esses sinais ilegíveis.

Em inúmeros indivíduos, o parto sobrevivido lhes lega um fundo fortemente bloqueado, mas irrequieto, de engramas cênicos claustrofóbicos pré-natais e agorafóbicos pós-natais que se traduzem em humores básicos e disposições para a ação contraclaustrofóbicos e contra-agorafóbicos que podem ser acessados durante toda a vida. Como mostra a pesquisa da psicologia profunda, no nascimento humano, as duas indizibilidades extremas podem situar-se diretamente uma ao lado da outra — a estreiteza insuportável no fogo sinergético e a amplidão insuportável no gel pós-natal. É por isso que infernos interiores se diferenciam radicalmente de infernos exteriores e, não obstante, são cenicamente avizinhados. Para as suas simbolizações vale algo correspondente.

No campo dos discursos filosóficos, ao primeiro polo correspondem as doutrinas teóricas libertárias e fundamentadoras de revoluções que podem ser preenchidas, no plano da fobia ao privado, na forma de programas de evasão e de ampliação; ao outro polo correspondem as doutrinas holísticas de vinculação e recondução ao lar, que ostentam indissimuladamente seu caráter de programas de abrigamento e aquecimento. Pode-se pensar o que se quiser da concepção platônica das ideias inatas, para a existência dos indivíduos o esquema das memórias aterrorizantes inatas de infernos interiores e exteriores, ou de ambos, inegavelmente se reveste de importância real para cada caso específico. Pelo fato de, nas memórias contingentes de inúmeros humanos, mesmo que nem de longe de todos, estarem armazenadas experiências de ansiedade ou exclusão análogas às infernais, necessariamente se formam no comportamento posterior dos que se safaram imperativos de evitação que têm pretensão de validade para sempre e sem exceção. Pois os que de alguma maneira, apesar de tudo, acabaram sendo paridos sabem para todo o sempre, sem necessidade de reflexão e fundamentação, o que pura e simplesmente *nunca mais* pode acontecer com eles. Nas suas costas foi gravado a fogo um sinal que lhes sinaliza o que futuramente sempre deverá ser evitado. Ao conceito do inferno se associa uma intuição pessoal obscura e contingente, razão pela qual o *segundo imperativo categórico* não precisa ser propriamente exercitado: a máxima de todas as ações deverá ser a de preservar os agentes de renovadas presenças infernais — na medida em que inferno é exatamente o estado que, em nenhuma circunstância, poderá (voltar a) se fazer presente.[17] No surgimento de fantasmagorias infernais — e em seu extravasamento na forma de torturas e ações de extermínio —, a força da imaginação se aproxima desse polo cênico do "nunca mais!" e se envolve em um jogo perverso com a tentação da encenação renovada. Quanto à concepção do castigo infernal, ele se baseia justamente na reprodução daquelas cenas que jamais deveriam se repetir.

Talvez esta seja a definição psicológica do diabólico: ter uma intuição daquilo que seria o mais intolerável para alguém e implementá-lo, visando à repetição. A ideia ou o postulado de um inferno se fundam, sob o aspecto topológico, na suposição de que, em algum lugar lá dentro ou lá embaixo, no espaço a ser absolutamente evitado, há um ponto de coleta de repetições infames. Se um lugar como esse exerce fascinação sobre inúmeras pessoas, é porque gera um vórtice que, em condições normais, é neutralizado pelo "nunca mais" que se interpõe espontaneamente: em comunicações perversas, contudo, ele pode ser desencadeado por um ímpeto para o "repetir tanto mais".

Os discursos cristãos de ameaça referentes às coisas últimas, que tomaram suas imagens e conjurações do apocalipsismo judaico, constituem o paradigma de uma comunicação metafísica perversa que só consegue entrar efetivamente em ação, atualizando o vórtice mediante advertência e ameaça. Quem conjura o inferno direciona a curiosidade para ele. Quem adverte em relação a ele envia convites para que o visite a consciência que se lembra obscuramente de ter perdido algo naquele lugar. Em especial depois que a diferenciação dos infernos, na Alta Idade Média, popularizara a esperança de uma escapatória pessoal no *purgatorium*, os portões da fascinação ficaram escancarados para todos os interessados. Os que virtualmente foram poupados do pior puderam, então, envolver-se com imagens nas quais as memórias simbolizadas ganharam uma chance de se transformar em repetições contingentes.

A cidade inferior do inferno de Dante, denominada Dis, que acomoda dentro das muralhas que a circundam os quatro piores sistemas circulares — entre os quais o mal-afamado oitavo círculo, o Malebolge

17. Sobre o "primeiro" imperativo categórico, cf. P. Sloterdijk, *Esferas I: bolhas*, op. cit., p. 414.

Dante Alighieri, *A divina comédia*, "Inferno", canto 28:

> *[...] e 'l capo tronco tenea per le chiome,*
> *pesol con mano a guisa di lanterna;*
> *e quel mirava noi e dicea: "Oh me!"*
> [Segurava pelos cabelos a própria cabeça,
> suspensa pela mão como uma lanterna;
> e nos fitava e dizia: "Ai de mim!"]

(Vala Maligna) com suas dez valas de suplício —, constitui uma verdadeira suma da ciência dos estados abandonados por Deus. Cada um deles aparece como restauração eterna do que nunca mais deveria acontecer. Nunca mais!, exige o imperativo humano. Mas agora tanto mais!, retruca o interesse positivo pelo inferno. Com intuições que honram qualquer construtor de colônia penal, as fantasmagorias do poeta reproduzem as agonias dos seminascidos como processos de execução infinitamente protelados. Por ser possível, sob certas circunstâncias, lembrar os corpos humanos de múltiplos suplícios, o maior tormento imaginável pode ser conjurado de múltiplas formas.

Jamais o inferno foi criticado por falta de diversidade. Nele os que quase se afogaram voltam a ser submersos de modo sempre reiterado em um afogamento perenizado em rios de sangue fervente ou em lagos de piche fervente; os que foram cortados em pedaços são incessantemente recompostos apenas para voltar a ser despedaçados, "o corpo todo aberto do queixo ao reto" (canto 28, verso 24); os que quase foram sufocados são sufocados de novo e de modo a gerar um pânico cada vez maior; os que quase foram estrangulados são repetidamente comprimidos em estrangulamentos fanáticos por cobras asquerosas até estourar. Os que já estão mortalmente compungidos integram cortejos fúnebres andando eternamente em círculo vestidos de chumbo de peso descomunal. Os que quase ficaram entalados em túneis intransponíveis são afundados agora em buracos incendiados dos quais só afloram ainda seus pés e suas coxas, como fetos em posição pélvica saindo de úteros em brasa. No núcleo quente-frio do sistema universal de estreitamento, nas três bocas trincantes de Satanás, são sovados, triturados e empalados por toda a eternidade os arquitraidores Bruto, Cássio e Judas, como em um espremedor eivado de memórias feito de mucosas pegajosas e dentes invasivos — rastelado e penteado como cânhamo. Judas tem de se deixar mascar em posição pélvica pela boca de Satanás, ao passo que Bruto e Cássio, os assassinos de César, encontram-se em suas mandíbulas na posição cefálica abocanhados pela parte posterior. Apenas em um caso o sadismo executor do poeta parece ter falhado: quando ele apresenta o sumo sacerdote Caifás, que segundo a tradição cristã (João 11,46 ss.) foi o principal responsável pela condenação de Cristo, pregado em uma imitação horizontal quase confortável da crucificação no chão da sexta vala, como se o ponto alto da técnica infernal da crucificação romana não tivesse sido levar o delinquente ao desespero na cruz vertical mediante nova encenação do sufocamento natal com a ajuda do peso insuportável do próprio corpo.

Tendo em vista tais imagens e suas correspondências contingentes, torna-se premente a pergunta de como algo assim pôde chegar a fazer

Lúcifer devora os arquitraidores Judas, Bruto e Cássio, gravura de Bernardino Stagnino, Veneza, 1512.

parte de uma metafísica digna de respeito. De que modo um sadismo anterior ao marquês de Sade conseguiu obter autoridade doutrinária e poder pastoral? A infernografia medieval indubitavelmente desencadeou energias psicagógicas politicamente interessantes, ao avivar e gerir angústias elementares em relação à seletividade de Deus. Porém teria sido impossível para os teólogos do inferno tornar Deus tão terrível e construir seu antagonista como um imperador tão poderoso do não mundo se a clientela piedosa não pudesse acomodar a substância dos estados antimundanos a um material cênico e psicoplasmático favorável. Em conformidade com isso, a tarefa consistia tão somente em organizar a crença nos lugares temíveis e vinculá-la a imagens plausíveis de desgraça. Pelo fato de a infernografia tratar de um lugar em que, pela natureza das coisas, nenhum daqueles que falam dele pode ter estado, só há dois meios de autenticar as imaginações infernais: ou elas são apresentadas como visões concedidas pela graça, que põem a descoberto o

Dante Alighieri, *A divina comédia*, "Inferno", canto 23:

[...] "Quel confitto che tu miri
consigliò i Farisei che convenia
porre un uom per lo popolo a' martiri."
["Este que vês perfurado no chão,
Aconselhou certa vez os fariseus, dizendo que convinha,
Que um homem fosse sacrificado pelo povo."]

que normalmente está encoberto; ou elas apelam para uma fantasia da dor desenvolvida por uma cultura específica, através da qual o inimaginável, não obstante, penetra no imaginário. Dante se valeu dos dois procedimentos com êxito absoluto.

Quanto ao último, a recepção de sua descrição do inferno acaba sendo um teste de ressonância para o receptor que, ao percorrer as valas infernais, perceberá a que símbolos, cenas, representações de tormentos se aterá sua imaginação. Desse modo, é ativado nele um fundo de esquemas de depressão, a respeito dos quais se pode assumir que possuem caráter estritamente privado, porque eles, enquanto aquisições antigas, detêm o status quase platônico de ideias cênicas inatas do indivíduo. Eles podem ser ativados em comunicações metafísicas perversas. A perversão é primeiramente um assunto público e só secundariamente é privatizada. Também assim já se designou o paradoxo do poder eclesiástico cristão, que para muitos se tornou o inferno do qual ela alegava trazer a redenção.

Portanto, a imagem que representa o infernal atrai um reservatório de intuições em termos de sofrimentos depressivos, cuja característica comum é sua desproporcionalidade. No sofrimento depressivo, o inimaginável é o mais digno de crédito. Típico do inferno do depressivo é que nenhuma ação no mundo pode constituir o equivalente a esse estado no não mundo, porque a dor opressiva com sua onipresença sem contornos claros sobrepuja desproporcionalmente o próprio mundo e toda ação possível nele, por piores que possam ser, e os desfigura ao ponto da irrealidade.[18] O inquietante na comunicação cristã medieval sobre o infernal parte, por conseguinte, da circunstância de que numerosas pessoas já possuem a intuição do desproporcionalmente doloroso, e isso já antes de todo ato ou crime para os quais a punição eterna no inferno poderia ser a resposta de Deus. Isso significa que, na depressão, a punição antecede o ato e o desespero, a sua razão de ser. O curso da vida do depressivo pode ser interpretado como uma tentativa do desespero de produzir sua razão de ser *a posteriori*.

A infernografia medieval meio que alçou esse paradoxo depressivo de dentro do abismo do não dito ao ressaltar o fosso que se abre entre o pecado humano finito e a consequência infernal infinita; simultaneamente ela procurou manter a aparência da justiça divina, afirmando uma relação "se-então", por mais tênue que fosse, entre pecado e consequência do pecado. Porém estava claro para todos os participantes

18. Cf. E. Scarry, *Der Körper im Schmerz. Die Chiffren der Verletzlichkeit und die Erfindung der Kultur* [O corpo em dor: as cifras da vulnerabilidade e a invenção da cultura] (Frankfurt s/ Meno, Fischer, 1992), p. 41-90, obra na qual a autora investiga, numa fenomenologia sutil da tortura, a desconstrução do mundo e do si mesmo por meio da dor.

desse jogo perverso da comunicação infecciosa a respeito do mal maior que esse vínculo da lógica consequencial era frágil e que, justamente por causa do sofrimento desmedido ter uma fundamentação tão lábil, tinham de partir da conversa sobre o inferno um terror tão sugestivo e um vórtice tão poderoso. Por trás do "se-então" aparentemente sensato em termos morais se alteava a sombra do incompreensível. O sublime medieval se revelou à meditação sobre a monstruosidade de Deus, com a qual o desproporcional irrompeu na representação.

É impossível que o sofrimento infinito possa ser merecido em virtude de atos finitos; pelo menos, o tipo de cálculo capaz de determinar esse merecimento não seria compreensível para intelectos humanos. O fato de na infernologia cristã, não obstante, o sofrimento infinito ter sido afirmado como decorrente de ações sob responsabilidade própria escancarou a pergunta inconclusiva de esclarecimento acerca da razão dessa desproporção. No inferno de Dante, ocorre o mesmo que em todas as outras fantasmagorias infernais: as equivalências entre malfeitos terrenos e eternidades de suplício não fecham porque a passagem da transgressão para a sua consequência só pode se dar mediante um salto irracional, que equivale a uma operação de cálculo com o valor "infinito". Pois qual seria a equação integral que permite a um juiz do inferno determinar que pessoas que, ocasional ou habitualmente, falsificaram dinheiro, exerceram práticas sodomitas, enunciaram doutrinas heréticas, deram conselhos ruins ou praticaram a alquimia devam ser mergulhadas em piche fervente ou trancadas em decúbito ventral em apertados sarcófagos de fogo? A única resposta a essa questão que não deixa o pensamento incorrer imediatamente no irracionalismo maligno poderia se apoiar na analogia existencial entre os modos ruins de ser do pecador antes e depois da sua morte — deixando de lado, num primeiro momento, a escalação.

De fato, a infernologia medieval — em conexão com as especificações da doutrina agostiniana dos estados finais, nos obscuros livros tardios de *A cidade de Deus* — insistiu em afirmar que não foi Deus que criou a má vontade nem os estados daqueles que se enredaram nela, mas que o mal se explica exclusivamente pela epigênese da liberdade humana mal utilizada. De acordo com isso, o inferno não passaria de um repositório

Autolooping de Willenborg, 1952.

dos estados decorrentes das recusas livres e espontâneas da comunicação com Deus. Essas recusas seriam o material do qual são feitos os infernos, e o que Dante mostra nas suas valas fatais seria a essência autoflagelante da negatividade humana. Dado que, em todas as ortodoxias, Deus não pode, sob nenhuma circunstância, ser identificado como autor do radicalmente malogrado, tudo o que não pode ser derivado da boa fonte tem de fluir de uma nascente paralela que, via de regra, é encontrada na liberdade humana de optar pelo mal. Sem essa premissa, a existência fática de um inferno, e até já a ponderação de sua instalação, teria de ser atribuída diretamente ao Deus criador; nesse caso, porém, o senhor tanto do céu quanto da *civitas Dei* teria sido exposto a constrangimentos por sua criação malograda, pois um mundo criado que tem de ser complementado por um inferno em virtude de inevitáveis implicações da criação teria de ser avaliado em termos de balanço final como uma criação malsucedida — uma concepção que, repetidas vezes, foi enunciada sem rodeios por teologias dualistas desde a Antiguidade Tardia, enquanto os defensores católicos da totalidade boa sempre tiveram de interpretar o malogrado e seu conjunto infernal como um adendo que se funda exclusivamente nas obras da liberdade humana mal utilizada.

Quando se segue a indicação da ortodoxia, uma luz forte incide sobre a relação abissal entre depressão e liberdade. Um candidato ao inferno de fato não deve ter sido só vítima de sua leviandade, muito menos se pode apresentá-lo como um pecador despreocupado que, *post mortem*, é posto a par da desagradável surpresa de sua condenação. Ele só poderia ter desafiado ou merecido o inferno, se isso fosse possível, caso não tivesse feito uso, tendo conhecimento de causa, das ofertas para escapar dele. Nem mesmo a pérfida frivolidade de Don Giovanni, que é levado às chamas infernais em cima do próprio palco, cumpre o pressuposto de uma internação merecida no inferno. Pois para isso seria necessário que o pecador estivesse mergulhado, durante a sua vida, de modo suficientemente profundo em um inferno para saber de que mal seria bom evitar a eternização. O impenitente deveria não só ter se extravasado com alegria fálica em sua vida de injustiças, mas também ter estado, à guisa de experiência, em um inferno real para que lhe pudesse ser atribuído, como compromisso absoluto, um interesse bem informado de escapar dele.

Isso exige que ele tenha experimentado a suprema depressão em um inferno anterior ao inferno — e então o argumento da liberdade se enreda em um círculo ruinoso. Pois quem experimenta a depressão a partir de dentro está *eo ipso* atormentado demais para fazer qualquer escolha, e quem ainda acha que consegue escolher não sabe até que ponto vai a tortura. Portanto, ou o delinquente sabia o suficiente a respeito do inferno para ter encontrado dentro de si mesmo o não espontâneo à fixação eterna nele;

"Todeswand", paredão da morte para motocicletas, construído por Pitt Löffelhardt, 1932.

nesse caso, porém, não se pode mais falar de decisão no sentido válido do termo porque o realmente infernal extrapola em muito a liberdade de escolha do candidato a favor ou contra ele. Se algum infeliz de fato se encontrasse nele, só haveria mais, em seu lugar, uma dor que não pode querer senão um cessar e um nunca mais retornar a ela — e, desse modo, resolve-se por si só a representação de uma eleição ou de uma reeleição do inferno. Ou então o candidato não sabia o suficiente sobre o infernal e foi atraído para a arapuca de um mal-entendido.

Ora, quando os teóricos da liberdade alegam que, em virtude do seu obstinado distanciamento de Deus, o pecador já teria estado suficientemente imerso no infernal para ter uma noção do que significa sua eternização, eles escamoteiam esse argumento através de um conceito suavizado de inferno, no qual cada instante egoísta é onerado com implicações infernais exageradas. Nesse ponto, o infernal é equiparado ao abrigamento na falsidade e apresentado como algo com que os humanos firmam um acordo de paz por meio de habituações culposas. Valendo-se de tais argumentos, teóricos do estranhamento como Fichte e Adorno atacaram as ofuscações dos modos de vida burgueses e pequeno-burgueses como círculos infernais da vida aparente consumada.

Porém esses infernos do erro e da comodidade pouco ou nada têm a ver com os infernos da dor aguda, conjurados nas infernografias medievais sem alegoria idealista. A tese do inferno como inferno autoescolhido e automerecido só poderia contabilizar um mínimo de plausibilidade se os estados na caverna [*Höhle*] confortável pudessem passar continuamente para os estados do inferno [*Hölle*] desconfortável. Contudo, por ser impossível tal passagem de estados suportáveis aceitáveis para estados insuportáveis inaceitáveis, e porque entre um inferno e o outro se escancara um fosso intransponível, o argumento da liberdade necessariamente fracassa nessa questão.

A partir da liberdade não há como chegar ao inferno. Nenhum livre-arbítrio, nenhuma vida livre poderiam jamais entrar nele, não importando quanta culpa um indivíduo maligno tenha acumulado sobre si. O inferno não pode ser um resultado moralmente concludente de uma vida vivida. Não posso merecer o inferno. De forma tanto mais admirável se destaca o fato de que as pessoas, ainda assim, sabem dele como se tivessem estado lá ou como se dispusessem de critérios para avaliar relatos a respeito dele. Não obstante, elas nunca conseguem mostrar conclusivamente como se entra nele — inclusive Dante nem mesmo tenta descrever um julgamento ou um procedimento de dosimetria.

O que significa essa desproporção? Se o inferno representa o moralmente inalcançável tal e qual, o que significa, então, que numerosos envolvidos o testemunham como algo que existe para eles de fato? Por um lado, como agora sabemos, o inferno não pode ser alcançado nem merecido a partir da vida assumida com responsabilidade e, por outro, são propostas infernografias bem informadas em conexão com os planos das adjacências, os registros de ocupação e a ordem em que ocorrem os suplícios; dessa circunstância discrepante se podem depreender duas coisas: a primeira é que se deve analisar o infernal independentemente de questões de acesso; a segunda é que os envolvidos em comunicações sobre o inferno só podem formular um interesse positivo nele porque o conceito desse lugar é significativo para descrever sua situação existencial. É justamente isso que caracteriza a posição do depressivo, que necessariamente participa de representações do espaço depressivo por sentir que *tua res agitur* [se trata de assunto teu]. Sua sensibilidade para o inferno

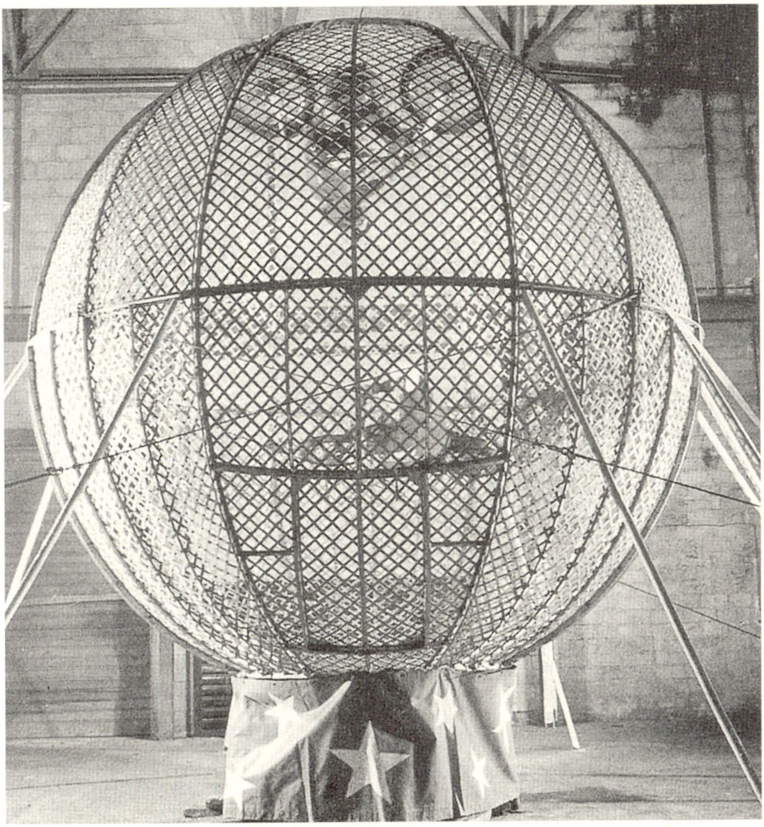

Globo da morte da década de 1920; em seu interior, os irmãos Varannes treinam para a manobra conhecida como Cruz da Morte.

é nutrida pela convicção de que ele já esteve ou está imerecidamente no lugar que jamais poderia ter alcançado por merecimento. Desse modo, a questão-chave católica de quais são os delitos que levam a ele é convertida em seu oposto e transformada no interesse pela possibilidade de deixá-lo, depois que alguém se encontra dentro dele sem merecer.

Por essa via, o inferno deixa de ser o tema monopolizado por uma metafísica moralizada do além. Falar dele se torna tanto mais a pedra de toque de uma dedução ontológica do fático. Deduzir a faticidade significa provar que ela não pode ser deduzida, mas só evidenciada. No fenômeno do inferno fica demonstrado como em nenhum outro que a existência tem primazia em relação à essência. É isto que os ontólogos não metafísicos têm a dizer: o *factum brutum* do estar dado de

Atração de feira da década de 1990, Huss Maschinenfabrik, construtora de brinquedos para parques de diversões, Bremen.

algo em algo antecede toda e qualquer genealogia ou fundamentação; o "isso existe" zomba de todas as deduções. Não é possível formular a dádiva primigênia e a contingência primeva em proposições da razão suficiente. O acaso constitui a própria absolutidade.

Quanto ao inferno como modo da contingência primeva, a prova inteira da existência do inferno reside na expressão ostensiva "*aí está*". Existir no inferno é uma forma do existir no mundo, na medida em que mundo também pode estar dado como *não* mundo. A palavra heideggeriana fundamental da "*Geworfenheit*" [ter sido lançado] enquanto indicativo do encontrar-se indedutível em uma totalidade circunstancial chamada mundo só é propriamente adequada para designar o encontrar-se no inferno; nesse caso, o lançamento dos dados na existência leva a ficar deitado no pior dos lados. (Por conseguinte, é só no inferno que os humanos estão na condição de lançados; em um mundo, eles se acostumariam com o tempo.) Nessa evidenciação, quem mostra as garras agora é justamente o inferno não moralizado. Ter estado lá significa, em alguma medida, "continuar lá", porque o inferno *per se* é definido como o lugar que só é o que é por não ter porta de saída. Quem esteve imerecidamente no infernal sem saída permanecerá nele, de certo modo, para sempre, e não porque, ainda assim, por alguma razão ainda oculta, tenha merecido estar e permanecer ali, mas porque a experiência fática de ter estado ali lança uma sombra que nenhuma luz posterior consegue dissolver inteiramente.

O inferno é ele mesmo *e* sua memória; afeta a vivência temporal tanto dos que foram lançados nele quanto dos que dele escaparam, e, ocasional ou cronicamente, busca os seus de volta para dentro de si numa verdadeira reiteração. Ser forçado a se lembrar da situação sem saída faz parte da situação sem saída. Inversamente, porém, também na depressão a situação sem saída e sua memória não são tudo. A circunstância de que a situação sem saída — acompanhando Cioran, pode-se falar dos píncaros do desespero — pode ser realmente visualizada no modo da memória atesta que, apesar de tudo, existe uma saída para a situação sem saída — um caminho que ainda não voltou a se fechar no circuito infernal e que talvez jamais venha a se fechar. Tudo depende de como os dois fatores — a situação sem saída e a saída — são inter-relacionados. Em sua configuração maligna, eles resultam no que deve ser denominado, em sentido estrito, círculo diabólico — a situação sem saída põe a saída a seu serviço. Próprio do círculo diabólico é o movimento em que a memória é sistematicamente dominada pela repetição. Nesse caso, a liberdade relativa que propiciou a saída é percorrida como curva que leva à repetição. Quando se logra acertar a configuração mais favorável, pode surgir um círculo de depuração, no qual a situação sem saída serve de impulso para a saída. No círculo de depuração, a memória [*Er-innerung*] anula a compulsão para a repetição — por essa razão, seria melhor chamá-la de des-memória [*Ent-innerung*]. Quem escapou de lá não volta mais ao local do crime nem para as antigas circunstâncias do evento, pelo menos não de livre e espontânea vontade.

Voltando-nos, de posse dessas definições, novamente para o material oferecido pela *Commedia*, evidencia-se que as excursões de Dante pelos dois mundos inferiores já pressupõem a diferenciação eficiente entre repetição e memória. Ou melhor, os dois lugares mais baixos constituem, eles próprios, essa diferenciação. Por existir o *purgatorium*, já existe a alternativa ao inferno, e, enquanto os ocupantes do inferno se revolvem em repetições sem fim, os pacientes do monte da purgação se submetem às memórias características que possivelmente efetuarão sua libertação do círculo fatal. Mas se humanamente só faz sentido percorrer os círculos da purgação, por que Dante se propôs a descer até o fundo do inferno absoluto? Por que não se contentou com a visita ao *purgatorium* e entregou o inferno sem saída à própria sorte? Para responder a essa pergunta, não basta inteiramente fazer alusão à exatidão escolástica que exige um tríptico das coisas transcendentais. As imagens que o poeta apresenta do inferno possuem um teor irredutível de experiências que possui atualidade fenomenológica e antropológico-existencial, mas não dogmática. Quando consegue se decidir por visitar o inferno barra-pesada e testemunhar seus estados, Dante confessa que detém pessoalmente um fundamento de saber sobre o inferno que lhe coube como um pré-saber necessariamente imerecido. Quando autênticos ocupantes do inferno o inquirem sobre a razão de estar ali, ele tem de se reportar a um mandato superior. Ele é o homem da memória que o céu quis que desse uma olhada no inferno sem que precisasse permanecer nele como condenado. Quando retornar, terá estado no inferno com a consciência de que nenhuma ação culposa o levou para lá. Ele só terá estado lá para que sua memória da situação sem saída tenha o que dizer.

Esse privilégio caracteriza a posição do melancólico. Ele é o humano que viverá na sombra do saber acerca da situação sem saída. Um mandato indevassável lhe impôs ter ciência de estados de que não faz bem a ninguém ter conhecimento autêntico. Ele sabe que não é bom saber o que ele sabe; mas também sabe que é bom saber o que não é bom conhecer em primeira mão. Se, como ensina Aristóteles, todos os humanos buscam conhecimento por natureza, eles também têm, num primeiro momento e na maioria das vezes e igualmente por natureza, aversão ao que não é bom conhecer. Não obstante, há noções de situações que não foram almejadas. Ninguém almeja por sua natureza ao conhecimento do inferno, e, no entanto, a experiência do inferno pode ter se dado sem ser almejada.

Basta que você descubra estar lá para saber como é lá. "Pode haver um saber sobre o diabólico sem que haja crença nele, pois não existe nada mais diabólico do que o que está nele" (Franz Kafka).

A partir daí, o objetivo da busca deveria ser o encobrimento da descoberta — do que decorre que também tem de haver uma busca por desconhecimento, que dificilmente será menos originário do que o apetite positivo aristotélico. Mas, do mesmo modo que a vontade de saber possui seus meios, o não querer saber encontra seus mediadores. Via de regra, a imagem do aterrador serve como figura de conciliação entre o vórtice da coisa desvelada e a resistência veladora. Por essa razão, em muitas civilizações há figuras aterrorizantes de grande significado cúltico — são as que com mais êxito reprimem o que elas representam. Elas confirmam aos participantes do culto que eles estão no lugar da representação, isto é, no jogo de linguagem, e não no lugar do representado, ou seja, na tortura. Contudo, o terror imagético informalizado que a Era Moderna cultiva também tem ciência da inversão da proscrição representadora. Pelo fato de a imagem ruim ter, por assim dizer, alças do lado de dentro e do lado de fora, os usuários que se agarram na imagem podem ser arrastados para dentro se, no caso deles, a força de tração proveniente do representado for mais forte do que a resistência a ela.

Portanto: embora quisesse manter distância do temível, o poeta tinha descido a um inferno a respeito do qual não se podia negar que se tornou o seu ao se revelar a ele e gerar um eco dentro ele. Dante não sonega a seus leitores o que lhe aconteceu *in extremis*, quando se viu frente a frente com Satanás:

> *Io non mori' e non rimasi vivo;*
> *pensa oggimai per te, s'hai fior d'ingegno,*
> *qual io divenni, d'uno e d'altro privo.*
> [Não morri e não continuei vivo;
> se fores dotado de semelhante engenho,
> imagina o que me tornei, privado tanto de uma coisa quanto da outra.]
> ("Inferno", canto 34, versos 25-27)

Ao falar do inferno no qual esteve, ele consegue realizar a proeza que nenhum depressivo comum lograria: quebra o fascínio da convicção de que no interior incolor e aniquilado não haveria nada que pudesse vir a ser tematizado abertamente na comunidade. Ao se voltar para o leitor — nessa passagem, interpelando-o francamente, de resto sempre de forma implícita —, ele logra evadir-se da rigidez cadavérica. Quando diz "imagina o que me tornei...", desponta em meio ao inferno a dimensão do purgatório. Se você tiver uma réstia de entendimento, saberá o que passei no círculo mais interno do inferno; não morri, mas também não continuei vivo. E você, leitor, se não for de pedra e se for nascido de uma mãe, saberá a seu modo do que estou falando. Pois não estou falando só do meu inferno, mas também daquele que você pode intuir, na medida em que escapou de uma caverna que ficara demasiado apertada para se tornar esse ser humano que você é; de fato, seria possível que a simples tentativa de deixar a caverna apertada a tenha transformado no inferno que se manifestaria assim que você chegou ao outro lado.

Essa interpelação do leitor leva à maior descoberta de Dante: o *purgatorium* é um lugar em que os não bem-aventurados sofrerão *juntos*. Nele, o sofrimento é associado à cumplicidade — compartilhar sofrimento é possível porque a dor é passível de uma dimensão pública peculiar. Por essa razão, relações interdepressivas manifestas já constituem o início de caminhos que levam ao espaço aberto, ao passo que, permanecendo encobertas e secretas, geram apenas isolamentos próprios do círculo infernal. O *inferno* se converteria em *purgatorium* no instante em que, entre seus ocupantes, tivesse começado um entendimento sobre os limites de todos os entendimentos. Enquanto o *inferno* se manifesta em dessolidarizações e excomunhões dadas desde a origem, o *purgatorium* se constitui pela publicização do indizível na comunhão dos não santos. É no *purgatorium* que surge pela primeira vez o que a Era Moderna denominará *solidariedade* — a anulação das noites infernais solitárias por queixas compartilháveis, finitas, dizíveis. Por fim, essa tendência de partilha do sofrimento também deixa claro por que, na *Commedia*, desde o começo, o segundo viajante participa da viagem até o pior que existe e por que, sem o copoeta, o poeta teria permanecido vazio e sem palavras no lugar mais baixo. Virgílio é o Grande Outro, diante do qual e através do qual se fala, mas o leitor é o Outro real, e dirigir-lhe a palavra é redentor porque ele dá às palavras um endereço mundano e um futuro humano. Então acontece o milagre: a poesia une o saber autêntico a respeito do inferno à distância que protege dele. A infernografia de Dante é o documento que terá provado para todo o sempre que não só é mais salutar como também é mais interessante provir do inferno do que descer a ele. Porém, se o inferno imerecido foi um fato, mesmo que tenha sido só essa uma vez, a noção de sua facticidade fundamenta o mandato incondicional de expô-lo como algo que, sob certas circunstâncias, também se pode voltar a deixar. Saber quais são essas circunstâncias permanece sendo, até segunda ordem, o segredo do poeta. Porém sendo Dante não faz segredo do seu ascenso para o espaço iluminado. O retorno do poeta de dentro do extremo prefigura a ressurreição terapêutica.

"*Quindi uscimmo a riveder le stelle.*" "Então saímos a ver novamente as estrelas." *Uscimmo* — chegamos ao espaço aberto, saímos: esse é o único *verbum* de movimento que conta para o esclarecimento invencível. É o *verbum* do nascimento e da clareira. Um nós e um movimento para o espaço aberto — a aliança para a vida.

O saber hermético do inferno não quer nem ouvir falar de saídas. Ele provê para si uma perfeição própria, transpondo o pensamento para o cerne da escuridão. Aciona seu movimento de reflexão como recusa permanentemente renovada da iniciativa para projetos vitais e vínculos promissores. Celebra suas vitórias, cedendo constantemente à necessidade de expor o caráter ridículo da boa vontade — do pobre trapalhão que sempre volta a se levantar e acha que tudo continua. O pensamento infernal observa com frieza o movimento da parte esperançosa de se desvencilhar do inferno e, no final de cada rota de fuga, volta a levantar o portão do inferno: a intenção é de que a esperança só sobreviva como esperança perdida e de que ela malogre tantas vezes até que considere a si própria parte do círculo infernal. Desse modo, o desespero alega lançar o fundamento para si próprio; ele só precisa se repetir para voltar a se convencer do seu ser e do seu ser assim. Eu me desespero, logo existo. E quantas vezes existo como desesperado? Precisamente tantas vezes quanto penso que me desespero. Através de uma autorreflexão de um tipo próprio, de uma guinada para dentro na direção do ponto mais estreito, o pensamento infernal apresenta seu estado como resultado que o sujeito seguramente poderia alcançar e seria inalterável. Mediante a inscrição no portal do inferno, o próprio Dante eternizou a ficção da sua alcançabilidade a partir do não inferno e a ilusão do possível ingresso nele:

> *PER ME SI VA NE LA CITTÀ DOLENTE,*
> *PER ME SI VA NE L'ETERNO DOLORE,*
> *PER ME SI VA TRA LA PERDUTA GENTE.*
> [POR MIM SE VAI À CIDADE DAS DORES,
> POR MIM SE VAI À ININTERRUPTA DOR,
> POR MIM SE VAI À GENTE CONDENADA.]

Portanto, ele também fala como se o encontrar-se no inferno fosse uma questão de entrar nele. Também alega que os perdidos são um grupo ao qual é possível juntar-se. E também fez de conta que a dor inesquecível é algo que antes jamais se poderia ter sentido, para, então, de súbito, por culpa própria, vir a experimentá-la. Se isso fosse verdade, o inferno de fato poderia ser tido como destino possível de uma viagem de ida. Nesse caso, eu poderia realmente tornar a mim mesmo um desesperado, ao estilo do que se costumava dizer de Satanás, a saber, que ele próprio quis e provocou o seu estado.

Porém essa ação desesperada — que é problemática já no caso do diabo: pôr a si próprio em desespero — permanece tão vazia em todo indivíduo real quanto são vazias todas as autorreferências meramente formais que seguem o esquema: apreendo a mim mesmo, certificando-me, pela pós-apreensão conscientizadora, de que sou como sou. Unicamente dessa figura reflexiva jamais poderá decorrer um estado de ânimo fundamental, nem o depressivo, impregnado do não saber-fazer, nem o maníaco, que se arrebenta de saber-fazer. O eu que põe, pensa, aceita, libera ou inventa a si próprio precisa permitir, sob todas as circunstâncias, que seu conteúdo ou seu humor lhe seja pretextado a partir da ressonância com um interlocutor sonante. O autoachado "tônico" enquanto tal e tal sempre antecede a autoposição. O desesperado não consegue se fazer desesperado originalmente, mas apenas sentir, refletir e, quando

A Virgem de ferro de Nuremberg, instrumento de tortura usado a partir do século XVI.

muito, reforçar pela repetição seu estar desesperado. O desespero não é alcançável por meio de posições do sujeito, assim como o inferno não poderia ser para o pecador resultado de sua vida petulante. Somente quando o fato do desespero está dado e só por haver casos em que ele de fato está dado a reflexão é capaz de associar-se a esse fato e dedicar-se ao exercício de se pensar como perdida. No entanto, o desespero nunca passa a ser propriedade do pensante; o desespero não pode se tornar nem resultado, nem realização própria. Inclusive o sujeito não se acha no círculo diabólico por tê-lo produzido na totalidade, mas porque subitamente se encontrou nele em seu possível ponto de partida, o imerecido existir no inferno dado desde a origem, no qual "foi lançado".

Quem tem de estar no coração das trevas é quem reiteradamente retorna a ele. O encontrar-se nele é o acaso absoluto, que não pode ser fundamentado suficientemente por nenhum ingressar, por nenhum chegar lá, por nenhuma lógica do alcançar. Do mesmo modo que, em sua parábola da caverna, nem sequer ocorreu a Platão indicar como os prisioneiros foram parar nela, uma correspondente parábola do inferno só poderia iniciar com o fato consumado de que uma multidão de infelizes se encontra nesse lugar — quando muito, poderia relatar como um santo ou um poeta conseguiram descobrir a existência de um não inferno do lado de fora. O que pode ser achado é tão somente o caminho que leva para fora, ao passo que o próprio inferno é algo que não pode ser descoberto nem alcançado, exceto se alguém já estivesse dentro dele.

Foi isso que demonstrou Joseph Conrad em seu romance *Coração das trevas*, fazendo certo uso pródigo de imagens exóticas de viagens e metáforas de descobridores. A artimanha filosófica de sua narrativa reside em que a história do descobrimento do aterrador foi deslocado para um cenário colonial, como se Conrad também quisesse alcançar a "verdadeira África interior".[19] Para ele, o continente escuro é sobrelevado, de forma arbitrariamente equivocada, à condição de cenário de uma experiência radicalmente modernizada do infernal. Na selva e entre os "selvagens",

19. Cf. L. Lütkehaus, *Tiefenphilosophie. Texte zur Entdeckung des Unbewußten vor Freud* [Filosofia profunda: textos sobre o descobrimento do inconsciente antes de Freud], Frankfurt s/ Meno, EVA, 1995, p. 2-7.

o protagonista de Conrad, Kurtz, um filantropo aventureiro, tivera o único propósito de atuar no exterior a serviço de uma "Sociedade para a Abolição de Costumes Selvagens". Contudo, a piedosa missão cultural não chegaria a ser cumprida, na medida em que a selva fez o pioneiro da civilização passar para o seu lado. A história de Conrad confirma, num primeiro momento, os clichês exóticos do europeu simplório que havia sido dominado pela selva e transformado em um daqueles monstros que ele fora civilizar. Nos entrepostos comerciais, circulam boatos a respeito dos assassinatos inescrupulosos que ele cometia, seus feitiços escravizantes e libertinagens orgiásticas. Quando Kurtz, por fim, é encontrado pelo narrador, já está marcado por uma doença mortal; no leito de morte, ele luta com algo temível que, pelo que parece, lhe teria sido revelado durante sua estadia na selva; ele morre em amarga agonia, sussurrando: "*The horror, the horror* [O horror, o horror]."

Se, à primeira vista, tem-se a impressão de que Kurtz teria se infectado na solidão do continente estranho com uma espécie de febre africana — o desembaraço de impulsos pré-civilizatórios, que continuam presentes também no civilizado —, a segunda olhada permite vislumbres em um processo de adoecimento de natureza bem diferente. O que Kurtz vivencia no cenário africano é uma febre europeia e filosófica — mais precisamente, nenhuma febre dionisíaca, mas uma febre ontológico-fundamental. Seu espanto não resulta da infectabilidade do apreendido, culto, bem-intencionado pelo êxtase que rompe o invólucro civilizado, mas do seu caráter indefeso contra a própria noção da falta absoluta de sentido do fático. Na colisão chocante com o quê bruto das coisas, o indivíduo que caiu para fora de todas as esferas abrigadoras descobre que tudo o que ele próprio comete ou deixa de fazer nesse universo da factualidade exuberante não possui a menor importância. Algo parecido seria trazido à tona por Herman Melville em seu romance *Moby Dick*, ao apreender a cor branca como a manifestação da ausência de sentido, a "cor universal incolor do ateísmo".[20] Diante da imensurável e verde ausência de sentido, o aventureiro no Congo sente-se expelido por todos

20. Cf. adiante o Capítulo 8: "A última esfera: Para uma história filosófica da globalização terrestre", p. 812 s.

Gottfried Helnwein, ilustração para E. A. Poe, *O poço e o pêndulo*.

os envoltórios e abandonado à sua nulidade. Ele descobre que o mundo em que ele imerecidamente faz estadia é o próprio inferno. O mundo não é senão a máquina indiferente do devir que gira sem parar em si mesma, fora do alcance de atribuições de sentido.

A razão pela qual a descoberta do puro quê conseguiu desconcertar um europeu solitário foi ter visto refletido no inferno exótico dos fatos a realidade de seu não abrigamento nele. O que se rompe na solidão africana é o senso de existência de imanência pânica que ele havia trazido com ele. O aventureiro descobre na selva a segunda antiesfera — o espaço depressivo em seu *maximum* cósmico. Indignado, ele tem os olhos fitos no Moloque do real, dado desde a origem, humilhado e alquebrado à vista do processo da vida que continua a se desenrolar de modo absolutamente indiferente. O *minimum* antiesférico, a rotação do desesperado no círculo diabólico mais estreito do pensar-se perdido, e o *maximum* antiesférico, o ver-se cercado de exterioridade não referencial absoluta, correspondem-se como os dois polos necessários de uma ontologia depressiva. Eles estão interconectados como o ponto isolado contingente e seu ambiente total contingente. O desesperado também vivencia a dimensão colossal da antiesfera depressiva com estar sitiado pelo entorno. O aventureiro moribundo se ergue uma última vez e grita para a selva: "Eu ainda vou arrancar seu coração!", como se ainda estivesse preso em uma caverna pulsante sob o céu do continente estrangeiro.

Portanto, o que abala o descobridor da facticidade não é a percepção da existência em um espaço circundante faticamente presente enquanto tal. Antes, pelo fato de o espaço circundante devolver ao indivíduo seu isolamento cósmico já ocorrido e lhe revelar seu estado de sempre já existir no inferno, o seu *cogito* tem de converter-se em "penso que estou no inferno". O que a selva pareceu ser acaba se comprovando como o espaço da vivência antiesférica — o mundo ao redor em geral, maciço, fático, que se move sem sentido, como percebido pela visão periférica total do isolado.

Por essa razão, o inferno do fático não precisa mais ser um além para aquele que nele se encontra; ele já não precisa mais ser visualizado de modo simbólico e visionário, como no poema de Dante; ele não é uma região do lado de lá que poderia ser alcançada e atravessada por meio de um tipo específico de alçar voo da alma, mas ele sempre já ocorre como imanência sem sentido, absoluta e inescapável. O sujeito depressivo está preso nele como ser vivo sem acesso ao bom espaço compartilhado. É claro que, para Conrad, também a antiga diferença entre inferno e *purgatorium* se tornou irrelevante. A contribuição da aventura africana para o apocalipse ontológico foi meramente o cenário romântico-colonial e a representação de um outro lugar no qual verdades assustadoras se revelam com mais facilidade do que entre os apeluciados europeus de 1900.

A descoberta da faticidade nua e crua é um processo que só se entende a partir do mais avançado movimento daquela época de relações de produção de sentido na Europa — esse processo demarca uma fase na passagem das formações de esferas metafísicas europeias antigas para as formações de esferas pós-metafísicas modernas. Essa descoberta faz parte dos primórdios da formação de espumas. Enquanto, no regime metafísico, o sentido só pôde ser gerado mediante fundação sobre o sentido originário, a necessidade e a previsão, a Era Moderna passou para uma geração de sentido mediante projetos, tendo como pano de fundo o não sentido, o caso e o prognóstico. Essa transformação sem precedentes é vivenciada pelos envolvidos como crise niilista; suas reverberações continuam agudas; pois, embora tenha se ensaiado, nos países centrais da nova economia de sentido, especialmente mediante os sedativos onipresentes ministrados às massas pelos meios de comunicação, um estado precário de cotidianidade pós-metafísica, nas zonas de transição e nas culturas de resistência anunciam-se convulsões dramáticas. Nas civilizações centrais, pós-metafisicamente corretas, do Ocidente, segue-se certa dieta de sentido (não precisa se tratar sempre de história da salvação), ao passo que os marginais e reativos ainda ou novamente se entopem de guloseimas transcendentes.

Porém, se a facticidade nua e crua descoberta como tal já foi capaz de assumir o sentido de inferno, esse sentido logo também seria encontrado sem o exotismo colonial. O protagonista desregrado de Conrad no Congo permaneceu europeu antigo até em sua agonia, por não ter sido capaz de pensar a totalidade da facticidade nua e crua do existente sem senti-la como o próprio horror — ele é o último herói da busca de sentido, um teólogo por vias tortas. Como que pela última vez, ele venera o gênio metafísico da Europa, tornando-se no exterior um diabo que rejeita o inferno.

Nem duas gerações mais tarde, os autores do existencialismo propuseram em tom frio a equiparação de existir no mundo e existir no inferno como pano de fundo para sua existência engajada. Para eles, a meditação sobre o quê nu e cru terá se tornado a chave geral para um primeiro pensar histerizado, ainda inseguro, sobre o exterior. É certo que, antes do início do seu pensamento, a máquina da facticidade havia dado alguns *turns* [voltas] a mais e as guerras mundiais haviam generalizado tanto o pardo [*Grau*] quanto o horror [*Grauen*]. Que a totalidade não tinha o ser humano em mente foi uma lição que todo europeu pôde

In circuitu impii ambulabunt [Os ímpios andam em círculo] (Salmo 12,8).

aprender na engrenagem da própria empresa civilizatória. Os pensadores e contistas do Velho Continente não precisam mais de nenhuma colônia para fazer avançar suas sondagens no coração das trevas.

Na peça teatral *Entre quatro paredes*, de Sartre, do ano de 1944, a infernologia contemporânea se instalara no abafado *second empire salon* de um hotel provinciano qualquer. O coração sem coração da facticidade não precisava ser buscado em palcos exóticos, mas impregnava todas as existências locais em sua finitude e determinidade. Naquele momento, isso ficara tão evidente quanto o fato de que o pensar em geral e o pensar sobre o exterior tinham de se tornar idênticos. O exterior é o mais próximo, o mais íntimo, o próprio, e todo interior representa apenas a adoção de forma ou a dobradura do exterior: uma das linhas principais da filosofia pós-existencialista e pós-fenomenológica pode ser entendida como a execução desse programa. Ela leva o pensar sobre o exterior à sua segunda onda, cujo tom foi estabelecido por Michel Foucault.[21]

21. M. Foucault, "La Pensée du dehors", *Critique*, n. 229, p. 523-546, 1966; em alemão, "Das Denken des Außen", in: *Von der Subversion des Wissens* [Sobre a subversão do conhecimento] (Frankfurt s/ Meno, Fischer, 1987). [Ed. bras.: *O pensamento do exterior*. São Paulo: Princípio, 1990.]

A estrutura e o acaso, a máquina e o acontecimento, o hardware e o código — essas linhas mestras se interligam no pensamento contemporâneo para ensinar aos humanos sua posição extática à margem de algo que os tornou possíveis e que lhes escapa. Somente os que nunca se deixaram desviar do caminho e os que foram poupados continuam a guardar o segredo aparentemente desprezível de como se imunizar contra as devastações provocadas pela facticidade nua e crua. Eles conservam em tempos de escassez o senso para a necessidade de formação objetiva de esferas em meio à exteriorização e à depressão universais. Demasiado indolentes para entrar em desespero, demasiado cândidos para a filosofia, eles são os únicos que ainda defendem o motivo do filosofar clássico: o existir em um espaço autoprotetor, com um pequeno excedente da participação em coisas situadas a certa distância da privacidade nuclear. Por ora, restam os filisteus dotados de boa vontade, que se tornam úteis tanto para a filosofia quanto para a vida profana como retardadores do fim.

Capítulo 7

Como o centro da esfera atua remotamente através do puro meio
Sobre a metafísica da telecomunicação

Do mesmo modo que o portador de uma carta enviado à cidade não responde pelo conteúdo, mas tão somente pela entrega da carta, do mesmo modo que um mensageiro enviado a uma corte estrangeira não é responsável pelo conteúdo, mas exclusivamente pela correta transmissão da mensagem, exatamente assim um apóstolo tem de ser, acima de tudo, única e exclusivamente fiel na prestação do serviço, e este consiste em cumprir seu mandato. [...] Não é por ser espirituoso ou incomparavelmente espirituoso que devo ouvir o que Paulo tem a dizer, mas devo me curvar a Paulo porque ele tem pleno poder divino [...] é próprio do apóstolo que ele seja plenipotenciário divino para dar ordens tanto à massa quanto ao público.

Søren Kierkegaard, *Sobre a diferença entre um gênio e um apóstolo*[1]

Soberano é quem consegue se fazer representar como se estivesse presente em seu representante. Por essa razão, grandes esferas inclusivas — sejam elas constituídas como reinos políticos ou como espaços de irradiação da verdade segundo o modelo da *ekklesía* ou *academia* — dependem

1. S. Kierkegaard, *Kleine Schriften 1848-1849* [Breves escritos 1848-1849], in: *Gesammelte Werke* [Obras completas], Gütersloh, Gütersloher Gerd Mohn, 1984, seção 21-23, p. 132, 121, 134.

do desdobramento da possibilidade de representação. Representação é o caso de urgência e o caso normal de telecomunicação do poder. Numa visão típica ideal, na representação trata-se sempre de presencialização do centro do poder em um ponto distante, como se o centro da esfera tivesse a capacidade de comunicar-se, como se estivesse realmente presente, com cada ponto dentro do âmbito do círculo por meio de representantes ou emissários. Nesse "*como* se estivesse realmente presente" se expressa a prerrogativa do centro soberano de *permanecer* consigo mesmo[2] e, ainda assim, fazer-se valer em um ponto remoto situado nos raios em torno de si. Portanto, a possibilidade de representação depende totalmente desse como. A decisão quanto à ocorrência ou não de representação se dá nas questões referentes a se e como passa a haver no representante a presença do princípio dominante — mais precisamente, a presença ao mesmo tempo direta e indireta. A soberania é indissociável de seu efeito a distância.

Quando se fala de presença real, nesse tom e nessa perspectiva, tem-se em mente uma relação dupla. Uma presença é real, por sua natureza, em primeira linha, apenas quando o próprio centro do poder ou a própria fonte do poder estão diretamente presentes no lugar de sua atuação. Quando os reis marcham para dentro de cidades — uma cena primeva da demonstração de poder na era que antecedeu à das residências fixas —, eles dão aos povos a oportunidade de sentir, com boca aberta ou punhos cerrados, a presença do poder e talvez também a proximidade da salvação. A respeito das primeiras épocas do faraó se diz que ele devia aparecer fisicamente a cada dois anos em cada um dos 42 vales do Nilo, cada um dos quais abrigava um membro do Osíris despedaçado.[3] Na sua barca, acompanhado dos maiorais do império e das divindades de Hórus, ele fazia a procissão como epifania diante do povo. A procissão é o arquétipo do poder itinerante; nas procissões, não só se locomovem os monarcas em pessoa, mas também são carregadas por toda parte, do mesmo modo solene, as imagens que os representam. Os romanos

2. Quanto a esse permanecer, pode-se pensar tanto nas residências fixas dos grandes reis persas quanto no demorar-se (*moné*) do Uno consigo mesmo (e concomitante sair de si e retornar a si) no esquema da tríade procliana.

3. Cf. J. Assmann, "Das ägyptische Prozessionsfest" [A festa processional egípcia], in: J. Assmann e T. Sundermeier (eds.), *Das Fest und das Heilige*, op. cit., p. 120.

do período imperial, os indianos e os católicos conferiram a tais procissões com imagens um caráter sumamente pomposo. Goethe ainda vivenciou *in praesentia* quando criança, em Frankfurt, no ano de 1764, o resplendor, mesmo que ironicamente turvado, de uma coroação real.[4] Quando o vencedor contra o Exército prussiano, Napoleão Bonaparte, permaneceu por algum tempo nas proximidades de Iena, no outono de 1806, Hegel pôde ter uma noção dessa presença ao falar do espírito universal que aparecera ali a cavalo.

Porém, pelo fato de fazer parte da essência do centro dominante, a capacidade de atuar a distância, como se estivesse pessoalmente no local, a pedra de toque da presença real é a presencialização do detentor do poder *in absentia*. Através da criação soberana de signos a partir de si mesmo, o poder envia representações que estarão presentes no seu lugar onde ele não está, sem que disso deva resultar alguma falta de imponência. Justamente onde ele não está, ele precisa estar como se estivesse plenamente presente.[5] Kierkegaard caracterizou essa relação com o conceito de "pleno poder [*Vollmacht*]", uma expressão que articula sob

4. Goethe se lembra (*Dichtung und Wahrheit* [Poesia e verdade], v. I, 5) de que o jovem rei pareceu bem perdido naquelas vestes pomposas e teve de rir da própria indumentária; a respeito de Maria Teresa, conta-se que, dois decênios antes disso, por ocasião da mesma cerimônia, ela teria tido um ataque de riso ao ver seu esposo mascarado daquele jeito oferecendo-lhe as insígnias reais na saída da catedral — o que não é um bom agouro para os defensores da presença real.

5. Porém representações simbólicas de modo nenhum estão restritas à demonstração de soberania política *in absentia*, o que pode ser visto como plausível mediante uma derivação histórico-natural do comportamento territorial dos animais. Cf., sobre isso, T. Kappe, "Anmerkungen zu einer Biologie der Grenze" [Observações sobre uma biologia do limite], in: M. Bauer e T. Rahn (eds.), *Die Grenze. Begriff und Inszenierung* [O limite: conceito e encenação] (Berlim, De Gruyter, 1997), p. 133-146: "Nem sempre os territórios são tão pequenos que o limite possa ser efetivamente demarcado pela presença pessoal. Nesse caso, devem ser procedidas demarcações de limites que sejam eficazes também na ausência do ocupante do território. [...] Os traços de odor assinalam o ocupante de um território [...] como indivíduo singular, sendo tão inconfundíveis quanto uma digital. Nesse sentido, a formulação 'demarcações por odor são eficazes também na ausência do ocupante do território' teria de ser modificada. O ocupante do território justamente não está ausente, mas presente na fronteira por meio do seu odor." Sobre uma ontotopologia do odor, cf. a Digressão 2: "Merdocracia: Sobre o paradoxo da imunidade de civilizações sedentárias", p. 296 s.

Praesentia nocet [A presença machuca], emblema do século XVII. Corpos luminosos não devem se aproximar demais uns dos outros.

forma jurídica um dado ontológico, ou melhor, um dado ontossemiológico (porque nunca se trata apenas do puro ser — o que quer que seja isso —, mas sempre também da aliança do ser com seus signos preferenciais). A fórmula da ontossemiologia positiva diz que, quando o ser é o emissor, ele permanece presente nas mensagens dos representantes. (O inverso vale para a ontossemiologia negativa: não havendo emissor pleno, não há presença plena no representante.)

No que se refere à cultura cristã, há, no ritual eucarístico interpretado em termos católicos, o paradigma de um encontro positivo entre ser e signo: a ideia é que, no ato eucarístico, de fato seja considerada como diretamente real a presença do corpo e do sangue de Cristo sob as formas de pão e vinho.[6] Também para a concepção do ícone verdadeiro é constitutiva a relação privilegiada entre signo e ser presente. Ademais, esse modelo é atinente às comunicações oficiais dos reis, aos anúncios dos deuses captados em códigos oraculares e, em nuance mais decente, também aos "acenos" do ser, de cuja legibilidade estava convicto, ainda em nosso século, Martin Heidegger. E, por fim, a religião moderna da arte ensina que nas obras do gênio está presente a plenitude do poder criador do cosmo. Enquanto os signos comuns, via de regra, designam apenas algo ausente e, justamente por essa via, podem representá-lo, os signos eminentes, dotados de plenos poderes, os signos realmente presentes — digamos para o que se segue: os signos do ser — possuem a prerrogativa não só de representar o centro da força *in absentia*, mas também atestar e irradiar sua presença. Os signos do ser têm parte no próprio ser; eles têm, por sua vez, o poder do ser, na medida em que representam o poder que os emitiu concomitantemente de modo representativo e presente.

Somente graças a essa participação real dos signos plenos e dos mensageiros plenipotenciários no reservatório transbordante do ser do emissor o centro do poder comprova ser expansível e transportável; de fato, somente através do envio de mensageiros e signos ele pode chegar à efetiva composição de espaço em unidades de grande formato. Onde ser e signo compõem um conjunto comum trata-se do poder próprio da totalidade, o de estar *presente* de modo imponente no signo. Signos do ser são signos de poder porque não só querem dizer o que representam, mas também são o que mostram; *a real sign must not mean but be* [um signo real não deve significar, mas ser]. Porém, como pode algo que representa ser, ao mesmo tempo, o que ele substitui? A presença real do designado no próprio signo é mesmo possível?

6. Cf. J. Hörisch, *Brot und Wein. Zur Poesie des Abendmahls* [Pão e vinho: sobre a poesia da eucaristia], Frankfurt s/ Meno, Suhrkamp, 1992; J. Hörisch, "Das Sein der Zeichen und die Zeichen des Seins. Marginalien zu Derridas Ontosemiologie" [O ser dos signos e os signos do ser: notas à margem sobre a ontossemiologia de Derrida], in: J. Derrida, *Die Stimme und das Phänomen. Ein Essay über das Problem des Zeichens in der Philosophie Husserls* [A voz e o fenômeno: ensaio sobre o problema do signo na filosofia de Husserl], Frankfurt s/ Meno, Suhrkamp, 1979, p. 7-50.

Procissão com ícones no monte Atos.

O exemplo do envio apostólico dos primórdios do cristianismo permite identificar como, em um caso de graves consequências, deu-se a essas perguntas uma resposta incondicionalmente positiva, ainda que problemática desde a base. Poder-se-ia até encarar o apóstolo Paulo como o inventor determinante do princípio da *presença real* na nuança de significado que repercute até hoje. Por essa razão, a polêmica em torno da possibilidade da presença real em obras de arte ou escrituras sagradas é, de acordo com sua estrutura profunda, uma polêmica em torno de Paulo.

O verdadeiro enviado evidentemente só poderá representar o senhor soberano se ele, enquanto portador do signo, ao mesmo tempo tiver parte na substância do senhor e a efetivar em presença real — exatamente nos termos em que Kierkegaard faz com que o apóstolo Paulo expresse isso em um suposto diálogo interior com um cético: "Deves

Procissão faraônica com estandartes placentários.

considerar que o que eu digo me foi confiado por meio de uma revelação, de modo que quem fala é o próprio Deus ou o Senhor Jesus Cristo [...]."[7] A expressão "revelação" designa, portanto, um fato que provê a relação básica para todas as telecomunicações metafísicas: ao se confiar de maneira especial a um mensageiro escolhido, o centro distante e discreto o constitui como seu plenipotenciário. Na medida em que esse representante tem plenos poderes, ele deve poder cativar os receptores da mensagem e torná-los responsáveis por sua reação à mensagem, como se o centro divino estivesse diretamente presente. Ouvir o mensageiro significaria o mesmo que ouvir o próprio senhor, e recusar o mensageiro equivaleria à decisão de rejeitar o senhor.

Portanto, o pleno poder paulino — numa primeira leitura — só pode ganhar existência em virtude do preenchimento incondicional do mensageiro por sua mensagem; doravante sua práxis consistirá tão somente na transmissão clara e límpida da mensagem aos receptores. Ele ocasiona no *medium* um estado que se manifesta, antes de todo trabalho de comunicação, como presença real do senhor no mensageiro envolvido. Unicamente em virtude dessa suposta presença do emissor nele,

7. S. Kierkegaard, *Kleine Schriften*, op. cit., p. 121.

Imagens de Lênin no desfile do Primeiro de Maio na praça Vermelha em Moscou, 1985.

o mensageiro pode transmitir a mensagem de maneira abnegada e sem distorções, como se fosse totalmente translúcido e como se seus adendos ou suas inibições fossem irrelevantes para a transmissão da mensagem. Portanto, somente quando o mensageiro é um *medium* claro a mensagem pode, de acordo com o modelo idealizado, passar através dele, sem que entre em jogo, da parte dele, um adendo essencial ou até uma coautoria; o mensageiro tem de se converter, de certo modo, em um *neutrum*, como se ele não fosse mais do que um canal; desde sempre, construção de canal é coisa de senhor, limpeza de canal o primeiro dever do servo — começando com a autolimpeza. Nesse contexto, é inevitável pensar na submissão mariana, que é paradigmática para a ideia da obediência e da mediação: o ventre de Maria, consta em documentos pertinentes, teria sido simplesmente um canal pelo qual o homem-Deus passou "como a água passa por um cano" — *tamquam aqua per tubam*.

Portanto, a medialidade do *medium* é indistinguível de sua suposta abnegação: o fato de Moisés ter a língua pesada ou o fato de Paulo redigir na mais inspirada prosa — ambos são igualmente irrelevantes para o uso dessas figuras na telecomunicação de Deus. Pois, mesmo que tivesse sido mais lerdo do que realmente era, Moisés seria obrigado a trazer do alto da montanha a lei gravada nas duas tábuas, que (também na segunda escrita após seu acesso de raiva) tinham sido escritas pelo autêntico dedo de Deus; e, mesmo que Paulo tivesse sido mais eloquente do que de fato era, mesmo que, como pensador, pudesse competir com Platão e, como poeta, com Shakespeare, seus adendos inspirados e poéticos ao Evangelho não teriam a menor relevância para o cumprimento objetivo do seu mandato, pois nem como grande autor ele teria mais a dizer do que isto: Cristo é o filho de Deus e o caminho para a salvação passa pela fé nele.

O apóstolo exemplar não pode nem incrementar a substância do seu mandato por meio de aportes advindos de seus talentos pessoais, nem toldá-la por causa de limitações idiossincráticas, bastando que ele leve a mensagem aos destinatários desta e se acredite por meio da convocação para o mandato. Porém o fato de ele trazer a mensagem e de esta chegar aos ouvidos de um círculo de ouvintes constitui um ato que pura e simplesmente marca época, porque, visto em termos imanentes, desencadeia nos receptores a urgência da decisão religiosa.

Portanto, se olharmos mais de perto, o puro ser *medium* do apóstolo de modo nenhum é um assunto tão singelo de carteiro ou emissário como querem fazer crer os exemplos de Kierkegaard. Pois quando o portador da carta leva uma peça escrita para determinada cidade ou quando o emissário cumpre uma missão na corte estrangeira, eles de fato agem com um pleno poder específico, mas seu mandato pode ser remontado a um emissor realmente existente, localizável e, falando filosoficamente, finito, que, no que depender dele, tem toda a liberdade de revogar sua ordem; esse emissor poderia ainda, em circunstâncias especiais, tomar a decisão de satisfazer pessoalmente seu interesse na execução desse ato comunicativo bem determinado. Se for necessário, o remetente da missiva

Jan van Kalkar, *Efusão do Espírito Santo*, igreja de São Nicolau em Kalkar, século XVI, detalhe.

pode ir pessoalmente à presença do destinatário e reconverter a questão escrita em uma questão falada.[8] Um rei de verdade teria a liberdade de aparecer pessoalmente na corte estrangeira e, em confronto direto de majestade para majestade, tornar o representante supérfluo.

O mandato apostólico, em contraposição, não pode mais ser revogado pela recondução para um estado imediato; após a ascensão do mensageiro ao céu, este não entrega mais missivas pessoalmente — não importa que alguma vez o tenha feito —; a visita de Estado do superior ao inferior se tornou fato histórico e permanecerá irrepetível para sempre. (Algo análogo vale para a fresta profetológica pela qual Alá, ou melhor, seu porta-voz, Gabriel, se comunicou mediante ditado direto com um escrevente humano, um analfabeto chamado Maomé, e que se fechou para sempre depois desse incidente incomparável.[9])

8. Cf. G. E. Lessing, *Minna von Barnhelm*, ato III, cena 10: "E pensamos que o ato de escrever cartas não foi inventado para aqueles que podem se comunicar oralmente uns com os outros sempre que queiram."

9. Sobre esse "fechamento do portal" na situação pós-profética, cf. J. Assmann, *Das kulturelle Gedächtnis. Schrift, Erinnerung und politiche Identität in frühen Hochkulturen* [A memória cultural: escritura, memória e identidade política em altas civilizações antigas], 2. ed. (Munique, Beck, 1997) p. 176; cf. também T. Nagel,

Ilustração em Jacob Böhme, *Theosophische Wercke* [Obras teosóficas], Amsterdam, 1682.

Em outras palavras, no caso do apostolado, trata-se de uma questão transcendente de mensageiro, que nunca poderá ser inteiramente dissolvida em analogias com telecomunicações imanentes. Sendo a mensagem, enviada de lá e recebida aqui, singular e paradoxal, também o mensageiro assume uma posição paradoxal singular. O mensageiro apostólico se torna

Die Festung des Glaubens. Triumph und Scheitern des islamischen Rationalismus im 11. Jahrhundert [A fortaleza da fé: triunfo e fracasso do racionalismo islâmico no século XI] (Munique, Beck, 1988).

um *agens* insubstituível para as comunicações de Deus, porque, caso esse mensageiro falhe, o Deus remetente não poderia voltar a comparecer no mundo em presença real própria para concluir seus assuntos. Isso já vale para o mediador singular por natureza, para o próprio homem-Deus, mas vale também para sua primeira delegação apostólica, sobretudo para Pedro e Paulo. O encontro de cúpula entre o além e o aquém se dá agora e para todos os tempos no nível dos representantes. O emissor se submeteu *post Christum resurrectum* [após a ressurreição de Cristo] irrestritamente ao processo evangélico e, desde que se retirou da carne, converteu-se inteiramente em sistema de notícias (proclamação), inteiramente em sociedade midiática (Igreja), inteiramente em processamento de informações (teologia). As duas grandezas derivadas da proclamação, a Igreja e a teologia, dependem, por isso mesmo, inteiramente do pleno poder apostólico, e, por circunstâncias bem compreensíveis, não podem ter um fundamento mais sólido do que a proclamação.

Porém uma plenipotência como a apostólica pode de fato ser suficientemente fundamentada — pelo menos no sentido em que o jogo de ideias "fundamentar" costuma ser entendido? Quanto à acreditação do pleno poder, ela só pode subsistir, por sua estrutura interna, de forma autofundamentadora ou circular, e mesmo seu êxito histórico impressionante só entra em cogitação de modo indicativo, mas não determinante, para a sua verdade. O único critério que acredita o apóstolo como apóstolo é a circunstância de que ele próprio diz isso — do que decorre que o risco de acreditar no mensageiro permanece indivisível para sempre e não pode ser aliviado por nada. Do ponto de vista da teoria da verdade, não é verdade que bilhões de cristãos não possam estar equivocados. Mesmo que fossem ainda mais numerosos, eles poderiam ser apenas um coletivo que organizou exitosamente a autoilusão; todos juntos poderiam ter dado demasiado valor a um complexo de testemunhos mal entendidos. Todos eles não possuem nada além do testemunho do apóstolo, enquanto o apóstolo, por sua vez, só pode repetir o tempo todo que só está dizendo o que o incumbiram de dizer e que foi incumbido de dizê-lo. É nesse círculo que ele tem de correr, e é esse círculo que o fortalece. Em um círculo análogo já estava presa a existência do próprio Messias chegado segundo seu próprio anúncio, dado que, à pergunta sobre como sua messianidade estaria acreditada igualmente, só podia ser dada a resposta: "Ele próprio o diz" — ou: "Eu sou."

No caso do apóstolo que se apresenta como plenipotenciário, deparamos retroativamente, diante da frase conclusiva: "Ele próprio o diz", com uma relação ainda mais complexa, porque o apóstolo não fala em seu nome, mas entrega a mensagem de outro. Ele próprio diz ser o enviado de alguém que, por sua vez, disse ser o prometido. Ele não fala por si, mas *pelo* outro e, não só isso, *a partir dele*. Aqui incide a diferença que decide sobre o status de tais discursos: em última análise, não é o próprio apóstolo que fala, mas um outro fala por meio dele "como se estivesse realmente presente". Por isso, a formulação de que ele fala de outro e a favor dele não é suficiente para caracterizar o caráter singular do lugar de fala do apóstolo. Se apenas falasse *pelo* emissor, ele se limitaria a ser um portador de signos comum, um *porte-parole* [porta-voz], como um porta-voz de governo ou o assessor de imprensa de uma grande corporação, só que, nesse caso, ele seria visto como mero agente e como arauto contratado. Ele jamais poderia reivindicar plenos poderes pela causa de sua mensagem. Como empregado de uma instância que compra discursos, ele não seria um signo do ser, não seria nenhum portador plenipotenciário da verdade, mas meramente representante de um poder que, por sua vez, apenas representa outro poder, do mesmo modo que o porta-voz de uma corporação representa uma gerência, que representa um conselho curador, que representa os acionistas, que representam sua ganância ou seu direito ao prêmio sobre a propriedade.

Logo: o discurso apostólico só pode se constituir como válido por meio de uma forma nova, especificamente cristã de mediunidade. Essa guinada mediúnica significa tão somente que o apóstolo, em uma troca ontológica de sujeito, põe a própria voz no lugar da voz do outro. Foi isso que Kierkegaard viu quando faz o seu Paulo dizer "que o próprio Deus [...] é o falante". O Paulo real forneceu, em uma famosa passagem da Epístola aos Gálatas (2,20), a fórmula dessa troca de sujeito: "Já não sou eu que vivo, mas é Cristo que vive em mim." No discurso de envio proferido por Jesus, magistralmente falsificado pelo evangelista Mateus, essa estrutura mediúnica é apresentada retroativamente como uma concepção apostólica pretendida desde o princípio, pois ali o Messias prognostica, por ocasião do envio do doze, as futuras dificuldades que enfrentaria diante de tribunais judeus ou romanos: "Quando vos entregarem, não fiqueis preocupados em saber como ou o que haveis de falar, porque não sereis vós que falareis, mas o Espírito de vosso Pai é que falará em vós" (Mateus 10,19-20). Também a conclamação problemática ao martírio é retrodatada, no texto de Mateus, ao próprio remetente-emissor Jesus, que, sem falsas reservas, parece esboçar a estratégia de *public relations* de uma seita de suicidas.

Portanto, a razão da possibilidade de um caráter apostólico reside evidentemente em uma relação mediúnica, na qual o agente apostólico se insere na subjetividade do emissor como se fosse seu arauto ou, formulando-o de modo anacrônico, seu *sound track* [sua trilha sonora]. "Já não sou eu que vivo, mas é Cristo que vive em mim"; "mas o Espírito de vosso Pai é que falará em vós": a história piedosa da recepção dessas palavras fantasmagóricas deu sua contribuição para reduzir a uma expressão de submissão o caráter excêntrico desse modelo discursivo, de tal forma que não se pôde levantar seriamente a questão da divisão do sujeito em vista da relação "apóstolo-messias". Se nossa análise básica estiver correta, segundo a qual toda história é história de relações de animação, e se relações de animação forem arranjos da divisão da subjetividade, então tem razão de ser a suposição de que esse acordo evangélico entre subjetividade messiânica e apostólica tornou manifesto um novo *status quo* da animação das altas culturas.

Durante toda uma era, esse novo arranjo do mensageiro — poder-se-ia até dizer, do contrato apostólico — estabeleceu os parâmetros para as formações intensas do eu no âmbito cristão do envio. O fato de tratar-se, nesse caso, de uma forma monoteísta da mediunidade aflora sem sombra de dúvida em vista dos testemunhos citados. Quem alguma vez já ouviu um pregador estadunidense do Estados sulistas vociferando sabe até onde chega, ainda na atualidade, o desenfreamento pneumático. Não obstante, a fé no Deus único e a fé em Cristo foram fundadas em oposição polêmica às formas mais antigas de mediunidade, ao entusiasmo dos poetas, às práticas de transe das religiões extáticas arcaicas e às hermenêuticas oraculares do politeísmo. Quando os teólogos cristãos dos primeiros tempos, a exemplo de Justino, Taciano e Teófilo de Antioquia, manifestavam predileção por conjurar a monarquia de Deus, isso se dava sobretudo porque, para eles, era melhor aclarar a vantagem de ser cristão em contraste com a desvantagem das possessões pagãs. O serviço sob o Uno é entendido como garantia de emancipação da alma da ocupação por demônios locais ou, expresso em termos mais modernos, por pulsões parciais infrapessoais. Erik Peterson repetiu essa concepção em termos persistentemente afirmativos do ponto de vista do século XX: "A doutrina da monarquia de Deus é um sinal da sobriedade do espírito, ao passo que a proclamação politeísta é expressão de uma 'possessão' da alma do poeta. No entusiasmo poético, expressa-se um pluralismo metafísico que, em última análise, tem origem demoníaca."[10]

Apesar dessas palavras fortes, a oposição "sobriedade versus possessão" falha imediatamente quando se trata de determinar o caráter dinâmico da troca de sujeito apostólica. Pois a própria apostolicidade se apresenta, em seus enunciados-chave, como uma forma especialmente atraente e seleta de obsessão, cuja particularidade consiste em que a compenetração completa pelo Senhor Uno justamente não pode ser refletida (ou só pode sê-lo bem tardiamente e *a posteriori*[11]) como possessão heterônima e alienadora: em vez disso, ela se apresenta negativamente como libertação de demônios subalternos e positivamente como chance de cooperação no projeto do monarca do ser. (E só quando os carismas se tornam excessivamente ruidosos e os pneumáticos saltam de modo demasiado indiscreto sobre o palco principal torna-se manifesto que o monoteísmo é, em sua estrutura profunda, um vodu do lógos. Seus portadores são indivíduos em transe despido de transe: portanto, aquilo que, no humanismo, é denominado personalidade. "Porque não sereis vós que falareis, mas o Espírito de vosso Pai (*tò pnéuma toû patrós*, *spiritus patris*) é que falará em vós." O fato de os teólogos até hoje terem ficado notavelmente pouco chocados com essa palavra reside em que, na instituição mais importante da cultura intelectual da Europa antiga,

10. Cf. E. Peterson, "Der Monotheismus als politisches Problem" [O monoteísmo como problema político], in: *Theologische Traktate* [Tratados teológicos], Munique, Kösel, 1951, p. 66.

11. Cf. T. Moser, *Gottesvergiftung* [Envenenamento de Deus], Frankfurt s/ Meno, Suhrkamp, 1976.

na universidade, o *Homo academicus* derrotou o *Homo apostolicus*; há muito que também os teólogos são mais teóricos do que proclamadores — e os poucos que não são chamam a atenção até em cátedras de dogmática como aquilo que Max Weber denominou profetas de cátedra. O academicismo é a instância mais efetiva de abafamento dos estados maníacos — especialmente também nas faculdades teológicas. Porém a psicodinâmica monoteísta, a obsessão por aquela uma coisa necessária, continua poderosa após tais contenções. Até a possessão pelo mediano, a qual fundamenta o individualismo, faz parte inconfundivelmente dessa ordem. Pois se vocês falarem por si mesmos, o que falará em vocês é o *sensus communis*. Até nas teorias contemporâneas da situação ideal de comunicação e da justiça como *fairness* estão operando derivados do modelo monoteísta de comunicação: sem um vodu pós-monoteísta mínimo não há comunicação produtora da verdade.)

Portanto, o Deus do apóstolo é soberano porque pode se fazer representar por este como se estivesse presente nele diretamente e falasse por meio dele. O apóstolo, por sua vez, tem parte nessa soberania porque ele, tendo sido eleito e designado por Deus, emprestou a unidade de sua existência inteiramente da unidade e da unicidade daquele que o enviou. No apóstolo, a soberania do Senhor se torna obsessão do mensageiro, mas esta se apresenta exitosamente como forma suprema da identidade do eu livre de obsessão e como autoapreensão a partir do fundamento do ser-pessoa racional.

É plausível estabelecer um paralelismo entre essa coincidência de posse de si mesmo e a possessão estrangeira, fundamental para as estruturas pessoais no monoteísmo, e a diferenciação de posse e propriedade, a que se chegou no direito romano, pois também um indivíduo que possui a si e sua vida *de facto* pode seguir sendo propriedade de outro — isso é evidenciado pelo sistema de escravidão antigo e também pela postura cristã diante do Deus que, não por acaso, é invocado até em tempos modernos com os títulos litúrgicos de *kýrie* e *domine*. Por essa razão, o código legal de Justiniano pode levantar contra o escravo fugido a acusação de ter cometido o crime do furto de si mesmo, *furtum sui* — que significa: o mero possuidor de si mesmo quis, por meio da fuga da escravidão, alçar-se ilegalmente à condição de proprietário de si mesmo (o que, como se sabe, os proletários do início da Era Moderna foram os primeiros a conseguir).[12] Na mesma linha, os não crentes podem ser concebidos como criminosos que furtaram a si mesmos de Deus, seu criador e proprietário. Eles podiam ler no Código Justiniano que bens humanos roubados não podem ser compensados por ninguém, nem mesmo pelo ladrão, e podem ser reclamados até o fim pelo verdadeiro proprietário.[13] Inclusive a revolta de Satanás, examinada desse ângulo, preenche o requisito de furto de si mesmo, porque ele se subtraiu ao doador da existência pela fuga carregando consigo um bem alheio.

Nessas circunstâncias, a situação mais favorável, portanto, é a do apóstolo cristão que pertence ao seu Deus, mas pode alimentar a esperança de, no além, tornar-se coproprietário de si mesmo — naquele *condominium* que a tradição denomina paraíso. Bem menos favorável é a situação de homens jovens obrigados a prestarem serviço militar na era do Estado nacionalista burguês, que — como autêntico Leviatã —, em caso de guerra, pode fazer valer seus direitos como proprietário de suas vidas e exigir deles a morte pela pátria, como se ele tivesse sido por direito o doador da vida que pode pedir de volta o que concedera; do que se pode depreender, aliás, uma latente persistência das mais sólidas relações de possessão no centro da modernidade política.[14]

Por essa razão, a mensagem do mensageiro apostólico transmite dois impulsos potencialmente muito infecciosos de uma só vez — ela

12. *Servus fugitivus furtum sui facit* [O escravo fugido comete o furto de si mesmo]. Cf. M. Wolff, *Geschichte der Impetustheorie. Untersuchungen zum Ursprung der klassischen Mechanik* [História da teoria do ímpeto: investigações sobre a origem da mecânica clássica], Frankfurt s/ Meno, Suhrkamp, 1978, p. 94-95.

13. Livro 11, *Constituição* 48, 23: "E se ele (o que cumpre seu dever em outro lugar) se escondeu ou tentou se ocultar, será tratado como um escravo fugido, como se ele estivesse na condição de coisa furtada sem que haja prescrição [...]" (Leipzig, 1991, p. 250-251).

14. O conceito da "propriedade de si mesmo" torna-se fundante para a história da sociedade moderna porque somente por meio dele o status de proletariados em "mercados de trabalho" se torna legal e economicamente marcante. Os primeiros "trabalhadores" autênticos provêm da revolta dos lolardos na Inglaterra, em 1381, com a qual se desvencilharam da servidão e adquiriram a propriedade de si mesmos, incluindo o direito de se autoalugarem por tempo determinado.

fala, por um lado, do fato de que, se você reconhecer o novo Senhor único, este o libertará das velhas servidões; por outro, ela articula a recomendação para ingressar no círculo em constante crescimento dos mensageiros possuídos de modo vantajoso para eles. O mensageiro só é bem-sucedido se conseguir suscitar mensageiros de segundo grau — o que ele logra ao convencer o receptor da mensagem da vantagem de se tornar, ele próprio, um portador da mensagem. O hoje assim chamado efeito de rede já foi exercitado pelas mais antigas comunicações eclesiogênicas. Sem essas infecções, esse simples processo informacional não poderia fazer surgir nenhum mundo dentro do mundo; sem esse efeito de carta-corrente apostólica, não surgiria nenhum império dentro do império, nenhuma igreja operando em nível de império, nenhuma cristosfera constituída[15], nenhum grande interior animado no qual os favorecidos desse império da participação "tecem, vivem e existem", para usar a fórmula paulino-luterana até agora não superada para designar o *proprium* da existência esférica.

Tendo essas ponderações como pano de fundo, é possível dar agora uma definição esferológica da apostolicidade: a atuação apostólica é uma prática esferopoiética, que contribui para a elaboração da macroesfera monoteísta — da cristosfera ou da eclesiosfera com todas as suas subdivisões em episcopados e paróquias (*Sprengel* = distrito em que o bispo asperge água benta).[16] Constitutivo do efeito-apóstolo é, por isso mesmo, uma antecipação do estado macroesférico final integrado. Para que este se instaure, é necessário um convicto lançar-se para a frente na direção do resultado final presumido da evangelização, a saber, a difusão da mensagem em todo o orbe habitado por humanos. O apóstolo antecipa com a máxima pressa o *regnum* ou *imperium Christi* que, para ele, já é

15. Em termos semelhantes, E. Peterson, em sua primeira preleção sobre a Epístola aos Romanos, fala da Igreja como "cristosfera", "que representa o próprio Cristo"; cf. E. Peterson, *Der Brief an die Römer* [Epístola aos Romanos], Munique, [s.n.]. 1997. Essa formulação é inspirada nas ideias de C. Schmitt sobre a dialética de Igreja visível e Igreja invisível. Cf. B. Nichtweiß, *Erik Peterson. Neue Sicht auf Leben und Werk* [Erik Peterson: novo enfoque de sua vida e obra], Friburgo, Basileia e Viena, Herder, 1992, p. 745.

16. *Duden Etymologie* [Duden Etimologia], v. 7, Mannheim, Dudenverlag, 1989, p. 695.

atual, mas ainda está oculto ao restante do mundo. De acordo com isso, ele exerce a função de arauto de um imperador, de cuja tomada de poder a maioria ainda nem ouviu falar, cujo reino, não obstante, está chegando junto com a notícia dele. Para o apóstolo, a seriedade e o arrebatamento do seu ministério residem em que ele se atira dentro do mundo ainda não informado como um mensageiro vindo do futuro, como representante plenipotenciário de uma glória oculta, da qual até ali exclusivamente a sua mensagem falou.

O ministério apostólico implica, portanto, como toda telecomunicação no início, um monopólio ou, pelo menos, uma pretensão de representação exclusiva. O novato que quiser ingressar na monosfera evangelicamente produzida tem de fazer sua assinatura das notícias diretamente com o distribuidor apostólico; quem, em contraposição, ainda não sabe nada da nova glória cedo ou tarde ficará sabendo alguma coisa por meio dos mensageiros que a anunciam agressivamente. A Igreja missionária dos primórdios instala um redemoinho esferopoiético que antecipa enfaticamente seus futuros êxitos. (A Igreja pós-Iluminismo, em contraposição, está sobretudo capacitada para postergar o momento de fazer o balanço de seu insucesso.)

A característica decisiva da missão paulina é sua muito comentada guinada do enclave judeu para os povos do *orbis terrarum* [orbe terrestre] — um gesto expansionista que só pode ser compreendido à luz de uma análise macroesferológica da forma do mundo. Como cérebro político da primeira comunidade cristã e como estrategista-chefe dessa teocracia telecomunicativa dissidente que se desprendeu do judaísmo, Paulo entendeu, antes de qualquer outro, que ao Evangelho cristão era imanente um conceito de mundo peculiar ou, em termos filosóficos, um horizonte ontológico, e que a validade objetiva da mensagem dependia de sua difusão universal factual, ou algo que equivalesse a ela.

A razão disso residia na circunstância de que a verdade que Jesus havia encarnado não era um teorema — por exemplo, a hipótese heliocêntrica de Aristarco de Samos, cujo valor de verdade não sofreu prejuízo por ela não ter encontrado praticamente nenhum adepto durante dois mil anos. A verdade de Jesus, em contraposição, comportava, de uma só vez, uma figura de aliança macroesférica e uma oferta de relação de esfera íntima.

Relações, alianças, esponsais não podem ficar expostos como hipóteses, mas têm de ser como que legalmente atualizados, caso pretendam ser "verdadeiros". A verdade cristã tinha ontologicamente a estrutura de uma verdade mundial e, justamente por essa via, uma verdade imperial; por conseguinte, para ter validade, ela teve de ser presencializada de modo atual em nível de império. Nesse sentido, ela realmente foi uma notícia, pois notícias têm seu momento de verdade na atualidade em que são entregues e na repercussão junto aos receptores. Para que o acontecimento Cristo não permanecesse uma questão intrajudaica e não se esgotasse nas escaramuças entre defensores e negadores do Messias em torno da sinagoga na Palestina e nas cidades do império, teria de ser demonstrada positivamente, no centro do mundo, sua capacidade de sobreviver no mundo dos discursos sobre esse Senhor procedente da periferia. Com a missão paulina torna-se manifesta a intenção expansionista de um cristianismo de fato existente e, associado a ela, o problema de um sistema eficiente de propaganda que tivesse penetração no mundo.

Da azáfama do apóstolo por tarefas especiais e de seu propósito de chegar a toda parte, se possível pessoalmente, pode-se depreender a exigência que ele fez à sua proclamação, que foi a de chegar ao mundo todo. Os "povos" ao encontro dos quais Paulo se apressa — ele teria percorrido, em suas viagens missionárias, uma distância de mais de dez mil quilômetros — encarnam o "cosmo" político-ontológico realmente constituído, no qual se concretiza a quintessência da ideia helenista da ecumene e do recém-estabelecido orbe romano-augustino. Se, diante desses fatos imperiais consumados, não houvesse um império da proclamação com as mesmas dimensões, no qual fosse ouvido o outro *euangélion*, não haveria nenhum senhor que reconhecidamente pudesse presidi-lo, e, na falta de um senhor real, tampouco haveria um plenipotenciário que pudesse comparecer *in nomine domini* [em nome do senhor] em todos os pontos estrategicamente importantes tanto do centro quanto da periferia. Assim, o impulso apostólico age como uma bateria de sentido que carrega a si própria.

As duas palavras principais da nova telecomunicação apostólica, *ekklesía* e *euangélion*, também são formadas de acordo com padrões da atuação imperial a distância, já que a *ekklesía* — que mais tarde passou a ser a Igreja — designava tão somente a reunião de ouvintes "chamados para fora" pela chegada de um arauto imperial e convocados à recepção de um decreto imperial. A própria notícia imperial às vezes era diretamente distinguida como boa-nova ou comunicado venturoso, por exemplo, quando havia uma vitória ou o nascimento feliz de um descendente a noticiar; esse tipo de comunicado era dito "evangélico". Esses modelos serviram de orientação para a rede apostólica paralela até esta ter condições de se tornar líder de mercado no campo das boas-novas.[17]

Na afirmação de Jesus de que o reino de Deus estaria *presente* em meio aos judeus, Paulo vislumbrou a chance de avançar do enclave judaico para dentro do cosmo político de Roma. Desse modo, ele liberou agressivamente o complexo imperial latente do judaísmo: prorrompeu da província messiânica para afinal reclamar para um senhor do tronco judaico um império real próprio — mais precisamente, um império no qual, como se veria, a identidade de imperialidade e sistema noticioso seria elaborada mais intensamente do que jamais ocorrera nos impérios dos romanos, dos persas ou dos selêucidas. Em um dia não muito distante, esse segundo império daria a si mesmo uma constituição específica como Igreja — o que, todavia, para Paulo ainda se situava além do horizonte das coisas que ele poderia de fato pensar e desejar, porque, como se sabe, ele contava com um prazo bastante reduzido até o reaparecimento de Cristo.

A despeito de sua precipitação, a pretensão mundial de Paulo contém uma exigência imperial integral. Assim sendo, nas circunstâncias dadas, ela só pode ganhar contornos claros apoiando-se no cosmograma político do *Imperium Romanum*. Não foi por acaso que Paulo imaginou o seu itinerário missionário como uma espécie de périplo por todo o mundo habitado por gente e dominado pelos romanos, a ecumene mediterrânea — mesmo que não o tenha executado de forma coerente. Suas viagens de fato podem mesmo ter seguido percursos lineares, menos plácidos, de ida e volta, mas, no seu imaginário e no de seus sucessores, elas equivaleram

17. Cf. *Theologisches Wörterbuch zum Neuen Testament* [Dicionário teológico do Novo Testamento], Stuttgart, Kohlhammer, 1990; verbete *Εὐαγγέλιον*, v. 2, p. 718; verbete *Ἐκκλησία*, v. 3, p. 503 ss.

a voltas ao mundo. (O arco parcial da circunferência mundial formado pelo norte da África foi ignorado por ele por razões desconhecidas.) Por conseguinte, até certo ponto os atos apostólicos paulinos também são uma periegese cristã — um périplo que vale a pena ver, segundo o esquema da viagem turística na Antiguidade; ela é, ao mesmo tempo, uma expedição evangélica ao estilo de Alexandre. Por isso, a prerrogativa turística da localidade cedeu lugar à consideração tipicamente missionária da oportunidade de pregação — o apóstolo não está se deslocando para buscar experiências e tirar fotos, mas para submeter todas as localidades ao seu programa —, ele viaja, por assim dizer, no seu trailer e vê o mundo que o cerca apenas pelos vidros escurecidos de sua convicção. Lá fora, nada procura além da oportunidade de proclamação. Disso resulta o conceito de mundo do ontólogo de turnês — para ele, o mundo é a quintessência das oportunidades para fazer propaganda. O próprio Paulo fez, em lugar de destaque — no final da Espístola aos Romanos —, a afirmação de que "cumpriu em toda a volta" (em grego: *kýklo*; em latim: *per circuitum*) sua missão (Romanos 15,19) — uma tese ousada, que deu aos historiadores da Igreja o ensejo de perguntar se, quando escreveu isso, o apóstolo já tinha realizado a viagem "faltante" para o extremo Ocidente, a Espanha romana; no contexto em questão, essa tese deve ser lida como indicativo do esquema geopolítico e até esferológico-ontológico que está na base das movimentações paulinas.

De fato, como foi mostrado, a exigência de espaço feita pelo apóstolo para a mensagem a todo mundo tinha de seguir, querendo ou não, as linhas que demarcam a ecumene "em volta". No exercício dessa missão, Paulo teve boas razões para se apoiar não só no seu direito de cidadania romana (*civis romanus sum* [sou cidadão romano]), mas também na sua compreensão, tão adequada quanto subversiva, de império, pois para ele, para o estrategista querigmático, estava claro, em todas as circunstâncias, que império como conceito significava, em primeira linha, poder de comando, logo, pleno poder, e que o império como espaço político não passava de um sistema de entrega de ordens romanas e um catálogo de endereços que deviam obediência. O apóstolo estava ciente de ser o entregador de ordens emanadas do absoluto — ou seja, que ele, *all things considered* [no fim das contas], estava a caminho como um representante de um *imperator* ou general de direito próprio no âmbito de poder de outro imperador. Disso decorrem necessariamente todos os conflitos que estavam embutidos na coexistência antagônica de um império com o outro — cenas originárias do dualismo "Igreja-Estado" da Europa antiga. Se o apóstolo quisesse fazer uso significativo dos seus plenos poderes e, portanto, do seu *imperium* evangélico, ele tinha de se conceber como representante do Senhor escatológico e tomar providências para que a entrega fática do Evangelho ficasse arquivada como ato realizado com força de lei.

Não é para menos que os *acta apostolorum* [atos dos apóstolos] se tornaram o gênero literário normativamente mais importante dos primeiros séculos cristãos: eles constituem a escritura eclesiogênica por excelência. Por causa deles, a Igreja como um todo se denominou apostólica — com essa palavra, ela, já bem cedo, levantou seu estandarte telecomunicativo. Não há como levar suficientemente a sério esse adjetivo: a exigência de espaço macroesférico cristão só era concretamente realizável como império apostólico, como narrativa apostólica, como rede apostólica. Como se sabe, os atos dos apóstolos não repetem a própria mensagem, mas registram onde e com que êxito a mensagem foi proclamada e o que sucedeu aos portadores da mensagem nessa ocasião. Em consequência, a história dos apóstolos, ainda antes da história dos mártires (para não falar das posteriores hagiografias), é o gênero literário central dos discursos cristãos do *imperium* escatológico paralelo, aliás, da Igreja, justamente porque registra a história da entrega da mensagem — a história da Igreja trata da rotinização de uma postagem da graça. Para esses atos, o ponto de vista do pleno poder desempenha o papel norteador, porque as pregações dos apóstolos equivaliam a ações comprometedoras de efeito salvífico entre os povos, de modo que toda anotação de arquivo sobre algum ato apostólico representa uma notícia sobre a deposição de uma peça escrita junto ao receptor missionado.

Da mesma forma que o império ou o Estado moderno, em seus movimentos de comando entre senhores e súditos (ou entre instâncias de governo e cidadãos), asseguram a alcançabilidade postal absoluta dos receptores pelas notícias dos senhores ou das autoridades (para que não possa ocorrer, por exemplo, que alguém obrigado a prestar serviço militar não receba sua convocação), também o apóstolo tem de comprometer seus ouvintes para sempre e responsabilizá-los eternamente por sua resposta à mensagem ouvida; o anúncio dessa responsabilização permanece — até a intervenção do Iluminismo contra o regime de terror eclesiástico — o ato de fala de última instância do apostolado e da psicagogia eclesial. A mensagem cristã sempre vem na forma de carta registrada, e tê-la ouvido, mesmo que distraidamente e com ressalvas, equivale a uma assinatura de recebimento em um documento de entrega postal.

É bem isso que Kierkegaard tem em mente quando confere ao apóstolo plenos poderes para dar ordens tanto à massa "quanto ao público". Entende-se que essa tese contém um anacronismo engraçado e intencional, já que Kierkegaard sabia melhor do que ninguém o que é um público moderno: o suprassumo de pessoas particulares cujo comportamento, ao folhear livros, é marcado pelo descargo estético e que, em vida, não admitiria que um autor lhes desse ordens, mesmo que este tivesse o trejeito de plenipotenciário escatológico ou de um *medium* artístico excelente. O autor moderno é *per se* um falante sem plenos poderes. A incapacidade e a falta de vontade de dar ordens distinguem o escritor da feira de livros do apóstolo na comunidade, principalmente o assim chamado autor genial que, com a liberalidade do espirituoso, convida os leitores para mundos autocriados. "Indefinível leitor, quem além do protagonista de uma história lhes deu alguma vez uma sugestão para a vida?" (Peter Handke). Ele não exige fé, mas se contenta em ser citado. E justo nessa interação relativamente isenta de poder, até certo ponto hospitaleira, entre escritores extraordinários e leitores nem tão extraordinários, a sociedade moderna busca sua liberdade como equilíbrio entre comprometimentos e descomprometimentos.

Quando o leitor acolhe romances e poemas, ele o faz na certeza de que esses "textos" não são convocações para servir, nem da parte do Estado, nem da parte da verdade, e que livros não obrigam ninguém a tomar decisões escatológicas. Por essa razão, livros, via de regra, podem ser comprados, e seu comprador pode se sentir como seu possuidor e usuário, ainda que dentro dos limites do direito autoral — ele não precisa se deixar possuir por eles. O leitor *per se* não é o ser humano que fica contente de poder prosseguir sem tomar decisões? Ele se sente livre na medida em que compreende que alguém que parece dar ordens, na maioria das vezes, não passa de alguém que faz citações. E, de fato, liberdade seria algo diferente de captar a diferença entre uma ordem e uma citação?

Quanto a Kierkegaard, o semiapóstolo melancólico que desceu à condição de mero autor (que percebe estar citando Cristo, mas não poder dar ordens *em seu nome*), ele se diverte com a ilusão do público de poder, em sua privacidade livre de dominação, julgar tudo despreocupadamente do ponto de vista estético, inclusive o incondicional e sua comunicação paradoxal. No entanto, nem ele foi tão longe a ponto de dizer que a alfabetização em massa da Era Moderna representa apenas um ardil do dominador, que com a capacidade de ler impõe às populações dos Estados nacionalistas burgueses o dever de ler as ordens de seus senhores ocultos e manifestos, sendo que, para ser mais exato, só o soberano manifesto se mostra no ordenar, ao passo que o oculto preserva seu *incognito*, apostando na sedução. A Era Moderna conseguiu *de facto* apenas mudar a estrutura da possessão; essa noção das coisas ficou reservada ao século XX, que foi obrigado a fazer experiências bem próprias com o totalitarismo das telecomunicações militantes. Somente diante desse pano de fundo pôde ser visualizada uma teoria geral dos meios de comunicação.[18]

O espaço global de proclamação da mensagem cristã foi de fato concebido como decalque escatológico da cosmosfera imperial e da presença do poder romano no "orbe" mediterrâneo; isso é demonstrado por quase toda a literatura cristã inicial, do Apocalipse de João até a doutrina agostiniana da cidade de Deus. Em toda parte, o sistema de notícias de Deus copia e se sobrepõe ao sistema medial da potência mundial dominante. Os apóstolos não só utilizaram os canais e meios de comunicação

18. Cf. A. Kroker, *The Possessed Individual. Technology and the French Postmodern* [O indivíduo possuído: tecnologia e o francês pós-moderno], Nova York, St. Martin's Press, 1992; ed. alemã: *Das besessene Individuum. Technologie und französische Posmoderne*, Viena, Passagen, 1998; F. Kittler, "Geschichte der Kommunikationsmedien" [História dos meios de comunicação], in: A. Huber e A. M. Müller (eds.), *Raum und Verfahren* [Espaço e procedimento], Interventionen/Museum für Gestaltung, Zurique, Basileia e Frankfurt s/ Meno, Stroemfeld, 1993, p. 169-188; N. Bolz, *Theorie der neuen Medien* [Teoria da nova mídia], Munique, Raben, 1990.

romanos — sem as estradas romanas, as "linhas estruturais do poder"[19], seus famosos pés ligeiros dificilmente teriam avançado com tanto êxito, e, sem a tradução do aramaico para as duas línguas mundiais, o latim e o grego, a mensagem acerca de um certo ungido do Oriente jamais teria chegado ao mundo relevante, ao Ocidente mediterrâneo.

A telecomunicação católica começa com a passagem da Ásia para a Europa. Os autores mais antigos, Cipriano, Lactâncio, Arnóbio, Augústio, Apônio e muitos outros, não hesitaram em conferir a Cristo o título de *imperator*, que, em contextos da história da militância cristã, deve ser mais bem traduzido por "general" e, em conexão com demonstrações majestáticas, por "césar".[20] O título romano de imperador não é uma simples designação de hierarquia política, mas é, ao mesmo tempo, uma categoria teológica e até ontológica, porque se refere simplesmente ao centro de comando da cosmosfera imperial. No discurso das teologias domésticas e de Estado do período imperial, o *imperator* é o centro de irradiação da própria *potestas* em sua espacialidade universal, constituidora do macrocosmo, e, desse modo, concomitantemente a presencialização teofânica, em figura humana, do fundamento cósmico em sua interpretação romano-helenista. É contra essa grandeza que um *imperator* Cristo precisa ser levado a campo como figura sobrepujante, porque também ele está à frente de um reino, chame-se ele *regnum* ou *imperium*, um reino que de fato não pretende ser deste mundo, mas que já exige respeito também neste mundo e que se faz proclamar em um império de notícias obstinado, um reino eclesial paralelo.

No jogo de linguagem do *Christus imperator*, dos primórdios do cristianismo, o imperiomorfismo do espaço eclesial de proclamação

19. Cf. D. Hildebrandt, *Saulus/Paulus. Ein Doppelleben* [Saulo/Paulo: uma vida dupla] (Munique, Hanser, 1989), p. 138: "Essas estradas não são caminhos para transeuntes, mas linhas estruturais do poder, não são áreas para pedestres, mas pistas de rolagem para a roda da História." A significância imperial da construção de estradas é enfatizada também por A. E. T. Ehrhardt, "Imperium und Humanitas. Grundlagen des römischen Imperialismus" [*Imperium* e *humanitas*: bases do imperialismo romano] (*Studium Generale*, v. 14, p. 646 s., 1961): "O problema decisivo da dominação antiga foi o problema da comunicação" (p. 649).

20. Cf. E. Peterson, "Christus als Imperator" [Cristo como imperador], in: *Theologische Traktate*, op. cit., p. 151-164.

recebe seu contorno mais nítido. Ele imita inconfundivelmente a tese teológico-imperial de Virgílio, de que, com o domínio de Augusto, teria surgido um império *sine fine* [sem fim] sobre a terra, com a diferença de que o império de Cristo promete também uma continuidade celestial.

As duas biografias apostólicas determinantes, as de Pedro e Paulo, são as que mais se acercam do complexo imperial cristão e de sua ontologia política, porque nesses casos o martírio dos mensageiros plenipotenciários na capital do império teve de ser registrado nos *autos*. As anotações dos autos que se referem a Pedro e Paulo possuem um grau como que histórico-ôntico, porque marcam oficialmente a transferência da pretensão imperial de Jerusalém para Roma — e, além disso, de maneira latente, do césar romano para o bispo romano.

Vista a partir da ótica geopolítica de Roma, a morte do rabino milagreiro Jesus não passou de um acontecimento sem importância na periferia, uma pequena notícia desprezível vinda da fronteira oriental cronicamente agitada, da qual se podia passar, na capital, para a ordem do dia. A esmagadora maioria dos romanos nunca ouvira falar dele, do mesmo modo que a informação obtida sobre a derrota de Varo na floresta de Teutoburgo no ano 9 foi bem mais parca do que a lenda alemã quis fazer crer; o império comunicava quase só seus êxitos e quase nunca seus problemas — a comunicação imperial estava fixada em grande medida no padrão das aclamações *semper victor* (ao passo que, inversamente, os atuais Estados nacionais pós-imperiais podem comunicar quase só seus problemas e quase nunca seus êxitos; a cultura dominante do correto relegou a exaltação do vencedor à reportagem esportiva, às notícias da economia e aos *charts* [gráficos]).

Os dois martírios apostólicos foram os primeiros acontecimentos no centro político para os quais também a metrópole foi forçada a olhar, mesmo que por um momento fugaz, pois o fato de ocorrerem precisamente ali fez parte de uma campanha cristã intuitiva por Roma, na qual também o acaso e as rotinas do sistema processual romano desempenharam um papel — segundo o uso legal romano, casos de pena capital da província eram concluídos em Roma, o que levou ao traslado de Paulo de Cesareia para lá e decerto também ao seu martírio, possivelmente no contexto dos suplícios nerônicos após o incêndio da cidade. O cristianismo em formação não podia prescindir da capital do império como estação transmissora de sua mensagem, porque só o que era dito a partir de Roma era capaz de comprovar a relevância ontológica do novo império de notícias. Para a implantação da emissora pirata na capital, eram indispensáveis os autos apostólicos em Roma. Somente os portadores mais proeminentes da mensagem poderiam providenciá-la: Pedro por meio de suas atuações finais em Roma, Paulo por meio do seu processo transferido para Roma. Os autos de Pedro e Paulo são encerrados em Roma: esta é a pedra final que se encaixa perfeitamente no projeto evangélico de construção e constitui indício central da pretensão de ter um *imperium* próprio paralelo e transcendente.[21] O túmulo de Pedro no centro da capital mundial — não haveria como dizer qual teria sido a aparência do catolicismo institucionalizado sem esse signo.

As consequências dessa subversão apostólico-martirológica da capital foram extraordinárias; por meio dela, o Gólgota foi transposto tipologicamente para Roma, o acontecimento marginal repetiu-se no centro, e, para os cristãos, o céu passou a estar aberto sobre Roma tanto quanto sobre Jerusalém (e ele estava *post ascensionem* [depois da ascensão de Jesus] em sua abertura máxima), mesmo que o céu romano por longos períodos ainda tivesse precisado se mostrar na forma de catacumba. Os autos dos mártires, em primeiro lugar os atinentes a Roma, constituem, em termos de política das ideias, a parte principal dos autos apostólicos, porque protocolam a marcha para o centro e para as numerosas cidades imperiais, e concomitantemente registram a história da

21. A transição de imagens telecomunicativas para imagens arquitetônicas do processo apostólico se efetuou já no século II: na terceira visão do *Pastor de Hermas*, um escrito romano de visões, que pode ter surgido em torno do ano de 150, a Igreja já não é mais concebida como território de transmissão de sinais, mas como edifício, mais precisamente como um edifício tão livre de ranhuras que parece fundido de um só bloco. Tentativas de proceder à descrição de comunicados como substâncias se apresentam em grande quantidade nas metáforas do *corpus Christi* como templo nas cartas apostólicas. Essa transformação está pré-formada em jogos de linguagem que falam dos doze [apóstolos] como a casa de Deus. Cf. K. Berger, *Theologiegeschichte des Urchristentums* [História da teologia do protocristianismo], Tübingen e Basileia, Francke, 1994, p. 131 s.

injustiça, no decorrer da qual o império real se enreda cada vez mais em culpa e dívidas diante do império da verdade. Nesse ponto, a contabilidade cristã foi minuciosa desde os primórdios e, de fato, unicamente sua confiabilidade conferiu ao império evangélico paralelo um mínimo de coerência administrativa e semiosférica.

As dívidas do império com os cristãos convertem-se no capital social da Igreja Católica — esse é o sentido primário do novo gênero literário da martirologia. Cada martírio narrado é uma nota promissória que pesa sobre o mundo a favor do supramundo. Na forma de montanhas crescentes de autos de mártires, acumula-se um capital de histórias narráveis que se depositam em torno da proclamação inicial como um segundo anel proclamatório. Esse processo querigmático capital — a valorização proclamadora ou a recontagem lucrativa de histórias de testemunhas — produz uma "história" mundial alternativa e inaugura uma era de comunicações, na qual os cristãos podiam conversar com os seus semelhantes exclusivamente sobre o que sucedeu neste mundo a companheiros de fé exemplares.

A suma tardia dessas narrativas foi extraída por Tiago de Voragine em sua *Legenda áurea* — ela surgiu antes de 1273 sob o título *Vitae sanctorum a praedicatore quodam* [Vidas dos santos por um pregador qualquer] e se manteve por séculos como o livro mais popular da Europa. Somente a incipiente Era Moderna logrou, em contrapartida, romper o monopólio dos autos apostólico-martirológicos e tornar socialmente viáveis narrativas de não mártires e não santos. Pode-se opinar até que foi a revolução da novela que possibilitou o processo telecomunicativo da modernidade, ao pôr em movimento a emancipação dos fluxos narrativos mundanos em relação aos *acta*. A Era Moderna é a forma de mundo cuja boa-nova consiste no fato de que também são dignos de serem narrados outros acontecimentos que não os da história sacra.

Com as novelas, com as histórias novas, é que começa propriamente aquilo que pode ser denominado processo de informação; pois, enquanto a comunicação medieval significa sobretudo o vibrar das sociedades em redundância evangélica, o fluxo informativo moderno inaugura a confrontação ôntica das inteligências com o desconhecido, o exterior e o até então nunca havido; o conceito matemático de informação do século XX tira a última consequência dessa orientação na inovação, definindo informação pura e simplesmente como a novidade relativa ao sistema e submetendo-a, desse modo, à quantificação. Nas comunicações pós-medievais, os protagonistas das novelas superam os santos das lendas, e, enquanto a narrativa cristã informa sobre o Cristóforo no rio e sobre o martírio das santas Perpétua e Felicidade, de Cartago, a narrativa moderna apresenta histórias turbulentas de monges lascivos no baú de roupas lavadas ou das confusões armadas por um espertalhão ambulante.

Quanto ao Evangelho, ele possuía, não obstante, em cada ambiente possível, um critério de novidade próprio, porque, na condição de informação escatológica, tinha de soar igualmente inacreditável, igualmente paradoxal, em todos os contextos, mesmo naquele em que aparecia nivelado pela redundância eclesial e pela trivialidade ambiental ao ponto da obviedade. Foi necessária a genialidade apostólica negativa de Kierkegaard para defender a loucura cristã da fé contra a tentação da normalidade cristã — assim como, em nosso tempo, a genialidade rabínica negativa de Derrida pareceu necessária para proteger a loucura messiânica da espera continuada por algo que não pode ter presença contra a tentação de uma normalidade filosófica e teórico-comunicacional.

A *ekklesía* apostólica, como foi mostrado, teve de se converter em uma espécie de fotocópia estrutural do Império Romano, porque este fornecia o único padrão atual da existência de um grande espaço compenetrado a partir do centro dominante de caráter mundial que podia ser levado a sério. Nesse "fotocalco" eclesial, as linhas estruturais da imperialidade como tal ficaram mais nítidas do que no original, porque a Igreja podia se restringir a um recorte da macroesfera política — ao seu sistema nervoso telecomunicativo ou ao corpo informático etéreo do império. Nessas estruturas tinha de ser procurada a resposta à pergunta referente a como o Senhor deveria ser presencializado nos inúmeros pontos do orbe e que signos do ser eram necessários para assegurar sua presença real nos representantes plenipotenciários.

Com efeito, um império realmente existente é, pelo simples fato de sua subsistência no espaço e no tempo, a resposta à pergunta sobre sua presença em signos, pois, para ele, ser significa o mesmo que coerir, e coerir significa o mesmo que alcançar a margem a partir do centro por meio do transporte de signos e poder reunir as mensagens dirigidas ao centro. O império é uma coerência semiosférica. Seus signos ligam o centro à periferia, certamente jamais sem pontos de comutação, mas sempre de tal modo que a representação da presença real do centro no ponto distante pode ser exitosamente mantida em vigência. Assim, o império — bem como, paralelamente a ele, a *ekklesía* — é um centro de distribuição de signos de glorificação que são apreciados pelos receptores, porque a periferia não pode ser amarrada ao centro apenas pela força física e, portanto, em virtude de um princípio repulsivo; para ser atraente no ponto distante tanto quanto na presença real, o centro tem de se fazer notar pelo derramamento de parcelas de sede de poder — portanto, por sinais do ser que, como ações da bolsa de valores do poder nuclear, possam ser mantidos pelo representante dele na periferia.

Logo, a natureza da telecomunicação imperial e eclesial só pode ser compreendida a partir de sua forma de efusão e irradiação. A presencialização do centro no ponto distante implica uma espécie de telepatia; poder-se-ia dizer também: uma técnica telecrática de transmissão de sinais do ser. No representante, o calor distante do ser deve poder ser percebido como irradiação imponentemente presente, e a voz do senhor precisa se tornar audível a mil léguas do salão do trono e da chancelaria do império por meio de sistemas apropriados de tele-fonia — que, nesse caso, correspondendo ao *status quo* da história dos meios de comunicação, ainda são escritos autenticados e envelopes de cartas selados. (A moderna emissão "radiofônica" foi a primeira a viabilizar o curto-circuito entre a voz do líder e as orelhas do povo — com efeitos dos quais a pesquisa mediológica do fascismo procura prestar contas.[22]) Ouvir a voz do senhor a distância quando emana seus decretos deve desencadear diretamente

22. Cf. C. Schmölders, "Die Stimme des Bösen. Zur Klanggestalt des Dritten Reiches" [A voz do maligno: sobre a figura tonal do Terceiro Reich], *Merkur*, v. 8, p. 681-693, 1997. A autora também aponta o romance *Flughunde* [Raposas voadoras], de M. Beyer (Frankfurt s/ Meno, Suhrkamp, 1995), que pela primeira vez explora o tema de uma acústica política da sociedade fascista com recursos narrativos.

Estela solar da acrópole de Susa, final do terceiro milênio antes da era cristã, libação diante de um deus.

no ouvinte o autêntico efeito do representante, na medida em que este, por sua vez, torna-se passível de glorificação e se sente energizado pela sede de poder compartilhada para agir *in nomine domini* [em nome do senhor]. À tele-audição na escritura sempre se associa também certa tele-visão que, em virtude do direito de imagem dos imperadores, distribui suas efígies por todo o império e, em toda parte, exige a reverência cúltica tanto diante delas quanto diante da substância imperial presente.

Caso se queira entender de maneira mais precisa a energética do reinar a distância por meio do envio de sinais do ser, é necessário ocupar-se concentradamente com o modo de escolha e envio dos sinais a partir do centro de poder. O que entra no foco da investigação quando se faz isso é um processo nuclear radiocrático, no qual se chega a uma partição do ser mediante irradiação e envio de imagem.

O neoplatonismo articulou esse procedimento, inicialmente um tanto misterioso, com o conceito não menos misterioso da emanação (ἀπόρροια) — que costuma ser traduzido por irradiação ou efusão. Se retornarmos ao esquema concepcional heliológico, a ideia bizarra de uma causação mediante radiação perde muito de sua aparência esotérica. Acaso o Sol do ser não pode ser concebido como um ponto estourando que, mediante sua *explosio continua*, irradia e conserva tudo o que existe ao seu redor? A dificuldade com que o conceito da emanação onera o pensamento do vulgo reside na exigência da ontologia platonizante de compreender que o Sol superior não só emite raios de luz que caem sobre um mundo de objetos formado independentemente dele, mas que junto com a luz também as formas objetais são irradiadas e desdobradas: em consequência, a dádiva luminosa efetua a doação da essência à coisa e causa, ademais, a dotação da própria coisa com cognoscibilidade para o intelecto. Tocamos nesse assunto anteriormente, sob outro ângulo de projeção, quando fizemos observações acerca da parábola platônica do Sol.[23]

Assim, o emanar como ato do centro que concede o ser — concebido por Plotino como super-existente — é depreendido analogicamente no modelo da radiação solar. A "exteriorização" da fonte de luz consiste no envio de um conjunto de quantidades discretas de luz que se individualizam como raios e como imagens puras. O raio solar proporciona a maneira mais fácil de esclarecer como o ser permanece presente, ao mesmo tempo como ele mesmo, em um sinal que procede dele. Em consequência, dificilmente haverá uma ideia ontossemiológica que não implique um componente fotorradiológico. Tampouco falta, via de regra, a alusão ao complexo de majestade com que se apresentam, como aparições subordinadas, os acompanhantes e delegados do príncipe que se banham no resplendor do seu senhor. O servo é o signo efetivo da majestade. Plotino não hesitou em ilustrar a ideia da participação dos representantes no verdadeiro Uno com imagens feudais; com o auxílio destas, ele esclarece a razão pela qual, normalmente, se vê o representativo e segundo antes do supremo e primeiro:

> Do mesmo modo que, nos cortejos com a presença de um grande rei, passam em primeiro lugar as hierarquias mais baixas que são seguidas de postos cada vez mais importantes e mais

23. Cf. o Capítulo 5: "*Deus sive sphaera* ou O universo-uno explodindo", p. 439-453.

Apolo Cosmocrátor da Casa d'Apolline em Pompeia.

dignos, em seguida vem a corte, que já tem mais de realeza, depois os dignitários máximos mais próximos do rei; e só depois de todos esses surge repentinamente o rei, ele, o maioral em pessoa; e os circunstantes oram a ele e se prostram, os que ainda não haviam deixado o local satisfeitos com terem visto os que passaram antes do rei. (*Enéadas* V, 5, 3, 23)

A passagem deixa claro que a majestade configura sua aura em torno de si como uma guirlanda de luzes escalonadas de poder, na qual representação e participação significam a mesma coisa.

Ao lado da heliologia, as fontes mais importantes de imagens para sinais do ser provêm do campo pneumático e cardiossanguíneo — o que é plausível em termos de lógica medial, visto que a respiração de Deus

Hélio com quadriga, métopa do templo de Atenas em Troia, primeira metade do século III, Museus Estatais de Berlim.

pode ser imaginada como um *continuum* do hálito cuja linha de frente permanece ligada com a fonte original do hálito pela corrente de ar; e, tanto mais, a corrente sanguínea que desce do coração do ser para os órgãos supridos com ele constitui uma síntese da participação permanente do enviado no princípio que envia — na medida em que o fluxo como tal é o *continuum* entre fonte e foz.[24]

Luz, ar e sangue são meios pelos quais o autotransporte do princípio dominante da fonte emissora para os pontos distantes pode ser representado de modo coerente. Todos os três convergem, espiritualizados e logicizados, na palavra do senhor, que pode se externar como ordem, aceno e ensinamento. A intenção é de que essa palavra, depois de sair da boca do emissor, provoque uma ressonância síncrona no ouvinte plenipotenciário, de forma que este diga adiante e ordene adiante o que foi magistralmente dito para dentro dele — um procedimento que se repete até

24. Sobre a medialidade do sangue no sentido microesférico, cf. P. Sloterdijk, *Esferas I: bolhas*, op. cit., digressão 2: "Nobjetos e não relações", p. 267 ss.

que se chegue na periferia, na qual a palavra do senhor não pode mais ser dita adiante, mas só mais executada ou obedecida — ou, caso não haja realmente o que fazer, ela pode ser guardada para mais tarde.

Assim, a linguagem que o senhor fala se torna cumprimento e síntese de tudo o que é comunicado pelo sangue, pelo ar e pela luz em suas emanações. Na palavra do senhor se concentra a suma do que podem ser sinais do ser — articulada pela garganta do senhor, irradiada através do sistema emissor do rei, ouvido no coração transplantado do mensageiro, difundido pela fala do apóstolo posto em movimento ou dos funcionários da luz, e executada por mãos obedientes na periferia, que, por mais distantes que possam estar, podem ter certeza de que estão fazendo o correto indispensável. Resumindo o processo da emanação, resulta um único impulso no centro solar, que inicia como raio de luz, cruza o espaço como processo sinalizador e termina num movimento da mão.

A representação mais antiga, mais nítida e mais bela da ideia da emanação procede da época do faraó Amenófis IV, que tentou substituir o "Olimpo" do Egito Antigo pelo culto a um deus único, ao Sol todo-poderoso, Aton, e que, com o nome de Akhenaton, "aquele que agrada Aton", conquistou um lugar proeminente na história dos experimentos de impérios sacros protomonoteístas. Sob a regência de Akhenaton, surgiram representações em baixo-relevo do Sol regente, que se dirigem aos humanos de maneira desconcertante: de seus corpos redondos eles enviam na direção da terra uma profusão de raios individualizados, cada um dos quais desemboca numa mão humana! Nenhuma teoria posterior, nem a de Plotino, nem a do Pseudo-Dionísio, voltou a ser tão sugestiva quanto esse protótipo de todos os emanacionismos: se a intenção é de que o uno realmente forneça e domine tudo, então sua radiação — traduzida por ideias — deve confluir em mãos operativas capazes, não importando se estas são interpretadas como mãos que dão a partir de cima ou como mãos de servos na periferia humana. Enquanto valer a definição de que é soberano quem puder se fazer representar como se estivesse pessoalmente presente no representante, o modelo de toda soberania será encontrado no Sol de Akhenaton, que brilha sobre o império como se cada raio que dele provém terminasse em uma mão humana. Nenhum outro princípio sobre a terra foi mais

Akhenaton e Nefertiti debaixo do disco solar, Amarna, século XIV a.C.

bem representado do que o desse Sol, e nunca ficou tão claro que os representantes do Sol, as mãos na ponta do raio solar, continuam sendo o próprio Sol em outro estado. Nas mãos irradiadas, a fonte do ser está presente na terra de modo competente, e toda mão, sendo plenipotenciária, é dominadora e servidora, doadora e receptora ao mesmo tempo. Ela é o protótipo das posteriores mãos sacerdotais que abençoam e das mãos de funcionários que escrevem (decerto também das mãos do fisco que saqueiam sociedades inteiras e se justificam como tomadores enviados por Deus). O que a mão no final do raio solar faz é o que o próprio Sol faz. É a minha luz que é irradiada para vocês, para aclarar sua vida escura — a eucaristia solar. A mão de Sol prova que o signo vive. Agora o ser que se tornou mão só precisaria ainda conseguir falar para estar completamente à altura das possibilidades ontossemiológicas de autorrepresentação — porém a doutrina do ser que se torna linguagem teria de esperar até a metafísica do lógos de Fílon de Alexandria e, dependente deste, do Evangelho de João.

A tele-manualidade e a tele-oralidade do sublime emissor que se faz entender a distância também foram refletidas com clarividência na ontoteologia filosófica, e isso já nos primórdios da história da teoria. Em lugar nenhum isso se evidencia mais nitidamente do que na famosa comparação pseudoaristotélica do deus com o grande rei persa que, a partir do seu palácio, oculto do mundo, era continuamente informado sobre tudo o que ocorria no território sob seu poder por meio de um sistema de estafetas e sinais que cobria todo o reino. A analogia do grande rei ilustra de modo marcante a concepção da monarquia telecrática a partir de um centro soberano, que se tornou modelo de pensamento e ação configurador da política tanto na lógica missionária do cristianismo incipiente quanto na teologia imperial julioclaudiana, principalmente na de Domiciano.

Na leitura da passagem seguinte do escrito pseudoaristotélico *Perì kósmou* [Do cosmo], será útil lembrar seu suposto período de surgimento: os anos 80 do século I, nos quais pela primeira vez um imperador regente, no caso Domiciano, que ocupou o cargo de 81 a 96, exigiu que o chamassem pelos títulos "*dominus et deus*", no contexto de um acirramento autocrático do tom da corte em relação ao Senado e ao povo. O autor anônimo do tratado *Do cosmo* retoma essa fórmula em uma passagem destacada e alega que ela tinha sido o título dado ao regente pelos persas. À sua reflexão sobre o estilo de dominação do Deus superior ao mundo, ele antepõe a observação de que seria impossível para este providenciar tudo pessoalmente, mas que caberia a ele — semelhante ao motor imóvel — pôr em movimento, por meio de um único e potente sinal, todo o aparato de dominação cuja operação acabaria por realizar tudo até os mínimos detalhes, como corresponde às intenções da sabedoria onipenetrante do imperador.

> Não é de bom-tom para dominadores de homens [...] ocupar-se com todo e qualquer trabalho [...] não, deve ser como se relata a respeito do grande rei. A corte de Cambises, Xerxes e Dario era esplendorosamente organizada, de modo a atingir o auge da dignidade e da sublimidade. Conta-se que ele estava entronizado em Susa ou Ecbátana, longe das vistas de qualquer pessoa, no interior de um castelo e um distrito palaciano maravilhoso, resplandecentes de ouro, elétron e marfim. Muitos portais em sequência, bem como átrios que distavam muitos estádios entre si, eram fortificados com portões de bronze e portentosas muralhas. Porém, fora dali estavam postados em fileiras os homens mais

> distintos e renomados, em parte a guarda pessoal e o séquito do rei, em parte supervisores de cada uma das cortes, os assim chamados porteiros e espias, para que o próprio rei, denominado Deus e Senhor, visse e ouvisse tudo. [...] Todo o domínio sobre a Ásia, limitado a oeste do império pelo Helesponto e a leste pelo Indo, estava distribuído por populações entre generais, governadores e reis, os servos do grande rei. Estes dispunham de corredores, informantes, mensageiros e observadores de sinais de fogo. Tão grandiosa era a organização, especialmente dos postos de sinais de fogo que enviavam sinais uns aos outros em cadeia desde as fronteiras do império até Susa e Ecbátana, para que o rei ficasse sabendo no mesmo dia tudo o que havia de novidade na Ásia. [...] Portanto, se era indigna a concepção de que Xerxes fazia tudo com as próprias mãos, convertia pessoalmente em atos a sua vontade, supervisionando e dominando em todos os lugares, isso seria ainda mais inconveniente para Deus. (*Do mundo*, Capítulo 6, 398a-b)

Decisivo nesse modelo de telecracia é a sublime acirurgia do senhor — seu dever de abster-se de fazer as coisas com as próprias mãos. Esse ter efeito sem ação nenhuma só se coaduna com sua soberania sob a condição de que sua essência e sua vontade, em alguma medida, fluem consubstancialmente para dentro do sistema de representação e execução, de modo que o soberano, a exemplo do motor aristotélico, é capaz de prover, sem se mover, com uma palavra dita em voz baixa, um andamento sereno e irresistivelmente correto das coisas. De fato, aqui cada coisa também faz um percurso sujeito a uma lei própria, correspondendo a uma enteléquia imanente ou a uma finalidade interior, mas a confluência de todos os percursos está determinada da maneira mais completa possível segundo um plano geral previamente meditado pelo intelecto real.

O fato de esse rei persa, estilizado em termos greco-romanos, ter condições, mediante seu sistema de estafetas e sinais (diligentemente copiado por Augusto), não só de alcançar cada ponto do império, mas também de observar quase simultaneamente as ocorrências mais remotas em seu reino, identifica-o como parente tipológico daquele "deus onisciente" que forneceu o molde lógico do conceito especificamente monoteísta de Deus.[25] Ele corporifica a cultura de poder infocrática de uma imperialidade madura, que domina porque ela sabe — e que sabe como conseguir o saber a respeito de tudo. O contexto denuncia que essa infocracia ainda não é de fato entendida pelo autor, pois ele converte o grande rei em um motor imóvel e Deus que praticamente nada faz, antecipando o esquema *Dieu règne mais il ne gouverne pas* [Deus reina, mas não governa]. Por essa razão, os exemplos figurados do Pseudo-Aristóteles são mais pertinentes do que seus comentários reflexivos, pois naqueles a base telecomunicativa do poder é translúcida, ao passo que o comentário tateia na nebulosa da filosofia da origem. Embora o argumento não desenvolva nenhum modelo explícito de emanação, o caráter semiótico-telepático do modo de dominação é exposto com contornos tanto mais definidos. Isso é demonstrado sobretudo pela metáfora inequívoca do trompetista, tirada do mesmo contexto:

> Ora, quando o condutor e gerador [...] de toda e qualquer criatura dá o sinal, cada uma delas se move constantemente nas suas vias e nos seus limites. [...] Esse evento se assemelha [...] inteiramente ao procedimento adotado especialmente em tempos de guerra, quando a trombeta dá o sinal ao exército. Pois, nessa hora, cada um que ouve o chamado lança mão do escudo ou veste a armadura, o terceiro afivela correias, elmo e cinturão, outro põe as rédeas no seu cavalo, ali um sobe no carro de guerra e outro repassa a senha. [...] Ao sinal do trompetista, tudo entra em torvelinho, como ordena o comandante. É assim que se deve pensar também em relação ao universo. Pois tudo é movido por um único impulso, [...] e essa força é invisível e oculta. Isso, no entanto, não a impede de ser efetiva nem nos impede de crer nela, visto que a alma, graças à qual vivemos e possuímos casas e cidades, é invisível e é reconhecida tão somente em seus efeitos. (*Do mundo*, 399a-b)

O modo de atuar desse dominar por meio de emissão de sinais ainda não é propriamente telegráfico nem criptotelefônico, e, no entanto, ele

25. Cf. R. Pettazzoni, *Der allwissende Gott. Zur Geschichte der Gottesidee* [O Deus onisciente: para uma história da ideia de Deus], Frankfurt s/ Meno e Hamburgo, Fischer, 1960.

pressupõe a experiência da "telepatia do poder" por meio da escrita; ele funciona como uma ordem cuja execução foi treinada de tal maneira que uma trilha clara leva do som que emana do instrumento até os movimentos das mãos dos serventes. O trompetista figura como um arauto do rei-deus. Especialmente as indicações fascinantes para as sequências pirotécnicas de sinais de luz dos persas possuem uma afinidade objetiva com o modelo radiológico no sentido mais estrito, pois, nesse caso, sinais de luz são trocados com significado constante via postos entre centro e periferia em ambas as direções; de fato, fazem parte de um sistema completo de emanações não só os caminhos de ida, mas também os caminhos de volta ou os reflexos da luz.[26]

Há boas razões para duvidar de que a metáfora do grande rei possua validade descritiva para a realidade histórica da teologia imperial persa, mas tanto mais eloquente ela é para as relações da época imperial romana inicial. Nesta, em especial após as erupções do *furor caesarum* [ira dos césares] nos imperadores Calígula e Nero, que humanamente perderam sua forma, de fato começou a se levantar com urgência cada vez maior a questão do estilo metafísico do exercício imperial do poder; as pretensões de Domiciano ao título de *Deus* sinalizaram a emergência da teologização da existência imperial. Nesse momento, as reservas semânticas do platonismo clássico — o médio platonismo era irrelevante para a esfera teológico-política por causa de sua autocastração mediante o ceticismo acadêmico — provaram ser uma fonte importante da qual puderam ser obtidos, sob condições externas nem um pouco parecidas com as atenienses, novos estímulos fecundos para a explicação do fundamento do exercício imperial do poder. Não era segredo para ninguém que, desde a revolução cultural de Augusto, a teologia política da vitória constituía o sistema nervoso semântico central da ideologia de Estado da época do império — entre os primeiros monarcas, a Vitória alada se torna a deusa do correio imperial com a missão de convencer, por meio de notícias regulares de êxitos, todos os cidadãos da vantagem de ser romano.

26. Cf. sobre isso o Capítulo 5: "*Deus sive sphaera* ou O universo-uno explodindo", p. 470-476.

No entanto, as decisões teopolíticas fundamentais de Augusto ainda resultaram, em todos os seus pontos importantes, mitológicas e não filosóficas — o que é compreensível, tendo em vista o caráter do novo monarca, que em nenhum ponto se destacou como grande inteligência, mas em toda parte como um pedante de marca maior. Isso se mostra igualmente no culto ao pai adotivo, César, diante de cuja divinização ele próprio pôde ganhar para si a titulação de *filius divi* (filho dos deuses); o sacrifício sangrento de trezentos cidadãos de Perúgia no novo altar de Júlio César nos idos de março do ano 40 mostrou, ademais, que estamos lidando aqui com um sistema pseudoetrusco de deuses sanguinários, encenado de modo bronco e cínico ao mesmo tempo (principalmente se considerarmos que, em torno de 97 a.C., o Senado havia revogado toda forma de sacrifício humano); na mesma direção aponta a vinculação fabuladora do romance da própria família com a *Venus genetrix*, a mãe originária de Rômulo, e com o *Mars ultor*, o pai de Eneias. Essas historietas a respeito de famílias de deuses comprova que Augusto concebe a participação no mundo superior como parentesco e não como emanação, de forma que a comunicação da essência se efetua convencionamente mediante os poderes originários de sangue e sêmen e mediante a magia jurídica da adoção, mas não mediante a "irradiação" que era lógica e ontologicamente mais moderna. O genealogismo se coaduna com o andar conservador veterorromano da política cultural de Augusto. Inclusive o fato de ele ter mandado representar, no seu altar à paz, a figura da *Pax* como mãe terra com a prole sentada em seus joelhos tem de ser interpretado como gesto calculado de cunho veterorromanista. Concomitantemente operam, no incipiente culto ao imperador, elementos de teologia manifesta da representação, pois Augusto não é apresentado só como parente, mas mais ainda como enviado do mundo divino; isso já se expressa na titulação como *sotér* ou salvador, que, na metade oriental do império, foi imposta já durante a vida do imperador.[27]

27. Cf. F. Taeger, *Charisma. Studien zur Geschichte des antiken Herrscherkultes* [Carisma: estudos sobre a história do antigo culto ao imperador], v. II, Stuttgart, Kohlhammer, 1960, p. 192 s.

Júpiter Doliqueno (Baal) com a deusa Vitória, início do período imperial, Museu de Wiesbaden.

Da perspectiva geopolítica, ideias epifânicas referentes ao domínio do imperador pertencem, em conformidade com sua lógica platônica popular, mais ao espaço cultural helenista do que ao itálico; num primeiro momento, a ideia romana do *divus*, que tem seu ponto alto na apoteose pós-mortal, tem dificuldade de absorvê-las. Mas já os contemporâneos de Augusto e tanto mais as gerações seguintes tiveram de representar o *modus operandi* da salvação trazida pela dominação cesárea também com o auxílio de metáforas radiocráticas — o que se manifestava, entre outras coisas, no nimbo ou grinalda de raios de bronze (hoje desaparecido), com que estava adornado o terceiro dos altares a Augusto construídos em Roma logo após a morte do imperador divinizado, ao lado das obrigatórias cornucópias.[28] Quando, em séries de moedas posteriores, Augusto

28. Cf. P. Zanker, *Augustus und die Macht der Bilder* [Augusto e o poder das imagens], Munique, Beck, 1987, p. 304.

Divus Julius, moeda comemorativa emitida após as festividades de apoteose de César, durante as quais apareceu um cometa.

aparece na idealizada "figura do perfeito com a grinalda de raios"[29], isso mostra sua associação com deuses astrais. A apoteose de Júlio César foi confirmada mediante a representação do cometa que apareceu durante a consagração do seu altar — como se, pelo menos nesse caso único, um mortal tivesse se transformado totalmente em um sinal de radiação.

Por esse motivo, o fato de que os imperadores de períodos posteriores tenderam a se simbolizar com notável frequência como imperadores solares não se explica só mediante uma tendência da moda ditada pela história das imagens e dos cultos, mas está fundada na afinidade entre a telecratia imperial e o modelo de pensamento radiocrático, que predominava nas religiões solares astrais exotéricas tanto quanto nos emanacionismos sutis da fotosofia neoplatônica. Em consequência, os episódios teológicos solares da história dos imperadores romanos são sintomas de uma tendência geral da política de meios de comunicação rumo à formação de monopólios de transmissão que, ainda em seu fracasso, representam o espírito da época propriamente dito. O fato de já Nero ter feito com que pusessem sobre a sua cabeça a coroa de raios do deus Sol foi mais do que um ato de inescrupulosidade histérica, e não só em razão de algum humor circense (motivado pelo patronado do

29. Cf. F. Taeger, *Charisma*, op. cit., p. 273.

Sol nas corridas de carros, favorecidas por Nero), era mais indicativo de uma situação na qual os imperadores se viram pressionados a assumir o papel de protagonistas em um teatro cósmico heliocrático. Brilhar passa a ser o principal dever do imperador. A substância telecomunicativa do império forçou os romanos, que antes tinham uma orientação amplamente telúrica, a adotarem uma postura radiológico-astral involuntariamente sutil. E desde o momento em que Nero se fez representar, no átrio do seu palácio, como deus Sol por meio de uma estátua colossal, de 120 pés de altura — ela foi transferida mais tarde para o Coliseu, daí ter recebido essa denominação —, o motivo solar-monárquico se tornou uma obsessão para os romanos.[30]

Quando Adriano, nos anos 118-125, construiu o Panteão, o templo de todos os deuses, motivos da teologia astral obtiveram uma versão arquitetônica indestrutivelmente evidente.[31] Ainda assim, demorou até o século III para que, aos catorze anos de idade, o sírio Heliogábalo (218-222), sumo sacerdote do deus Sol, Baal, de Emesa, proclamasse abertamente uma teocracia do tipo solar, aliás, um caso clássico de matriarcado *per filium*, e foi só sob Aureliano (270-275) que o culto ao imperador e a adoração religiosa do Sol vitorioso foram oficialmente considerados idênticos, de modo que, com a fundação do templo aureliano do *Sol invictus* — no dia 25 de dezembro de 274, que se converteria na data da festa cristã de Natal —, o domínio do princípio radiante encarnado se tornou fato consumado diante de todo o mundo, pelo menos simbolicamente durante quase um ano (o domínio de Aureliano teve fim com seu assassinato, em setembro de 275). O deus circense Sol, que protegia as quadrigas durante as corridas de carros, tornou-se, após seu cruzamento com o culto helenista-persa de Mitras, um símbolo do monoteísmo apto para o império.

A equiparação do Sol com Apolo pode ter contribuído para sua carreira ascendente, que, apesar de alguns primitivismos populares, pareceu filosoficamente aceitável, sobretudo nos círculos de formação

30. De acordo com outras tradições, foi Vespasiano quem mandou pôr a cabeça de Hélio no Coliseu.

31. Ver sobre isso a Digressão 4: "Panteão: Sobre a teoria da cúpula", p. 377-402.

neoplatonicamente inspirados, nos quais circulou, como aceno superior, a versão criptoetimológica do nome do deus *A-pollon*, o Não-muitos. Mesmo depois que o absolutista Diocleciano, como último *dominus et Deus* no cargo de 284 a 305, revogou a inovação cultual aureliana (ao promover, mediante a elevação de Júpiter e Hércules à condição de divindades principais, a rerromanização conservadora às custas do orientalismo que, não obstante, ainda era poderoso), emblemas essenciais do henoteísmo solar, como os nimbos imperiais, permaneceram em vigor como símbolos telecráticos indispensáveis. E, por fim, depois que Constantino havia testado, a partir de sua vitória na ponte Mílvia, o signo de Cristo como símbolo de sucesso, não foi mais possível deter a amalgamação de símbolos telecráticos solares e bíblicos. Por meio de sua vitória sobre o deus astral Sol, a teologia cristã pôs o platonismo no poder de forma mais efetiva do que qualquer reacionarismo filosófico pagão jamais teria conseguido; pois o cristianismo não era só, como certa vez foi dito, judaísmo para o povo com um Messias que chegou e está permanentemente presente; o cesarismo cristianizado foi também neoplatonismo para o povo, tendo no centro um rei filósofo batizado como político da emanação.

Os europeus de hoje, na maioria das vezes, não têm mais clareza acerca do sentido da fusão dessas duas técnicas de envio, da imperial e da cristã: ela constituiu a aliança de tecnologias de significado de consequências mais graves na história da Europa; manteve em forma por uma era inteira a semântica das potências batizadas da Europa antiga. Seja como for, o sistema duplo das majestades concomitantemente apostólicas e radiocráticas se manteve em Bizâncio até 1453, na Europa Ocidental até 1806, na ramificação russa até 1917, na Áustria até 1918, e persiste no Vaticano até hoje — a despeito do pensamento ingênuo de historiadores de filosofia de que o neoplatonismo teria sido, em essência, de natureza apolítica.

A reação juliana (361-363) — sob o aspecto da platonização do império segundo o modelo da emanação de poder visto a partir do centro imperial — já constitui um empreendimento ultrapassado; o panegírico heliolátrico de Juliano (*eis tòn basiléia hélion* [ao rei Sol]) não passa de um exercício de redação de um ginasiano regente, trabalho de seminarista

Emanação cardiocêntrica (ostensório do século XVII).

mais do que hino poético, declamação romântica mais do que anúncio real de poder. No vitalismo solar de Juliano, o Sol aparece como deus mediador que a todo existente infunde vida, aperfeiçoa, reúne, refina e dota de beleza. Hélio é celebrado pelo imperador Juliano até como fundador de Roma.[32] Com seus raios, teria sido acesa a chama eterna

32. Cf. *L'Empereur Julien*, *Œuvres complètes*, v. II, Parte 2: "Discurso do imperador Juliano", texto estabelecido e traduzido por Christian Lacombrade (Paris, Les

guardada pelas vestais. Ele seria o guardião tanto do gênero humano quanto do Império Romano; antes do início do tempo, ele teria criado a alma do imperador Juliano, para que, chegada a sua hora, assumisse a sucessão dos césares.[33]

Porém, seja sob o *Sol invictus*, seja sob o rei Hélio, seja sob o *Jupiter Optimus Maximus*, seja sob *Christòs kosmokrátor*, o sentido de *imperium* jamais pôde ser diferente do poder centralizado de comando do imperador radiocrático em virtude de suas redes de transmissão telecomunicativas, burocráticas e mais tarde também episcopais. O imperador é o meio *e* a mensagem, e, sendo as duas coisas, ele desempenha simultaneamente os papéis de mensageiro e de mediador entre o mundo divino e os receptores humanos.

A luz pode entrar em cena diretamente nos papéis de escritor e escrita ao mesmo tempo, o que se evidencia no famoso episódio narrado por Eusébio em sua *Vida de Constantino*, de 337, sobre a lenda da conversão do biografado, quando lhe apareceu, antes da batalha decisiva contra Maxêncio, o "mais inacreditável dos sinais divinos": "Em torno do meio-dia [...], ele teria visto com os próprios olhos — segundo disse — no céu mesmo o sinal da cruz por cima do Sol, formado pela luz. E ele teria visto uma inscrição anexa: 'Com isto vencerás.'"[34] Essa síntese de escrita a distância e escrita luminosa, telegrama e foto-grafia, que ilustra didaticamente a lógica da telecomunicação emanacionista, ocorre mais tarde de muitas formas na cultura visionária cristã, a mais significativa delas no "Paraíso" de Dante, em cujo canto 18 cinco vezes sete letras de luz no céu compuseram, voando em formação, a seguinte linha escrita: "*DILIGITE IUSTITIAM QUI IUDICATIS TERRAM*" (Amai a justiça vós que julgais a terra) — uma frase que pode ser lida como comprometimento dos príncipes mundanos com o status de funcionários de Deus. Quanto a Constantino, ele não só manejou virtuosamente

Belles Lettres, 1964), p. 132.

33. Ibidem, p. 134 e 137.

34. E. de Cesareia, *Vita Constantinii* [Biografia de Constantino], capítulo 29, apud T. Christensen, *Christus oder Jupiter. Der Kampf um die geistigen Grundlagen des Römischen Reiches* [Cristo ou Júpiter: a luta pelos fundamentos espirituais do Império Romano], Göttingen, Vandenhoeck & Ruprecht, 1981, p. 183.

a máquina radiocrática da majestade que fez com que seu cargo e sua pessoa brilhassem — por exemplo, obrigando o exército, em grande parte ainda pagão, a dar graças, nos domingos, ao deus Sol como doador de todas as vitórias; mas, ao mesmo tempo, ele fez experimentos com o modo apostólico de dominar, ao aparecer diante de milhares de ouvintes, sem temer constrangimentos, em pregações reflexivas, como intérprete de Deus.[35]

A implicação ontologicamente decisiva do emanacionismo político reside na suposição, necessária ao sistema, da possibilidade de fluxos puros de poder através de meios puros. Desde sempre é função de toda telecomunicação anular justamente a distância da qual deriva seu nome: é por querer tornar proximidade o que era distância que ocorrem comunicações a grandes distâncias.[36] Portanto, na medida em que telecomunicação é essencialmente des-distanciadora, ela não pode reconhecer a realidade da distância entre emissor e receptor, e tem de assegurar, mediante a aniquilação da distância, a presença real do comando e de seu autor no lugar da recepção como se estivessem na maior proximidade possível. Quem tinha de tomar providências para possibilitar isso pragmaticamente era, ao lado do correio imperial, do mal-afamado *cursus publicus*, monopolizado estritamente pela corte romana, sobretudo o sistema de envio de funcionários públicos que, em todo o império, representavam os *officia* [cargos, funções] e *munera* [serviços públicos] do império como presença real, mediante a instalação de escritórios romanos e Forças Armadas romanas. O que viabilizou que a presença imediata da fonte de poder no ponto distante também se tornasse teoricamente plausível e moralmente exigível foi a lógica

35. Cf. J. Burckhardt, *Die Zeit Constantins des Großen* [A época de Constantino, o Grande], Munique, Beck, 1982, p. 279 s.

36. Isso foi explicitado por M. Heidegger em um pressentimento exemplar em *Ser e tempo*, § 23: "A espacialidade do ser no mundo": "Com o 'rádio', por exemplo, o *Dasein* efetua hoje um des-afastamento do 'mundo' pelo caminho de uma ampliação [...] do mundo-ambiente cotidiano cujo sentido-de-*Dasein* ainda não é visível" (*Sein und Zeit*, Tübingen, M. Niemeyer, 1967, p. 105). [Ed. bras.: *Ser e tempo*, trad. Fausto Castilho, Petrópolis, Vozes; Campinas, Ed. da Unicamp, 2012, p. 309.]

Dante Alighieri, *A divina comédia*, "Paraíso", canto 18:

Prima, cantando, a sua nota moviensi;
poi, diventando l'un di questi segni...
[Principiava movendo-se ao ritmo de um canto;
para assumir a forma de uma letra...]

emanacionista, que, sob esse ponto de vista, pode ser concebida como a teoria midiática propriamente dita do império. De maneira discreta, a ideia da emanação se revestiu de um poder tão inaudito, inclusive para inúmeros contemporâneos que não teriam entendido nenhuma linha dos escritos de Plotino, Iâmblico ou Proclo, porque foi ela que, pela primeira vez, tornou concebível com suficiente clareza o *modus operandi* da delegação imperial e da autotransmissão ontológica do poder. Ela é a hermenêutica do Sol, que pode ser interpretado exotérica e esotericamente. O modelo da emanação dá origem à concepção do espaço radiocrático no qual o centro radiante se comunica em toda parte, idêntico a si mesmo, com regular presencialidade.

Considerado desse ponto de vista, o neoplatonismo se evidencia como a ontologia política velada tanto da civilização imperial da Antiguidade quanto da civilização imperial da Europa antiga. Seu ponto forte consiste em que ele tanto pode ser articulado nas formas discursivas mais sublimes quanto reproduzido em magias populares da radiação e em mitos astrais. Sob sua variante mágica, o pensamento em termos de radiações sobreviveu até o esoterismo primitivo do século XX e foi concomitantemente atualizado e materializado pela telepatia eletrônica da moderna técnica de notícias. Embora Platão esteja praticamente morto nos seminários filosóficos da atualidade além e aquém do Atlântico, ele continua a viver autenticamente na *science fiction* [ficção científica].

Registremos: em macroesferas monocêntricas realmente existentes do tipo império, o poder "emana" do centro radiante análogo a deus ou ao Sol por meio de emissão radial. (O motivo de o poder "emanar" de uma "fonte" se manteve até na formulação das Constituições de democracias modernas — e o que causa admiração não é que hoje, em conformidade com a ficção operativa da democracia, "todo poder emana do povo", mas que o discurso mais elevado sobre o poder ainda conte com um "emanar".) Expressa em termos positivos, a emanação — enquanto autocomunicação do raio — assegura que a presença do emissor na emissão e no lugar de sua recepção pode ser tida como verdadeiramente dada; em termos negativos, ela presta atenção para que o mensageiro e o meio não se interponham entre o comando e sua recepção de modo a atrapalhar.

Assim, registram-se, na ideia da emanação, duas condições para a comunicação bem-sucedida de poder: entregas puras e penetrantes são possíveis! — porque, por um lado, existem canais puros ou absolutamente condutores, pelos quais, por outro, mensageiros puros ou absolutamente abnegados correm de um lado para o outro na velocidade máxima possível como espíritos alegres e úteis.

Por conseguinte, o axioma de todas as técnicas emanacionistas de envio tem o seguinte teor: o meio não atrapalha! — o que também se pode expressar com a frase: o meio não tem *Selbst*, ego! Isso vale tanto mais estritamente quanto mais santo for o emissor, razão pela qual o Uno Deus desde sempre dispõe de tropas abnegadas de anjos sob a liderança superabnegada de arcanjos, ao passo que os imperadores, desde a reforma do serviço público levada a cabo por Augusto, têm de se contentar com funcionários quase abnegados no serviço interno e externo sob a supervisão de ministros quase abnegados. Enquanto valer esse "quase", os funcionários sempre terão um motivo para trabalhar em seu aperfeiçoamento. Pois se o meio apenas quase serve, a corrupção do serviço está perigosamente próxima. Se, durante uma corrida oficial de mensageiro, o meio nem sequer dissimulasse a infiltração de interesses próprios, ele se tornaria infiel ao seu mandato, pelo qual deveria se empenhar integralmente, e, de fato, alçaria a si próprio como senhor ao lado do senhor e, com sua pequena soberania colateral, minaria a grande soberania central. Desse modo, ele abusaria em proveito próprio do poder que lhe foi emprestado. Abuso de poder por parte de representantes do senhorio é a síntese de tudo o que, pura e simplesmente, jamais pode ocorrer em um sistema que opera com a ficção de representações puras. Se, não obstante, ocorresse algo assim, teria ingressado com isso o protótipo do mal e ruim no mundo. O mal na era dos envios metafísicos é a autorreferencialidade dos representantes — em contraposição, o bem é, telecomunicativamente reformulado, a autocomunicação irrestrita do ser.

Por essa razão, toda a antiga cultura da dominação está baseada no ideal da ascese do servo e da fidelidade do funcionário — ascese e fidelidade representando apenas duas expressões diferentes para a expectativa de abnegação em relação aos mediadores pessoais do poder central; a isso corresponde, no plano técnico, a suposição de perfeição no que se refere aos canais de envio e aos meios materiais, uma expectativa que se pode circunscrever filosoficamente como presunção de transparência. É melhor que esses meios, tanto os humanos quanto os materiais, sejam todos tão neutros, tão pacientes e façam seu serviço tão fielmente à sua hierarquia quanto aqueles tipos padronizados de papiro oriundos do delta do Nilo, dos quais os excelentes ficaram conhecidos como os *augusta* ou *liviana* (fornecidos em rolos de 24 centímetros de largura), o melhor papel da Antiguidade, reservado à chancelaria imperial; e os chamados de *hieratica*, o papel da burocracia imperial, de 20,3 centímetros de largura, que foi usado no aparelho administrativo

Medalha de Luís XIV, 1674.

romano e nos cartórios romanos do sul da Inglaterra até a Mesopotâmia.[37] Os demais papiros, de qualidade adequada aos cidadãos, eram comercializados em rolos um pouco mais estreitos.

Só porque papel e funcionários são pacientes, os grandes espaços de poder conseguem afirmar sua coerência formal. Já nesse ponto o formato é a mensagem, pois, através da formatação, o material neutro se converte em puro meio, reservado para usos exclusivos pelo senhor e seus representantes. Uma vez que a vontade do senhor tenha sido registrada por escrito, e isso exatamente em tais suportes capazes de transmitir autoridade, o edito ou rescrito devem sempre poder ser lidos com clareza, assim que deixarem a chancelaria — mesmo que o texto estiver codificado; a peça escrita assinada[38] e selada tem de comunicar de maneira indissimulada qual é a ordem do senhor, e o transmissor

37. Cf. H. A. Innis, *Empire and Communications. An illustrated edition* [Império e comunicação. Edição ilustrada], ed. David Godfrey, Toronto, University of Toronto Press, 1986, p. 103.

38. Cf. Béatrice Fraenkel, *La Signature: genèse d'un signe* [A assinatura: gênese de um signo], Paris, Gallimard, 1992.

não pode tirar nem acrescentar nada do sentido real presente.[39] O puro representante decide, por fim, no local da leitura o que a palavra do senhor significa na verdade. Que ele é capaz de tomar a decisão certa, está fundado, em última instância, no fato de se pensar que o emissor está pessoalmente presente nele. (Na era da arte genial, isso levará à tese da indispensável congenialidade do intérprete.)

Porém somente quando os representantes agem sem egoísmo e indolência, e quando os canais deixam passar a mensagem integralmente sem vazamentos e congestionamentos, os raios do império podem passar desimpedidos pelos meios puros ou diáfanos e causar seu efeito como presença real no local de recepção. (É preciso lembrar que os cosmólogos medievais tinham criado o conceito mais poderoso de um meio permeável, a saber, o conceito do *diaphanum*.[40]) Um mensageiro que pensa em si mesmo não cumpre seu mandato de acordo com o sentido do mesmo: essa é a eterna preocupação do emissor em sistemas de emissão monopolizados. Quando tal suspeita tem razão de ser — e quando não teria no caso de simples mediadores humanos? —, é preciso assegurar que o representante nem chegue a desenvolver um *Selbst*, um ego, que possa pensar primeiro em si mesmo. Em vez disso, o ego precisa ser tirado dele antes da contratação e substituído dentro dele pela subjetividade do senhor.

Portanto, antes de poder ser enviado, o representante ou agente têm de entregar sua vida privada e trocá-la pela do senhor. Da seriedade do assunto se depreende que isso não pode acontecer sem formalização, pois se trata aqui de nada menos que uma dedicação totalmente nova da vida utilizada. Dos rituais feudais de investidura e das solenidades de ordenação dos sacerdotes e monges católicos até as formalidades contemporâneas de entrega de documentos de instalação em cargos públicos, as circunstâncias rituais e jurídico-formais que acompanham a troca de sujeito sempre foram muito precisas. Em um formulário bizantino

39. Sobre a função da "fórmula do teor literal" "não acrescentar nem omitir nada", cf. J. Assmann, *Das kulturelle Gedächtnis*, op. cit., p. 236 s.

40. Cf. Capítulo 5: "*Deus sive sphaera* ou O universo-uno explodindo", p. 416 e nota 4 do Capítulo 5.

Antoine Coysevoux, *La Renommée du roi* (A glória de Luís XIV cavalgando o Pégaso), 1702, estátua de mármore dos jardins de Marly, hoje no Louvre.

de juramento prestado por funcionário público do século XIV, consta, entre outras coisas, o seguinte:

> Juro por Deus e seus santos Evangelhos, pela cruz doadora da vida e digna de toda reverência, pela santíssima Senhora Hodegétria, mãe de Deus, e por todos os santos que serei um servo fiel de nosso poderoso e santo príncipe e imperador X durante toda a minha vida, fiel não só em palavras, mas também naqueles atos que bons servos executam por seus senhores. [...] Serei amigo dos seus amigos e inimigo de seus inimigos, e jamais

> tramarei planos contra a sua majestade. [...] Serei sempre um servo verdadeiro e fiel do imperador [...], como a verdade de fato requer do servo íntegro e verdadeiro em relação ao seu senhor, e, caso Deus permita que este alguma vez caia em desgraça ou seja exilado, eu o acompanharei, compartilharei seus sofrimentos e arrostarei os mesmos perigos que ele, incluindo a morte, e isso enquanto eu viver.[41]

Esses juramentos eram repetidos por ocasião da escolha de um novo imperador, guardados nos arquivos palacianos e anotados em um registro; inclusive o patriarca de Constantinopla e os prelados eclesiásticos tiveram de prestar tais votos já desde o século VII. Neles aparece, em toda a sua formalidade, a essência da aliança entre o soberano senhor e seus representantes subordinados, já que obrigam os funcionários a assumirem o compromisso diante de Deus e os santos a permanecerem devotados ao imperador mesmo no caso de lhe ser tirado o domínio em consequência de uma revolução palaciana ou de uma reviravolta fatal nas condições externas. O juramento de estar a serviço de um senhor derrubado do trono até a morte equivale a renunciar ao direito de alguma vez voltar a pensar em vantagem pessoal. Desse modo, soberano é não só quem pode se fazer representar como se ele estivesse pessoalmente presente no representante; ainda mais soberano é quem consegue convencer seus representantes a nunca mais decidirem autonomamente a respeito do estado de exceção — mesmo que este venha a acontecer de fato. O verdadeiro funcionário seria, portanto, o representante que obtém toda a sua potência do senhor ao qual serve, e nos demais aspectos jura impotência.

De acordo com isso, a representação ideal começa com uma troca de sujeito relevante em termos mediúnicos — um processo que, de uma posição tardia e pequeno-burguesa, Sigmund Freud entendeu equivocadamente como formação do supereu; pois, nos sistemas clássicos de representação, não se trata de, no interior de um ser humano privado

41. Apud A. Guillou, *La Civilisation byzantine* [A civilização bizantina], Paris, Arthaud, 1974, p. 114-115 ([trad. brasileira baseada na] trad. alemã Peter Sloterdijk).

pulsional, que gostaria de ver sua sensualidade satisfeita, ser implantado um supervisor implacável, sendo o modo mais eficaz de fazê-lo por meio de ofensas e restrições ("A infância de um chefe"), mas sim de o indivíduo trocar todo o seu pequeno aparato de desejo (erótico) por um grande aparato (político) e, por essa via, tornar-se participante de uma estrutura muito mais poderosa de subjetividade e de um contexto de desejo e poder bem mais abrangente.

Essa troca — anteriormente já apostrofada como troca apostólica de sujeito — é o fundamento da ética das altas civilizações, na medida em que esta foi uma ética de serviço e *eo ipso* uma ética do ordenar e obedecer contida em raios de poder reais e imperiais. A partir daqui, é possível fundamentar muito bem, em termos de teoria midiática, a proibição do narcisismo ou o tabu do egoísmo, difundidos até pouco tempo atrás em todas as altas civilizações sem exceção. Os filósofos morais da era metafísica, por ainda não poderem ser funcionalistas, têm de configurar cargos e funções com base em mentalidades e esforços; por essa razão, os éticos clássicos não podem senão derivar boas realizações a serviço de um senhor da abnegação demonstrada e do humilde esforço do representante do senhor em cumprir seu dever.

Que pessoas em postos fixos de funcionários e no serviço móvel de mensageiro podem esquecer a si mesmas para se lembrar melhor do mandato que lhes foi dado pela totalidade ou por seu centro: foi essa ficção antropológica fantástica e, ao mesmo tempo, irrenunciável em termos de arquitetura de poder que, de fato, pela primeira vez tornou possível a ética do ser para servir, própria da Europa antiga (e da Ásia antiga). Concomitantemente, ela é uma das fontes do tabu do egoísmo que vigorou em todas as sociedades arcaicas e desenvolvidas enquanto elas tiveram uma constituição pré-individualista, sem que alguma vez tivesse havido a mais tênue necessidade de fornecer fundamentações para isso.

A convicção de que não seria certo pensar em si antes de pensar nos demais e de que seria absolutamente condenável pôr vantagem própria antes da do senhor a quem se serve — essa convicção é tão profunda que a ideia típica do liberalismo, de uma divisão produtiva do trabalho feita por vários egoísmos, não logrou se impor de maneira alguma durante uma era inteira. Isso só seria viabilizado pela revolução filosófico-moral da Era Moderna, que levou a uma progressiva naturalização e neutralização do assim chamado mal. Ela teve início no sistema de Thomas Hobbes, que, na construção da máquina do Estado, havia criado espaço para contar sistematicamente com as motivações mais baixas ou egocêntricas dos humanos, especialmente com o temor, a comodidade e a expectativa de obter vantagens pessoais[42], e, passando por estágios intermediários, ela chega a um final provisório no utilitarismo e no vitalismo, na absolvição generalizada, por Niklas Luhmann, do "voluntariosidade [*Eigensinn*]" dos subsistemas de egoísmo estrutural. Os conceitos norteadores de Luhmann para a fundamentação do juízo são coesão autorreferencial e diferenciação, e ambas significam concretamente apenas que, seja como for, não existe outra maneira além da via egoísta (só não fica muito claro se podemos ou não retroprojetar teoricamente sobre os sistemas seu egoísmo normal e obrigatoriamente latente neles).

No pensamento clássico, em contraposição, o egoísmo era tido pura e simplesmente como o primeiro sinal de vida do ruim e do mal, e seus sintomas mais sérios eram casos em que o servo não queria mais servir e a distorção da mensagem em proveito próprio pelo portador da mesma. Disso resultam os dois tipos de crimes políticos cardinais: sublevação e traição. Não seria fácil dizer qual dos dois era percebido pelo sistema moral tradicional como a ilegalidade mais abominável. Não é para menos que a satanologia cristã apesenta o príncipe dos demônios como um anjo caído — ele é o protótipo do mensageiro ao mesmo tempo infiel e rebelde, que roubou a notícia que lhe fora confiada, o raio divino, e a reverteu a seu favor. Quando Dante faz os arquitraidores Bruto, Cássio e Judas serem eternamente mastigados pelas três bocas de Satanás, ele adere à concepção, inevitável para uma metafísica da servidão, da traição como o mal extremo. Na visão de Agostinho, a utilização para outros fins de uma glória destinada a ser passada adiante, essa privatização pelo mensageiro de uma mensagem brilhante, é o início da perversão ou do desvio da criatura do *face-à-face* com o criador, e, por essa razão, a infidelidade dos anjos ou a vaidade do mediador

42. Cf. T. Hobbes, *Leviatã*, parte I, capítulo XIII.

constituem, para ele, o princípio da história da decadência satânico-humana. Em contraposição, uma nova fidelidade do mensageiro, iniciada com a missão de Cristo e continuada pela Igreja e por seus dedicados funcionários sacerdotais, deve dar início à história da redenção; nesta se poria em movimento um sistema apostólico de notícias, no qual se pretende que, graças a uma sábia censura das mensagens por uma central atenta, que é a Igreja episcopal, voltem a ganhar espaço em todo o império representações puras feitas por mediadores abnegados.

No âmbito mundano, o mal burocrático, a saber, a vã interferência dos mensageiros e a tendência dos funcionários para servir a si mesmos, precisa reiteradamente ser represado, seja por meio de controles mais rígidos de desempenho, seja por meio de sistemas mais eficientes de educação ou recompensa; somente por meio de um constante autoesclarecimento a ideia do "serviço público" pode ser remontada aos seus primórdios supostamente puros e ilibados. (Não é por acaso que o neoconservadorismo da atualidade, principalmente o estadunidense, apossou-se com firmeza do tema dos funcionários de Estado como uma *self-serving class* [classe que serve a si mesma]; ele logra boa repercussão entre o público quando combate o parasitismo de funcionários públicos que não estão a serviço de ninguém; na Europa, predomina, dentro dos mesmos esquemas de crítica ao mal burocrático, um discurso sobre a corrupção, o formalismo e a gastança.)

No que se refere à crítica do meio impuro, sua contundência espiritual aparece na polêmica dos comunicadores "puros" contra o reino intermediário dos signos que se tornou autocrático — uma polêmica que se articulou de modo exemplar na figura discursiva de Jesus: "Está escrito [...]; eu, porém, vos digo!" Essa formulação permaneceu virulenta até a mais importante teoria midiática do século XX, do católico canadense Marshall McLuhan. Seu substrato é a conhecida crítica de fariseus a fariseus no judaísmo antigo — que pode ser posta tipologicamente em analogia com a crítica de sofistas gregos a sofistas gregos.[43]

43. Cf. *Talmude de Jerusalém*, Tratado Berachot IX, 5; *Talmude babilônico*, Tratado Sota 22 b; ali são diferenciadas cinco classes de fariseus, uma das quais perfaz a típica classe dos hipócritas do Novo Testamento, os "fariseus caiados".

Nessa teoria, o membro de um grupo da cultura escrita se reporta à oralidade do Senhor, visando rememorá-la como relação fundamental válida. Ele diz, via de regra, que se vê forçado a levantar objeção contra o sistema da escrita cada vez mais autocrático e contra suas criações. Assim o espírito interpela a letra — como se a única função legítima desta fosse servir discretamente à vontade da expressão oral. O orador que fala "a partir do espírito" gosta de se comportar como a vida mesma que se aparta do que é sem vida, exterior, complementar.

Essa crítica, que constitui uma constante da história da mentalidade ocidental, volta-se contra a rebelião permanente do secundário, que, nos termos da teologia da linguagem, constitui a manifestação do semiologicamente mau ou ruim. A esta se contrapõe a revolução conservadora permanente do que se declara primário. Para os partidários das primeiras palavras, sejam elas ditas por deuses, reis ou gênios, é do mal tudo o que contribui para inflar o reino intermediário do comentário, e é mau o que tem a intenção de alçar ao poder os intérpretes ou especialistas em segundas palavras. Quando os signos não querem mais servir discretamente[44], mas buscam o primeiro plano com seus peitos nus de significantes para desviar a atenção das coisas; quando os intérpretes de sinais não querem mais ler desinteressadamente, mas solapam as palavras do mestre com interpretações arbitrárias e abatem os textos canônicos com suas paráfrases; quando os exegetas se tornam insolentes e afirmam sem rodeios que, na verdade, não existe nenhum original, mas apenas versões que seriam, todas elas, de algum modo igualmente legítimas: isso fez soar o alarme para os defensores dos primeiros signos, e chegou o momento no qual o servo irado dos signos tem de expulsar os mercadores intermediários narcisistas do templo.[45]

No que tange à possibilidade de representação pura no espaço político, seu declive obviamente começa na ponta da pirâmide metafísica — na

44. A estética clássica ainda tem como pressuposto a primazia do significado; cf. o ensaio de F. Schiller "Über die nothwendigen Grenzen bei Gebrauch schöner Formen" [Sobre os limites necessários no uso das belas formas].

45. Cf. G. Steiner, *Von realer Gegenwart. Hat unser Sprechen Inhalt?* [De presença real: nosso falar tem conteúdo?], Munique e Viena, Hanser, 1990.

figura do monarca que se vê forçado pela lógica do seu cargo a se apresentar como procurador de potências divinas e, em extrapolação teocrática, até como encarnação delas. Os casos mencionados da titulação de *dominus et deus* de Domiciano até Diocleciano esboçam inequivocamente o perfil da tendência encarnacionista; indo além da titulação, Aureliano manifestou pretensões de natureza divina e se fez proclamar em moedas como um senhor que já havia nascido como deus — *dominus et deus natus.*[46] Esses programas teológicos não correspondiam de forma nenhuma às tradições romanas antigas, mas foram causados pela autorreflexão progressiva da situação excepcional do imperador.

O ser como deus significou primeiramente apenas uma figura retórica e foi percebido mais como um dilema psicológico de status, o que é demonstrado, dentre outras, pela passagem do tratado doutrinário escrito por Sêneca para o jovem Nero e intitulado *Da clemência*, no qual o mentor filosófico do imperador tenta se enfronhar na desvantagem de ter de ser um deus:

> Esse é o cúmulo da servidão: não poder se tornar menor. Mas tu compartilhas essa necessidade com os deuses. Pois também a estes o céu mantém amarrados, não lhes sendo permitido descer assim como seguramente a ti. Estás afixado na tua grandeza. São poucos os que sentem nossos movimentos. Temos permissão para sair, regressar e mudar a aparência sem chamar a atenção do público: a exemplo do Sol, não te compete ficar oculto. Há muita luz sobre ti (*Multa contra te lux est*). Os olhos de todos estão voltados para ti. Crês estar saindo de casa? Estás despontando. (*Prodire te putas? Oreris.*) Não podes falar sem que a tua voz seja ouvida pelos povos que estão em toda parte. Não podes ficar furioso sem que isso abale tudo o que estava em torno (*quidquid circa fuerit*).[47]

Aqui o dilema de ser um Sol ainda é refletido com meios estoicos, não reformulado afirmativamente com conceitos neoplatônicos. Com

46. T. Christensen, *Christus oder Jupiter*, op. cit., p. 117.

47. L. A. Seneca, *De clementia, Über die Güte*, latim/alemão, trad. e ed. Karl Büchner (Stuttgart, Reclam, 1970/1992), p. 25-27 (trad. alemã minimamente modificada [trad. bras. baseada na trad. alemã — N.T.]).

clareza tanto maior aparece no espelho do príncipe de Sêneca a qualidade telecomunicativa ou tele-energética das manifestações imperiais de vida.

O engajamento do filósofo na educação do príncipe tem o propósito de instruí-lo no papel de grande comunicador radial, já podendo o acento especial que Sêneca põe na clemência, *clementia*, do tutorado ser entendido como prenúncio de um domínio radiocrático no modo da autocomunicação irresistível da substância. (Aqui fulgura uma analogia com a filosofia chinesa da dominação, na qual o motivo do exercício de poder mediante renúncia à intervenção foi incrementado ainda mais — daí a infocracia silente do imperador estar fundada em um sistema de espiões, informantes e denunciantes que cobre todo o império.[48]) Ademais, o discurso sobre a *clementia* já contém uma concessão subserviente do filósofo à autocracia cesárea, porque a única coisa que se tinha em mente concretamente era o que no tempo de Cícero ainda teria sido chamado de *humanitas* — uma qualidade que, depois de Augusto, não podia mais ser exigida dos super-humanos imperiais, principalmente não depois de Calígula, que, por sua *philanthropia* ou *clementia*, já tinha feito com que um Senado intimidado lhe oferecesse sacrifícios de fato — e não só serviços da boca para fora.[49] O fato de, no início do período imperial romano, a humanidade ter se convertido em clemência principesca — isto é, em humanidade a partir de cima — reflete que os césares foram alçados para fora do Senado e do povo — do mesmo modo que a retroconversão de *clementia* em *humanitas* no final do absolutismo europeu (a partir do início do século XVIII) sinalizou a reintegração do príncipe à humanidade média da burguesia. Durante uma era inteira vigorou a sentença de que é soberano quem pode conceder a graça antes de fazer valer o direito. O paradigma da clemência senhorial — a resolução do

48. Cf. J. Gernet, *Die chinesische Welt* [O mundo chinês], Frankfurt s/ Meno, Insel, 1988, p. 91; sobre a mística imperial policialesca, ver também J. Lévi, *Les Fonctionnaires divins: politique, despotisme et mystique en Chine ancienne* [Os funcionários divinos: política, despotismo e mística na China antiga] (Paris, Seuil, 1989).

49. O motivo da *clementia* se tornou virulento depois de César ter sinalizado, com sua vitória na queda de braço contra Marco Antônio, que não tomaria o caminho apontado por Sula e, portanto, não se vingaria de antigos adversários mediante listas de proscrição.

Augusto vitorioso de não punir o conspirador Cina — é ressaltado brilhantemente por Sêneca em seu escrito. De fato, com esse ato perfeito de sabedoria do dominador, Augusto havia logrado dar um fim à guerra civil e devolver ao império o longo período de paz que a historiografia teria na memória como *pax augusta*.

Apesar de tudo isso, o escrito *Da clemência* continua sendo uma das realizações mais duvidosas de adaptação às circunstâncias da sua época jamais feitas por um pensador de alto nível; as tentativas do filósofo de guiar o guia Nero falharam, como se sabe, diante da *moral insanity* [insanidade moral] do seu pupilo. No caráter do adolescente Nero parecem realmente ter sido implantados traços de certa brandura teatral, pois Sêneca consegue lembrar seu protegido de um episódio em que Nero postergara a redação de um indulto contra dois salteadores e, por fim, quando ele, que estava relutante (*invito*), foi pressionado a assinar o documento de execução da pena, exclamou: "Eu gostaria de não saber escrever!" ("*Vellem litteras nescirem!*"). A respeito disso, Sêneca observou o seguinte: "Uma palavra digna de ser ouvida por todos os povos que habitam o Império Romano. [...] Será repassada essa tua disposição de brandura. [...] Da cabeça parte (*exit*) a saúde."[50] Sêneca ainda não tinha captado que, já para o jovem Nero, o caráter humanitário era interessante sobretudo como gesto teatral, mas ele entendeu muito bem que a função do imperador era ser um centro do qual, sob todas as circunstâncias, alguma coisa "parte". No que se refere à irradiação bem-sucedida de uma mensagem convincente de clemência, os romanos teriam de esperar a chegada do imperador flaviano Tito, que conseguiu não assinar nenhuma sentença de morte durante seus dois anos de domínio, de 79 a 81.[51]

Enquanto os imperadores preferiram usar jogos de linguagem estoicos em vez de platônicos para explicar a si mesmos no cargo, suas tentações maníacas à frente da cosmosfera só chamavam a atenção como psicopatias privadas — um fosso discreto e, não obstante, largo separa o *furor Caesarum* do *furor platonicus*; superestimaríamos as fantasias

50. L. A. Seneca, *De clementia*, livro II, 1, 2, op. cit., p. 73.

51. O tópico da clemência de Tito permaneceu virulento até a *Ópera da coroação*, dedicada por Mozart a Leopoldo II (1791).

homem-deus de Calígula se as interpretássemos à luz das doutrinas helenistas de unificação ou da gnose filoniana. Em suas *Meditações*, o estoico Marco Aurélio está em busca de uma estratégia higiênica do autoexame, com a sábia precaução de manter sob controle as tendências de inflação maníaca, inerentes ao seu cargo; ele se empenhou por rejeitar a tentação do resplendor: "Tudo passa em um dia, tanto quem glorifica quanto quem é glorificado."[52] Quem, na condição de dominado, quisesse se espelhar somente nos meios de comunicação próximos da corte, em aclamações, boatos e louvações, na poesia de vassalagem e na prosa de adulação, teria deixado instantaneamente de ser senhor de si mesmo.

Depois dos imperadores filósofos do século II, as reservas estoicas parecem ter se esgotado na autorreflexão imperial. Como quer que seja, a platonização sub-reptícia de longo prazo do cargo de imperador só viria a ganhar força por meio da agressiva política cultural de monarcas posteriores, especialmente do absolutismo desenfreado do império sacrossanto, que, por sua vez, passaria para a teocracia bizantina, dando continuidade ao estilo. Nesse processo, tendências epifânicas passam a predominar: os imperadores sucumbem de modo crescente, tanto implícita quanto explicitamente, ao fascínio de autointerpretações teárquicas e radiocráticas. Eles leem a si próprios do início ao fim como signos do ser, postos como luminares sobre o pano de fundo de império e mundo.

Não é por acaso que Diocleciano, em quem a onda absolutista atinge o ponto alto, impôs ao cerimonial de sua corte, a exemplo do que fizera a seu tempo Alexandre, o Grande, a proscinese persa, a submissão por genuflexão, não só para súditos comuns, mas também para os mais altos funcionários da corte e para os oficiais, em consonância com um modo de domínio "em presença real". Como luz que apareceu *ex oriente*, o imperador pôde se postar, em companhia de seus corregentes na tetrarquia, sob a auréola de raios nas proximidades do Uno, como se fosse uma emanação funcional de Deus, do qual partem os raios do dominador até as margens do orbe, embora no tempo de vida de Diocleciano e depois dele não se fale mais de divinização. Também a proveniência solar mediada do imperador — o Tennō japonês reclamou para si um

52. Marco Aurélio, *Meditações*, IV, 35.

mito análogo até o nosso século, o de descender da deusa solar Amaterasu — pressupõe a possibilidade da representação pura e reclama para o senhor do império a presença real da plenitude. Daí provêm as indispensáveis coroas de raios, que aclaram com evidência palpável que, no império, o poder agraciado e a luz distante estão associados.

A questão decisiva para a continuidade da história imperial dos meios de comunicação é a seguinte: se os dois tipos básicos de comunicação plenipotenciária e fundada a partir do centro do ser, a apostólica e a imperial, podem se encontrar de outra maneira que não seja no conflito. Não é nem histórica nem sistemicamente surpreendente que, nos períodos de fricção entre império e Igreja — de Nero até Diocleciano —, o pleno poder episcopal e a plenitude do poder imperial não cheguem a um denominador comum. Porém como podem ser configuradas entre si as duas fontes de emissão, quando a antítese polêmica de cristianismo e paganismo tiver sido posta de lado porque o próprio império se postou sob o *signum crucis* [sinal da cruz]? A resposta a isso está disponível na historiografia do imperialismo cristianizado — pois, como foi mostrado, o cristianismo, por seu turno, não precisou ser primeiro imperializado, porque, tanto na linha do desenvolvimento paulino quanto na do petrino-romano em si, ele já tinha uma constituição imperiomórfica (o que de modo nenhum prejudicou sua realidade intensivamente local, comunitária). Esse imperialismo cristianizado foi cunhado em dois formatos: de um lado, na história dos dois Impérios Romanos cristãos, na do Bizantino contínuo e na do Sacro Império Romano Germânico figurado, e, de outro, na história do papado.

É preciso investigar os dois grupos de fenômenos quem quiser constatar como vieram a existir as conexões de graves consequências históricas entre radiocracia emanacionista e lógica apostólica de envio. Os impérios se encontram em permanente vibração por meio de comunicados acerca da saúde do imperador, dos êxitos do império e das tarefas imperiais, constituindo essa autoexcitação o fundamento midiático de sua unidade; isso obrigatoriamente se depreende da investigação sobre o culto ao imperador na Antiguidade e sua aplicação, no plano imperial, na forma de carismas e distribuição de desejos de poder.

Por razões de arquitetura de poder, o espaço imperial só tem solidez como semiosfera de um entendimento acerca do bem-estar presente — ou de sua restauração diante da decadência e do perigo. Mas então essa vibração do império em comunicações sobre seu estado de bem-estar passa a incluir, em sua atividade de envio, os representantes apostólicos de um reinado salvífico escatológico sob o signo cristão: isso é algo que tem de ser percebido como fato notável na história dos meios de comunicação.

Neste ponto, ganha relevo o problema, que ainda não foi tratado sistematicamente, de como macro-organismos políticos e eclesiais do final da Antiguidade até o limiar da Era Moderna fundamentaram e organizaram sua coerência semiosférica.

Portanto, as duas perguntas histórico-estruturais — Como é possível o cesarismo cristão? e Como é possível um papado efetivo? — constituem, na perspectiva da teoria dos meios de comunicação, formulações secundárias da pergunta sistemática principal: como é possível a síntese de emanacionismo e apostolado? É só por essa maneira de ver as coisas que a historiografia dos meios de comunicação consegue pegar a pista dos mistérios das macroesferas políticas de fato existentes na era metafísica da civilização europeia.

A natureza esférica dos impérios sacros pressupõe, como foi mostrado, uma exploração suficientemente penetrante do espaço por meio de radiações e emissões a partir do centro governante. A questão da imbricação ou junção da produção apostólica e da produção emanacionista de sinais pode, por sua vez, ser transformada na seguinte formulação do problema: como pode o domínio sobre mensageiros se converter em poder radial de envio e como pode inversamente a posse de um envio de raios levar ao poder mensageiros falantes? — devendo ser percebido, na expressão "*Sendung*", o significado duplo irreprimível de emissão, irradiação, e envio, missão.

É plausível supor — e a empiria o confirma cabalmente — que a ligação entre motivos apostólicos e motivos emanacionistas pode ser tramada a partir de ambas as partes. Isso aconteceu, de um lado, quando o tipo carismático de imperador enviado pelos deuses para promover o bem-estar dos viventes foi alinhado diretamente na sucessão apostólica — o que foi enunciado com todas as letras por Eusébio de Cesareia

Oráculo etrusco do fígado (modelo didático).[53]

em seus elogios ao imperador salvador Constantino, que ele trasladou direto para dentro do primeiro pelotão dos enviados por Cristo, ao ousar denominá-lo o 13º apóstolo; de outro, quando o apostolado foi turbinado com motivos epifânicos e emanacionistas — um traço que marcará especialmente o hemisfério da ortodoxia grega. No paradigma helenista do cristianismo[54], não só foi formulada exitosamente, a partir de inspirações platônicas, a "cristologia a partir de cima", mas também foram criadas nele uma iconologia, uma pneumatologia e uma

53. Ao lado dos dois procedimentos altamente civilizados de fazer o divino falar, o apostólico-sacerdotal e o emanacionista-filosófico, sobrevive (exatamente nos impérios e até na moderna civilização de massa) uma profusão de técnicas mânticas (haruspício, augúrio, astragalomancia, buziomancia, milefoliomancia, horoscopia, quiromancia, cristalomancia, cartomancia, etc.), que, a despeito de suas raízes primitivas, são passíveis de refinamentos superiores. As proibições imperiais da adivinhação, cada vez mais rigorosas entre os anos de 294 e 358, documentam que o império estava decidido a conter por todos os meios a inflação de informações vindas do além. Cf. Marie Theres Fögen, *Die Enteignung der Wahrsager. Studien zum kaiserlichen Wissensmonopol in der Spätantike* [A expropriação dos vaticinadores: estudos sobre o monopólio imperial de saber na Antiguidade Tardia], Frankfurt s/ Meno, Suhrkamp, 1993. O cristianismo, que avançara à condição de Igreja imperial, herdou dos imperadores pagãos o interesse político no monoglotismo do mundo superior.

54. Cf. H. Küng, *Das Christentum. Wesen und Geschichte* [O cristianismo: essência e história], Munique e Zurique, Piper, 1994, seção C II: "O paradigma helenista-ecumênico da Antiguidade cristã", p. 145-335.

politologia que podem ser conjugadas na figura de uma "apostologia a partir de cima". Nesse hemisfério, anúncio e aparição se aproximam muito, ocasionalmente até o ponto em que o envio apostólico é como que absorvido pela epifania.

Isso é ilustrado da maneira mais escancarada possível pelo culto em torno dos "ícones não pintados" de Cristo, o mais famoso dos quais tinha ascendido, no século VII, à condição de *palladium*, isto é, de signo de proteção imperial de Bizâncio; essa imagem chegou até a ser levada pelo imperador romano do Oriente, no ano de 622, na expedição contra os persas, que foi conduzida como guerra santa. A lenda epifânica radical pretendeu que as misteriosas imagens de Cristo tivessem passado a existir mediante projeção direta do céu ou, conforme uma expressão contemporânea, "teograficamente", pintada por Deus (e com mais frequência ainda: "aquiropoieticamente": não feita por mão [humana]).[55] Isso só pôde ser imaginado da seguinte forma: um feixe de raios vindo do mundo superior projeta o *eidos* de Cristo diretamente sobre uma tela terrena e o materializa nela. Portanto, pela lógica bizantina, quando está em missão, o céu permanece capaz de gerar imagens. Os representantes apostólicos são mantidos sob rédeas curtas, na medida em que o mundo superior reserva para si a prerrogativa mediante a contínua irradiação para dentro do mundo inferior.

Um quadro totalmente diferente se apresenta no Ocidente latino, onde o apostolado do bispo de Roma vai se tornando, em grande parte, uma questão de exercício sacralizado de poder mediante sua amalgamação com o espírito do direito romano e da burocracia imperial, ao passo que o motivo da manifestação epifânica da luz em presença real, por razões sistêmicas, só pode desempenhar um papel menor. Pedro não está presente em Roma como o mensageiro diáfano vindo de cima, mas como o apóstolo-rocha, mais como o primeiro vassalo e fundação do *regnum* paralelo do que como ícone do Evangelho na coroa de raios

55. Cf., sobre isso, H. Belting, *Bild und Kult. Eine Geschichte des Bildes vor dem Zeitalter der Kunst* [Imagem e culto: uma história da imagem anterior à era da arte] (Munique, Beck, 1990), p. 64-70, em que ele se vale profusamente do estudo de E. von Dobschütz, *Christusbilder* [Imagens de Cristo] (Leipzig, Hinrichs, 1899).

Hans Memling, *Santa Verônica*, c. 1440, Washington.

brilhantes. Além do mais, as condições políticas depravadas do Ocidente não permitem pensar em um papel eminente do bispo de Roma até o século VIII. Somente após o estabelecimento do duo papa-imperador no século IX o problema europeu da representação desenvolve sua dramaticidade antitética característica. A partir do momento em que o Ocidente se emancipou em termos políticos e de direito eclesiástico da supremacia do imperador bizantino — começando com a coroação com ares de golpe de Estado de Carlos Magno por Leão III no dia de Natal do ano de 800 em Roma —, o papa e o imperador, durante toda a Idade Média europeia ocidental, tiveram de ficar ligados um ao outro como gêmeos siameses que não podiam ser separados em razão do entralaçamento de órgãos internos. Eles compartilhavam o segredo inconfessável de uma usurpação comum, embora no papado os sintomas do segredo patogênico fossem mais severos e fornecessem motivos para declarações mais espetaculares e gesticulações mais exageradas.

O segredo bem conhecido do papado é sua rivalidade motivada por ciúmes da teocracia bizantina que repousa em si mesma e é dotada de todos os privilégios de legitimidade e continuidade, mesmo que esta frequentemente se encontrasse em um estado frágil e nada notável. Na cidade às margens do rio Tibre, só com muito esforço se logrou esquecer que, já no concílio ecumênico de Constantinopla em 381, havia se imposto uma tendência antirromana em questões de condução da Igreja.[56] (Lacan desenvolveu a tese de que o inconsciente é estruturado como uma linguagem; essa tese poderia ser modificada, tendo em vista a posição do papa, para a afirmação de que o inconsciente funciona como um cargo impossível.)

O passo inicial para a autoterapia papal foi a participação obsequiosa do bispo romano no projeto de império do rei franco Carlos Magno, que se interessou pela reanimação de uma estrutura imperial do tipo romano no noroeste europeu, tendo os francos como povo principal. Em função desse plano de um macroimpério, Carlos estava disposto a assumir uma relação com a única fonte que tinha a oferecer uma coroa de imperador na Europa. Porém o papel eminente que obrigatoriamente coube ao papado na coroação do imperador do Ocidente e que também podia ser concebido como retransmissão do império de Bizâncio para Roma só foi capaz, até prova em contrário, de prestar os primeiros socorros para conter o complexo de inferioridade estrutural da Santa Sé. Assim que se consolidou o eixo neo-ocidental entre Roma e Aachen, a despeito de débeis objeções vindas do Oriente (somente em 812 Bizâncio se dignou a reconhecer o bi-império ocidental como grandeza subordinada — em analogia à hierarquia introduzida por Diocleciano entre imperadores plenos, os *Augusti*, e os imperadores suplementares, os *Caesares*), e depois de ter se formado, no noroeste da Europa, um complexo territorial cuja dominação poderia ser interessante para uma instituição teocrática, o papado — depois de se recuperar da "pornocracia" da nobreza romana do século X — teve de desferir um segundo golpe para reparar pelas próprias forças a ofensa bizantina.

Isso só podia acontecer mediante uma declaração de guerra espiritual ao "próprio" império, que tinha saído mais atraente do que nunca

56. Cf. G. Alberigo, *Geschichte der Konzilien. Vom Nicaenum bis zum Vaticanum II* [História dos concílios: do Niceno até o Vaticano II], Düsseldorf, Patmos, 1993, p. 75-77 (sobre os cânones disciplinares 2 e 3).

da *renovatio imperii Romanorum* [renovação do Império Romano] promovida pelos otonianos. Este deveria arcar com os custos do complexo papal de soberania, tornando-se tributário da pretensão de liderança de Roma não só no plano espiritual, mas também no plano secular. Os imperadores do Sacro Império Romano nunca conseguiram compreender direito que lhes fora destinado o papel do césar "interior" em um papado augustino, compelido a almejar, em lugar do cesaropapismo inviável em Roma, uma solução dual, ou seja, um cesaropapismo ou um augustopapismo, e isso sob a primazia estrita do representante de Deus em relação ao monarca — uma primazia que, no caso da união pessoal oriental, não acarreta nenhuma dualidade perturbadora, mas que, no sistema dual, desencadeia conflitos explosivos. Com relutância impotente, uma Igreja romana degradada teve de contemplar como os imperadores do século X se assimilaram, por seu turno, ao modelo bizantino, rotulando a si próprios como monarcas apostólicos. Não muito entusiasmado com isso, Carlos Magno ainda teve de ouvir louvações clericais à sua pessoa como um segundo Constantino. Oto III, criado, como filho da bizantina Teofânia, para ser um menino-prodígio teocrático, já se entendeu como um "segundo Paulo" e imitou sem corar a fórmula paulino-justiniana do *servus Iesu Christi*; em documentos contemporâneos, ele é representado como patrono do Espírito Santo e de posse de símbolos de pleno poder pneumatocráticos como a pomba e o crisma. Não é preciso provar detidamente que a Roma não agradavam esses bizantinismos germânicos. Constitui um atestado de concentração romana de esforços, quando o papa Bento VIII, por ocasião da coroação do imperador Henrique II (mais tarde cognominado de "o Santo") no ano de 1014, encenou a engenhosa ideia de colocar na mão do monarca um orbe imperial e, por conseguinte, introduzir um símbolo que implicava a onissoberania de Cristo, como dádiva do papa ao imperador. O sentido do ato era evidente: enaltecia o doador e rebaixava o recebedor, principalmente porque um orbe imperial é um objeto que o recebedor não pode recusar. Henrique esfriou a mão que segurava o orbe, repassando sem demora o presente do bispo romano para os abades de Cluny. A epopeia dos posteriores orbes imperiais (36 objetos desse tipo se conservaram nos tesouros da velha Europa) foi detalhada, em investigações conhecidas, por Percy Ernst Schramm de maneira tão vivaz quanto permitiu o monótono tema.[57]

Diante desse pano de fundo, os motivos *ad hoc* para o ataque da Igreja romana ao cesarismo parecem plausíveis e transparentes — em sua parte crônica, eles dizem respeito à instrumentalização indissimulada do sistema eclesio-imperial alemão pelo poder imperial, especialmente por sua prerrogativa de instituir bispos; no seu atual aspecto, esses motivos procedem das funções prioritárias traumáticas do imperador Henrique III no Sínodo de Sutri, em 1046, no qual ele, sob o título de *vicarius Dei* [vigário de Deus] e como *caput ecclesiae* [cabeça da Igreja], destituiu três falsos papas e pôs no cargo um "verdadeiro", o seu candidato. Desse modo, a cicatriz bizantina no sistema romano foi novamente rompida como ferida alemã. A reação não demorou muito. O sintoma da neurose atual do papa é o esboço inigualavelmente brutal e profético (jamais publicado na sua época) para um decreto de Gregório VII de 1075, que ganhou fama duvidosa sob o título *Dictatus Papae* e com o qual teve início a expedição romana visando à submissão do cesarismo e à reconquista da Igreja europeia pela cúria romana. Eis algumas frases extraídas desse documento composto por 27 resoluções:

> 1. Que a Igreja romana foi fundada unicamente por Deus.
> 8. Que só o papa pode portar as insígnias imperiais.
> 9. Que todos os príncipes beijem somente os pés do papa.
> 10. Que seu nome seja o único a ser citado nas orações litúrgicas de todas as igrejas.
> 11. Que o nome do papa é único.
> 12. Que o papa pode destituir imperadores.
> 19. Que ninguém pode julgá-lo.
> 23. Que todo papa é santificado pelos méritos de São Pedro.[58]

57. P. E. Schramm, *Sphaira. Globus. Reichsapfel. Wanderung und Wandlung eines Herrschaftszeichens von Caesar bis Elisabeth II. Ein Beitrag zum "Nachleben" der Antike* [*Sphaira globus* orbe imperial: migração e mutação de um símbolo imperial de César até Elizabeth II], Stuttgart, Hiersemann, 1958. Contendo, nas p. 186-187, um índice cronológico dos orbes imperiais conservados.

58. As 27 frases aparecem integralmente em E. Rosenstock-Huessy, *Die europäischen Revolutionen und der Charakter der Nationen* [As revoluções europeias e o caráter

Coluna de Constantino em Istambul; a estátua perdida no topo da coluna, uma estátua de Apolo remodelada de Ílion, mostrava o imperador sob uma coroa de raios, tendo na mão esquerda um globo com uma Vitória alada.

Globo de berilo com Níke de bronze, supostamente do século V a.C.

A autoexaltação do papado diante do império foi interpretada, com alguma razão, como a primeira na série das revoluções europeias.[59] Quando se valida essa interpretação um tanto teológica demais e um tanto amistosa demais com Roma, o *Dictatus* marca a virada para um

das nações] (Moers, Brendow, 1987), p. 143-144; a respeito de sua interpretação, cf. Horst Fuhrmann, "Der wahre Kaiser ist der Papst. Von der irdischen Gewalt im Mittelalter" ["O verdadeiro imperador é o papa: a respeito do poder secular na Idade Média"], in: H. Hungert (ed.), *Das antike Rom in Europa* [A Roma Antiga na Europa], série de palestras na Universidade de Regensburgo (Regensburgo, [s.n.], 1985), p. 99 s.

59. Cf. E. Rosenstock-Huessy, *Die europäischen Revolutionen und der Charakter der Nationen*, op. cit. (ver nota anterior), p. 131 ss. e 143 ss.; bem como: Friedrich Heer, *Europäische Geistesgeschichte* [História espiritual/intelectual europeia] (Stuttgart, Kohlhammer, 1953), p. 82 s.

espiritualismo neoapostólico incisivo e sua luta contra o comprometimento semipagão dos feudatários episcopais com os poderes salvíficos locais, mediante o qual praticamente não era possível dissimular a acomodação generalizada dos símbolos cristãos às tradições da nobreza guerreira e da magia étnica. A "revolução papal" indica uma primeira tentativa de centralização da dominação na Europa de inspiração eclesial neorromana.

Na perspectiva da teoria midiática, é evidente a razão pela qual se tratou, nesse caso, de um centralismo carismático de qualidade apostólica radical. O objetivo proposto pela ofensiva papal era de reformar o espaço salvífico católico como império político espiritual; para Roma, era importante alcançar o estado ideal, em que um único propiciador da salvação — o *vicarius Dei* — livrasse de sua vetusta capacidade salvífica os incontáveis cultos locais dispersos e autossuficientes e todos os recursos próprios das linhagens, tribos e dos povos semipagãos, para transformar todos os europeus em tomadores diretos da salvação junto à fonte romana. A fantasia católica do ponto central que assumiu o poder com Gregório via a Santa Sé rodeada de uma humanidade cristã, em que cada indivíduo se entenderia em termos espirituais e de direitos eclesiásticos como alma diretamente vinculada a Roma.

Com esse projeto se tornou manifesto a que ponto chegaria o imaginário de uma apostolocracia pura. Um monopólio missionário romano dessa envergadura só poderia ser almejado com o auxílio de uma tropa disciplinada de apóstolos, e o meio indispensável para criá-la era a imposição do celibato. Pelo menos nesse ponto, a "revolução papal" maturou consequências indeléveis: ela fez a sua parte para criar o clérigo de ordem sem família, socializado no macro-organismo materno-eclesial, o qual podia ser simplesmente utilizado e enviado, aquele *ecclesiasticus*, do qual depende não só a história da inteligência escolástica na Idade Média europeia e no início da Era Moderna, mas mais ainda a missão mundial católica na era dos descobrimentos.

Quem quiser estudar a história da globalização fará bem em ponderar a parcela do papado na formação de uma elite de filhos da mãe Igreja sujeitos ao envio para estabelecer telecomunicações com territórios intocados e destinatários desconhecidos.[60] Somente esses apóstolos papamóveis, que podiam ser programados quase independentemente de qualquer contexto, eram apropriados para a atuação no serviço mundano exterior no início de Era Moderna. E somente um papado que, ao lado da insistência no aspecto petrino da rocha, também fosse capaz de promover uma mobilização neopaulina estaria em condições de se mostrar à altura do desafio representado pela situação europeia da pluralidade de povos — e, mais tarde, tanto mais pela mundialização. Por essa razão, o romanismo católico nunca pôde se permitir entrar em sintonia com a letargia sagrada do monoteísmo pneumático de Bizâncio, mas, a partir do *Dictatus Papae*, permaneceu mais ou menos continuamente (descontando o declínio de Avignon) na posição de ataque apostólico — até que a Revolução Francesa o pôs em definitivo na defensiva.

Sob aspectos macroesferológicos, é perfeitamente compreensível que o cesaropapismo romano jamais tenha conseguido realizar suas metas estruturais — excetuando o breve instante de triunfo sob Inocêncio III (Lotário de Segni) —, porque a emissora central romana nunca dispôs das subestações que seriam necessárias para impregnar efetivamente os espaços salvíficos locais. O papa, com suas possibilidades específicas de emissão, nunca esteve em condições de isolar os reinados regionais de suas fontes sacrais, nem de tirar os mantos mágicos dos príncipes. As emissoras locais mágicas, os portadores de carismas terapêuticos e psicagógicos, permaneceram ativos em toda parte. Roma e seus bispos mal e mal conseguiram batizar os curandeiros locais e ensinar aos sacerdotes nos povoados algumas sequências de latim. Não foi por acaso que — como mostrou Marc Bloch em seu famoso livro — o reinado francês extraiu vigor político de seu vetusto poder salvífico taumatúrgico e se contrapôs ao papado no auge do seu poder: ele tomou a liberdade de manobrar o representante de Cristo de Roma para Avignon como se

60. Seus sucessores tipológicos são, entre outros, os colaboradores das grandes companhias telefônicas norte-americanas, que, a partir de bases de operação na Europa Central (Viena, Praga, etc.), exploram com redes de comunicação as regiões da ex-União Soviética. Sobre a telecomunicação religiosa nos primórdios da globalização terrestre, ver mais adiante p. 824-839.

Coluna de Trajano em Roma, desde 1588 encimada por uma estátua de São Pedro.

Coluna de Marco Aurélio encimada por uma estátua de São Pedro, na época de Sisto V, 1589.

fosse um vassalo da Coroa francesa.[61] Ademais, o sonho imperial alemão permaneceu virulento inclusive em seu formato fracassado; ele produziu florescências tóxicas tardias ainda no século XIX e decerto até a era de Hitler. Críticos da mentalidade alemã pensaram com razão poder perceber nela os vestígios de uma frustração imperial nunca superada — o que só é compreensível, se o conceito de império for levado a sério como indicativo de um sistema de vontade de poder não superado até aquele momento. Ele de fato é invalidado somente pelo sistema de vontade de sucesso do capitalismo moderno e suas "culturas de empreendimento".

61. Cf. M. Bloch, *Les Rois thaumaturges* [Os reis taumaturgos], Paris, Gallimard, 1924 e 1983; ed. alemã: *Die wundertätigen Könige*, Munique, Beck, 1998; sobre o episódio de Avignon, cf. também a Digressão 6: "A descoroação da Europa: Anedota sobre a tiara", p. 679-689.

O fundador de um império dos espíritos, imaginário, novo, gnóstico-alemão, o iniciador do idealismo alemão e posterior político de cátedra em Berlim, Johann Gottlieb Fichte, ainda propôs, na oitava preleção de seus discursos de Erlangen *Sobre a natureza do erudito e suas manifestações no campo da liberdade*, proferida no semestre de verão de 1805 — meio ano depois da autocoroação, em Paris, de Napoleão Bonaparte como imperador dos franceses, na presença de Leão VII —, sob o título *Do regente*, uma teoria do rei que pode ser lida como perpetuação da mística imperial alemã com os meios da filosofia idealista da reflexão. Para Fichte, o regente é puro representante da ideia dominante e, nessa qualidade, ele próprio inevitavelmente é uma epifania:

> Ele reconhece a si mesmo como um dos primeiros e mais imediatos servidores da divindade, como um dos membros fisicamente existentes, mediante o qual ela interfere diretamente na realidade [...], ele nunca quer apenas que aconteça algo, mas que aconteça aquilo que a ideia quer. Enquanto esta permanecer silente com ele, também ele calará, pois ele só possui a linguagem para ela. [...] Desse modo, a ideia toma conta dele e o impregna por inteiro, cabal e irrestritamente, e nada resta de sua pessoa e de sua biografia que não queime nela como holocausto perene. E assim ele é, então, a manifestação mais imediata de Deus no mundo.[62]

Essa passagem permite reconhecer que o idealismo alemão, tanto em sua teoria dos signos quanto em sua politologia (e sua ideia do funcionalismo) também se encontra em continuidade com a lógica da pureza da Europa antiga e, em consequência, constitui um capítulo tardio na história do transparentismo; a teoria fichtiana da imagem trata dos últimos ícones vivos; ela almeja a iconóstase como governo. No aspecto argumentativo, o teorema de Fichte constitui o ponto de junção entre a interpretação pré-moderna e a interpretação moderna do mundo, reiterando a metafísica clássica da abnegação disposta ao serviço, mas, em sua fundamentação, comprometido com uma modernidade lógica que,

62. J. G. Fichte, *Werke*, v. V, [s.l.], [s.n.], p. 81-82.

Decoração suntuosa de Elpidio Benedetti por ocasião de uma festa de convalescença para Luís XIV, detalhe.

renunciando a teses ontológicas antigas, força o absoluto a passar pelo buraco da agulha da subjetividade reflexiva.

Naturalmente a concepção fichtiana de representação não combina com uma perspectiva apostólica, mas ela se enquadra em uma perspectiva emanacionista, porque o regente, enquanto imagem do ser, é irradiado diretamente para dentro da realidade profana — em termos mais precisos: ele ativa a si mesmo como radiação irradiada. Mas também o papado, que parece dever todos os seus efeitos à apostolicidade, não conseguiu se subtrair, no auge de seu triunfo, à pressão para a autorrepresentação epifânica; isso aparece especialmente no jogo de linguagem onipresente do Sol e da Lua, com o qual a propaganda papalista procurou, desde o século XI, ilustrar o primado do emissor papal da luz em relação ao receptor imperial da luz.

Desses esboços lacônicos e talvez de traços exagerados decorre que a possibilidade da representação pura permaneceu problemática o tempo todo, já na perspectiva empírica e histórica, inclusive no núcleo da telecomunicação metafísica, ou seja, na representação do homem-Deus por um *vicarius* ou *servus Christi* — para não falar da análise lógica e sistemática —, visto que a presença do emissor se apresentava fragmentada tanto nas emissões quanto nas pessoas enviadas. Não só o modo da emissão era perpassado por uma ambiguidade indevassável — por causa da oscilação entre o padrão apostólico e o padrão emanacionista; tampouco era possível identificar claramente o enviado mesmo, porque, no ponto de maturação do conflito, a representação de Deus havia se desmembrado em três pretensões de grau máximo, a cesaropapista bizantina, a papal e a imperial, cuja obstinada coexistência exerceria uma influência desagregadora sobre toda e qualquer crença simples na representação. O fato de, além disso, o papado às vezes adotar um modo cismático de atuar, como monstro de duas e às vezes até três cabeças, fazia com que o encontro entre ser e sinal resultasse em uma cintilação grotesca.

Os sinais plenos do ser paralelamente existentes tinham de lançar suspeitas uns sobre os outros de tal forma que, em cada caso, os outros dois seriam sinais vazios (e, pelo menos, de segunda categoria) ou simulacros sedutores, porque só um deles podia ser o verdadeiro sinal imbuído da presença. Mas como identificar a representação autêntica? A recomendação da parábola do anel, narrada por Lessing, de reconhecer o anel salvífico verdadeiro por seus efeitos benéficos na vida do seu portador, não era aplicável a esse caso porque cada um dos três sistemas de representação sabia como reivindicar para si a abundância dos sinais de sucesso; *de facto*, cada um deles era capaz de emitir e produzir por si mesmo os sinais que confirmavam a plenitude de verdade na vida e a cobertura por meio do sucesso real. Assim, cada um deles dava toda a razão a si mesmo no próprio espaço de emissão, o que, de resto, na perspectiva semiológica, constitui o traço básico do que se denomina "mundo" no sentido ontologicamente pleno: em um mundo digno desse título, os critérios ou indicativos da verdade da imagem de mundo podem ser encontrados no próprio mundo — excetuando as verdades especiais reveladas, que necessariamente ingressam de fora, e aqueles sinais empíricos perturbadores indicando que este mundo, mesmo que seja amplamente autossuficiente, pode ser enredado em uma competição mundial da qual ele tem de se esquivar ou a qual ela tem de ganhar se quiser se conservar.

De modo inquietante, foi antecipada a fórmula do acordo de paz religiosa após a era das guerras confessionais — *cuius regio eius religio* [tal rei, tal religião] — pelo triatlo cristão de Bizâncio, Roma e Aachen, ou seja, de fato durante toda a Idade Média, só que, nesse caso, não resultou daí uma regulação da paz, mas uma escalada armamentista dos espaços, cada um dos quais afirmava ser a verdadeira representação do divino.

De acordo com isso, as representações que um ser humano deve ter de Deus e dos sinais do ser dependem de quem é a esfera de representação em que ele se encontra pela contingência do nascimento. Isso predefine a guerra entre os espaços salvíficos e entre as esferas dos sinais do ser. A história europeia do último milênio foi por extensos trechos, em termos estruturais e fáticos, o desenrolar das tensões polêmicas entre centros de representação máxima — que entraram em cena tanto em termos intramonoteístas, como guerras entre as frações do cristianismo, quanto em termos intermonoteístas, como guerra mundial entre os califas como representantes do profeta, de um lado, e os três expoentes da esfera de Cristo representando Deus, de outro. A expressão ingênua dos historiadores "guerra mundial" revela aqui sua estrutura profunda, porque o fenômeno da guerra mundial só pode ser entendido a partir da colisão entre posições de representação máxima da presença salvífica e de seus sistemas de emissão. "O império é um correio, e o correio é uma guerra."[63] Disso se segue que toda teoria pertinente do sinal pleno, do envio e da confirmação de recebimento é assunto do estado-maior.

Nesse teatro mundial monoteísta, no qual várias mensagens de máxima importância são transmitidas ou proclamadas intramundanamente por instâncias supremas de representação, o povo judeu assume uma posição à parte, perigosa e em perigo. O aspecto extraordinário e excêntrico da posição judaica evidencia-se, em primeiro lugar, no fato de não se lograr colocá-la em consonância com nenhum dos três impérios representativos cristãos, mesmo que os fragmentos do judaísmo da diáspora pudessem ter sido integrados de modo mais ou menos isento de conflitos nas estruturas políticas dos domínios cristãos. O judaísmo estava condenado — mais como posição no espaço das mensagens monoteístas do que como etnia — à excentricidade, porque por sua simples existência constituía o espinho na carne das teologias cristãs da representação e de seus aparatos políticos.

63. B. Siegert, *Relais. Geschicke der Literatur als Epoche der Post, 1751-1913* [Comutador: destinos da literatura como época do correio, 1751-1913], Berlim, Brinkmann und Bose, 1993, p. 6. A tese belamente pontuada é tributária da semiopolemologia de F. Kittler, que demarca a posição avançada da mediologia contemporânea.

Se fôssemos encarar com seriedade o fato judeu de uma perspectiva bizantina, romano-papal e germano-imperial, sua existência sinalizaria a não anuência ao axioma do mundo cristão: que, na pessoa do fariseu Jesus de Nazaré crucificado e ressuscitado, apareceu como presença física o Messias anunciado pelos profetas, o rei salvífico ungido, para cumprir os vaticínios e, de além das fronteiras do judaísmo, trazer todos os humanos prontos para receber a mensagem de retorno a um reino salvífico de um Deus que não pode ser diferente do Deus do judaísmo. Se o judaísmo continuou a existir como judaísmo "persistente" na Palestina até o ano de 135 e mais tarde na diáspora, isso só aconteceu porque ele não tinha conseguido seguir a doutrina da presença messiânica.

Portanto, na medida em que o judaísmo pós-cristão só podia continuar existindo mediante a negação e como negação do suposto acontecimento messiânico, a existência desse povo assumiu, aos olhos da Igreja e do Estado cristão, um traço anticristão inevitável. O anticristo não era algo que devesse ser temido pelos cristãos como tentação vindoura — por constituir a história prévia persistente do cristianismo, ele era mais antigo do que ele. A diabolização da resistência judaica foi a resposta plausível a isso. Quando os povos pagãos muitas vezes não tinham facilidade em aceitar a mensagem cristã, isso podia ser explicado ou até desculpado, da perspectiva dos missionários, pelo fato de que, para eles, o Evangelho era algo totalmente novo, incomum e inaudito. Para a não aceitação da boa-nova pelos judeus, as regras do jogo eram diferentes; não havia por que lhes explicar longamente a notícia do Messias — eles a entendiam melhor do que qualquer outra pessoa, mas a consideravam uma notícia falsa, para não dizer uma heresia blasfema. Para a maioria dos judeus, o incidente com Jesus não passou de uma soma de mal-entendidos sedutores — um torvelinho de erros que se agruparam em torno de um erro demoníaco central, a ilusão messiânica. Se os ortodoxos tivessem podido acompanhar os acontecimentos na tristemente célebre Santa Ceia, eles dificilmente teriam reconhecido nesse ato macabro de comer o cordeiro e beber vinho-sangue mais do que uma sensaboria delirante. Com furioso constrangimento, a maior parte dos judeus ortodoxos, fariseus e populares observou a insondável equivocação do rabino milagreiro híbrido, que havia se promovido diante dos seus adeptos com autodesignações capciosas e atravessado a fronteira para o abismo com o seu imperdoável "Eu sou" (Marcos 14,62).

Do ponto de vista judaico, esse "Eu sou" messiânico é mera palavra humana escandalosa e, desse modo, um sinal vazio, que não possui nenhuma densidade teológica nem força de sustentação metafísica. Apenas cogitar que talvez possa se tratar de um sinal pleno já seria indício de uma crise mental nefasta. O predicado da frase, o verdadeiro Messias, não pode estar presente no sujeito da frase, no eu jesuânico, e o falante produz com esse enunciado — abstraindo do escândalo —, no melhor dos casos, nada além do que a crítica linguística medieval chamará de um *flatus vocis*, um sopro respiratório passando pelas cordas vocais, que soam sem produzir som que tenha um sentido válido; em um caso menos favorável, um demônio teria se apoderado da subjetividade do falante para pôr no mundo, por meio de sua voz, uma terrível quimera vocal que, mediante amplificação da escritura, provocaria universos de consciência enganada. Então, sendo impossível que a ortodoxia judaica — desconsiderando, neste momento, a corrente helenista liberal não engajada — pudesse ser persuadida a aceitar a messianidade jesuânica, então para ela, na perspectiva da história da salvação, *nada* havia acontecido com o incidente de Jesus, se abstrairmos uma tentação eventual que chamejou momentaneamente.

Não há como superestimar as consequências dessa opção pelo nada de presença messiânica. Pois, do ponto de vista dos afirmadores da presença, o judaísmo se tornou, na sequência, mais e mais o povo dos negadores e até o povo do nada, que tinha de se comportar como um observador externo diabólico da celebração do Deus que havia chegado aos sistemas de presencialização cristãos. A consciência cristã nunca pôde esquecer completamente que era observada por uma testemunha de fora que não conseguia dissimular seu desprezo pelo erro dos presencialistas. A verdade é esta: se adotarmos por um momento que seja a posição judaica continuada em relação à inovação cristã, impõe-se imediatamente a questão sobre o que os cristãos estavam propriamente fazendo ao seguir com êxito tão irresistível e zelo tão implacável um Messias que não estava presente — ou melhor, que permaneceu um simples pretendente. O que significa aderir à presença real de um Deus que nunca apareceu? O que significa traduzir uma mensagem sem validade para todas as línguas do mundo e erigir em todos os quadrantes da Terra púlpitos, bispados e escolas para a proclamação de um sinal vazio?

As perguntas são de uma ironia atemorizante, pois põem em movimento nexos superdimensionados, suprassubjetivos, super-risíveis. Jamais uma simples vontade privada de zombar teria sido suficiente para sequer começar a pensar sobre objetos de tanto peso. Falando sério, o que fazem aqueles cristãos que apostaram sua vida em um sinal vazio e fazem de tudo para difundi-lo? De onde provém o poder do sinal da cruz, se o fariseu crucificado no meio não tinha nenhuma primazia metafísica em relação aos dois malfeitores crucificados à sua direita e à sua esquerda? O que move os cristãos a se pôr com tanto elã no seguimento de um concessor de plenos poderes que não tinha poder nenhum?

Ora, essas "questões judaicas" idealizadas não são postas da perspectiva de uma cultura estrangeira — por exemplo, do ponto de vista de uma análise estoica ou budista das ilusões. Estoicos ou budistas não se interessam genuinamente por uma figura que se chama Messias e não têm opinião sobre se uma determinada pessoa teria sido Messias ou não; e nem querem ter, porque, do seu ponto de vista, uma opinião sobre isso só pode levar a um estreitamento supérfluo da consciência. Por conseguinte, sua exterioridade em relação aos afirmadores cristãos é de qualidade bem diferente da do judaísmo, que está condenado a assumir uma posição clara em questões messianológicas — e, no caso em pauta, como é compreensível, a assumir uma posição negativa. Enquanto os estoicos e budistas se comportam, por assim dizer, com exterioridade externa para com a tese cristã da presença do Messias, que, num primeiro momento, não machuca e deixa todas as opções em aberto, compete aos judeus *post Christum crucifixum* [após a crucificação de Cristo] a posição da exterioridade interna; seu "não" tem peso sistemático porque, como negação íntima, afeta a raiz de todo o sistema de presencialização dos que dizem "sim".

Por isso, o cristianismo sonha ocasionalmente de modo sintomático com a compulsória anuência judaica *a posteriori*. Significativo disso é a lenda do ícone que sangra de Constantinopla, transmitida por Tiago de Voragine: certo dia, uma imagem de Cristo que estava na igreja de Santa

Sofia foi atacada à espada e ferida no pescoço por um judeu furioso; de imediato um fio de sangue esguichou da imagem e borrifou o judeu negador; assustado, ele jogou a imagem dentro de um poço, onde mais tarde foi encontrada; porém o judeu abandonou sua obstinação e se converteu ao Deus cristão; uma história parecida é contada com relação a Berite, na Síria; ali, o sangue derramado pela imagem de Cristo foi coletado em uma garrafa, que foi levada para Roma e preservado em uma igreja.[64] Histórias desse tipo celebram a vingança do sinal pleno contra os que duvidam. De resto, o gênero dos milagres de ícones e hóstias é, em seu conjunto, característico de uma segunda onda, mais epifânica do que apostólica, de sinalizações persuasivas diante de um ambiente cético.

A negatividade judaica tem, como foi mostrado, tanto peso porque os que dizem sim não podem negar que os judeus são o povo que sabe disso melhor do que ninguém. Em consequência, os sistemáticos da verdade cristã, os apologetas, são forçados a se interessar pelas razões do erro judaico. Aqui começa o que, a partir do século XIX, seria chamado de crítica da consciência equivocada. Em seu escrito *Contra os judeus* (capítulo 14), Tertuliano já tentou explicar a não anuência dos judeus à celebração da presença messiânica a partir de um mal-entendido profundamente arraigado: a razão de desconhecerem tão obstinadamente o advento do próprio potencial libertador se deve ao fato de não terem aprendido a diferenciar entre o primeiro advento em pobreza e o segundo advento em glória. Enquanto o segundo advento se dará com evidência, o primeiro só se revela à fé; por essa razão, a evidência que já chegou espalha o terror sobre a maioria, ao passo que para os crentes ela traz a passagem da esperança para a realização. Assim, em relação a essa diferença, os cristãos possuem já agora, mediante a fé, a verdadeira noção das coisas, ao passo que os judeus preferem sua ofuscação habitual à verdade revolucionária.

A tragédia do judaísmo diante do mundo cristão tem origem no fato de que sua negação conta mais do que qualquer outra; os judeus

64. *Die Legenda aurea des Jacobus de Voragine*, op. cit., p. 701-703; cf. T. Macho, "Blutende Bilder" [Imagens que sangram], *Kursiv — Eine Kunstzeitschrift aus Oberösterreich*, caderno n. 3: Blutbilder (I), p. 63-67, 1997.

são obrigados, digamos assim, a manter-se afastados da festa dos demais e não podem dançar em volta do bezerro de ouro da presença [messiânica]. Caso se quisesse formular em um conceito o *proprium* da espiritualidade judaica, seria preciso dizer que próprio do ser judeu é o pleno poder da negação — e isso diante de todas as epifanias religiosas estrangeiras, bem como de eventuais afirmações religiosas próprias da presença messiânica. Nos sinais do ser judaicos, pode haver, quando muito, prenúncios de uma presença futura, protelada até segunda ordem, mas nenhum momento de plenitude em que se celebraria o casamento do sentido com o ser. Para o judaísmo, os sinais permanecem para sempre separados da presença de Deus por um distanciamento majestático. Na leitura judaica, os sinais são instados à discrição ontológica e destinados a se manter reservados diante da abundância.

Caso se adotasse também aqui — não importa se como historiador ou como semiólogo — essa ótica discreta em relação ao fenômeno cristão, surgiriam espontaneamente as seguintes perguntas: Quem ou o que os cristãos representam propriamente quando se referem a um primeiro sinal cuja plenitude é negada? Qual é a situação de seus plenos poderes quando se reportam a um originador cuja messianidade é contestada pelos portadores originalmente competentes das expectativas messiânicas? Portanto, o que no fundo aconteceu quando os afirmadores declararam sua independência dos negadores? A independência desse "sim" seria mesmo tão forte que pode se consolidar e regenerar por seus próprios meios, a despeito de toda objeção de fora? O que quer mesmo dizer representação quando os representantes afastaram sumariamente toda e qualquer dúvida sobre se algo representável alguma vez esteve de fato presente? E o que é e significa essa presença quando está tão à mercê de relações representativas que poderia ser apresentada como real com toda a pressão exercida pelas autoridades imperiais, mesmo que jamais tivesse de fato acontecido?

Essas perguntas, que inevitavelmente tinham de eclodir na fronteira judaico-cristã e cujo potencial de violência jamais poderá ser superestimado, foram convertidas pelos processos de secularização da Era Moderna e pela quebra do monopólio cristão de notícias na sociedade moderna em perguntas corriqueiras — não sendo mais formuladas explicitamente como tais, mas silenciadas pela resposta corriqueira da indiferença. A moderna fórmula missionária — de que cada um e cada uma possam representar com todos os meios legítimos aquilo que ele e ela consideram correto ou digno, desde que isso não violente ninguém, e ademais de que cada um e cada uma possam falar sem representar algo — resolveu o problema apenas na aparência e fez com que ele se tornasse invisível num distensionamento pouco prudente. É por isso que todos regularmente se mostram surpresos assim que alguém, por meio de uma palavra perigosa, toca nos velhos segredos do discurso plenipotenciário e em sua presença nos meios de comunicação profanos.

Um incidente como a morte em acidente automobilístico da princesa de Gales, Diana, e as inigualáveis exéquias no dia 6 de setembro de 1997 na catedral de Westminster e nas ruas de Londres, um acontecimento que, por sua repercussão nos espíritos e nos meios de comunicação, adquiriu uma dimensão quase numinosa — falou-se da transmissão mais abrangente da história da televisão —, relegou a inteligência moderna a uma afasia loquaz, que pode ser explicada principalmente por seu retraimento prematuro em relação às perguntas de lógica midiática e metafísica midiática recém-levantadas. O poder do mensageiro sobre a mensagem possui amplo alcance — a história inteira do cristianismo o comprova, e os grandes lampejos midiáticos da nossa época às vezes deixam isso claro; esse poder chega ao ponto de que representar e transmitir uma mensagem ganha validade como um tipo específico de atividade de direito próprio, independentemente de a representatividade ser coberta pela presença do original no retrato ou não, e até independentemente de alguma vez ter existido um original.

A representação tem prioridade: esta é a informação decisiva que pode ser obtida mediante a adoção hipotética da posição judaica diante das afirmativas messiânicas. O olhar judaico constata sem piscar que o imperador-papa de Bizâncio, o papa romano e o imperador alemão — assim como a longa série de príncipes apostólicos da Europa antiga —, cada um a seu modo e por seus meios, se apresentaram como *vicarii Dei* [representantes de Deus] na terra, embora o núcleo de seus sistemas de representação seja ocupado, do ponto de vista judaico, por um sinal vazio. Daí se pode fazer uma importante inferência: que a vacuidade de um sinal jamais abalará quem quer resolutamente representar. Não há nada capaz de descarrilar o elã da fúria representativa depois que esta tiver acumulado um *momentum* crítico mediante ganho de autoridade e rotinização. Representar, entendido como atividade de direito próprio, sempre almeja a representação de uma abundância — uma abundância que só pode ser assegurada pelo próprio mensageiro mediante a plena fixação do sinal a ser transmitido. Um mensageiro que trata de se fortalecer só pode trazer uma notícia forte da parte de um emissor forte, e comprovar o poder do emissor com o seu poder — e o seu poder com o do emissor. Só se passa adiante aquilo que leva adiante aquele que passa algo adiante. Todos os sistemas de poder e de desejo de sentido se baseiam nesse princípio de proliferação.

Em busca de uma explicação para essa relação simploriamente consternadora, aparece de imediato que a própria plenitude do sinal constitui uma função da fixação plena por meio do representante. Se a presença de Deus no sinal fosse uma evidência geral indubitável, jamais poderia se formar uma cadeia de representantes, porque todos sempre perceberiam a presença divina diretamente. Nesse caso, intérpretes atrapalhariam e seriam supérfluos. Somente quando Deus está encoberto podem vir à frente mediadores que pretendem ter olhado atrás da cortina; somente quando Deus não está revelado faz sentido afirmar que ele se revela algumas vezes. Então o mediador assume posição. Seu envio sempre começa com a resolução incontornável de atrelar a si mesmo entre Deus e os destinatários de sua presença. A resolução do mensageiro estabelece a relação mediocrática fundamental que constitui grandes grupos e os mantém coesos.

Essa constituição jamais poderá ser refletida no próprio sistema metafísico de envio — a não ser em forma negativa: como condenação dos falsos apóstolos e dos sacerdotes da mentira nos sistemas de envio construídos da mesma maneira. O apóstolo da outra religião e o desviante herético da própria religião permitem reconhecer com mais facilidade que eles próprios se nomearam ou foram bem-sucedidos em iludir-se a respeito de algo. Em contraposição, o próprio envio de mensageiros resolutos necessariamente é sentido como bem mais verdadeiro, bem mais objetivo e, em consequência, bem mais tocante e comprometedor. Do ponto de vista do representante genuíno, esse envio seria sempre verdadeiro, mesmo que ele não o representasse; e esse parecer é totalmente consistente porque todos os representantes têm de ser, por seu turno, representáveis por princípio, e porque todo representante de fato foi precedido de outro, até que se chegou àquele Paulo com o qual teve início o esquadrão cristão. No jargão dos ontólogos e dos teólogos do encontro, a marcha em um esquadrão de mensageiros é reproduzida em termos mistificados sob a fórmula de que Deus ou o ser precederam à própria existência e ao próprio discurso. Na verdade, só um mensageiro anterior pode preceder o mensageiro atualmente presente.

O que acabou de ser designado como "resolução do mensageiro" remete, por sua vez, ao fenômeno já várias vezes abordado da troca de sujeito; de acordo com sua forma psicológica, ele significa o consentimento do sujeito a ser dominado por um grande complementador precedente — por um outro interior, cuja grandeza *per se* libera o impulso para a comunicação oral pública. Se o complementador fosse simplesmente o amigo ou a amada, a linguagem desse amor poderia ser consumida no sussurro privado — um eventual excedente só poderia ser publicado como literatura. Quando o amado é Deus, as declarações de amor e lealdade têm de se apresentar como missão em grande escala. O mensageiro demonstra seu amor pelo grande outro falando de amor para terceiros.

Por essa via, novamente somos levados a atentar para o modo como motivos microesféricos irrompem na prática macroesférica e lhe conferem um matiz pessoal. O compartilhamento da subjetividade com um outro interior de formato monoteísta leva — como mostrado anteriormente — a um tensionamento da verdade que tem de se descarregar na prática missionária. Os integrantes humanos desse dual exigente dificilmente poderiam suportar ser atrelados a um grande Deus sem reino. Por sua natureza, esse grande Deus é o parceiro providencial dos grandes mundanos. Para ajudar o Deus a ter seu reino e partilhar pessoalmente o desejo de ter um reino, desenvolve-se, no parceiro humano do Deus conforme ao reino e demandante do reino, a unidade de ação composta por servir e enviar — como engajamento necessário no contrato apostólico.

Dessas ponderações resulta que representar o absoluto é um ato de direito próprio, no qual a coisa representada aparece como fenômeno ou — já que isso não é diretamente possível — como imagem, como notícia, concomitantemente ao ato da representação. Representar significa produzir imagens e palavras, e ocupar espaços de presença da imagem e da palavra. Como gesto de natureza própria, esse representar é originalmente teopoiético, correspondendo ao verbo grego *theopoieîn*, tornar Deus, divinizar — uma palavra na qual, a exemplo da divinização latina, a contribuição ativa do representante na produção da concepção sagrada já ficara claramente expressa. Por sua natureza, essa palavra teve de ser banida do vocabulário positivo da metafísica monoteísta e da religião cristã no poder, porque parecia se prestar unicamente às teopoesias das posições pagãs ou heréticas, enquanto a própria doutrina não pode ser refletida como teopoesia, *theofactum*, fetiche, mas exclusivamente como doutrina recebida, aceita, objetivamente verdadeira. Os representantes que querem ser puros recuam diante da concepção de ser autores de palavras de Deus e escultores de teoplásticas como se fosse do próprio mal, embora eles *de facto* se encontrem envolvidos em um processo incessante de formulação e reformulação teopoiéticas. Quanto maior a duração do processo de envio, tanto mais cresce a pilha de formulações de representantes que se tornaram história — e, entre estas, há inúmeras às quais nem os representantes "puros" no cargo ousam retornar. (Em torno de 1996, em pronunciamentos oficiais da Santa Sé, João Paulo II fez, em 94 oportunidades, confissões de culpa e de pesar sobre erros e injustiças cometidos por seus antecessores e pela Igreja Católica como um todo.)

Desde Giambattista Vico, o fundador das ciências do espírito, que, como vemos de modo crescente, seria melhor chamar de ciências das esferas, foi enunciado o argumento de que a realidade histórica dos povos antes da Era Moderna teria sido *eo ipso* constituída teopoieticamente e que, por isso, a ciência dos humanos teria de ser a ciência das formas de vida autopoietizantes. Com essa indicação, aparece no campo visual a razão pela qual, na Era Moderna, a poetologia — até e justamente em relação às primeiras coisas — acabou por obter a primazia em relação à ontologia e à teologia: a reflexividade das modernas relações de comunicação pôs o caráter fabricado da totalidade do sistema metafísico de mensageiros, funcionários e sinais sob uma luz tão forte que parece ter impossibilitado para sempre um retorno aos padrões europeus antigos de autoilusão. Nunca mais o emissor se deixará separar do transmissor a tal ponto que a ideia metafísica e feudal da entrega pura de mensagens objetivas possa continuar em vigor. Por acaso a crise autoral há muito já não se estendeu ao céu? E a crise do representante não é o contraponto necessário ao desaparecimento do emissor absoluto? Onde foram parar os carteiros abnegados depois de ocuparem todos os postos interessantes? Em quem ainda pensa Martin Buber (senão em si mesmo) quando diz que todas as chaves são confiadas a quem não pensa em si mesmo?

Ora, seria preciso apenas que os teólogos se desfizessem de sua designação profissional e se assumissem como teopoetas, e, na sequência, as ex-faculdades de teologia voltariam a se unificar com a ciência literária comparativa e a antropologia cultural. Foi em vão que Platão pensou nos poetas quando cunhou o termo *theológoi*? Quem ainda poderia falar de Deus ou de deuses sem se confessar poeta? Essa regra também engloba o próprio Deus e os próprios deuses, na medida em que seus autorretratos costumam ser apresentados como revelações, e suas poesias, como criações de mundo. Os carteiros de outrora, os apóstolos despidos de ego, foram desmascarados como autores e complementadores de suas entregas — e não foi só desde que Joseph Klausner (introduzindo as sentenças explosivas de Nietzsche na judaística) ressaltou, em seu livro sobre Paulo, de 1939, o apóstolo dos povos como o real fundador do cristianismo —, uma tese radicalizada pelo filósofo da religião judeu Jacob Taubes. A ideia de um entregador puro e abnegado do que quer que seja, inteiramente pertencente ao emissor, resolveu-se em grande parte por si mesma mediante a simples intensificação da atenção aos pontos problemáticos. Os grandes emissores são, como se pode dizer em tom sereno, ficções de representantes, oriundas do espírito da divisão imperial do desejo de poder e de sentido.

No que se refere ao puro transporte de remessas, a melhor maneira de garanti-lo hoje é pelos serviços de entrega privados que cobram caro por sua abnegada pontualidade. Todos os outros entregadores, incluindo os sacrais, são identificáveis, por seu turno, como negociantes midiáticos que se empenham por cotas do mercado de mensagens, e isso do início ao fim por motivações que não se conseguiria descrever facilmente como abnegadas. (Pois o que é mais egoico do que a preservação de interesses identitários pelos detentores de postos tradicionais?) Na Era Moderna, pelo menos é o remetente que paga a taxa de envio, ao passo que na era metafísica os destinatários eram intimados a fazê-lo. Toda a história econômica dos monoteísmos clássicos não foi uma tentativa em grande escala de fazer com que as taxas de envio fossem pagas pelo destinatário e não pelo remetente? O monoteísmo foi edificado sobre uma economia da gratidão — dependente da gratidão preveniente dos destinatários por mensagens que valiam toda e qualquer taxa e justificavam toda cobrança de reembolso. A Era Moderna pôs no seu lugar a economia dos gananciosos que investem assim que têm razões para crer que receberão em troca mais do que investiram.

Uma última sublevação da metafísica do carteiro ocorreu no século XX, curiosamente da parte de uma teologia judaica que começou a se interessar por Paulo como agente disfarçado de uma missão mundial judaica. Caso se queira reclamar Paulo como apóstolo geral do judaísmo — e foi o que fizeram autores como Rosenzweig, Ben-Chorin, Taubes e outros com a paixão da ironia —, de nada serve a fantasia do puro mensageiro. Pois Paulo entra em cogitação primeiramente como falsificador de mensagens judaicas e, em segundo lugar, talvez como agente secreto, mas, de modo nenhum, como puro enviado. Seja como for — os referidos teólogos criticam, num primeiro momento, o hermetismo religioso nacionalista do judaísmo histórico e o acusam de, em sua clausura étnica rígida[65], não ter estado à altura do mandato que lhe foi dado no

65. Sobre o fenômeno da clausura étnica em si mesma, cf. P. Daniel, *Zaun. Normen als Zaun um das jüdische Volk. Zum Phänomen der Zeitüberdauer des Judentums* [Cerca. Normas como cerca em torno do povo judeu: sobre o fenômeno da perduração temporal do judaísmo] (Viena, Splitter, 1995); sobre isso também J. Assmann, *Das kulturelle Gedächtnis*, op. cit., cap. 5: "Israel e a invenção da religião", p. 196-228.

segundo Isaías, a saber, a de ser luz dos povos. Em contraposição, Paulo, o dissidente, o aparente traidor, teria feito jus ao mandato missionário universal do judaísmo, ainda que o tenha feito com uma mensagem que já não podia ser tida sem mais nem menos como a de Israel. Ben-Chorin, que, em conexão com Franz Rosenzweig, exacerbou de modo especial a teoria judaica do carteiro, diz o seguinte a esse respeito:

> Essa mensagem ainda era a mensagem de Israel? [...] Essa pergunta foi respondida negativamente pelo judaísmo histórico. Ele se sentiu traído por Paulo, não representado por ele [...], muito embora tenha sido Paulo que cumpriu vicariamente o mandato dado a Israel, de ser "luz dos povos". Franz Rosenzweig comentou certa vez que não foi o judaísmo, mas o cristianismo que disseminou a Bíblia hebraica de Israel até as ilhas mais remotas. [...] A Bíblia de Israel [...] se tornou um best-seller no mundo antigo graças à propaganda da fé feita por Paulo.[66]

Assim, Paulo, na condição de apóstolo judeu, é dotado pelo emissor religioso nacionalista de um pleno poder religioso mundial posterior. O argumento todo está carregado de ironia teológico-histórica, pois, de acordo com ele, o cristianismo lançado por Paulo aparece como *parcel service* [serviço de entregas] de Antigos Testamentos no orbe não judaico, tendo os Novos Testamentos de ser assumidos como adendos problemáticos. Quem achar esse argumento indecoroso deve ponderar que a historiografia eclesial dos primeiros tempos, por sua vez, usou um argumento análogo para interpretar a dispersão dos judeus pelos romanos por todo o império — após a destruição do templo em 70 e definitivamente após a revolta de Bar Kochba em 135 —, a saber, o da *praeparatio evangelica*, pois os missionários cristãos tiveram o acesso facilitado nos lugares em que já havia judeus — o que decerto também pode ser validado como uma figura conceitual parasitológica clássica.

Essa construção permite reconhecer o que custa querer salvar o emissor depois que o mensageiro já foi desnudado. Ela é interessante sobretudo porque Paulo é identificado como um mensageiro que,

66. S. Ben-Chorin, *Paulus. Der Völkerapostel in jüdischer Sicht*, op. cit., p. 175-176.

mesmo após a vivência de Damasco, enganou-se de emissor. Se tivesse se compreendido corretamente, ele jamais deveria ter dito que não é ele que vive, mas que Cristo vive nele — o que vivia dentro dele era muito mais o mandato do Dêutero-Isaías, para o qual a proclamação de Cristo tinha apenas servido de cobertura. Esse argumento leva a uma semiopsicanálise do apóstolo que torna um processo secundário cristão dependente de um processo primário judaico. Nada além disso é o sentido daquele "trazer Paulo de volta para o judaísmo, que é a sua casa", sobre o qual certos rabinos gostam tanto de dialogar com certos teólogos cristãos em longos fins de semana acadêmicos.

O processo primário é judaico: com ele se estabelece a existência de um inconsciente profético, e, a exemplo de qualquer inconsciente autêntico, esse também não pode deixar de enviar o que lhe foi incutido enviar. Logo, esse inconsciente não pode falar de eleição. Formulado em termos positivos, extrapolando as indicações de Rosenzweig e Ben-Chorin: o volume do desejo de poder do inconsciente judaico promete mais do que os interessados cristãos podiam pedir porque oferece a possibilidade do imbatível. Não há nada que conceda mais antegosto imaginário de poder e desejo real de poder do que marcar um sujeito com um sinal de eleição. Ninguém logrará querer se desvincular de tal inconsciente, e quem foi marcado com esse sinal nunca sequer terá condições de analisá-lo e, desse modo, expô-lo a um risco crítico. Nesse caso, é preciso desconfiar mais do que nunca do fantasma da autoanálise. Por essa razão, Sigmund Freud, o não analisado "profeta do inconsciente", no qual o inconsciente do profeta estava perfeitamente delineado e perfeitamente escondido (não reprimido), fez de tudo para apagar o rastro que levaria até seu caso pessoal. Com sua elevada arte de sugestionamento, ele desviou a atenção para o inconsciente libidinoso-sexual dos neuróticos profanos e tomou providências para que não se falasse do inconsciente libidinoso-eletivo.

Portanto, a missão de agente secreto de Paulo teria consistido em marcar os povos não judaicos com o inconsciente judaico e seu sinal, o da eleição. Essa evasão da clausura religiosa nacionalista do judaísmo deveria levar a cabo — como deu a entender Jacob Taubes em uma interpretação tão iluminada quanto efêmera — o ato de fundação de um novo povo de Deus fora do judaísmo, um povo de Deus que é definido por Taubes, para quem tons grosseiramente elitistas não são estranhos, como um projeto de povo estritamente universalista e igualitário.[67] De acordo com isso, o sentido da missão paulina teria sido a transmissão do privilégio da eleição a *todos* os povos fora do "povo realmente eleito". Eleição para todos — um paradoxo que naturalmente só pode funcionar em estado latente, pois quando se torna explícito de imediato arruína seus agentes e suas agências. O sinal de pertencimento ao novo povo inclusivo-exclusivo de Deus não podia mais ser comunicado fora do judaísmo como *character indelibilis* no corpo masculino — por isso, Paulo não viu outra saída a não ser revogar a lei da circuncisão para os seguidores de Cristo masculinos não judeus.

Desse modo, naufragou o primeiro sinal da eleição. Por isso, Paulo foi obrigado a ressaltar a todo custo outro sinal que pudesse ser transmitido: daí sua obsessão pela cruz. Só ela se prestava para ser o sinal representativo do sinal originário não transmissível. De sua interpretação e proclamação se pode depreender que a operação central do pensamento paulino é a transcodificação da eleição. Esta só é bem-sucedida quando se consegue obter um conceito maior de circuncisão que resgata o significado sem exigir o ato — e Paulo encontrou esse conceito. Ser circuncidado significa para ele: ter assumido uma debilitação por meio da confissão de um Deus sofredor, para, então, participar para sempre do sistema mais soberano de desejo de poder e de sentido que existe. Quando se sabe do que exatamente a circuncisão é metáfora, pode-se substituir a metáfora. A metaforização paulina da circuncisão está prefigurada no mandamento judaico: "Circuncidai, pois, o vosso coração e nunca mais reteseis a vossa nuca!" (Deuteronômio 10,16). Esse tanto de circuncisão certamente deve haver no caso de gente que de resto sempre gosta de defender intransigentemente a ausência de mágoa, pressupondo que haja monoteísmo e que os humanos possam se tornar capazes de comunhão mediante uma humilhação bem integrada. (De resto, Lacan, partindo de

67. Cf. J. Taubes, *Die politische Theologie des Paulus* [A teologia política de Paulo], 2. ed., Munique, Fink, 1995, conferências proferidas no Centro de Pesquisas da Comunidade de Estudos Evangélicos de Heidelberg, 23-27 fev. 1987.

uma posição criptocatólica básica, aderiu estreitamente ao procedimento de Paulo e conjurou seus pacientes, que já não podiam ser circuncidados, à confissão da castração simbólica e da deficiência constitutiva.)

O sinal do Deus sofredor, a cruz, designa os renascidos no processo de transmissão e difusão da consciência da eleição. Daí o *páthos* estaurológico em Paulo; a cruz, *staurós*, deve tomar o lugar da faca da circuncisão e inscrever a mesma informação na carne batizada: eleição para todos no povo pneumático! De acordo com Paulo, o inconsciente tem a estrutura de um pertencimento impossível.

Somente onde é bem-sucedida a transmissão discreta da fonte do desejo de ser, chamada eleição para crentes não judeus, iniciam-se a identificação com a lei e o mandamento do amor — o que ocorre mediante contágio inconsciente tanto quanto mediante aceitação consciente. Se essa transmissão ética for levada a sério, a teoria de que o cristianismo é carteiro não é só uma construção teológica desesperada para salvar a posição judaica em sua peculiaridade histórica; ela também descreve um processo que, a despeito de sua ironia difícil de suportar, integra a história positiva das ideias e o processo moral da civilização ocidental.

Essa, pelo visto última, extrapolação da metafísica do carteiro, que queria ver a carta judaica ser entregue globalmente pelo correio cristão, foi ocasionada mais uma vez pelo teólogo leigo protestante, jurista, sociólogo e filósofo da linguagem Eugen Rosenstock-Huessy com uma teoria geral das entregas, que, a seu ver, seria ao mesmo tempo a verdadeira teoria das civilizações e das comunicações que criam povos. Rosenstock-Huessy, que era ligado ao filósofo judeu Franz Rosenzweig por uma amizade ferrenha, encarou como tarefa sua refutar da perspectiva cristã a teoria irônica da evangelização judaica *per christianos*. Isso só podia ser alcançado por meio de um alargamento radical da base evangélica — mediante a pré-datação das boas-novas aos primórdios das comunicações humanas. Caso se queira que os apóstolos cristãos sejam mais do que agentes secretos de um inconsciente judaico e entregadores do best-seller oriental chamado Antigo Testamento, que tem de ser entregue a todo mundo como anexo ao Novo Testamento, eles necessitam estar cobertos por um remetente que tinha mais a enviar e a dizer do que previa o programa religioso nacionalista do judaísmo com intenção religiosa mundial.

Rosenstock acha que consegue identificar esse remetente: ele o encontra em uma figura processual teológica, em um Espírito Santo da linguagem generalizado. Sua engenhosa formulação consistiu em desvincular o milagre de Pentecostes de sua data histórica e distribuí-lo por toda a história da linguagem. Rosenstock o data retroativamente até os primórdios da linguagem em geral e até os primeiros gestos da comunicação humana *face-to-face* e, depois de Cristo, faz com que ele se torne crônico na história da liberdade e da revolução da Europa, da América e do resto do mundo, na medida em que nele o discurso livre já é possível. O recuo até os primórdios mais remotos da linguagem é importante para Rosenstock sobretudo porque só assim é possível assegurar o pluralismo dos pontos de partida para comunicações constituidoras de povos. "É inconcebível que, ao falaramos, estejamos fazendo algo diferente do que fizeram os humanos de todas as épocas." Os riachos das centenas de milhares de línguas que foram faladas pelos grupos humanos arcaicos e que, no início da época imperial, confluíram em correntes de línguas altas e línguas mundiais são concebidos por Rosenstock como gigantescos processos de vocação, nos quais falam, em toda parte, os ancestrais falecidos com sua sabedoria e ofuscação através das gerações vivas. "Diga-me quem fala para você e saberei quem você é." "Somos as filhas e os filhos do ouvir."[68] Dessa perspectiva, todo o período arcaico, assim como o mundo antigo, converte-se em propedêutica do falar pleno. Antes de Cristo, diferenciam-se essencialmente quatro correntes linguísticas, que condicionam um ouvir e dizer adiante quádruplo. O falar fecundo é possível no *continuum* das palavras dos antepassados e dos mortos, no *continuum* das teorias dos fenômenos celestes, no *continuum* dos cantos das musas e no *continuum* dos discursos proféticos sobre os horrores do fim do mundo.

68. E. Rosenstock-Huessy, "Die Frucht der Lippen" [O fruto dos lábios], in: *Die Sprache des Menschengeschlechts. Eine leibhaftige Grammatik in vier Teilen* [A linguagem do gênero humano: uma gramática corporal em quatro partes], v. 2, Heidelberg, Schneider, 1964, p. 797 e 801.

Somente no ato de ouvir as falas que brotam dessas fontes a humanidade se torna instrumento de música e de discussão, no qual se testa a ressonância de mensagens cada vez mais exigentes.

Recorrendo à parte de fundamentação de sua filosofia da linguagem, Rosenstock-Huessy empreende uma incursão inspiradora para dentro da antropologia geral da comunicação; ele reconhece todos os povos antigos e suas línguas como contribuintes de um processo mundial das animações mediante múltiplos chamados, sintonizações, designações, transmissões. Rosenstock reconhece em toda parte a troca apostólica de sujeito, o falar a partir do outro. Para ele, o imperativo se torna o universal. Esse gesto ampliador tem, entre outros, o sentido estratégico de relativizar o privilégio profético do judaísmo; profetismo é apenas um entre vários gestos que promovem o falar pleno e plenipotenciário; ele tem de permitir a comparação com o gênio teopoiético de outros espaços, com o saber cosmológico de outros impérios e com as comunicações musais de outros povos.

À ampliação segue o afunilamento polêmico. Pois Rosenstock até quer pôr em seu devido lugar as pretensões descabidas que são apresentadas a favor do profetismo judaico; não obstante, também quer conceder ao messianismo, em seu formato cristão, bem entendido, a plenitude perfeita da linguagem. Consequentemente, para ele, o trabalho do mundo arcaico e antigo não passou de um processo de disponibilização das palavras que foram ditas por Jesus; a este, ao "fruto dos lábios" da humanidade, competiria "o lugar central na história da linguagem". Cristo não é somente um caso de profetismo, mas a suma e a confluência das antigas correntes linguísticas. Quem quiser compreender o que é linguagem/língua tem de ouvir os ditos formulados pelo homem-Deus. Para Rosenstock, as palavras de Cristo são resultado e florescência de tudo e do melhor que foi dito até aquele momento — palavra de ancestral, palavra de poeta, palavra de rapsodo, palavra de profeta. O cristianismo é continuidade da fala nesse nível; a verdade cristã é tetralíngue.

Quem se considera parte da revolução performativa cristã já foi, nesse ato, recrutado para a guerra santa comunicacional dos cristãos contra o vasto restante da humanidade que ainda se encontra fixado no período arcaico e na Antiguidade — os períodos que antecederam a experiência da palavra plena. Rosenstock diz sem rodeios em quem está pensando, e, por citar de um só fôlego os principais grupos daqueles que não se vinculam ao falante divino, ele logra confeccionar uma listagem singular de designações de adversários: "Os nazistas, os judeus, os fascistas, os chineses, os marxistas negam a palavra como nosso verdadeiro ancestral."[69] O critério da notável lista é a recusa comum dos citados a se explicarem em suas comunicações mediante o evento de Pentecostes. Rosenstock de fato consegue proteger o esquadrão apostólico-cristão de carteiros da ironia judaica, alçando a totalidade da história da linguagem à condição de processo do Espírito Santo que clama através das gerações. O efeito colateral resultante desse resgate é uma declaração de inimizade a todos os coletivos não pentecostais.

O que Hegel empreendera pelo conceito, ao reconstruir sua autoapreensão no tempo, Rosenstock faz pela comunicação, ao retraçar sua explicitação como processo de convocação dos humanos para o serviço da linguagem e do amor. O verdadeiro espírito da época seria o espírito da linguagem que dá as ordens cotidianas do amor. Do mesmo modo que o conceito do conceito desemboca na contemplação da verdade realizada, a comunicação da comunicação passa a ser a conjuração visando à participação na corrente linguística criadora da humanidade: Rosenstock termina falando como um ministro das Comunicações do mundo estatuindo que o sentido da interconexão em rede de todos os meios de comunicação consiste na entrega da mensagem do amor. Seu Pentecostes processual é o supracorreio que, em escala global, envia ordens de convocação para a história do amor em progresso — e que joga sua notícia em todas as caixas de correio, inclusive as que têm a etiqueta "Propaganda não!".

"A representação tem a prioridade" — como vimos, temos boas razões para retornar a essa frase a partir da perspectiva esferológica. Pois se torna premente a suposição de que todo o sistema de representantes não passa de um episódio portentoso na história da produção de esferas. A difusão de ordens-mensagens-convocações em nome de uma verdade central a ser representada incondicionalmente corresponde a um modo

69. Ibidem, p. 803.

de formação de esferas de formato imperial. Seu modelo norteador é o envio da mensagem ao redor, partindo de um centro transbordante, autocomunicativo.

Assim que desanuviou um pouco a obliteração do pensamento por esse modo de envio — e esse desanuviar acontece essencialmente através da experiência do moderno pluralismo de mensagens —, é possível reconhecer que o representacionismo metafísico representa a condição histórica de um fenômeno muito mais geral: justamente a esferopoesia em grande escala que reconstruímos em traços básicos. Representar seria, portanto, apenas uma designação equivocada, historicamente restrita, para a formação de esferas — para a função comunicativa primária que tem início muito antes do monoteísmo e que prossegue para além dos monopólios monoteístas a perder de vista.

Portanto, a única maneira de compreender adequadamente, sob uma clave centrista, o que são telecomunicações plenipotenciárias e discursos representativos de mensageiros é partindo da lógica de formações espaciais macroesféricas sob claves centristas. Esse esboço indica como se forma o sistema nervoso telecomunicativo de macro-organismos imperiais e eclesiais. Nele, o papel-chave é representado, desde tempos antigos, pela cardiocracia que explora espaços e apaga distâncias, apoiada por uma semântica religiosa centrista e metafísica centrista que impregna tudo.

A modernidade — até onde ainda usa expressões aparentemente monocêntricas como "radio"difusão — criou um modo pós-metafísico de formação de espaços que, em razão de seu irreprimível policentrismo, removeu a base de todas as fantasias centristas e hierárquicas — excetuando o enclave dos papas (temos em mente Roma, não Valréas). Justamente por isso, a Era Moderna pôde ser acusada pelos conservadores de revoltar-se contra o círculo sagrado dos comunicadores monopolistas e de perder o centro.

Na verdade, essas fórmulas de luta e queixa significam apenas que a história da criação de esferas — com seus jogos de linguagem próprios, sua *border politics* e suas funções da verdade — foi além de sua Idade Média metafísica, isto é, além do estágio das monosferas totalistas. Desde a viagem de Colombo, a história do "mundo" teve de se envolver na extensa sequência de guerras mundiais que ela manifestamente era, pela simples razão de que seu conteúdo era a colisão das monosferas regionais, cada uma delas metafisizada a sua maneira — para não falar, por um momento, das numerosas sociedades, línguas, mundos menores indefesos, subjugados e destruídos.

Se os europeus pareceram sair vencedores da primeira rodada dessas colisões de mundos foi sobretudo porque eles foram os primeiros que destruíram ou perderam seu sistema imune macroesférico, seu abrigamento sob um céu católico homogêneo, e *nolens volens* avançaram para um pluralismo das confissões e dos imperialismos. Foi isso que lhes proporcionou sua temível efetividade na primeira rodada da globalização terrestre, que pode ser demarcada de modo plausível com os anos de 1492 e 1945.

Para os europeus dessa época, seu velho sonho de um recipiente universal sem exterior se espatifou na própria história cismática. Isso vale pelo menos desde a Reforma e da era subsequente das guerras confessionais que foi ao mesmo tempo a da competição entre os impérios nacionalistas ascendentes que repartiram o globo terrestre entre si em regiões de interesse e de missão. Não foi por acaso que, nessa época, a cosmologia europeia logrou passar dos estratos celestes católico-aristotélicos para o universo infinito. A partir daí, os europeus tomaram ciência de um exterior que só com grande esforço negacionista ainda podia ser agrupado em torno de um centro romano ou hierosolimitano. Desde os primórdios do colonialismo, os senhores europeus deveriam estar cientes e poderiam ter compreendido que a assim chamada periferia não era apenas uma borda em torno do centro que residia na matriz. De todo modo, as restaurações holísticas e os romantismos mais uma vez lograram protelar a percepção da situação por quase uma era, até que, por fim, em torno de meados do século XX, o espaço-tempo europeu antigo em torno de um centro teve um fim cristalinamente brutal. O que foi chamado de os anos heroicos da filosofia, especialmente o idealismo alemão com seu poslúdio marxista, propiciou uma das maiores contribuições para a vedação da província europeia contra as assim chamadas periferias, que, no entanto, já haviam sido trazidas para perto por enciclopedistas e colonizadores.

Foi só quando deslanchou o atual debate pós-socialista sobre a globalização que os europeus continentais tiveram de tirar seus óculos oníricos. Só aos poucos eles começam a entender o que significa as obviedades europeias com suas normas de linguagem filosóficas e antropológicas terem validade apenas regional e não refletirem de antemão o *common sense* de uma hipotética humanidade global.

Foi acima de tudo a literatura europeia moderna que se desvencilhou do sonho filosófico-católico de uma verdadeira missão unitária e de uma língua mundial última e se pôs a caminho de um multilinguismo essencial. Na perspectiva da história dos meios de comunicação, esse pôr-se a caminho tem relação com a transição da economia palaciana eclesial-estatal das mensagens para a economia de mercado literária e jornalística.

Esta última se apresenta desde seus primórdios no século XIV sob dois formatos; de um lado, como mercado das literaturas triviais, das novelas e novidades, nas quais as mensagens não são mais redigidas com o foco no emissor, mas no receptor, adaptando-se às expectativas de entretenimento e edificação do público; de outro, como mercado da literatura genial, que até preserva uma alta centração no emissor, porque o autor continua funcionando como revelação local de uma fonte emissora transcendente, mas, assim, marca a transição para relações não monopolistas e neopoliteístas. Novalis expressou a ideia de que futuramente até o nome de Cristo teria de ser posto no plural. A história da arte trivializou esse impulso e fez desfilar os messias produtores em processões cronológicas. No mercado da genialidade, a anterior religião monopolista se dissolve em um processo de revelação desregulado, no qual se descobrem tantos deuses quantos são os grandes artistas. Poder-se-ia dizer francamente que o centralismo religioso teria naufragado por força da legalização da genialidade (do mesmo modo que a agonia de Deus tinha começado, no aspecto morfológico, com a localização do centro em todas as partes e a privação de realidade do perímetro[70]). Se, além disso, for anulada a condição de que a arte tem

70. Cf. Capítulo 5: "*Deus sive sphaera* ou O universo-uno explodindo", p. 478 s.

de ser grande para poder ser publicada, estará estabelecido o perfil da moderna cultura de massa. Nesta, pode ser celebrada a revelação permanente da trivialidade; porém, pelo fato de não haver aí nada que de fato devesse ser celebrado, não resta aos participantes nada além de fazer girar incessantemente a roda do autoaplauso também para aquilo que não é tão especial.

A opção mesma pela cultura da trivialidade não é trivial; do mesmo modo que, na Antiguidade Tardia, foi tomada a decisão a favor da primazia do Evangelho em relação às musas, a Era Moderna pós-modernizada votou (caso todas as aparências não enganem) a favor da primazia da democracia em relação à arte e à filosofia. As consequências mais agradáveis disso são: coexistência pacífica de todas as mensagens sem violência e sem conteúdo; a cultura da lista dos melhores como retorno eterno do minimamente diferente; autossonorização das sociedades midiáticas com a mescla sempre igual e sempre renovada de *nonsense* e *no-nonsense*; liberdade de escolha entre diversas formas de manejo da mesma decadência; emancipação dos falantes da exigência descabida de que devem ter algo a dizer. Quanto às consequências mais desagradáveis, elas não constituem nosso tema aqui.

O estado atual do livre mercado de mensagens, que, pelo que se pode ver, permanecerá seu estado final, foi conjurado exemplarmente, em torno de 1914, por Franz Kafka em uma parábola sucinta.

> Eles tiveram de escolher entre ser reis ou mensageiros. À maneira de crianças, todos quiseram ser mensageiros, razão pela qual só existem ainda mensageiros. E assim, por não haver reis, eles correm na maior balbúrdia e gritam uns para os outros seus comunicados privados de sentido. Eles gostariam muito de dar cabo de suas vidas miseráveis, mas não ousam fazê-lo por causa do juramento ao cargo.

Digressão 6

A descoroação da Europa
Anedota sobre a tiara

Se algum dia fosse escrita uma história filosófica dos agasalhos para a cabeça (o que inevitavelmente acontecerá quando se esgotar a tematização dos conteúdos da cabeça), essa seria a melhor forma de lembrar uma era passada em que os humanos portavam suas ideias principais tanto sobre a cabeça quanto dentro dela. Por meio dos seus chapéus, os integrantes da humanidade pré-moderna declaravam sua posição diante do mundo.

Em meio aos complementos visíveis da cabeça ou às ideias capitais exteriores, as coroas e as mitras episcopais assumem uma posição eminente, não só porque efetuam, graças à sua forma anelar, o abrigamento da cabeça humana em uma figura que a comporta e a envolve com justeza, mas porque elas, quando postas sobre uma cabeça, indicam por si sós e por seu uso ritual a presença de majestade ou consagração divina. Se, ademais, consagração e majestade, que costumam ser carismas separados, excepcionalmente se juntarem sobre uma só cabeça, de modo que mitra episcopal e coroa coincidam, isso confirmaria a hipótese otimista de que cabeças humanas também se prestam a ser portadoras ou, dito em termos filosóficos, a ser aquilo que está na base de ideias máximas seculares e espirituais ao mesmo tempo. Trata-se de tal ideia máxima carregada sobre a cabeça (ou corporificada de outro modo), sobretudo quando um indivíduo é distinguido por meio de uma cobertura singular da cabeça na condição de centro da humanidade ou de princípio vivo (*principe*, *prince*, príncipe).

Esse otimismo da coroa é um fato histórico na Europa, e essa história começa na primeira fase do século XIV e termina em meados do século XX; ela inicia mais precisamente como história da rivalidade entre a cobertura da cabeça do papa e a cobertura da cabeça do imperador, não havendo necessidade de ser especialista em história medieval para saber que a cabeça papal acabou tomando a dianteira, significando que ela alcançou uma notável vantagem de coroação em relação a outras cabeças cobertas. Os detalhes de como se chegou a essa vantagem do papa não deixaram de ser controversos nem entre os conhecedores da matéria. Só pode ser tido como assegurado o fato de que o problema da coroação suprema evoluiu em Roma sob Bonifácio VIII, cujo pontificado (1294-1303) é citado como ponto alto do pleno poder papal e evoluiu na direção de um edifício de dois andares.

A situação inicial da evolução havia se consolidado mais ou menos na virada do século XII para o século XIII, quando, nas missas de consagração do papa, o cardeal-diácono punha sobre a cabeça do novo chefe da Igreja, após a mitra papal, também a coroa papal, que, naquela época, tinha apenas um anel. Para seus portadores, o simbolismo das duas coberturas de cabeça parecia autoevidente: estava muito claro que a mitra era usada liturgicamente, na missa e de resto também como bem quisesse seu portador em virtude da função pontifícia (*pro sacerdotio*), ao passo que a *corona* era usada extraliturgicamente como símbolo de domínio (*pro regno*) em solenidades soberanas, recepções, procissões e similares.[1] Durante a concessão da coroa era usada uma fórmula que é apropriada para trazer à memória de quem nasceu depois dessa época o realismo simbólico do pensamento medieval, pois a partir de então a coroa papal como tal é regularmente denominada de *corona sive regnum* [coroa ou reino], como se a intenção fosse enfatizar expressamente que a coroa não *significa* o domínio ou o reino, mas que ela é o domínio ou o reino.

1. B. Sirch, *Der Ursprung der bischöflichen Mitra und der päpstlichen Tiara* [A origem da mitra episcopal e da tiara papal], St. Ottilien, EOS, 1975, p. 162.

É nesse ponto que Bonifácio entra no jogo e acrescenta o segundo andar à coroa papal, tendo o segundo aro apenas aparentemente a finalidade de simbolizar o poder duplo do papa em assuntos espirituais e seculares — a pesquisa introduziu aí toda sorte de coisas piedosas nos termos da doutrina dos dois reinos, o que não faz sentido porque a diferença e a configuração dos reinos já estavam suficientemente articuladas no dualismo de mitra e coroa. Na verdade, o segundo aro faz parte de uma escalação da coroa. Tratou-se de resposta à provocação que parte da cobertura da cabeça do imperador, pois este porta, por sua vez, a exemplo do papa, tanto uma mitra clerical quanto seu diadema imperial, o que, da perspectiva romana, não podia ser visto sem gerar indisposição.

O sentido do sobrepujamento da coroa papal de Bonifácio é evidente: o lado a lado de mitra e coroa simples é sentido como insatisfatório e corrigido pela sobreposição de dois aros na coroa secular. Obviamente Bonifácio não ataca o imperador a partir da mitra, que não permite nenhuma intensificação, mas a partir da coroa. Desse modo, a cabeça do papa coroada pelo *biregnum* torna-se portadora de uma ideia de majestade que sobressai em um palmo à cabeça do imperador com seus anexos — com isso, o objetivo da operação foi alcançado. De fato, Bonifácio levou o *regnum* sobre sua cabeça até a altura de um côvado inteiro, o que já foi criticado por alguns de seus contemporâneos como uma retomada híbrida do culto a si mesmo dos imperadores pagãos. Sua coroa é, por assim dizer, o selo extralitúrgico posto nas teses da mal-afamada bula *Unam Sanctam*, cuja frase final tem o seguinte teor: "Declaramos, enunciamos e definimos que, de modo geral, é necessário à salvação que toda criatura humana esteja sujeita ao bispo romano." A sujeição (*subesse*) não é reclamada tanto para o bispo que porta a mitra, mas para o césar consagrado que põe sobre sua cabeça o *regnum* duplo. A coroa de dois aros de Bonifácio é a expressão acabada do cesaropapismo romano culminante.

Essa escalada foi percebida com toda a nitidez pelo público europeu sensível a símbolos e devolvida espontaneamente na mesma moeda. Mas não foi o imperador que deteve a investida do papa; foi o rei da França, Filipe, o Belo, que, com o atentado de Anagni, derrubou a coroa sobrelevada da cabeça do representante de Cristo. Bonifácio não sobreviveu por muito tempo ao ato monstruoso de seu encarceramento por meio de agentes de um poder secular; ele veio a falecer ainda no ano de 1303 pelo efeito retardado do choque provocado pela ofensa. No Concílio de Vienne, Filipe conseguiu forçar o segundo sucessor de Bonifácio, Clemente V (1305-1314), a revogar em relação à França a bula *Unam Sanctam.* Dessa forma, a partir de Vienne, a deposição da coroa de dois andares pelo papa era fato consumado. Após um curto período de experimentação, a mais séria tentativa de alçar a cabeça do pontífice na direção do céu havia fracassado diante da resistência mundana. De fato, ele não deveria mais poder alçar a sua cabeça coroada acima da de um rei local.

Em vista dessas circunstâncias — após desativação do *biregnum* cesaropapista —, como, ainda assim, sob o mesmo Clemente V, pôde tomar forma a coroa papal de três camadas que se tornou clássica, a chamada tiara, é uma questão que certamente valeria ser examinada mais de perto por algum historiador das ideias que cobrem cabeças. Em nosso contexto, basta indicar que o papa, diante do qual o rei da França tinha as mãos amarradas, apostou tanto mais na rivalidade simbólica com o imperador alemão. Por essa razão, a coroação de Henrique VII (1309-1313), em junho de 1312, em Roma, pelo legado papal, ofereceu o ensejo esperado de ressaltar o primado papal em relação ao império na frente de batalha tradicional. É compreensível que, em Avignon, em decorrência das humilhações sofridas, tenha se instalado uma sensibilidade intensificada em relação à coroa. O que chamou a atenção de maneira tanto mais desagradável foi que os ideólogos imperiais alemães deram o que falar com suas teorias exageradas a respeito da coroa, pois atribuíam ao imperador, com base na sua coroação tripla, uma primazia em relação a todos os príncipes do mundo — a exemplo de Cristo, que simbolicamente teria portado um diadema triplo, as coroas da graça, da justiça e da glória.

Quanto ao *triregnum* imperial, ele era constituído da coroa de prata alemã de Aachen, da coroa de ferro dos langobardos de Milão ou Monza e, por último, da coroa de ouro do rei dos romanos, que foi parar na cabeça do imperador pelas mãos do bispo romano. Pelo que podemos ver, o lado imperial não tinha pensado em concentrar essa triplicidade de coroas em uma só coroa em camadas. Interessante para o desenvolvimento formal é tão somente a coroa romana do imperador que representava um formato de síntese entre uma mitra e uma coroa convencional, com a cápsula metálica da coroa incluindo uma mitra episcopal cônica de tamanho um pouco reduzido. Ela é o protótipo das tiaras papais em forma de andares sobrepostos. Mas permanece aberta a pergunta sobre como o *triregnum* acabou na cabeça dos papas depois de o *biregnum* já ter causado um escândalo tão grande que os sucessores de Bonifácio foram forçados a renunciar a ele.

Nesse ponto sensível, escancara-se uma lacuna significativa na história das coberturas de cabeça dos papas. Virando essa página, deparamos com a asseveração nua e crua de historiadores da liturgia de que, desde 1350, o *triregnum* havia se tornado "a cobertura característica da cabeça dos papas". Porém a polidez obriga os liturgólogos a silenciarem a respeito do modo como a imitação de sobrepujamento da coroa imperial foi parar na cabeça do papa. É compreensível, pois, caso os documentos desse evento constrangedor ainda estivessem disponíveis, eles inevitavelmente teriam de dizer que foram justamente os fracos papas pós-bonifacianos que se adornaram, empreendendo uma fuga simbólica para a frente, com uma coroa acima da coroa imperial. O ponto alto da história reside na circunstância de que eles podiam fazer isso sem voltar a despertar o ciúme dos reis franceses — o que revela o suficiente das relações de poder e sentido da época e sua interpretação pelos protagonistas no palco europeu.

Para o que se segue, isso contém a seguinte informação: foi sob os papas de Avignon, marionetes teológicas dos reis franceses, que o *habitus* de portar as coroas de três andares sobrepostos assumiu contornos fixos entre os sucessores de Pedro. Portanto, os franceses e seus reis com sua tolerância irônica consolidaram de fato uma nova semântica da coroa, segundo a qual esta não é mais o *regnum*, mas apenas significa o *regnum*. Porém o significar, como se sabe, é um campo vasto. Na cabeça dos papas franceses, o nominalismo foi pela primeira vez posto exitosamente em prática. Uma coroa é uma coroa; em contraposição, poder é poder. Portanto, pelo fato de, na própria lógica, ter se escancarado um fosso profundo entre palavras e coisas, entre imagens e potências, os reis franceses não precisavam mais se sentir provocados por uma coroa suprema, que reconhecidamente tinha sobretudo o sentido de proporcionar satisfação simbólica a um papado humilhado em vista de um império espectral. Sob o sorriso irônico dos franceses, os papas de Avignon puderam se entregar às fantasias próprias dos chapeleiros especiais.

Nos duzentos anos seguintes, a cobertura da cabeça dos papas deixou de figurar entre os objetos supremos de reflexão da razão europeia antiga; só com a Reforma venceu o prazo de uma nova polêmica sobre a coroa papal, e esta se manifesta em uma torrente de afirmações sobre o múltiplo sentido da tiara. Em seu escrito *De tribus coronis Pontificis Maximi* [Das três coroas dos sumos pontífices] (Roma, 1587), Marco Antônio Mazarônio perfilou dúzias de significados possíveis e reais e, desse modo, indicou a transição para uma teoria do sentido inexaurível das coroas.[2] O caráter de três andares sobrepostos da coroa papal significa praticamente tudo o que pode ser relacionado com o numeral três, desde as pessoas da Trindade até o grupo das virtudes teologais "fé, esperança e caridade (ou amor)". Mais interessantes do que essa *verbositas* barroca de teólogos são as evoluções iconográficas que à coroa em três camadas acrescentam o globo encimado pela cruz — sendo o caso mais proeminente o de uma tiara que é posta ocasionalmente sobre a cabeça de uma estátua de São Pedro em ornato papal na basílica de São Pedro em Roma; há uma similar, só que fixa, em uma estátua de Gregório Magno na igreja dos teatinos em Munique e em Ottobeuren.[3] Não se sabe ao certo se papas reais do século XVI portaram tiaras ornadas com o globo, mas é bem provável que o tenham feito; o motivo pairava no ar e corresponde ao título *rector orbis*, com o qual os pontífices se faziam chamar durante a coroação, segundo informação do missal romano do século XVI; no entanto, como ainda se mostrará, os papas foram *de*

2. Ibidem, p. 180 s.

3. Quanto à estátua de Pedro, normalmente ela não é vista na forma coroada; somente em ocasiões festivas é posta sobre ela uma tiara retirada do tesouro da sacristia papal; ela também pode ser vista nesse formato em cartões-postais oficiais da Cidade do Vaticano.

Eu sou o papa, gravura francesa do século XVI.

facto mais notários do que condutores da globalização.[4] Pode-se reconhecer, no acréscimo do globo terrestre à cimeira da tiara, o último lance de uma escalada simbólica com a qual o líder da Igreja contrarreformatória mais uma vez quis validar sua pretensão à coroação terrena suprema na era da incipiente globalização terrestre.

O restante da história decorre em moldes convencionais. A única vez que uma tiara ainda chamou alguma atenção foi quando Pio VI teve de monetizar a pomposa tiara de Júlio II para pagar as contribuições de guerra ao jovem general Napoleão após a paz de Tolentino em fevereiro de 1797. (Aliás, o próprio Napoleão, após sua espetacular autocoroação em Paris no ano de 1804, durante a qual melindrou o papa presente,

4. Cf. sobre isso mais adiante, p. 826 ss.

Tiara coroada com globo sobre a estátua de Gregório Magno, escultura de estuque de Johann Michael Feichtmayr, 1766, igreja do convento de Ottobeuren.

não usou mais a coroa em eventos solenes de representação, mas foi o primeiro monarca desde a Antiguidade que voltou a usar a coroa de louros dourada.) Só depois de passados outros 160 anos, no dia 13 de novembro de 1964, evoluiu pela última vez — mas quem é capaz de dizer algo com certeza sobre esse tipo de coisa? — a questão da cobertura apropriada da cabeça do papa, quando Paulo VI, em um ato solene que, segundo testemunhas oculares, foi de tirar o fôlego, ao final do Concílio Vaticano II depôs sua tiara pessoal no salão do concílio e a deu de presente para os pobres. Dali por diante, ele nunca mais portou uma tiara. Não está claro se isso também deveria ser obrigatório para seus sucessores. O Vaticano e a liturgologia oficiosa preferem manter essa questão em termos vagos. No estado em que estavam as coisas, não parece ser infundado entender a deposição da coroa por Paulo VI como uma confissão que os papas posteriores não podem mais desfazer. *De facto*, seus dois sucessores, João Paulo I e João Paulo II, adaptaram-se ao novo padrão; ambos renunciaram à coroação e ao porte da tiara.

We at the Basilica of the National Shrine welcome and appreciate your comments. E:mail: shrine@cris.com

Nós da Basilica of the National Shrine saudamos e agradecemos os comentários de vocês. E-mail: shrine@cris.com

Página de internet da Basilica of the National Shrine of the Immaculate Conception, Washington, 1996.

Pode-se presumir que, ainda sob Paulo VI, sua tiara foi posta à venda; há boatos de que a editora Time Life, de Nova York, a teria adquirido por uma soma desconhecida, o que combina perfeitamente com o quadro da deposição paulina da coroa — pois, sem a troca da tiara por uma quantia de sete dígitos em dólares, o gesto de dedicação aos pobres teria sido vazia.[5] O que se afirma com certeza é o fato de que Paulo VI, poucos anos depois da autodeposição de sua coroa, descobriu um amor especial pela Igreja Católica dos Estados Unidos e quis torná-la conhecida, deixando, no dia 6 de fevereiro de 1968, sua tiara pessoal para o National Shrine of the Immaculate Conception [Santuário Nacional da Imaculada Conceição] para exposição permanente. Pode ser um pouco irritante para europeus sensíveis a símbolos que a última tiara "ativa" esteja, assim, em Washington D. C., mesmo que reduzida ao status de objeto de exposição. Ver nisso uma transferência do império para os norte-americanos seria uma interpretação exagerada, até porque a tiara não é peça única e exclusiva, de modo que a venda de uma tiara a não europeus e sua preservação por católicos estadunidenses não proibiriam *per se* o retorno a esse hábito de cobrir a cabeça.

Num futuro próximo, são concebíveis na União Europeia relações sob as quais a coroa papal poderia voltar a desempenhar um papel como recurso simbólico de autoafirmações europeias. Porém, se as tiaras desaparecessem de todo das cabeças papais (mesmo que não despareçam dos cabeçalhos de cartas do Vaticano), essa não vestimenta deveria ser entendida como uma ideia que se manifesta na cabeça de um não portador, pressupondo que se possa entender o símbolo zero dessa maneira. Se alguém que nunca foi coroado não portar uma coroa, não há nisso nenhuma informação que move o público; quando alguém que potencialmente poderia portar a coroa máxima aparece sem ela, a ausência dela em sua cabeça adquire o caráter de um enunciado. A

5. O gesto de Paulo VI foi tão momentaneamente expressivo quanto convencional, o que se pode constatar mediante a comparação com atos parecidos de renúncia às insígnias; cf. P. E. Schramm, "Herrschaftszeichen: gestiftet, verschenkt, verpfändet, verkauft" [Signos imperiais: doados, presenteados, penhorados, vendidos], *Nachrichten der Akademie der Wissenschaften in Göttingen, I: Philosophische.-Historische Klasse*, n. 5, 1957.

opção tiara-zero é um voto sobre o estado da coroabilidade de líderes episcopais romanos. Talvez tenha chegado a hora de constatar que, em relação à cobertura extralitúrgica da cabeça dos papas, se compreendeu a descentralização da Europa desde 1964 pela última instância imperiomórfica do Velho Mundo. Por meio da virada da globalização para o plano terrestre, a crise das ideias que podem ser portadas sobre a cabeça se vincula com a crise das ideias dentro da cabeça.

Capítulo 8

A última esfera
Para uma história filosófica da globalização terrestre

Oh, gênero humano, quantas tempestades, quantas perdas, quantos naufrágios tens de sofrer; te converteste em um monstro de muitas cabeças que anseia conseguir muitas coisas.

Dante Alighieri, *Monarquia 1*, XVI, 3

[...] e assim, o globo-pirata flutua sem suporte pelo éter tempestuoso.

Henri Michaux, *Lugares indescritíveis*

1. A "estrela errante"

Quando filósofos e geômetras gregos deram início, há mais de dois milênios e meio, à globalização do universo, eles foram guiados por uma intuição formal irresistível: seu interesse pela totalidade se inflamou na sua perfeição redonda e em sua construibilidade geométrica. Para eles, o mais simples era concomitantemente o mais íntegro, o mais completo, o mais belo. É por isso que os cosmólogos racionais da Antiguidade, após sua aparição exitosa na velha academia, são tidos como os mais nobres dentre os estetas. Quem, na época, não fosse geômetra ou ontólogo não se prestava para conhecedor das belas coisas. O que era a coisa mais bela, o céu, senão a materialização do melhor mais abrangente que é a totalidade? "Sabeis o seu nome? O nome daquilo que é o uno e o todo? Seu nome é beleza" (Friedrich Hölderlin, *Hipérion*).

Nesse despontar da forma em geral por cima da matéria em geral, só a estética poderia amadrinhar a completude. Se algum dia tanto o universo sutil quanto o universo maciço pudessem ser integrados em uma só concepção, então seria exclusivamente na forma de representação da esfera perfeita. Era da natureza sublime desse superobjeto passar incógnito a olhos comuns. Porém, desde que a filosofia deflagrou sua guerra contra as opiniões populares presas aos sentidos, a invisibilidade sempre foi declarada como característica forte da totalidade real.[1] Não importa se aquém ou além do fenômeno: nenhum objeto jamais conseguiu novamente satisfazer ou humilhar os que o contemplam quanto a esfera-universo, que continua a brilhar sob seu nome duplo de cosmo e urano, inclusive após desaparecer no arquivo das ideias que perderam sua utilidade.

Em contraposição, quando se tratou de conceituar e ilustrar a globalização terrestre, o que impôs sua validade foi a estética do feio. O decisivo nesse processo não foi que o formato esférico da Terra tivesse sido definitivamente reconhecido e que seria permitido falar publicamente, inclusive na presença de clérigos, das rotundidades da Terra, mas que as particularidades da forma terrestre, seus cantos e suas arestas, necessariamente passaram a ocupar o primeiro plano. Pois só o que não é perfeito — por não poder ser geometricamente construído — possibilita e exige a pesquisa empírica; o belo puro pode ser tranquilamente relegado aos idealistas; é o semibelo e o feio que dão o que fazer aos empiristas. Ao passo que perfeições redondas podem ser projetadas sem recorrer à experiência, fatos e imperfeições devem ser apurados indutivamente. Por isso, a globalização urânica ou cósmica foi sobretudo um assunto de filósofos e geômetras; em contraposição, a globalização terrestre se tornou coisa de cartógrafos e aventura de marinheiros, e, mais tarde, também preocupação dos climatólogos, dos políticos da

1. Cf. H. Pape, *Die Unsichtbarkeit der Welt* [A invisibilidade do mundo], Frankfurt s/ Meno, Suhrkamp, 1997.

Antes de Copérnico, a Terra só podia ser o centro do universo. Andreas Cellarius, *Harmonia macrocosmica seu atlas universalis et novus* [Harmonia macrocósmica ou atlas universal e novo], 1708.

economia, dos ecologistas e de outros especialistas em superfícies não planas e em coisas intrincadas.

É fácil explicar por que isso não poderia ter sido diferente: na era metafísica, o organismo terrestre não podia assumir um papel mais nobre do que permitia sua condição no cosmo, e no plano esférico católico-aristotélico a terra detinha o status mais humilde, mais distanciado possível do firmamento circundante. Sua localização no centro do universo implicava, por mais paradoxal que isso possa soar, uma posição na extremidade inferior da hierarquia cósmica. Seu envolvimento por um sistema de estratos etéreos lhe proporcionava abrigamento em uma totalidade densa, mas a isolava hermeticamente das regiões elevadas da perfeição. Por essa razão, desde o início, o discurso metafísico do "terreno" mirava o não perfeito aqui embaixo, fora e abaixo do céu. O que vive abaixo da Lua tem de ser marcado pelo malogro e pela decadência; aqui reinam os movimentos lineares, finitos, fatigáveis, e a Antiguidade não consegue ver como eles poderiam levar a algo que fosse direito. As fraturas oriundas de antigos tremores de separação também atravessam cada consciência humana individual. A expulsão da perfeição produziu fissuras, cicatrizes e irregularidades em cada objeto sublunar. O que contribuiu para tornar o regime metafísico atraente foi, não obstante, a circunstância de que nele o em cima e o embaixo estavam claramente separados. Enquanto o embaixo não consegue encontrar o caminho para cima pelas próprias forças, o em cima detinha o privilégio de impregnar o embaixo como bem quisesse. Os versos de Eichendorff: "Foi como se tivesse o céu/ beijado silente a terra" podem ser lidos como o canto do cisne a um esquema que havia formado durante toda uma era o *habitus* do existir no mundo próprio dos europeus. Mas também o poeta já vivia em uma época em que o céu só tinha mais beijos faz de conta para a terra e em que a alma esvoaçava pela terra silente como se ainda fosse possível achar o caminho de casa em uma bela terra distante. Na verdade, o mundo superior desencantado havia muito já não tinha mais reclamado seu direito à primeira noite com a terra. Séculos haviam se passado desde que a física mais recente descobrira o espaço vazio e fizera desaparecer o céu majestático que o envolvia. Nem todos conseguiram desistir facilmente do complemento de cima. Inclusive ainda em Heidegger repercute o pesar por uma terra sem céu — uma terra da qual se diz que ela seria, "em termos de história do Ser [*Seyn*], a estrela errante". Recordemos que essa palavra, que hoje soa esquisita e sombria, não se refere a um planeta qualquer, mas exclusivamente àquele um em que eclodiu a questão da verdade da totalidade. A errância com que se movimenta a terra de Heidegger é o último vestígio da possibilidade subtraída de ser beijada por um céu.

Porém, também enquanto a terra ainda jazia em suas camadas, antes de sua circunvolução náutica e de seu desvelamento cósmico, ela se apresentava como a estrela na qual sabidamente se morria. Sua redondez não era nenhuma barreira imune que repelia a morte. Ela circulava o palco em que havia acontecido a queda no tempo, segundo a qual tudo o que surge deve uma morte às suas origens. Por esse motivo, tudo o que foi acionado sobre a terra tem um fim, sem exceção; aqui os relógios decorrem, irreversíveis; aqui os pavios queimam buscando os detonadores (o que é relevante para a consciência histórica, assim que se entende que o conceito do *(big) bang* combina mais com finais do que com começos). Quem compreende sua situação sobre a terra levará em conta que não sairá vivo desta esfera. É preciso exercitar nessa turva superfície aquilo que, no jargão da filosofia mais recente, é denominado antecipar-se à própria morte — razão pela qual os humanos de hoje já não merecem mais ser chamados de mortais, como na Antiguidade, mas bem mais de transitórios. Se algum historiador perguntasse, a partir de um fim virtual da história, o que os humanos fizeram com seus tempos em seus coletivos vistos como um todo, ele poderia responder que organizaram as corridas dos povos para a morte, como procissões inaparentes, como caçadas dionisíacas, como projetos de progresso, como lutas eliminatórias naturalistas cínicas, como exercícios ecológicos de reconciliação. Decerto é impossível que seja plana a superfície de um corpo no universo no qual os humanos passam seus dias fazendo preparativos contra o incontornável. O completamente liso só é possível na idealização geométrica. O áspero e o real convergem.

Talvez não seja por acaso que, já no primeiro enunciado sistemático sobre uma estética do feio — no livro de mesmo nome de 1853, de autoria de Karl Rosenkranz, discípulo de Hegel —, falou-se, logo de início, da terra real como uma superfície irregular. Nessa nova teoria da percepção não idealista, a pátria do ser humano gozou do privilégio de servir como exemplo que apontava uma teoria do feio natural.

> A simples massa bruta, na medida em que é governada apenas pela lei da gravidade, oferece-nos um estado como que neutro em termos estéticos. Ela não é necessariamente bela, mas tampouco necessariamente feia; ela é contingente. Tomemos, por exemplo, a nossa terra que, para ser bela como massa, teria de ser uma esfera perfeita. Mas ela não é isso. Ela é achatada nos polos e abaulada no equador, e ademais a sua superfície apresenta

> grande irregularidade de altitude. Um perfil da crosta terrestre nos mostra, numa perspectiva puramente estereométrica, o mais casual entremear de elevações e depressões nos contornos mais imprevisíveis.[2]

Tirando as consequências dessa ponderação, pode-se formular o princípio e uma estética não idealista da terra: como organismo real, o globo arredondado não é belo, mas interessante. Em vista de suas irregularidades, faz-se sentir novamente o mal-estar imemorial por causa da *conditio humana* e da existência na humilhação sublunar. As estéticas modernas do feio e do interessante não só monitoram a pesquisa empírica, que *per se* tinha a ver (*concrete* [concretamente]) com coisas irregulares, ásperas, singulares, casualmente combinadas; elas fornecem ao mesmo tempo as premissas para uma estética da decepção. Quem internaliza as desvantagens da posição da existência na superfície terrestre perde as inibições de mostrar francamente sua ira em relação ao todo. Por essa razão, na Era Moderna, a indignação é liberada como postura fundamental — *on a raison de se révolter* [há razões para se revoltar]. Então, visto que fazer o que é recomendado no regime metafísico, ou seja, abstrair do contingente, eliminar com o pensamento aquilo que incomoda e ajeitar com o pensamento aquilo que atrapalha, rapidamente perde sua sustentação em um mundo superior, significa também permanecer no que não é belo e suportar o que é grotesco, amorfo, baixo, adverso; a exposição disso faz com que o exposto se volte contra si mesmo. Uma nova estética impassível acolhe no seu quadro fissuras, turbulências e irregularidades, chegando a competir com o real em efeitos chocantes.

A globalização terrestre é, em termos estéticos, a vitória do interessante sobre o ideal. Seu resultado, a terra dada a conhecer, é a esfera não lisa, que decepciona enquanto forma, mas, como organismo interessante, prende a atenção. Prometer-se tudo dela — de organismos que estão nesse organismo —: nisso consistirá a sabedoria da nossa era. No

2. K. Rosenkranz, *Ästhetik des Häßlichen* [Estética do feio], Leipzig, Reclam, 1990, p. 20.

Delta do Sittang, Mianmar, fotografado da sonda espacial *Discovery*.

que tange à história da estética, a moderna experiência da arte está vinculada à tentativa de abrir o olho por demasiado tempo tomado pelas simplificações geométricas para os estímulos produzidos pela percepção do irregular.

2. RETORNO À TERRA

Consequentemente, na Era Moderna, a tarefa de gerar uma imagem de mundo determinante não compete mais aos metafísicos, mas aos geógrafos e marinheiros: sua missão é apresentar a última esfera em uma imagem. Dentre todos os macro-organismos redondos, o único que ainda pode significar algo para a humanidade destituída de camadas é

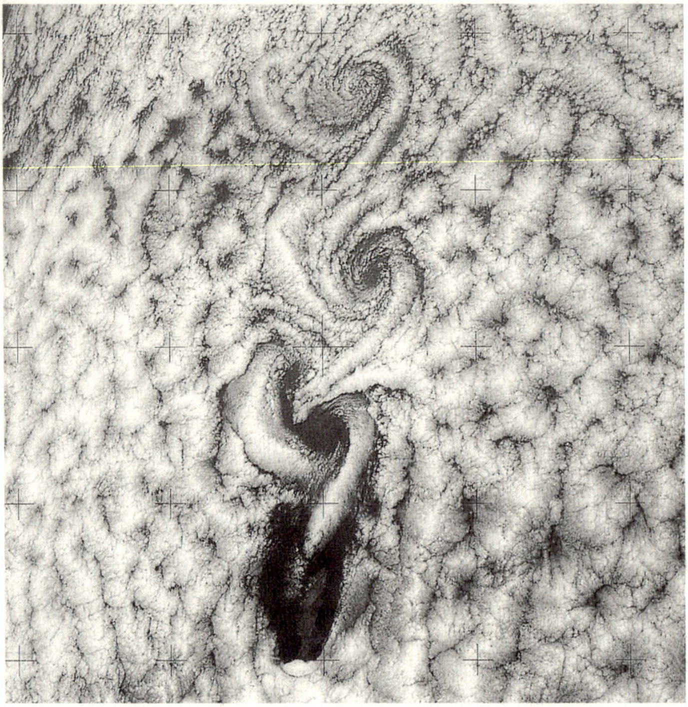

Turbulência em um fluxo de nuvens por trás da ilha de Guadalupe, fotografada da sonda espacial *Discovery*.

o seu próprio planeta. Os navegadores que deram a volta ao mundo, os cartógrafos, os conquistadores, os comerciantes mundiais e até os missionários cristãos e seu séquito formado de auxiliadores para o desenvolvimento e de turistas que gastam dinheiro para ter vivências em palcos distantes — todos eles se comportam, vistos em seu conjunto, como se tivessem compreendido que a própria terra teria de assumir a função do céu, após a desconstrução deste, como última grande redondez. O que precisava ser circundado e apreendido em seu todo era a terra fisicamente real como organismo irregularmente abobadado, imprevisivelmente desnivelado, um caos de dobras e recifes. Por essa razão, a nova imagem de mundo, o globo terrestre, tinha de ascender à condição de ícone-guia da visão de mundo moderna. Do globo de Behaim de 1492, de Nuremberg — o exemplar mais antigo remanescente de sua espécie — até os mais recentes fotogramas da Terra feitos pela Nasa, o processo cosmológico da Era Moderna é cunhado pelas mutações de forma e pelas imagens cada vez mais precisas da Terra em suas diversas mídias técnicas. Porém, em nenhuma época — nem mesmo na era das viagens espaciais — o empreendimento de visualizar a Terra circundada conseguiu negar sua qualidade semimetafísica. Quem quis tentar fazer o retrato da Terra inteira após o declínio do céu situou-se, ciente ou não, na tradição da cosmografia metafísica ocidental antiga.

Sintomático disso é que ainda Alexander von Humboldt pôde ousar dar ao seu *opus magnum*, que veio a público entre 1845 e 1862 em cinco volumes (os últimos postumamente) e que ascendeu à condição de best-seller científico mais proeminente do seu século, o título francamente anacrônico *Cosmo*. Como se percebe em retrospecto, era a chance histórica dessa "descrição física do mundo" monumentalmente holística de compensar, com os recursos da formação, o que a perda do firmamento e da *clôture* cósmica havia infligido aos europeus da Era Moderna. Humboldt sustentou a aposta de apresentar a perda metafísica como ganho cultural, e aparentemente obteve êxito, pelos menos junto ao público do seu tempo. Em seu quadro panorâmico da natureza, a contemplação estética da totalidade sem centro substituiu o abrigamento no universo de camadas que se perdera. A bela física tornou dispensável o *tableau* dos círculos sagrados. É significativo também que Humboldt, que talvez com razão foi chamado de o último cosmógrafo, tenha resolvido, ao produzir seu afresco do mundo, não tomar mais a Terra como ponto de partida de onde olhar para o espaço amplo. Em vez disso, ele elege, em conformidade com o espírito do seu e do nosso tempo, uma posição qualquer no espaço exterior para, a partir dali, como um visitante vindo de uma estrela distante, acercar-se da Terra.

> Começaremos com as profundezas do espaço cósmico e da região das mais distantes nebulosas, descendo gradativamente através do estrato estelar ao qual pertence o nosso sistema solar, rumo ao esferoide terrestre envolto por atmosfera e mar, à sua formação, temperatura e tensão magnética, à profusão de vida que, estimulada pela luz, desdobra-se em sua superfície. [...] Aqui não se parte mais do ponto de vista subjetivo, do interesse humano. O terreno só pode mais aparecer como parte da totalidade, subordinada a esta. O que se pretende é que a vista da

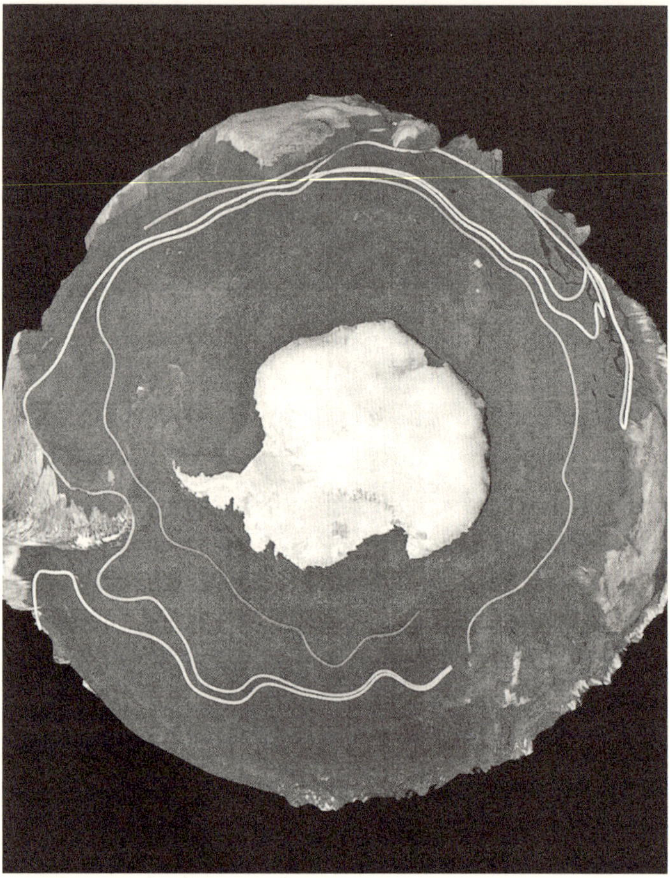

Simulação computadorizada da Antártida que torna visíveis as linhas da Corrente Circumpolar.

> natureza seja universal, ampla e desimpedida, e não estreitada por motivos de proximidade, de participação confortável [...]. Por conseguinte, uma descrição física do mundo, uma pintura do mundo, não começa com o telúrico; começa com aquilo que preenche os espaços celestes. Porém, na medida em que se estreitam espacialmente as esferas da contemplação, multiplica-se a riqueza individual do discernível, a abundância dos fenômenos físicos. [...] Das regiões em que discernimos apenas o governo das leis da gravidade, desceremos, então, até o nosso planeta [...].[3]

O que conta aqui é o movimento descendente; ele deixa claro que o conhecedor do mundo Alexander von Humboldt, contrariando todo o seu *habitus* confortante e holístico, no ponto decisivo, toma radicalmente o partido da Era Moderna e se decide contra o abrigamento dos habitantes da Terra nos envoltórios ilusórios do senso de proximidade. A exemplo de todos os fazedores de globos e cosmógrafos desde Behaim, Schöner, Waldseemüller, Apiano e Mercator sênior e júnior[4], ele ousa propor-lhes a visão do seu planeta a partir de fora e se recusa a admitir que os espaços exteriores sejam apenas expansões de uma imaginação regionalmente aquartelada, doméstico-focal, sociouterina. Essa abertura para o infinito aguça o risco das localizações modernas. Agora os humanos sabem que estão contidos ou — o que agora significa a mesma coisa — perdidos em algum lugar do ilimitado; com o tempo, eles passaram a compreender que não há nada mais confiável do que a indiferença homogênea do espaço infinito. Neste, foi aniquilada a "participação confortável". O exterior se expande em si mesmo, passando ao largo do lugar do humano, como uma grandeza estranha de direito próprio; ele parece ser seu primeiro e único princípio, parece não ter nada em mente com humanos. As imaginações dos mortais de

3. A. von Humboldt, *Kosmos*, atualizado por Hanno Beck (Stuttgart, Erdmann, 1978), p. 48 e 52.

4. Mais informações a respeito dos grandes nomes da época de fundação da globografia podem ser encontradas em: O. Muris e G. Saarmann, *Der Globus im Wandel der Zeiten. Eine Geschichte der Globen* [O globo no decurso das épocas: uma história dos globos] (Berlim, Beutelsbach e Stuttgart, Columbus, 1961), p. 47-132.

acharem que devem procurar algo lá fora — pensemos nas ideologias das viagens espaciais de norte-americanos e russos — necessariamente permanecem sendo projetos muito lábeis, desalentadores, em essência auto-hipnóticos, diante do pano de fundo da ausência de sentido. Em todo caso, vale dizer que o espaço exteriorizado é o dado primordial das ciências naturais modernas; mas a tese da primazia do exterior também fornece o axioma às ciências humanas.

A partir daí se desenvolve um senso radicalmente modificado de localização humana. A Terra passa a ser o planeta ao qual se retorna; o exterior é o de-onde geral de todos os retornos possíveis. Foi no campo cosmográfico que o pensar do exterior pela primeira vez foi alçado à condição de norma.[5] Contudo, o espaço de onde resulta o novo e inevitável encontro de fora com a Terra não é mais o ingênuo céu de camadas da era mundial anterior a Thomas Digges e Giordano Bruno. Ele é o espaço eternamente silente da infinitude dos físicos, do qual Pascal observara que ele lhe infundia pavor. Quando Dante, em sua viagem pelas esferas do paraíso, ao baixar o olhar do céu das estrelas fixas para a terra, involuntariamente teve de sorrir em vista de seu minúsculo formato — *vil semblante* —, essa emoção é de um tipo bem diferente da admiração que acompanha o descenso de Humboldt dos espaços exteriores descalvados para a Terra pululando de vida. A Era Moderna obtém a vertical de uma maneira bem diferente da era metafísica. O olhar a partir de fora não é obtido mediante um transcender da alma para o extraterrestre e supraterreno, mas mediante o desdobramento da imaginação físico-técnica, aeronáutica e astronáutica (cujas manifestações literárias e cartográficas desde o início, aliás, se anteciparam em muito às manifestações técnicas). As representações modernas do ato de voar substituem as antigas e medievais do “ascender”; a Terra-aeroporto (na qual se levanta voo e se aterrissa) tomou o lugar da Terra da ascensão ao céu (da qual se decola para nunca mais retornar).

5. Cf. M. Foucault, “La Pensée du dehors”, op. cit.; reprodução parcial em *Foucault*, sel. e apres. Pravu Mazumdar, ed. Peter Sloterdijk, Munique, Diederichs, 1998, p. 181 ss.

Naturalmente, quando o *Cosmo* de Humboldt veio a público, havia séculos já não se falava mais de camadas planetárias e do céu das estrelas fixas que englobava tudo. Também o velho recurso do saber edificante a respeito do céu, o globo urânico — que, entre Alcuíno e Hegel, foi um recurso didático corrente da cosmologia europeia antiga —, já caíra em desuso havia uma geração nos anos avançados de Humboldt, e o olhar para as estrelas havia muito já se diferenciara em uma disciplina autônoma no espectro das ciências naturais triunfantes. Com a consolidação da astrofísica, da ciência dos espaços extremos, decaiu rapidamente o saber sobre as constelações míticas que, desde a Antiguidade, haviam tornado legível a paisagem de pontos celestes. Quem quis continuar a praticar o saber sobre o céu teve de fazê-lo na consciência de estar alçando os olhos para uma infinitude sem firmamento, para um espaço antropófugo no qual esperanças e projeções se perdem sem emitir eco.

Porém, do mesmo modo que a Terra permaneceu em destaque como a estrela para a qual se retorna, a "humanidade" europeia — justamente após seus iluminismos cosmológicos, etnológicos e psicológicos — também preservou sua distinção como o neurônio inteligente no universo, ao qual era preciso retornar em toda e qualquer circunstância. A Alexander von Humboldt coube a missão de formular de forma exemplar o retorno da exterioridade cósmica para a essência humana autorreflexiva. Immanuel Kant havia caracterizado como senso para o sublime a capacidade de retornar do extremo e mais estranho a si mesmo — pois sublime é a resistência a qualquer tentação de se anular no avassalador, própria da consciência humana para a própria dignidade.[6] E, quando o afresco cósmico de Humboldt efetuou com extensão edificante o retorno da vastidão temível da natureza, das dimensões oceânicas e astrais, para os *salons*, ele proporcionou aos contemporâneos uma última iniciação ao sublime cosmológico. A visão de mundo em escala máxima torna-se

6. Cf. I. Kant, *Crítica da faculdade do juízo*, § 26: "Da avaliação das grandezas das coisas da natureza, que é requerida para a ideia do sublime"; e § 28: "Da natureza como um poder". Segundo Kant, o fundamento do sublime reside menos na existência de uma grandeza imensa ou uma força avassaladora do que no retorno do sujeito a si mesmo como um ente que afirma sua dignidade também diante do desproporcional, insistindo em ser um ente racional.

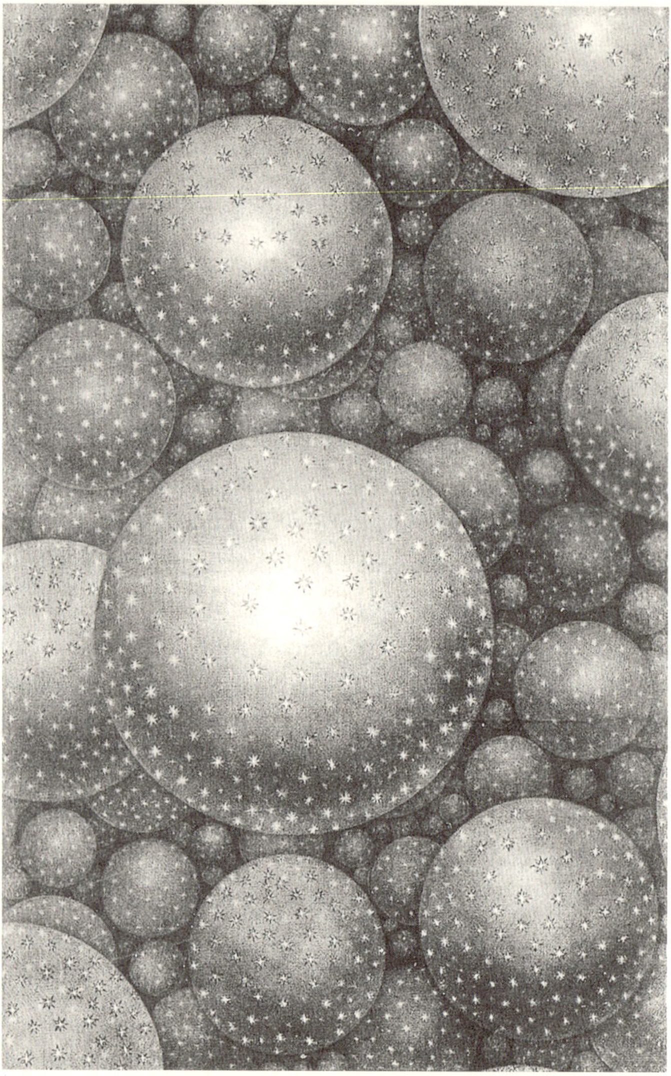

Segundo *Nova hipótese sobre o universo* (1750), do físico inglês Thomas Wright, o espaço infinito é preenchido por universos imbricados uns nos outros e hierarquizados, estruturados em forma de bolhas.

Lago da cratera de Guatavita, perto de Bogotá, palco da lenda do Eldorado, do homem dourado e seus tesouros submersos; o desenho de Alexander von Humboldt mostra ainda o canal com o qual o caçador de tesouros Sepúlveda tentou secar o lago em 1581.

aqui o caso concreto da vida estética[7]; esta, por sua vez, é continuação da *vita contemplativa* com meios burgueses, e isso quer dizer, em última análise, com meios de consumo. Quando o ser humano "perplexo" sente "profundamente o monstruoso", isso necessariamente passa a acontecer no seu interior; este "representa para o homem privado o universo. Neste, ele reúne a distância e o passado. Seu *salon* é um camarote no teatro

7. Nesse ponto, Humboldt vai muito além do seu colega e rival Darwin, que havia trazido de sua volta ao mundo (1831-1836) a bordo do *Beagle* (ed. alemã: C. Darwin, *Reise um die Welt, 1831-1836*, Tübingen, Erdmann, 1981) só alguns poucos "afrescos" manifestamente sublimes, dentre outros, este:
"Entre os quadros que se impregnaram profundamente na minha memória, nenhum deles supera os das florestas ainda não tocadas por mãos humanas, seja as do Brasil, nas quais predomina a força da vida, seja as da Terra do Fogo, onde reinam morte e dissolução. Ambos são templos preenchidos com as produções mais grandiosas do deus da natureza: — ninguém consegue estar nessas solidões sem sentir que no ser humano ainda existe algo mais, algo além do simples fôlego do seu corpo" (p. 372).
Também sabe Darwin que, para um pesquisador da terra, uma estética do belo já não é mais suficiente; ela precisa ser complementada, no espírito da época, pela estética do (quantitativa e dinamicamente) sublime:
"Dentre os cenários da natureza são, então, por fim, os panoramas de altas montanhas muito notáveis, embora certamente, em certo sentido, não sejam belos. Quando se olha do alto do ponto mais elevado da cordilheira, o espírito se preenche, sem ser perturbado por minudências, com a impressão das dimensões das massas circundantes causadoras de admiração" (ibidem).

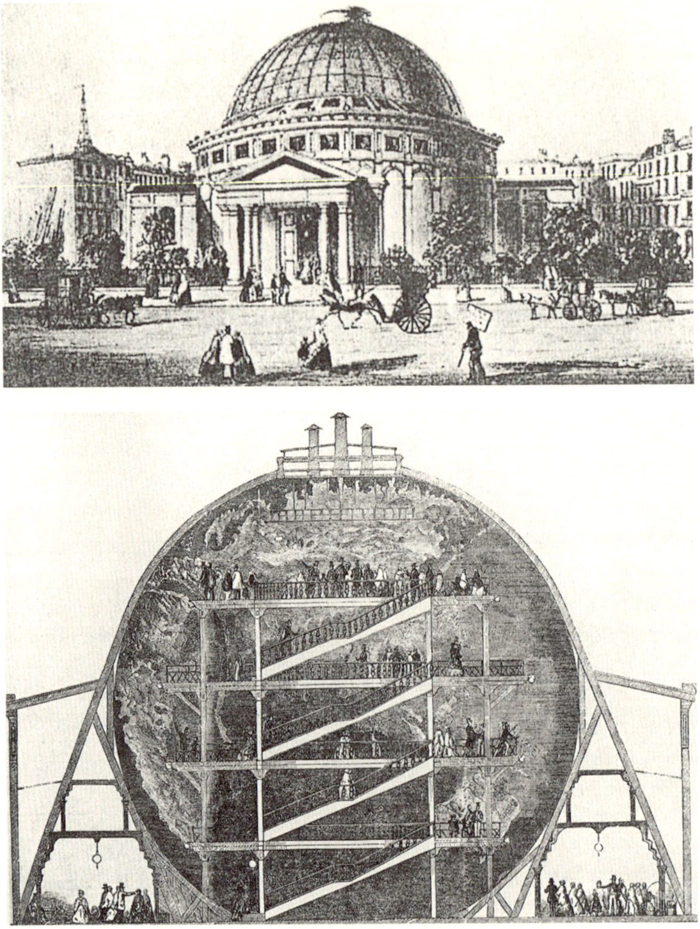

The Great Globe (corte), exposto por James Wyld de 1851 a 1862 na Leicester Square, Londres; 12,5 metros de diâmetro; cúpula exterior pintada como abóbada celeste.

cósmico".[8] Quando o abrigamento cósmico se torna inacessível, resta aos humanos tomar consciência de sua situação em um espaço no qual podem retornar a si mesmos de qualquer distância. A transcendência essencial e o sonho de uma pátria verdadeira no supramundo podem estar irremediavelmente perdidos para os humanos da Era Moderna: o

8. W. Benjamin, "Paris, Hauptstadt des XIX. Jahrhunderts" [Paris, capital do século XIX], in: *Illuminationen, Ausgewählte Schriften*, Frankfurt s/ Meno, Suhrkamp, 1977, p. 177.

transcendental; em contraposição, a autorreferência dos sujeitos pensantes como condição do retorno do exterior para o próprio assoma com nitidez tanto maior no pensamento do século XIX. Não há como abstrair a virada transcendental, nem a descrição do mundo feita por Humboldt, nem os projetos de sistema das gerações pós-idealistas. Essa é a figura que viabiliza todo o pensamento antropológico posterior que parte das premissas da época dos fundadores das ciências humanas no final do século XVIII. Inclusive ao pesquisador da natureza se impõe o conceito filosófico da Terra: ela é o astro transcendental que se converteu em localização condicionante de todas as autorreflexões. Na condição de estrela na qual emergiu a teoria das estrelas, o organismo terreno resplandece fosforescente a partir de si mesmo e, quando os peculiares sapientes que estão nele se estendem em pensamento para o vazio exterior, isso sempre acontece também para que lá de fora possam retornar ao seu lugar. Em consequência, quando Humboldt põe em jogo a expressão "esferas", ele já não tem mais em mente as camadas celestes imaginárias dos dois milênios aristotélicos, mas as transcendentais "esferas da contemplação", que não designam quaisquer realidades cósmicas, mas esquemas, conceitos auxiliares, raios da razão representadora do espaço. O que, no século de Humboldt, era uma figura do pensamento viria a se concretizar, no século XX, em movimento físico: o astronauta Edwin Aldrin, que em 21 de julho de 1969, pouco depois de Neil Armstrong, foi o segundo ser humano a pisar a superfície da Lua, tirou a suma de sua vida como astronauta em um livro intitulado *Return to Earth* [Retorno à Terra].[9]

3. A ERA DO GLOBO

Logo, fixa-se também para as dimensões extraterrestres o que se havia verificado para a Terra desde a viagem marítima de Colombo: no espaço circundado, todos os pontos valem a mesma coisa. Essa neutralização

9. E. Aldrin, *Return to Earth*, Nova York, Random House, 1973.

confere ao pensamento espacial na Era Moderna uma mudança radical de sentido. O tradicional "viver, tecer e existir" em orientações, aspirações e atrações regionais é sobrepujado por um sistema de localização de pontos locais quaisquer em um espaço homogêneo de representação.[10] Quando o pensamento moderno, espacial local, obtém a supremacia com seu acesso neutralizador e homogeneizador a pontos quaisquer da superfície da Terra, os humanos não podem mais permanecer em casa em seus tradicionais espaços interiores do mundo e suas extensões e arredondamentos fantasiosos.[11] Eles não residem mais exclusivamente sob seus céus centrados na pátria. Na medida em que participam da grande movimentação, empreendendo, ajudando a pensar, a descobrir, a conquistar, eles renunciaram às suas províncias natais; deixaram para trás suas casas linguísticas locais e suas tendas celestes fixadas no chão para mover-se por todos os tempos vindouros em um exterior precedente insuperável. Os novos empreendedores das nações-piloto da expansão europeia não estão mais enraizados na terra pátria; não pairam mais em suas velhas vozes e odores; não obedecem mais como antes aos seus indicadores históricos e polos mágicos de atração. Esqueceram o que eram fontes encantadas, o que significaram as igrejas de peregrinação e os lugares de poder, e quais eram as imprecações que se situavam em recantos crepusculares. Para eles, a poética do espaço natal não é mais determinante. Eles já não vivem nas paisagens em que nasceram, mas operam em outro lugar, no lugar exterior, abstrato. Sua localização será futuramente o mapa em cujos pontos e linhas se localizam sem

10. Cf., a esse respeito, as aclarações fenomenológicas de H. Schmitz, em seu *System der Philosophie*, v. III: *Der Raum* [O espaço], op. cit., parte I: "Der leibliche Raum" [O espaço corpóreo], § 119: "Der Richtungsraum" [O espaço de orientação] (bem como §§ 219-231), e § 120: "Der Ortsraum" [O espaço local] (bem como §§ 132-135).

11. Rilke, a quem se deve a expressão "espaço interior do mundo [*Weltinnenraum*]", tentou superar a experiência básica da Era Moderna de que coisas e humanos se extinguem por privação de oxigênio na concepção puramente espacial local, com a intenção de reanimar o mundo a partir da força de sua própria vivência, recorrendo a uma espécie de animismo poético; o resultado disso já não poderia ser nenhuma alma cósmica do tipo platônico, mas tão somente uma intensidade cosmológica individual, que corresponde ao modo do "habitar poético" contemporâneo.

ressalvas. É o papel pintado com riqueza de informações, o *mappamundo* [mapa-múndi], que lhes prescreve onde se encontram. O mapa absorve a terra, a imagem do globo terrestre faz desaparecer as extensões reais para o pensamento representador do espaço.

Por essa razão, o globo terrestre, essa maravilha tipográfica que informa os humanos modernos mais do que qualquer outra imagem sobre sua localização no mundo, inicia uma história de sucesso que se estende por um período de mais de quinhentos anos; seu monopólio, dividido com os mapas em grande escala, no que se refere a panoramas da superfície terrestre, só foi quebrado nas últimas décadas do século XX pelas fotografias de satélite.[12] O globo terrestre não só se torna o meio norteador da nova localização homogeneizadora; ele não só se converte em um instrumento imprescindível da visão de mundo nas mãos de todos os que, no Velho Mundo e em suas dependências, obtiveram poder e conhecimentos; ele também protocola, mediante a contínua atualização dos mapas, a ofensiva permanente dos descobrimentos, das conquistas, explorações e denominações com que se estabeleceram, no exterior universal, os europeus que avançavam por mar e por terra. Década após década, os globos europeus tornavam público o estado do processo para o qual Martin Heidegger forneceu *a posteriori* a fórmula, ao escrever o seguinte: "A essência da Era Moderna é a conquista do mundo como imagem. A palavra 'imagem' passou a significar: a formação da confecção representadora."[13]

O que, no final do século XX, foi louvado, mitificado e denegrido pelos meios de comunicação de massa como "globalização" — como se fosse alguma novidade — é, concebido a partir dessa perspectiva, um aspecto tardio e confuso dentro de um evento abrangente, cujas verdadeiras dimensões só se tornam visíveis quando se entende a história da Era Moderna com toda a coerência como a era de transição da especulação

12. No entanto, o êxito do globo tridimensional já havia sido relativizado pelas representações planisféricas da Terra, onipresentes a partir do final do século XVI, recomendadas pela vantagem de poderem ser reproduzidas nos atlas em forma de livro.

13. Cf. M. Heidegger, "Die Zeit des Weltbildes" (1938) [A época da imagem de mundo], in: *Holzwege*, op. cit., p. 92.

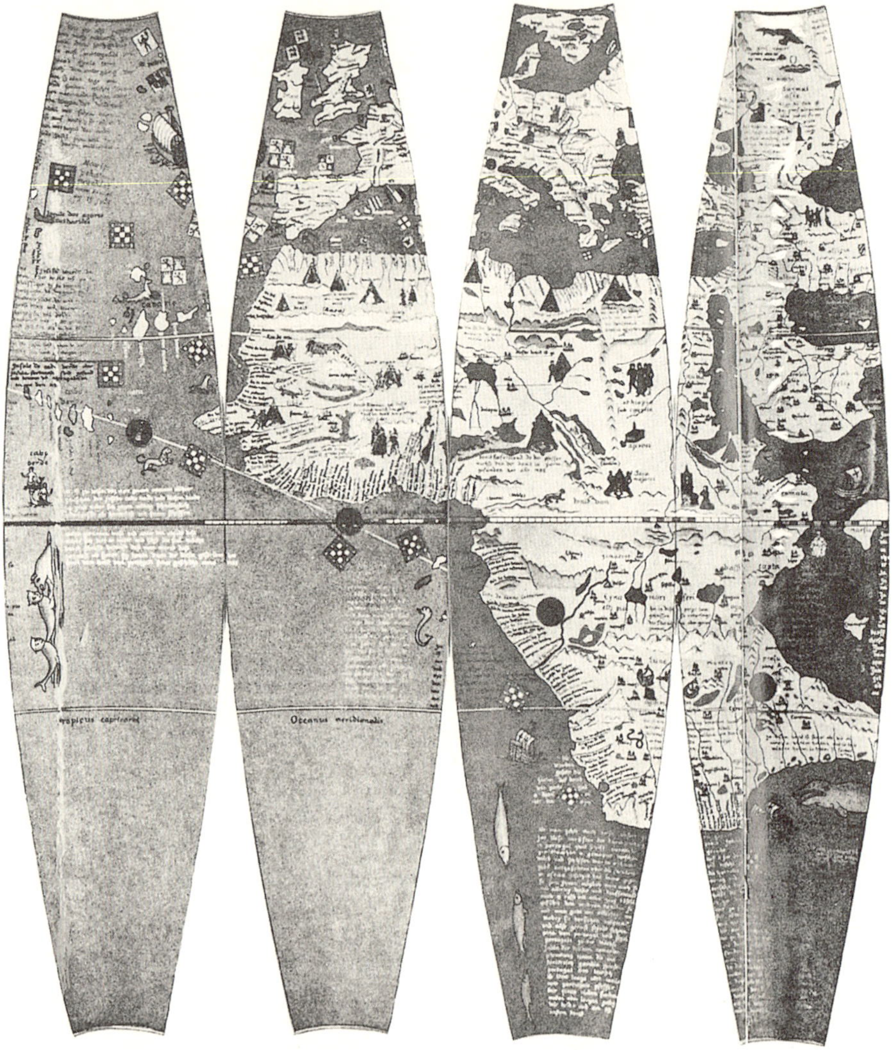

O globo de Behaim, 1492, decomposto em biângulos.

meditativa sobre a esfera para a prática de apreensão real da esfera. Nesse ponto, deve-se ressaltar que só o século XX pôs fim à agonia da visão de mundo ptolomaica que foi se arrastando entre os europeus continentais. Tiveram de recuperar, no último minuto, aquilo que a maioria deles, por interesse próprio, se recusara a compreender durante meio milênio: que cada lugar situado sobre uma esfera circundável pode ser afetado por transações de concorrentes até da maior distância possível.

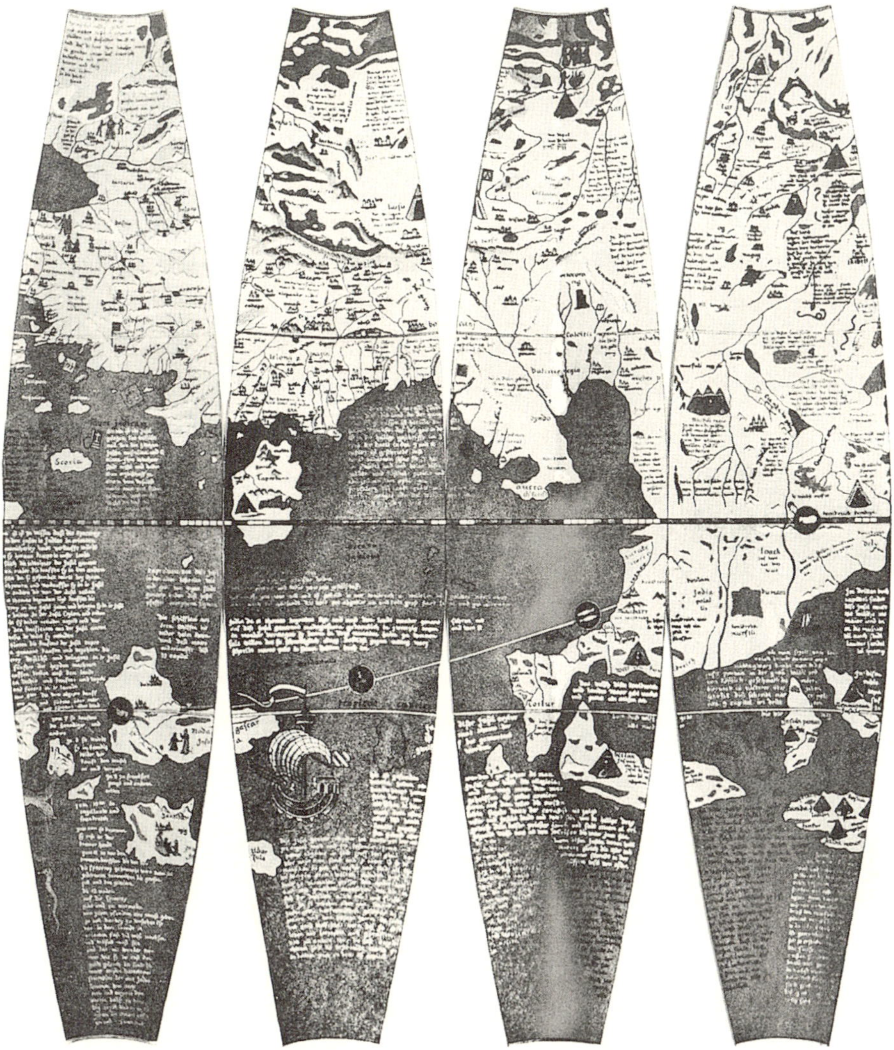

O que a globalização terrestre realmente significa se revela quando se reconhece nela a história de uma exteriorização político-espacial, que parece ser indispensável para os ganhadores, insuportável para os perdedores, inevitável para todos juntos. A informação metafísica latente do globo terrestre ao alcance da mão dos seus usuários tinha, desde o início, o seguinte teor: todos os entes que povoam sua superfície estão, em um sentido absoluto, do lado de fora, mesmo que do começo ao fim tentem se abrigar em pareamentos, habitações e envoltórios simbólicos coletivos — sistemáticos diriam: em comunicações. Enquanto os pensadores meditavam o cosmo como uma abóbada sólida em vista do céu aberto — por imensurável que pudesse se apresentar —, permaneceram protegidos do risco de se resfriar em virtude de uma exterioridade absoluta. O seu mundo ainda era a casa em que nada se perde. Porém, desde que deram a volta no planeta concreto, na pequena estrela errante que sustenta climas, faunas e civilizações das mais diferentes espécies, escancara-se sobre eles um abismo, através do qual, quando erguem os olhos, piscam para um gélido lá fora. Um segundo abismo se abre diante deles nas civilizações de continentes distantes, que, após o esclarecimento etnológico, demonstra a quem estiver interessado que, em outros lugares, praticamente tudo o que consideramos entre nós como a ordem eterna das coisas também pode ser bem diferente. Os dois abismos, tanto o cosmológico quanto o etnológico, refletem aos que olham para fora a contingência do seu existir e do seu ser-assim. E ambos dão a entender que o que perfaz a catástrofe imunológica da Era Moderna não é a "perda do centro", mas a perda da periferia. As últimas fronteiras não são mais o que certa vez pareceram ser: essa comunicação da perda (tecnicamente: a desontologização das bordas fixas) é o disangelho da Era Moderna que está sendo difundido junto com o evangelho da descoberta de novos espaços de chances. Faz parte das características dessa época o fato de que a boa-nova vem montada na má-nova.

É nos portos ibéricos que os navios da peste do saber aportam primeiro. De volta da Índia, de volta dos antípodas, as primeiras testemunhas oculares da terra redonda lançam novos olhares sobre um mundo que passou a ser chamado de velho. Quem, após velejar em torno da Terra, adentra o porto pátrio — como aqueles dezoito extenuados sobreviventes da viagem marítima de Fernão de Magalhães de 1519 a 1522 — volta a aportar em uma cidade que nunca mais poderá ser transfigurada em caverna cósmica pátrio-doméstica. Nesse sentido, Sevilha foi a primeira cidade-localidade [*Standortstadt*] da história mundial; seu porto, mais precisamente o de Sanlúcar de Barrameda, foi o primeiro do Velho Mundo a receber a testemunha de uma viagem em torno do globo que retornou ao lar. Localidades são as anteriores pátrias que se oferecem ao olhar desencantado e sentimental de retornantes do exterior. Nelas passa a vigorar a lei do espaço da Era Moderna: que não se pode mais interpretar o lugar que nos é próprio como umbigo do existente e o mundo como seu entorno concentricamente disposto. Quem vive no hoje, após Fernão de Magalhães, vê-se forçado a projetar também sua cidade natal como um ponto percebido a partir de fora. A transformação do Velho Mundo num agregado de localidades reflete a nova realidade global como se apresenta após a circundução terrestre. A localidade é aquele lugar da Terra representada em que os nativos se apreendem como apreendidos a partir de fora; nela, os circundados retornam a si mesmos.

O aspecto digno de nota nesse processo é saber, sobretudo, como foi que incontáveis nativos europeus conseguiram ignorá-lo e protelá-lo por quase uma era inteira, de modo que só no final do século XX passam a agir como se tivessem motivos totalmente novos para se ocupar com o fenômeno inaudito da globalização. No entanto, desde 1522 é incontestável que a Terra foi circundada. A única coisa certa é esta: quanto mais rotineiras e rápidas forem as circunduções, tanto mais abrangente é a transformação de mundos de vida em localidades — razão pela qual só na época dos meios de transporte velozes e da transmissão superveloz de informações o desencantamento das velhas estruturas imunes locais é sentido em escala epidêmica e maciça. Em seu avanço, a globalização detona um extrato após o outro dos envoltórios oníricos da vida sedentária, da vida acomodada dentro de uma casa, da vida orientada para si mesma e salvífica por si mesma — daquela vida que, até aquele momento, não estivera em nenhum outro lugar senão consigo mesma e em suas paisagens natais (o *Gegnet* [espaço aberto para o encontro] de Heidegger dá a essas espacialidades arredondadas um nome tardio e vão), e que não conhecia nenhuma outra constituição mundial senão a constituição autoabrigadora, vernacular, microesfericamente animada e macroesfericamente cercada de muros — o mundo como extensão sociocosmológica de sólidas paredes de uma imaginação localmente aterrada, autocentrada, monolíngue, uterino-grupal. Mas então a globalização, que transporta o lá-fora para toda parte, arrasta as cidades abertas ao comércio, e em última análise também os povoados introvertidos, para fora, para o espaço homogeneizado do intercâmbio. Ela rompe as endosferas que

Globo terrestre de Vincenzo Coronelli, c. 1688, biblioteca do mosteiro beneditino de Melk.

crescem por si mesmas e as leva até a rede exteriorizadora. Pegos nessa rede, os assentamentos dos mortais sedentários perdem seu privilégio imemorial de cada um deles ser o centro do mundo para si mesmo.

Nesse sentido, a história da Era Moderna, como recém-afirmado, nada mais é, num primeiro momento, que a história de uma revolução espacial para o exterior. Ela executa a catástrofe das ontologias locais. No seu decurso, todos os países da velha Europa se convertem em localidades na superfície de uma esfera, e todas as cidades, vilas, paisagens se transformam em pontos de passagem no trânsito ilimitado dos capitais que passam em sua metamorfose quíntupla como mercadoria, dinheiro, texto, imagem e proeminência.[14] Cada ponto na superfície da Terra torna-se um endereço potencial do capital que considera todos os pontos espaciais sob o aspecto de sua acessibilidade para calculações e medidas estratégicas lucrativas. Enquanto outrora a cosmosfera especulativa dos filósofos ainda exibiu uma forma suprema de abrigamento no abrangente, a nova "batata [ou maçã] do mundo" — como Behaim denominou seu globo — proclamou aos europeus, de modo discreto, cruel e interessante, a mensagem topológica da Era Moderna: que os humanos são seres vivos que têm de existir na borda extrema de um corpo redondo irregular do espaço cósmico —, um corpo que, em sua totalidade, não é útero nem recipiente, e que não tem de proporcionar nenhum abrigamento. O globo pode até repousar sobre um suporte

14. É trivial dizer que mercadoria e dinheiro são estados do capital; mas que também textos, imagens e proeminências o são é algo que os agentes do setor cultural moderno aos poucos estão aprendendo a entender, a despeito de tradicionais ressalvas de espírito conservador. Como isso se aplica a textos e imagens pode ser depreendido, entre outros, das reflexões de G. Franck, *Ökonomie der Aufmerksamkeit. Ein Entwurf* [Esboço de uma economia da atenciosidade] (Munique e Viena, Hanser, 1998). Sobre a economia política da proeminência, é esclarecedor ler T. Macho, "Von der Elite zur Prominenz. Zum Strukturwandel politischer Herrschaft" [Da elite à celebridade: sobre a mudança de estrutura do domínio político] (*Merkur*, caderno 534-535, p. 762-769, 1993), bem como T. Macho, "Das prominente Gesicht. Notizen zur Politisierung der Sichtbarkeit" [O rosto da celebridade: notas sobre a politização da visibilidade], in: S. R. Arnold, C. Fuhrmeister e D. Schiller (eds.), *Politische Inszenierungen im 20. Jahrhundert. Zur Sinnlichkeit der Macht* [Encenações políticas no século XX: sobre a sensualidade do poder] (Colônia, Böhlau, 1998), p. 171-184.

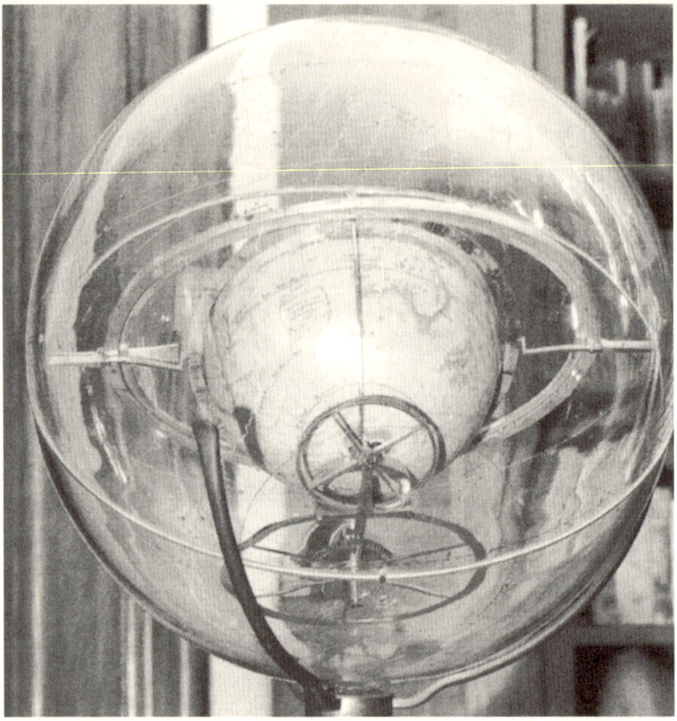

Chronoglobium de Mathias Zibermayer, com globo terrestre interno, 1837, St. Florian.

valioso, com pés cinzelados em madeira de pau-rosa, embutido em um anel meridiano metálico; ele pode até dar ao observador a impressão da própria visualidade e boa delimitação: o que está sendo reproduzido ali é apenas a imagem de um corpo que carece da borda abrigadora, da abóbada exterior esférica. O que aparece repousando sobre ele já é exterior. Até a atmosfera aérea, que, aliás, desaparece de todos os globos terrestres, foi entendida pela maioria mais como parte do exterior do que do interior, e só em tempos bem recentes, com a ascensão da meteorologia à condição de ciência-modelo do racionalismo do caos, a atmosfera terrestre afinal é compreendida como o único equivalente que resta dos estratos etéreos. Onde teria ido parar o céu que pudesse beijar esta Terra? Em cada globo terrestre que ornou auditórios e bibliotecas, quartos senhoriais e *salons* da Europa culta — até 1830 em companhia de seu gêmeo obrigatório, o globo celeste —, toma corpo a nova doutrina da primazia de um exterior, para o qual os europeus fatalmente avançam como

Velázquez, *Demócrito* (ou *O geógrafo*), 1628, detalhe.

descobridores, conquistadores, missionários, comerciantes, repórteres e turistas, e concomitantemente se retirar dele para dentro de seus espaços interiores cobertos com primor por papéis de parede que, com o colorido específico do século XIX, passaram a se chamar de interiores ou esferas privadas. Os globos celestes dispostos paralelamente tentam desmentir, enquanto for possível de alguma forma, a verdade revelada pelos globos terrestres[15]; eles continuam oferecendo a ilusão do abrigamento cósmico dos mortais sob o firmamento, mas sua função se torna cada vez mais metafórica e decorativa, do mesmo modo que a arte dos astrólogos, os quais se transformam de conhecedores das estrelas e dos destinos em psicólogos edificantes e profetas de feira. Nada pode salvar o céu físico

15. Cf. E. Decker, "Der Himmelsglobus — eine Welt für sich" [O globo celeste — um mundo para si], in: W. Pülhorn e P. Laub (eds.), *Focus Behaim Globus*, parte 1, Nuremberg, Verlag des Germanischen Nationalmuseums, 1992, p. 89-100.

de ser desencantado como uma forma de ilusão transcendental. O que parece uma abóbada é um abismo percebido através de um envoltório de ar. O resto é religiosidade retardada e lirismo ruim.[16]

4. Afastamento do Oriente,

ingresso no espaço homogêneo

Para estabelecer a primazia do exterior, não bastou o fato bruto das primeiras circum-navegações da Terra por Fernão de Magalhães e Sebastián Elcano (1519 a 1522) e por Francis Drake (1577 a 1580). Ainda assim, essas duas façanhas náuticas merecem entrar para uma história filosófica da globalização terrestre porque, ao decidirem viajar para o Ocidente, seus

16. Uma exceção significativa é representada pelo poema "O firmamento", de B. H. Brockes (in: *Irdisches Vergnügen in Gott, bestehend in Physicalisch- und moralischen Gedichten* [Prazer terreno em Deus, composto de poemas físicos e morais], parte 1, Hamburgo, Georg Christian Grund, 1723), que pode ser lido como réplica intensificada ao dito de Pascal a respeito do silêncio eterno dos espaços infinitos. Todavia, o título do poema de Brockes não tem mais razão de ser, visto que para o poeta já não existe firmamento que possa proporcionar estabilidade cósmica, mas tão somente uma fixação não espacial da alma em Deus:
Como o mar sem fundo contra o ferro que naufraga,/ Instantaneamente se abateu/ sobre o meu espírito o espaço abismal./ A cripta monstruosa repleta de luz invisível,/ Cheia de luminosa escuridão, sem início, sem limites,/ Engoliu de vez o mundo, sepultou até os pensamentos;/ Todo o meu ser passou a ser um grão de pó, um ponto, um nada,/ E perdi a mim mesmo. Isso me derrubou de súbito;/ O desespero ameaçou um peito totalmente confuso:/ Só em ti, Nada salutar! Afortunada Perda!/Deus onipresente, em ti me reencontrei.
Os versos mostram claramente três coisas. A primeira: o poeta não entende mais o sentido cosmográfico original da expressão "firmamento"; a segunda: em analogia ao oceano, ele concebe o céu como algo em que se pode submergir; a terceira: o que pode salvar do naufrágio da imaginação no abismo sem fundo é tão somente um Deus que tem uma "tendência essencial para a proximidade".
A ideia do firmamento gera não só uma pós-vida no lirismo, mas também em delírios. No cap. 6 de seu *Memórias de um doente dos nervos*, D. P. Schreber anota que algumas das almas de falecidos que lhe sobrevêm indicam o "firmamento" como endereço de procedência.

agentes executaram uma mudança de rumo de alcance histórico mundial e inesgotável teor de sentido para a história do espírito. Tanto Magalhães quanto Drake seguiram, nesse ato, as intuições de Colombo, para quem a ideia de um caminho ocidental para a Índia havia se convertido em uma obsessão profética. E, embora não houvesse maneira de convencer Colombo do seu erro de ter encontrado o caminho para a Índia nem após sua quarta viagem (1502 a 1504) — naquele período, o navegador achava seriamente que se estava a apenas dez dias de viagem do Ganges, e que os habitantes do Caribe seriam súditos do "Grande Cã" indiano —, ele tinha a tendência da época a seu favor. Com sua opção pela rota ocidental, havia encaminhado a emancipação do "Ocidente" de sua orientação mitológico-solar imemorial para o leste e, com a descoberta de um continente ocidental, conseguira desmentir a primazia mítico-metafísica do Oriente. Desde então, não retornamos mais à "origem" ou ao ponto em que nasce o Sol, mas corremos progressivamente e sem saudades de casa com o Sol. Rosenstock-Huessy observou com razão: "O oceano que Cristóvão Colombo atravessou converteu o Ocidente em Europa."[17] O que quer que, a partir dali, tenha acontecido em nome da globalização ou da apreensão universal da terra, passou a estar inteiramente sob o signo da tendência atlântica. Depois de os marinheiros portugueses terem rompido, a partir de meados do século XV, as barreiras mágicas que prendiam o olhar para o Ocidente às colunas de Hércules, a viagem de Colombo deu em definitivo o sinal para a "desorientação" dos interesses europeus. Somente essa des-orientação revolucionária pôde fazer emergir o continente duplo neoindiano que se chamaria América, e só a ela se pode atribuir que, há meio milênio, os processos da globalização também significam sempre, por seu sentido cultural e topológico, "ocidentação" e ocidentalização. A razão pela qual isso não poderia ter sido diferente foi posta em conceitos precisos e ênfases apropriadas pelo iniciador da nova fenomenologia, Hermann Schmitz, nas exposições sobre a filosofia do espaço em seu *System der Philosophie* [Sistema da filosofia]. A respeito de Colombo, consta ali o seguinte:

17. E. Rosenstock-Huessy, *Die europäischen Revolutionen und der Charakter der Nationen*, op. cit., p. 264.

> No Ocidente, ele descobriu a América para a humanidade e, desse modo, o espaço como espaço local. A intenção dessa formulação intencionalmente exacerbada é indicar que Colombo — e mais tarde o circum-navegador Magalhães como executor de sua iniciativa —, ao lograr êxito na rota ocidental, forçou uma revolução chocante da concepção humana do espaço, que, a meu ver, demarcou mais profundamente o ingresso no modo de consciência especificamente moderno do que qualquer outra transição.[18]

A virada para o oeste induz a geometrização do comportamento europeu em um espaço local globalizado. Por esse motivo, também a exposição sumária das zonas terrestres ainda não totalmente exploradas segue, desde o início, o novo ideal metodológico: o de uma apreensão regular de todos os pontos da superfície do planeta sob o aspecto de sua acessibilidade para interesses e operações europeus (e isso quer dizer, em primeiro lugar, ibéricos) — mesmo que a apreensão real fosse ocorrer só séculos depois ou jamais tenha ocorrido. Também e justamente as famosas manchas em branco nos mapas, que estavam inscritas como *terrae incognitae* [terras desconhecidas], funcionavam desde o início como regiões a serem franqueadas ao conhecimento no futuro. Para elas valia o que, em alguns mapas-múndi de grande impacto do século XVI, estava impresso sobre o continente austral representado em escala gigantesca: *terra australis nuper inventa nondum cognita* [A terra austral recém-descoberta e ainda desconhecida] — recém-descoberta, ainda não explorada, mas pré-traçada como espaço de manobra para futura exploração e aproveitamento. O espírito do ainda-não toma a palavra primeiramente como coisa de geógrafos. A Era Moderna é o período do *nondum* [ainda não] — o período de um devir promissor que se emancipa tanto da estática da eternidade quanto do tempo circular do mito.

O ponto alto histórico da viagem marítima de Colombo reside em suas repercussões revolucionárias para a comutação dos tradicionais movimentos espacial-direcionais para os modernos movimentos espacial-locais. Ao Oeste, que na compreensão mais antiga fora um dos pontos

18. Cf. H. Schmitz, *System der Philosophie*, op. cit. (ver nota 10 deste capítulo), p. 441.

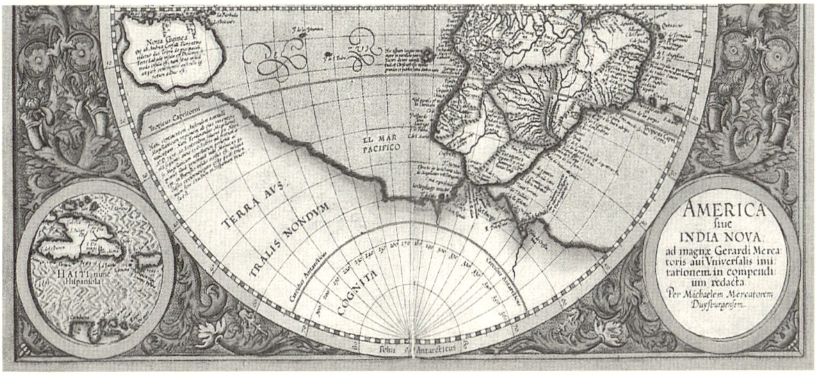

Terra australis nuper inventa nondum cognita [A terra austral recém-descoberta e ainda desconhecida], em Michael Mercator, *Atlas sive cosmographicae meditationes*, 1595.

cardeais e uma das direções do vento, mas sobretudo a região em que o Sol se punha — uma grandeza determinada do começo ao fim como espaço direcional —, coube um papel de grande impacto em termos de história da civilização, a saber, o de promover o triunfo da representação espacial-local, geométrica da Terra e do espaço em geral. Com as expedições para o Oeste começam movimentos que, algum dia, terminariam no *trânsito* indiferente em todas as direções. Seja a viagem de Colombo em 1492, seja a invasão do continente norte-americano no século XIX: as duas maiores encenações do imperativo "rumo ao Oeste!" dão impulsos para uma abertura do espaço, da qual resultaria mais tarde o trânsito regular de ida e volta entre qualquer ponto das zonas franqueadas. O que o século XX designaria como "circulação", valendo-se de um de seus conceitos mais embotados, só se tornou possível mediante o triunfo do pensamento espacial-local. Pois o domínio rotineiro da simetria de viagens de ida e viagens de volta, que é constituinte do moderno conceito de trânsito, só pode ser realizado em um espaço local generalizado, que concentra pontos geometricamente equivalentes em um campo plano na forma de quadros de trechos e tabelas de horários. Não é por acaso que as máquinas de tração das ferrovias, um dos mais importantes sistemas de energia do século XIX, foram denominadas "locomotivas" — as que se movem de local; seu emprego designa uma etapa na indiferenciação do espaço local atravessado. Os técnicos do século XIX sabiam que a superação do espaço pela locomoção a vapor estava estreitamente ligada à "vaporização" do espaço pela telegrafia elétrica, cujos cabos, via de regra, acompanhavam as linhas ferroviárias.[19]

O pressuposto do que chamamos de trânsito mundial é que a descoberta de condições marítimas e de terrenos sob os aspectos geográfico e hidrográfico pode ser considerada como basicamente concluída. O trânsito autêntico só pode despontar quando existe um sistema de trechos que franqueia uma zona dada, seja ela *terra cognita* ou *mare cognitum*, para travessias rotineiras. Como suprassumo das práticas de travessia, o trânsito constitui a segunda fase, a fase rotinizada do processo que havia começado com a história aventureira dos descobrimentos globais pelos europeus.

5. Júlio Verne e Hegel

Ninguém soube ilustrar de modo mais certeiro e cativante o que pretende e o que significa o trânsito globalizado do que Júlio Verne, em seu satírico romance de sucesso *A volta ao mundo em 80 dias*, de 1874. O livro oferece, graças à sua superficialidade galopante, um instantâneo do processo da Era Moderna como revolução do trânsito. Ele ilustra a tese de cunho filosófico-histórico de que o sentido das relações modernas seria o de trivializar o trânsito em nível mundial. Somente em um espaço local globalizado é possível organizar as novas necessidades de mobilidade que colocam tanto o trânsito de mercadorias quanto o transporte de pessoas sobre a base de rotinas tranquilas. Onde o trânsito, enquanto suprassumo de movimentos reversíveis, é implementado como instituição confiável também em trechos longos, ali acaba sendo indiferente em que direção é empreendida uma volta ao mundo. Trata-se, antes, de acasos exteriores que movem os protagonistas do romance de Júlio Verne, o inglês Phileas Fogg, escudeiro, e seu deplorável serviçal francês, Passepartout, a darem

19. Cf. A. Mattelart, *L'Invention de la communication* [A invenção da comunicação], Paris, La Découverte, 1994, p. 68 s.

conta da viagem em torno da Terra em oitenta dias pela rota oriental. O que está por trás dela é, de início, nada além de uma nota de jornal, dizendo que o subcontinente indiano poderia ser atravessado em apenas três dias graças à inauguração do último trecho da Great Indian Peninsular Railway entre Rothal e Allahabad. A partir daí, um jornalista de um diário londrino redigiu o artigo provocador que daria ensejo à aposta de Phileas Fogg com seus parceiros de uíste do Reform Club. A aposta que Fogg faz com seus parceiros de clube é, no fundo, apenas a de se a prática turística seria capaz de concretizar as promessas da teoria turística. O artigo impactante publicado no *Morning Chronicle* continha tão somente uma enumeração dos períodos de tempo que um viajante teria de prever para sair de Londres e para lá voltar, dando a volta ao mundo. O fato de esse cálculo se basear na hipótese de uma viagem para o leste correspondeu, ao lado da afinidade britânica consolidada com a parte indiana do Commonwealth, a uma temática atual na época: a abertura do canal de Suez no ano de 1869 tinha gerado uma sensibilização em toda a Europa para o tema da aceleração do trânsito mundial e criado atrativos irresistíveis para a rota oriental, dramaticamente encurtada. Como atesta o percurso da viagem de Fogg, trata-se aí há muito de um leste totalmente ocidentalizado que, com todos os seus brâmanes e elefantes, não é mais do que uma contrapartida qualquer no planeta espacial-localmente representada e disponibilizada pela técnica de trânsito.

> "Aqui está o cálculo impresso no *Morning Chronicle*:
> Londres-Suez via Monte-Cenis e Brindisi, por ferrovia e vapor, 7 dias;
> Suez-Bombaim, vapor, 13 dias;
> Bombaim-Calcutá, ferrovia, 3 dias;
> Calcutá-Hong Kong (China), vapor, 13 dias;
> Hong Kong-Yokohama (Japão), vapor, 6 dias;
> Yokohama-San Francisco, vapor, 22 dias;
> San Francisco-Nova York, ferrovia, 7 dias;
> Nova York-Londres, vapor e ferrovia, 9 dias.
> Total: 80 dias."

> "De fato, só oitenta dias!", exclamou Andrew Stuart [...]. "Mas sem incluir mau tempo, ventos contrários, naufrágios, descarrilamentos..."
> "Tudo incluído", respondeu-lhe Phileas Fogg.
> "Mesmo que hindus ou índios interrompam os trilhos, parem os trens, pilhem os carros e escalpelem os viajantes? Mesmo assim?", exaltou-se Andrew Stuart. "Tudo incluído", repetiu Phileas Fogg.[20]

A mensagem de Júlio Verne é de que, em uma civilização tecnicamente saturada, não há mais aventuras, só atrasos. Por essa razão, o autor valoriza a observação de que seu protagonista não está tendo experiências. A fleuma imperial do senhor Fogg não é abalada por nenhuma turbulência, porque, como viajante global, não precisa respeitar a circunstância local. Após a produção da circulabilidade, a Terra passou a ser para o turista consumado, até nos cenários mais remotos, apenas o suprassumo de situações e imagens, das quais os jornais diários, os autores de relatos de viagem e as enciclopédias há muito já forneceram um quadro mais completo. É compreensível, portanto, por que o assim chamado lugar distante nem é digno de um olhar do senhor calculista. Não importa que incidentes aconteçam, seja a queima de uma viúva na Índia, seja um assalto dos índios no Oeste norte-americano, em princípio nunca se tratará de eventos sobre os quais o membro do Reform Club londrino já não esteja mais bem informado do que o turista implicado no local. Quem viaja sob tais condições não o faz por diversão nem a negócios, mas em virtude do gosto pelo movimento como tal; *ars gratia artis* [a arte pela arte]; *motio gratia motionis* [o movimento pelo movimento].

Desde os dias de Giovanni Francesco Gemelli Careri (1651-1725), da Calábria, que, aborrecido com desavenças familiares, empreendeu uma volta ao mundo entre 1693 e 1697, o tipo do viajante mundial que não viaja a negócios, logo, o turista, constitui uma grandeza

20. J. Verne, *Reise um die Erde in achtzig Tagen*, trad. Erich Fivian, Zurique, Diogenes, 1974, p. 23-24. [Trad. bras. com base na trad. alemã — N.T.] [Ed. bras.: *A volta ao mundo em 80 dias*, trad. André Telles, Rio de Janeiro, Zahar, 2019.]

estabelecida no programa da Era Moderna; o seu *Giro del mondo* figura entre os documentos fundadores de uma literatura da globalização gerada pelo gosto privado. Gemelli Careri também adotou espontaneamente o hábito do descobridor que acreditava ter um mandato do espírito da época para relatar em casa as experiências que teve lá fora; gerações mais tarde, suas observações sobre o México e sua descrição da travessia do Pacífico ainda eram tidas como realizações etnográficas respeitáveis. Mesmo que gerações posteriores tenham se voltado para um estilo de relato de cunho mais subjetivo, a ligação entre viajar e escrever permaneceu intacta até o século XIX. Ainda em 1855, o *Conversations--Lexicon* [Léxico de conversação] da editora Brockhaus podia constatar que era chamado de turista "um viajante que não associa nenhuma finalidade determinada, por exemplo, científica, com sua viagem, mas apenas viaja por viajar e depois poder descrever a viagem".

No caso de Júlio Verne, em contraposição, o viajante mundial renunciou também à sua vocação documentadora e se converteu em puro passageiro, isto é, em cliente de serviços de transporte que paga para que sua viagem não se torne uma experiência, a respeito da qual ainda haveria o que falar depois. A volta ao mundo é um esporte e não uma lição filosófica, e já nem faz mais parte de um programa educativo. E também no que se refere à questão tecnológica, Júlio Verne não era nenhum visionário no horizonte do ano de 1874; tendo em conta os meios de transporte determinantes, ferrovia e vapor a hélice, os principais motores da revolução dos transportes em meados e final do século XIX, a viagem do seu protagonista correspondeu exatamente ao estado da arte de levar ingleses apáticos de A até B e trazê-los de volta. Não obstante, a figura de Phileas Fogg apresenta traços proféticos, na medida em que ele atua como protótipo do passageiro literalmente cego, cuja única relação com as paisagens que passam diante dos seus olhos consiste no interesse de atravessá-las. O turista estoico prefere viajar com as janelas fechadas; na condição de *gentleman*, ele faz questão de exercer seu direito de não considerar nada como digno de ser visto; sendo apático, ele se recusa a fazer descobertas. Essas atitudes anunciam um fenômeno de massa do século XX, o viajante global hermético, que faz baldeações em toda parte sem perceber, em lugar nenhum, algo que seja diferente daquilo que consta nos prospectos. Fogg é o oposto consumado dos seus antecessores tipológicos, o circum-navegador mundial e do geógrafo nos séculos XVI, XVII e XVIII, para os quais cada excursão estava associada à expectativa de descobertas, conquistas e enriquecimentos. Esses viajantes em busca de experiências foram sucedidos diretamente, a partir do século XIX, pelos turistas românticos, que viajavam para lugares remotos a fim de se valorizarem por meio de impressões recebidas.

Entre os viajantes impressionistas do nosso século [XX], o filósofo da cultura Hermann Graf Keyserling adquiriu certa fama por suas anotações de viagem; ele realizou sua grande rodada pelas civilizações mundiais em treze meses como uma espécie de experimento hegeliano — iluminação mediante retorno protelado à província alemã.[21] Phileas Fogg tem a clara vantagem em relação a Keyserling de não ter de dissimular que, em sua viagem em torno da totalidade, ainda teria algo de essencial a aprender. Júlio Verne é o melhor dos hegelianos por ter compreendido que, no mundo instaurado, não há mais lugar para heróis substanciais, mas apenas para heróis do secundário: o que resta a Fogg é o heroísmo da pontualidade. O único momento em que o inglês estoico tange uma vez mais o heroísmo original é quando, na travessia do Atlântico entre Nova York e a Inglaterra, na falta de carvão, tem a ideia de queimar o madeirame do próprio navio, conferindo, assim, à noção de autossacrifício pela ordem vindoura uma versão que correspondeu ao espírito da era industrial. De resto, esporte e capricho descrevem o último horizonte no mundo instalado. Keyserling, em contraposição, tange o ridículo quando dá a volta na Terra como uma personificação tardia do espírito universal para chegar "a si" — de modo correspondente, seu lema soa cômico: "O caminho mais curto até si mesmo dá a volta ao mundo." Porém, como mostra seu livro, ele não consegue fazer nenhuma experiência necessária, mas tão somente reunir impressões.

21. H. G. Keyserling, *Reisetagebuch eines Philosophen* [Diário de viagem de um filósofo] (1918), Frankfurt s/ Meno, Ullstein, 1980.

6. Mundo aquático

Sobre a mudança do elemento condutor na Era Moderna

No ponto decisivo, o plano de viagem de Júlio Verne reflete de modo totalmente adequado a aventura original da globalização terrestre: dele ressalta inconfundivelmente a grande preponderância das viagens por água em relação às viagens por terra. Nele se atesta, ainda em um tempo que havia muito já transformara a circundução da Terra em esporte de elite (*globe trotting*, algo como: trotar em cima de tudo), o rastro da revolução da imagem de mundo levada a cabo por Magalhães, em cuja esteira a imagem do planeta preponderantemente terreno foi substituída pela do planeta oceânico. Colombo ainda pôde ensinar, diante das majestades católicas de Espanha, ao fazer propaganda do seu projeto, que a Terra seria "pequena" e, em sua maior parte, seca, e que o elemento molhado perfaria apenas uma sétima parte dela. Os marinheiros do final da Idade Média também estavam convictos da preponderância do espaço terrestre, e isso por um motivo compreensível, pois o mar é um elemento que normalmente não é apreciado por ninguém que o conhece bem de perto. Não foi sem razões radicadas em experiências mais profundas que o ódio dos habitantes costeiros se voltou contra as águas revoltas na visão do Apocalipse de João (21,1): que, após a vinda do Messias, não haveria mais mar (uma frase apropriadamente citada pelo capelão a bordo do *Titanic*, de James Cameron, enquanto a popa do navio se levanta na posição vertical antes de afundar).

De repente, os europeus do início do século XVI foram desafiados a compreender que o planeta Terra, diante da preponderância das superfícies aquáticas sobre ele, tinha um nome que, no fundo, não se justificava. O que se chamava Terra foi desvelado como um *waterworld*; três quartos de sua superfície estão tomados pelo elemento molhado — essa é a informação globográfica básica da Era Moderna, a respeito da qual nunca ficou bem claro se era um evangelho ou um disangelho. Não era fácil se despedir dos preconceitos terrestres imemoriais. O mais antigo dos globos pós-colombianos conservados, que já leva em conta indicativamente o continente americano e o arquipélago das Índias

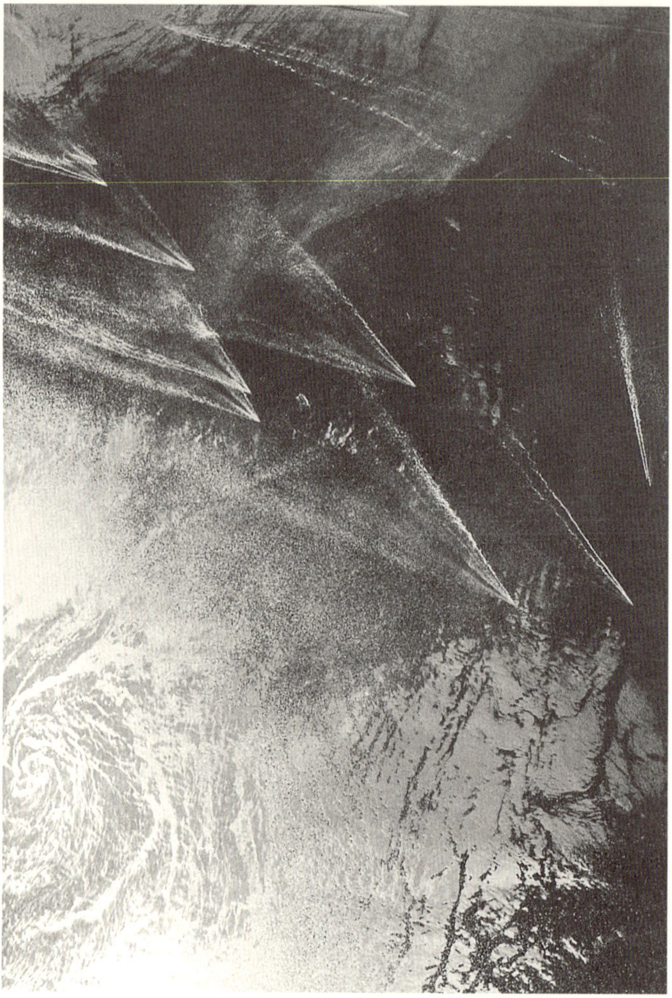

Água da quilha de navios no mar do Japão, fotografada pela sonda espacial *Discovery*.

Ocidentais, o pequeno globo metálico Lenox, surgido em 1510, ainda situa — como muitos mapas e globos depois dele — a lendária ilha Zipangu ou Japão, mencionada pela primeira vez por Marco Polo, nas proximidades da costa noroeste da América. Reflete-se nisso a persistente e dramática subestimação das águas a oeste do Novo Mundo, como se o erro magistral de Colombo — a esperança de encontrar um caminho curto a oeste para a Ásia supostamente próxima — fosse se repetir então, tendo por base a América. Uma década mais tarde, o globo terrestre de

Brixen, de 1523 ou 1524, registra uma caravela no oceano Pacífico, no *mar del Sur*, indicando a circum-navegação de Fernão de Magalhães; folhetos que se difundiram até na Europa Oriental tinham relatado, já no outono de 1522, o retorno da nau *Victoria*, e, ainda assim, o autor desse primeiro globo posterior a Magalhães não conseguiu compreender a revolução oceânica. Porém, isso não era expressão de nenhuma limitação culposa: naqueles dias, nenhum europeu estava em condições de aquilatar o que o capitão basco Juan Sebastián Elcano e o autor italiano do diário de bordo de Magalhães, Antonio Pigafetta, quiseram comunicar quando relataram que, após zarparem da ponta sudoeste da América do Sul, teriam cruzado, no rumo ocidental, um mar imenso e desconhecido "durante três meses e vinte dias" — de 28 de novembro de 1520 a 16 de março de 1521, com vento favorável constante —, que eles chamaram de *mare pacifico*, "porque não passamos por nenhuma tempestade durante todo o percurso".[22] Essa breve anotação oculta a reviravolta oceanográfica que, de maneira sensacional, poria fim à geociência da Antiguidade, à crença ptolomaica na preponderância das massas terrestres.

O quanto a imagem de mundo ptolomaica pré-Magalhães era determinada pelo terracentrismo é mostrado pelo monumental disco geográfico mundial do monge camaldulense veneziano Fra Mauro, de 1459, confeccionado pouco menos de uma geração antes da viagem de Colombo, a mais primorosa e grandiosa das descrições da Terra produzidas pela Baixa Idade Média (ver adiante p. 797). Em seu tempo, ele era tido como a representação não só mais abrangente da Terra, mas também a mais detalhada; ainda apresentava a Terra da Europa antiga e da Baixa Idade Média, contida no interior do círculo imunizador e na qual o elemento úmido desempenha um papel literalmente marginal. À água se concede aqui, além dos trechos do Mediterrâneo um tanto deslocados do centro e dos rios, apenas as extremidades. O empírico e o fantástico se apresentam no quadro de Fra Mauro em um acordo curioso, e, apesar da densa exposição das condições terrestres,

22. A. Pigafetta, *Die erste Reise um die Erde. Ein Augenzeugenbericht von der Weltumsegelung Magellans 1519-1522* [A primeira viagem em torno da Terra: relato de testemunha ocular da circum-navegação de Fernão de Magalhães 1519-1522], ed. e trad. Robert Grün, Tübingen e Basileia, Erdmann, 1978, p. 93.

denotando conhecimento profundo e correspondendo ao estado da arte em termos históricos, a totalidade do quadro ainda se subordina obedientemente ao comando onírico da Europa antiga de apresentar um mundo redondo com o mínimo possível de superfícies marinhas.

Sem a transposição das novas verdades de Magalhães para os gráficos das gerações seguintes de globos, nenhum europeu teria podido obter uma imagem adequada da inflação revolucionária das superfícies aquáticas. Nesta se baseia a nova distribuição dos pesos, em termos histórico-mundiais, entre o pensamento continental e o pensamento oceânico — um processo cujo alcance será tão imprevisível quanto a transição provocada por Colombo e Magalhães da antiga imagem tricontinental do mundo (que aparece nos mapas como *orbis tripartitus*) para a moderna, tetracontinental, ampliada pelas duas Américas; quanto ao quinto continente, a mítica *terra australis*, a respeito do qual o século XVI começou a sonhar como o maior e mais rico de todos os espaços terrestres, a história de sua descoberta — medida pelas esperanças iniciais — foi uma longa história de decepções e encolhimento. Os britânicos tiraram a consequência disso ao transformar o fracassado reino do sul em colônia de apenados; nele se podia "depositar" de modo mais ou menos definitivo, a uma distância ótima da pátria, o "excedente incorrigível e indesejado de criminosos", que a Inglaterra produzia em massa.[23]

Causa espécie que as massas coesas de terras da superfície terrestre logo portariam o nome daquele abrangente, *continens*, que até os dias de Copérnico e Bruno havia designado o envoltório-universo ou a abóbada da última fronteira cósmica. O fato de o planeta úmido povoado de humanos continuar obstinadamente a se chamar Terra e o fato de as massas de terra sobre ele se ornarem com o título absurdo de "continente" denunciam como os europeus modernos reagiram à revolução

23. E. W. Said, *Kultur und Imperialismus. Einbildungskraft und Politik im Zeitalter der Macht* [Cultura e imperialismo: imaginação e política na era do poder], Frankfurt s/ Meno, Fischer, 1994, p. 18. [Ed. bras.: *Cultura e imperialismo*, trad. Denise Bottmann, São Paulo, Companhia das Letras, 2011.] A formulação irônica de Said reflete o cinismo do sistema britânico de deportação, no qual primeiro o Caribe, depois a Nova Inglaterra e, por fim, a Austrália serviram de destinos de uma exportação sistemática de criminosos.

Cartaz da White Star Line mostra o *Olympic*, navio--irmão do *Titanic*, lançado ao mar em 1910; litografia, 1911.

molhada: após o choque causado pela circundução, eles se refugiam em designações errôneas que simulam o que lhes era familiar no novo ao qual não estavam habituados. Pois nem o planeta circundado merecia continuar a ser chamado pela pouca terra firme que nele aflora de dentro dos oceanos, nem os "continentes" da Terra têm o direito de portar esse título, já que eles justamente não são os abrangentes, mas os abrangidos — pelo mar. Se as coisas fossem feitas corretamente em termos de linguagem, apenas o oceano poderia ser chamado de *continente*. Porém, não só nos aspectos lexical ou semântico, a história da Era Moderna constituiu uma prolongada manobra do pensamento terreno sobre o espaço e a substância para se desviar do mar e das correntes de mercadorias que passam por ele. A hesitação diante das verdades oceânicas marca toda a Era Moderna em seus aspectos estatal e estático.

O lado vanguardista do saber inicial sobre a globalização se mostrou nas prospectivas de Magalhães para a extensão real dos oceanos e em seu reconhecimento como os meios de comunicação mundiais propriamente ditos. Os oceanos são os portadores dos assuntos globais e, desse modo, os meios naturais de comunicação dos fluxos de capital sem limites: essa é a mensagem das mensagens na era entre Colombo, o protagonista do meio marítimo, e Lindbergh, o pioneiro da era do meio aéreo — mensagem à qual os velhos europeus, sedentários, opuseram por séculos sua vontade de ser província. Era como se a velha Terra fosse voltar a ser submergida em torrentes diluvianas, só que não do tipo que cai do céu, mas do tipo que flui de inauditos livros de viagens. O maior poeta do mundo marítimo, Melville, pôde fazer com que uma de suas personagens exclamasse no século XIX: "Sim, tolos mortais, o dilúvio de Noé ainda não baixou."[24] Tanto a unidade quanto a repartição do planeta Terra haviam se tornado uma questão do elemento marítimo e das potências marítimas, e a navegação marítima europeia, a civil, a militar, a corsária, teve de provar seu valor como agente operativo da globalização até a ascensão da Aeronáutica. Pelos oceanos seriam edificados os *seaborne empires* [impérios marítimos] das nações europeias como potências mundiais. Quem pretendesse entender o mundo nesse período tinha de pensar hidrograficamente. O zombeteiro plano de viagem do *Morning Chronicle* ainda era tributário dessa verdade, na medida em que previu para a circundução do mundo, ao lado de meros doze dias de viagem ferroviária, ao todo 68 dias de viagem marítima. Só o mar proporcionava base para ideias universais; o oceano era o único capaz de conceder chapéus de doutor da Era Moderna propriamente dita. Com razão, Melville pôde fazer a mesma personagem do seu romance declarar: "Pois num navio baleeiro tive minhas universidades de Yale e de Harvard."[25]

24. H. Melville, *Moby Dick oder Der Wal*, trad. Richard Mummendey, Munique, Winkler, 1964, p. 364. [Ed. bras.: *Moby Dick*, trad. Péricles Eugênio da Silva Ramos, São Paulo, Nova Cultural, 2003, p. 263.]

25. Ibidem, cap. 24, *in fine*. [Ibidem, p. 120.] Esses *seaborne studies* [estudos marítimos] fortaleceram um empirismo náutico adverso à escolástica universitária: esse

Navio de passageiros *Great Eastern*, 1858.

Entre os primeiros que souberam tirar consequências práticas dos conhecimentos de Magalhães e Elcano figura o jovem monarca Carlos V, rei da Espanha a partir de 1516, imperador do Sacro Império Romano a partir de maio de 1519. Foi a ele que Pigafetta entregara, ainda no outono de 1522 em Valladolid, seu diário de bordo como o testemunho mais secreto a respeito da nova situação mundial.[26] Carlos interpretou

é um dos principais fatos da cultura teórica moderna (até que as universidades reabsorveram a mentalidade experimental e opuseram um empirismo sentado a um empirismo em movimento). Um dos que cedo alçaram à condição de dogma o ato de ir pessoalmente até o local e observar tudo pessoalmente foi F. de Oviedo, que, em sua *Historia general y natural de las Indias* [História geral e natural das Índias], não se cansava de repetir: "O que estou dizendo aqui não se aprende em Salamanca, Bolonha ou Paris [...]"; apud J. H. Elliot, *Die Neue in der Alten Welt. Folgen einer Eroberung 1492-1650* [O Novo Mundo no Velho Mundo: consequências de uma conquista 1492-1650] (Berlim, Wagenbach, 1992), p. 44.

26. A. Pigafetta, *Die erste Reise um die Erde*, op. cit., p. 265. Aliás, até o final do século XVIII, os diários de bordo das expedições de descobrimento permaneceram assuntos secretos dos Estados que promoviam a navegação marítima; cf. as observações de G. Forster por ocasião da segunda expedição do capitão Cook: *Entdeckungsreise nach Thaiti und in die Südsee 1772-1775* [Viagem de descobrimento ao Taiti e aos Mares do Sul 1772-1775] (reed. Hermann Homann, Tübingen e Basileia, Erdmann, 1979), p. 395.

o conhecimento do oceano Pacífico e dos esforços sobre-humanos para circundar a Terra pela rota ocidental de modo bem acertado como uma novidade tão maravilhosa quanto intimidadora. Após apenas algumas poucas tentativas vãs de repetir a viagem de Fernão de Magalhães, pareceu recomendável desistir de novas viagens pela rota ocidental até as ilhas Molucas, fornecedoras de especiarias. Assim, no Tratado de Saragoça, de 1529, ele vendeu à Coroa portuguesa os pretensos direitos espanhóis às Molucas pelo preço de 350 mil ducados — o que acabou sendo um excelente negócio, já que, poucos anos depois, medições aprimoradas do outro lado do globo terrestre comprovaram que, de acordo com o Tratado de Tordesilhas, de 1494, que repartiu a Terra entre Espanha e Portugal, as cobiçadas ilhas fornecedoras de especiarias de qualquer modo se situavam no hemisfério português. Anos depois, Carlos ainda se divertia com relatos de acessos de raiva do seu colega real enganado.

Nessa venda interdinástica de terras remotas, a respeito de cuja localização manifestamente nem o vendedor nem o comprador tinham conhecimento, reflete-se claramente, como em nenhum outro ato daquela época, a natureza especulativa dos processos originais de globalização. É ridículo quando a atual publicística alega identificar nos movimentos mais recentes do capital especulativo a razão real do choque de formato mundial chamado globalização. O sistema mundial do capitalismo se estabeleceu desde o primeiro momento sob os auspícios entrelaçados de globo e especulação.[27] O império ultramarino de Carlos V foi construído sobre a base de créditos de casas bancárias de Flandres e de Augsburgo, e mais tarde também de bancos genoveses, cujos donos giravam globos para ter noção dos caminhos de ida dos seus créditos e dos caminhos de volta dos seus juros. Desde o início, a aventura oceânica enredou seus atores em uma concorrência por oportunidades ocultas em mercados distantes indiscerníveis. Já era válida para eles a

27. Cf., sobre isso, I. Wallerstein, *Das moderne Weltsystem. Kapitalistische Landwirtschaft und die Entstehung der europäischen Weltwirtschaft im 16. Jahrhundert* [O sistema mundial moderno: agricultura capitalista e gênese da economia mundial europeia no século XVI] (Frankfurt s/ Meno, Syndikat, 1986); I. Wallerstein, *Das moderne Weltsystem II, Europa zwischen 1600 und 1750* [O sistema mundial moderno II: a Europa entre 1600 e 1750] (Viena, Promedia, 1998).

Mecanismo de simulação de ondas exposto no estereorama "Poesia do mar", Exposição Universal de 1900, Paris.

famigerada frase de Cecil Rhodes: "Expansão é tudo."[28] O que os economistas, na esteira de Marx, denominaram acumulação primitiva, com frequência certamente foi — como nosso exemplo permite intuir — a acumulação de títulos de propriedade, opções e direitos de uso, mais do que a operação de instalações de produção com base no capital. A descoberta e a tomada de posse formal de territórios distantes embasavam, para os mandantes nobres e burgueses da navegação ultramarina, a expectativa de receitas futuras, seja na forma de despojo ou tributo, seja por meio de negócios comerciais regulares, em relação aos quais nunca foi proibido sonhar com margens de lucro fabulosas.

A globalização da Terra pelos primeiros marinheiros-comerciantes e cosmógrafos evidentemente estava muito longe de subordinar-se a interesses teóricos; desde que os portugueses a desencadearam, ela obedeceu a um programa de conhecimento resolutamente anticontemplativo e hostil à dedução. O *experimentum maris* forneceu o critério para o novo conceito da experiência de mundo. Sobre os mares, pela primeira vez, ficou claro como a Era Moderna imaginaria a interação de teoria e

28. O. Spengler declarou essa frase como o axioma das épocas civilizatórias. Cf. *Der Untergang des Abendlandes*, op. cit., p. 51: "Expansão é uma fatalidade, algo demoníaco e colossal, que se apossa do ser humano tardio do estágio mundial [...] e o consome [...]."

práxis. Cem anos antes de Francis Bacon, os mandantes e atores da circundução do mundo sabiam que o conhecimento da superfície da Terra é poder, mais precisamente poder em sua forma mais palpável e mais lucrativa. A imagem cada vez mais precisa da Terra passa a ter, no plano imediato, a qualidade de um saber de captação e acesso; novos conhecimentos oceanográficos constituem entregas de armas para a luta contra concorrentes no espaço aberto. Por essa razão, as novidades geográficas e hidrográficas foram protegidas como segredos de Estado ou patentes de empresas. A Coroa portuguesa proibiu sob pena capital a proliferação de mapas marítimos nos quais estivessem registrados os descobrimentos e a descrição das regiões costeiras feitas pelos capitães lusitanos — motivo pelo qual não se conservou praticamente nenhum dos seus famosos portulanos, que deviam ser manejados como itinerários para viagens ao longo das costas navegáveis.

Poder-se-ia dizer que calcular com mapas europeus se tornou como que equivalente a calcular com os números arábicos. Tendo o zero arábico-indiano, introduzido no século XII, possibilitado uma aritmética elegante, o globo terrestre dos europeus inaugurou uma visão panorâmica operável dos assuntos geopolíticos e de negócios mundiais. Contudo, como ninguém — segundo uma observação do filósofo Alfred N. Whitehead — sai de casa para comprar zero peixe, ninguém veleja de Portugal a Calicute ou Malaca para retornar com zero cravo nos porões do navio. Um grupo de ilhas fornecedoras de especiarias nos mares do sul, visado e ocupado pela cobiça europeia, não constitui, nesse modo de ver as coisas, só uma marca sobre um mapa-múndi vago, mas é sobretudo símbolo de ganhos esperados das fabulosas terras longínquas. Nas mãos de quem sabe usá-lo, o globo não é só o novo ícone verdadeiro do corpo terrestre circundável, mas também, e especialmente, uma imagem de fontes de dinheiro que fluem do futuro na direção do presente. Poder-se-ia compreendê-lo até como um relógio oculto que, sob as imagens de mares, ilhas e continentes no espaço longínquo, marcou as horas do lucro. O globo moderno fez sucesso como relógio da oportunidade para uma nova sociedade composta de tele-empreendedores e empreendedores de risco, que hoje já vislumbram nas regiões costeiras de outros mundos sua riqueza de amanhã. Desse relógio, que indicava

Campo de tiro da Marinha inglesa em Gibraltar, em Karl Haushofer, *Weltmeere und Weltmächte* [Oceanos e potências mundiais], 1937.

as horas do nunca antes acontecido, os agentes mais atilados do novo tempo, os conquistadores, os mercadores de especiarias, os caçadores de ouro e os primeiros políticos realistas, depreenderam que tinha chegado a hora de suas empresas e seus países.

É evidente por que os mesmos globógrafos estavam a serviço tanto dos príncipes quanto dos megaempresários burgueses. Diante do novo, imperadores e mercadores são iguais, e a Fortuna, que viria a se equilibrar mais sobre o moderno globo terrestre do que sobre a antiga esfera cósmica, dificilmente faria distinção entre favorecidos principescos e favorecidos burgueses. Acolhendo indicação do seu chanceler Maximiliano Transilvano para o mais útil de todos os eruditos, Carlos V cultivava relações de amizade com Gerardo Mercator e Filipe Apiano, os mais proeminentes globógrafos do seu tempo, que trabalhavam concomitantemente para toda a elite empresarial e científica; Raymund Fugger, mais do que um simples mercador, solicitou, em 1535, a Furtenbach que confeccionasse um globo terrestre só para ele, que foi exposto no castelo de Fugger em Kirchbach; a exemplo do globo só um pouco mais antigo de Welser, de autoria de Christoff Schiepp, o globo de Fugger também era um exemplar único, artisticamente elaborado. Porém o futuro pertenceu aos globos impressos, que foram lançados no mercado em tiragens maiores. Eles

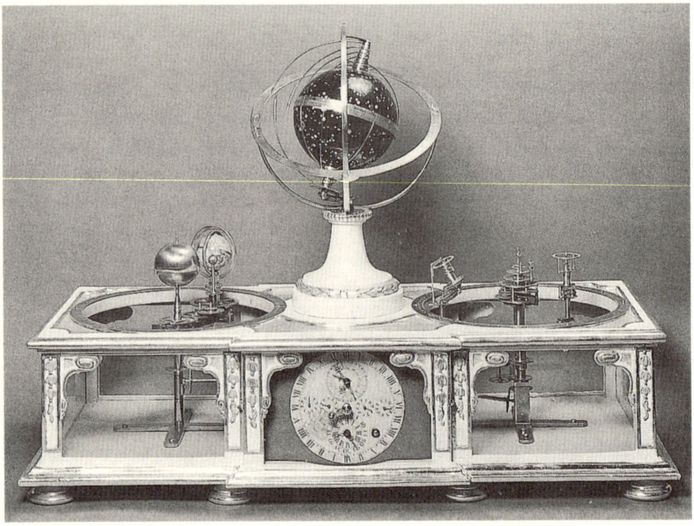

"Máquina do mundo de Gotha", de Philipp Matthäus Hahn e Georg David Hahn, 1780. O mecanismo do relógio movimenta o *tellurium*, à esquerda, o sistema cósmico copernicano, à direita, e um globo estelar com zodíaco, sobre a parte central.

conferiram à globalização terrestre seu primeiro fundamento midiático. Porém, seja como exemplar único, seja como produto em série — cada globo falava aos que o contemplavam do desejo e da necessidade de conseguir vantagens para si mesmo no espaço terrestre sem fronteiras.

O herói marítimo Fernão de Magalhães, tendo voltado as costas para um Portugal mal-agradecido, e um representante da Coroa espanhola lançaram juntos, no dia 22 de março de 1518, um olhar sobre um desses promissores globos nos quais, em algum lugar dos antípodas, deveriam estar localizadas as ilhas fornecedoras de especiarias, e firmaram um contrato sobre o descobrimento justamente dessas ilhas (*Capitulación sobre el descubrimiento de las Islas de la Especería* [Acordo para o descobrimento das ilhas de especiarias]), em que também já foi regulamentada minuciosamente a repartição dessas riquezas virtuais, que deveriam refluir dessas fontes distantes no espaço e no tempo. Aqui aparece com rara expressividade que até o conceito do descobrimento — a palavra-chave da Era Moderna tanto em termos epistemológicos quanto em termos políticos — não designava nenhuma grandeza teórica autônoma, mas apenas um caso específico do fenômeno "investimento". Investir, por sua vez, é um caso de negócio de risco. Quando se disseminam por toda parte os esquemas do negócio de risco — investir, planejar, inventar, apostar, contratar seguros, distribuir riscos, fazer reservas —, sobe ao palco uma estirpe de gente que pretende produzir sua felicidade e seu futuro por si mesma no jogo das oportunidades e não quer mais apenas recebê-los da mão de Deus. É um tipo de gente que, na nova economia da propriedade e do dinheiro, se deu conta de que, se os prejuízos ensinam a ser sábios, as dívidas ensinam muito mais. A figura-chave da nova era é o "produtor de devedores" — mais conhecido pelo conceito "empresário" —, que continuamente flexibiliza seus procedimentos empresariais, suas opiniões e a si mesmo, para obter, por todos os meios permitidos e não permitidos, testados e não testados, os ganhos que o capacitem a liquidar no prazo certo os créditos tomados. Esses produtores de devedores conferem à ideia da dívida devida um significado revolucionário, moderno: uma mácula moral é convertida em relação estimulante economicamente significativa. Sem positivação das dívidas não há capitalismo. Os produtores de devedores são os que começam a girar a roda da revolução permanente do dinheiro na "época da burguesia".[29] O principal fato da Era Moderna não é de que a Terra gira em torno do Sol, mas de que o dinheiro circula em torno da Terra.

7. Fortuna ou: a metafísica da oportunidade

Nessa conjuntura econômica e psicopolítica, a deusa romana da sorte voltou a aparecer no horizonte dos reais interesses europeus, porque ela soube pactuar com a nova religiosidade empresarial como nenhuma outra personagem do céu de divindades da Antiguidade. O retorno

29. Devemos a definição do empresário como "produtor de devedores" a G. Heinsohn e O. Steiger, que, com seu livro *Eigentum, Zins und Geld. Ungelöste Rätsel der Wirtschaftstheorie* [Propriedade, juro e dinheiro: enigmas não resolvidos da teoria econômica] (Reinbek, Rowohlt, 1996), propuseram um modelo sugestivo de explicação da dinâmica inovadora da economia moderna enquanto economia de *propriedade*.

Fortunato e a donzela da sorte, ilustração extraída de um livro de folclore de 1509.

da Fortuna correspondeu à sensação universal da ontologia moderna da oportunidade, que tomou forma clássica no oportunismo filosófico-histórico de Maquiavel, no ensaísmo de Montaigne e no empirismo experimental de Bacon. O neofatalismo do Shakespeare tardio também figura entre as autoafirmações características de uma época que, em seus momentos mais sombrios, percebe o ser humano como alguém que assume riscos, que está infectado pela concorrência, ofuscado pela inveja, marcado pelo fracasso; aqui os atores sobem ao palco do mundo como bolas com as quais os poderes da ilusão fazem seu jogo. Em toda parte aparece a Fortuna como a deusa da globalização *par excellence*: ela não só se produz como equilibrista eternamente irônica em cima de sua esfera, mas também ensina a encarar a vida na totalidade como um jogo de sorte ou azar, no qual os ganhadores não têm do que se gabar e os perdedores não têm o que lamentar. Boécio, que, em seu livro *Sobre os remédios contra a boa e a má sorte*[30], havia lançado as bases para as especulações medievais sobre a Fortuna e que ainda foi fonte de inspiração para as filosofias da fortuna da Renascença, já fizera sua deusa enunciar, no século VI, as premissas de sua existência na roda [da fortuna]:

30. *De remediis utriusque fortunae*. [O título citado, na verdade, é de Francesco Petrarca — N.T.]

A roda da fortuna em Herrad de Landsberg, *Hortus deliciarum* [Jardim das delícias], c. 1190.

> Esta é a minha atribuição e faço este jogo sem cessar: faço a roda girar em círculos de mutação, e minha alegria consiste em fazer descer o que está em cima e fazer subir o que está embaixo. Se quiser, você pode subir, mas sob a condição de que, quando voltar a descer de acordo com as regras do meu jogo, não encare isso como uma injustiça cometida contra você.[31]

A Idade Média, louca por estabilidade, lê isso, de modo preponderante, como advertência contra a *vanitas* [vaidade]; por essa razão, ela vê a deusa dos caprichos como um demônio da mutabilidade ruim, ao passo que a Era Moderna incipiente fareja a figura da roda da fortuna em movimento como uma metafísica da oportunidade que vem

31. Apud A. Doren, "Fortuna im Mittelalter und in der Renaissance" [A Fortuna na Idade Média e na Renascença], *Vorträge der Bibliothek Warburg*, v. 2, parte 1, p. 82, latim p. 79, 1922/1923.

"A Fortuna é para uns uma boa mãe e para outros uma madrasta injusta", em Theodore de Bry, *Emblemata nobilitati*, Frankfurt, 1593.

ao encontro das motivações que lhe são mais próprias. Nas quatro posições básicas da roda da fortuna, subir-entronizar-descer-deitar, o novo tempo reconhece não só os riscos fundamentais da *vita activa*, como também os emblemas específicos da sorte do empreendedor. No entanto, a Fortuna não é representada só com sua roda, mas igualmente com emblemas marítimos, como a vela enfunada e, mais ainda, o timão que, ao lado da esfera, foi seu atributo mais antigo. A Antiguidade já havia associado a sorte com a viagem marítima, e a Era Moderna só pôde reforçar essa vinculação. Em todo caso, ela adiciona ao sinal marítimo o dos dados, cuja queda — *cadentia* — gera o conceito da ação de risco: a oportunidade. Pode-se até chegar ao ponto de reconhecer, na ideia revigorada da Fortuna na Renascença, entre grande quantidade de significados e contextos[32], o despontar da filosofia do sucesso de um protoliberalismo, para o qual as posições da roda da fortuna corresponderão diretamente aos juízos divinos do sucesso no mercado. Quem

32. O livro pródigo em boas ideias de K. Reichert, *Fortuna oder die Beständigkeit des Wechsels* [Fortuna ou a constância da mudança] (Frankfurt s/ Meno, Suhrkamp, 1985), chama a atenção para algumas delas.

Fortuna sobre um assento redondo, Virtude sobre um assento quadrado.

assume o poder no sucesso, antes de toda subjetividade do controle e do método, é o acaso seletivo. O que é o liberalismo, na visão filosófica, senão a emancipação do acidental? E o que é o empreendedorismo senão uma prática de correção duradoura do acaso e da sorte?

Também faz parte dos pensamentos profundos do século XVI que ele promove, ao lado da nobreza por nascimento, que está por cima desde tempos míticos, e da nobreza por ofício, que havia pouco começara a se tornar imprescindível em serviços estatais, a nobreza anárquica do futuro, a nobreza por sorte, que, como filha legítima da Era Moderna, é a única que provém do ventre da Fortuna. Dentre essa nobreza por casualidade se recrutaria a alta sociedade da era da globalização — uma sociedade composta de novos-ricos, famosos e favorecidos sonâmbulos que jamais compreenderão direito o que os levou para cima. Os airosos filhos de Wotan, de Fortunato até Felix Krull, são, ao lado dos empresários e dos artistas, as criaturas específicas da Era Moderna grávida de sorte. Ela não é só a era em que os miseráveis tentam, com êxitos distintos, trabalhar para sair da miséria; também é o grande período das naturezas sortudas, que com a cabeça leve e as mãos leves se assentam com as sibilas, as rainhas, e se entregam ao consumo em tempo integral. E o que mais eles, os que ganham sem fazer esforço, fariam senão comer sem remorsos à "*table d'hôte* [mesa posta] do acaso"?[33] Seria Nietzsche quem cunharia a fórmula de liberação do acidental: "Por acaso — é esta a mais antiga nobreza do mundo." Considerar-se integrante dessa nobreza e portar os dados no estandarte: desse gesto se origina uma nova justificação da vida, que Nietzsche chamou de teodiceia estética em seu escrito sobre a tragédia. Na Era Moderna, a sorte emancipada levanta o olhar para um céu do qual a antiga necessidade nada sabia. "Sobre todas as coisas se encontra o céu Acaso"[34] — isso seria ouvido como verdadeira boa-nova por um público de elite pós-metafisicamente esclarecido. Fala-se de um céu que se estende como abóbada sobre uma imanência libertada da retaliação divina e de outras ficções oriundas do ressentimento. Talvez não tivesse agradado a Nietzsche se ele fosse lembrado do fato de que, na Roma imperial, Fortuna era a deusa sobretudo dos escravos e da plebe sem trabalho, que dependiam totalmente do acaso das doações.

8. Correr riscos

Assumir riscos calculados no campo de jogo global num horizonte de incerteza: essa concepção expressa com suficiente clareza o fundamento pragmático da moderna civilização do ataque e da expansão. As raízes da agressividade estrutural das práticas expansionistas modernas não estão em uma disposição psicodinâmica regional; de modo algum se trata de um sadismo peculiar dos europeus que impulsiona a extroversão

33. Por outro lado, o século XVIII tardio também descobre o ser humano azarado em sentido absoluto — ou, como dirá Malthus, o pobre que "nasceu em um mundo já ocupado" e cujo pai e cuja mãe não têm condições de alimentar. Essas pessoas azaradas são, de acordo com Malthus, "verdadeiramente supérfluas na terra. À mesa do grande banquete da natureza não há talheres para elas". Apud A. Mattelart, *L'Invention de la communication*, op. cit., p. 79.

34. F. Nietzsche, *Assim falou Zaratustra*, parte III — Antes do nascer do Sol.

para o espaço global da Terra. Somente em um aspecto marginal a busca por apoderar-se dos pontos mais remotos da esfera coberta de água também é algo como a realização de uma fantasia masculina de onipotência, graças a um poder de penetração telefálico. Visto no conjunto, é a adaptação das práticas e mentalidades europeias ao ato generalizado de correr riscos que resulta na força ofensiva surpreendente e quase misteriosamente exitosa da primeira geração de descobridores. A disposição de correr riscos dos novos atores globais é impulsionada *ultima ratione* pela obrigação de obter lucros para saldar dívidas de créditos de investimento. Os europeus de 1500 não são mais ávidos, nem mais cruéis, nem mais fálicos do que qualquer geração antes deles, mas estão mais dispostos a assumir riscos — isso significa que os credores são mais dispostos a conceder crédito, e os devedores, mais dependentes de créditos, conforme a mudança do paradigma econômico de exploração dos recursos na Antiguidade e na Idade Média para a moderna economia de investimentos. Em virtude desse agir econômico, a consciência dos juros a serem pagos no prazo se traduz em façanhas práticas e invenções técnicas. O empreendimento é a poesia do dinheiro.[35] Assim como a necessidade nos torna inventivos, o crédito nos torna empreendedores.

O exterior é, ao mesmo tempo, o futuro, e o futuro *post mundum novum inventum* [após a descoberta do Novo Mundo] pode ser imaginado como espaço de origem de despojos e de esplendor; unicamente por causa disso é que os primeiros marinheiros e os excêntricos comerciantes-empresários desencadearam a duradoura corrida de investimentos ao exterior, da qual se desenvolveria, no decurso de meio milênio, a atual ecumene informático-capitalista. Desde o período de Colombo, globalização significa a futurização geral do agir estatal, empreendedor e epistêmico. Ela é a subjugação do globo à forma dos rendimentos — isto é, do dinheiro que, após dar uma grande volta pelos mares do mundo, retorna multiplicado à sua conta de origem. Nesse sentido, a globalização terrestre demonstra ser o cunho do empreendedorismo

35. Cf. J. Hörisch, *Kopf oder Zahl. Die Poesie des Geldes* [Cara ou coroa: a poesia do dinheiro], Frankfurt s/ Meno, Suhrkamp, 1996.

Plus ultra [Mais além]: Carlos V entre as colunas de Hércules.

nos termos especificamente modernos. O que confere a essas práticas de globalização a ambiguidade que adere a elas até hoje é que, em seu estágio inicial, nem sempre era possível diferenciá-las suficientemente do aventureirismo, da fazedura de projetos mistificados com ar de seriedade — quem escreveu o manifesto destes foi Defoe (ele próprio um vendedor fracassado de vinho, tabaco e meias)[36] —, do charlatanismo terapêutico e político e do crime tanto ocasional quanto organizado.

O coração pragmático da Era Moderna pulsa na nova ciência de assumir riscos. O globo é o monitor no qual é possível ter uma visão geral do campo de jogo do negócio generalizado de investimentos. Ele é a mesa sobre a qual os investidores depositam seus investimentos e sobre a qual ganhos e perdas são repassados. Com sua emergência, sua rápida imposição e sua atualização crônica começa a era dos *global players* [jogadores globais], em cujo mundo muitos navios afundam, mas no qual o Sol não se põe. Trata-se de jogadores que seguram um globo na mão para superar seus concorrentes em tele-visão, tele-especulação e tele-lucros. O lema imperial *Plus ultra* [Mais além], sob o qual a frota de Carlos V cruzava os oceanos, estimulou um modo de pensar que exige não só que se enxergue à distância tal e tal, como também, fundamentalmente, que se veja cada vez mais longe. Por isso, o princípio

36. D. Defoe, *Essay on Projects* [Ensaio sobre projetos] (1697), ed. alemã: *Über Projektemacherei*.

da televisão não começou só com a era das imagens em movimento; ele já está concretamente dado desde que antevisão e visão a distância passaram a servir-se do *medium* "globo" — um meio que, a partir de si mesmo, pressionava por aperfeiçoamento constante. As imagens em movimento do século XX são precedidas das imagens atualizáveis da grande era dos globos e mapas. O vendedor das Molucas, Carlos V, e o comprador das Molucas, João III, são atores exemplares dessa civilização neoeuropeia do risco que enxerga longe. A transação de ambos em 1529 permite reconhecer que, dali por diante, os príncipes já não são tanto os primeiros serviçais regionais de Deus sobre a terra, mas bem mais os primeiros empreendedores do Estado dependente de dinheiro. Sob sua presidência, os povos europeus antigos evoluem até se tornar modernos coletivos de investimento, que, no mais tardar a partir do século XVIII, destacam-se como empresários autônomos sob o nome de nações.[37] E quando, depois da revolução norte-americana, as nações convertidas em economias foram cada vez mais se reestruturando democraticamente, isso aconteceu sob a impressão do conhecimento de que os reis se converteram em fatores improdutivos nos conselhos supervisores desses coletivos políticos de investimento. A história mais recente é caracterizada pelo desemprego estrutural de longo prazo dos reis.

9. Ilusão e tempo

Sobre capitalismo, telepatia e mundos de consultores

A história dos descobrimentos foi escrita inúmeras vezes como romance de aventuras náuticas, como história de sucesso e de crimes das conquistas, como história de ciúmes entre grandes potências imperiais e como história neoapostólica da Igreja (que, de resto, foi, durante longos

37. Sobre a tipologia dos príncipes-empresários, cf. W. Sombart, *Der Bourgeois. Zur Geistesgeschichte des modernen Wirtschaftsmenschen* [O burguês: para uma história do espírito/intelecto dos modernos humanos econômicos] (Munique e Leipzig, Duncker & Humblot, 1923; reimp. Berlim, Duncker & Humblot, 1987), p. 102 ss.

períodos, a história de ciúmes entre ordens missionárias e confissões). "A expansão europeia" foi objeto de todo tipo de glorificação e rejeição; ela se tornou hoje, sobretudo no Velho Mundo, um campo em que as dúvidas dos europeus a respeito de si mesmos fazem a respiga.[38] Uma história filosoficamente bem refletida dos descobrimentos, tanto dos terrestres quanto dos marítimos, pelo que sabemos, nunca chegou a ser ponderada, muito menos ensaiada ou executada — e isso decerto não aconteceu em primeira linha porque os irrenunciáveis conceitos norteadores de um resumo filosófico dos processos de globalização, a saber, exterioridade, imaginabilidade, descobrimento, enviabilidade, apreensão, investimento, ecumene, risco, dívidas, incógnito, interconexão em rede, sistema de ilusão, ocupam apenas lugares desclassificados ou, quando muito, marginais no vocabulário dos filósofos. Até uma expressão tão eminente quanto "*descobrimento*" nem sequer é mencionada pelo *Historisches Wörterbuch der Philosophie* [Dicionário histórico da filosofia], publicado por Joachim Ritter e Karlfried Gründer, critério intercultural máximo da terminologia do ofício. A seguir, queremos esboçar, para além do que foi dito, o modo como uma teoria da globalização caracterizada pela filosofia dos descobrimentos poderia abordar seu tema e os problemas com os quais tem de lidar uma teoria da comuna antropológica condicionada pelos descobrimentos, aliás, a humanidade.

Parece ser uma trivialidade dizer que a prática do descobrimento geográfico estava associada a uma saída muito arriscada para uma exterioridade nada familiar. Olhando mais de perto, evidencia-se que fluíram para dentro desse processo impulsos não triviais em alto grau. Sem sistemas de ilusão motivadores, que fizessem parecer tais saltos no vago e no desconhecido suficientemente promissores como passos sensatos, as viagens dos portugueses e espanhóis jamais teriam sido levadas a termo. Faz parte da natureza da ilusão bem sistematizada que ela sabia

38. Consegue-se obter uma impressão especialmente clara da reviravolta do estado de espírito fundamental a esse respeito quando se comparam os tons triunfais que predominaram nas festividades dos quatrocentos anos da viagem de Colombo, em 1892, com a atmosfera de flagelação das comemorações de quinhentos anos, em 1992.

se comunicar com outros como projeto plausível; uma ilusão que não contagia ainda não entende a si própria suficientemente. O próprio Colombo, em seus anos posteriores, não se contentou mais em ver a si mesmo como o marinheiro, o cartógrafo e o conquistador de um novo mundo; mais do que isso, ele passou a ter certeza de ser um apóstolo chamado pelo desígnio divino para carregar a salvação por cima das águas. Encorajado por seu inigualável sucesso, ele converteu seu primeiro nome, Christophorus, portador do Messias, em sua religião e seu sobrenome paterno hispanizado, Colón, colono, em sua divisa existencial — um fenômeno de estilização da psicologia do sucesso que permanece característico do mundo empresarial moderno e de suas religiões autógenas como um todo. Em seu *Livro das profecias*, de 1502, ele interpretou a si mesmo como um Messias náutico, cuja vinda havia sido prenunciada desde tempos antigos.[39] Sem ilusão de sucesso não há projeto; sem projeto não há chance de contagiar outros. Nisso Colombo foi agente de uma disposição para a ilusão agressiva, comum aos europeus, aperfeiçoada psicotecnicamente pelos estadunidenses no século XX (reimportada para a Europa pela indústria da consultoria), que se tornou operacionalizável no mundo todo por meio da concepção: "Busca a própria salvação, levando-a até os outros."

Essa síntese ideal de abnegação e autosserviço conceitua de modo preciso a figura psicotécnica do "autoentusiasmo" ou da "mania autógena" que possibilita a modernidade. Porém, dado que a maioria dos empreendedores e príncipes logra automotivar-se apenas imperfeitamente, eles se tornam dependentes de consultores que os apoiam na tentativa de acreditar em sua missão e sua felicidade. O trânsito ultramarino dos capitais inaugura a era áurea dos insufladores de projetos e astrólogos — e essa era de forma nenhuma já acabou no limiar do século XXI. A Era Moderna, com sua compulsão para comerciar em lugares distantes, converte-se no paraíso dos clarividentes e consultores. A preocupação com capitais destinados a se valorizarem em giros pelo

39. Cf. *Bibliotheca Missionum*, v. 1, 1916. Colombo sobre si mesmo: "O Senhor fez de mim mensageiro de um novo céu e de uma nova terra [...]. Cumpriu-se [...] o que foi profetizado por Isaías."

mundo torna as pessoas ultrassensoriais. Seria surpreendente se pessoas para as quais fluxos de dinheiro e de bens significam a realidade não acreditassem, ao mesmo tempo, em influxos e efluxos de outra natureza. O moderno pensamento do fluxo telepático, magnético e monetário quebra a hegemonia da escolástica da substância (embora fosse durar pelo menos quatro séculos até o cotidiano euro-americano consumar cabalmente, em termos éticos e lógicos, essa conversão e aderir ao novo imperativo categórico: liquefaça tudo!).

Anton Fugger, que, como financiador da colonização imperial espanhola da América do Sul, se tornara senhor secreto do mundo, enredou-se, nos últimos anos de sua vida, nas redes de uma atraente curandeira e amante de sacerdotes, Anna Mergeler, que em 1564 teve de responder a um processo por feitiçaria diante dos juízes do conselho da cidade de Augsburgo — aliás, ela foi inocentada porque o nome do grande senhor a favoreceu, mesmo depois da morte deste, como um talismã jurídico. O próprio Fugger, que tinha ambições parapsicológicas, obtivera, segundo seu testemunho, o dom de ver a atuação de seus representantes comerciais a distância dentro de uma bola de cristal; para seu desagrado, sua esfera televisiva lhe mostrou que alguns de seus cooperadores apareciam mais bem-vestidos do que ele próprio ("meus serviçais andam com roupas mais caras do que eu mesmo"), descoberta que, em uma época em que regras de vestimenta marcavam hierarquia e posição, clamava irrecusavelmente por punições.[40] Nos anos que antecederam seu assassinato por terroristas da Fração do Exército Vermelho, Alfred Herrhausen, diretor-presidente do Deutsche Bank, introduzira, sob a influência da consultora de empresas Gertrud Höhler, exercícios de autoexperimentação da dinâmica de grupos para os colaboradores

40. Cf. L. Roper, "Bedrohte Männlichkeit. Kapitalismus und Magie in der frühen Neuzeit" [Masculinidade ameaçada: capitalismo e magia no início da Era Moderna], in: *Ödipus und der Teufel. Körper und Psyche in der frühen Neuzeit* [Édipo e o diabo: corpo e psique no início da Era Moderna], Frankfurt s/ Meno, Fischer, 1995, p. 127-133. O mesmo ensaio ilustra o problema da técnica de transmissão nessas telecomunicações iniciais: na esfera de Anton Fugger, teriam sido encerradas, segundo afirmações de Anna Mergeler, as almas de criminosos que tinham sido condenados a errar pelos ares: poderia haver informantes mais rápidos (mas também mais inconfiáveis) do que esses? Cf. ibidem, p. 134 s.

O oráculo magnético de Athanasius Kircher. Nos globos de vidro, encontram-se figuras de cera com núcleos magnéticos, que podem ser movimentados por meio do grande ímã giratório na base do obelisco. As figuras apontam para letras em seus globos e, por essa via, respondem a perguntas. Extraído de Athanasius Kircher, *Magnes sive de arte magnetica*, 1642.

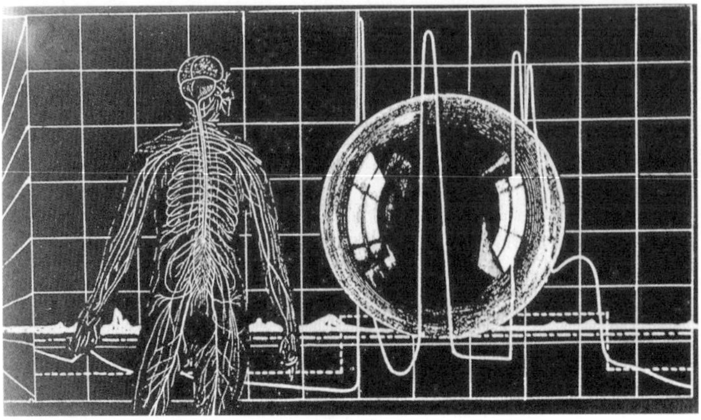

Max Ernst, ilustração para *Les Malheurs des immortels* [Os infortúnios dos imortais], livro de poemas de Paul Éluard, 1922.

da casa; sua brilhante consultora tinha reconhecido, antes de muitos outros, os sinais de um tempo que requer uma equipe flexibilizada, autoinstigadora, emocionalmente inteligente, capaz de trabalhar em equipe (poder-se-ia dizer também: mais protestante).[41] Entre as duas datas se estende um *continuum* que cunhou a Era Moderna: o da busca por caminhos para a transmissão de saber salvífico para práticas funestas. O que caracteriza uma parte da atual indústria de consultoria é que ela põe tradições espirituais a serviço do seu oposto.

Portanto, o que foi chamado de expansão europeia *não* está enraizado — não há como acentuar isso com demasiada clareza — causalmente na ideia cristã de missão; em vez disso, é a expansão e a ação de risco colonialista e mercantil sistematizada cobrindo grandes distâncias que liberam os atos de missionar, transmitir e trazer como um tipo autônomo de atividade (transferência geral da salvação, exportação da alta cultura, consultoria, técnica generalizada de transmissão de

41. Sobre o estado atual da abordagem da consultoria por Höhler, cf. seu livro *Herzschlag der Sieger. Die EQ-Revolution* [O batimento/ataque cardíaco dos vencedores: a revolução do EQ [*Emotional Quotient*]] (Düsseldorf e Munique, Econ, 1997). Observe-se o fascinante duplo sentido de "*Herzschlag* = batimento cardíaco e ataque cardíaco". Quem reflete sobre o *Herzschlag* dos perdedores, em um tom mais de contraconsultoria depressiva, é R. Sennett, em seu livro *Der flexible Mensch. Die Kultur des neuen Kapitalismus* [O ser humano flexível: a cultura do novo capitalismo] (Berlim, Berlin Verlag, 1998).

Ticiano, *Alegoria de Avalos* (*A vidente da bola de cristal*), 1532, detalhe.

sucesso e vantagem). Os missionários cristãos bem cedo reconheceram sua chance histórica, saltando para dentro do trem que partia ou — mais adequado — do navio que zarpava.[42] O grupo dos que traziam vantagens englobou, na Era Moderna, conquistadores, descobridores, pesquisadores, sacerdotes, empreendedores, políticos, artistas, professores, designers, jornalistas — todos eles com seus conselheiros e municiadores específicos. Sem exceção, cada um desses grupos reveste suas práticas de mandatos maníacos de transporte — ou seja, com missões seculares. Eles sempre tentam tapar suas lacunas depressivas e livrar-se de suas dúvidas, assegurando para si os serviços de motivadores pagos. E todos eles se reconhecem, no final do século XX, nas tépidas divagações acerca da sociedade da inovação. Pois o que é o discurso da inovação senão a forma mais abstrata de uma promessa de salvação e ganho? Os consultores acoplam, dificilmente em detrimento de si mesmos, novas vantagens técnicas a buscadores de vantagens em ascensão. Eles são os primeiros a mercantilizar de maneira coerente as vantagens informais do saber. Dão a largada para uma economia da cognição que acabaria por rebaixar as criações outrora mais grandiosas da ecologia da inteligência europeia, as universidades, à condição de agências mais ou menos desgastadas de um mercado financeiro de ideias globalizado.[43]

10. Êxtases náuticos

Quanto ao seu aspecto subjetivo, a antiga viagem marítima transatlântica pode ser descrita como uma técnica informal do êxtase, mediante a

42. Cf. F. A. Plattner, *Jesuiten zur See. Der Weg nach Asien. Ein Beitrag zur Geschichte der Entdeckungen* [Jesuítas ao mar: o caminho para a Ásia. Contribuição para a história dos descobrimentos], Zurique, Atlantis, 1946.

43. Um documento atual e chocante para os tradicionalistas dessa entrega das universidades ao sistema de cognição do capital é o discurso do presidente da Alemanha, Roman Herzog, sobre a necessidade de reforma das faculdades alemãs, proferido em Berlim em janeiro de 1998.

qual os descobridores, como se fossem xamãs de uma religião não constituída, conseguiam informações de um além significativo. Este já não era mais representado como um "lá em cima" celestial, mas como um "lá adiante" marítimo. Contudo, como acontece com todas as transcendências ou quase transcendências, não era possível obter de graça o moderno além arriscado. Via de regra, os viajantes ultramarinos tiveram de lograr o acesso às costas de terras distantes mediante ascese amarga — mediante períodos de jejum involuntário em travessias prolongadas pelo tempo adverso e mediante a tortura da monotonia durante as calmarias e de navegação demasiado lenta; além disso, a privação de sono, causada por calor, frio, fedor, aperto, barulho, medo e mar revolto, operava permanentemente nas tripulações irritáveis e impressionáveis. Cada navio em alto-mar punha os viajantes em relação constante com o que aqui se pode chamar, com muito mais razão do que em qualquer outro lugar, de as coisas últimas. A alternativa "porto ou morte" era a fórmula válida para meditar, em alto-mar, sobre a finitude e a precariedade da busca humana. Como meditação sobre o fim, os exercícios inacianos não logravam ser mais explícitos do que uma travessia do Atlântico. Nenhum grupo de ascetas dos mares chegou a sentir a lei marinha "porto ou morte" de modo mais incisivo do que os que saíram em busca das passagens mais difíceis da Terra, a passagem noroeste entre o mar do Norte europeu e a Sibéria oriental, e a passagem nordeste entre a Groenlândia e o Alasca. Por essas rotas praticamente impossíveis fracassaram até o limiar do século XX os sistemas de ilusão e as fantasias de esplendor de numerosos pesquisadores e comerciantes aventureiros. Nas duas passagens do norte, a expedição moderna contra o conceito "impossível" reclamou suas vítimas exemplares.

O salto para dentro dos oceanos gravou uma profunda cesura na história da mentalidade dos europeus. A caracterização do atual mundo burguês, tendo em vista suas condições mentais e sua constituição imune a partir do século XVIII, como uma sociedade de terapia e de seguros — uma formação que se distingue claramente da sociedade religiosa precedente —, em geral não percebe que, entre o regime salvífico religioso e o regime salvífico terapêutico, havia sido inaugurado um mundo híbrido, que tinha parte nas duas ordens e, não obstante, estava fundado sobre mitos e rotinas de direito próprio. Até o século XIX, a viagem marítima era o terceiro mundo autônomo entre religião e terapêutica. Inúmeras pessoas procuravam no mar a cura para as frustrações da terra firme. Talvez o *Náutilus* do capitão Nemo tenha sido a última nau de loucos da Europa antiga, na qual um grande misantropo solitário pôde extravasar de maneira soberana sua rejeição da humanidade terrena vulgar. Mas também para Herman Melville ainda era simplesmente notório que o mar aberto proporciona o auxílio mais confiável tanto para os maus humores melancólicos quanto para os maus humores maníacos; foi por isso que ele pôde fazer o narrador de *Moby Dick* — o livro foi publicado em 1851, pouco menos de 25 anos antes dos ensaios narrativos de Júlio Verne sobre a globalização terrena, subterrânea, marinha e submarina — iniciar sua história com as seguintes palavras:

> Chamai-me Ismael. Faz alguns anos — não importa quantos, precisamente —, tendo na bolsa escasso ou nenhum dinheiro e nada que particularmente me interessasse em terra, achei que devia velejar um pouco e ver a parte aquosa do mundo. É um hábito que tenho, para acabar com o esplim (*spleen*) e regular a circulação. Sempre que começo a ficar austero; sempre que é um novembro úmido e chuvoso em minha alma; sempre que dou comigo a parar involuntariamente diante de empresas funerárias e a cerrar fila em cada enterro que encontro; e especialmente sempre que minha hipocondria adquire tal domínio sobre mim que é preciso um sólido princípio moral para impedir-me de sair deliberadamente para a rua e metodicamente surrar as pessoas — então acho que está na hora de ir para o mar o mais depressa possível. Este é o meu sucedâneo para a pistola carregada. Com um floreio filosófico Catão se atira sobre a espada; eu calmamente vou para o navio (*I quietly take to the ship*).[44]

44. H. Melville, *Moby Dick oder Der Wal*, op. cit., p. 25. [Ed. bras.: *Moby Dick*, op. cit., p. 27.]

A viagem marítima moderna se comprovou, ao lado do monastério e do suicídio, como a terceira via para descartar uma vida que se tornou inviável. Na globalização náutica, confluiria durante uma era tudo o que europeus inquietos empreendiam para se soltar de suas velhas ancoragens esféricas e de suas inibições locais. O que aqui é chamado de inquietude (*restlessness*, palavra-chave da pesquisa mais antiga sobre emigração) engloba ainda indistintamente espírito empreendedor, frustração e desarraigamento criminoso. A exemplo do *purgatorium*, o mar ofereceu, ao lado do céu e do inferno, um "terceiro lugar" para escapar de pátrias e continentes decepcionantes. Porém o novo lá adiante náutico-empreendedor era constituído como um além experimental, que só estava aberto para aqueles que ousavam entrar nele com todo o empenho físico. Não há como se lançar ao mar pela metade, do mesmo modo que não há como comparecer diante de Deus pela metade. Contudo, não importa se os novos inquietos sobem pessoalmente a bordo dos navios ou apenas saem para mundos longínquos pela força do pensamento a partir da sede fixa de sua empresa: diante do anseio dos europeus em estado de alerta paira futuramente uma curiosa transcendência transatlântica. O sonho europeu de uma vida boa, melhor, ótima entra no vórtice de um totalmente outro ultramarino. O lá adiante não é mais a borda de um estrato cósmico, mas outra costa; a travessia começa a substituir o ascenso.

Essa transposição da transcendência para a horizontal tornou possível a utopia enquanto forma do pensamento, enquanto modo de escrever e enquanto molde para plasmas de desejos e para religiões imanentizadas. O gênero literário da utopia, que emergiu subitamente, organiza uma cultura revolucionada de desejos (da mesma forma que, mais tarde, organiza também uma política correspondente), na qual mundos alternativos podem ser construídos quase sem contexto — sempre se escorando no fato primordial da Era Moderna, o descobrimento real do Novo Mundo na multiplicidade inexaurível de suas formas insulares e continentais de manifestação (especialmente nas incontáveis ilhas do Pacífico, nas quais o *experimentum mundi* supostamente poderia mais uma vez ser inaugurado). Mas, como mostra cada vislumbre dos textos, o empírico e o fantástico estão indestrinçavelmente imbricados no período inicial dos descobrimentos. Nos seus eficientes novos meios de comunicação — livro de folclore, relatos de viagem, romance, utopia, folheto, globo e mapa-múndi —, a reflexão sobre o Novo Mundo real e suas possíveis variantes gera um regime pós-metafísico de desejo que prevê satisfações, não de imediato nem nas proximidades, mas a certa distância ao alcance da mão. Isso põe em marcha uma espécie de *self-fulfilling wishful thinking* [desejo autorrealizador], que aprende a rumar, ao mesmo tempo fantástica e realisticamente, para mundos remotos e seus bens afortunados, como se sua ocorrência intuída na longinquidade já fosse promessa de sua alcançabilidade.

11. *Corporate identity* em alto-mar, discernimento dos espíritos

No entanto, lá fora só produziriam sua felicidade aqueles que velejassem e soubessem desejar em equipe conjurada. As tripulações dos navios de descobridores foram os primeiros objetos de processos simplórios e efetivos de modelagem de grupos, que, na atualidade, seriam descritos como técnicas de *corporate identity* [identidade corporativa]. Dentro dos navios, os pioneiros que avançavam aprenderam a querer o impossível com a tripulação que tinha o mesmo sonho. As ideias norteadoras neoeuropeias do progresso constante e do enriquecimento geral sempre são, na perspectiva psico-histórica, também retroprojeções de imagens oníricas de equipes do período inicial da globalização náutica para um horizonte nacional e social. Elas representam tentativas de retraduzir o avante categórico da viagem marítima para as condições da vida sedentária. Os escritos de Ernst Bloch, para citar um exemplo eminente de progressivismo sistematicamente generalizado, podem ser lidos como se ele tivesse reformulado o socialismo a partir do aspecto do mar e o recomendado como um sonho racionalmente filtrado de emigração para novos mundos — progresso é emigração no tempo: como se fosse sinal de sabedoria fazer crer que, com a ajuda de forças produtivas libertas da avidez dos proprietários, seria possível instaurar, em toda parte, condições do tipo que vigora nos mares do sul. Por isso: o partido dos desejos que podem ser objetivamente satisfeitos sempre tem razão.[45]

De qualquer modo, o sonho do ganho importante que nos caberá lá fora ajudará o globonauta a encarar o terror da exterioridade. Por esse motivo, os marinheiros e suas tripulações não são só psicóticos consumados que, em razão da perda da referência à realidade em casa, prestam-se a franquear novos espaços no estrangeiro. Com frequência, eles de fato já estão com um pé no chão dos fatos intocados, e indubitavelmente em alto-mar não é raro que postular o milagre iminente é comprovar-se à altura da realidade. Os capitães mais poderosos são aqueles que mais efetivamente conjuram suas tripulações em torno do puro avante, em especial quando parece ser pura loucura não tomar o rumo inverso. Sem o constante e rigoroso feitiço do otimismo a bordo, a maior parte das primeiras expedições teria sucumbido ao desânimo. Com visões de riquezas e glória para os descobridores, os comandantes das expedições mantiveram suas tripulações psiquicamente em suas rotas. Punições draconianas também compuseram o repertório de suas técnicas de sucesso no espaço intocado; se, após o motim dos seus capitães defronte de San Julián, na costa da Patagônia, na América do Sul, no dia 1º de abril de 1520, o português Fernão de Magalhães não tivesse, contrariando as objeções de seus subcomandantes, executado também amotinados espanhóis de origem nobre, não teria ficado cabalmente claro para seu pessoal o que significa se encontrar em uma viagem incondicional de ida; e se, como relata Pigafetta, ele não tivesse proibido, sob pena de morte, falar em retornar e em falta de víveres, a viagem marítima para o oeste

45. A conhecida palavra de E. Bloch sobre as utopias geográficas da Era Moderna como formas de expressão de uma "escavação horizontal de tesouro" (*Das Prinzip Hoffnung*, Frankfurt s/ Meno, Suhrkamp, 1959, v. II, p. 883 s. [ed. bras.: *O princípio esperança*, v. II, trad. Werner Fuchs, Rio de Janeiro, Contraponto/EdUERJ, 2006, p. 308]) permite constatar certa propensão pelo modelo mencionado. De fato, o socialismo escavador de tesouros supôs que a natureza sempre é grátis. Nessa linha, manifesta-se em Bloch um traço solidamente saint-simonista, que se expressou na convicção de que a "exploração do ser humano pelo ser humano" deveria ser substituída pela exploração do globo pelo ser humano.

rumo às ilhas de especiarias, que viria a ser também a primeira circum-navegação do mundo, teria fracassado já na primeira quinta parte do trajeto.[46] Na sua primeira travessia, Colombo falsifica, como anota no diário de bordo da nau *Santa María*, seus dados sobre o trecho já percorrido, "para que a tripulação não fique indisposta em virtude da extensão da viagem". Enfrentando um motim iminente durante uma tempestade diante da costa africana, Vasco da Gama manda jogar ao mar bússolas, mapas e aparelhos de medição dos seus capitães e oficiais, para extirpar entre seu pessoal futuras ideias de retorno. A partir de experimentos desse tipo desenvolve-se a bordo dos navios delirantemente intrépidos uma verdadeira psicologia da expedição, impulsionada pela necessidade sempre aguda de separar os espíritos otimistas dos espíritos pusilânimes.

Quando essas sabedorias náuticas retornam às pessoas em terra, torna-se possível o que épocas posteriores chamam de mentalidade progressista — conjuração em torno de um avante inabalável. Ainda no início do século XIX, em *A balsa da Medusa*, de Géricault — a peça clássica de catástrofe marítima do *er*[illegible] —, lança-se luz sem rodeios sobre a origem marítima da diferença entre psicologia do progresso e psicologia do retrocesso. É possível diferenciar claramente entre o grupo depressivo no lado esquerdo da balsa e o grupo esperançoso à direita. Confrontados com a situação extrema, esses náufragos travam o conflito constitutivo de toda a Era Moderna entre esperança e desânimo.[47] Desde o motim dos capitães de Vasco da Gama e sua ardilosa contenção, a campanha da globalização constitui uma guerra permanente dos humores e uma luta pelos meios de orientação hipnotizadores de grupos (logo, recentemente também: pela força dos programas nos meios de comunicação de massa e pela força da consultoria nas empresas). Muitas vezes até no lado progressista foi tão somente a coragem do desespero — aliada a um otimismo fisiológico inerradicável — que manteve em andamento a revolução mundial dos que não queriam retornar. Os pessimistas a bordo — que mais tarde serão os amotinados

46. Cf. A. Pigafetta, *Die erste Reise um die Erde*, op. cit., p. 84-86.

47. Cf. K. Heinrich, *Floß der Medusa. 3 Studien zur Faszinationsgeschichte* [Balsa da Medusa: 3 estudos sobre a história da fascinação], contendo vários adendos e um anexo (Basileia e Frankfurt s/ Meno, Stroemfeld, 1995), p. 9-45.

Thomas Struth, *Musée du Louvre IV*, 1989: visitantes ante *A balsa da Medusa*, de Géricault.

potenciais e reais contra o projeto da Era Moderna, e, entre eles, os redescobridores da consciência trágica. Eles tendem a renunciar, sob objeções muito sensatas, a empreendimentos em que não conseguem mais sonhar a si mesmos e os seus como ganhadores. A história desses *abandonistas* ainda teria de ser escrita. Seu jargão é, de modo latente ou manifesto, aquele "Parem a história!", que transforma em aliados os apocalípticos, os trágicos, os derrotistas e os aposentados.[48] Contudo, a força unificada de gravidade dos quietistas, dos perdedores e de suas tribunas literárias não pôde fazer muita coisa contra a energia visionária desencadeada dos fazedores de projetos e dos charlatães-empreendedores que vivem de erros produtivos e que reiteradamente logram edificar ao seu redor impérios de autodecepções de médio prazo.

Porém, pelo fato de as práticas dos capitães não estarem baseadas exclusivamente no delírio e na fascinação motivacional, mas também em competências geográficas irrefutáveis e rotinas náuticas realmente elaboradas, abre-se para os loucos projetos desejantes neoeuropeus uma oportunidade de ocasionalmente se tornarem realidade. Só assim é possível gerar, sobre os oceanos, êxtase a partir do medo. Só assim protocolos do êxtase se convertem em itinerários de viagem; e só assim os compartimentos de carga se enchem de tesouros oriundos do Novo Mundo. Todo navio em mar aberto corporifica uma psicose que enfunou velas; mas cada um deles também é um capital flutuante real — e como tal faz parte da revolução permanente da liquefação.

12. O movimento básico: dinheiro retorna

Com cada navio que deixa o estaleiro, os capitais iniciam o movimento que é característico da revolução espacial da Era Moderna: a circundução da Terra pelo dinheiro aplicado e seu bem-sucedido retorno para

48. Sobre o motivo "*stop history!*", cf. E. Voegelin, *Order and History*, v. 4: *The Ecumenic Age*, op. cit., p. 329-333.

a conta bancária de origem. *Return of investment* [retorno do investimento]: esse é o movimento dos movimentos, ao qual obedecem todos os atos da transação de risco. Ele confere a todas as operações dos capitais, inclusive daqueles que não cruzam o mar aberto, um traço náutico, na medida em que cada soma investida só se valoriza exitosamente por meio de uma metamorfose da forma de dinheiro para a forma de mercadoria e vice-versa; na forma de mercadoria, o dinheiro se lança ao mar aberto dos mercados e tem de nutrir a esperança do retorno bem-sucedido ao porto pátrio, como de resto só os navios fazem; na metamorfose das mercadorias, a circundução da Terra é pensada de modo latente e implícito; ela se converte nela manifestamente quando os bens pelos quais o dinheiro é trocado são encontrados exclusivamente em mercados distantes. Mediante o retorno do capital flutuante da viagem a lugares remotos, o delírio expansionista se converte em razão lucrativa. A frota de Colombo e de seus sucessores é composta de naus de loucos que foram reequipados como navios racionais. O navio mais sensato é aquele cujo retorno é mais confiável — poupado por uma nova *Fortuna Redux* para retornos regulares bem-sucedidos ao lar.[49] E justamente porque se espera do dinheiro investido em negócios de risco que ele retorne ao investidor com um *plus* substancial, o nome verdadeiro desses rendimentos é *revenus* — retorno de valores monetários ambulantes, cuja multiplicação representa o prêmio pela propriedade dos investidores onerada com os riscos implicados na metamorfose e na viagem marítima.[50]

49. Seu culto foi fundado em Roma após o retorno de Augusto de sua expedição ao Oriente no ano 19 a.C.

50. Marx também registrou o "retorno do ponto de partida a si mesmo" como característica do movimento inicial do capital: "À primeira vista, a circulação se manifesta como *um processo de mau infinito*. A mercadoria é trocada por dinheiro; o dinheiro é trocado por mercadoria, e isso se repete ao infinito" (*Grundrisse der Kritik der politischen Ökonomie, Rohentwurf 1857-1858*, Frankfurt s/ Meno e Viena, [s.d.], p. 111 [ed. bras.: *Grundrisse: Manuscritos econômicos de 1857-1858. Esboços da crítica da economia política*, trad. Mario Duayer e Nélio Schneider, São Paulo, Boitempo, 2011, p. 144]). Contudo, para Marx importa mostrar duas coisas: a primeira é que, na metamorfose dinheiro-mercadoria-dinheiro, pode surgir o fenômeno "mais-valor", misterioso de início, que dá asas ao processo do capital; a segunda é que, na concorrência dos capitais, necessariamente ocorrem crises de valorização e, na

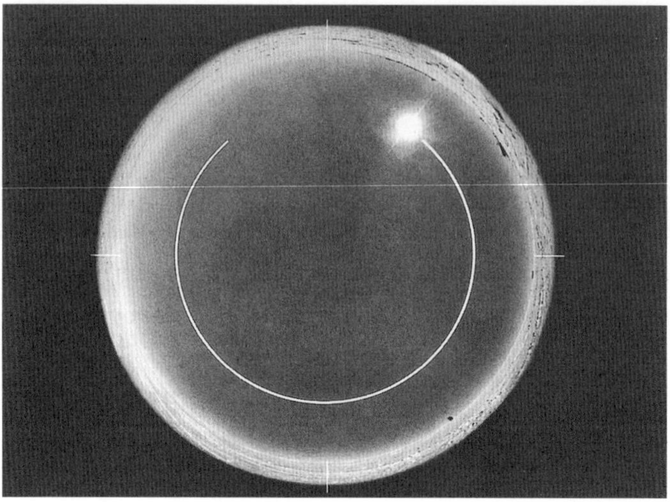

Órbita solar no polo Sul, fotografada na estação Amundsen-Scott; tempo aproximado de exposição à luz: dezoito horas.

Quanto aos comerciantes ultramarinos racionais-delirantes nas cidades portuárias — todos esses novos nacionalistas do risco, os portugueses, os italianos, os espanhóis, os ingleses, os holandeses, os franceses, os alemães, que desfraldavam suas bandeiras sobre os mares do mundo —, no mais tardar em torno do ano de 1600 já haviam aprendido a tornar seus riscos calculáveis por meio da diversificação. Novas tecnologias do risco se oferecem para iludir economicamente o mar e seus rochedos. Seres humanos e proprietários podem pairar no que se chama um perigo; em contraposição, "uma mercadoria ao mar" (Condorcet) está exposta a um risco, isto é, a uma probabilidade matematicamente descritível de malograr; e contra essa probabilidade se podem formar comunidades solidárias calculistas — a sociedade de risco como a aliança entre os ávidos bem assegurados e os loucos respeitáveis.

Pois, nos negócios, diferentemente do que ocorre na eterna filosofia, um jogador e louco é aquele que aposta tudo numa só coisa. O homem inteligente pensa bem mais longe e, a exemplo de todo bravo burguês que sabe fazer contas, aposta na diferenciação e na diversificação.

esteira destas, crises sociais, que obstaculizam o retorno bem-sucedido permanente a si mesmo do dinheiro como capital.

Compreende-se muito bem como Antônio, o mercador de Veneza de Shakespeare, conseguiu explicar tão convincentemente por que a origem de sua tristeza não são seus negócios:

> *My ventures are not in one bottom trusted,*
> *Nor to one place; nor is my whole estate*
> *Upon the fortune of this present year;*
> *Therefore, my merchandise makes me not sad.*[51]

A inteligência comercial de Antônio espelha a sabedoria média de uma época em que o capital flutuante já tinha ponderado por certo tempo sobre a arte de reduzir riscos. Não é por acaso que os primórdios do sistema de seguros da Europa — e sua fundamentação matemática — remontam justamente ao início do século XVII.[52] O florescimento da ideia do seguro, em meio ao primeiro período de aventuras da viagem marítima globalizada, atesta que os grandes assumidores de riscos da sociedade capitalista burguesa ascendente quiseram pagar alguma coisa para ser tidos como sujeitos racionais sérios; tudo o que lhes importava era cavar um fosso intransponível entre eles próprios e os loucos varridos. Do imperativo de dissociar razão e loucura com nitidez e para sempre, tanto o sistema de seguros quanto a filosofia moderna extraem, ao mesmo tempo, suas legitimações. Ambos têm a ver com técnicas de segurança e técnicas de certeza; por estarem interessados no controle dos processos flutuantes (fluxos de mercadorias e de dinheiro, estados de consciência, correntes de sinais), ambos têm afinidade de sentido com os modernos sistemas disciplinares investigados por Michel Foucault em seus estudos sobre a história da ordem.

51. *O mercador de Veneza*, ato 1, cena 1: "Meus empreendimentos não foram confiados ao porão de um só navio nem a um único armazém; meu bem-estar tampouco está baseado no ganho do ano em curso; por isso, minha mercadoria não me deixa triste."

52. Cf. P. L. Bernstein, *Against the Gods. The Remarkable Story of Risk* [Contra os deuses: o notável conto do risco], Nova York, John Wiley & Sons, 1996; F. Ewald, *Der Vorsorgestaat* [O Estado da previdência], Frankfurt s/ Meno, Suhrkamp, 1993, seção II: "Vom Risiko" [Sobre o risco], p. 171-275.

13. Entre fundamentações e assegurações

Sobre o pensamento terreno e o marítimo

No início, o sistema de seguros figura entre os arautos da modernidade sistêmica, na medida em que se define modernização como substituição progressiva de estruturas imunes simbólicas vagas do tipo interpretações religiosas últimas de riscos de vida humanos por prestações de seguros sociais e técnicas exatas. A asseguração das profissões que praticam o comércio passa a ocupar o lugar de Deus; ela promete a prevenção contra as consequências de reviravoltas do destino. Rezar é bom, assegurar-se é melhor: a partir dessa noção, surge a primeira tecnologia imune pragmaticamente implantada da Era Moderna; a ela se seguirão, no século XIX, o sistema de seguridade social e as instituições médico-higiênicas do Estado de bem-estar social. (No entanto, o preço imaterial que os modernos pagam por sua assegurabilidade é alto e até metafisicamente ruinoso, pois eles renunciam a ter um destino, isto é, uma relação direta com o absoluto como perigo irredutível, e elegem a si próprios como casos de uma média estatística que se pavoneia individualisticamente; para eles, o sentido de ser [sujeito] encolhe para a reivindicação do seus direitos em um caso regulamentado de prejuízo.)

Em contraposição, a filosofia moderna consegue implementar, num primeiro momento, apenas uma reorganização da imunidade simbólica sob a clave da "certeza" — ou seja, uma modernização da evidência. Provavelmente o ciclo das modernas filosofias civis, não monásticas, está fundado na demanda crescente de provas de que não se é louco. Seus clientes não são mais as sedes clericais, os bispados, os mosteiros e as faculdades de teologia, mas os elaboradores de projetos nas antessalas dos príncipes mundanos e os cérebros empreendedores que compõem o público crescente das pessoas particulares cultas e, por fim, também aquilo que, cada vez com mais razão de ser, se pode chamar de esfera pública científica. Talvez a corrente racionalista da filosofia continental,

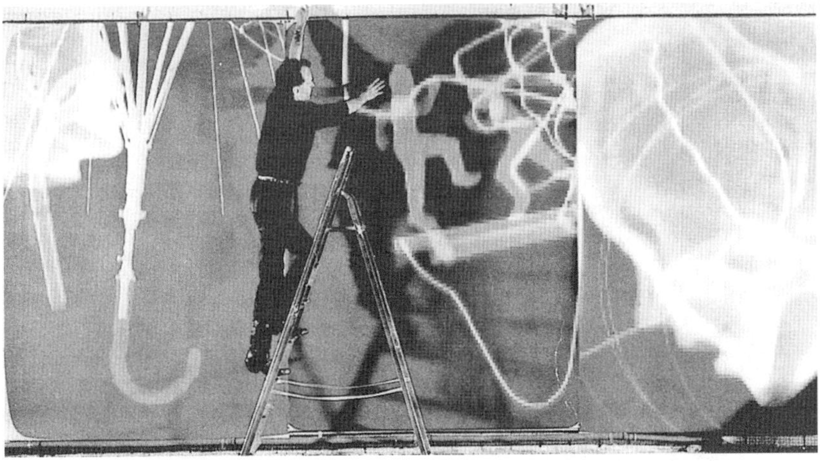

Jürgen Klauke, *Prosecuritas*, 1987, Museu de Arte de Berna, durante a instalação.

que adere ao emigrante Descartes, tenha sido, em essência, apenas a tentativa de proporcionar um chão lógico inabalável sob os pés de uma nova geração de cidadãos que assumem riscos, que tomam créditos, especulam com capitais flutuantes e operam com prazos para saldar dívidas — uma oferta para a qual os britânicos afeitos ao mar a longo prazo se mostraram menos receptivos do que os europeus continentais, que raramente escondiam sua hidrofobia e que, ademais, inclusive em seus negócios intelectuais, sempre tinham de contar com uma cota estatal excessiva.[53]

É de um significado típico de uma época que, na gravura em cobre da capa do *Novum organum*, de Bacon, de 1620, se possam ver navios *retornando de viagem*, com a legenda: "Muitos correrão de um lado para outro, e o saber se multiplicará."[54] Aqui o pensamento mais recente da

53. Na perspectiva sociológica, a filosofia britânica do *common sense* [senso comum] reflete a circunstância de que, na Inglaterra, o histórico acordo de cavalheiros entre comércio (burguês) e latifúndio (aristocrático) foi firmado mais cedo e em formas mais sólidas do que nos Estados territoriais continentais. Isso favoreceu um clima no qual puderam medrar filosofias da sociedade não trágicas e conviviais, ao passo que no continente, especialmente nos principados alemães, predominaram as filosofias estatais trágicas e autoritárias.

54. Uma reinterpretação de Daniel 12,4. Aliás, há uma boa quantidade de histórias sonolentas da filosofia nas quais os navios na ilustração da capa do livro de Bacon são representados zarpando para o mar.

Igreja de São Carlos Borromeu em Viena, construída por Johann Bernhard e Joseph Emanuel Fischer von Erlach, por incumbência de Carlos VI, 1716-1739.

experiência se casa sob uma clave pragmática com a frota atlântica bem-sucedida, assim como, no âmbito mítico, o doge de Veneza como senhor da viagem marítima mediterrânea costumava contrair núpcias anualmente com o mar Adriático. O mesmo Bacon redigiu, como um Plínio do capitalismo ascendente, uma *História dos ventos*, que começa dizendo que os ventos teriam adicionado asas aos humanos, com a ajuda das quais eles teriam aprendido a voar — não pelos ares, mas pelos mares.[55] A totalidade desses ventos perfaz o que mais tarde se chamaria de atmosfera terrestre. Os marinheiros da viagem de Fernão de

55. *Historia ventorum* (1622); como abertura da *Historia naturalis et experimentalis ad condendam philosophiam* [História natural e experimental para a fundamentação da filosofia], de Bacon, que veio a público como terceira parte de sua *Instauratio*.

Magalhães foram os primeiros a se convencer da unidade das superfícies de terra e mar no envoltório de uma atmosfera respirável em toda parte pelos humanos. A respiração do marinheiro obtém o primeiro acesso à globalidade atmosférica real — ela leva os europeus além, para a Era Moderna propriamente dita, na qual passa a vigorar a conexão entre atmosfera terrestre e *conditio humana* como ideia mestra de uma cesura epocal profunda, que ainda não foi de todo compreendida.

Embora os novos centros de saber não pudessem estar situados diretamente a bordo dos navios, no futuro eles teriam ao menos de apresentar qualidades de cidade portuária. A nova experiência só fica disponível por importação, e seu processamento no conceito será assunto de filósofos: o Iluminismo começa nas docas. O chão real da experiência moderna é o fundo dos navios — e não mais aquela "Terra" da qual, ainda no século XX, o velho Edmund Husserl quis se assegurar, em uma formulação desesperadamente conservadora, como sendo uma "proto-*arché*" ou "pátria originária" (pode-se falar aqui de uma recaída na concepção fisiocrática, segundo a qual todos os valores e validades têm como ponto de partida a agricultura e o apego ao solo). A tentativa de Husserl de colocar todos os conhecimentos, em última análise, sobre um chão mundial, justamente o "chão da crença passiva universal no ser", constitui um terrenismo do tipo pré-moderno, que ainda não consegue ir suficientemente além na pergunta pelo fundamento de ter um fundamento[56]; e isso em uma época em que havia muito o marinismo já dera, se não as melhores respostas em todos os sentidos, pelo menos as respostas pragmaticamente mais inteligentes; pois a razão marinha sabe que tem de navegar na superfície e precaver-se de ir ao fundo. O espírito náutico não necessita de fundamentos, mas de empórios, destinos longínquos, referências inspiradoras de portos.

Por sua forma, uma filosofia que quisesse seguir sua vocação de formular o conceito de mundo da Era Moderna estaria destinada a constituir-se como faculdade flutuante ou, pelo menos, como autoridade

56. E. Husserl, *Erfahrung und Urteil. Untersuchungen zur Genealogie der Logik* [Experiência e juízo: investigações sobre a genealogia da lógica], Hamburgo, Claassen, 1972, p. 24.

Gravura no frontispício de Francis Bacon, *Instauratio magna* [Grande instauração ou Grande renovação], Londres, 1620.

portuária da Europa. A miséria da filosofia europeia continental, muito especialmente da filosofia alemã, foi que, até o século XX, ela, na maioria das vezes, ficou amarrada às atmosferas e aos códigos morais de cidadezinhas do interior e residências reais provincianas, nas quais os estudos filosóficos dificilmente podiam ser mais do que a continuação da formação do baixo clero com outros meios. Nem mesmo os sonhos dos intelectuais de Tübingen a respeito do mar Egeu, que certamente foram a melhor coisa que alguma vez tocou as inteligências alemãs, não puderam forçar o pensamento idealista a buscar acesso ao mar.

A Terra na roda dos ventos que sopram, no frontispício de Athanasius Kircher, *Mundus subterraneus*, Amsterdam, 1664.

Johann Gottfried Herder expressou de modo preciso o fascínio alemão pela cidade pequena: "Sobre a Terra, estamos afixados em um ponto morto e no círculo estreito de uma situação"; e apresentou a essa claustrosofia, que em muitos lugares se recomendava como filosofia, o salto para dentro de um elemento bem diferente: "Ó alma, o que será de ti quando saíres deste mundo? O ponto central estreito, fixo, limitado terá desaparecido, tu esvoaças pelos ares ou flutuas sobre um mar — o mundo desaparece diante de ti [...] como é nova essa maneira de pensar."[57] Poder-se-ia ficar tentado a ler isso como se a mentalidade alemã visse a morte como sua única chance de globalização.

No entanto, na maioria das capitais e cidades residenciais da realeza situadas no continente, chamem-se elas Viena, Berlim, Dresden ou Weimar, a dimensão marítima do formato moderno do mundo é notoriamente subestimada. No que se refere às filosofias continentais, elas

57. J. G. Herder, "Journal meiner Reise im Jahr 1769" [Diário da minha viagem no ano de 1769], in: *Schriften. Eine Auswahl aus dem Gesamtwerk* [Escritos: uma seleção das obras completas], Munique, W. Goldmann, 1960, p. 27 e 28.

correm na frente e se põem a serviço da contrarrevolução terrena que rejeita instintivamente a nova situação mundial; o que se quer é continuar a abranger a totalidade a partir de um território nacional seguro e contrapor um fundamento firme às pretensões descabidas da mobilidade náutica. Isso vale para os príncipes territoriais da mesma forma que para os pensadores territoriais. Inclusive para Immanuel Kant, que alegou efetuar uma revolução copernicana do espírito, alçando o sujeito à condição de sede de todas as representações, nunca esteve totalmente claro que a revolução de Magalhães importava mais do que a revolução de Copérnico. De que adiantou fazer com que os fenômenos rodassem em torno do intelecto se este não se mantinha no mesmo lugar? Porém, com essa insistência no dever de residência do possuidor do *cogito*, Kant necessariamente errou o traço básico de um mundo que consiste em flutuações. A famosa passagem lírica em *Crítica da razão pura* a respeito da ilha do entendimento puro, da "terra da verdade", que se contrapõe ao oceano, "que é a verdadeira sede da ilusão, onde nevoeiro espesso e muito gelo [...] dão a falsa impressão de novas terras", diz mais a respeito dos motivos defensivos da atividade do pensamento crítico do que o autor pretendia entregar: de certo modo, ela proclama, diante da faculdade reunida, o juramento antimarítimo, mediante o qual a *ratio* acadêmica adere aos pontos de vista da autoafirmação regional-terrena arraigada; ela cruza esse oceano uma única vez, em estado de total aversão — pode-se dizer também: com intenção crítica —, para se assegurar de que absolutamente *nada* se pode extrair dali que seja do interesse da razão.[58] As coisas não melhoraram nem um pouco com a defesa da província por Heidegger (que pretendia dizer: Berlim não é nada para alguém por meio de quem a verdade fala, como se fosse um oráculo da grota), 450 anos depois de Colombo, 150 anos depois de Kant; ele também entende a verdade como uma função ctônica — procedência revogável da terra, montanha e caverna — e concede ao que vem de

58. [I. Kant, *Crítica da razão pura*, trad. Valerio Rohden e Udo Baldur Moosburger, São Paulo, Nova Cultural, 1996, p. 202 — N.T.] "Do fundamento da distinção de todos os objetos em geral em *phaenomena* e *noumena*", início.

longe apenas um sentido temporal, mas não espacial. O pensamento da totalidade foi o último a embarcar.

Apesar de Goethe ter anotado, no dia 3 de abril de 1787 em Palermo, no seu diário da *Viagem à Itália*: "Enquanto não nos virmos completamente cercados pelo mar, não teremos noção de mundo e da relação com o mundo"[59], a maioria dos eruditos europeus, quase todos sustentados por Estados territoriais e senhores territoriais e subservientes a eles, preferiu mesmo se ver cercada de muros escolares, de paredes de bibliotecas, quando muito de panoramas citadinos. Inclusive a apreciação, pelo visto visando ser ampla, que Hegel fez do mar como o elemento natural da indústria que interliga os povos, no famoso § 247 de sua *Filosofia do direito* — "esse grande meio de ligação", "o mais elevado meio de cultura" —, em termos concretos não passa de uma nota administrativa e não ganha importância para a cultura conceitual e o modo de escrever do filósofo habitualmente sentado no trono e não a vaguear.[60] Por ora, dizer a verdade permanece uma atividade que se desenvolve sentado sobre fundamentos continentais. *Romanus sedendo vincit* (Varrão).[61]

59. J. W. von Goethe, *Italienische Reise*, Frankfurt s/ Meno, Insel, 1976, p. 302. [Ed. bras.: *Viagem à Itália 1786-1788*, trad. Sergio Tellaroli, São Paulo, Companhia das Letras, 1999.]

60. O parágrafo de Hegel se tornou famoso principalmente porque Carl Schmitt se reportou a ele para fundamentar suas doutrinas geopolíticas: assim como, segundo a interpretação de Schmitt, o marxismo teria sido apenas um desdobramento histórico-mundial dos precedentes §§ 243-246 de *Filosofia do direito*, o schmittismo poria em prática o desdobramento correspondente do § 247. Isso permaneceu uma pretensão vazia, tanto pela insuficiência das contribuições de Hegel à oceanologia política quanto em virtude da circunstância de que o teorema fundamental da geopolitologia de Schmitt, a saber, o dogma do papel constituidor de poder do domínio sobre terra, mar, ar e fogo, por sua limitação dada com a teoria dos elementos, não captou a dimensão decisiva de uma doutrina moderna de poder, ou seja, a dimensão da teoria dos meios.

61. "O romano vence sentando." Tese principal da era imperial agrometafísica: trata-se da época em que comando, administração, exploração de recursos detêm a primazia em relação a fluxos, circulações, investimentos. É preciso conceder que os Estados territoriais dos séculos XVII e XVIII, quando almejaram sua modernização, ainda lidavam sobretudo com trabalhos internos de facilitação de acessos; a instalação de "infraestruturas" e mercados internos da comunicação de bens e

MOBILIS IN MOBILI

N

O grande solitário Schopenhauer foi o único a levar a cabo, à margem das universidades e igrejas, a passagem tardia para um pensamento que colocava no início um fundamento liquefeito: sua *Vontade* é a primeira manifestação de um oceano dos filósofos — sobre este navega o sujeito dentro da casca de noz do *principium individuationis*, abrigado nas ilusões redentoras de espaço, tempo e egoidade. Foi dessa descoberta que partiram Nietzsche e aqueles vitalistas que declaram a reliquefação dos sujeitos endurecidos como tarefa propriamente dita de uma filosofia corretamente entendida. Contudo, não foi um filósofo que logrou formular o verdadeiro conceito do sujeito na era da mobilização, mas um romancista — Júlio Verne —, que encontrou a fórmula da época no slogan do seu capitão Nemo: "*MOBILIS IN MOBILI*"; sua divisa, em movimento dentro do que se move, aclara e generaliza de modo insuperável o que a subjetividade modernizada pretende e deve ser. O sentido da grande flexibilização é o poder de navegar na totalidade de todos os lugares acessíveis, sem poder ser detectado pelos meios de apreensão dos outros. Realizar-se como sujeito no elemento líquido: liberdade absoluta de empreendimento, an-arquia consumada.[62]

---

notícias (canais, estradas, pontes, cadastros, sistema editorial, correios, telecomunicação, padrões de pesos e medidas, ortografia, gramática, sistema educacional, sistema bancário, sistema judiciário, moeda, impostos, estatística, etc.) absorvia boa parte das energias estatais e relegava a segundo plano questões de relações externas em escala mundial. Isso se reflete em praticamente todos os discursos filosóficos que permaneceram presos a um horizonte terreno, "fisiocrático", orientado em bens imóveis, em última análise, agrosófico.

62. "Ser livre significa calcular todo movimento dos concorrentes e, ao mesmo tempo, permanecer totalmente inacessível para tal tipo de calculabilidade", Terry Eagleton, *Ästhetik. Die Geschichte ihrer Ideologie* [Estética: a história de sua ideologia] (Stuttgart e Weimar, Metzler, 1994), p. 77.

Foi um contemporâneo de Schopenhauer, Ralph Waldo Emerson, quem, com a primeira série de seus *Ensaios*, de 1841, conduziu a filosofia à sua "evasão americana" e à sua reformulação náutica — razão pela qual Nietzsche descobriu sua afinidade com ele, já no tempo de suas leituras de juventude.[63] Nele voltam a emergir, em tradução transatlântica, as claves agressivas do período inicial da queda dos limites europeus. Muito antes disso, Giordano Bruno, também ele um grande que se pôs em movimento em sua época, celebrou, em seu escrito *Acerca do universo infinito e dos mundos*, publicado em Veneza no ano de 1583, a emancipação do espírito humano da miséria de uma "natureza pouco fecunda e madrasta" e de um Deus avarento, limitado a um único pequeno mundo: "Não há bordas nem fronteiras, não há barreiras nem muralhas, que possam nos defraudar da abundância infinita das coisas. [...] Eternamente fecundos são a Terra e seu oceano [...]."[64] O nolano descreveu o próprio papel como o de um Colombo dos espaços exteriores, que teria presenteado os terráqueos com a noção do avanço através das camadas ilusórias. Do mesmo modo que Colombo havia regressado da viagem sobre o Atlântico com a notícia de que havia outra margem, Bruno quis retornar de sua viagem ao infinito com a notícia da não existência da borda superior. O mundo foi deslimitado e desfixado fora e no alto em todas as direções: essa é a principal notícia teórico-espacial da Era Moderna de Bruno, e ela não soa menos evangélica do que a de Colombo.[65]

A isso responde, um quarto de milênio mais tarde, o sábio norte-americano Emerson, em seu ensaio implacavelmente otimista sobre *Circles* [Círculos], com estas palavras:

63. Cf. C. West, *The American Evasion of Philosophy: A Genealogy of Pragmatism* [A evasão americana da filosofia: uma genealogia do pragmatismo], Madison, University of Wisconsin Press, 1989.

64. Cf. G. Bruno, *Zwiegespräche vom unendlichen All und den Welten* [Diálogos sobre o universo infinito e os mundos], trad. e notas Ludwig Kuhlenbeck, Darmstadt, Wissenschaftliche Buchgesellschaft, 1983, p. 23 e 22; Bruno exaltou sua travessia mental do universo e seu avanço para além da "cúpula mais alta do firmamento" para dentro do espaço infinito como derrubada euforizante dos limites e destacou a analogia entre pensamento e viagem marítima. Cf. G. Bruno, *Das Aschermittwochsmahl*, op. cit., p. 89-90.

65. *Das Aschermittwochsmahl*, primeiro diálogo.

> Durante toda a nossa vida aprendemos a verdade de que em torno de cada círculo pode ser traçado mais um círculo; de que na natureza não existe fim, mas que cada fim é um começo. [...] Para nós não existe lado de fora, não existe parede circundante, não existe contorno. Alguém pode até concluir sua história: que bom, que definitivo! Ele preenche o horizonte até a linha extrema. Mas eis que, vinda de outro lado, levanta-se outra pessoa e traça um círculo em torno do círculo que acabara de ser proclamado como limite exterior da esfera [...].[66]

Só a partir do final do século XIX, a filosofia continental — apesar de todas as restaurações fenomenológicas, neoidealistas, neoaristotélicas — deveria rumar para um colapso abrangente das fortalezas absolutistas-territoriais da evidência, que poderia apenas ser postergado, mas não mais impedido. Com um século de atraso, até alguns professores alemães indicaram estar dispostos a se envolver na questão se os meios de pensar do idealismo terreno ainda seriam apropriados para a elaboração intelectual das condições reais da globalização. Eles também passaram a se orientar, em tempos mais recentes e em seu benefício, mais nos herdeiros da doutrina britânica do *common sense*, a qual facilita a transição do velho padrão do *inconcussum* para uma cultura globalizada da probabilidade; inclusive a aproximação teórica de um universo que consiste em flutuações não é tão dolorosa a partir dela. Isso, todavia, implicou a conversão da via "católica", que associava a pobreza a vantagens de segurança, para o estilo de vida "protestante" do tipo calvinista, que inter-relaciona riqueza e risco como estimulante.[67] Friedrich Nietzsche foi o primeiro que, como crítico do ressentimento metafísico, obteve uma noção de que o pensamento filosófico, depois de Zaratustra ter falado, deveria tornar-se desde a base algo diferente de um perseverar na racionalidade piedosa e de um perscrutar no interior da esfera divina.

66. R. W. Emerson, *Circles* [Círculos], in: *The Portable Emerson*, nova edição, ed. Carl Bode e Malcolm Cowley, Nova York, Penguin, 1981, p. 228 e 230; trad. alemã Peter Sloterdijk. [Trad. bras. a partir da trad. alemã — N.T.]

67. Cf. F. Fukuyama, "The End of History?" [Fim da história?], *The National Interest*, n. 16, p. 7, 1989.

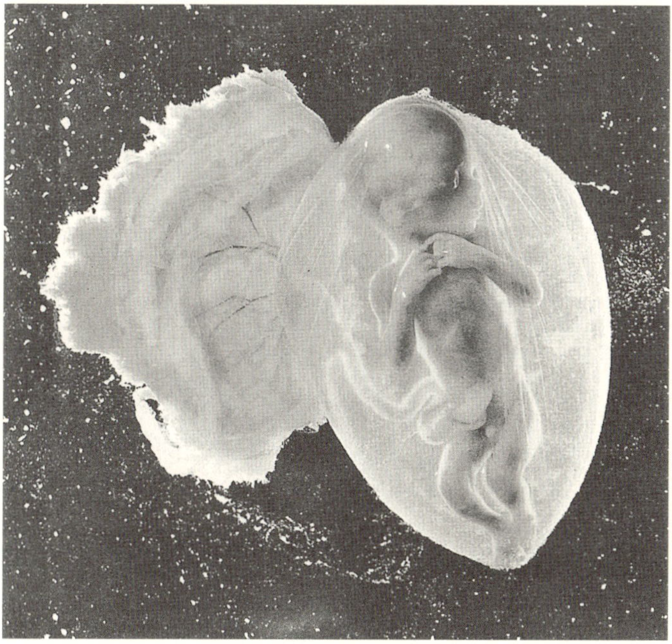

Fetografia, foto de Lennart Nilsson, meados da década de 1960.

Na concorrência das técnicas modernas de imunidade, prevaleceu em toda a linha o sistema de seguros com seus conceitos e procedimentos no confronto com as procéduras filosóficas para obter certeza. A lógica do risco controlado se comprovou muito menos custosa e muito mais praticável existencialmente do que a fundamentação metafísica última. Diante dessa alternativa, a maioria das sociedades modernas soube tomar uma decisão bastante clara. O seguro bate a evidência — nessa frase está contido o destino de toda filosofia no mundo técnico. Um único país, os Estados Unidos da América, não encetou o caminho do Estado de previdência e seguridade — com o efeito de que, nele, a religião, ou, dito em termos mais gerais, a disposição "fundamentalista", reteve uma significância atípica da Era Moderna. Em todas as partes, contudo, em que a predominância do pensamento da seguridade se tornou a característica marcante de sistemas sociais, efetua-se a mudança de mentalidade que é característica das sociedades pós-modernas do tédio: nelas, as situações não seguras são raras e as perturbações podem ser desfrutadas como exceções; o "acontecimento" é positivado, a demanda por vivências

Pieter Claesz, *Vanitas*, c. 1630, Nuremberg, detalhe.

diferenciadas inunda os mercados. As sociedades completamente asseguradas foram as primeiras que puderam pôr em marcha aquela estetização das inseguranças e abismalidades que perfaz o critério das formas de vida pós-modernas e das suas filosofias.[68]

Porém o espírito do sistema de seguridade expulsou das assim chamadas sociedades de risco a disposição para adotarem exatamente o comportamento do qual têm o seu nome: de modo que justamente a suposta sociedade de risco é aquela em que *de facto* se proíbe tudo o que é realmente arriscado, ou seja, aquilo que está excluído da cobertura em caso de prejuízo. Figura entre as ironias da Era Moderna que ela teve de proibir retroativamente tudo o que foi ousado para torná-la real. Daí decorre que a assim chamada pós-história representa apenas em aparência um conceito da filosofia da história, sendo na verdade um conceito

68. Cf. G. Gamm, *Die Flucht aus der Kategorie. Die Positivierung des Unbestimmten im Ausgang der Moderne* [A fuga de dentro da categoria: a positivação do indeterminado no ocaso da modernidade], Frankfurt s/ Meno, Suhrkamp, 1994.

da técnica de seguridade; pós-históricos são todas aquelas situações em que ações históricas (fundação de religiões, cruzadas, revoluções, guerras de libertação, lutas de classes com todos os seus traços heroicos e fundamentalistas) são proibidas por lei em razão de apresentar um risco que não pode ser coberto pelo seguro.

14. Expedição e verdade

Próprio dos séculos que sucederam à primeira investida dos marinheiros aventureiros foi primeiramente o impulso de tornar o exterior seguro para o trânsito dos europeus — seja por meio do sistema de seguridade empresarial, seja por meio de ciências filosóficas de fundamentação última. Com as crescentes rotinização e otimização da técnica marinha, a viagem marítima real perde, ademais, a maior parte de seus efeitos indutores de êxtase, e com a redução do fator aventuresco a restos de riscos ela se assemelha ao trânsito tranquilo — isto é, ao jogo das viagens trivializadas de ida e volta, ainda que com uma cota de avarias que parece inaceitavelmente alta para clientes dos serviços de transporte do século XX. Ressalvando que a perfeita simetria de viagem de ida e viagem de volta (que define o conceito exato de trânsito) só é bem-sucedida em terra e que só com o estabelecimento do trânsito sobre trilhos foi realizada amplamente a utopia do controle completo sobre movimentos reversíveis. Não obstante, continua sendo característico da viagem por mar nos tempos heroicos das viagens de descobrimento e de comércio que a ela se aplica, do começo ao fim, a primazia da viagem de ida.

O que caracteriza a extroversão europeia é que suas investidas decisivas sempre carregam marcas de um êxodo, mesmo quando não acontece nenhuma emigração puritana nem patriarcas peregrinos imitam o êxodo do Egito sobre o Atlântico.[69] Na Era Moderna, não faltam

69. Cf. M. Walzer, *Exodus und Revolution* [Êxodo e revolução], Berlim, Rotbuch, 1988.

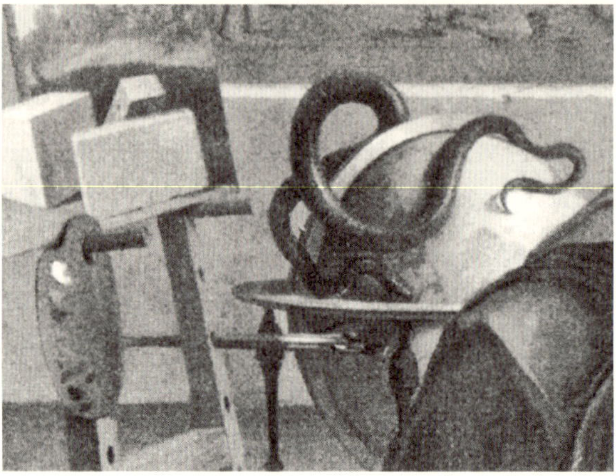

Laurent de la Hyre, *Geometria*, 1649, detalhe.

voluntários para o papel de povos eleitos para o êxodo. Ademais, terras prometidas podem ser projetadas sem esforço em todos os recantos do mundo, e pôr-se em marcha rumo a elas muitas vezes adquire os traços de avanços rumo ao desconhecido, indefinido, obscuro, promissor — uma tensão que, no que se refere a algumas regiões, permanece eficaz até meados do século XX, que tudo banaliza.

Assim, a viagem de descobrimento, da qual a era tem o seu nome, é a forma epistemológica de um aventureirismo que se dá ares de serviço à verdade. Sendo o primado da viagem de ida enunciado programaticamente, as viagens a lugares distantes se apresentam como *expedições*. Nelas, a penetração no desconhecido não é só o subproduto de uma ação mercantil, missionária ou militar no espaço exterior, mas é exercida de modo francamente intencional. Quanto mais nos acercamos do núcleo candente dos movimentos típicos da Era Moderna, tanto mais manifestamente as viagens assumem um caráter de expedição ao exterior. E, mesmo que numerosos descobrimentos tenham tido de ser postos na conta do capitão Ninguém e do almirante Acaso, a essência da era dos descobrimentos foi determinada pela forma de empreendimento chamada expedição — encontra-se porque se procura e se procura porque se sabe onde poderia haver algo para encontrar. Até o século XIX era quase impossível para europeus permanecerem "lá fora" sem ao menos, em algum aspecto, estarem em uma expedição.

A expedição é a forma rotineira dos atos de procurar e achar projetados como empreendimento. Por causa dela, o movimento decisivo da globalização real não é simplesmente um caso de expansão espacial; pelo contrário, ela faz parte do processo nuclear de uma história da verdade típica da Era Moderna. Teria sido impossível efetuar a expansão se ela não tivesse sido projetada em termos de técnica da verdade e, desse modo, tecnicamente *tout court*, como desvelamento do que até então estivera encoberto. Foi isso que Heidegger teve em mente quando, em seu poderoso e violento ensaio "A época das imagens de mundo", de 1938, julga identificar o processo básico da Era Moderna na conquista do mundo como imagem.

> Quando o mundo se torna imagem, o ente em sua totalidade é fixado como aquilo pelo qual o homem se orienta, portanto como aquilo que o homem põe diante de si e quer, num sentido essencial, fixar diante de si. A imagem do mundo, entendida de modo essencial, não significa uma imagem do mundo, mas o mundo concebido enquanto imagem. O ente em sua totalidade agora é tomado de tal forma que ele só passa a ser na medida em que é posto por um homem que o representa e o produz. Quando surge uma imagem de mundo, uma decisão essencial se consuma a respeito do ente em sua totalidade. O ser é buscado e encontrado na representabilidade do ente. [...]
> A imagem do mundo não passou a ser moderna, de medieval que era antes. Melhor dizendo, o que caracteriza em geral a essência da época moderna é que o mundo se transforma em imagem. [...]
> Não é nenhuma surpresa que o humanismo surja quando da transformação do mundo em imagem. [...] Ele assinala a explicação do homem que explica e avalia a totalidade do ente a partir do próprio homem e a ele retorna. [...]
> Ser novo pertence ao mundo, quando este se tornou imagem.[70]

70. M. Heidegger, "Die Zeit des Weltbildes" (1938), in: *Holzwege*, op. cit., p. 87-88, 91 e 90.

A palavra-chave da época, "descobrimentos" — um plural que designa concretamente um processo singular, o hiperacontecimento da apreensão da Terra —, refere-se, portanto, à suma de práticas, mediante as quais o desconhecido é transformado em conhecido, o não representado em representado. Isso, em vista da Terra em grande parte ainda não percorrida, ainda não retratada, ainda não descrita e ainda não espoliada, significa que foi preciso encontrar procedimentos e meios para obter uma imagem dela na totalidade e em detalhes. A "era dos descobrimentos" abrange, portanto, a campanha levada a cabo pelos pioneiros da globalização terrestre de substituir as anteriores não imagens por imagens ou as quimeras por "tomadas de cena". Por essa razão, as tomadas de terra, as tomadas de mares, as tomadas de mundos começam com tomadas de imagem. Cada uma dessas imagens que os descobridores levam para casa serve para negar a exterioridade do exterior e reduzi-la a uma proporção satisfatória ou suportável para a média dos europeus. Ao mesmo tempo, o sujeito pesquisador posta-se diante das imagens fornecidas e recua até a fronteira do mundo das imagens — vendo tudo sem ser visto, registrando tudo e sendo pré-registrado apenas pelo "ponto de vista" anônimo.

Em consequência, a Era Moderna, interpretada na linha de Heidegger, também é uma época "da verdade" — uma era da história da verdade que se distingue por um estilo peculiar só dela na produção de evidência. Modernamente, a verdade deixou em definitivo de ser entendida como aquilo que se mostra a partir de si mesmo, no sentido da *phýsis* grega (como "brotar da semente do aparecimento") ou no sentido da revelação cristã, na qual o Deus infinitamente transcendente proclama, movido pela graça, aquilo que os meios humanos de conhecimento, relegados a si mesmos, jamais teriam podido desvelar. Essas pré-compreensões antigas e medievais da verdade estão excluídas para a época da pesquisa, porque tanto aquela quanto esta concebem verdade como algo que costuma assomar ao desocultamento a partir de si mesmo, antes da apreensão humana, bem no sentido daquela *alétheia* grega, que significa o mesmo que "manifestação indissimulada" — uma concepção que Heidegger auscultou durante toda a sua vida na postura de receptividade cúltica. Com a irrupção da Era Moderna, a própria

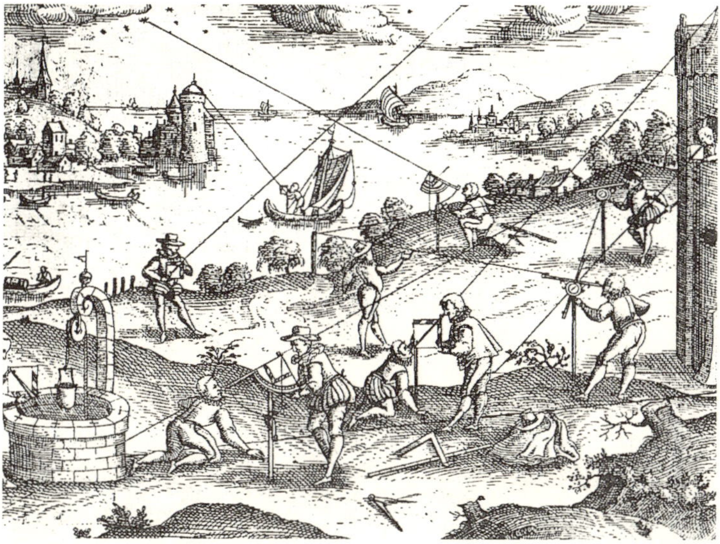

Tomada do mundo por medição, gravura do século XVI, Museu Britânico, Londres.

verdade parece ter passado para a era de sua desvelabilidade artificial. A partir daí, pode e deve haver pesquisa como rapinagem organizada do que está oculto. Nada além disso se pode ter tido em mente quando a Renascença era apresentada como a era do "descobrimento do mundo e do ser humano".

Portanto, "descobrimentos" é primeiramente um termo que sintetiza os procedimentos de apreensão do tipo geotécnico, hidrotécnico, etnotécnico e biotécnico — por mais rudimentares e dependentes do acaso que estes se mostrassem no início. Quando a rainha espanhola requisitou de Colombo, em carta de próprio punho, que lhe trouxesse do Novo Mundo a maior quantidade possível de exemplares de espécies de pássaros, estavam em ação ali, ocultos sob a máscara de um prazer principesco, também o impulso técnico e o gesto de apreensão. Ao final dessa história de captura, os parques zoológicos e jardins botânicos abrirão suas portas e integrarão tanto o "reino" animal quanto o "reino" vegetal (*kingdom of animals, kingdom of plants*) no moderno sistema de exposições públicas. Quando marinheiros cultos como o abade [Pierre Nicolas Le Chéron d'] Incarville trazem da Ásia e dos mares do sul plantas floríferas para os jardins dos europeus, também nisso já está

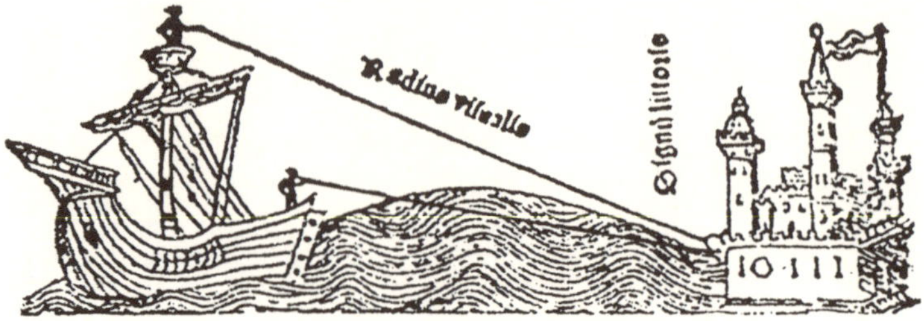

Localização no mar, em Roberto Grosseteste, *De Sphaera*, c. 1240, primeira impressão em 1506.

Antonio Balestra, *La ricchezza della Terra*, Palazzo Mercantile, Bolzano.

concorrendo o fator técnico, o procedimento de cultivo e replantação. Muito raramente as pessoas se deram conta do quanto as migrações de vegetais cunharam e ajudaram a viabilizar os modos de vida da Era Moderna.[71] Inclusive o que frequentemente se apresentou, pela história do seu percurso, como pura confusão aventureira e como improvisação caótica — a travessia dos mares sob borrascas, a tomada apressada de imagens de novas costas e terras, bem como a identificação de povos desconhecidos — já é, por sua natureza, um procedimento técnico. A isso se aplica acertadamente e sem ressalvas o dito de Heidegger: "Técnica é um modo de desocultamento."

15. Os signos dos descobridores

Sobre cartografia e magia onomástica imperial

Sendo pesquisa a operação organizada para remover o caráter oculto: não há processo na história das expansões do saber humano que cumpra essa determinação de forma mais dramática e mais completa do que a globalização descobridora da Terra entre os séculos XVI e XIX. A respeito dessa aventura cruenta, o filósofo da cultura Hans Freyer, sediado por algum tempo no radicalismo de direita, mais tarde na ala da educação conservadora, pôde dizer, com certa dose de razão: "Perguntar se a técnica com que partiram era primitiva ou moderna, suficiente ou insuficiente, constitui uma questão equivocada. Toda técnica consiste em armar uma vontade até o ponto em que ela possa partir diretamente para as vias de fato."[72] O traço técnico no modo das primeiras viagens

71. Cf. H. Hobhouse, *Fünf Pflanzen verändern die Welt. Chinarinde, Zucker, Tee, Baumwolle, Kartoffel* [Cinco plantas mudam o mundo: casca de quina, açúcar, chá, algodão, batata-inglesa], Stuttgart, Klett-Cotta, 1987; S. W. Mintz, *Die süße Macht. Eine Kulturgeschichte des Zuckers* [O doce poder: uma história cultural do açúcar], Frankfurt s/ Meno e Nova York, Campus, 1992; A. W. Crosby, *Die Früchte des weißen Mannes. Ökologischer Imperialismus 900-1900* [As frutas do homem branco: imperialismo ecológico 900-1900], Frankfurt s/ Meno e Nova York, Campus, 1991.

72. H. Freyer, *Weltgeschichte Europas* [História mundial da Europa], 3. ed., Stuttgart,

de descobrimento adquire nitidez máxima quando se investiga a questão de como esses empreendimentos se desincumbiram da tarefa típica da modernidade de gerar imagens do espaço percorrido. Já nos primeiros empreendimentos, os capitães e os cientistas, desenhistas, escrivães e astrônomos que os acompanhavam não tiveram dúvidas de que sua missão era colecionar e reportar sinais comprobatórios de seus achados no exterior, e não só na forma de mercadorias, amostras e despojos, mas também de documentos, mapas e contratos/tratados. A travessia de águas estrangeiras só pode ser tida como realização de uma descoberta no momento em que a um avistar se soma um franquear, a uma observação se soma uma ata descritiva, a uma tomada de posse se soma uma tomada cartográfica. Pois o real descobrimento de uma grandeza desconhecida — de um continente, uma ilha, um povo, uma planta, um animal, uma baía, uma corrente marinha — pressupõe que sejam postos à disposição os meios para repetir o primeiro encontro. Portanto, o que foi descoberto nunca mais poderá voltar ao oculto, à anterior *léthe*, do qual acabou de ser tirado, caso a intenção seja transformá-lo em posse segura do senhor do conhecimento. Por esse motivo, entre os fatos do descobrimento figura irrenunciavelmente a exibição dos meios de apreensão que garantem que a coberta que estava posta sobre o até então oculto permaneça levantada de uma vez para sempre. Por conseguinte, desde o Renascimento, quando falam de descobrimento — *découverte*, *descubrimiento*, *discovery* —, os europeus têm em mente tanto as coisas quanto os meios para mantê-las conhecidas e disponíveis.

Para uma grande quantidade de descobrimentos modernos no espaço aberto da Terra, apenas a distância espacial havia desempenhado o papel da coberta encobridora, e com a superação da distância através dos novos meios de transporte e o estabelecimento de relações de intercâmbio transoceânicas estavam dados os pressupostos para remover

Anst, 1969, p. 480; porém, esse poder partir diretamente para as vias de fato é, e Freyer sabe disso implicitamente, a característica da ação histórica por excelência, e é evidente que ela seria proibida a partir de uma perspectiva pós-histórica (por ser primitiva, aventureira, insuficiente, não assegurável). Portanto, a "questão equivocada" advém de retroprojetar categorias da pós-história (período de seguridade) para a história (pré-seguridade).

duradouramente a "coberta". Não é um acaso da história da linguagem que, até o século XVI, a palavra "*entdecken* = descobrir" literalmente não significava nada além de afastar algo que cobria um objeto e, portanto, desnudar o conhecido, e só depois disso assumiu o sentido de achar algo desconhecido. O primeiro e o segundo sentidos são mediados por aquele trânsito globalizante que desnuda também o distante e é capaz de tirar os véus que cobrem o desconhecido. Nessa perspectiva, pode-se dizer que a essência do trânsito descobridor é o des-afastamento do mundo. Nesse ponto, globalização significa tão somente o emprego de meios técnicos para afastar a distância ocultadora. Quando os êxitos desses gestos se acumulam, o não descoberto pode acabar se convertendo em recurso escasso. Entre os efeitos atmosféricos do Iluminismo no final do século XX está o fato de que as reservas de segredo da própria Terra são percebidas como esgotáveis. Só então a tese de Colombo, de que o planeta navegável seria "pequeno", atinge pragmaticamente sua meta. Só o mundo des-afastado é o mundo descoberto e encolhido.

O descobrimento visa à apreensão: isso leva a cartografia à sua função histórico-mundial. Os mapas são o instrumento universal para asseguração do que foi descoberto, na medida em que ele é registrado "sobre o globo" para estar disponível como achado assegurado. Durante toda uma era mundial, mapas bidimensionais terrestres e marítimos — associados ao globo terrestre — constituem o mais importante meio artificial para apreensão, no espaço local chamado Terra, daqueles pontos cuja coberta de desconhecimento havia sido levantada. Não é sem razão que, segundo a norma linguística do ofício, mapas e dados são "levantados"; *lever une carte* ["levantar um mapa" = fazer um levantamento topográfico para um mapa]. A ascensão do mapa às custas do globo é um indício de que a globalização enquanto apreensão logo também iria ao detalhe de granulação mais fina dos lugares mais remotos. Conhecedores da matéria interpretam isso como indício da transição da pesquisa extensiva para a pesquisa intensiva da Terra. Enquanto os globos — as principais mídias da época de Colombo — mais tarde assumiriam tarefas preponderantemente de orientação sumária e representativas e, por fim, até decorativas, os mapas cada vez mais precisos ganharam um significado operacional crescente. Só eles estavam à altura das necessidades da apreensão detalhada da terra e funcionavam, nesse sentido, ocasionalmente como um cadastro político. Os novos atlas dão origem a coletâneas de mapas que franqueiam todos os continentes e países em escalas interessantes. (Quando a "ciência da Terra", a "geografia", se tornou disciplina escolar a partir do século XIX, as crianças europeias em idade escolar foram educadas a olhar mapas que, cem anos antes, eram exibidos apenas a príncipes e ministros por seus geógrafos-conquistadores retornados como se fossem assuntos diplomáticos secretos e evangelhos geopolíticos.) Especialmente sintomática da tendência geral é a criação do mapa-múndi planisférico, isto é, aquela representação da Terra que reproduzia a esfera como superfície plana, seja na forma do antigo mapa-múndi em formato de coração, seja na exposição global desenrolada de continentes e oceanos — como se vê hoje com frequência nas imagens de fundo de noticiosos televisivos —, ou no clássico hemisfério duplo contendo o Velho Mundo ptolomaico mais rico em terras no disco direito, o Novo Mundo pacífico-americano dominado pelas águas no disco esquerdo.

A irresistível atração para o mapa repete nos meios expositivos da própria globalização o processo de conquista do mundo como imagem, ressaltado por Heidegger. Pois quando os mapas-múndi planisféricos suprimem o globo, e inclusive quando nem mesmo o atlas aparece como portador da esfera, mas está disponível como livro de mapas encadernado, o meio bidimensional triunfa sobre o tridimensional e *ipso facto* a imagem sobre o corpo. Tanto conforme o nome quanto conforme o objeto, os planisférios — literalmente esferas planas — querem eliminar a lembrança da terceira dimensão não dominada pela representação, a profundidade espacial real. O que a história da arte tem a dizer sobre o problema da perspectiva na pintura da Renascença não chega a tocar a superfície da guerra mundial em torno do domínio sobre a terceira dimensão. Quando se logra banir esferas para o papel e simular profundidades espaciais em telas de projeção, a conquista do mundo como imagem cria para si infinitas possibilidades novas; imperialismo é planimetria aplicada, a arte de reproduzir esferas em superfícies planas. Só é possível conquistar aquilo de que se pode subtrair uma dimensão.

Nada caracteriza de modo mais radical a dinâmica político-cognitiva da fase inicial da globalização quanto a aliança entre cartografia e tomada de terra. Carl Schmitt, que gostava de se apresentar como o último legitimista da glória mundial moderna da Europa, chegou a afirmar, em seu estudo *O* nomos *da Terra*, que a expansão dos europeus poderia se reportar, em última instância, exclusivamente aos títulos de direito que o descobrimento pôde outorgar. Neles se apoia a ficção jurídica do "direito de achar", bem como a ficção de um "direito de comunicação" que vai além dos simples direitos de visitar (aquele *ius communicationis*, defendido por Francisco de Vitória em sua famosa *relectio Sobre os índios*). Pelo simples fato de serem os descobridores e achadores de costas e civilizações estrangeiras, os europeus teriam obtido as condições de se tornar senhores *legítimos* da maior parte do mundo; e tão somente sua disposição para ser senhores os teria capacitado para estarem à altura da responsabilidade que lhes cabia em decorrência de sua dedicação superior ao mundo aberto. A responsabilidade do descobridor se manifesta, segundo Schmitt, inicialmente no dever de reclamar os novos territórios, através de um gesto formal de tomada de posse, para os senhores europeus, via de regra, para os mandatários reais. Entre os momentos mais importantes dessa reivindicação figuram, ao lado da colocação de cruzes, brasões em pedra, padrões, estandartes e emblemas dinásticos, o mapeamento e as denominações dos novos territórios.[73] Segundo a compreensão europeia, estes só podiam ser formalmente postos sob a soberania dos novos senhores depois de ter se tornado grandezas localizadas, registradas, delimitadas e denominadas. A unidade da ação de avistar, aportar, tomar posse, denominar, mapear e documentar perfaz o ato juridicamente consequente e completo do descobrimento.[74] A ele

73. C. Schmitt, *Der Nomos der Erde im Völkerrecht des Jus Publicum Europaeum* (1950), 3. ed., Berlim, Duncker & Humblot, 1988, p. 96-109. [Ed. bras.: *O* nomos *da Terra no direito das gentes do* jus publicum europæum, trad. Alexandre Franco de Sá et al., Rio de Janeiro, Contraponto, 2014.]

74. Sobre o formalismo jurídico e a questionabilidade teórico-discursiva dos atos de fala conquistadores de Colombo, cf. a investigação de S. Greenblatt, *Wunderbare Besitztümer. Die Erfindung des Fremden — Reisende und Entdecker* [Possessões miraculosas: a invenção do estrangeiro — viajantes e descobridores] (Berlim, Wagenbach, 1998), p. 87-132. O jornalista e pesquisador da África Henry Morton

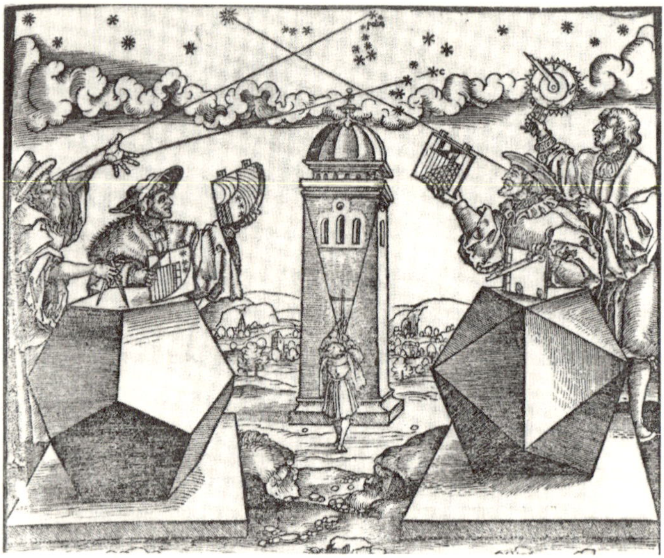

Os corpos platônicos servem como modelos para medições terrestres e cósmicas. Extraído de Pedro Apiano, *Instrument Buch* [Livro dos instrumentos], 1533.

se segue, segundo Schmitt, a submissão propriamente dita de um território sob a soberania jurídica do ocupante-descobridor. Este agracia os descobertos com os frutos de terem sido descobertos, sobretudo com o privilégio de serem protegidos e governados por esse senhor e por nenhum outro — um privilégio que deve cobrir concomitantemente os riscos de espoliação e opressão pelo soberano distante.

O ato de descobrir, como "achado" — relevante em termos de direito de propriedade —, coisas aparentemente ou de fato sem dono não teria podido se consolidar como modo peculiar de tomada de posse se não tivessem confluído com esse ato motivos do direito natural dos marinheiros. A vetusta equiparação de captura e achado transformava — em virtude de uma transmissão de *habitus* — os descobridores de

Stanley firmou para Leopoldo II da Bélgica, no período de poucos anos, pelo menos quatrocentos "tratados" com chefes tribais africanos, que foram interpretados pelos parceiros africanos preponderantemente como alianças amistosas, pela parte europeia como atos de submissão e concessões de espoliação. Um colecionador de "tratados" similar foi Carl Peters, que, com mais de 120 "tratados", lançou as bases da África Oriental Alemã.

novos territórios em algo como pescadores, cujo direito à posse legítima de sua presa não poderia ser questionado sem mais nem menos. Em seu grande romance sobre a caça à baleia, Melville lembrou a diferença entre "peixe preso" e "peixe solto", que teria vigorado como lei pétrea entre os caçadores dos mares na Era Moderna; de acordo com essa lei, o peixe preso (*fast-fish*) pertencia à parte à qual ele primeiro "havia se prendido", ao passo que peixe solto (*loose fish*) era tido como "caça legítima (*fair game*) de quem primeiro o apanhar". A captura de uma presa em terra, como observou Melville, também obedecia a essa diferenciação.

> Que era a América em 1492 senão peixe solto, no qual Colombo fincou o padrão espanhol a fim de assinalá-lo para seu régio senhor e senhora? Que era a Polônia para o czar? E a Grécia para os turcos? E a Índia para a Inglaterra? O que será, por fim, o México para os Estados Unidos? Todos peixes soltos!
> Que são os Direitos do Homem e as Liberdades do mundo senão peixes soltos? [...] Que é o próprio e grande globo senão peixe solto?[75]

É evidente que Schmitt, juridicamente tão delicado quanto moralmente calejado, em seu teorema da legitimidade do domínio europeu por força do título de direito advindo da descoberta, inspirou-se no modelo da missão de Colombo antes descrito, segundo o qual o tomador se imagina como o portador do bem mais valioso. Se Colombo reconhecia a si mesmo como o homem que levou a salvação de Cristo para o Novo Mundo, então os conquistadores defendidos por Schmitt podiam se considerar justificados como portadores de realizações jurídicas e civilizatórias europeias.

Porém tais fantasias legitimadoras não são produto só de uma apologia tardia e de aplicações de alguma inescrupulosidade jurídica. Elas estão entretecidas nos próprios acontecimentos desde o início. No quarto canto de sua epopeia de tomada do mundo, *Os lusíadas*, o poeta

75. H. Melville, *Moby Dick oder Der Wal*, op. cit., p. 485. [Ed. bras.: *Moby Dick*, op. cit., p. 375 e 377-378.]

Globo imperial em esfera armilar para dom Pedro II, do Brasil, 1841.

Luís de Camões fez com que aparecessem em sonho ao rei português Manuel os rios Indo e Ganges sob a forma de sábios idosos que o conclamam a pôr rédeas nos povos da Índia — em decorrência disso, o rei épico resolveu armar uma frota para a viagem à Índia sob o comando de Vasco da Gama. A poesia moderna é poesia do sucesso. Não é para menos que Manuel I, cognominado o Venturoso, traria o globo no seu brasão, uma ideia-imagem que hoje é imitada por incontáveis empresas em seus logotipos e suas peças publicitárias. Em seu século, esse foi um privilégio que, depois de Manuel, só seria concedido a um homem particular: Sebastián Elcano, aquele que em 1522 tinha trazido de volta a nau *Victoria* e, em troca, recebera o direito de portar a esfera terrestre no escudo, acompanhada da divisa: *Primus me circumdedisti*[76], e a uma

76. "Foste o primeiro a me circundar"; é digno de nota que o verbo decisivo da globalização, *circumdare*, significa, em primeira linha, *contornar*, mais do que *dar a volta*; isso faz lembrar que, ainda naquele tempo, a Terra era imaginada como algo que está "envolto", mais precisamente por estratos celestes, nos quais nem se cogitava dar a volta. Após consumado o ato, aquele que deu a volta aparece como o que circunda: quando se pensa essa tendência até as últimas consequências, o ato de circum-navegar

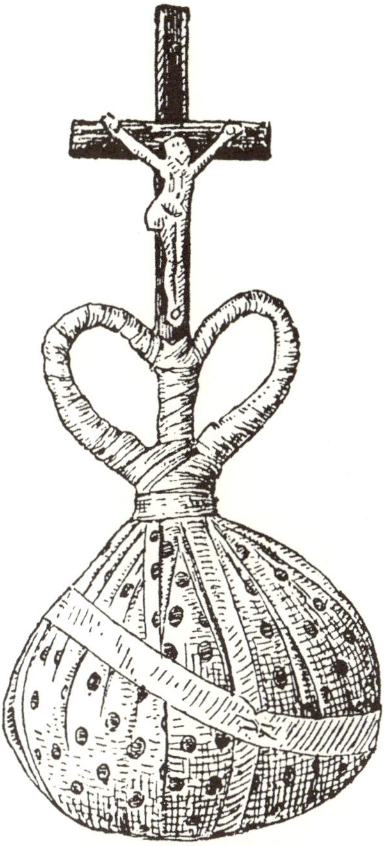

Bolsa-talismã ou globo imperial de vodu, Guédé, Haiti, em Alfred Métraux, *Le Vaudou haïtien* [O vodu haitiano], 1958.

Primus me circumdedisti [Foste o primeiro a me circundar]: brasão de Juan Sebastián Elcano.

terra da Coroa, a colônia real portuguesa Brasil, que ainda hoje traz a esfera de Manuel em seu estandarte.

Pouco tempo depois, a associação de globo e conquista já havia se tornado uma ideia fixa geradora de metáforas entre os poetas europeus, o que pode ser ilustrado por alguns versos do poema dramático da fase inicial de Shakespeare intitulado *O estupro de Lucrécia* (supostamente do ano de 1594), quando o estuprador Sexto Tarquínio contempla o corpo desnudo de sua vítima adormecida: "*Her breasts, like ivory globes*

aparece como o novo circundar; o trânsito em volta da Terra substituirá o envoltório de camadas, e o sujeito móvel será o propriamente "abarcante".

circled with blue [...]/ A pair of maiden worlds unconquered [...]./ These worlds in Tarquin new ambition bred" [Seus seios, marfíneos globos venulados,/ Dois mundos virgens que inconquistados restavam [...]./ Tais mundos em Tarquínio ambição renovam]. De acordo com isso, na organização moderna da fantasia, basta que um objeto seja redondo e desejável para também já poder ser descrito como um "mundo" conquistável.

Porém, do mesmo modo que a epopeia nacional portuguesa fornece a posterior legitimação heroica para a conquista factual, declarando o povo expansionista como o povo eleito dentre os poucos povos cristãos dignos[77], também os mapas de terras e mares que surgem como novidade em toda parte no processo de ocupação funcionam como meios prosaicos de direito e algo como arquivos notariais que documentam com formalidade, de forma suficiente, a nova relação de posse e domínio. *Cuius carta, eius regio* [A região é de quem tem o mapa]. Quem desenha o mapa terá o direito em termos culturais, históricos, jurídicos e políticos — mesmo que os livros negros dos séculos de colonização apresentem retrospectivamente balanços devastadores.

Entre as características mais notórias da expansão europeia figurou, desde o início, a assimetria entre os descobridores e os habitantes das terras descobertas. Territórios ultramarinos eram tidos como coisas sem dono enquanto os ocupantes-descobridores se julgassem desimpedidos e incontestados no mapeamento de novas regiões, estivessem elas habitadas ou desabitadas. Com bastante frequência, os habitantes de terras distantes não eram encarados como proprietários delas, mas como parte do achado colonial — algo como sua fauna antrópica, liberada para ser caçada e ceifada. De início, os assim chamados povos primitivos não conseguiam sequer imaginar o significado de os europeus quererem fazer uma imagem deles e dos seus territórios. Quando, no encontro com os nativos, os descobridores se davam conta de sua superioridade técnica e mental — para o que os reinos asiáticos e islâmicos ofereciam um ensejo relativamente menor —, via de regra deduziam disso

77. Falta uma exposição sinótica das ideias nacionais de eleição na Era Moderna europeia.

Globe Theatre de Shakespeare, em Londres, restaurado e reinaugurado em 1997.

diretamente o seu direito à tomada do território e à subjugação dos territórios recém-achados aos soberanos europeus. Em relação a esse evento tão fatídico quanto gerador de violência, Carl Schmitt assume, também em retrospecto, uma posição irrestritamente aquiescente:

> Portanto, é errado dizer que, exatamente como os espanhóis descobriram os astecas e os incas, estes poderiam, por sua vez, ter descoberto a Europa. Os índios careciam dessa energia movida pelo saber da racionalidade europeia cristã, e não passa de uma ucronia ridícula elucubrar que eles talvez tenham podido fazer tomadas cartográficas tão boas da Europa quanto os europeus fizeram da América. A superioridade intelectual estava toda do lado dos europeus e foi tão forte que o Novo Mundo simplesmente pôde ser "tomado". [...]
> Descobrimentos são feitos sem a permissão prévia dos descobertos. Por conseguinte, seu título de direito reside numa legitimidade mais elevada. Só pode descobrir quem é intelectual e historicamente superior o bastante para compreender o descoberto com seu saber e sua consciência. Variando uma palavra

> hegeliana de Bruno Bauer: só pode descobrir quem conhece a presa melhor do que ela a si mesma e é capaz de subjugá-la a partir dessa superioridade de formação e saber.[78]

Os mapas são, de acordo com isso — sobretudo no período inicial da história dos descobrimentos —, testemunhos diretos das reivindicações civilizatórias de soberania. "Uma tomada cartográfica científica, de fato, é um título autêntico de direito diante de uma *terra incognita*."[79] Impõe-se a observação de que é o soberano do mapa que decide sobre o estado de exceção de um mundo descoberto — e tal estado ocorre quando aquele que encontra impõe a uma terra descoberta e registrada um novo senhor e simultaneamente lhe imprime um novo nome.

Seria de valor epistemológico imensurável para a teoria da globalização terrestre se dispuséssemos de uma história detalhada das políticas de denominação geográfica durante os últimos quinhentos anos. Nela se refletiriam não só as cenas primordiais do descobrir e do conquistar, e as lutas entre as frações rivais de descobridores e conquistadores. Mas também se poderia evidenciar que, na história dos nomes mundiais, se desdobrou ao mesmo tempo o aspecto semântico de um des-afastamento do mundo promovido de modo instintivamente conjunto pelos europeus. Apenas poucas regiões culturais conseguiram impor seus nomes próprios contra os descobridores; onde se logrou isso, há indícios de uma resistência de reinos suficientemente poderosos contra a impregnação de fora. De maneira geral, os europeus souberam apanhar a maior parte da superfície da Terra como um enxame de achados anônimos em suas redes onomásticas e projetar seus léxicos no mundo aberto. *The Great Map of Mankind* [O grande mapa da humanidade] (Edmund Burke) é desenrolado pelos descobridores europeus e inscrito com seus caprichos onomásticos. O batismo de mares, correntes, rios, passagens, cabos, baías e fossas, de ilhas e arquipélagos, de costas, cordilheiras, planícies e territórios torna-se uma paixão secular de cartógrafos

78. C. Schmitt, *Der Nomos der Erde im Völkerrecht des Jus Publicum Europaeum* (1950), op. cit., p. 103 e 102.

79. Ibidem, p. 103.

Mapa-múndi de Fra Mauro, Murano, 1459.

europeus e seus aliados, os marinheiros e comerciantes. Onde eles emergem chovem novos nomes sobre o mundo até aquele momento aparentemente mudo.

Porém o que se batiza também se pode rebatizar. Guanahani, a pequena ilha das Bahamas, a primeira terra firme que Colombo pisou no Novo Mundo, no dia 12 de outubro de 1492, recebeu dele — sob suas premissas, com toda a naturalidade — o nome de San Salvador — nome que, no espírito da ideologia do portador, deveria representar o melhor que os conquistadores carregavam consigo. Os primeiros descobridores dificilmente atracavam seus navios em alguma parte sem acreditar que, mediante a sua presença, o Deus da Europa se revelava aos novos territórios. Em correspondência a esse hábito, conquistadores budistas teriam de chamar a ilha Guanahani de Gautama ou Bodisatva, ao passo que, para invasores islamitas, o nome O Profeta teria sido mais plausível. Depois que o pirata inglês John Watlin ocupou a ilha entrementes desabitada, no ano de 1680 e a transformou em sua base de operações, ela permaneceu com o nome ilha de Watlin até o início do século XX, como se a vocação natural do pirata fosse tomar posse da herança do descobridor. Só em 1926 foi devolvida à ilha do pirata o nome com que fora batizada por Colombo, mas não sem conflitos, já que cinco outras ilhas das Bahamas reivindicavam ser a ilha histórica de Guanahani. A ilha que hoje se chama Cuba tinha recebido de Colombo o nome de Santa María de la Concepción — assim, a Sagrada Família estava estabelecida no Caribe. O posterior Haiti gozou por um tempo do privilégio de portar o nome de Pequena Espanha, Hispaniola. De modo análogo, dúzias de ilhas e pontos costeiros foram adornadas pelo grande descobridor com nomes extraídos da nomenclatura religiosa e dinástica da Europa, a maioria dos quais não se manteve historicamente.

Todavia, inclusive o continente que Colombo descobriu, o centro-americano e sul-americano, não foi denominado segundo seu nome, como deveria ter acontecido, de acordo com as regras do jogo da globalização, mas no nome de um dos seus rivais na corrida pela viabilização do acesso ao Novo Mundo. Em decorrência de uma hipótese de batismo problemática do cartógrafo alemão Martin Waldseemüller, a forma feminina do prenome do descobridor-comerciante Amerigo Vespucci [Américo Vespúcio] aderiu ao continente, cuja costa oriental o florentino, de acordo com fontes incertas, teria explorado no ano de 1500 até a foz do rio Amazonas. Nesse sucesso de denominação, reflete-se o poder de persuasão de um mapa-múndi planisférico, em formato aproximado ao de um coração, publicado por Waldseemüller em 1507, que representa também o mapa mais antigo impresso no processo de xilogravura (junto com o mapa de Contarini, de 1506, publicado como calcogravura).[80] O que contribuiu para o seu sucesso foi um escrito geográfico que acompanhava o mapa — ela teria tido uma tiragem de mil

80. Cf. J. Goss, *Kartenkunst. Die Geschichte der Kartographie* [Arte cartográfica: a história da cartografia], Braunschweig, Westermann, 1994, p. 73.

Placa comemorativa na ilha de San Salvador.

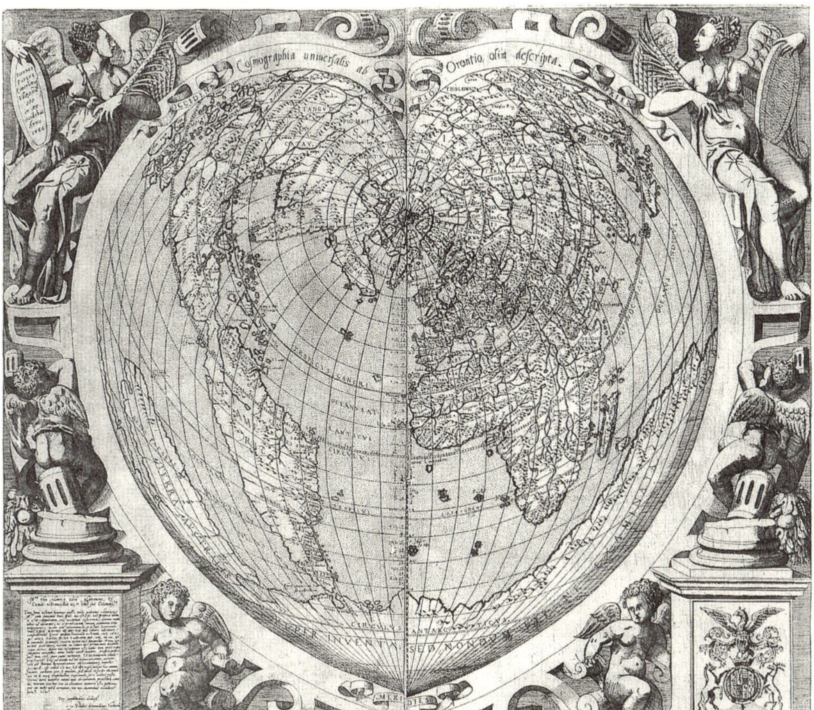

Mapa-múndi em formato de coração de Giovanni Cimerlino, *Cosmographia universalis*, Verona, 1566.

exemplares, da qual, estranhamente, só se preservou um único exemplar (conhecido) —, que teve de ser reimpresso três vezes ainda no ano de sua publicação. Da mesma época procede o globo de Waldseemüller, que apresenta para a parte sul do Novo Mundo a mesma proposta de denominação — América. Resta ponderar se o formato de coração do mapa — mesmo que ainda não tão bem desenvolvido como nos mapas-múndi posteriores de Oronce Finé e Giovanni Cimerlino[81] — não teria contribuído decisivamente para o triunfo da façanha cosmográfica de Waldseemüller, pois o que poderia ser mais tocante para a imaginação que representava o mundo do que a ideia de retratar o conteúdo inteiro da superfície da esfera terrestre sobre um grande coração? O fato de Waldseemüller mais tarde se distanciar do seu equívoco sobre Vespúcio não foi mais capaz de deter a marcha triunfal do nome proposto por ele.[82]

O *globe vert* [globo verde] parisiense de 1515 parece ser o primeiro no qual o nome América foi aplicado também à parte norte do continente duplo. No entanto, por períodos mais longos, circularam muitas designações rivalizantes para essa parte do *mundus novus*; assim, ainda em 1595, ele aparece num mapa de Michael Mercator como *America sive Nova India*; num mapa veneziano de 1511, por sua vez, o continente de Colombo se chama *Terra sanctae crucis* [Terra da Santa Cruz]; num mapa-múndi genovês de 1543, o continente norte-americano como um todo ainda não tem nome, enquanto o continente sul-americano continua sendo registrado de modo não específico como *mundus novus*. Por séculos o Nordeste norte-americano figurou como *Nova Francia* ou *Terra francisca*, ao passo que o Oeste e o Meio-Oeste receberam dos britânicos o nome de *Nova Albion*. A posterior Nova Inglaterra, isto é, a costa oeste norte-americana, por sua vez, foi chamada por algum tempo de *Nova Belgia*, o que significava Nova Holanda, ao passo que a Austrália, no século XVII, era chamada de *Hollandia nova*. Nesses vestígios

81. Cf. ibidem, p. 123, 124 e 133. O mapa de Waldseemüller se situa a meio caminho entre os novos mapas em formato de coração e os mapas mais antigos em formato de manto (nos quais os contornos de países e mares eram projetados sobre um manto litúrgico, especialmente o manto do imperador).

82. Cf. O. Muris e G. Saarmann, *Der Globus im Wandel der Zeiten*, op. cit., p. 76 e 83-84.

confusos do nacionalismo onomástico inicial já se anuncia a era dos imperialismos burgueses sobre a base dos Estados nacionalistas capitalizados. Por toda uma era, o prefixo "novo(a)" mostrou ser o módulo mais poderoso de criação de nomes, com o qual só o prefixo "sul" foi capaz de competir por algum tempo durante a corrida pela *terra australis*, o hipotético continente gigantesco no hemisfério Sul. Com o batismo de novas cidades (Nova Amsterdam), novos países (Nova Helvécia), países do sul (Geórgia do Sul, Nova Gales do Sul), ilhas santas (San Salvador), arquipélagos de monarcas (Filipinas) e terras de conquistadores (Colômbia, Rodésia), os europeus gozavam da prerrogativa de clonar seu mundo semanticamente e apropriar-se dos pontos remotos e estranhos por meio do retorno lexical do mesmo.

Na soma de seus efeitos, não há como superestimar o papel da cartografia no processo da globalização em progresso na realidade. Os mapas e visualizações do globo não servem apenas como grandes meios de atração da fase inicial dos descobrimentos; não funcionam apenas quase como cadastros e atestados de atos de tomada de posse notarialmente acreditados e como arquivos de um saber localizador que se acumulou no decorrer de séculos, além de planos de rotas de navegação. Eles são concomitantemente também mídias de memória do período dos descobrimentos, nas quais estão registrados inúmeros nomes de heróis marítimos e descobridores de partes estranhas do mundo — do estreito de Magalhães no sul patagônico até a baía de Hudson no norte do Canadá, da Tasmânia nos mares do sul até o cabo Chelyuskin na Sibéria, das cataratas de Stanley no Congo até a barreira de Ross na Antártida. Paralelamente à história dos artistas, que assumiu contornos nítidos na mesma época, a história dos descobridores construiu para si, nos mapas, um pavilhão da fama próprio. Boa parte das ações de descobrimento posteriores já constituiu torneios de candidatos à glorificação na história mapeada. Muito antes que a arte e a história da arte tornassem fecunda para si mesmas a concepção da vanguarda, os vanguardistas da apreensão da Terra estiveram a caminho em todas as frentes da futura glória dos mapas. Com frequência, eles zarpavam dos portos europeus como aqueles que, em caso de êxito, teriam sido os primeiros a estar nesse ou

Planisférios de Rumold Mercator, 1587.

naquele ponto. Principalmente projetos teatrais como a "conquista" do polo Norte e do polo Sul estavam, desde o início, sob a clave da ilusão de eternização, cuja glória suprema era ser acolhido nos *records* [registros] da história dos descobrimentos. O alpinismo também foi uma variante dessa história do vanguardismo que não queria deixar nenhum ponto eminente da superfície da Terra sem ser conquistado. A caça à glória prometida aos

que primeiro pusessem o pé nos polos permaneceu por longo tempo a mais pura expressão do delírio erudito. Os contemporâneos das viagens aéreas e espaciais já não conseguem mais compreender as fascinações populares e o prestígio científico associados, ainda em torno do ano de 1900, aos dois projetos polares. Os polos terrestres não só corporificaram a suma do longínquo desabitado e do lugar de difícil acesso, como

"America Terra Nova", em Martin Waldseemüller, *Weltkarte* [Mapa-múndi], Estrasburgo, 1513.

também neles se fixou, acima de tudo, o sonho de um centro absoluto ou de um marco zero axial, que praticamente não se diferenciava de uma continuidade da busca por Deus no elemento geográfico e cartográfico.

Nesse contexto, cabe lembrar que a época em que Sigmund Freud ganharia renome como "descobridor do inconsciente" vivenciou, ao mesmo tempo, o ponto alto das corridas aos polos da Terra e a grande coalizão dos europeus para eliminar as últimas manchas brancas do mapa da África. Por seu caráter de promotor de acesso e fundador, o empreendimento "psicanálise" pertence à era dos *empire builders* [construtores de impérios] do tipo de Henry Morton Stanley e Cecil Rhodes ("Seu eu pudesse, anexaria o planeta"). A estes se juntou pouco depois, nascido no mesmo ano que Freud, o jovem docente hanoveriano Carl Peters (1856-1918),

Preparativos para o sepultamento de Cecil Rhodes, 1902.

o posterior fundador da África Oriental Alemã, que, com seu escrito filosófico *Willenswelt und Weltwille* [Mundo da vontade e vontade do mundo], de 1883, levara a cabo conceitualmente, por antecipação, a imperialização do fundamento vital. O inconsciente não estava inscrito, ainda que com contornos vagos, nos mapas do espírito reflexivo desde os dias do jovem Schelling? Não era plausível afirmar que finalmente o seu interior obscuro também ficara maduro para ser ceifado pela "foice da civilização"? Freud havia estudado com atenção as obras dos conquistadores científicos da África, Stanley e Baker; quando, no seu caminho para a fama, se decidiu pela "verdadeira África interior"[83] na psique de cada ser humano, ele provou, com essa escolha de sua linha de pesquisa, que tinha um excelente instinto imperialista. A expedição austro-húngara ao

83. Cf. L. Lütkehaus (ed.), *Tiefenphilosophie. Texte zur Entdeckung des Unbewußten vor Freud* [Filosofia profunda: textos para o descobrimento do inconsciente antes de Freud], com um ensaio do editor (Hamburgo, Anst, 1995); nova edição de volume da coletânea publicada em 1989 sob o título: *Dieses wahre innere Afrika* [Essa verdadeira África interior]. Cf. ali sobre a relação de Freud com o "*dark continent* [continente escuro]", nas p. 2-7. A formulação "verdadeira África interior" remonta ao romance póstumo de Jean Paul intitulado *Selina,* de 1827.

Ártico, de 1872 a 1874, liderada por Karl Weyprecht e Julius von Payer, até obteve êxitos notáveis com a denominação Terra de Francisco José e da ilha Príncipe Rudolfo, mas, numa perspectiva global, seus resultados foram de importância apenas gélida e provinciana. Certo da vitória, o cientificismo de Freud manifestou-se no fato de este não reclamar para si uma ilha na margem fria, mas um continente quente e situado no centro; seu *ingenium* se impôs de modo impressionante quando ele conseguiu, graças aos seus mapas topológicos, adquirir o inconsciente *de facto* como terra de Sigmund Freud. Ele também carregou estoicamente sobre os ombros o fardo do homem branco, quando, resumindo sua obra, protocolou o seguinte: "A psicanálise é um instrumento que visa possibilitar ao eu a conquista progressiva do id."[84] Mesmo que entrementes os tristes trópicos do id sejam administrados por novos ocupantes ou mesmo que alguns calibãs não analisáveis proclamem sua descolonização, as velhas demarcações freudianas continuam bem visíveis em muitos lugares. Não se sabe ao certo se elas, a longo prazo, despertarão mais do que um interesse turístico.

16. O puro exterior

A exemplo da alusão de Freud ao *dark continent* do inconsciente[85], também a indicação para o "terror do gelo e da escuridão"[86] com que

84. S. Freud, *Das Ich und das Es* (1923) [O ego e o id], in:, *Gesammelte Werke* [Obras completas], 6. ed., v. XIII, Frankfurt s/ Meno, Fischer, 1969, p. 286. [Ed. bras.: *O eu e o id, "Autobiografia" e outros textos (1923-1925)*, in:, *Obras completas*, v. 16, trad. Paulo César de Souza, São Paulo, Companhia das Letras, 2011.] O fato de essa terra já se encontrar densamente povoada não incomodou o conquistador Freud, assim como não incomodou outros tomadores de terras da era imperial; os magnetizadores do século XIX se tornaram para ele os índios do inconsciente, e os hipnotizadores, seus palestinos.

85. S. Freud, *Gesammelte Werke*, op. cit., v. XIV, p. 241.

86. C. Ransmayr, *Die Schrecken des Eises und der Finsternis*, Frankfurt s/ Meno, Fischer, 1997. [Ed. bras.: *Pavores de gelo e trevas*, trad. Mario Frunjillo, São Paulo, Estação Liberdade, 2010.]

depararam os viajantes aos polos se presta para lançar uma luz adequada sobre o sentido esferológico dos projetos de descobrimento na era da globalização. Quando os comerciantes e heróis europeus saíram para "tomar" pontos longínquos do globo, só puderam formular essas intenções na medida em que o espaço local globalizado era projetado como um exterior aberto e viável. Todos os projetos europeus e tomada de terras e mares[87] miram espaços exosféricos que, do ponto de vista das tropas expedicionárias, num primeiro momento, de modo algum pertencem ao mundo em que vivem. Neste ponto, não se aplica mais a informação topológico-existencial de Heidegger: "No *Dasein* há uma tendência essencial à proximidade."[88] A característica forte da exterioridade é que ela não está acessível "desde sempre" no modo de habitá-la — em vez disso, aqui é suposta apenas a possibilidade da acessibilidade em uma antecipação projetiva (resultando em que a diferença entre habitar e espoliar nunca mais será clara). Nesse caso, até a proposição sutil de Merleau-Ponty: "O nosso corpo não está no espaço, ele o habita"[89] cai no vazio. A observação do mesmo autor de que a ciência manipula as coisas e renuncia a "habitá-las"[90] se aplica igualmente à pirataria e ao comércio mundial; nenhum dos dois têm uma relação de habitação com o mundo. Para o olho do pirata e do liberal não é mais válido que o olho "habita o ser como o ser humano habita sua casa".[91] De fato, os marinheiros e colonizadores, para não falar dos *desperados* e *degradados* de todas as sarjetas do Velho Mundo, estão dispersos lá fora mais como corpos deslocados em um espaço desabitado, e só raramente encontram nele aquilo que, mediante a transferência de domesticidade,

87. Que entrementes foram reduzidos à sua forma mais generalizada pela tomada ecológica do meio ambiente.

88. M. Heidegger, *Sein und Zeit*, op. cit., p. 105. [Ed. bras.: *Ser e tempo*, op. cit., p. 309 (trad. modif.).] Cf. também P. Sloterdijk, *Esferas I: bolhas*, op. cit., p. 301 ss.

89. M. Merleau-Ponty, *Phänomenologie der Wahrnehmung*, trad. Rudolf Boehm, Berlim, De Gruyter, 1966, § 20, p. 169 ss. [Ed. bras.: *Fenomenologia da percepção*, 2. ed., trad. Carlos Alberto Ribeiro de Moura, São Paulo, Martins Fontes, 1999, p. 205.]

90. Idem, *Das Auge und der Geist*, op. cit., p. 13.

91. Ibidem, p. 19.

também em termos conceituais se pode denominar uma *segunda pátria*. No espaço exterior, recompensa-se um tipo humano que, em razão da fragilidade de seus vínculos com objetos, pode aparecer em toda parte como controlado a partir de dentro, infiel, disponível.[92]

Talvez por essa via seja possível explicar, pelo menos em parte, a misteriosa facilidade com que os homens que lá fora se encontram como inimigos *eventualiter* se aniquilam mutuamente. O outro, visto como corpo no espaço exterior, não é coabitante de uma esfera comum do mundo vital nem coportador de um corpo moral-sensual de ressonância, de uma "cultura" ou de uma vida compartilhada, mas um fator qualquer de *circunstâncias exteriores* desejadas ou indesejadas. Se o problema psicodinâmico de uma existência sedentária superprotegida fosse o masoquismo de *container*, o da existência excessivamente desprotegida e exposta seria o exterminismo — um fenômeno parassadista que aflorou de modo inequívoco já nos excessos cometidos pelos cruzados cristãos a partir do século XII.

Na sua primeira viagem à Índia em 1497, Vasco da Gama, após pilhar o navio de um comerciante árabe, mandou, sem nenhuma razão específica, queimá-lo e afundá-lo com mais de duzentos peregrinos a Meca, incluindo mulheres e crianças, a bordo — início de uma história mundial dos malfeitos externos. A ação globalizada de extermínio se desvincula de pretextos e, na condição de aniquilação pura e simples, atinge uma zona situada além de guerra e conquista. Nas colônias e nos mares, é exercitado o exterminismo, que, no século XX, retorna aos europeus no estilo da guerra total. Quando o combate ao inimigo acontece no exterior, já não há como diferenciá-lo com segurança do extermínio de uma coisa. A disposição para isso reside na alienação espacial: nos desertos aquosos e nas terras novas da superfície terrestre, os agentes da globalização nunca atuam como moradores de uma propriedade; eles agem como desenfreados que já não respeitam as normas domésticas da cultura em lugar nenhum. Os conquistadores atravessaram o espaço

92. Cf. G. Raeithel, *"Go West": Ein psychohistorischer Versuch über die Amerikaner* ["Go West": um ensaio psico-histórico sobre os norte-americanos], Frankfurt s/ Meno, Syndikat, 1981.

nivelado como quem abandona a casa, sem que, desse modo, tivessem tomado a "senda" no sentido budista. Quando saem da casa comum do espaço interior do mundo europeu antigo, dão a impressão de indivíduos que, como projéteis, se soltaram de todos os suportes e amarras para se extravasar em uma não esfera e uma não proximidade generalizadas, em um mundo exterior de recursos nivelado e indiferente — conduzidos apenas pelo mandado e pelo apetite, e mantidos em forma pelo exercício da crueldade. Os êxitos de desembarque — na compreensão mais estrita e mais ampla — desses desprendidos da terra decidirão algum dia se serão vitimados por suas forças internas de fuga e desaparecerão no nada como psicóticos expedicionários asselvajados ou se lograrão, como que através de "novas relações com os objetos", restabelecer relações de terra firme, o renovado estabelecimento de uma casa em um mundo distante ou no Velho Mundo reencontrado. Com toda a razão, Carl Schmitt atentou para o papel das "linhas amistosas" traçadas de comum acordo pelas potências marítimas europeias, cujo sentido foi demarcar um espaço civilizado além do qual poderia começar formalmente o exterior inteiramente caótico enquanto espaço isento de lei.[93]

93. C. Schmitt, *Der Nomos der Erde*, op. cit., p. 54-69; cf. também J. Derrida, *Politiques de l'amitié* [Política da amizade] (Paris, Galilée, 1995); de resto, foi Nietzsche quem desenvolveu as primeiras tentativas de uma teoria da descompensação moral na exterioridade:

> Perguntemo-nos quem é propriamente "mau" [...]. A resposta, com todo rigor: precisamente o "bom" da outra moral, o nobre, o poderoso, o dominador, apenas pintado de outra cor, interpretado e visto de outro modo pelo olho de veneno do ressentimento. [...] os mesmos homens tão severamente contidos pelo costume, respeito, pelos usos, pela gratidão, mais ainda pela vigilância mútua, pelo ciúme *inter pares* [entre iguais], que por outro lado se mostram tão pródigos em consideração, autocontrole, delicadeza, fidelidade, orgulho e amizade, nas relações entre si — para fora, ali onde começa o que é estranho, o estrangeiro, eles não são melhores do que animais de rapina deixados à solta. Ali desfrutam a liberdade de toda coerção social, na selva se recobram da tensão trazida por um longo cerceamento e confinamento na paz da comunidade [...] (F. Nietzsche, *Zur Genealogie der Moral*, Erste Abhandlung, 11, KSA, v. 5, p. 274). [Ed. bras.: *Genealogia da moral: uma polêmica*, trad. Paulo César de Souza, São Paulo, Companhia das Letras, 1998, primeira dissertação, 11, p. 32.]

17. A teoria do pirata

O terror branco

Nesse contexto, a pirataria, que, ao lado do comércio de escravos, constitui o fenômeno máximo da criminalidade da fase inicial da globalização, assume um significado marcante em termos de filosofia da história, por representar a primeira forma empresarial do ateísmo operativo: onde Deus está morto — ou onde ele não está olhando, no espaço sem Estado, no navio sem capelães a bordo, nos mares sem lei fora das zonas de respeito acordado, no espaço sem testemunhas, no vazio moral *beyond the line* [além do limite] — tudo de fato é possível, e ali às vezes realmente acontece o extremo em termos de abominações possíveis entre humanos. A lição dada por esse capitalismo predador ecoa por muito tempo: é a partir do ateísmo pirata que os modernos refletem sobre os perigos do desenfreamento libertário e anárquico; aí também está a fonte da fobia neoconservadora à figura do guerrilheiro. O medo notório que, desde a Antiguidade, os guardiães da ordem têm dos inovadores se converte no medo que os habitantes da terra firme têm do empresário que cruza os mares, no qual se percebe o pirata, mesmo que ele porte cartola e saiba usar uma faca para peixe à mesa. Por essa razão, nenhum morador da terra firme pode imaginar, sem ficar apavorado, uma situação mundial em que não vigorasse mais o primado do político, e isso quer dizer, nesse caso, o primado do que é próprio da terra firme. Pois quando o pirata desembarca, quais são os planos criminosos que ele guarda no bolso interno do paletó? Onde leva escondidas suas armas? Com que argumentos venais enaltece suas especulações? Sob que máscaras humanitárias expõe suas intenções infames? Há dois séculos os cidadãos classificam seus medos assim: em terra firme, o anarcomarítimo se converte, na melhor das hipóteses, em um Raskolnikov (que faz o que quer, mas se arrepende do que fez); numa hipótese não tão boa, em um Marquês de Sade (que faz o que quer e também nega arrepender-se do que fez); na pior das hipóteses, em um neoliberal (que faz o que quer e ainda elogia a si mesmo, citando Ayn Rand, pelo que fez).

"Com a espada e a bússola mais e mais e mais e mais." Bernardo de Vargas Machuca, *Milicia y descripción de las Índias*, 1599.

Na figura do capitão Ahab, Herman Melville ergueu um monumento excepcional aos homens que saíram ao mundo, aos marinheiros sem retorno, que passam lá foram seus "impiedosos dias de velhice". Ahab encarna o lado luciférico, o lado perdido, da navegação marítima americano-europeia — de fato, de modo geral, o lado noturno do projeto da Era Moderna colonial e da pilhagem da natureza que só avança por meio da explosão de esferas e da devastação de periferias. Na perspectiva psicológica ou microesferológica, há evidência forçosa de que o sósia interior e exterior do marinheiro possesso não assume uma figura pessoal. O gênio da existência de Ahab não é um espírito das proximidades, muito menos um senhor nas alturas, mas um Deus de baixo e de fora, um soberano animal, que emerge de uma profundidade que zomba de toda e qualquer apropriação — justamente aquela baleia branca, a respeito da qual o autor observou em seus chavões etimológicos:

> "Esse animal é assim chamado por ser redondo e roliço; pois em dinamarquês HVALT é arqueado ou abobadado." Dicionário de Webster.
>
> "WHALE — Vem mais diretamente do holandês e alemão WALLEN; anglo-saxão WALWIAN, rolar, revolver-se." Dicionário de Richardson.[94]

Por sua figura "roliça", a baleia causa sobre os que a admiram e a odeiam a impressão da suma de um poder que gira exclusivamente em torno de si mesmo nas profundezas inquietantes do oceano. A majestade e a força de Moby Dick representam a resistência eterna de uma vida insondável contra as motivações dos caçadores. Sua brancura representa concomitantemente o espaço chato, não esférico, no qual os viajantes se sentirão defraudados de cada expectativa de intimidade, de cada sensação de chegada e de nova pátria. Não é sem razão que foi essa a cor reservada pelos cartógrafos para a *terra incognita*. Melville denominou branco "um descolorido, onicolor ateísmo ante o qual recuamos"[95], porque ele nos lembra, a exemplo dos brancos abismos da Via Láctea, "os vazios e as imensidões sem coração do universo"; ele nos impregna da ideia de nossa aniquilação no exterior indiferente. A baleia de Ahab é dessa cor por simbolizar uma exterioridade que, de resto, não carece nem é capaz de nenhuma manifestação. Mas quando o exterior alguma vez permite que o mirem como tal,

> então o universo paralisado estende-se à nossa frente como um leproso; e como viajantes obstinados na Lapônia, que se recusam a usar óculos coloridos e colorizantes, assim o mísero descrente

94. H. Melville, *Moby Dick oder Der Wal*, op. cit., p. 8. [Ed. bras.: *Moby Dick*, op. cit., p. 10.]

95. Ibidem, p. 252 ("*a colorless all-color of atheism from which we shrink*"). [Ibidem, p. 191.]

> vê-se cego na monumental mortalha branca que envolve toda a paisagem ao seu redor.[96]

Quase um século antes de Sartre fazer um personagem dramático dizer "O inferno são os outros", Melville já tinha tocado um chão mais fundo: "O inferno é o exterior." Nesse inferno metódico, nessa indiferença de um espaço no qual não acontece nenhum habitar, estão espalhados os modernos indivíduos-ponto. Por conseguinte, não importa somente, como diziam os existencialistas, dar a si mesmo um direcionamento e um projeto no espaço sem sentido por meio de um engajamento de livre escolha; após o desnudamento geral do ser humano sobre as superfícies da Terra e dos sistemas, trata-se bem mais do projeto de habitar o exterior indiferente, como se nele bolhas animadas pudessem se estabilizar por um prazo mais longo. Os humanos têm de manter a aposta de que conseguirão, inclusive diante da mortalha que se estende sobre tudo, levar tão a sério as relações mútuas em um espaço interior a ser constituído especialmente para isso, como se não houvesse fatos exteriores. Os pares, as comunas, os coros, as equipes, os povos e as igrejas estão, sem exceção, engajados na criação de espaços frágeis contra a primazia do inferno branco. Somente em tais recipientes autopoiéticos torna-se real o que a murcha palavra "solidariedade" significa na camada mais radical do seu sentido. As artes de viver da Era Moderna visam erguer coisas não indiferentes dentro do indiferente. Isso situa o projetar e o inventar em horizontes inexauríveis, inclusive em um mundo espacialmente exaurido.[97]

E talvez só então existam "povos livres" — dos quais falava o século XIX, sem compreender que apenas incentivou o surgimento de formas mais modernas de coletivos obcecados — como associações de humanos que, diante de uma indiferença realmente universalizada, se aliam de maneira nova, nunca antes vista, apenas vagamente antecipada por *ekklesías* e academias.

96. Ibidem. [Ibidem.]

97. Cf. V. Flusser, *Vom Subjekt zum Projekt* [Do sujeito ao projeto], in: *Schriften* [Escritos], v. 3, Bensheim e Düsseldorf, Bollmann, 1994.

18. A Era Moderna e a síndrome da terra nova

No salão de leitura do moderno anexo que leva à Biblioteca do Congresso dos Estados Unidos foi afixada uma inscrição de Thomas Jefferson que conceitua como nenhuma outra expressão o espírito da era das tomadas de terras: "A Terra sempre pertence às gerações que estão vivas. Elas podem, por conseguinte, gerir como bem quiserem a Terra e o que provier dela. Elas também são donas de si mesmas e, consequentemente, podem governar-se como bem quiserem." Mesmo que a tese washingtoniana seja do final do século XVIII, ela sintetiza um impulso que, desde a época de Colombo, atuou eficazmente no comportamento expansionista dos europeus — a concepção da Terra como achado e recurso. Na frase de Jefferson, não há como deixar de ouvir alusões veterotestamentárias e colonizadoras: a geração à qual é atribuída a abundância dos direitos de desfrute naturalmente não é senão a dos norte-americanos da Nova Inglaterra que se desvencilharam do reinado inglês, que acreditaram ter encontrado na costa norte do Atlântico a terra de suas esperanças e promessas. Para os ianques (pronúncia índia de *les anglais*) do século XVIII, os jogos de palavras judaizantes dos *Pilgrim Fathers* [Pais peregrinos], que acreditavam estar repetindo o êxodo de Israel do Egito, agora sobre o oceano, havia muito tinham se transformado em firula retórica, de modo que não necessitavam sussurrar nem se gabar quando aderiam à concepção que se tornara natural para eles, a saber, de que um povo eleito deveria ter uma terra prometida à disposição.

A palavra chamativa no jargão do direito natural a respeito de confiar a Terra à geração atual de usufrutuários repercute o choque feliz da forma do mundo provocado pelos descobrimentos transatlânticos no final do século XV e pela viagem de Fernão de Magalhães. Enquanto a revolução pacífica, a percepção do caráter de mar mundial das superfícies aquosas intercomunicantes sobre a Terra, permaneceu ainda por séculos uma "informação" abstrata e indesejada, quando muito estimuladora de utopias, o descobrimento do quarto continente, das duas Américas, constituiu uma sensação geográfica que se refletiu em inúmeras manifestações de um novo apetite teológico e mercantil.

Em múltiplas versões, os americanistas parafrasearam as interpretações histórico-salvíficas propostas pelos contemporâneos e pelos que nasceram depois para o descobrimento do continente duplo. Para os biblicistas entre os imigrantes e ocupantes, a América foi indubitavelmente o trunfo de Deus que ele mantivera por um milênio e meio na manga para jogá-lo na época de maior necessidade, na agonia político-religiosa do Ocidente cindido pela Reforma. Ao permitir que seu servo Colombo, ainda católico, encontrasse a América *just in time* [na hora certa], Deus empregou o ardil da Providência para mostrar aos seus o rumo a seguir no segundo êxodo.

Abstrairemos aqui dos delírios que, por meio dos emigrantes de fé forte, tornaram-se fatores da história real. Quem se interessar pelo adendo sério a *A divina comédia* certamente se sentirá recompensado pela leitura de *Magnalia Christi Americana* (*Grandes feitos de Cristo no Novo Mundo*), de autoria do pastor bostoniano Cotton Mather, do século XVII. O que converteu o efeito América, para além do caráter de sensação geográfica e de suas sublimações teológicas, no principal fato psicopolítico da Era Moderna foi sua irradiação na consciência de espaço, solo e chances dos europeus pós-colombianos, dentre os quais foram recrutados os americanos. A América emerge do Atlântico como um universo de reserva, no qual o experimento de Deus com a humanidade pode começar do início mais uma vez — uma terra na qual chegar, ver e tomar parecem se tornar sinônimos. Enquanto na velha Europa feudalizada e territorializada toda nesga de terra agrícola tinha dono fazia milhares de anos e toda trilha através do bosque, todo paralelepípedo, toda ponte eram onerados por antiquíssimos direitos de passagem e incômodos privilégios que favoreciam algum explorador principesco, a América ofereceu a incontáveis pessoas que chegavam a experiência sensacional de contraste de uma terra como que sem dono, cuja imensidão só precisava ser ocupada e cultivada para pertencer ao seu ocupante e cultivador. Um mundo no qual os colonos chegam antes dos cadastros — um paraíso para quem recomeça e para quem é forte para tomar. Certamente boa parte das modernas sensações de amplidão do mundo também é condicionada pela experiência americana básica — a possibilidade de tomar terra e recursos. Por essa via surge — ao

Mural de Ezra Winter na Biblioteca do Congresso, salão de leitura.

lado de numerosos outros caracteres sociais — um tipo de agricultor sem precedentes na história do mundo, que não é mais arrendatário de um dono de terras, mas cultiva a terra como tomador de terras armado de direito próprio e como fazendeiro subordinado a Deus num solo novo próprio. É preciso que cada um que queira tentar a sorte no terreno das chances do Commonwealth entre com o tanto de empreendedorismo que corresponda ao ato de tomar como tal. De fato, talvez o que teólogos e juristas modernos denominaram direito natural seja apenas a explicação formal da nova subjetividade do tomador que se pôs em marcha para, por água e por terra, buscar a parte que lhe cabe. Os direitos humanos são a alma jurídica da vida que toma a parte que lhe cabe. Uma vez mais, é Melville quem diz: "Não há um provérbio

na boca de todos segundo o qual a posse é metade do direito, sem levar em conta o modo como se obteve essa posse? Mas amiúde a posse é o direito inteiro."[98]

Não obstante, os tomadores-empreendedores nas linhas de frente coloniais põem seu agir, para falar em termos kantianos, sob uma máxima que costuma se prestar mais a uma definição de criminalidade do que à cooperação na globalização: na medida em que querem se tornar possuidores e proprietários de bens mediante o puro ato de tomar, eles se

98. H. Melville, *Moby Dick oder Der Wal*, op. cit., p. 484 ("*But often possession is the whole of the law* [Mas amiúde a posse é o direito inteiro]"). [Ed. bras.: *Moby Dick*, op. cit., p. 377 (trad. modif.).]

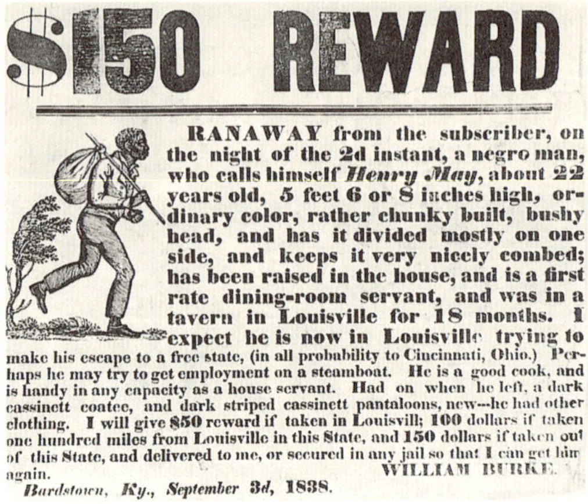

$150 REWARD

RANAWAY from the subscriber, on the night of the 2d instant, a negro man, who calls himself *Henry May*, about 22 years old, 5 feet 6 or 8 inches high, ordinary color, rather chunky built, bushy head, and has it divided mostly on one side, and keeps it very nicely combed; has been raised in the house, and is a first rate dining-room servant, and was in a tavern in Louisville for 18 months. I expect he is now in Louisville trying to make his escape to a free state, (in all probability to Cincinnati, Ohio.) Perhaps he may try to get employment on a steamboat. He is a good cook, and is handy in any capacity as a house servant. Had on when he left, a dark cassinett coatee, and dark striped cassinett pantaloons, new--he had other clothing. I will give $50 reward if taken in Louisvill; 100 dollars if taken one hundred miles from Louisville in this State, and 150 dollars if taken out of this State, and delivered to me, or secured in any jail so that I can get him again.

WILLIAM BURKE.

Bardstown, Ky., September 3d, 1838.

Recompensa por escravos fugidos.

eximem das exigências descabidas da troca justa. Como ensina a história, isso dificilmente causa dano à sua consciência do que é direito, visto que eles se reportam ao direito do instante oportuno: neste, a justiça reside na própria tomada de posse. Troca e reconhecimento mútuo vêm depois. Os atores expansionistas, tanto no Oeste norte-americano quanto no restante do globo, refugiam-se em seu fazer apropriador numa teoria da lacuna moral: eles querem dizer que parece haver tempos em que o agir tem de ser mais célere do que o direito, e foi num tempo assim que caiu a nossa vida. Com esse argumento, reivindicam para si a absolvição por circunstâncias extraordinárias. Os que em tempos normais seriam saqueadores na lacuna histórica são pioneiros; os que nos anos em que vigora o direito ou em anos pós-históricos seriam criminosos na turbulência da história acontecendo são heróis. (E quem poderia ignorar que a atual indústria cultural, no seu culto aos filmes de crimes, continua sonhando com o vácuo legal em que o criminoso pode continuar reclamando para si o direito humano de tomar sem dar nada em troca.)

É evidente que, nos tempos heroicos da tomada de posse, os agentes estão tão interessados na tomada de si mesmos quanto na tomada do mundo; eles consideram sua existência como o próximo bem sem dono que só precisa ser apreendido para representar uma chance. O clássico dessa ideia é Daniel Defoe, que não apresenta apenas seu náufrago, Robinson Crusoé, como alguém que se apossa integralmente do território e de si mesmo; também sua protagonista feminina exemplar, Moll Flanders, famosa por suas *Fortunes and Misfortunes* [Venturas e desventuras], é uma tomadora em cada sentido da palavra, uma ladra autodidata (*take the bundle*; *be quick*; *do it this moment* [pegue o pacote; seja rápida; faça-o já]) e alguém que se apossou de todos os maridos e patrimônios que o acaso lhe pôs ao alcance da mão.

Em tempos mais recentes, multiplicam-se os indícios que apontam uma judicialização retroativa da história — a consequência disso é que os agentes da tomada do mundo, de Cristóvão Colombo a Savorgnan de Brazza e de Francisco Pizarro a Cecil Rhodes, serão processados *a posteriori* — como um processo sem fim e procedimentalmente incerto, no qual se alternam sentenças de culpa e solicitação de novos procedimentos. Na história da escravidão negra, do extermínio dos indígenas e do colonialismo espoliador, a criminalização retroativa da Era Moderna foi consumada sem que a defesa pudesse, como acontecia em processos anteriores, ousar pedir a absolvição em virtude de circunstâncias civilizatórias atenuantes. Nesses casos, nem mesmo os defensores mais resolutos da tomada do mundo sem culpa conseguem se opor ao peso dos documentos e dos procedimentos anteriores. Quem ainda poderia defender os soldados norte-americanos que, com intenção genocida, enviaram cobertas de algodão contaminadas com varíola ao acampamento dos seus inimigos índios? Quem defenderia os comerciantes de seres humanos que às vezes deixavam estragar um terço de sua mercadoria nos transportes transatlânticos de gado humano? Quem assumiria a defesa de Leopoldo II da Bélgica, que transformara sua colônia privada, o Congo, no "pior campo de trabalhos forçados da Era Moderna" (Peter Scholl-Latour)? Nesses campos, os historiadores tiveram de se converter em advogados de suas civilizações. Deles se depreende como a relação entre justiça e história pode se deslocar *a posteriori*. Entrementes, a tribunalização do passado abarcou todo o período dos heróis da globalização terrestre. A Era Moderna está diante de nós como um dossiê da incorreção imperialista. O único consolo que seu estudo transmite é a ideia de que esses feitos e malfeitos se tornaram irrepetíveis. Talvez a globalização, como a história em geral, seja o crime que só pode ser cometido uma vez.

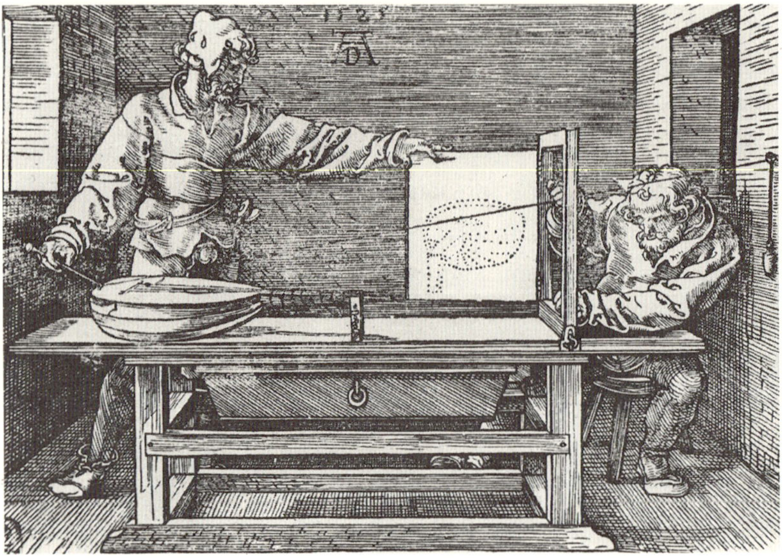

Windows 1525, tomada do mundo com o auxílio da técnica perspectivista de representação.

19. Os cinco baldaquinos da globalização

Exportação do espaço europeu

Para compreendermos os segredos esferológicos da globalização avançada, temos não só de tentar retroceder a um tempo *anterior* à indeferentização do espaço pelas tecnologias de trânsito e pela tempestade de imagens do final do século XX; ao mesmo tempo, teríamos de recuperar os critérios para apreciar o imenso trabalho de europeus e seus colaboradores em todas as partes do mundo visando à reinvenção de condições viáveis de vida em outros cenários. A investida para dentro do branco planetário jamais teria podido se desdobrar na história de sucesso que ela foi, apesar de todos os seus horrores, pelo menos na perspectiva geopolítica e tecnológica, para os europeus e seus descendentes, se os que assumiram o risco de sair não tivessem logrado, também a caminho e em outras paragens, preservar ou regenerar condições endosféricas mínimas. Por esse motivo, a verdadeira história da globalização também deveria ser contada como história dos envoltórios trazidos junto e como travessia das cápsulas abrigadoras, tanto das visíveis quanto das invisíveis. Poder-se-ia dizer que a arte específica dos europeus foi exportar baldaquinos — simbolizações

Imagens (detalhes): Albrecht Dürer, Andrea Mantegna e Hieronymus Rodler.

portáteis do céu, do qual os viajantes poderiam se apropriar também lá fora como "céu para nós". Mais do que seu exterminismo fatal, o que proporcionou aos europeus por séculos um *prius* na conquista do exterior foi sua capacidade superior de levar com eles um espaço próprio mínimo. Por isso, onde quer que aparecessem, eles foram capazes de comprovar que, na maioria das vezes, são os melhores observadores dos outros: observador é aquele que percebe o outro através de uma janela teórica. Carregando consigo janelas mentais, os europeus que faziam negócios tinham como vantagem em relação aos outros descobertos, na maioria das vezes, toda uma dimensão da capacidade de descrever, analisar e agir. Trata-se essencialmente de cinco formas pelas quais esferologicamente foi possível dar conta da relação entre o agressor e o espaço em branco:

— a mitologia náutica;

— a religião cristã;

— a lealdade com os príncipes da matriz;

— a apreensão científica do espaço exterior;

— a tradução linguística.

Windows 1525, tomada do mundo com o auxílio da técnica perspectivista de representação.

Cada uma dessas práticas produziu uma poética própria do espaço e deu sua contribuição para tornar o exterior viável para a vida dos viajantes e invasores ou simular sua integração e dominação.

20. Poética do espaço do navio

Ainda mais facilmente acessíveis para os contemporâneos são os aspectos psicodinâmicos da vivência do espaço do navio, porque, para eles, estão dados pontos de contato a partir do uso de interiores de *motor-homes* e cabines de automóveis. Dispor de tais meios de "trânsito" não se teria tornado uma prática satisfatória e irrenunciável de mobilidade para grandes contingentes de indivíduos modernos se os veículos não tivessem pontos de ligação, em suas formas interiores mesmas, com estruturas elementares da formação de esferas em uma dimensão espacial exígua. O navio, como em proporções mais modestas o automóvel e o *motor-home*, é o ninho mobilizado ou a casa absoluta.[99] Nele e com

99. Cf. Capítulo 3: "Arcas, muralhas citadinas, limites do mundo, sistemas imunes:

Imagens (detalhes): Albrecht Dürer, Frans Huys e Hieronymus Rodler.

ele são possíveis relações simbióticas, na medida em que o veículo pode ser vivenciado como ventre que abriga uma ninhada de recém-chegados; eles desembarcarão onde puderem e aprontarão o que quiserem diante da porta da casa destituída de contexto. Ao mesmo tempo, o navio é uma autoextensão tecnosférica mágica das tripulações — em consequência, é, como todos os veículos modernos, uma máquina homeostática de sonhos que pode ser conduzida através do elemento exterior como se fosse uma grande mãe manipulável. (Uma história psico-historicamente convincente do fascínio do navio e da superstição do veículo ainda está por ser escrita.) A partir dessa razão formal, navios podem se tornar pátrias móveis para suas tripulações. Ao reconhecer os navios como extensões do país sob cuja bandeira eles navegam, o direito marítimo segue uma intuição esferológica primitiva: o estar em terra transita aqui, em termos de lógica espacial e de direito dos povos, para o estar a bordo; alguns traços essenciais do *nomos* da terra, da "paz" do espaço próprio, transferem-se aqui para a endosfera flutuante. A função decisiva do corpo do navio, todavia, é a supressão do exterior, da qual se deve falar tanto na perspectiva física quanto na simbólica. A isso corresponde a regra de que conjuntos humanos que se lançam para

Sobre a ontologia do espaço cercado de muros", p. 219-230.

fora só permanecem coesos quando logram estancar seus vazamentos e afirmar a prioridade do interior no elemento inviável à vida. Assim como as naves das igrejas da Europa antiga transferiam a realização dessa supressão para a velha terra firme para que fossem veículos das almas cristãs no mar terreno da vida, assim os navios expedicionários enviados ao espaço exterior tiveram de confiar no seu espaço de supressão como forma de abrigamento que eles mesmos se concederam e trouxeram consigo.

21. Clérigos a bordo

A rede religiosa

A partir daqui é evidente: o fato de que as expedições maiores da época heroica da navegação dificilmente podiam zarpar sem clero a bordo não foi apenas uma convenção religiosa nem uma mera concessão às exigências da Igreja de não deixar grupos de marujos saírem pelo mundo sem controle espiritual. A onipresença do fator religioso na fase inicial da navegação marítima aponta um segundo mecanismo esferopoiético superpoderoso. Para que as expedições dos primeiros viajantes oceânicos lograssem êxito, os atores dependiam de que suas tripulações não apenas buscassem se assegurar pelo seu ofício, mas também de que encontrassem suporte nas rotinas metafísicas das respectivas pátrias. Pelo fato de a navegação marítima ser uma prática que desafiava situações limítrofes, sempre que possível deveria haver a bordo especialistas em situações extremas. O navio implica a possibilidade de naufrágio, do mesmo modo que o mar implica o perigo inevitável, e pelo menos contra este último os socorristas sagrados e seus conhecedores, os sacerdotes, eram capazes de oferecer asseguraçôes simbólicas. O fato de a navegação marítima europeia poder se chamar de cristã, e isso já muito antes da era oceânica, revela sua orientação nesse sistema de seguridade transcendente indispensável. O exterior branco se mostrava assustador também porque, para incontáveis pessoas, ocultava a data de sua morte

O navio de pesquisa *Endurance* é esmagado por blocos de gelo; foto de 19 de outubro de 1915.

e trazia com ele a perspectiva de sepultamento em elementos destituídos de todas as propriedades reconciliadoras.[100] Sem o vínculo com as ideias de sepultamento e transcendência da Europa antiga, a perspectiva de perecer lá fora era duplamente insuportável.

100. Também isso foi registrado por Melville. Na capela dos pescadores de baleia de New Bedford, antes de zarpar para Nantucket, o narrador observa uma série de placas de mármore com bordas pretas em memória de marujos que faleceram lá fora: "Que vácuos mortais e que espontânea falta de crença, naquelas linhas que pareciam corroer toda a fé e recusar ressurreição às criaturas que haviam morrido em lugar incerto e sem túmulo!" (H. Melville, *Moby Dick oder Der Wal*, op. cit., p. 66 [ed. bras.: *Moby Dick*, op. cit., p. 56]).

Porém esses clérigos viajantes não teriam entendido o seu ofício se, de antemão, não tivessem voltado os olhos para dois lados, tanto para os marujos a bordo, os quais precisavam ser ritualmente estabilizados e motivacionalmente controlados, quanto para os novos humanos de fora, que cada vez mais se tornavam interessantes como futuros ouvintes da mensagem cristã. Para quem estava a bordo, a religião cristã fornecia motivações e representações de refúgio — estas sobretudo na navegação das nações católicas sob a égide onipresente da Virgem Maria protetora, daquela *regina maris* [rainha do mar] que, depois da vitória de Lepanto, também era apresentada como Santa Maria della Vittoria, a grande mãe dos marinheiros e intercessora-redentora em riscos de vida e perigos marinhos. *In periculis maris esto nobis protectio* [Proteja-nos em meio aos perigos do mar]. Debaixo do seu manto protetor, príncipes, comerciantes, capitães, marujos e nativos batizados encontravam guarida — quando as frotas aparelhadas cruzavam os mares sob o manto de Maria aparentemente só se expunham a ventos favoráveis. Como se fosse pela última vez, a alta senhora abriga, nas imagens cúlticas das capelas de marinheiros, todos os seus no envoltório de um útero mundial — pelo menos toda a marinha sob um só manto (um argumento definitivo a favor de que mulheres vistam roupas largas e uma das últimas concessões da Era Moderna ao sonho morfológico da humanidade do abrigamento do vivente dentro do vivente). Aqui, uma vez mais, uma esfera em forma de manto é sobrelevada no céu num símbolo envolvente denso, de matiz personalizado, mesmo que tenha sido justamente nessa época que os cosmólogos começaram a tornar o céu desolado em termos físicos.

Em relação a quem estava em terra, a religião cristã equivaleu, na era dos descobrimentos, a uma segunda época missionária —, e isso do começo ao fim em seu significado duplo como ampliação neoapostólica da Igreja e como flanco religioso do colonialismo. Corresponsável pelas tendências militantes da Igreja colonialista e “da linha de frente” dessa nova prática missionária foi principalmente a bênção papal quase incondicional às investidas portuguesas e espanholas mundos novos adentro, porque de início a cúria “vislumbrou nos Estados ibéricos o

Alejo Fernández, *A Virgem dos Navegantes*, Real Alcázar de Sevilha.

Mapa-múndi de missão protestante, final do século XIX.

braço providencial do mandato missionário universal".[101] Em seu apetite universalista, Roma concedeu aos conquistadores privilégios de tão amplo alcance que logo a Igreja Católica assumiu a posição de assessora destituída de poder diante dos Estados que estavam de fato colonizando por conta própria. Não obstante, o papa tinha subido ao palco da Era Moderna, sobretudo nos primórdios das expansões, não só como seu mandante supremo, mas também como notário da globalização: bem cedo isso já se evidencia em seu papel eminente na confirmação dos descobrimentos portugueses na África (mediante as bulas *Romanus Pontifex*, de 1455, e *Inter cetera*, de 1456), em seguida mais ainda em suas funções de mediador do conflito entre as pretensões portuguesas

101. H. Gründer, *Welteroberung und Christentum. Ein Handbuch zur Geschichte der Neuzeit* [Conquista do mundo e cristianismo: manual de história da Era Moderna], Gütersloh, Gütersloher Gerd Mohn, 1992, p. 87.

Ilustração de capa do *Boletim da Sociedade Missionária do Norte da Alemanha*, século XIX.

e espanholas em torno do domínio mundial (a sanção do Tratado de Tordesilhas em 1494 foi inevitavelmente coisa da Santa Sé).

O momento em que as pretensões de majestade do catolicismo pós-colombiano se tornaram mais explícitas foi quando o papa, reportando-se às fontes de seu ministério, proclamou-se o verdadeiro supremo senhor do mundo circundado.[102] Sob as circunstâncias atuais, as monarquias nacionais da Europa, inclusive as católicas, tiveram de se sublevar com veemência crescente contra as pretensões papais de prioridade. Alguma coisa do tom dessas rebeliões dinástico-nacionalistas torna-se perceptível quando, no ano de 1540, Francisco I exorta o emissário do imperador a lhe mostrar o testamento de Adão e a cláusula papal nele constante, segundo a qual o rei francês deveria ser excluído da repartição do mundo.

Quanto às missões protestantes, estavam desde o início comprometidas ainda mais nitidamente do que as católicas com funções nacionalistas e colonialistas; os missionários para o império colonial holandês eram formados em Leiden por um seminário de missões da Companhia das Índias Ocidentais, como se a Igreja Reformada não tivesse recebido seu encargo segundo Mateus 28,19, mas por meio de um mandato das

102. Um símbolo litúrgico dessa autoexaltação planetária é a tiara, que tinha assumido sua forma de hipercoroa de três andares já no século XIV, mas no século XVI foi adaptada especialmente à situação globalizada mediante a adição de uma *sphaira* no ápice da coroa (ver p. 679 ss.).

Dignitários eclesiásticos na cerimônia de abertura do Concílio Vaticano II diante da basílica de São Pedro em Roma, 1962.

sociedades de livre-comércio do Atlântico Norte. Com certeza a missão cristã, ou, em termos mais genéricos, a exportação das confissões, foi o agente mais importante de um princípio do *continuum* socioesferológico na transição do Velho Mundo para o Novo Mundo, porque lá fora as práticas religiosas tinham de pôr em primeiro plano os motivos de possíveis pontos em comum em termos de gênero e de culto entre os descobridores e os descobertos. Uma história esferológica da Igreja teria

Desfile da equipe alemã na cerimônia de abertura dos XVI Jogos Olímpicos de Inverno, Albertville, 1992.

de reconstruir particularmente o trabalho de construção de baldaquinos ampliados sobre os membros da humanidade cristã atual e potencial.

Foi possível observar, sob auspícios espetaculares, o tamanho do êxito com que as missões, especialmente as católicas, cumpriram suas tarefas de globalização no decurso de quatro séculos e meio, na abertura do Concílio Vaticano II, no dia 11 de outubro de 1962, quando bispos de nada menos que 133 países entraram em cortejo na basílica de São

Cerimônia de encerramento dos XXV Jogos Olímpicos de Verão, Barcelona, 9 de agosto de 1992.

Pedro em Roma — um desempenho em termos de reunião que deveria ser chamado de singular se não fosse superado regularmente pelas cerimônias de abertura dos Jogos Olímpicos da Era Moderna. Concílios e olimpíadas — ambos manifestações exemplares de projetos europeus de reunião — ilustram o que guarda-chuvas universalistas são capazes de realizar. Porém justamente eles, por mais imponentes que possam ser seus gestos abarcadores, fazem aflorar a exclusividade insuperável de tais congregações. Para construir *in actu* um espaço interior religioso ou atlético da humanidade, nele só podem estar juntos de modo real representantes, "supervisores" ou "escolhas" — a totalidade virtual só resulta da atenção sincronizada da humanidade observadora. Por conseguinte, a qualidade totalizante de tais reuniões é expressa não tanto pelos que nelas estão presentes e mais pelo simbolismo universalista dos recipientes arquitetônicos nos quais acontece a convenção — trata-se

das formas máximas típicas da arquitetura macroesferológica engajada: a catedral católica e a arena esportiva secular neopagã. Na catedral, a nave da igreja e a cúpula representam o poder de reunir pessoas da confissão católico-romana, ao passo que no estádio entra em cena o motivo neofatalista da arena como símbolo da esfera mundial imanentemente fechada. Contudo, como as igrejas existem em sua cotidianidade apenas como reuniões parciais da *communio sanctorum* [comunhão dos santos] e têm de se comprovar nos encontros locais, elas estão sempre confrontadas com a tarefa de organizar sua coesão prática com mídias menos espetaculares, permanentemente acessíveis e operantes, bem como a serviço da tradição. Ademais, nas igrejas protestantes, com suas unidades locais mais autônomas, as forças centrífugas são muito mais eficazes. Especialmente as comunidades puritanas suspensas da Nova Inglaterra dependeram de sua capacidade de prover estabilidade

Vermeer van Delft, *Alegoria da fé (Novum Testamentum)*, c. 1670, Nova York, detalhe.

na própria práxis ritual. Para lembrar as condições sob as quais se deu esse apego a formas trazidas na bagagem, é útil ter visto com os próprios olhos a reconstrução da primitiva capela de madeira na qual os *Pilgrim Fathers* e seus associados se encontravam para celebrar seus cultos no inverno que se seguiu ao desembarque perto de Nova Plymouth no cabo Cod, na baía de Massachusetts, no dia 19 de novembro de 1620. Nada poderia provar mais claramente a primazia da estrutura ritual em relação ao prédio físico do que esse galpão rude e ventilado em meio a um povoado cercado de paliçada construído às pressas e que respirava medo. Portanto, não só na província de Heidegger os humanos são aqueles que habitam sua linguagem como a casa do ser; eles se instalam também, e principalmente, nos pontos dispersos do espaço global que há pouco se tornou acessível, debaixo das tendas das tradições e assegurações rituais que trouxeram na bagagem.

22. LIVRO DOS VICE-REIS

Os líderes das expedições de globalização, os vice-reis, almirantes e oficiais, carregam dentro de si e consigo para a amplidão exterior, além de suas concepções religiosas, também seus modelos dinásticos. As imagens internalizadas dos mandantes régios, tanto quanto os retratos reais transportados com eles, providenciam que a expansão no espaço exterior, tanto em momentos críticos quanto nas horas do triunfo, possa ser vivenciada como uma emanação efetiva oriunda do centro pessoal do poder pátrio. Quando os patrocinadores de empresas de descobrimento retornam fisicamente ou sentimentalmente em pensamento, eles efetuam gestos exteriores e interiores que atestam seu pertencimento ao emissor europeu. Sua atuação no exterior se compara com o comportamento do raio de luz neoplatônico, que partiu de um centro e, chegado ao seu ponto de reflexão, dá meia-volta e retorna ao centro. Nesse sentido, todos os conquistadores e descobridores europeus leais estiveram a caminho como raios de luz executivos de reis-sóis distantes. Até os mais grosseiros emissários do imperialismo no século XIX, os *men on the spot* [homens no local], se sentiram como portadores da luz a serviço de suas nações. Os agentes europeus se apresentaram como grandes agentes que trazem algo também porque portam para fora um esplendor dinástico, enquanto se apropriam dos tesouros dos novos mundos na postura de serventes de colheita e de agentes que trazem algo de volta. Eles se movem na corte irradiadora dos sistemas de majestade pátrios, e todos os seus achados permanecem, em sua maior parte, relacionados com os tronos e salões da fama no Velho Mundo. O que foi chamado de espoliação das colônias apenas atesta a forma mais massiva da ligação com a pátria entre os colonizadores. Seus empreendimentos são investimentos de parcelas no desejo de poder e na majestade, que continuam

Os padres jesuítas Müllendorf e Dressel em Quito, Equador.

Jacques Callot, *Os 23 mártires de Nagasaki*. No ano de 1597, o xogum Toyotomi Hideyoshi (1582-1598) mandou executar ironicamente *more christiano* [segundo o costume cristão] integrantes da Ordem dos Frades Menores.

a integrar um capital social dinástico e nacional da Europa antiga; suas vitórias são recolhidas como *returns of investment* [retorno de investimento] às câmaras do tesouro das majestades da terra pátria, mais tarde também aos templos culturais das nações, aos museus e livros de história. (O tema "arte pilhada" é tão antigo quanto a globalização terrestre; no início do século XVI, foram expostas ao público em Antuérpia peças de ouro dos astecas sem que ninguém tenha levantado a questão do seu possuidor legítimo; Albrecht Dürer contemplou com os próprios olhos essas obras de uma arte oriunda de um lugar totalmente diferente.)

Sem esses ícones interiores do rei, a maioria dos líderes expedicionários da primeira fase da globalização não teria sabido para quem deveria lograr seus êxitos — exceto para si mesmos; mas, sobretudo, eles não teriam sabido de quem obter o reconhecimento que os faria se sentir complementados, justificados e deslumbrados. Inclusive as crueldades praticadas pelos conquistadores espanhóis na América Central e na América do Sul não passam de metástases da fidelidade às majestades pátrias que lá fora podem ser representadas com meios extraordinários. Nessa linha, o título "vice-rei" não possui apenas significados jurídicos e protocolares, mas é também, e concomitantemente, uma categoria que permite examinar a fundo a questão em termos psicopolíticos. A exemplo do livro válido dos reis, o livro dos vice-reis também ainda está por ser escrito. Por causa deles, os monarcas europeus estão presentes sempre e em toda parte nas ampliações exteriores do Velho Mundo, mesmo que nunca visitem suas colônias *in persona*.[103] Debaixo de baldaquinos imaginários de majestade, conquistadores e piratas reúnem seus despojos para os príncipes.

Isso é fato, de certo modo, também no que se refere ao rei dos reis espiritual, o papa, que, como portador da coroa de três andares, quis incrementar seu trono como hipermajestade para todo o globo. Foram principalmente suas tropas de elite, os jesuítas, que por meio de seu quarto voto eram diretamente devotados ao papa como rei dos exércitos do catolicismo militante, os quais, a partir de meados do século XVI,

103. Pelo menos os príncipes de Gales visitaram a Índia, ainda que, pelo que sabemos, sempre *antes* de sua coroação.

Papa João Paulo II com cardeais na Assembleia Especial pela Ásia, 13 de maio de 1998. Em *Osservatore Romano*, 15 de maio de 1998.

cobriram o mundo inteiro com uma rede de transmissão de devocionais interiores do papa e considerações por Roma — uma internet da obediência devota de lugares distantes fiéis ao centro. Nisso as modernas sociedades de telecomunicação têm seu modelo comum. O telediálogo está prefigurado na teleoração pelo papa; os jesuítas foram o primeiro *news group* que se comunicou somente através de sua rede específica. Mas também as demais ordens missionárias — as dos franciscanos, dominicanos, teatinos, agostinianos, as das concepcionistas, clarissas da primeira e da quinta regras, jerônimas, canonisas, carmelitas descalças e algumas outras — estavam todas engajadas, por força de sua referência a Roma, no projeto de agregar êxitos à conquista espiritual e disseminar por todos os recantos da Terra um *commonwealth* romano gerido pelo papa. Somente no final do século XX ocorreu ao papa a ideia, coerente em termos de comunicação de massa, de viajar, como mensageiro do seu Estado, para as províncias de seu império moral. Isso representa a transição do catolicismo para a carismocracia telemática indissimulada — a via romana para a Era Moderna.

O fato de a telecomunicação católica não ter conseguido passar sem mecanismos mágico-telepáticos, inclusive antes da presença real do papa, corresponde às leis da comunicação metafísica em macro-organismos sociais. O cadáver do grande missionário jesuíta na Ásia, Francisco Xavier, que havia franqueado a Índia e o Japão para a Igreja romana, encontrou seu último lugar de descanso em Goa. O braço direito do santo foi trazido de volta para a Europa, "cansado de batizar dezenas de milhares", e ainda hoje é preservado na igreja matriz da ordem, Il Gesù, em Roma, como a mais valiosa relíquia da globalização.

23. A biblioteca da globalização

Mas e se os integrantes dos empreendimentos de comando da globalização terrestre inicial não forem nem capitães leais ao rei, nem missionários leais ao papa ou a Cristo? Eles não precisam, de antemão, sentir-se excluídos das chances mais elevadas de abrigamento e dos deslumbramentos da expansão europeia. Para os pioneiros de mentalidade secular da exploração do mundo, havia meios e caminhos de postar-se sob um baldaquino secular da globalização, e também o espírito que não estivesse engajado na religião tinha boas chances de tirar proveito do projeto "última esfera". Quem não trouxesse novas terras a um rei europeu ou não conduzisse novos crentes à Igreja podia, não obstante, adentrar portos europeus como conquistador ou como alguém que traz riquezas de volta, desde que soubesse se tornar útil como agente das novas ciências experimentais europeias. Essas disciplinas ávidas de mundo que se agrupavam em torno da geografia e da antropologia se constituíram pateticamente na incipiente Era Moderna como ciências *novas* e como acumulações de conhecimentos, tendo inscrita na fronte sua modernidade metodológica.

O que caracteriza esses conhecimentos é que eles se acumulam como um segundo capital — no entanto, um capital que pertencia, em sua totalidade, a uma humanidade esclarecida e não podia mais ser subtraído do uso público e civil nem por teóricos arcanos, nem por privatizadores do saber, nem por feiticeiros locais, e muito menos por príncipes e seus guardadores de segredos. Diante do pano de fundo das ciências novas dos humanos exteriores, da natureza útil e da Terra habitada, um europeu alfabetizado jamais precisava se sentir totalmente isolado do afluxo de sistemas de sentido pátrios, mesmo

O padre jesuíta Schall von Bell explica dados geográficos na corte do imperador chinês; tapeçaria da manufatura de Beauvais, século XVIII.

que estivesse na mais erma perdição em ilhas e continentes estrangeiros. Toda vida na frente exterior era potencialmente rodeada por uma aura de experiência acumulada, que podia ser projetada em documentações literárias. Inúmeros marinheiros e pesquisadores sonharam com sua eternização em mapas de territórios e de mares. A fama cartográfica é apenas um caso específico do que se poderia chamar de função geral de baldaquino das ciências experimentais europeias durante o processo de globalização. Ela protege real e potencialmente os atores que se encontram na linha exterior do perigo de submergir no branco sem sentido e naufragar nas depressões que podem ser provocadas pela colisão com a novidade, a alteridade, a estranheza e a desesperança não assimiláveis.

As ciências empíricas — com seus gêneros literários filiais "relato de viagem" e "romance exótico" — transformam tendencialmente todas as condições lá fora em observações e todas as observações em comunicações que podem ser registradas no grande livro da teoria neoeuropeia — pois "observadores" só existem como sujeitos que escreverão o que viram ou encontraram. Isso se aplica em especial à era áurea dos escritores-descobridores, na qual nomes como Louis Antoine de

Bougainville, Jacques-Étienne-Victor Arago, Reinhold e Georg Forster, Johann Gottfried Seume, Charles Darwin, Alexander von Humboldt e Henry Morton Stanley, pelo menos no que se refere ao tamanho do seu grupo de leitores, ocasionalmente ascendem ao patamar de literatura mundial. Típico do hábito moderno de trazer, contribuir, cooperar, avançar e sistematizar é o fato de as pesquisas essenciais transcorrerem na forma de uma competição. Às viagens competitivas aos destinos a serem alcançados corresponde, nesse caso, um escrever competitivo no campo da honra científica — o que valia especialmente para a pesquisa polar histerizada ao máximo, cujos protagonistas com frequência já se apresentavam como rapsodos em causa própria e como publicitários de suas dores de pesquisador. Essa ligação estreita de pesquisa e teatro permitiu identificar, em um nível popular, que todo tipo de expedição científica é questão de mídia. Sem seu espelhamento em um meio que os exalta e os transfigura, seria impossível aos heróis da globalização obterem clareza suficiente (ou falta de clareza) sobre suas metas.

Porém, num primeiro momento, as expedições não partem tendo em vista primeiramente os meios de comunicação de massa. Todos os participantes das excursões rumo ao desconhecido capazes de escrever miram muito mais um hipermeio imaginário, o único no qual a história dos êxitos solitários obtidos lá fora pode ser registrada e trazida de volta. O baldaquino sob o qual se reúnem todos os pesquisadores solitários tinha de ser um livro integral fantasioso — um livro dos recordes cognitivos, em que não seria esquecido ninguém que algum dia tivesse aparecido como alguém que retorna com uma experiência e contribui para o grande texto da exploração do mundo. Não poderia deixar de acontecer que, cedo ou tarde, esse hiperlivro imaginário do saber experimental europeu fosse empreendido como publicação real. Caracteriza o gênio prático dos iluministas franceses o fato de que, já em meados do século XVIII, decorrido praticamente o primeiro tempo da globalização terrestre, eles reuniram as energias necessárias para levar a termo uma enciclopédia do saber valioso. Ela confere ao baldaquino até aquele momento informal o formato compromissivo do círculo, que ordena e comporta todo o saber. Nele, os registros do saber, inclusive das fontes mais remotas, podem ser promovidos à sua forma de valor cognitivo.

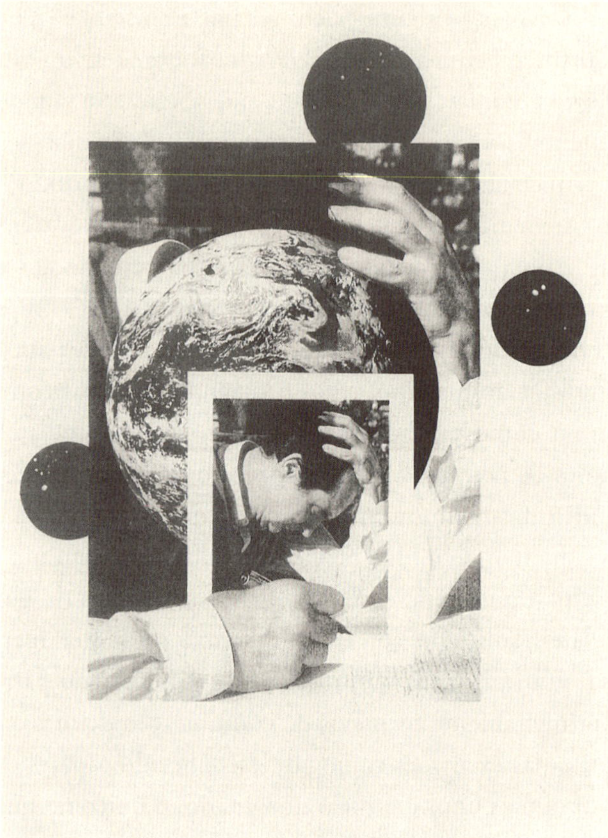

Giulio Paolini, *O olho de Calvino*, em *Lettre International*, v. 43, 1998.

Desse modo, o preto tipográfico celebra sua vitória sobre o branco no hiperlivro das ciências.

Porém coletar experiências e trazê-las para casa também pode ter um lado subversivo, no caso em questão, pelo menos um lado indelicado: foi o que Frederico II da Prússia teve de experimentar no trato pessoal com o viajante global e pesquisador da natureza Reinhold Forster, que, em sua audiência inaugural após ser chamado para assumir uma cátedra de ciências naturais na Universidade de Halle, teria dito ao imperador em um tom mais franco do que o usual na corte: até aquele momento ele tinha visto cinco reis em toda a sua vida, três selvagens, dois mansos, "mas nenhum como Vossa Majestade". O grande Frederico tomou isso como palavras de um "sujeito extremamente grosseiro". Mas de que

Mão de Rudyard Kipling escrevendo.

outra maneira este haveria de dizê-lo? Uma vez que também os reis do Velho Mundo podem ser tomados empiricamente, como os caciques exóticos (portanto, uma vez que também as residências reais europeias podem ser observadas como meras sedes de majestade), não há mais como continuar escondendo dos altos senhores e do seu séquito que seu tempo está prestes a terminar.[104]

24. Os tradutores

Enquanto o hábito do contribuir com as ciências experimentais europeias pôde se desenvolver embaixo do superbaldaquino de um livro-fantasma enciclopédico, a tarefa dos linguistas e etnólogos foi processar o exterior linguístico em uma profusão de encontros individuais com

104. Cf. G. Forster, *Entdeckungsreise nach Thaiti und in die Südsee 1772-1775*, op. cit. (ver nota 26 deste capítulo), p. 419.

línguas estrangeiras concretas. As línguas dos descobridores europeus se defrontaram com um multiverso semiótico de diversidade monstruosa, composto por pelo menos cinco mil (segundo uma contagem da Unesco, 6.700) línguas autênticas e uma quantidade praticamente incalculável de dialetos e subdialetos, dos quais sempre fazem parte mitologias, céus povoados de deuses, ritualismos, artes e gestuais próprios. Diante dessa multiplicidade, que está além de qualquer visão geral possível, o sonho de uma hiperlíngua que integra tudo se desfaz por si só. Restam aos descobridores e aos descobertos apenas duas estratégias para se orientar nessa situação neobabilônica — de um lado, a imposição à força das línguas dos senhores coloniais como línguas universais de intercâmbio, o que ao menos no caso das línguas inglesa, espanhola e francesa foi bem-sucedido, com resultados variados em diferentes regiões do mundo; de outro, a impregnação de cada uma das línguas com os discursos traduzidos dos novos senhores. As duas vias tinham de ser trilhadas simultaneamente e, tanto numa quanto na outra, o aprendizado de línguas — e com este a tradução — provou ser a chave para os processos esferopoiéticos concretos e regionais. Não importa se tendemos mais para as teorias de tradução pessimistas ou mais para as otimistas, o bilinguismo ou o plurilinguismo possuíam, não obstante, uma das mais importantes funções de baldaquino regionais durante a globalização *en marche* [em andamento]. Nesse processo, de fato era mais provável que a língua senhorial europeia atraísse a língua local para o seu lado do que o inverso, ou seja, que as línguas locais absorvessem os idiomas dos colonizadores.[105] Foi uma sábia intuição do historiador político Winston Churchill escrever a história da potência mundial inglesa não simplesmente como história de um império, mas como a de um espaço linguístico: *History of the English Speaking People* [História dos povos de língua inglesa]. Evidentemente, ele previu que do *commonwealth* sobreviveria, acima de tudo, o *commonspeak* [falar comum]. Esse arranjo não só satisfez a

105. Sobre o mundo das línguas crioulas, cf. H. J. Störig, *Abenteuer Sprache. Ein Streifzug durch die Sprachen der Erde* [Aventura língua: uma incursão pelas línguas da Terra] (Munique, Humboldt, 1992), p. 345 ss.; sobre a quantidade de línguas, cf. David Crystal, *Die Cambridge Enzyklopädie der Sprache* [Enciclopédia Cambridge da língua] (Frankfurt s/ Meno e Nova York, Campus, 1995), p. 248.

necessidade dos ingleses de expor a ruptura entre a Grã-Bretanha e os Estados Unidos da América como simples questão de pronúncia, mas também manteve aberta a opção de ingresso de novos grupos políticos e âmbitos culturais no clube dos povos de língua inglesa. Considerado pelo critério linguístico, hoje de fato o conjunto dos cientistas da natureza, pilotos, diplomatas e comerciantes foi incorporado como novos povos artificiais na inescapável rede linguística anglófona; a ela adere o belo mundo novo da música pop. Na anglofonia, do mesmo modo que na religião e no entretenimento abobalhado, o meio realmente é a mensagem.

Quanto à boa-nova cristã, esta não pôde esperar, no seu segundo ciclo missionário, que a demanda das cinco mil línguas estrangeiras viesse ao seu encontro. Ela teve de se traduzir a si mesma na língua dos outros para lhes explicar por que é necessária à salvação. Provavelmente a soma do que os tradutores cristãos fizeram nos últimos cinco séculos para anunciar a sua fé em línguas estrangeiras, pelo menos no aspecto quantitativo, talvez até no qualitativo, foi a realização cultural mais prodigiosa da história da humanidade — pelo menos a autotradução do cristianismo moderno para a quantidade incalculável de culturas individuais é até agora o testemunho mais poderoso das possibilidades e dificuldades de uma ecumene transcultural operativamente concreta. No final do século XX, partes do Novo Testamento ficaram disponíveis em 2.212 traduções para línguas autênticas — do que conhecedores do atlas linguístico concluem que a mensagem cristã abriu caminho a pelos menos um terço das comunidades linguísticas do planeta, sendo o Novo Testamento o primeiro livro para muitas delas. Esse dado, que, de um lado, visto na imanência da história da Igreja, pôde ser descrito como a continuação do milagre de Pentecostes com meios gutenberguianos, revela, ao mesmo tempo, a insuperável particularidade da mais inclusiva das mensagens; a insuficiência das assim chamadas pequenas línguas traça uma fronteira factual à difusão efetivamente universal do Evangelho cristão. Em consequência, nem mesmo as práticas apostólicas de difusão, por mais penetrantes e vitoriosas que possam ter sido, conseguiram tornar verdadeiro o sonho moderno da edificação de um império de mensagens eurocêntrico que penetra até o nível da capilaridade. Ademais Hollywood, a metrópole de imagens do Pacífico, tomou o lugar das centrais emissoras mediterrâneas, Roma e Jerusalém. Suas mensagens já prometem resultados mais lucrativos quando podem ser promovidas em duas dúzias de versões sincronizadas.

25. Mundo síncrono

Modern times [tempos modernos]: meio milênio após as quatro viagens de Colombo, a Terra circundada, descoberta, retratada, ocupada e usada se apresenta como um organismo entretecido em uma densa teia de movimentos de trânsito e rotinas telecomunicativas. Estratos virtuais substituíram o céu etéreo imaginado de outrora; por meio de sistemas radioeletrônicos foi implementada tecnicamente a eliminação da distância pelo pensamento em toda parte nos centros de poder e consumo. Em termos aeronáuticos, a Terra foi reduzida a uma rota de voo a jato de no máximo cinquenta horas; nas circunduções por satélite e circunvoluções da estação espacial *Mir*, lograram-se unidades de tempo de noventa minutos, e menos; para mensagens de rádio e de luz, a Terra praticamente se compactou em um ponto imóvel — ela roda como esfera temporalmente compacta, em um feltro eletrônico que a envolve como uma segunda atmosfera. Em consequência, a globalização terrestre avançou, sobretudo, graças aos grandes saltos técnicos logrados na segunda metade do século XX, a um grau em que seria percebido como uma ideia bizarra querer voltar a exigir dela uma justificativa. Do mesmo modo que, no século XIX, a ocupação fática de um território tinha se tornado o argumento definitivo dos Estados nacionais europeus para reivindicar direitos coloniais, a efetuação fática da globalização terrestre se tornou o argumento autofundamentador do processo como tal. Após uma fase inaugural de vários séculos, a globalização se estabiliza cada vez mais em si mesma como um complexo de movimentos rotativos e oscilantes que se mantêm a partir do próprio impulso. No reino dos capitais circulantes, o *momentum* substituiu as razões. Efetuação substitui legitimação; os fatos se tornaram normas e níveis.

O que o século XVI pôs em marcha o século XX levou à perfeição: nenhum ponto da superfície da Terra consegue escapar ao seu destino de se tornar uma localidade depois que o dinheiro se deteve nele. A revolução da liquefação continua a rolar, as torrentes sobem assim que o dinheiro estaciona nela. Todas as cidades se tornaram portuárias, pois quando as cidades não vão até o mar, os mares vêm até elas (a nova supermercadoria "informação" não chega aos residentes pelas *highways* — como sugeriu uma metáfora equivocada do período inicial do discurso da rede —, mas por correntes navegáveis nos oceanos de dados). Nesse sentido, Davos é hoje uma cidade à beira-mar.

Através de seus antigos e novos meios de comunicação, a globalização informa permanentemente que está e vai continuar acontecendo, e não aceita alternativas a ela. Daí sua independência peculiar de toda filosofia e demais formatos da teoria reflexiva. Como uma segunda natureza ou uma fatalidade, ela não se justifica diante de nenhuma instância crítica; a única coisa que ela ainda faz são monólogos, nos quais se confirma e fortalece como poder superior. A discussão da situação substituiu a crítica. Quando muito, o curso do mundo pode interpretar a si mesmo como o formato mais abrangente de um *act of God* [ato de Deus] que se produz mediante a soma das ações humanas. Por enquanto, a execução destas não pode ser impedida por nenhuma vontade de omissão, por mais universal que seja. Nenhuma ocupação teórica com o tempo presente poderá voltar a um tempo anterior, ao fato de que a Terra foi circundada e que os mais remotos povos e civilizações que nela vivem ficaram expostos à pressão de se comunicar. Nesse sentido, a globalização terrestre é comparável a um axioma, o primeiro e único fato que deve servir de ponto de partida para uma teoria da era presente. Mesmo que os povos dispersos sobre seus endocontinentes até agora tenham vivido como se morassem em estrelas separadas, ocultos do exterior em suas clausuras linguísticas e territoriais, a revolução anuladora de distâncias da Era Moderna os obriga a admitirem que agora, em razão de sua deplorável acessibilidade aos outros que os atacam, vivem em um só e mesmo planeta, na estrela dos desocultados.

Porém, sendo a globalização terrestre um simples fato que sucedeu tardiamente e em circunstâncias singulares, não é possível interpretá-la como manifestação de uma verdade eterna ou de uma necessidade

Joseph Arnold, *Gabinete de objetos de arte e curiosidades dos Dimpfels, uma família de ferreiros e comerciantes de Regensburg*, 1668, detalhe.

incontornável. Seria exagerado vê-la como a expressão natural da tese biológica de que todos os humanos sobre a Terra constituem um só gênero. Ela também não atesta a ideia metafísica de que todos os humanos, em última análise, participam de um só e do mesmo tesouro de verdades não revisáveis (mesmo que haja quem acredita nisso). E menos ainda ela reflete uma lei moral hipotética de que todos os humanos devem pensar em todos os outros da maneira mais empática e participativa possível. De fato, justamente a suposição ingênua de uma abertura potencial de todos para todos é levada cruelmente *ad absurdum* pelos fatos da globalização. Na verdade, a finitude inevitável do interesse dos humanos pelos humanos necessariamente se torna cada vez mais manifesta no andar da interconexão do mundo em rede — modifica-se apenas o acento moral, mais precisamente na direção da resiliência exigida (com crescente enervação). O que há até bem pouco tempo caracterizava "todos os humanos", sem exceção, "por sua natureza" era sua propensão e capacidade comuns e universais de ignorar sem sentir culpa a esmagadora maioria dos humanos situados fora dos recipientes étnicos que lhes eram próprios. Como pertencentes a um gênero de seres que vivem dispersos — e essa sua diáspora fática felizmente continua insuperável mesmo após a revolução do intercâmbio mundial —, os humanos voltam as costas, fática e implacavelmente, em seus clãs, suas etnias, seus bairros, seus clubes e seus grupos de interesses, para aqueles que pertencem a outras unidades de identidade ou outros cenários de mesclagem. Contudo, sob os efeitos da globalização, desponta o fato de que ela alçou à condição de nova norma o antropologicamente mais improvável, a saber, o constante contar com o outro distante, com o estrangeiro-recipiente.

O mundo globalizado é o mundo sincronizado; sua forma temporal determinante é a do presente produzido; ele encontra sua convergência temática em atualidades.[106] É certo que também no futuro países e

106. Cf. P. Sloterdijk, "Neuzeit — Tatzeit — Kunstzeit" [Era Moderna — Era da ação — Era da arte], in: H. Klotz (ed.), *Die Zweite Neuzeit* [A segunda Era Moderna], Munique, Beck, 1996, p. 52-56. Nesse contexto, torna-se interessante a sugestão de Martin Albrow de designar o período entre 1492 e 1945 (por ocasião da Conferência da ONU sobre o Meio Ambiente e o Desenvolvimento, sediada no Rio de Janeiro) como sinônimo de "Era Moderna" ou da "era da

Franklin D. Roosevelt e V. M. Molotov na sala de mapas da Casa Branca, 1942. "Os rolos de mapas estavam dispostos de maneira tão acessível que o presidente, sentado à sua escrivaninha, podia simplesmente desenrolar para baixo o mapa de cada região do mundo que desejasse estudar" (Gilbert Grosvenor).

pessoas ficarão na sombra da Terra quando neles cair a noite; porém o mundo enquanto mundo perdeu suas sombras, foi privado da noite, sucumbiu a um implacável imperativo diurno; não há mais intervalos para descanso no espaço global retratado. Ademais, as maneiras de pensar do

globalização", e distinguir dela a *Global Age* [Era Global] da incipiente forma de mundo pós-nacional, para a qual a fase heroica da globalização apenas teria criado os pressupostos. Se entendermos a globalidade dessa maneira como resultado e fato consumado da globalização, o que efetivamente chama a atenção nessa "Era Global" na qual ingressamos é a sua estrutura "pós-histórica" — isto é, um deslocamento de peso da história para as informações e da orientação em passados regionais para a orientação em futuros suprarregionais. Isso não torna aceitável o slogan provocador de Albrow "Esqueçam a Era Moderna!", mas o torna compreensível. Cf. M. Albrow, *Abschied vom Nationalstaat. Staat und Gesellschaft im Globalen Zeitalter* [Despedida do Estado nacional: Estado e sociedade na Era Global], Frankfurt s/ Meno, Suhrkamp, 1998.

Theodore Roosevelt (1858-1919).

mercado mundial e da incipiente política "interna" do mundo põem na defensiva a imemorial ignorância em relação aos distantes e estranhos que nunca encontraremos e condensam os participantes numa arena de chances reais de encontros e de compulsões crônicas de contato. O resultado antropológico da globalização: a síntese lógica da humanidade em um poderoso conceito de gênero e sua congregação em um mundo síncrono compacto de intercâmbio é produto de operações de abstração tão ousadas quanto forçosas e de movimentos de intercâmbio ainda mais ousados e geradores de compulsões.

O que anteriormente foi dito sobre a primazia da viagem de ida na história do trânsito mundial chega aqui à culminância: "o humano" e "a humanidade" só passaram a existir depois que o horizonte antropológico foi estabelecido como *plenum* virtual dos povos e das civilizações em decorrência de séculos de viagens de ida dos europeus até os outros — um movimento que, há pouco, com o início da descolonização, precisou prestar atenção a um crescente trânsito na contramão. Esse trânsito na contramão se mescla com os gestos do retorno de europeus a si mesmos — o resultado dessa mescla se chama multiculturalismo ou hibridização dos mundos simbólicos. "A humanidade" — com o progressivo autodescobrimento e interconexão em rede — sobe ao palco do pensamento contemporâneo como o parassujeito vago e fragmentado de uma história universal do contingente[107] — alguém que chegou tardiamente, cujo emergir, mas não seu caráter, permanece sujeito por completo às circunstâncias contingentes de seu descobrimento e de sua organização.

26. A segunda ecumene

A "humanidade" não se constitui pela libido de formar um gênero e conseguir os meios de reunião necessários para isso. A convenção antropológica resultou bem mais das ligações forçadas do colonialismo e, após a dissolução deste, das forçosas interconexões em rede que passam a vigorar pela via de sistemas de crédito, investimentos, intercâmbio físico de mercadorias, interpenetrações turísticas, exportação de cultura, intervencionismos policiais mundiais e expansão de normas ecológicas. A exigência descabida da atual segunda ecumene não se manifesta no fato de que os humanos em toda parte devem admitir que os humanos de outro lugar são seus iguais (embora a quantidade dos que negam isso, aberta ou dissimuladamente, seja considerável), mas no fato de que têm de aguentar a crescente pressão pela cooperação mútua que os confina em uma comuna auto-obrigante diante dos riscos comuns e das ameaças que englobam nações. O que foi mostrado em relação aos modernos Estados nacionais — a saber, que eles só podem se manter em forma pela permanente comunicação autoestressante — parece se

107. G. Deleuze e F. Guattari, *Mille Plateaux*, Paris, Minuit, 1980; ed. alemã: *Tausend Plateaus*, Berlim, Merve, 1992, p. 11: "Há uma história universal, mas se trata de uma história da contingência [...]." [Ed. bras.: *Mil platôs*, 5 v., trad. Ana Lúcia de Oliveira et al., São Paulo, Editora 34, 1995/1996/1997.]

tornar verdadeiro de modo crescente também para a comunidade de Estados planetária ainda informal. Estresse autógeno é a base de todas as tecnologias de consenso em grande escala.[108]

Diante disso, a política internacional atual se transforma significativamente: diante dos nossos olhos, ela parece deixar a era dos grandes feitos e passar para a era dos grandes temas (isto é, dos grandes riscos que se condensam em institutos semânticos ou num novo tipo de universais) que precisam ser apequenados mediante conversações permanentes. A política dos temas e o circo de conferências que lhe corresponde só avançam como produção de estresse autógeno global. Seus patrocinadores agem em favor de uma humanidade que se constitui cada vez mais como integral a partir de comunas de estresse que caminham umas ao encontro das outras.

Esse *plenum* virtual da humanidade de intercâmbio realmente interconectada em rede, movida por temas, que se originou da globalização moderna mediante os impérios coloniais e de sua suspensão em relações de mercado mundial, não representa o primeiro formato da comuna antropológica a ser concebida na história dos autodescobrimentos humanos e das auto-organizações humanas. No horizonte dos europeus pré-colombianos também já tinha surgido uma ideia de unidade genérica classicamente articulada na concepção grega da *oikuméne* ou do "mundo habitado". O fato de, naquela época, o mundo colonizado do sistema humano ter permanecido restrito à civilização romano-helenista do Mediterrâneo, iluminando na periferia apenas a trinca de continentes terreno-ptolomaicos "(resto da) Europa-Ásia (ocidental)-(norte da) África", não tira dessa primeira ideia de gênero nada de sua generosidade. O ponto alto da antiga concepção de ecumene não reside na ideia de que, em algum lugar, os humanos devem estar todos em casa. Não ocorre aos antigos ensinar que os humanos de todos os povos seriam animais econômicos (*oikeîn*, morar) ou entes necessitados dependentes

108. Cf. P. Sloterdijk, *Der starke Grund, zusammen zu sein. Erinnerungen an die Erfindung des Volkes* [A razão forte para estar juntos: memórias da invenção do povo], Frankfurt s/ Meno, Suhrkamp, 1998. A tentativa mais ambiciosa e estimulante de deduzir uma teoria universal da cultura da análise de mecanismos estressores e pós-estressores foi apresentada por H. Mühlmann, *Die Natur der Kulturen*, op. cit.

Linha de montagem na fábrica Replogle Globes, Inc., Chicago.

de uma casa, que não podem renunciar a um teto sobre a cabeça ou ao que quer que faça parte de algum suprimento básico completo. Aos olhos do ecumenismo antigo, os humanos *não* são os seres vivos que têm direitos porque todos necessitam fisicamente das mesmas coisas e nisso se reconhecem mutuamente; no pensamento dos primeiros filósofos, os humanos estão, muito antes, ontologicamente unidos como os entes que, para além dos seus simbolismos locais, participam todos juntos do mesmo mistério cósmico. Eles são os entes que olham para a mesma luz e são impactados pela imponência da mesma *pergunta*. Essa ideia da participação universal em um superfundamento revelado *e* oculto da realidade constitui o que se poderia chamar, acompanhando Eric Voegelin, a primeira ecumene do Ocidente — ao lado dela, como se sabe, também havia a versão chinesa da ideia de uma totalidade civilizada, expressa pela concepção "*t'ien-hsia*", "tudo o que há sob o céu" —, expressão também traduzida diretamente por "reino".[109] Voegelin formulou retrospectivamente de modo marcante a estrutura metafísica da primeira ideia de unidade humana na Antiguidade ocidental:

109. Cf. E. Voegelin, *Order and History*, v. 4: *The Ecumenic Age*, cap. 6: "The Chinese Ecumene" [A ecumene chinesa], op. cit., p. 272-299.

> A humanidade universal não é uma sociedade que existe no mundo, mas um símbolo que aponta o fato de que, em sua existência terrena, o ser humano está consciente de ser participante do *mysterium* de uma realidade que ruma para sua transfiguração. A humanidade universal é um índice escatológico. [...] Sem universalidade não haveria humanidade, a não ser como agregado de membros de uma espécie biológica; não haveria história da humanidade, assim como não há uma história da felinidade ou da equinidade. Para que a humanidade tenha história, seus integrantes têm de ser capazes de responder ao movimento da presença divina em suas almas. Se for essa a condição, a humanidade é constituída pelo Deus ao qual o ser humano responde. Dessa maneira se descobre que um agregado contingente de sociedades do mesmo tipo biológico constitui uma só humanidade com uma única história, e isso em virtude de sua participação no mesmo fluxo da presença divina.[110]

Logo, o fundamento da unidade da "humanidade" projetada pela Europa antiga não deveria ser procurado na circulação circum-mediterrânea de mercadorias nem na síntese imperialista dos povos advinda da dominação romana. Os humanos da Antiguidade, segundo suas autointerpretações máximas, são muito mais uma "comunidade de problemas" — iluminada pela participação comum em evidências noéticas e pneumáticas comparáveis e solidária pela estrutura existencial enigmática igual para todos. A dignidade do gênero humano era consistir em entes impactados pela imponência do mesmo fundamento imensurável. De fato, ficou reservado aos romanos desenvolver as máquinas de guerra e os meios de locomoção com que subjugaram o mundo habitado em torno do mar Mediterrâneo; mas, depois de terem se espalhado vitoriosamente para todos os lados, os conquistadores tiveram de se deixar conquistar por dois povos conquistados. Quando, primeiro, conforme o verso de Horácio, "a subjugada Grécia subjugou o indômito vencedor", isso aconteceu porque a teologia filosófica grega tinha descoberto as estruturas de uma voz racional universalmente perceptível — seria melhor falar de uma técnica de evidência apta para ser exportada —, que potencialmente

110. Ibidem, p. 305 (trad. alemã Peter Sloterdijk).

pôde *se mostrar* a todos os humanos no puro pensamento, sem acepção de seu pertencimento étnico. Voegelin celebrou essa "epifania noética" como a contribuição imperdível da Grécia para uma *philosophia perennis* supostamente relevante também para a cultura mundial.[111] E quando, mais tarde, também Jerusalém se impôs contra Roma sob a clave cristã, isso só aconteceu porque, mediante a sua mensagem da comunhão íntima e pública de Deus com as almas dos crentes na *ekklesía*, propôs um desdobramento de uma "teofania pneumática" como motivo universal e não mais etnicamente restrito. Roma se alçou à condição de cidade eterna não só em nome de seus deuses autóctones bem-sucedidos, Júpiter, Marte, Virtude, Vitória, mas por ter sido capaz de se transformar em uma segunda Jerusalém e, em sentido mais estrito, em uma segunda Atenas. Graças à sua capacidade de assimilação e tradução, Roma se elevou à condição de capital da primeira ecumene e de ponto forte metafísico da Europa antiga. Muito antes das universidades e das academias modernas, a *Roma aeterna* se apresentou como o assentamento terreno da evidência: ela quis ser, depois de Atenas e Jerusalém, a cidade em que *se mostra* o que *é*; ela exigia que toda viagem a Roma resultasse em uma peregrinação até a evidência (e até o *mysterium*).

No entanto, a globalização terrestre também descentralizou a cidade das cidades e converteu a emissora metafísica central do orbe europeu antigo em simples localidade entre outras. Não deveríamos subestimar a circunstância de que os 56 signatários da Declaração de Independência norte-americana, de 4 de julho de 1776, quase sem exceção maçons e metafísicos amadores, reportam-se primeiro à evidência e só depois proclamam os direitos humanos — como se tivessem compreendido que desligamentos da Europa não são bem-sucedidos sem que primeiro se logre uma transferência da verdade para o outro lado do Atlântico: "Consideramos estas

111. Cf. E. Voegelin, *Order and History*, v. 3: *Plato and Aristotle* [Platão e Aristóteles], Baton Rouge e Londres, Louisiana State University Press, 1957, reimp. 1990. Indicamos a obra monumental de Voegelin porque, embora quase não tenha exercido influência, pode ser recebida como autocompenetração exemplar do catolicismo filosófico; ademais, dela se pode depreender com muita nitidez que apologias da *philosophia perennis* no século XX geralmente resultam em obituários involuntários do que está sendo defendido.

verdades como evidentes por si mesmas (*We hold these thruths to be self evident*), a saber, que todos os humanos são criados iguais [...]."

A comuna antropológica do atual processo avançado de globalização já não divisa mais um fundamento metafísico de unidade do tipo proposto por Voegelin, ou seja, da "presença divina" em cada alma. A segunda ecumene detonou os universais da primeira ecumene; ela dotou com o predicado "provincial" os conceitos de mundo tanto cristãos quanto gregos e suas evidências lógicas. O cristianismo teve de aceitar que lhe atestassem sua insuperável particularidade, e só um futuro mais distante dirá se terá condições de obter autoridade ecumênica ampliada mediante o avanço na direção de um "*éthos* mundial" — um projeto no qual Hans Küng e outros estão trabalhando com o entusiasmo de novos Pais da Igreja (mas talvez só possa haver ainda primos da Igreja). A única coisa certa é que nenhuma das assim chamadas religiões mundiais por si só pode se qualificar como o grande veículo para todas as frações da humanidade. A longo prazo, cada uma delas terá dificuldades de manter suas cotas no mercado mundial das necessidades metafísicas. E não há nenhuma perspectiva de que religiões universais sintéticas imponham uma linguagem metafísica de unidade e um vocabulário definitivo para a comuna antropológica[112] — sobretudo porque, no mundo futuro, as línguas dos vencedores e as línguas dos perdedores, num prazo previsível, se distanciarão cada vez mais, mesmo que, no atual momento, uma vez mais se esteja fazendo uma tentativa de manter no poder, nos meios de comunicação e nos parlamentos das sociedades de bem-estar, uma linguagem social-democrata de unidade para um mundo sem perdedores.[113] Nesse estado de coisas, parece plausível optar por um nível de

112. Cf. J. Figl, *Die Mitte der Religionen. Idee und Praxis universalreligiöser Bewegungen* [O centro das religiões: ideia e prática dos movimentos religiosos universais], Darmstadt, WBG, 1993.

113. Uma visão harmonizadora dos desenvolvimentos do livre mercado da religião é sustentada por I. Hexham e K. Poewe no livro *New Religions as Global Cultures: Making the Human Sacred* [Novas religiões como culturas globais: sacralizando o humano] (Boulder, Westview, 1997). Típico das tendências ilusórias de harmonia no mercado das morais políticas é o livro de O. Lafontaine e C. Müller, *Keine Angst vor der Globalisierung. Wohlstand und Arbeit für alle* [Sem medo da globalização: bem-estar e trabalho para todos] (Bonn, Dietz, 1998). Uma proposta interessante

exigências à concepção de um fundamento de unidade do gênero mais baixo do que previram os enunciados exaltados de teologias noéticas e proféticas na era da primeira ecumene.

Em todo caso, a segunda ecumene pode aprender da primeira reconstruída que não cabe reportar-se a "fundamentos" biológicos para trazer à tona um fundamento de unidade da humanidade — nem mesmo depois que entrou em cena uma genética mais recente, politicamente correta, que atesta a todos os humanos o pertencimento a um *pool* genético amplamente homogêneo. Esse racismo adamítico é um sistema delirante que apresenta a mesma estrutura que todos os coletivismos biológicos anteriores a ele, mesmo que, nesse caso, os argumentos genéticos sejam usados visando à unificação das raças e não mais à sua discriminação. A segunda ecumene tampouco poderá enunciar a *unidade do gênero humano* — para empregar por um momento a linguagem do século XVIII — por meio de uma *phýsis* comum, mas poderá fazê-lo tão somente por meio de uma situação comum. Porém a situação só poderá ser determinada em termos ecológicos e imunológicos.

A unidade dos humanos em seu gênero disperso repousa agora no fato de todos eles, com suas respectivas regiões e histórias, passarem a ser os que ficaram uma volta para trás, os sincronizados, os atingidos e humilhados a distância, os rotos e expostos, os anexados e sobrecarregados — em sedes de suas ilusões vitais, endereços do capital, pontos no espaço homogêneo, aos quais se retorna e os quais retornam a si mesmos —, mais vistos do que vendo, mais apreendidos do que apreendendo, mais alcançados do que alcançando. Cada qual precisa agora, retornando a si mesmo, atribuir sentido à vantagem ou à desvantagem de ser quem é. Após a globalização, a "humanidade" é constituída, em sua maior parte, pelos que ficaram para trás na própria pele, as vítimas da desvantagem da localidade "eu".

A própria competição, sem nenhuma filosofia, deslocou os humanos de modo imprevisto, não teológico, para fora do centro. No

de fundamentar uma ética social-democrata a partir de Aristóteles é feita por M. C. Nussbaum, "Der aristotelische Sozialdemokratismus" [O social-democratismo aristotélico], in: M. C. Nussbaum, *Gerechtigkeit oder Das gute Leben* [Justiça ou A boa vida] (Frankfurt s/ Meno, Suhrkamp, 1999), p. 24-85.

processo de globalização, os humanos não só se vivenciam como antiquados, como disseram, resignados, alguns teóricos do estranhamento, como se tornaram exteriores para si mesmos — entes que retornam a si mesmos vindos de fora e então não conseguem ter certeza de que há alguém em casa quando entram em si mesmos.

Enquanto na primeira ecumene o ser humano exemplar era o sábio que meditava sobre sua relação rompida com o absoluto e o santo que, mediante uma graça incompreensível, podia se sentir mais próximo de Deus do que o pecador comum, o ser humano exemplar da segunda ecumene é o que é proeminente, que jamais entenderá por que fez mais sucesso do que os demais, e o pensador anônimo que se abre para as experiências-chave desta era mundial: de um lado, as revoluções que repetidamente irrompem como "as apresentações do infinito aqui e agora"[114], de outro, a vergonha que hoje afeta toda vida desperta mais do que o pecado original — a vergonha de nunca ter conseguido fazer o suficiente contra a degradação geral de tudo o que vive.

Na última esfera, que é a sede da segunda ecumene, não haverá mais a esfera de todas as esferas — nem uma informática, nem uma estatal mundial, muito menos uma religiosa. Também a internet, por mais grandiosos que sejam seus potenciais enquanto supersistema de inclusão, cria, ao mesmo tempo, uma superexclusividade complementar. A esfera que consiste apenas em superfície não é uma casa para todos, mas um mercado para cada qual. Em mercados, ninguém está "consigo mesmo"; ninguém deve tentar estar em casa onde dinheiro, mercadorias e ficções trocam de possuidor. Mercado mundial é um conceito para a constatação (e exigência) de que o conjunto dos ofertantes e clientes se encontre em uma exterioridade universal. Enquanto existir o mercado mundial ou existirem mercados mundiais, todas as especulações em torno da reobtenção de uma visão de conjunto, centrada na casa ou na capital, voltada para um espaço interior integral da humanidade, malograrão na vantagem inalcançável do exterior. Se nem a Idade Média conseguiu

114. Cf. G. Deleuze e F. Guattari, *Qu'Est-ce que la Philosophie?*, Paris, Minuit, 1991, p. 96; ed. alemã: *Was ist Philosophie?* (Frankfurt s/ Meno, Suhrkamp, 1996), p. 116. [Ed. bras.: *O que é a filosofia?*, trad. Bento Prado Jr. e Alonso Muñoz, São Paulo, Editora 34, 2010.]

Loja de departamentos Tietz, Berlim, 1899-1900.

encaixar concentricamente a esfera divina e a esfera cósmica[115], a Era Moderna, então, produziria apenas um deslocamento adicional, caso se propusesse a realizar o projeto híbrido de integrar a multiplicidade das sedes de culturas e empresas como subesferas em uma monosfera concentricamente construída. É isso que o próprio Marshall McLuhan parece ter subestimado quando se entregou à sua visão da aldeia global: "As expansões midiáticas do ser humano levam à humanização do planeta."[116] Por mais generosas que tenham sido as expectativas do grande teórico dos meios de comunicação de massa, a extinção irrefreável das constituições centristas e imperiais da forma de mundo tirou a base também do catolicismo eletrônico (a posição central do emissor absoluto).

A última esfera só permite ainda constructos na horizontal — o que não exclui alguns edifícios altos. Ela promove *joint ventures*, transações interculturais sob céus artificiais, não muito íngremes; requer foros, pódios, baldaquinos, patrocínios, alianças; favorece convenções de grupos de interesse em torno de mesas de diferentes formatos, em salões de conferência de tamanho escalonado. Porém ela desmotiva a ideia de uma supermonosfera ou de um centro de todos os centros que detém o poder.

27. A GRANDE TRANSFORMAÇÃO IMUNOLÓGICA

RUMO ÀS SOCIEDADES DAS PAREDES FINAS

Da ruidosa monotonia da atual literatura sociológica e política da globalização é possível abstrair alguns padrões que têm boas perspectivas de se tornar algo como temas eternos ou universais jornalísticos pelos próximos séculos: em primeiro lugar, o motivo de que, entre o local

115. Essa foi, na perspectiva da estrutura profunda, a tarefa do pensamento a que havia se devotado a *philosophia perennis* e diante de cuja execução impossível ela fracassou. Cf. sobre isso o Capítulo 5: "*Deus sive sphaera* ou O universo-uno explodindo", p. 403 ss.

116. M. McLuhan e B. R. Powers, *The Global Village. Der Weg der Mediengesellschaft in das 21. Jahrhundert* [A aldeia global: a via da sociedade midiática rumo ao século XXI], Paderborn, Junfermann, 1995, p. 127.

e o global, deve ser negociado toda vez um novo *modus vivendi*; em segundo, que as comunidades políticas teriam ingressado, "após a Era Moderna", em uma nova constelação "para além do Estado nacional"[117]; em terceiro, que o mundo globalizado seria tensionado política e moralmente pela diferença cada vez mais gritante entre pobres e ricos; e, em quarto lugar, que a progressiva consunção da biosfera e a agravação do estado das águas, do ar e do solo transformariam "a humanidade" *nolens volens* em uma comunidade de interesses ecológica, e a reflexão e o diálogo sobre essa situação necessariamente levariam ao exercício de uma nova cultura racional que pondera consequências a longo prazo. Não é difícil perceber em todos esses temas uma problemática contínua: a dissipação das concepções tradicionais dos sujeitos políticos e das unidades sociais do *self*. Em toda parte se nota que os *trends* decisivos escaparam ao controle dos que até agora detinham a competência sobre eles e que os problemas de hoje e os solucionadores de problemas de ontem já não combinam mais uns com os outros (muito menos os problemas de amanhã e os solucionadores de problemas de hoje).

Vamos transpor essas percepções do debate sociológico para o nosso contexto: o de uma poética política do espaço ou de uma "macroesferologia".[118] Após essa mudança de ótica, todas as questões da identidade social e pessoal se apresentam sob aspectos morfológicos e imunológicos, e, portanto, sob o ponto de vista de como se pode instalar, de modo geral em macromundos historicamente movimentados, algo como formas viáveis de "habitar" ou de estar consigo mesmo e com os seus. O atual nervosismo da globalização reflete o fato de que, com o Estado nacional, foi posta à disposição a maior relação política de moradia possível até hoje — comparável à sala de moradia e conferência dos povos democráticos (ou ilusões de povo) — e que justamente essa sala de estar nacional já é atravessada aqui e ali por uma corrente de ar

117. Cf. M. Albrow, *Abschied vom Nationalstaat*, op. cit. (ver nota 106 deste capítulo), bem como J. Habermas, *Die postnationale Konstellation. Politische Essays* [A constelação pós-nacional: ensaios políticos] (Frankfurt s/ Meno, Suhrkamp, 1998).

118. Sintetizamos nesse conceito as reflexões com que se "eleva" a teoria das esferas íntimas (microesferologia) ao nível de uma teoria das grandes estruturas imunes (Estados, impérios, "mundos"). Cf. P. Sloterdijk, *Esferas I: bolhas*, op. cit.

bastante incômoda. Como se reconhece com mais nitidez no retrospecto, a realização extraordinária do moderno Estado nacional foi pôr à disposição da maioria de seus habitantes uma espécie de domesticidade, aquela estrutura imune imaginária e real ao mesmo tempo, que podia ser vivenciada como convergência de lugar e *self* ou como identidade regional (no bom sentido da palavra). A versão mais impressionante desse feito se constata onde melhor se logrou a domesticação do Estado de poder na forma de Estado de bem-estar. A globalização afeta esse efeito cultural-político da domesticidade — resultando em que inúmeros cidadãos de Estados nacionais modernos não se sentem mais consigo mesmos quando estão em casa e não se sentem mais em casa quando estão consigo mesmos.

A construção imunológica de identidade étnico-política começou a se mover, e evidencia-se que a ligação entre lugar e *self* não é, em todas as circunstâncias, tão estável quanto tinha sido exigido e pretendido pelos folclores políticos do territorialismo (desde as antigas civilizações agrárias até o moderno Estado-nação). Quando o entrelaçamento de lugares e *selves* é afrouxado ou dissolvido, podem aflorar duas posições extremas, das quais se pode depreender a estrutura do campo social com nitidez quase experimental: a posição de um *self* sem lugar e a de um lugar sem *self*. É evidente que, até agora, todas as sociedades realmente existentes tiveram de procurar seu *modus vivendi* sempre em algum ponto entre os dois polos — o tipo ideal certamente se situaria no ponto mais distante possível dos extremos —; e é fácil entender que também no futuro toda comunidade política real deverá dar uma resposta ao imperativo duplo da determinação do *self* e do lugar.

O que mais se aproxima do primeiro extremo da dissolução, sem dúvida, é o judaísmo da diáspora dos últimos dois mil anos, a respeito do qual se pôde dizer com razão que foi um povo sem território — um estado de coisas que Heinrich Heine formulou com precisão ao dizer que os judeus não têm lar em um território, mas em um livro, a saber, a Torá, que levam com eles para todo lugar como uma "pátria portátil". Essa observação tão elegante quanto de significado profundo ilumina de um só golpe uma circunstância de validade universal que raramente é percebida: grupos "nômades" ou "desterritorializados" não constroem

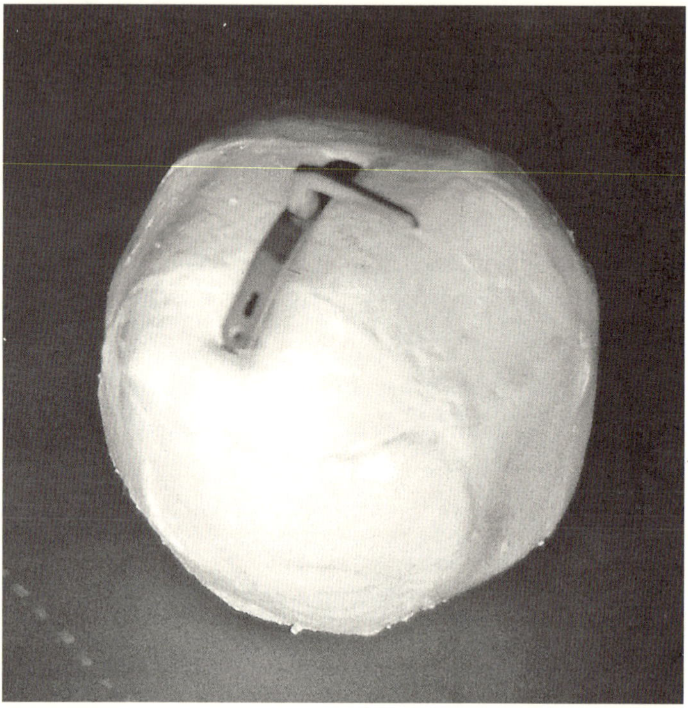

Róza El-Hassan, *Objeto-porta*, 1996, borracha de silicone, fechadura e maçaneta.

sua imunidade simbólica e sua coerência étnica a partir de um solo que os sustenta (ou o fazem apenas marginalmente); antes, são as comunicações entre eles que funcionam como um "vaso autógeno"[119] no qual os participantes contêm a si mesmos e no qual permanecem "em forma", enquanto o grupo deriva por paisagens exteriores. Em conformidade com isso, um povo sem território não pode sucumbir à falácia que se impôs, no decorrer da história da humanidade, a quase todos os povos sedentários: de entender o próprio território como o recipiente do povo e conceber o próprio solo como o *a priori* do sentido de sua vida ou de sua identidade. Essa *territorial fallacy* [falácia territorial] figura entre os legados até hoje mais eficazes e problemáticos da era sedentária, porque nela se fixa o reflexo básico de todo uso de violência política aparentemente legítima, a assim chamada "defesa do país". Ela se baseia

119. Sobre essa expressão, cf. ibidem, p. 57 ss.

na equiparação obsessiva de lugar e *self* — no paralogismo axiomático da razão territorializada. Este vem sendo desnudado progressivamente desde que uma onda superpotente de mobilidade transnacional faz com que, em muitos lugares, povos e territórios relativizem a ligação entre si. Característica da Era Moderna avançada é a tendência para o *self* multilocal — bem como a tendência para o lugar poliétnico ou "desnacional".

Quem recentemente chamou a atenção para esse estado de coisas, interessante também quanto ao aspecto teórico, foi o antropólogo cultural indo-americano Arjun Appadurai, com a criação do conceito *ethnoscape*. Esse conceito permite visualizar estados de coisas como a progressiva "desterritorialização" ("*deterritorialisation*") de pontos de referência étnicos, a composição de "comunidades imaginárias" externamente às nações e a participação imaginária de incontáveis indivíduos nas imagens de formas de viver de outras civilizações nacionais.[120] Quanto ao judaísmo durante seu período de exílio, sua provocação consistiu em confrontar os povos do hemisfério ocidental permanentemente com o paradoxo aparente e o escândalo real de um *self* que de fato existe sem lugar.

No outro polo, o fenômeno "lugar sem *self*" aparece de formas cada vez mais notórias. Paradigmáticas disso são as regiões da Terra não habitadas por humanos — os desertos brancos (o mundo polar), os desertos cinzentos (as altas cordilheiras), os desertos verdes (as florestas), os desertos amarelos (desertos de areia) e os desertos azuis (os oceanos). Porém, no nosso contexto, elas se revestem de interesse menor do que o despertado por aqueles lugares em que humanos se congregam sem querer ou poder associar sua identidade à localidade. Isso vale para os espaços de trânsito no sentido mais estrito e mais amplo do termo, seja localidades destinadas ao trânsito, como estações de trem, portos e aeroportos, estradas, praças e centros de compras, seja instalações projetadas para estadias por tempo limitado, como condomínios para férias

120. Cf. Arjun Appadurai, "Globale ethnische Räume. Bemerkungen und Fragen zur Entwicklung einer transnationalen Anthropologie" [Espaços étnicos globais: observações e questões acerca do desenvolvimento de uma antropologia transnacional], in: U. Beck (ed.), *Perspektiven der Weltgesellschaft* [Perspectivas da sociedade mundial], Frankfurt s/ Meno, Suhrkamp, 1998, p. 11-40.

ou cidades turísticas, prédios de fábricas ou albergues noturnos. Esses lugares podem até ter atmosferas próprias, mas sua existência não depende de um conjunto de moradores ou de um *self* coletivo que neles esteja radicado. É peculiar a eles não segurar seus visitantes e passantes. Eles são os lugares de ninguém, percorridos alternadamente e extintos, os desertos de trânsito, que proliferam nos centros desnucleados e nas periferias híbridas das sociedades contemporâneas.

Em tais sociedades se reconhece, sem maior empenho analítico, que sua anterior normalidade, a saber, a vida em relações massivas, étnicas ou nacionais de *container* (associadas às suas fantasias específicas) e a licença segura para confundir território e *self*, foi afetada de modo decisivo pelas tendências globalizantes. Pois, de um lado, tais sociedades afrouxam suas ligações locais, na medida em que grandes contingentes populacionais se apropriam de uma mobilidade historicamente sem precedentes; de outro, aumenta dramaticamente a quantidade de lugares de trânsito com os quais os humanos que os frequentam não podem assumir uma relação de habitabilidade. Logo, as sociedades globalizadoras e mobilizadoras se aproximam simultaneamente tanto do polo "nomádico", de um *self* sem lugar, quanto do polo desértico, de um lugar sem *self* — com um terreno intermediário cada vez menor de civilizações regionais crescidas e de gente satisfeita leal ao seu lugar.

Portanto, a crise da forma das modernas sociedades de massa, que atualmente é discutida, na maior parte das vezes, como crise do Estado-nação, tem como ponto de partida a erosão avançada das funções étnicas de *container*. O que até agora foi entendido e mal entendido por sociedade geralmente não passou do teor de um recipiente de sólidas paredes, territorial, apoiado em símbolos e, na maioria das vezes, unilíngue — logo, um coletivo que encontrou a certeza acerca de si mesmo em certo hermetismo nacional e o brandiu nas próprias redundâncias (que jamais foram totalmente compreensíveis para estrangeiros). Tais comunidades históricas, que moravam no ponto de interseção entre *self* e lugar, os assim chamados povos, geralmente estavam instaladas, por causa de suas propriedades de *container* do *self*, em um grande desnível entre interior e exterior (um estado de coisas que costumava se retratar, em civilizações pré-políticas, como etnocentrismo ingênuo, e no estágio político na diferença substancial entre política interna e política externa). Porém justamente essa diferença e esse desnível são nivelados hoje de maneira crescente pelos efeitos da globalização. A situação imune dos *containers* nacionais é vivenciada cada vez mais como problemática pelos beneficiários das relações anteriores. Dificilmente haverá alguém que, tendo tomado ciência das vantagens da moderna liberdade de ir e vir, deseje a sério a volta das clausuras militantes do Estado-nação mais antigo, e muito menos das auto-hipnoses totalitárias que com frequência eram características dos modos de vida tribais; não obstante, para grande quantidade de contemporâneos, o sentido e o risco da tendência para um mundo de sociedades de paredes finas e miscigenadas não são compreensíveis nem bem-vindos. Globalização, diz Roland Robertson acertadamente, é um processo que ocorre sob protesto (*a basically contested process*).[121] Contudo, o protesto contra a globalização também *é* a própria globalização — ele faz parte da reação imune inevitável e indispensável dos organismos locais contra as infecções provocadas pelo formato mais elevado do mundo.

O desafio psicopolítico propriamente dito da Era Global (que podemos entender, acompanhando Martin Albrow, como estágio voluntarioso resultante da Era Moderna globalizadora) consiste em não processar a debilitação das imunidades étnicas tradicionais de *container* simplesmente como perda de forma e decadência (isto é, como auxílio ambivalente ou cínico para a autodestruição). O que de fato está em jogo para os pós-modernos são designs exitosos de relações vivenciáveis de imunidade: e são justamente estas que podem ser e serão configuradas de múltiplas maneiras precisamente nas sociedades das paredes permeáveis — mesmo que, como sempre, não em todas nem para todos.

Nesse contexto, a tendência da época para as formas individualistas de viver revela seu sentido imunológico revolucionário: hoje, nas sociedades avançadas, talvez pela primeira vez na história das formas hominídeas e humanas de viver, são os indivíduos que, como portadores de

121. R. Robertson, *Globalization: Social Theory and Global Culture* [Globalização: teoria social e cultura global], Londres, Newbury Park e Nova Delhi, Sage, 1992, p. 182.

propriedades de imunidade, desvinculam-se de seus organismos sociais (até o momento precipuamente protetores) e, em massa, querem desacoplar sua felicidade ou sua infelicidade do estar em forma da comuna política; a corporificação mais clara dessa tendência certamente ocorre na nação-piloto do mundo ocidental, os Estados Unidos, onde a concepção individualista "*pursuit of happiness*" ["busca da felicidade"] embasa nominalmente desde 1776 o contrato social. Até agora, os efeitos centrífugos dessa orientação na felicidade do indivíduo foram compensados por energias comunitárias e da sociedade civil, de modo que a prioridade imunológica do grupo em relação aos seus membros pareceu se corporificar também no povo sintético dos estadunidenses.

Entrementes, as claves se inverteram: nenhum outro povo da Terra, nenhuma outra população, nenhuma outra cultura promove tanto autocuidado biológico, psicotécnico e religioide no plano do indivíduo com simultânea abstinência de engajamento político. As últimas eleições para presidente nos Estados Unidos tiveram, pela primeira vez, uma participação abaixo de 50% do eleitorado, e, nas mais recentes eleições para a Câmara dos Deputados e para o Senado (novembro de 1998), por alto dois de cada três votantes deixaram de comparecer aos locais de votação (e os especialistas ainda consideraram a cota de participação de 38% como um resultado relativamente bom). Isso revela uma situação em que a maioria dos indivíduos pode se dessolidarizar do destino de sua comuna política — mais precisamente, sob o impacto da concepção bem fundamentada de que, daqui por diante, o indivíduo já não encontra seu *optimum* imunológico (ou só o encontra em casos excepcionais) no seu coletivo nacional; talvez ainda o encontre, parcialmente, nos sistemas de solidariedade de sua "minoria" ou de sua *community*, mas onde mais claramente o encontra é em seus arranjos privados com entidades que lhe proporcionam segurança, sejam estas de natureza pararreligiosa, de ginástica, técnico-seguradora ou dietética. O axioma da ordem individualista de imunidade se alastra nas massas dos indivíduos autocentrados como uma nova evidência vital: que, em última análise, ninguém fará por eles o que eles não realizarem por si mesmos. As novas técnicas de imunidade se recomendam como estratégias existenciais para sociedades compostas de indivíduos nas quais a longa marcha rumo à flexibilização, ao enfraquecimento das "relações objetais" e à licença generalizada para sair de relações interpessoais desleais ou reversíveis chegou ao seu destino — a linha básica do fim de toda cultura, corretamente profetizado por Spengler: aquele estado em que se tornou impossível decidir se os indivíduos estão extraordinariamente em forma ou extraordinariamente decadentes. Para além dessa linha, a última diferença metafísica, a diferenciação entre nobreza e vilania defendida por Nietzsche, perderia seu contorno, e o que se mostrava esperançoso e grandioso no projeto "ser humano" desapareceria como um rosto na areia da praia.

Transição

Air conditioning

O que, por enquanto, permanece comum a todos os habitantes da Terra é o movimentado envoltório climático do planeta, a atmosfera no sentido meteorológico, que, por razões conhecidas, se tornou um objeto de preocupação para os contemporâneos. Há tempos já se identificam as tendências do mercado das técnicas do clima, no sentido de que quem pode arcar com os custos opera para desembarcar da atmosfera ruim compartilhada com todos. As civilizações residentes do futuro, de maneira cada vez mais explícita, tomarão como ponto de partida a necessidade de produzir tecnicamente climas interiores em que se possa viver. O *air conditioning* [condicionamento do ar] se imporá como o tema político-espacial imprescindível da era vindoura. Assim, o imperativo esférico desperta de sua latência e se manifesta de modo exotérico como centro de todas as criações políticas e culturais de unidade.

Em menos de uma geração, os membros da segunda ecumene em numerosos pontos climaticamente críticos da Terra terão compreendido que respirar é algo importante demais para continuar a ser feito ao ar livre. Logo se tornará uma evidência trivial o que hoje só se vê através de óculos teóricos polidos de forma heterodoxa: a política climática explícita é o fundamento da nova ecumene, do mesmo modo que a técnica climática explícita será a base de formações comunitárias concretas. No mais tardar, quando se tornarem crônicos os danos climáticos físicos irreversíveis ou compensáveis, só com muito esforço (os

Bolhas de sabão, Nova York, 1945.

danos psíquicos poderão ser silenciados por mais tempo) será reconhecido universalmente que as sociedades só podem ser descritas e dirigidas de maneira adequada como casos de esferologia aplicada.

O aparelho de ar condicionado é o destino. Nele se torna verdadeira a tese de que a essência da Era Moderna se manifesta na tarefa de desmembrar sistemas imunes tecnicamente mais precisos de estruturas imunes mais antigas, holísticas e vagas. Assim que o suprimento de ar deixar de ser uma premissa não problemática de processos vitais e

passar para o estágio técnico, terá sido alcançado o limiar da modernidade também no que se refere à mais antiga relação fundamental pneumática e atmosférica da existência humana. A partir daí, misturas de ar e atmosferas se tornarão objetos de produções explícitas. Não bastará mais aquilo que, nos últimos dois séculos e meio, foi denominado Iluminismo. O lado claro do Iluminismo será técnica respiratória. A moderna estética do cotidiano indica a esses desenvolvimentos o horizonte, mas não a direção.

Frei Otto, experimento de película de sabão para grandes coberturas, 1971.

Os humanos fazem seu clima, mas não por iniciativa própria, não sob circunstâncias escolhidas por eles, mas sob circunstâncias que eles acharam imediatamente prontas, dadas e tradicionais. A tradição de todos os climas extintos pressiona como um pesadelo os estados de ânimo dos viventes. O que começou, como sugerem as indicações de Vitrúvio[1], com os primeiros fogos, a reunião em torno de um centro agradável, uma *magna commoditas*, um hábito atraente, mantém-se até o fim como a técnica básica de criação de grupos que se solidarizam. A sociedade *é* sua temperatura espacial, *é* a qualidade de sua atmosfera; *é* sua depressão, sua clareira; *é* sua fragmentação em inúmeros microclimas locais.

Por isso, a autodeterminação de esferas significa mais do que até agora foi tido como política. Esferas — tentamos compreender isto em

1. Cf. Capítulo 2: "Lembranças de recipientes: Sobre o fundamento da solidariedade na forma inclusiva", p. 202 ss.

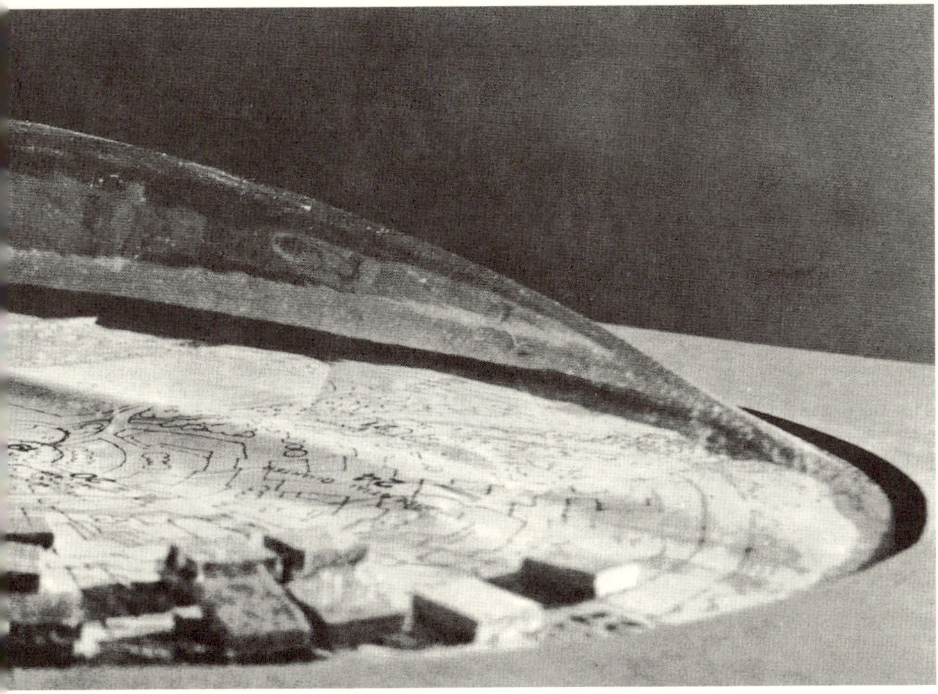

penosas e demoradas investigações — são espaços compartilhados que se expandem mediante o habitar comum dentro deles. Elas são o primeiro produto de cooperações humanas; constituem o resultado não substancial e, no entanto, mais real possível de um prototrabalho que só sucede em ressonâncias. Não foi a divisão do trabalho que impulsionou o processo civilizatório, mas a divisão da esfera; ela é a protoafinação da comunidade em si mesma a respeito de si mesma.

Dessa maneira, pôde haver partidos políticos e até a política enquanto tal como foco do interesse público só depois que foi preciso brigar segundo formas civilizadas pela regulação do clima interior dominante. A democracia mais recente e a sociedade dos meios de comunicação de massa apareceram ao mesmo tempo porque os meios de comunicação de massa como constituidores do clima social foram os primeiros a permitir que se travasse o conflito em torno da regulação do clima. Em consequência, as populações esclarecidas de democracias de massa têm razão quando percebem as gesticulações de campanha

Man Ray, *Autorretrato deformado*, 1938.

política dos seus partidos como uma guerra entre "rãs do tempo"[2]: todas elas e todos eles querem modificar o tempo mediante promessas, mas seu coaxar denuncia que não sabem o que significa prometer algo; desconhecem, quase sem exceção, o motivo forte de estarem juntos. Não compreendem que solidariedade só é possível mediante transferência de formas culturais iniciais de participação mútua para relações em macrossociedades — mas passam a sentir que os pressupostos para tais transferências se tornaram precários.

O ceticismo antipolítico no Oriente e no Ocidente, que se nutre de percepções corretas, contém o núcleo de uma noção com a qual deve

2. *Wetterfrosch* = literalmente rã do tempo: pequena rã verde que era mantida dentro de um vidro com uma escadinha, pois se acreditava que ela anunciava tempo ensolarado quando subia a escada e coaxava. O termo tornou-se sinônimo irônico de meteorologista. [N.T.]

começar a nova projeção de espaços de solidariedade. Próprio de cada um desses espaços é uma fundação — melhor dizendo, uma suspensão — mediante uma promessa de clima que se torna verdadeira por si mesma. Iluminação começa com aclarar — ou ela de fato é, desde o início, a defraudação das massas de que suspeitavam os obscuros autores do século XX. Como toda vida compartilhada, política é a arte do atmosfericamente possível.

Créditos das imagens

p. 40: Stiftung Weimarer Klassik [Fundação Classicismo de Weimar]

p. 49: The Metropolitan Museum of Art, Fundo Fletcher, 1919

p. 99: Kunstmuseum Basel [Museu de Arte da Basileia], depósito da Associação Voluntária de Museus da Basileia

p. 116-117, 767: © Jürgen Klauke/AUTVIS, Brasil, 2025

p. 122: © Arnulf Rainer, Baden

p. 124, 228, 584: © Deutsche Presseagentur (dpa) [Agência Alemã de Imprensa], Frankfurt

p. 136, 761: © Thomas Struth, Berlim

p. 137: © Espólio de Oskar Schlemmer

p. 150: © Joseph Beuys/AUTVIS, Brasil, 2025 (foto de Claudio Abate)

p. 186: © Jay Ullal/Bayerische Staatsbibliothek [Biblioteca Estatal da Baviera]/stern-Fotoarchiv

p. 232-233: © Private archive Hollein (Collection Museum of Modern Art [Coleção Museu de Arte Moderna], Nova York)

p. 331 (acima): Bildarchiv Preußischer Kulturbesitz [Banco de imagens do Acervo Cultural Prussiano]

p. 400: © picture alliance/ZB/Hubert Link/Fotoarena

p. 401: © Toby Melville/PA Images/Alamy/Fotoarena

p. 444: © Ákos Birkás/AUTVIS, Brasil, 2025

p. 474: Bayerische Staatsgemäldesammlungen – Sammlung Moderne Kunst in der Pinakothek der Moderne München [Coleção Estatal de Pinturas da Baviera – Acervo de Arte Moderna da Pinacoteca de Munique]

p. 562: © Patricia Kinzler, Waiblingen

p. 569: © Ullstein Bild, Berlim

p. 572: © Gottfried Helnwein/AUTVIS, Brasil, 2025

p. 752: © Max Ernst/AUTVIS, Brasil, 2025

p. 795: © adrian arbib/Alamy/Fotoarena

p. 816-817: Library of Congress [Biblioteca do Congresso], Washington D. C. (foto de Carol M. Highsmith)

p. 830: © Ullstein Bild/dpa, Berlim

p. 876: © Man Ray 2015 Trust/AUTVIS, Brasil, 2025

Nota dos editores

Embora tenhamos nos empenhado, não foi possível identificar os detentores de direitos de algumas das imagens. Teremos a satisfação de lhes dar o devido crédito caso se identifiquem.

Sobre o tradutor

Nélio Schneider é graduado em teologia pela Escola Superior de Teologia (EST), de São Leopoldo/RS, e doutor em teologia pela Kirchliche Hochschule Wuppertal, de Wuppertal, Alemanha. Foi coordenador do Instituto Ecumênico de Pós-graduação (IEPG) da EST, de 1995 a 2000, e presidente da Comunidad de Educación Teológica Ecuménica Latinoamericana y Caribeña (Cetela), de 1997 a 2000. Trabalha com tradução desde o ano 2000 e verteu para o português, além de Sloterdijk, obras de Karl Marx, Friedrich Engels, György Lukács e outros.

ESTE LIVRO FOI COMPOSTO EM ADOBE GARAMOND PRO CORPO 11,5
POR 15,5 E IMPRESSO SOBRE PAPEL AVENA 80 g/m^2 NAS OFICINAS
DA MUNDIAL GRÁFICA, SÃO PAULO – SP, EM OUTUBRO DE 2025